证券法苑

第三十卷
（2020年12月）

黄红元　总编
蔡建春
卢文道　主编

Zheng Quan Fa Yuan

法律出版社
LAW PRESS · CHINA

证券法苑 第三十卷
（2020年12月）

主办单位：上海证券交易所

卷首语

2020年,《证券法苑》就"新证券法实施"进行了专题征稿,第29卷已陆续收录了部分佳作。本卷《证券法苑》集中收录关于新《证券法》实施的20篇优秀稿件。具体分7个栏目,简要介绍如下:

新《证券法》颁布后,最高人民法院、中国证监会等发布了证券集体诉讼配套的制度规则。但如何真正发挥证券集体诉讼制度的效果,尚需各界共同探讨。对此,"诉讼机制"栏目收录了3篇文章。肖宇等基于美国几十年的实践经验,分析了证券集团诉讼中和解与调解机制的适用空间、制度设计原则和具体建议。汤欣等选取了中国特色证券集体诉讼制度的关键主体——投保机构,期望其有更为合理的职责履行边界与成本效益实现。朱大明介绍了2014年日本公司法中建立的多重代表诉讼制度,这对于追究子公司董事责任、解决股东权限缩问题、保护母公司利益以及改善公司集团治理结构等方面具有积极作用。

"责任认定"栏目甄选了4篇文章。新《证券法》进一步完善了虚假陈述民事赔偿责任的规定。对于虚假陈述与投资者客观损失之间因果关系的否定问题,缪因知提出,须基于对虚假陈述本身原因力的定性分析,以及基于涉案证券股价变动而作定量分析。在虚假陈述诉讼实践中,存在较为普遍的责任主体单一化现象,刘磊因此建议区分各主体在虚假陈述行为中的作用力及知情程度等因素,明确控股股东、实控人及董事等内部人员为终局承担者,且根据过错状况区别对待证券中介机构的责任承担方式。新《证券法》将操纵证券市场的构成要件从"影响"证券交易价量拓展至"意图影响"价量。贝金欣通过分析目前执法及司法中莫衷一是的标准,指出"意图影响"并不只是涉及主观要件,更是涉及结果要件和因果关系证明必要性问题的重大调整。内幕交易违法所得关乎内幕交易行为是否达到"情节严重"、关乎其应受行政处罚还是刑事处罚,王涛基于我国内幕交易刑事案例的梳理和境外立法及实践经验,提出了完善内幕交易违法所得计算方法的建议。

新《证券法》按照注册制的要求,全面强化和完善了信息披露制度。"信息披露"栏目收录了两组4篇文章,分别对信息披露的重大性和简明性标准进行了探讨。本卷组织翻译的《大而不能披露:证券监管中的公司规模和重大性盲区》,对美国市场信息披露重大性标准的实施进行了研究,依据企业规模而执行的重大性披露标准降低了证券定价的准确性,加重了公司治理实践的内部和外部监管的难度。李文莉等在其文章中建议探索适合我国的理性人标准,并通过行业披露指引及证券示范判决等方式提高判断标准的可实施性。程海宁和赵育才则分别从美国简明英语规则及科创板企业信息披露的实际情况展开,阐释了"简明清晰,通俗易懂"与"真实、准确、完整"等其他信息披露原则的关系,并对《招股书准则》等提出了完善意见。

"证券交易"栏目收录了3篇文章。王志明基于证券监管执法实践,对如何真正落实新《证券法》证券账户实名制制度作了研究和回应。新《证券法》将"虚假申报"列为操纵市场手段,张兵等梳理了证监会2007年至2019年作出的55份虚假申报操纵案例,并分析了相关司法判决的争议焦点和裁判逻辑。"做空"是境外证券市场的重要市场约束力量。建立符合中国国情的类做空制度,是落实新《证券法》全面推行注册制的重要实施机制。宋澜等在比较境内以检举揭发为主要形式的做空方式与典型的"浑水式"做空差异基础上,对境内市场如何建立做空机制进行了探讨。

新《证券法》规定了必要的域外适用制度。"投资者保护"栏目特选取了2篇文章,分别从具体案例瑞幸案和宏观跨境证券监管来解析这一规定的适用路径。“投资者保护”栏目还收录了新《证券法》投资者保护的两项具体制度研究文章。彭雨晨研究了欺诈发行责令回购制度,指出该制度应着眼于给予欺诈发行中受损投资者充分的退出机会而非简单的赔偿。朱峰等探讨了债券持有人会议决议对异议持有人的约束力问题。

本卷继续选登优秀硕士论文和译介境外优秀论文。清华大学优秀硕士生刘芳燕对《公司法》修改中的股份回购概括目的条款与公司债权人保护进行了深入探讨。林少伟等翻译了美国2019年十大公司法证券法论文之一的《激进董事与代理成本:当激进董事入主董事会将发生什么?》,该文指出激进对冲基金入主董事会,代表了公司治理一股新兴且强劲的力量,但可能也存在一定的内幕交易问题。

编　者

2020年10月

Securities Law Review Serial No. 30 (2020)

《证券法苑》(2020)
第三十卷,第1~23页

证券集团诉讼和解与调解制度研究*

肖　宇**　朱纯烨***

摘要:新《证券法》规定由投保机构作为特别代表人参加诉讼。从美国的集团诉讼实践来看,和解结案占据了主要比例,但投资者在和解中得到的赔偿数额很少。和解与调解制度在我国的证券集团诉讼中也有较大的适用空间。同时,制度设计也要考虑到和解与调解中的民主。可以与50名委托诉讼的投资人充分沟通,在调解达成初步协议后通过网络和听证会听取其他投资者的意见,并赋予投资者二次退出的权利。另外,还需要法院审查与监管备案等监督程序。

关键词:证券集团诉讼　特别代表人诉讼　和解　调解

2020年3月新《证券法》正式实施,证券发行注册制改革在放松准入门槛便利企业融资的同时,

---

* 本文系2020年国家社科基金项目"证券发行注册制改革法律实施机制研究"的阶段性成果。

** 华东政法大学国际金融法律学院副教授,法学博士,硕士生导师。

*** 华东政法大学国际金融法律学院法律与金融专业2019级硕士研究生。

也需要一系列配套制度来加强对市场违规行为的惩罚与对投资者的保护。在司法救济方面,新《证券法》第95条首次确定了以证券公益机构为诉讼代表人的特别诉讼代表人制度,也被称为中国式证券集团诉讼,有学者认为这是本次修法最激进的改革之一。[1] 该条第3款规定,投资者保护机构受50名以上投资者委托,可以作为代表人参加诉讼,并为经证券登记结算机构确认的权利人依照前款规定向人民法院登记,但投资者明确表示不愿意参加该诉讼的除外。集团诉讼能为受侵害的广大投资者提供有效救济,并在一定程度上威慑市场主体遵守法律规定以避免巨额赔偿。2020年7月31日,配合证券诉讼改革的一系列实施措施出台,最高人民法院发布《关于证券纠纷代表人诉讼若干问题的规定》,证监会发布《关于做好投资者保护机构参加证券纠纷特别代表人诉讼相关工作的通知》,中证中小投资者服务中心发布《特别代表人诉讼业务规则(试行)》等有关规定,为中国式证券集团诉讼提供了实施和操作的路径。

"明示退出,默示加入"的证券集团诉讼以美国为代表,其几十年的实践与研究也为我国的制度设计提供了重要参考。当前,我国对证券集团诉讼的研究主要关注于诉讼前端如诉讼的提起、流程的完善等,较少关注后端的诉讼结果,而投资者能否获得相应的赔偿是衡量集团诉讼实施效果的重要指标。在美国几十年的实践经验中,和解是集团诉讼纠纷解决的重要途径,占据了约80%的比例,但赔付率并不高,并产生了众多与预期相背离的实践困境。[2] 我国的证券集团诉讼还处于摸索阶段,与美式集团诉讼在诉讼代表人相关制度上也有重大区别。在此背景下,美式诉讼中广为适用的诉讼和解在我国是否有适用的可能性?我国多元化纠纷的解决方式中,既有和解还有调解,这些非诉讼制度的应用,需要什么程序设计和监督机制?这些都是需要深入研究的问题。最高人民法院新出台的规则用了5项条款讨论诉讼调解,提出法院要充分发挥多元解纷机制的功能,按照自愿、合法原则,引导和鼓励当事人调解解决纠纷。因此,本文拟通过对美国证券集团诉讼和

---

[1] 彭冰:《新旧〈证券法〉条文对照和点评》(上),载"北京大学金融法研究中心"微信公众号,2019年12月30日访问。

[2] Howard M. Erichson, *The Problem of Settlement Class Actions*, Geo. Wash. L. Rev., Vol. 82 (2014).

解运行实践的分析，结合我国现状，讨论和解与调解制度在我国证券集团诉讼中的适用空间，以及在实施中的制度建议。

一、美国证券集团诉讼和解的实践

（一）大部分以和解结案，极少进入全面庭审

从结果层面看，在美国证券集团诉讼的实践中，和解的数量远远多于驳回（dismissal）或全面庭审（trial）。2014年加利福尼亚州最高法院将一项“经过审判”的集团诉讼描述为“稀有的怪兽”。[3] 美国国家经济研究协会经济咨询公司（NERA Economic Consulting）早年的统计数据称，共有80%的证券集团诉讼以和解结案，19%被驳回，仅1%经审判了结。[4] 根据一项不完全数据统计，1996年至今的证券集团诉讼总计超过5200件，其中以法院全面庭审并作出实体判决的案件仅为25件（见表1）。[5]

近年来，证券集团诉讼中以驳回起诉告终的案件比例有所提升，占据了近一半的比例，部分原因在于1995年美国《私人证券诉讼改革法》（PSLRA）规定证据开示推迟到被告的驳回动议（motion to dismiss）被否决之后，暂缓披露减少了被告的诉讼成本，使被告将更有可能首先寻求驳回动议，而不是和解。但即便如此，经过全面庭审的案件依然稀少，投资者若想在集团诉讼中获偿，仍以与被告达成和解为最主要方式。[6]

---

〔3〕 See Duran v. U. S. Bank Nat. Ass'n (2014) 59 Cal. 4th 1, 12.

〔4〕 See Elaine Buckberg, Todd Foster and Stephanie Plancich, *Class Action Litigation Report*, available at https://www. nera. com/content/dam/nera/publications/archive1/200405BNA_Trends. pdf. , accessed July 10, 2020.

〔5〕 See Kevin LaCroix, *Rare Securities Class Action Lawsuit Trial Results in Partial Verdict for Plaintiffs*, available at https://www. dandodiary. com/2019/02/articles/securities - litigation/rare - securities - class - action - lawsuit - trial - results - partial - verdict - plaintiffs/, accessed July 10, 2020.

〔6〕 See Stephen J. Choi, *The Evidence on Securities Class Actions*, Vand. L. Rev., Vol. 57 (2004).

表1　1996年至2020年美国证券集团诉讼关键数据统计〔7〕

和解总金额(Total $ Amount of All Settlements)/美元	起诉案件总数(Number of All Filings)/件	和解案件总数(Number of Filings Settled)/件	起诉被驳回总数(Number of Filings Dismissed)/件	进行中案件总数(Number of Filings Still Ongoing)/件
$ 103,617,816,287	5771	2533	2646	566

采用和解的方式解决集团诉讼有其显而易见的好处,其既能使大量司法资源得以保留,又能使当事双方达成协议,实质性解决纠纷。尤其是对于集团诉讼这一类耗时极长、资源消耗极多的诉讼而言,通过和解的方式节约资源也能降低投资者所应承担的费用,这对于以保护中小投资者为目的的集团诉讼而言更加符合其设立初衷。但也应当看到,以和解为主的美国集团诉讼实践存在不少问题,甚至与理论预期背道而驰。

(二)投资者获赔极少,难以达到预期补偿作用

在和解比例较高的基础上,美国实践统计发现其投资者获偿金额与投资者损失〔8〕之比极低。由图1可知,以2019年为例,投资者损失中位数为4.72亿美元,而获偿金额与投资者损失之比的中位数仅为2.1%。极低的获赔比例是美国学界长期以来对集团诉讼是否真正能发挥补偿作用存有争议的重要原因。

---

〔7〕参见斯坦福大学法学院证券集团诉讼数据中心:http://securities.stanford.edu/stats.html,2020年7月10日访问。

〔8〕NERA定义的"投资者损失"根据假设投资者在集团诉讼指控的非法活动导致股价变化的期间(class period)购买了表现近似标准普尔500指数的股票所造成的损失计算得出,用作衡量投资者因使用公开数据购买被告股票而遭受的总损失。因此,这些比率代表的是基于股价下跌的投资者损失与和解金额之间的关系,而不是基于直接归因于欺诈的投资者损失。但根据NERA及部分学者观点,股价下跌是能够精准测量且与真实情况最为接近的数值。See, e. g. John C. Jr. Coffee, *Reforming the Securities Class Action: An Essay on Deterrence and Its Implementation*, Colum. L. Rev. Vol. 106 (2006).

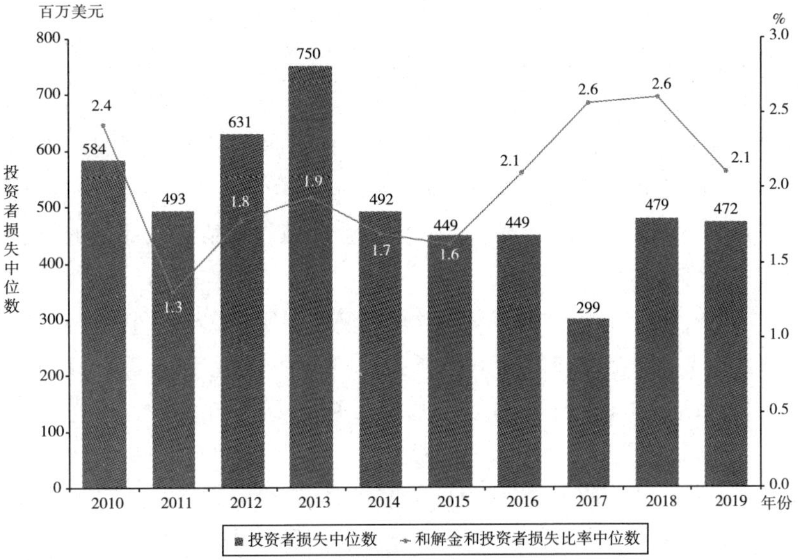

图1　2010年至2019年集团诉讼投资者损失及和解金与投资者损失之比中位数〔9〕

除和解金数额较少之外，和解金的分配情况也带来了不小的问题。一般而言，和解协议中原告与被告将会达成一笔赔偿金额，其中比例不小的一部分将作为律师酬金，首席原告有机会在其中抽取一笔用于激励的奖金(incentive award)，通常为几千美元至几万美元，此外，这笔金额还将用于支付诉讼费用。而集团成员的索赔程序属于在确定整体原告集团和解金后分配程序中的一个环节。当事各方将约定具体数额的和解金并存入基金，后续再分配给合格的受益人从而达成和解。尽管和解金的规模和合格受益人遭受的损失已经确定，但在结算金额确定后需经过较长时间才能得知通过选择退出而决定不参与结算的潜在受益人的数目以及这些合格受益人最终索赔的损失总额。因而极有可能出现基金规模太大或太小的错配情况。处理可用资金总额和资金需求不匹配

〔9〕 See Janeen McIntosh and Svetlana Starykh, *Recent Trends in Securities Class Action Litigation*:2019 *Full - Year Review*, available at https://www. nera. com/publications/archive/2020/recent - trends - in - securities - class - action - litigation—2019 - full - y. html, accessed July 2,2020.

的传统方法是在短缺时按比例平均分摊差额,在可用资金多余时使用近似原则(*cy pres*)交给类似目的的机构。[10] 这种首先确定赔偿总额再计算分配给每个集团成员赔偿额的整体性估算方法带来的问题是,使集团成员个人所得往往与他们原本通过个别的估算方法可能得到的赔偿额相去甚远,还可能无端剥夺集团成员请求适用单独赔偿方法计算赔偿额的程序权利。此外,对被告责任进行整体性评估与单独进行评估的结果相比也缺乏精确性。[11]

律师酬金在和解金中所占的份额一般由律师与原告集团协商决定。数据显示,律师酬金在和解金额中所占比例通常较高,在和解总额小于500万美元的集团诉讼中,律师费甚至可以占到和解金的30%(中位数)。[12] 律师与原告是追求胜诉的利益共同体,但在律师酬金的比例问题上,两者存在利益冲突,而以目前的结果来看,投资者往往处于劣势。

此外,另一个引发人们对于集团诉讼的投资者补偿作用持怀疑态度的事实是,大多数蒙受可证明损失的机构投资者似乎没有在证券集团诉讼中提出索赔。数据显示,少于30%的机构投资者在集团诉讼中提出了索赔,许多投资者对证券集团诉讼的补偿作用似乎漠不关心。[13] 对此,有学者给出的解释是机构投资者一般是理性的经济实体,它们会对是否在这些和解中提出索赔进行成本效益计算。在许多情况下,即使损失较大,但由于预期赔偿额小,或是即便在自然人投资者看来回收金额已较为可观,但与机构投资组合的规模相比可能不值一提,对它们的回

---

〔10〕 See Francis E. McGovern, *Distribution of Funds in Class Actions – Claims Administration*, J. Corp. L. Vol. 35, 2009.

〔11〕 参见罗斌:《证券集团诉讼研究——从诉讼运行机制的视角》,复旦大学2010年博士学位论文。

〔12〕 See Janeen McIntosh and Svetlana Starykh, *Recent Trends in Securities Class Action Litigation*: 2019 *Full – Year Review*, available at https://www.nera.com/publications/archive/2020/recent – trends – in – securities – class – action – litigation—2019 – full – y.html, accessed July 10, 2020.

〔13〕 See James D. Cox & Randall S. Thomas, *Letting Billions Slip Through Your Fingers: Empirical Evidence and Legal Implications of the Failure of Financial Institutions to Participate in Securities Class Action Settlements*, Stan. L. Rev. Vol. 58, 2005.

报没有实质性影响。[14]

(三)和解中董事高管责任保险对威慑作用的削弱

另一个值得关注的话题是董事高管责任保险(Director and Officer Liability Insurance,以下简称D&O保险)在集团诉讼和解中的影响。大约96%的证券集团诉讼和解属于典型的D&O保险覆盖范围,保险赔偿往往是和解资金的唯一来源。[15] 尽管公司内部人士、高管和控股股东经常被起诉,但他们似乎很少实际参与和解赔偿。相反,公司被告及其保险公司通常会支付全部结算金额。20世纪90年代中期的另一项实证研究发现,即使在高管和董事被指控为被告的情况下,保险公司平均支付了和解金的68.2%,被告公司支付了31.4%,最多只剩下0.4%由个人被告支付。[16]

在证券集团诉讼中,如果由董事、高管个人支付和解金,通常涉及几类特殊事实:(1)被告公司已经破产(如安然和世通所经历的集团诉讼);(2)个别被告面临刑事责任,并同意部分赔偿,以获得减刑或避免被起诉;(3)D&O保险金额不足或因申请欺诈排除而不予支付。在这些案件中,原告确实可能从实际责任人那里获得赔偿。但这一类型的和解极为稀少。[17]

美国集团诉讼制度在创设时被认为是一项威慑力极强的诉讼制度,因为其"选择退出"的特性所带来的赔偿额远高于其他种类诉讼。对于侵权人而言,如果面临的预期惩罚超过了预期收益,则会大幅降低他们实施违法行为的动力。然而,实践现状却是在绝大部分情况下赔偿费用均由保险公司承担。如果在证券集团诉讼中实际作出违法行为的责任人可以逃避个人责任,那么集团诉讼的威慑作用也被极大地削弱了。

有人指出,D&O保险中含有欺诈抗辩排除条款,即所有D&O保险

---

〔14〕 See James D. Cox & Randall S. Thomas, *Leaving Money on the Table: Do Institutional Investors Fail to File Claims in Securities Class Actions*, Wash. U. L. Q., Vol. 80, 2002.

〔15〕 See James D. Cox, *Making Securities Fraud Class Actions Virtuous*, ARIZ. L. REV., Vol. 39, 1997.

〔16〕 See John C. Jr. Coffee, *Reforming the Securities Class Action: An Essay on Deterrence and Its Implementation*, Colum. L. Rev., Vol. 106, 2006.

〔17〕 Id.

单均不包括由被保险人欺诈行为所产生的赔偿,从而可以达到惩罚实际责任人的效果。但在美国实践中这一条款产生的影响也远比预想的小,因为这种排除传统上受到“终审”条件的约束,即保险公司有义务为董事或高管的刑事和民事辩护提供资金,除非欺诈行为在法院裁决中得到确认。因为美国的证券集团诉讼几乎总是得到和解,因此,欺诈排除条款实践中很难真正发挥作用。[18]

二、美国证券集团诉讼实践结果未达预期的原因分析及改革探索

从结果来看,美国集团诉讼“补偿投资者”与“威慑市场主体”的两大目标均未达到理论预期的效果,其中原因较为复杂。本文认为,值得引起关注的问题在于原告方律师、被告公司以及实际责任人三方利益趋同,共同推动和解的发生,避免遭遇法院判决,并在其中榨取不在场投资者的利益,而首席原告、集团成员则很难对其进行有效监督。

(一)美国证券集团诉讼实践结果未达预期的原因分析

1. 原告方律师与被告公司的利益趋同

(1)原告方律师:坚持原告利益最大化动力不足

美式集团诉讼广泛采用律师胜诉酬金制(contingent fee),美国的集团诉讼周期较长、费用较高,而原告方律师承担着败诉后全部费用自付的风险以及持续耗费时间的机会成本。胜诉酬金制虽然将律师报酬和原告的获偿情况相关联,但由于双方收益和损失的不对称性,原告获偿金额的增加并不能使律师的收入等比增加,律师缺乏足够的积极性去争取权益的最大化,且漫长的诉讼程序对尚未获取报酬的律师而言也意味着沉重的经济负担,因此原告方律师往往倾向于促成和解,即使这会导致其所代表的投资者利益受损。研究表明,原告方律师甚至会在尚未寻得有利证据的证据开示[19]阶段前即进行和解谈判,并会为此对赔偿金

〔18〕 See Tom Baker & Sean J. Griffith, *How the Merits Matter: Directors' and Officers' Insurance and Securities Settlements*, U. Pa. L. Rev., Vol. 157, 2009.

〔19〕 在证券集团诉讼中,原告方可以通过这一规则在仅依据股价波动推测并不知是否有虚假陈述的事实的情况下进行起诉,让被告自行出示相关证据。

额做出较大让步。[20] 因为越早使案件得到解决,律师的利润越高,这为律师尽早促成案件终结提供了强大的动力。

如图 2 所示,此前一项实证研究的数据显示,在以胜诉酬金制为计费方式的集团诉讼中,律师处理案件所花时间的每小时回报率在正式进入诉讼程序前即已和解的案件中最高,为 166 美元(中位数)和 286 美元(平均值);在已立案但在审判前和解的案件中,这一数字为 144 美元(中位数)和 251 美元(平均值);在完成审判的案件中最低,为 96 美元(中位数)和 197 美元(平均值)。

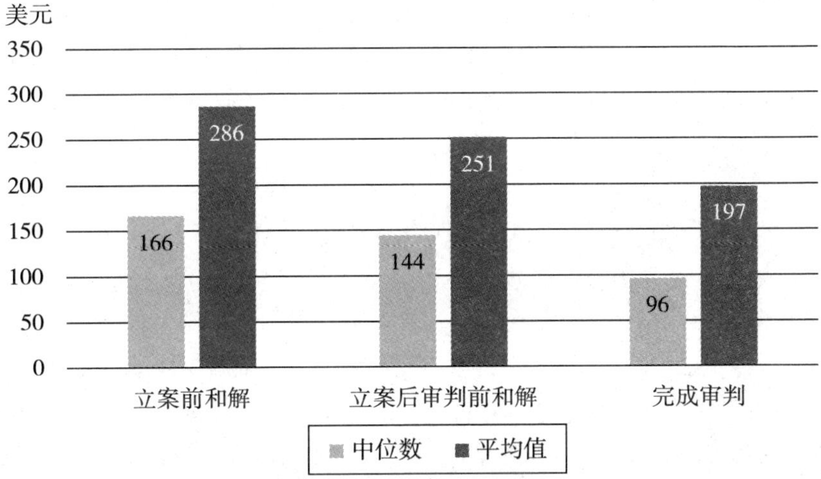

图 2 美国集团诉讼中律师每小时回报金额[21]

(2)被告公司:急于脱身

集团诉讼持续时间通常为数年。在这段时间内,被告将承担高额的律师费以及高管长期分心处理证据开示、提交证词等事务所带来的损失,同时也会造成对公司的长期负面宣传,影响与客户和供应商的关系。而快速和解能使公司摆脱长期处于被诉状态的困境,避免大量的持续诉

〔20〕 See Janet Cooper Alexander, *Contingent Fees and Class Actions*, DePaul L. Rev., Vol. 47, 1998.

〔21〕 See Herbert M. Kritzer, *The Wages of Risk: The Returns of Contingency Fee Legal Practice*, DePaul L. Rev., Vol. 47, 1998.

讼费用,逃离旷日持久的诉讼泥潭。[22] 被告公司的这一倾向甚至会间接促成和解勒索现象,被告可能会屈服于没有事实根据的索赔,只为尽早脱身。

例如,阿里巴巴曾因白皮书被指隐瞒重要信息而遭遇集团诉讼,最后于 2019 年以 2.5 亿美元达成和解。阿里巴巴在回应中称,尽管其并不认为自身的信息披露准确度和管理透明度存在问题,但还是选择以 2.5 亿美元的代价终结这场“即便胜诉也没有意义”的官司,因为“这样的漫长诉讼既无益于保障股东的利益,也无助于阿里巴巴专注为社会创造更多价值”。[23]

此外,被告公司的另一个考虑或许还在于集团诉讼往往是双方利益攸关的重大案件,公司也不愿意将所有赌注压在法院的判决之上,承担可能的宣告破产的风险,而和解的赔偿数额对于被告公司而言更加可控。[24]

(3)实际责任人:通过 D&O 保险逃避责任

绝大部分美国公司都为其董事和高级管理人员投保了董事高管责任保险,虽然 D&O 保险不包含被保险人欺诈行为产生的付款义务,但如上文所述,这一条款受到“终审”约束,在和解结案的集团诉讼案件中很难判定责任人的欺诈行为,而这又倒逼从事欺诈行为的被告方董事、高管为避免实际违法行为被查出而不惜代价避免法院审判,极力促成和解。正如美国的一位从业律师在访问中所说,“大多数时候,如果你发现在和解的讨论中发生了重大转折,通常这正是有人害怕坏的事实被证明之时”。[25]

上市公司以其自有资金为管理人员的责任进行投保,那么,当公司高管在证券集团诉讼中与公司一起作为共同被告被起诉时,责任人自然

---

〔22〕 See Stephen J. Choi, *The Evidence on Securities Class Actions*, Vand. L. Rev., Vol. 57, 2004.

〔23〕 方砚:《阿里回应 2.5 亿美元和解集体诉讼:折腾的是中国企业》,载腾讯网:https://new.qq.com/cmsn/20190429/20190429008179.html,2020 年 7 月 10 日访问。

〔24〕 See *In re Rhone – Poulenc Rorer, Inc.*, 51 F.3d 1299 (7th Cir. 1995).

〔25〕 Tom Baker & Sean J. Griffith, *How the Merits Matter: Directors' and Officers' Insurance and Securities Settlements*, U. Pa. L. Rev., Vol. 157, 2009.

会希望动用自身权限利用公司预付的资金来解决自己的债务。理论上，上市公司管理层应当意识到其中固有的利益冲突并有所行动，然而，此处还普遍存在代理成本问题，导致管理层缺乏能力和动力监督证券集团诉讼的复杂细节和程序。[26]

综上所述，首席原告及律师坚持原告方利益最大化动力不足，被告方公司急于脱身，董事、高管欲通过 D&O 保险逃避赔偿责任，这一利益的趋同导致各方一致愿意尽快和解。而缺席的投资者似乎成为其中唯一的利益受损者。归根结底，诉讼中的多方串通是将损失推给缺席方，或至少是推给没有足够监督能力的一方。[27]

2. 和解缺乏有效监督

利益最关切的受损投资者本应当对和解协议商议流程和结果进行监督，避免上述情况发生。但在集团诉讼和解中，投资者的有效监督也很难实现。

美式集团诉讼中通常以首席原告（lead plaintiff）代表原告集团的其他成员行使诉讼权利并履行诉讼义务，负责监督原告方律师的行为、聘请律师并协商律师费，同时作为原告方代表参与和解谈判等相关事务。然而，由于缺席的集团成员不参与具体诉讼过程，不得不服从首席原告的决定，此时，若首席原告又有代表整个集团的权力，则会将首席原告的激励措施与缺席的集团成员的激励措施分离，导致首席原告将抬高律师费价格以获得律所回扣作为其在集团诉讼中的主要激励的情况发生，使判给的损害赔偿金中有更大比例将由律师和首席原告获得，而使缺席的集团成员利益受损。[28]

而对于集团成员而言，其在对律师或首席原告的监督上存在集体行动中的“搭便车”现象，承受相对较小损害的原告通常不愿意主动承担高额的监管成本。而“选择退出制”集团诉讼的一大功能就在于集合众

---

〔26〕 See John C. Jr. Coffee, *Reforming the Securities Class Action: An Essay on Deterrence and Its Implementation*, Colum. L. Rev., Vol. 106, 2006.

〔27〕 See Kent D. Syverud, *On the Demand for Liability Insurance*, Tex. L. Rev., Vol. 72, 1994.

〔28〕 See Russell Kamerman, *Securities Class Action Abuse: Protecting Small Plaintiffs' Big Money*, Cardozo L. Rev., Vol. 29, 2007.

多小额投资者统一维权,这导致集团诉讼虽能集合更大范围的受害者参加,但其往往缺乏动力去监督和约束首席原告和集团律师,使后者往往能够完全主导和解谈判,而后者又会为提高自身收益而作出危害集团其他成员的行为。例如,对和解金额作出较大让步以尽快和解,甚至与被告方合谋损害集团成员利益等,缺乏监督使中小投资者的利益进一步被瓜分。[29]

(二)美国对集团诉讼弊端的改革探索

为了改变这一长期存在的实践困境,美国颁布了一系列改革措施,其中意义较为重大的是对于集团诉讼和解设置的多种不同层次的监督机制。

1. 法官对和解协议的审查

通常而言,当事人在民事诉讼中的意思自治是应当得到充分尊重的,尤其是其对于自身实体权益的处分。英美法下法官在诉讼中一般表现为消极被动,在当事人之间保持中立。但鉴于集团诉讼的特殊性,《联邦民事诉讼规则》在改革过程中赋予了法官更多积极介入集团诉讼的权能。其第23(e)(2)条规定了法官对集团诉讼和解的审查权,即法院应当在经过聆讯,充分考虑以下事项并认为该和解提案公平、合理且适当后,对和解提案进行批准。具体事项包括:首席原告和原告律师已充分代表集团利益,该和解提案经过了公平的谈判,充分考量了审判或上诉的费用、风险和延误,分配赔偿金额及处理集团成员索赔申请的方法,律师酬金等因素后,对集团成员进行了适当的赔偿。[30] 如果法官批准了原被告双方提出的和解提案,那么,和解还将经受第二道监督,即集团成员的听证程序。

2. 集团成员听证与“二次退出权”

经过法官的初步审查,如果没有理由怀疑和解协议的公正性,那么,依据《联邦民事诉讼规则》和《私人证券诉讼改革法》的规定,法官将指令当事人向集团成员发出通知,进行对和解协议的听证。而通知的内容应该包括计算集团成员损失的公式,基于每股股份、依据整体性估

〔29〕 参见郭雳:《美国证券集团诉讼的制度反思》,载《北大法律评论》2009年第2期。

〔30〕 See Federal Rules of Civil Procedure, Rule 23(e)(2).

算方法得出的预备分配给集团成员的赔偿额,对和解金额及每股的赔偿额的说明意见,律师酬金及诉讼费用,律师代表的联系方式,和解理由等。

在收到和解协议初步签订的通知后,集团成员可以参加听证会并提出对和解协议的异议。在听证会上,和解协议的提议者应该证明协议的公正、合理及适当,而出席听证会的集团成员既可以表达其异议,也可以提出新建议,法官将在听证会上查明与会者中支持与反对和解协议的人数比例。

此外,2003 年美国对于《联邦民事诉讼规则》第 23 条的修订中还新增了“二次退出制”,要求和解方案必须给予集团成员一次新的请求退出机会。[31] 这一制度创设的目的在于为集团成员提供与单独诉讼中享有的接受或拒绝和解协议基本相同的机会,使集团成员可以在对可能出现的案件裁判结论、和解结果及相关信息具有更多了解的基础上,再次选择是否受该诉讼结果约束,从而在程序上提高实体请求权人掌控自己诉讼请求的能力,加强了对未出庭集团成员自主权的保护。[32]

3. 向政府相关部门备案

根据美国 2005 年《集团诉讼公平法》的规定,在和解协议草案达成后的一定时间内,应当将和解协议草案向联邦和集团成员所在州的相关部门进行备案送达,以便后者在认为和解不符合其公民最大利益时提出异议。

三、我国证券诉讼结果的实证分析:以虚假陈述民事诉讼为例

中国目前的证券纠纷中最具代表性的是虚假陈述责任民事诉讼,根据国内学者对近年我国证券虚假陈述所引发的民事赔偿案件所做的实证研究,当前的证券诉讼中违法行为人被起诉后潜在的受损害投资者参与诉讼的比例极低,平均仅占上市公司股东总数的 0. 25% 。此外,实践

---

〔31〕 See Federal Rules of Civil Procedure, Rule 23 (e)(4).

〔32〕 参见罗健豪:《美国集团诉讼退出制研究》,复旦大学 2008 年博士学位论文。

中投资者的胜诉比例也远低于理论预期,超过60%的案件中投资者并未获得任何赔偿。而即使在原告胜诉的案件中,法院判决的损害赔偿也远低于原告投资者所请求的损害赔偿额。在约37%的案件中,投资者获得的判决赔偿金额小于其所请求损害赔偿的20%,仅有约36%的投资者获得的判决赔偿金额大于其请求的80%。[33]

我国当前的实践情况下,投资者在证券纠纷中获得合理赔偿的比例不高。导致这一现象的原因,一方面在于当前投资者整体的依法行权、维权意识和教育都有所欠缺。我国散户投资者占比较高,众多中小投资者对于如何维权缺乏合理判断的知识及能力,被判决驳回全部诉讼请求的投资者中有众多在实施日之前或揭露日之后买入相关证券。另一方面则在于原被告间对证券市场系统性风险等"其他影响因素"对投资者损失的影响比例存在争议空间,我国司法实践中也尚未形成较为统一合理的认定标准。法院是否采纳被告所援引的系统风险抗辩以及采用何种方法测算系统风险,都会对实际赔偿额的认定产生影响。且在实践中,原告通常倾向于简单地依据股价下跌来计算其索赔额,再让被告辩称排除因素造成的损失,从而导致了请求的损害赔偿金额与实际赔偿金额间的差距。[34] 这一关于影响因素的争议通常会导致审判耗时较长,而此时若以和解或调解结案将会有一定优势,能够较为快速地解决纠纷。

另外,即使判决投资人胜诉,在执行环节仍可能存在问题。"大庆联谊案"是我国第一宗以判决结案的证券民事赔偿诉讼,在黑龙江省高级人民法院2004年12月对所有上诉案件全部作出维持原判的判决后,本案以投资者胜诉宣告结束。但在本案的执行过程中,由于大庆联谊与申银证券拒不自动履行生效判决,投资者的赔偿款项迟迟不能到位。而在进入强制执行程序,法院即将通过拍卖房产取得相应赔偿款时,又出现了案外人以执行异议的方式介入执行程序的情况,使本案的执行难度不断加大,执行时间不断延长。后期,由于大庆联谊公司陷入财务困境,无力承担赔偿款项,赔偿款的执行最终以申银证券承担大部分赔偿款项,

---

〔33〕 参见徐文鸣:《证券民事诉讼制度实施效果的实证研究——以虚假陈述案件为例》,载《证券市场导报》2017年第4期。

〔34〕 See Robin Hui Huang, *Private Enforcement of Securities Law in China*: *A Ten - Year Retrospective and Empirical Assessment*, Am. J. Comp. L., Vol. 61, 2013.

大庆联谊承担剩余部分的方式完成。直到2006年12月,执行程序才得以结束,参与共同诉讼的投资者获得相应赔偿。总体而言,投资者通过判决取得赔偿时需要面临诉讼时间长、诉讼成本高、举证难度大等困难,且即使投资者最终获得胜诉,执行环节也容易遭遇阻力。而在选择退出制集团诉讼的背景下,由于其涉及的赔偿金额巨大,被告的赔偿能力很有可能不足以支撑如此庞大的债务,在这一情况下,以和解或调解结案或许是另一种可以考虑的选择。

四、中国式证券集团诉讼和解与调解的法律依据和适用空间

那么,在美国得以广泛适用的诉讼和解,在我国是否有适用的可能性呢?在我国多元化纠纷的解决方式中,除了和解,还有更广泛适用的调解。根据我国《民事诉讼法》中的界定,和解是指双方当事人自行进行的协商,而调解则有第三方介入协调,如法院调解或人民调解。他们的共同特点是都不是通过法院的判决而结案,体现了双方当事人在案件结果上形成的合意,主要区别在于是否有第三方的介入。本文为讨论之便,在讨论我国制度时将和解与调解制度合并讨论,以区别于法院司法判决的情形。

(一)我国证券诉讼和解与调解的法律依据

我国《民事诉讼法》对和解与调解制度作出了规定,两种制度有所不同,但都是在不通过司法判决的情况下结案。

1.《民事诉讼法》对和解与调解的一般性规定

我国现行《民事诉讼法》对和解与法院调解做了规定。《民事诉讼法》第50条规定,双方当事人可以自行和解。第八章专章规定了调解制度,人民法院审理民事案件时应根据当事人自愿的原则,在事实清楚的基础上进行调解。调解书经双方当事人签收后,即具有法律效力。

和解与调解的共同点在于,都是当事人对程序权利和实体权利的处分。其区别在于:(1)调解有法院介入并在其支持之下完成;而和解是在没有法院主导的情形下,双方就程序与实体问题达成的协议。(2)达成调解属于法院的结案方式,调解书与判决书有相同的效力,但和解并不

具有直接的结案效力。[35] 但根据2004年最高人民法院《关于人民法院民事调解工作若干问题的规定》第4条规定,当事人在诉讼过程中自行达成和解协议的,人民法院可以根据当事人的申请依法确认和解协议并制作调解书。双方当事人申请庭外和解的期间,不计入审限。当事人在和解过程中申请人民法院对和解活动进行协调的,人民法院可以委派审判辅助人员或者邀请、委托有关单位和个人从事协调活动。可见,和解书可以经申请由法院制定为调解书,因而具有与调解书一样的法律效力。同时,法院也可以协调当事人之间的和解。从该角度来看,在我国进入诉讼程序后,和解与法院调解有转化机制,其主要区别在于法院介入的程度不同。

另外,在我国的多元化纠纷解决机制中还有着多层级的调解机制,既包括诉讼内调解,即法院调解;也包括诉讼外调解,如人民调解、行政调解、行业调解等。本文结合证券集团诉讼已经进入司法程序的特点而仅讨论法院调解,不讨论其他形式的调解。

2.《民事诉讼法》与《证券法》对投保机构和解与调解的授权

根据我国《民事诉讼法》第53条和第54条规定,代表人的诉讼行为对其所代表的当事人发生效力,但代表人变更、放弃诉讼请求或者承认对方当事人的诉讼请求,进行和解,必须经被代表的当事人同意。对于普通代表人诉讼,代表人行使的和解、调解等权利,需要得到当事人的同意。但对于以投服中心作为诉讼代表人的特殊代表人诉讼,则无须在行使每项权利时均进行求得当事人的明示同意。这是因为:第一,《证券法》第95条赋予了中证中小投资者服务中心(以下简称投服中心)特殊代表人的地位;第二,在投服中心要进行代表人诉讼时,会通过公告等形式取得投资人的特别授权,投资人没有明示退出该诉讼,就视为同意参加诉讼并对投服中心进行特别授权。因此,投服中心有权代表投资者进行和解与调解。

3.现行规则中对证券集团诉讼和解与调解的规定

2020年7月底,最高人民法院、证监会与投服中心先后就证券纠纷代表人诉讼出台了相关规则。其中,最高人民法院在《关于证券纠纷代

---

〔35〕 参见张卫平:《民事诉讼法》(第5版),法律出版社2019年版,第368页。

表人诉讼若干问题的规定》第3条中明确了法院在通过诉讼方式解决证券纠纷时应当着重调解。此外,证监会《关于做好投资者保护机构参加证券纠纷特别代表人诉讼相关工作的通知》以及投服中心《特别代表人诉讼业务规则》都强调,对证券纠纷代表人诉讼实行比一般诉讼更为严格的监督。

最高人民法院对证券代表人诉讼的调解协议进行了详细规定,《关于证券纠纷代表人诉讼若干问题的规定》第18条至第21条规定法院对调解协议草案进行公告,并通过听证会等形式给予全体原告提出异议的机会,人民法院应当在综合考量当事人意见以及调解协议草案的合法性、适当性和可行性后决定是否制作调解书。证监会的规则要求投资者保护机构及时将其参与特别代表人诉讼的相关重要情况向中国证监会报告,并在案件结案后进行专项报告。投服中心在其发布的业务规则中也规定了重要情况向证监会报告以及调解协议草案向法院提交并开展听证等相关问题。

另外,新《证券法》出台后,三部门出台规则前,沪深地方法院就证券代表人诉讼出台了相应的诉讼规则。2020年3月24日,上海金融法院发布了《关于证券纠纷代表人诉讼机制的规定(试行)》。2020年4月20日,深圳市中级人民法院发布了《关于依法化解群体证券侵权民事纠纷的程序指引(试行)》,沪深两地法院初步建立了证券诉讼程序细则。

(二)实践对于和解与调解的适用的需求空间

在我国的证券代表人诉讼实践中,对和解与调解的需要,可能出现在以下的情形:(1)被告的上市公司赔付能力不够,或有破产的可能性时。例如,上市公司可能会因大额判决直接破产,投资者若作为普通债权人进入企业的破产程序,可能经受漫长的等待以及面临无法获赔或赔偿额极少的情况。(2)在虚假陈述的赔付中,被告涉及多方当事人,部分当事人提出愿意及时赔付,但适当减少赔偿金额的情形。(3)对于原告存在举证困难,或行为与损失的因果关系认定上存有较大争议时。

《证券法》规定了上市公司及其董监高、控股股东,以及有责任的保荐机构、律所、会计师事务所等中介机构要承担连带责任。但本文通过实证研究发现,以虚假陈述的行政处罚为例,对上市公司、内部人士违法行为认定和处罚较多,对保荐人、会计师事务所、律师事务所处罚较少。

例如,证监会自2019年1月1日至12月31日就虚假陈述违法行为作出的37件行政处罚决定中,涉及上市公司及其董监高等责任人员共计26件,占比70%,而涉及券商的仅3件,占比8%。[36] 总体而言,上市公司仍为虚假陈述违法行为的主要处罚对象,而虚假陈述的上市公司往往经营状况不佳,涉及中介机构的处罚决定数量较少。连带责任人较少而上市公司的赔付能力不足,最终导致投资者无法获赔的情形很有可能发生。而和解与调解更有利于双方根据实际情况协调方案并解决纠纷,能免于诉讼的漫长拖延,兼顾被告的赔付能力与诉讼效率,使集团诉讼实践可以有效地推进。

有人士可能会对证券特别代表人诉讼的案件是否需要调解产生怀疑,因为我国的模式是先由法院就案件发布公告,投保机构再另行选择是否作为特别代表人参与该诉讼。投保机构有权对案件进行选择,可以在这一阶段选择被告具有较强赔付能力的案件,则无须就该案进行和解或调解。诚然,如果投保机构提起特别代表人诉讼的案件被告都有能力进行全额赔偿,自然是皆大欢喜,且程序简便,但从前文对我国虚假陈述案件民事赔偿的实证情况来看,能提起诉讼的案件数量有限。如果投保机构只挑选有赔付能力的案件,对市场的威慑作用以及对投资人的保护效果就会有所打折。对于被告赔付能力不够的"硬骨头"案件,若投保机构勇挑重担进行调解,可以根据被告的偿付能力尽可能使投资者尽快获得适当赔偿,则可提起的案件数量将大大提高,此时集团诉讼可以发挥更大的作用,更好地保护投资人的利益。

五、我国证券集团诉讼和解与调解实施机制的建议

(一)作为公益组织的投保机构需将投资者的利益最大化作为行事宗旨

我国由公益机构作为特别诉讼代表人是与美国制度的重大区别,该

[36] 参见中国证券监督管理委员会网站:http://www.csrc.gov.cn/pub/newsite/xzcfw/xzcfjd/index_8.htm,2020年7月26日访问。

做法可以有效防止滥诉等美式集团诉讼中饱受诟病的问题。在近年的美国诉讼实践中,仅根据股价波动而发起无根据的集团诉讼以迫使“财大气粗”的公司作出和解的情况时有发生,给被告以及司法体系都带来了巨大的成本和负担。而我国特别代表人的主体是投资者保护机构,以维护投资者的合法权益为宗旨,不涉及自身营利的问题,除为开展特别代表人诉讼的必要支出外,不收取其他费用,与其合作的公益律师所提供的也是公益服务。因此,与美国的实践相比,投保机构是将投资者利益的最大化作为宗旨。

另外,投保机构还具有专业性。我国的投资者保护机构包括投服中心以及中国证券投资者保护基金有限责任公司。以投服中心为例,其成立已超过5年,长期从中小投资者需求和救济诉求出发,倡导“全面知权、积极行权、依法维权”,形成了以投资者教育为基础,事前持股行权、事中纠纷调解、事后支持诉讼的全链条“投服模式”,通过在诉讼领域的探索与实践,支持诉讼和股东诉讼等取得了良好的社会效果。同时,投保基金通过证券先期赔付的实践切实保护了投资人利益。由这样的专业机构作为代表人开展诉讼,一定程度上改变了我国证券民事赔偿诉讼中双方地位不平等、取证困难的情况,可以较好地实现制度目的。但是,由投资者保护机构作为诉讼代表人进行集团诉讼也有其缺陷,如“案多人少”,难以满足市场需求。对此,可期望由投资者保护机构选择有代表性的案例以起到威慑与示范的作用,并引领市场进行普通代表人诉讼。

(二)调解中的民主制度设计:与50人代表的选择与沟通、公开征求意见与二次退出

1. 投资者50人代表的选择与意见表达

美国的集团诉讼中,收到和解协议初步签订的通知后,集团成员可以参加听证会并提出对和解协议的异议。在听证会上,和解协议的提议者应该证明协议的公正、合理及适当,而出席听证会的集团成员既可以表达其异议,也可以提出新建议,法官将在听证会上查明与会者中支持与反对和解协议的人数比例。

本文认为,在我国特别代表诉讼的制度设计中,投服中心在进行和解与调解时也可以考虑开通征求投资人建议的渠道,或者让投资人代表能参与到和解或调解的过程中。根据现行规定,投服中心要提起特别代表人诉讼,需要接受50人以上的投资人委托,此时投服中心已和相关投资人建立起了实质的联系。为了讨论的方便,本文以人数为50人的投资者委托展开讨论。出于制度设计的民主考虑,可以在和解或调解环节听取这50名投资人的意见。这50名投资者代表的选取规则需要做出设计。若50名委托投资人是由投服中心通过公告征集,那么征集的标准是什么?是以时间标准即以委托时间的先后为准,还是要兼顾到投资人的持股数量等因素?本文认为,如果50人仅行使委托权,则按委托时间依次选取即可,但如果要参与实体权利的协商等工作,则需对所选投资人的代表性有进一步的考量。

和解或调解是对当事人的实体权利的处分,不管是中小投资者或是机构投资者,和解或调解结果都对他们的包括诉权在内的各项权利有重大的影响,因此,在选取投资人代表时,应该兼顾到中小投资者与机构投资者等不同股东群体。虽然投服中心的全称为中证中小投资者服务中心,其宗旨是维护中小投资者利益,但由于集团诉讼涉及的利益相关人远不止中小投资者,因此只要投资者没有明示退出,那么不同类型投资者的声音和意见都应当被纳入考量。另外,机构投资者等持股较多的投资者本身也有较强的专业能力和谈判能力,在和解或调解的过程中,也可以起到积极的辅助谈判的作用。当然,由于投服中心是以保护中小投资者为宗旨,在和解过程中,中小投资者和机构投资者可能在利益上不完全一致,所以需要限定50人中的机构投资者比例,即在征集的投资者中,中小投资者不应低于某一比例。

综上所述,建议在和解或调解阶段充分发挥委托的50人投资者的作用,赋予其参与和解或调解的协商过程的权利,同时在50人选取时结合在委托权征集公告期间委托的时间先后以及投资人持股数量等因素综合考量。

2. 公开征求意见

待投保机构与被告初步达成调解协议后,可以通过网络、听证会的形式公开征求投资者意见,如在“中国投资者网”提供征询意见的专门网页,召开听证会,告知投资者充分的信息,听取投资者意见。最高人民法院在《关于证券纠纷代表人诉讼若干问题的规定》中对于原告方听证制度也有所涉及,这一做法有助于广泛听取被代表投资者意见,更好满足其诉求。

3. 为投资者提供“二次退出”选择权

如果投资者对和解或调解的结果不满意，也应当赋予投资者退出的权利，即二次退出。当然，二次退出的出现不仅出现在和解或调解时，也可能出现在法院判决后，投服中心与投资者对是否上诉的意见不一致等情形下。美国的集团诉讼改革中新增了“二次退出机制”，为集团成员提供与单独提起诉讼时所享有的接受或拒绝和解协议的基本相同的机会。我国的最高人民法院、上海金融法院以及投服中心的诉讼规则均赋予了原告在公告期内声明退出的权利，也即“二次退出权”。和解或调解协议的效力不及于声明退出的原告，已退出的原告可以另行起诉进行救济。赋予投资者“二次退出”的选择权体现了集团诉讼和解或调解的程序民主。

（三）对和解与调解的监督

由于和解与调解是代表人对全体投资人实体权益的处分，对投资人的权利影响较大，需要一定的监督机制，在制度设计层面尽可能预防此类问题的发生。如前文所述，美国的集团诉讼改革中规定了法官对集团诉讼和解的审查权，即法院应当在经过聆讯，充分考虑规定事项并认为该和解提案公平、合理且适当后，对和解提案进行批准。如果法官批准了原被告双方提出的和解提案，那么和解还将经受第二道监督，即集团成员的听证程序。另外，在和解协议草案达成后的一定时间内应当将和解协议草案向联邦和集团成员所在州的相关官员进行备案。我国证券集团诉讼的和解，也应设置相应的监督措施，以避免其在缺乏外部竞争的情况下怠于行使或者滥用诉讼代表人职权。

首先，法院应当对和解或调解协议进行审查。集团诉讼案件涉及广泛的中小投资者利益，由法院作为中立第三方深入参与集团诉讼案件能够更好对原告方诉讼代表人与被告进行及时监督，保护未实际参与诉讼的缺席集团成员利益。应考虑规定，由法院对于诉讼外调解或双方自行和解所达成的协议进行审查后，协议方能生效。这一审查不同于原本经由司法审查赋予的强制执行效力，而是在协议自身的有效性层面予以约束，从协议的公平性的角度进行审查，保护投资者的利益。目前最高人民法院、上海金融法院与深圳中级人民法院的司法规则对法院的审查均作了原则性的规定,认可和解或调解协议的司法审查。从具体的实施来看,法院对于协议的审查应当为实质审查,审查的具体内容应包括原告方代表人和代理人是否已充分代表集团成员利益;协议是否经过公平的谈判;是否充分考虑了后续审判、上诉造成的延误所带来的风险和成本;分配赔偿金额及处理集团成员索赔申请的方法是否合理;代表人、代理人的费用收取是否合理等因素。

其次,还应当将调解解决结果上报证监会备案,在证监会层面对其进行监督。证监会发布的《关于做好投资者保护机构参加证券纠纷特别代表人诉讼相关工作的通知》第12条规定,投资者保护机构应当及时将参加特别代表人诉讼相关重要情况向中国证监会报告,案件结案后进行专项报告。调解应属于诉讼中的重大事项,应向证监会备案并接受监督。

六、结语

证券集团诉讼威慑力强,投资者受益面广,对严重违法违规行为的打击与投资者的保护都会起到重要的作用。同时,由于集团诉讼的赔偿数额巨大,在实践中出现赔付不足的情形的概率较大,和解与调解程序可以拓宽我国集团诉讼的适用范围,兼顾赔偿金额、可执行度和赔偿效率,在更大范围内保护投资人利益,实现制度目的,同时也需要对其程序进行合理设计。我国的证券集团诉讼由公益的投保机构提起,没有对自身经济利益的考虑,可以克服美式诉讼的弊端,将投资者利益最大化、有效化作为行事的依据。同时,由于和解与调解是对投资者实质权利的处分,在投保机构进行和解与调解的过程中,制度设计中要体现民主与监督。可以考虑让投资人中的50人委托代表人参与调解过程,在达成初步协议后可以通过网络和听证会听取其他投资者的意见,并赋予投资者对和解与调解结果不满意时二次退出的权利。监督机制包括法院对和解书、调解书的司法审查与确认,以及和解书、调解书在证监会的备案与监督。当然,在我国证券集团诉讼和解与调解实践开展的过程中,还会出现很多的新问题有待研究。总之,当我国的证券集团诉讼能对市场主体起到足够的威慑作用,像“达摩克利斯之剑”悬在市场主体的头上,促使他们遵守市场规则时,证券诉讼改革制度的深远意义就能得以实现,这也将是我国资本市场长期繁荣的保障。

（编辑:姜沅伯）

《证券法苑》(2020)
第三十卷,第24~47页

投资者保护机构和《证券法》下的普通代表人诉讼

汤　欣[*]　陈一新[**]

摘要:从新《证券法》的规定来看,投资者保护机构不仅可以接受50名以上投资者委托参加“特别代表人诉讼”,在一定条件下还能作为证券民事赔偿诉讼的适格原告,并成为“普通代表人诉讼”中的诉讼代表人。投保机构提起的普通代表人诉讼有其制度特色,未来可望在我国证券纠纷多元化解决机制中占据一席之地。投保机构可以考虑定期购入或者增持上市公司的一手股份,以保证其持续具备虚假陈述民事赔偿诉讼的适格原告与诉讼代表人资格。

关键词:证券法　投资者保护机构　虚假陈述　代表人诉讼

一、认知纠偏:投保机构可以是普通代表人诉讼中的适格诉讼代表人

新《证券法》第95条是关于证券民事赔偿代表

* 清华大学法学院教授,清华大学商法研究中心副主任。
** 清华大学法学院博士研究生。

人诉讼的新增条文,其中第 1 ~2 款规定普通代表人诉讼,第 3 款规定特别代表人诉讼:[1]

(1)第 1 款明确当事人一方人数众多时可以推选代表人,对应现行《民事诉讼法》第 53 条有关当事人人数确定的代表人诉讼的规定。

(2)第 2 款在第 1 款的基础上规定了起诉时原告人数尚未确定的特殊情况下,可以"法院公告 + 明示加入"方式确定诉讼效力所及的投资者范围。再结合《民事诉讼法》第 54 条有关当事人人数不确定的代表人诉讼的规定,适格投资者可以推选代表人,推选不出的可以与法院商定。

(3)第 3 款虽然同样适用起诉时原告人数不确定的情况,但是一方面,其将诉讼代表人主体限定为"受五十名以上投资者委托"的投资者保护机构,作为适用第 2 款的例外情形;另一方面,在该例外情形下,其规定了与第 2 款截然相反的"明示退出,默示加入"的原告范围确定方式,因而被认为是证券法下对"中国式集体诉讼"的有益探索。[2]

在本次《证券法》修订过程中,各界普遍对第 95 条第 3 款保持着较高的讨论热情,认为该款为投资者保护机构提起证券代表人诉讼奠定了法律基础,却往往忽视了投资者保护机构在第 95 条第 1 ~2 款下可能发挥的作用。比如,全国人大在证券法四审稿报告中指出,第 3 款是对"发挥投资者保护机构在证券民事诉讼中的作用"建议的回应,而第 2 款的内容则仅是"在民事诉讼法框架内,结合证券民事诉讼的具体特点,有针对性地完善相关制度"。[3] 再如,各投资者保护机构起草的业务规则中均强调其仅规范《证券法》第 95 条第 3 款下投保机构作为代表人提起诉讼的情形,只字未提同条第 1 ~2 款的具体适用。中证中小投资者服务中心(以下简称投服中心)自身作为诉讼代表人这一定位

---

〔1〕 关于普通代表人诉讼和特别代表人诉讼的分类,见上海金融法院 2020 年 3 月发布的《关于证券纠纷代表人诉讼机制的规定(试行)》第 2 条:"本规定所指代表人诉讼分为普通代表人诉讼和特别代表人诉讼。普通代表人诉讼是依据《民事诉讼法》第 53 条、第 54 条规定提起的诉讼,特别代表人诉讼是依据《证券法》第 95 条第 3 款规定提起的诉讼。"

〔2〕 汤欣:《建立中国式证券集体诉讼制度》,载《中国金融》2019 年第 23 期。

〔3〕 全国人民代表大会宪法和法律委员会《关于〈中华人民共和国证券法(修订草案)〉审议结果的报告》,2019 年 12 月 23 日发布。

的认知,从其官网上刊登的报道也可"管窥一豹"——谈及其作为诉讼代表人的职责时,往往只援引新《证券法》第95条第3款。[4] 当然,实践中也从未出现过投服中心根据《证券法》第95条第1~2款或者《民事诉讼法》第53~54条成为诉讼代表人的案例。

由此可见,一般认为投资者保护机构在新《证券法》第95条第1~2款下所能发挥的作用相当有限,甚而认为"投资者保护机构只有受五十人以上投资者委托才能成为证券群体诉讼的代表人"的观点普遍存在。但本文认为,该认知存在误区——投服中心及其他投资者保护机构,在满足特定条件下可以成为新《证券法》第95条第1~2款规定下的诉讼代表人。以我国证券群体诉讼中最常见的虚假陈述民事赔偿诉讼为例,根据《证券法》第95条第1~2款与《民事诉讼法》第53~54条规定,经投资者推选或者同法院商定的诉讼代表人本身必须是提起虚假陈述等证券民事赔偿诉讼的适格主体。[5] 根据最高人民法院《关于审理证券市场因虚假陈述引发的民事赔偿案件的若干规定》第18条认定虚假陈述与损害结果间因果关系的规定,提起虚假陈述民事赔偿诉讼的适格主体应当在虚假陈述实施日以后至揭露日或者更正日(下文合称揭示日)之前买入与虚假陈述直接关联的证券,并且在揭示日后因卖出或者持续持有证券而产生亏损。而投服中心经证监会批准,早自2016年2月19日起根据《持股行权试点方案》在上海、广东(不包括深圳)、湖南三地开展持股行权试点工作,且截至2017年5月已完成对于当时已在沪深两市挂牌公司股票的全面持有,当时持有共计3003家上市公司(停牌公司除外)每家1手(100股)A股股票(以下简称

---

〔4〕 参见《聊聊新证券法中的"投资者保护"专章》,载中证中小投资者服务中心官方网站:http://www.isc.com.cn/html/zxxw/20200108/1650.html,2020年4月20日访问;《投服中心:发挥投资者保护机构独特作用,积极实践符合中国国情的证券集体诉讼制度》,载中证中小投资者服务中心官方网站:http://www.isc.com.cn/html/zxxw/20191229/1633.html,2020年4月20日访问;《第一财经独家对话投服中心:将制定证券代表人诉讼细则,适机启动》,载中证中小投资者服务中心官方网站:http://www.isc.com.cn/html/mtbd/20200310/1828.html,2020年4月20日访问。

〔5〕 参见江伟、肖建国主编:《民事诉讼法》,中国人民大学出版社2015年版,第137页。

“存量持股”)。[6]

在这之后,投服中心持续买入后续上市和复牌公司的1手股票(以下简称“增量持股”),且没有公开信息表明其曾经卖出所持的上市公司股票。2019年5月15日,投服中心发布《持股行权工作规则(试行)》,其第9条规定“投服中心持有在上海证券交易所、深圳证券交易所上市的A股上市公司每家100股及之后因送股、转股增持的A股股票”,且第10条规定“投服中心持有股票不以营业为目的,除参与现金分红、送股、转股等不涉及现金支出的操作外,原则上持有股票后不再进行交易”。截至2019年7月底,投服中心持有3679家上市公司股票。[7]截至2019年11月底,投服中心持股上市公司突破3700家。[8] 通过持股,投服中心得以上市公司股东的身份,根据《公司法》等相关规定,行使质询、建议、表决、诉讼等股东合法权利,达到为中小投资者维权和规范上市公司治理的目的。质言之,只要上市公司的虚假陈述行为发生在投服中心买入其股票前且直到投服中心买入股票的时候还没有被“完全”揭示,那么,投服中心就能以适格投资者的身份提起虚假陈述民事赔偿诉讼,进而有资格成为新《证券法》第95条第1~2款下的诉讼代表人。实际上,2020年7月30日最高人民法院发布的《关于证券纠纷代表人诉讼若干问题的规定》第12条所规定的,“依照法律、行政法规或者国务院证券监督管理机构的规定设立的投资者保护机构作为原告参与诉讼,或者接受投资者的委托指派工作人员或委派诉讼代理人参与案件审理活动的,人民法院可以指定该机构为代表人,或者在被代理的当事人中指定代表人”,以及上海金融法院2020年3月24日发布的《关于证券纠纷代表人诉讼机制的规定(试行)》“普通代表人诉讼机制”章中第24条第2款,均体现了投服中心的此种潜质。

---

〔6〕 参见《投服中心:完成全面持股 依法行使股东权利》,载中证中小投资者服务中心官方网站:http://www.isc.com.cn/html/xqdt/20170512/755.html,2020年3月29日访问。

〔7〕 参见郭文英:《持股行权案例评析》(2019年),法律出版社2019年版。

〔8〕 参见郭文英:《为民奉献,专业引领,不断探索新时代下保护投资者合法权益的新途径》,载中证中小投资者服务中心官方网站:http://www.isc.com.cn/html/zxxw/20191227/1632.html,2020年3月29日访问。

二、投保机构提起普通代表人诉讼的可诉范围

投保机构如若要成为新《证券法》第95条第1~2款中的适格诉讼代表人,前提必须是虚假陈述民事赔偿诉讼的适格原告——投保机构应当在虚假陈述实施日以后至揭示日之前买入与虚假陈述直接关联的证券,且在虚假陈述揭示日及以后因卖出或者持续持有该证券而产生亏损。

那么,在既有的上市公司虚假陈述案件中,投保机构又针对多少享有诉权呢?2003年司法解释为虚假陈述民事诉讼设定了以"有关机关的行政处罚决定或者人民法院的刑事裁判文书"为前置条件,虽然2015年立案登记制改革规定人民法院有案必立、有诉必理,但是实践中,法院仍然会依据最高人民法院《关于适用〈中华人民共和国民事诉讼法〉的解释》第208条第3款驳回不满足前置条件的起诉,[9]极少出现法院先于行政机关认定虚假陈述的情况。因此,可以通过检索上市公司受行政处罚情况[10]和虚假陈述刑事判决书,筛选出所有可以提起民事赔偿诉讼的虚假陈述案件。

本文在国泰安"中国上市公司违规处理研究数据库"中,手工统计同时满足以下条件的行政处罚案例:(1)以"欺诈上市""虚假记载""推迟披露""重大遗漏""误导性陈述""不正当披露""虚假陈述""披露不实"为上市公司违规类型;(2)违规处罚方式为"警告、罚款、没收违法所得"及以上的;(3)违规时间在2000年1月1日[11]至2020年9月30日(以下简称"统计期间"),统计所得案例共计439件。此外在

---

〔9〕 参见"周剑明、广东威华股份有限公司证券虚假陈述责任纠纷再审审查与审判监督民事裁定书",(2018)最高法民申1402号。

〔10〕 上市公司受行政处罚一般分为两种情形:第一,上市公司及其高管等因违反法定信息披露义务而受证监会行政处罚;第二,少数情况中,上市公司因违反会计制度或者会计准则,受财政部行政处罚。

〔11〕 根据《民法典》第188条的规定,无特殊情况下的最长诉讼时效为20年,讨论2000年以前的虚假陈述案例没有太大的现实意义,因此,数据样本中设定违规行为的起始时间为2000年。

刑事判决方面，本文从北大法宝案例库找到了 2000～2020 年共 5 份无相关行政处罚的刑事有罪判决。[12] 据此本文统计出 2000 年 1 月 1 日至 2020 年 9 月 30 日所有可得的符合诉讼前置条件的虚假陈述案件共 444 例（或称“样本案例”），分情况讨论如下：[13]

（一）发行人欺诈发行（上市）的情形

发行人欺诈发行的，即发行人在招股说明书、上市报告文件、公司债券募集办法等公告的证券发行文件中存在虚假记载、误导性陈述、重大遗漏或者进行不正当披露的行为的，再分为两类情形讨论：

1. 如果欺诈发行的上市公司的股票是在 2017 年 5 月后发行上市或者复牌的，则其落入投服中心在完成“存量持股”后不时“增量持股”的范围。根据 EPS 数据平台“中国上市公司数据库”提供的数据，2017 年 6 月 1 日至 2020 年 9 月沪深两市新挂牌上市的公司一共有 549 家，再结合国泰安“中国上市公司违规处理研究数据库”中的数据，本文以“欺诈上市”“欺诈发行”为违规、违法类型检索，暂未发现这 549 家上市公司中存在因欺诈上市而受到行政、刑事处罚的情形。也就是说，假如这批公司在未来被发现存在欺诈上市，由于投服中心已经在其上市之后直至揭示日之前购入一手股票，因此，该中心完全可以成为公司欺

[12] 检索方法为阅读北大法宝和北大法意案例数据库中案由为“欺诈发行股票、债券罪”“提供虚假财会报告罪”“违规披露、不披露重要信息罪”“提供虚假证明文件罪”“出具证明文件重大失实罪”的所有案例。筛选出的 5 份刑事判决书分别是：“董博、李有强、丁功民、阎金岱、刘加荣、徐林文提供虚假财会报告、出具证明文件重大失实案”（银广夏案），载《最高人民检察院公报》2004 年第 5 号（总第 81 号）；“郭照湘等职务侵占、非国家工作人员受贿、违规披露重要信息案”，（2011）苏中刑二终字第 0117 号；“隋元柏、高峰、方跃提供虚假财会报告案”，载《最高人民检察院公报》2003 年第 6 号（总第 77 号）；“于在青隐瞒上市公司为他人提供担保的重要信息构 成违规不披露重要信息罪案”，（2012）扬邗刑初字第 0005 号；“余蒂妮等违规披露、不披露重要信息案”，（2016）粤 04 刑初 131 号。

[13] 下文中之所以区分“发行人欺诈发行（上市）情形”与“上市公司上市后虚假陈述情形”两种情形讨论，原因是两者的统计方法不尽相同。对于发行人欺诈发行上市，投服中心无论是在集中持股期间（2016 年 2 月至 2017 年 5 月）还是在 2017 年 5 月后（一般在上市公司上市后第二个交易日）买入股票，其买入时间点都会晚于虚假陈述实施日，因而除非买入时点同时晚于完全揭示日，投服中心均享有诉权和代表权。对于上市公司上市后虚假陈述情形，则投服中心买入上市公司股票的时间点可能或早于或晚于实施日或者揭示日，下文将进一步分情况讨论。

诈上市民事赔偿诉讼的适格原告与新《证券法》第95条第1～2款下的诉讼代表人。

2. 如果是投服中心于2016年2月19日至2017年5月集中购买股票的3003家上市公司中存在欺诈上市行为的,则当投服中心"存量持股"买入这类欺诈上市公司股票的时候,存在以下两种可能的情况:

第一,公司欺诈上市的行为还没有被完全揭示的,投服中心享有民事赔偿诉讼的诉权,且有资格经推选或商定成为诉讼代表人。该情况又可细分为两种情形:(1)欺诈上市行为尚未被揭示的;(2)公司欺诈上市的相关信息仅被"部分"揭示的。

所谓部分揭示,是指同一项虚假陈述行为没有得到一次性的完整揭示,通常表现为虚假陈述行为人为了减轻或规避责任,分点分次地逐渐释放真实信息,即所谓"挤牙膏"式的揭示。在这种情况下,将首次揭示日、最后一次完整揭示日作为认定投资者能否受偿的揭露日或者更正日,都不利于投资者的保护,〔14〕反倒容易滋生虚假陈述行为人逃避民事责任的"温床"。有鉴于此,如果存在"挤牙膏"式的揭示,投服中心只要在虚假陈述实施日之后、最后完整揭示日之前买入,并在买入时点之后的任一揭示日后卖出或在最后完整揭露日之后因持有证券蒙受损失,〔15〕均属于证券民事赔偿案件的适格原告与第95条第1～2款下的诉讼代表人。

另外,值得注意的是,即使投服中心的股票买入日距离发行人或上市公司虚假陈述实施日的间隔时间遥远,虚假陈述行为与买入行为间的交易因果关系与损失因果关系仍然有可能成立。这一要旨在我国首个示范诉讼判决"北大方正科技虚假陈述案"中有所体现,该案中虽然方正科技公司的虚假陈述日与投资者购买股票之日间隔长达10年,其间虽然经历了A股牛市且方正科技公司曾发布一系列利好公告,法院最终依然认定原告投资者的买入行为与虚假陈述行为间存在交易上的

---

〔14〕 参见汤欣、杨祥:《虚假陈述损害赔偿的最新实践及法理检视——以万福生科与海联讯补偿方案为例》,载《证券市场导报》2015年第3期。

〔15〕 同上。

因果关系。〔16〕

第二，公司欺诈上市的所有信息已经完全被揭示的，由于投服中心买入股票的行为与虚假陈述行为不存在交易上的因果关系，则该中心不是提起民事赔偿诉讼的适格投资者。经统计，在前述的统计期间内所有可得的样本案例中一共有3家上市公司在2015年及以前因欺诈上市受到证监会的行政处罚，〔17〕这些公司如果后续不存在新的违法行为或者在投服中心买入股票后又被揭示出其他与欺诈上市相关的信息，则投服中心没有诉权。

（二）上市公司上市后虚假陈述的情形

上市公司在发行上市后虚假陈述的，即其在证券交易过程中违反证券法律规定，在财务会计报告、年度报告、中期报告、临时报告及其他信息披露资料中对重大事件作出违背事实真相的虚假记载、误导性陈

〔16〕 该案中，被告方正科技公司虚假陈述实施日为2005年3月19日（方正科技公司《2004年年度报告》的发布日），而揭露日为2015年11月20日，中间时隔将近10年。对此，被告方正科技公司辩称，“原告投资者并非在方正科技公司信息披露违法行为发生后立即买入方正科技股票，而是直到2015年4月至7月才开始集中买入方正科技股票，其买入方正科技股票主要因为2014年下半年到2015年上半年的‘牛市’及方正科技公司发布的一系列重大利好公告，与信息披露违法行为没有交易因果关系”。对此，上海金融法院认为，虽然“客观上无法区分原告投资者买入股票的具体动机……但无论如何，在此期间方正科技公司年度报告对其经营业绩的披露始终是影响投资者决策的重大因素。即便投资者确因市场行情而开始购入股票，但在众多股票中选择方正科技股票，仍然是因为信赖了方正科技公司对外披露的公司信息。反之，如果当时方正科技公司如实披露关联交易事项，投资者的决策可能发生变化”。在本案上诉审中，上海市高级人民法院基本认可了上述判决结果。参见上海金融法院（2018）沪74民初330号民事判决、上海高院（2019）沪民终263号民事判决，即本案审理法院认为，即使原告投资者买入股票的时间点距离虚假陈述日长达10年，其买入行为依然可能与虚假陈述行为间存在交易上的因果关系。

〔17〕 3例行政处罚分别是：(1)万福生科《首次公开发行股票并在创业板上市招股说明书》披露的2008年至2010年财务数据存在虚假记载，公司不符合公开发行股票的条件，收到中国证监会行政处罚决定书〔2010〕89－1号。(2)海联讯为实现发行上市目的，在相关会计期间虚构收回应收账款并虚增营业收入，致使其制作和报送中国证监会的IPO申请文件中相关财务数据和财务指标存在虚假记载，收到中国证监会行政处罚决定书〔2014〕94号、〔2014〕16号。(3)绿大地在招股说明书中虚增资产、虚增业务收入，收到中国证监会行政处罚决定书〔2013〕47号。除欺诈发行行为外，前述3家上市公司还有后续的虚假陈述行为，但在统计时不再列入“情形一：上市公司上市后虚假陈述行为”一栏。

述,或者在披露信息时发生重大遗漏或者进行不正当披露的行为,[18]则如果虚假陈述实施日在投服中心买入股票之前,并且投服中心购买股票的时候虚假陈述行为还没有(完全)被揭示的,投服中心享有诉权。[19] 满足该条件的案例数量大概有多少呢?在444件样本案例中,依据违规时间发生在2016年以前(不包括2016年)且处罚公告时间在2017年5月以后(不包括5月,下同)的条件检索可得64例案件。[20]而2017年5月以后上市的公司截至2020年9月末尚未被揭示存在虚假陈述行为。

另外,假设投服中心购买上市公司一手股票后没有再继续增持股票,且跟进买入后续上市或复牌公司的股票也比较及时,则对大多数上市公司在2017年5月以后实施的虚假陈述,投服中心并不享有民事赔偿诉讼的诉权。经统计,444件样本案件中,2017年5月以后至2020年9月上市公司实施虚假陈述且因此受到行政处罚的案件有41例,而这41例案件中的违规上市公司均在2016年以前上市。也就是说,对这41例虚假陈述案件,投服中心不享有诉权。此外,如果公司虚假陈述的违法行为实施日和揭示日均发生在2016年2月前,那么投服中心也不享有诉权。经统计,样本中这类案件有240例,其中当事人受行政处罚的案件235例,受刑事处罚案件5例。

(三)小结

如表1和图1所示,假设444例虚假陈述案件样本中,虚假陈述行为已经被完全揭示,不存在“挤牙膏”式披露的情况,则投服中心原则上可以依据新《证券法》第95条第1~2款作为适格原告和诉讼代表人,提起普通代表人诉讼的案件有64例,约占样本总量的14.41%。考虑到可能存在“挤牙膏”式披露的行为,投服中心实际可诉的案件数

---

〔18〕 参见最高人民法院《关于审理证券市场因虚假陈述引发的民事赔偿案件的若干规定》第17条第1款。

〔19〕 在较为特殊情况下,上市公司的虚假陈述行为导致另一家上市公司投资者蒙受损失的(如在涉及上市公司之间收购或者重大资产重组的情况),投服中心作为蒙受损失的投资者享有诉权,并有权经推选或商定成为诉讼代表人。

〔20〕 该数据的统计默认以行政处罚公告时间为揭示日,但实际上不排除违规上市公司在公告日前自行更正的情况,如果自行更正的时间早于2017年5月,则投保机构是否享有诉权是不确定的。

量和比例会更高；另外，由于本文无法精确得知投服中心购买上市公司股份的具体日期，所以，尚不确定投服中心有无诉权的案件有 96 例，约占据样本案例的 21.62%；排除"挤牙膏"情形、非受罚公司股东起诉情形，投服中心明确不可诉的案件有 284 例，占 63.96%，分布情况见图 1。不过值得注意的是，前述的 64 例案例中投服中心并非绝对可诉。具体到个案，投服中心是否享有诉权还受下列因素制约：第一，诉讼时效。根据《民法典》第 188 条的规定，投保机构应当自（应当）知道权利受损之日（一般为揭示日）起 3 年内、且权利受损之日（一般为实施日）起 20 年内提起诉讼；第二，损失因果关系的限制。如果在损失计算上投服中心没有真实受损，即不存在损失因果关系，也无法提起诉讼。由此看来，目前投服中心可诉的案件数量相当有限。但是，考虑到投服中心增量持股的 549 家上市公司中未来可能会被揭示更多的虚假陈述行为，而对此投服中心也享有诉权，因此，投服中心提起《证券法》普通代表人诉讼的现实空间是客观存在且有可能是比较可观的。

表 1　2000～2020 年投服中心可诉的虚假陈述民事赔偿案件统计〔21〕

情形一：上市公司上市后虚假陈述行为		
虚假陈述时点	揭示时点	是否可诉/案件数量（件）
2016 年 2 月前	2016 年 2 月前	不可诉：240
	2016 年 2 月至 2017 年 5 月	不确定：55〔22〕
	2017 年 5 月后	可诉：64

〔21〕 表 1 内的单元格中如出现"/"，意思是无论揭示时点是在何时，是否可诉的结果都不会因此改变。另外，部分案件可能同时存在多个虚假陈述时点和多个揭示时点，案件分类的优先顺序为"可诉""不可诉""不确定"。也就是说，在不考虑"挤牙膏"情形的前提下，只要案件中一组虚假陈述时点和揭示时点符合可诉条件，即归入可诉范围，如果不符合可诉条件，但明确符合不可诉条件，则归入不可诉范围。完全无法确定是否可诉的案件，归入不确定范围。

〔22〕 由于投服中心没有披露其购买具体上市公司股票的时间点，因此，当虚假陈述揭示时点落入存量持股期间时，本文无法确定揭示时点和买入时点孰早孰晚，也就无法确定投服中心是否享有诉权。但对于投服中心来说，其是可以判断自身是否为适格原告和诉讼代表人。

续表

<table>
<tr><td colspan="3">情形一:上市公司上市后虚假陈述行为</td></tr>
<tr><td>虚假陈述时点</td><td>揭示时点</td><td>是否可诉/
案件数量(件)</td></tr>
<tr><td>2016 年 2 月至 2017 年 5 月</td><td>/</td><td>不确定:41[23]</td></tr>
<tr><td>2017 年 5 月后</td><td>/</td><td>不可诉:41</td></tr>
<tr><td colspan="3">情形二:发行人欺诈发行(上市)</td></tr>
<tr><td>投服中心买入时点</td><td>揭示时点</td><td>是否可诉/案件数量(件)</td></tr>
<tr><td rowspan="2">2016 年 2 月至 2017 年 5 月</td><td>在具体买入时点之前</td><td>不可诉:3</td></tr>
<tr><td>在具体买入时点之后</td><td rowspan="2">可诉:截至 2020 年
9 月 30 日
尚无实例</td></tr>
<tr><td>2017 年 5 月后</td><td>如投服中心在股票上市后第二个交易日跟进买入,则揭示日均在买入时点之后</td></tr>
</table>

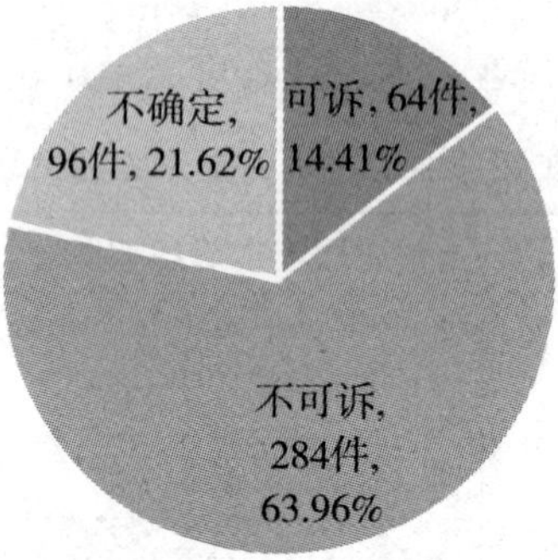

图 1 投服中心在《证券法》普通代表人诉讼下的可诉情形

三、投保机构提起普通代表人诉讼的现实意义

(一)背景:代表人诉讼制度的"沉寂"与"激活"

1991 年,我国《民事诉讼法》借鉴了英、美、日、德的成熟经验,正式

〔23〕 类似前注,本文无法确定投服中心买入时点与虚假陈述实施时点孰早孰晚,但投服中心自身是知道并可以据此判断是否享有诉权的。

确立了代表人诉讼制度。但此后的将近三十年来，在证券群体诉讼司法领域，代表人诉讼制度一直被“束之高阁”，发挥的制度价值相当有限。最高人民法院曾于2002年、2003年明确虚假陈述案件不适用人数不确定的代表人诉讼。〔24〕实践中，虚假陈述民事赔偿诉讼惯常的做法是由维权律师主动征集并直接代理全体投资者原告，法院通常采取“一案一立”或者多案合并审理，根据《民事诉讼法》第53条、第54条规定由原告推选或者法院商定出诉讼代表人的情况鲜有出现。

近年来，证监会“重拳打击”上市公司财务造假、欺诈等恶性违法行为，〔25〕证券虚假陈述民事赔偿诉讼数量也呈“井喷式”增加，案件特点是“小额多数——受损投资者人数众多，单个投资者受到损失的金额比较小，但总索赔金额巨大”。〔26〕而传统审理模式在处理这类案件时显得力有不逮：一方面，“一个诉讼空间无法容纳如此多的诉讼主体……不仅程序繁杂，法院和原被告都会不堪重负，而且极不经济”；〔27〕另一方面，诉讼集体行动困境难以避免。〔28〕有鉴于此，证券诉讼集约化、经济化改革的需求也日益旺盛。

2019年6月，最高人民法院发布《关于为设立科创板并试点注册制改革提供司法保障的若干意见》，强调要“用好、用足现行代表人诉讼制度”。同年12月新《证券法》正式通过，奠定了投保机构在证券群体纠纷中的重要地位，同时正式确立了“中国式集体诉讼”制度。2020年3月，杭州中院刊登公告，宣布采取人数不确定代表人诉讼方式审理五洋

〔24〕参见最高人民法院于2002年发布的《关于受理证券市场因虚假陈述引发的民事侵权纠纷案件有关问题的通知》第4条，2003年发布的《关于审理证券市场因虚假陈述引发的民事侵权纠纷案件的若干规定》第12条。

〔25〕在最近的瑞幸咖啡（Luckin Coffee）舞弊事件爆发后，证监会进一步加强了对上市公司审查力度。2020年4月25日，证监会公布了近一年对上市公司的检查结果，对累计22家上市公司财务造假行为立案调查，对18起典型案件作出行政处罚，向公安机关移送造假涉嫌犯罪案件6起。

〔26〕耿利航：《群体诉讼与司法局限性——以证券欺诈民事集团诉讼为例》，载《法学研究》2006年第3期。

〔27〕[美]史蒂文·苏本、[美]玛格瑞特·伍：《美国民事诉讼的真谛》，蔡彦敏、徐责译，法律出版社2002年版，第200页。

〔28〕参见汤欣：《私人诉讼与证券执法》，载《清华法学》2007年第3期。

公司虚假陈述案,标志着我国证券民事赔偿代表人诉讼第一案正式启动。[29] 2020年5月8日,南京市中级人民法院宣布对4起虚假陈述纠纷案适用代表人诉讼,并在公告的"说明事项"中明确可以采取特别代表人诉讼机制。[30] 而在此前,虽然投保机构一直积极投身于持股行权和投资者维权的活动,但一般都是以权益受损的普通投资者身份提起诉讼,或者以支持机构身份支持投资者起诉。因此,虽然逻辑上投服中心有权根据新《证券法》第95条第1~2款作为诉讼代表人提起代表人诉讼,但本文成稿前的司法实践尚无先例。

(二)投保机构提起普通代表人诉讼与特别代表人诉讼相比较

根据《证券法》第95条第1~2款提起的代表人诉讼中,由投保机构作为诉讼代表人的专业优势不言而喻:其一,投保机构这类具有公益性质的专业机构直接加入或间接影响诉讼活动能平衡诉讼两造的对抗力量,更好地保护弱势投资者群体的利益。其二,克服"小额多数"证券纠纷中的集体行动困境。[31] 其三,随着取消虚假陈述民事赔偿案件受理前置程序的改革深入推进,法院将直面侵权行为认定的难题,其无论对普通投资者的举证能力还是法院的调查能力来说都是极大的挑战。而投保机构更有能力从证据的收集、信息的来源以及调查取证等各方面加强案件审理的专业化程度,从而较好地解决这一审判困境。[32] 其四,虚

---

〔29〕 参见杭州市中级人民法院:《"15五洋债""15五洋02"债券自然人投资者诉五洋建设集团股份有限公司等人证券虚假陈述责任纠纷系列案件公告》,载人民法院公告网:https://rmfygg.court.gov.cn/web/rmfyportal/noticedetail?paramStr=0031201390500279,2020年4月22日访问。

〔30〕 参见南京市中级人民法院:《辉丰生物证券纠纷代表人诉讼登记公告》,载南京审判网:http://www.njfy.gov.cn/www/njfy/fygg_mb_a39200508130992.htm,2020年5月9日访问;《证券纠纷代表人诉讼登记公告(澄星股份)》,载南京审判网:http://www.njfy.gov.cn/www/njfy/fygg_mb_a39200508130993.htm,2020年5月9日访问;《证券纠纷代表人诉讼登记公告(蓝丰生化)》,载南京审判网:http://www.njfy.gov.cn/www/njfy/fygg_mb_a39200508130994.htm,2020年5月9日访问;《证券纠纷代表人诉讼登记公告(怡球资源)》,载南京审判网:http://www.njfy.gov.cn/www/njfy/fygg_mb_a39200508130995.htm,2020年5月9日访问。

〔31〕 参见章武生:《论群体性纠纷的解决机制——美国集团诉讼的分析和借鉴》,载《中国法学》2007年第3期。

〔32〕 参见单素华:《证券支持诉讼示范判决机制综述》,载《投资者》(第4辑),法律出版社2018年版,第96~97页。

假陈述损害赔偿类案件中，法官最大的工作量就是计算受损金额，如果投保机构能够提供专业的计算软件，将极大地减轻法官的工作负担，提高司法效率。[33]

上市公司虚假陈述案件中受害投资者人数众多，通常起诉时人数还不能完全确定，在此种代表人诉讼中，如果出现投服中心既是提起虚假陈述诉讼的适格投资者，同时又满足《证券法》第95条第3款“受五十名以上投资者委托”的情况，该如何适用法律？本文认为，虽然《证券法》第95条第3款条文在逻辑上呈现一个递进的关系——第2款是第1款的例外情形、第3款又是第2款的例外情形，但是考虑到第3款是赋权性而非强制性规则，且没有明确排除投保机构作为受损投资者身份的情况，则当投服中心同时满足第2款（因虚假陈述利益受损的投资者）、第3款（受50名以上投资者委托）的适格诉讼代表人条件时，从条文文义本身看投保机构是有权对两种在确定原告范围方面完全不同的代表人诉讼模式进行“二选一”的。[34] 只不过，现实中投服中心可能会缘于政策走向、舆论压力，倾向于采纳“明示退出”的“中国式集体诉讼”模式。

那么，为什么在新《证券法》第95条第3款已经明确赋予投保机构作为原告人数不确定代表人诉讼的代表人身份这一前提下，还需要充分保证投保机构等在同条第2款下作为适格代表人的适用空间呢？本文以为，主要原因如下：

第一，新《证券法》第95条第3款诉讼效力强劲，应谨慎适用。新《证券法》四审稿问世后，第95条第3款被认为是本次《证券法》最为激进的修改内容。有评论称，“该规则给我国现行证券诉讼机制带来石破天惊的变化……一旦该制度正式落地，证券虚假陈述民事诉讼不仅会更加常态化、信息化，在体量上也很可能呈几十倍甚至上百倍的激增，我国

[33] 参见付金联：《支持诉讼与示范判决分论坛嘉宾发言摘要》，载《投资者》（第4辑），法律出版社2018年版，第95~96页。

[34] 值得注意的是，根据最高人民法院《关于证券纠纷代表人诉讼若干问题的规定》第32条第1款前段有关“人民法院已经根据民事诉讼法第54条第1款、证券法第95条第2款的规定发布权利登记公告的，投资者保护机构在公告期间受五十名以上权利人的特别授权，可以作为代表人参加诉讼”的规定，未来司法实践中的特别代表人诉讼只能建立在既已提起的普通代表人诉讼基础之上。

证券市场将真正进入‘全民索赔时代’”。[35] 这种原告数量膨胀导致的天价索赔很可能会直接压垮上市公司,而上市公司所承担的责任实质上最终会回到其全体股东身上,从而陷入“循环责任、互相支付”的窘境。[36] 有鉴于此,“中国式集体诉讼”虽有其积极意义,但在适用上应慎之又慎,避免造成“一场诉讼毁掉一个上市公司”的过犹不及的后果。[37] 另外,第95条第3款下“中国式集体诉讼”的启动与否主要取决于法院是否发布公告,考虑到诉讼辐射范围极其广泛、社会影响力巨大,法院决定启动也承受巨大的压力。相比之下,投保机构依据《证券法》第95条第1~2款提起的代表人诉讼,一方面,其最终确定的原告范围规模相对有限,且无论是赔偿额还是案件辐射的社会影响力都相对可控,还可以根据实际情况结合示范判决机制扩大索赔投资者范围、节约诉讼成本;另一方面,又能保证法庭上对利于投资者证据的充分发掘,发挥司法的监督作用。因而选择启动第95条第2款下的代表人诉讼不失为一个能起到一定“缓冲”作用、较为折中的替代选项。

第二,程序上,投保机构依据第95条第2款能更及时地提起诉讼并申请财产保全,在避免“打草惊蛇”的同时降低诉讼成本。《证券法》第95条第3款规定“中国式集体诉讼”的提起必须以“投资者保护机构受五十名以上投资者委托”为前提,未来实践中该前提的实现很有可能需要通过投保机构征集的方式。[38] 由于无法确定征集人数能否达到法定标准,处在征集阶段的投保机构尚且不是适格的诉讼代表人,其既没有与虚假陈述的上市公司发生争议,也不存在权利可能受到上市公司侵犯的情形,能否作为《民事诉讼法》第101条下的“利害关系人”申请情况紧急下的诉前财产保全,是存疑的。因此,如果投保机构公开征集委托,很可能会“惊动”虚假陈述的上市公司及其他当事主体,促使其迅速转

---

〔35〕 张保生、周伟、朱媛媛、彭雅娜:《新〈证券法〉设立中国特色证券诉讼新机制,全民索赔时代来临》,载公众号“中伦视界”:https://www.sohu.com/a/374980581_120051855,2020年4月22日访问。

〔36〕 Cooper Alexander, *Rethinking Damages in Securities Class Actions*, Stanford Law Review, Vol. 48, 1996.

〔37〕 同前注〔35〕。

〔38〕 例如,《投资者保护机构参加诉讼代表人诉讼工作指引》(草案)第9条明确规定了投保机构征集委托人的具体方式。

移、隐匿财产，给后续的司法执行造成障碍。退一步说，即使投保机构构成利害关系人，有权并且成功申请诉前保全，根据最高人民法院《关于适用〈中华人民共和国民事诉讼法〉的解释》第 152 条第 2 款、第 27 条第 1 款的规定，投保机构原则上要提供相当于请求保全额的担保，[39]且如因未能成功征集到 50 人而决定不起诉的，还要承担被申请人因保全造成的损失。这对投保机构而言，都是一笔不小的成本。相比之下，新《证券法》第 95 条第 1 ~ 2 款均不需要起诉前的征集程序，也就不存在因公开征集“惊动”上市公司及相关的责任主体的可能。此外，虽然根据第 95 条第 2 款的程序性要求，法院依然有权发布公告以征集投资者，但该行为已经发生在提起诉讼后。换言之，此时投保机构或者其他投资者申请财产保全，既不一定需要提供等额担保，也不必承担因无法达到征集人数下限而无法提起诉讼、支付保全损失的风险。

第三，进而言之，新《证券法》第 95 条前两款的诉讼代表人不限于投保机构，为其他适格主体留出起诉空间。如前所述，新《证券法》实施之前，维权律师是发现和启动虚假陈述民事赔偿诉讼的“主力军”。而新《证券法》第 95 条第 3 款明确将中国式集体诉讼的代表人限于投保机构，阻断了第 95 条第 3 款下其他主体成为诉讼代表人参与诉讼的途径。这些主体可以是：(1)上市公司中积极的机构投资者及代表其利益的自律性组织；(2)公益基金、民间证券调解机构或者其他民间公益组织和社会团体；(3)经省市级地方政府或相关部门批准设立的投资者保护机构、金融消费者权益保护机构；(4)未来可能出现的公司治理“职业原

[39] 最高人民法院《关于证券纠纷代表人诉讼若干问题的规定》第 40 条规定“投资者保护机构作为代表人在诉讼中申请财产保全的，人民法院可以不要求提供担保”，但未涉及诉前保全的情形。

告”(professional plaintiff);[40] (5)公益律师或者非公益性质的维权律师等。这些市场主体有一定的积极性参与诉讼,尤其是非公益性质的律师和备受争议的“职业打假人”群体,更有可能自发地成为“奖金猎手”(bounty hunter)或者独立的私人执行者(private enforcer),主动发现、调查有利可图的虚假陈述行为并通过自己的努力赢得“胜诉酬金”,[41] 而第95条第1~2款为他们的作用发挥提供了可能的空间。

(三)投保机构提起普通代表人诉讼与支持诉讼相比较

2016年,“匹凸匹公司虚假陈述责任纠纷案”开创了我国证券支持诉讼的先例。[42] 截至2019年4月底,投服中心提起支持诉讼25起,“诉求总金额约1.19亿元,获赔总人数583人,获赔总金额约5545.01万元,其中判决获赔人数407人,获赔金额5064.95万元;和解获赔人数176人,获赔金额480.06万元”。[43] 截至2020年10月末,投服中心累计提起支持诉讼案件30件,其中已经审结案件10件。[44] 可见,支持诉讼作为投服中心重要的维权工具,现阶段的相关工作已经步入常态化。

支持诉讼与代表人诉讼的制度功能存在重合:都能发挥投服中心专

---

〔40〕 职业原告是指持有许多公司少量的股票,足以让他们在许多集团诉讼中成为适格原告。有时候他们会在律师的要求下成为其委托人、出任原告并获得报酬,或者作为“职业打假人”自行提起虚假陈述民事赔偿诉讼。See Marcey & Geoffrey Miller, *The Plaintiffs' Attorney's Role in Class Actions and Derivative Suits: Economic Analysis and Recommendations for Reform*, Chicago Law Review, Vol. 58, pp. 683 – 684(1991). 虽然我国证券市场上还没有像美国那样形成相当规模的“职业原告”群体,一直以来法院对消费者权益保护领域的“职业打假人”也持有十分谨慎的态度,但是随着对美国集团诉讼的借鉴和中国式集体诉讼的发展,国内专门从事证券民事赔偿案件的律师群体进一步壮大,很难判断未来国内证券市场是否会生出培育出这类群体的“土壤”。

〔41〕 See John C. Coffee, *Understanding The Plaintiff's Attorneys: The Implications of Economic Theory For Private Enforcement of Law Through Class and Derivative Actions*, Columbia Law Review, Vol. 86, pp. 669, 679(1986).

〔42〕 参见《投服中心提起全国首例证券支持诉讼 探索投资者维权救济新机制》,载中证中小投资者服务中心官方网站:http://www.isc.com.cn/html/ptpayja/20191101/1013.html,2020年4月22日访问。

〔43〕 参见《维权服务》,载中证中小投资者服务中心官方网站:http://www.isc.com.cn/html/wqfw/,2020年11月11日访问。

〔44〕 参见《“支持诉讼+示范案件”破冰 证券支持诉讼取得历史性突破》,载中证中小投资者服务中心官方网站:http://www.isc.com.cn/html/zxxw/20201026/3428.html,2020年11月11日访问。

业优势、信息优势和整合资源的能力，缓解私人诉讼举证难的问题，解决"小额多数"证券群体纠纷中出现的集体行动困境。可以说，早期投服中心之所以积极探索证券支持诉讼机制，一个重要的原因是为了弥补彼时代表人诉讼制度尚处于"休眠"状态、无法发挥其本应有作用的缺憾。而现在，"激活"后的证券代表人诉讼制度又有多大的发挥余地呢？考虑到支持诉讼成本较低、适用门槛低、程序简易、操作灵活等优势，即使法条逻辑上允许投保机构根据新《证券法》第95条第1~2款提起代表人诉讼，现实中支持诉讼也有可能"挤占"投保机构在新《证券法》第95条第1~2款的现实适用空间。但本文认为，第95条第1~2款下的代表人诉讼较支持诉讼有其自身的制度特征与比较优势，未来两种机制可以并存、互补，供投保机构相机选择，具体而言：

1. 支持诉讼机制缺乏明确的法律依据和具体可行的操作规范。"证券支持诉讼"不是既有法律法规中"有迹可循"的专业术语。尽管一般认为，证券支持诉讼机制的法律依据是《民事诉讼法》第15条〔45〕和新《证券法》第94条第2款，〔46〕但文义解释上，这两条规定的表述都是"支持起诉""支持提起诉讼"，而非"支持诉讼"，即支持行为仅限于起诉阶段，这与实践中投服中心贯穿整个诉讼程序的深度介入并不完全契合。因此，严格意义上证券支持诉讼机制缺乏明确的法律依据。

退一步说，《民事诉讼法》第15条和《证券法》第94条也仅仅是原则性规定，支持起诉的条件、方式和审查标准，以及支持主体的适格条件、诉讼地位、权利义务范围、法律责任等内容都处于立法"真空"，实务中也做法不一，不乏争议。尽管投服中心制定了《证券支持诉讼业务规则》《公益律师管理细则》等支持诉讼相关规范，〔47〕但其毕竟是"投服中心内部规则，其适用范围和效力有限，难以约束法院、投资者等的诉讼行

〔45〕 我国《民事诉讼法》第15条规定："机关、社会团体、企业事业单位对损害国家、集体或者个人民事权益的行为，可以支持受损害的单位或者个人向人民法院起诉"。

〔46〕 《证券法》第94条第2款规定："投资者保护机构对损害投资者利益的行为，可以依法支持投资者向人民法院提起诉讼。"

〔47〕 参见郭文英：《投资者》（第2辑），法律出版社2018年版，第146~147页。

为”。[48] 总的来说，无论是立法层面还是实践层面，证券支持诉讼都远未形成一个系统、规范、成熟的运作机制，实践中也暴露出目前工作模式的一些现实困境，如由于要耗费大量人力、精力和财力，支持诉讼公益律师畏难情绪日益增加、[49]“诉讼过程中任何争议点的改变、程序的变动，都需要投服中心工作人员逐次、逐一与每个投资者沟通、解释，争取得到投资者理解和配合”，而随着“申请支持诉讼的投资者数量激增，现有工作模式难以为继”。[50]

相比之下，代表人诉讼无论是理论基础、法律依据还是公益诉讼领域的实践经验都更加充分和完备，我国已经先后出台了最高人民法院《关于证券纠纷代表人诉讼若干问题的规定》，上海金融法院《关于证券纠纷代表人诉讼机制的规定（试行）》、《关于依法化解群体性证券侵权民事纠纷的程序指引（试行）》等配套政策，其他规范性文件也正在紧锣密鼓地制定中。

2. 支持机构与诉讼代表人在身份、权责方面有本质不同。首先，身份定位方面，我国支持起诉制度是对苏联社会干预主义、国家职权主义的借鉴与本土化，[51]多运用于消费者、劳工和环境保护等公益领域，具有较强的公益属性。支持诉讼中的投保机构通常扮演一个社会干预、辅助支持的角色，既不作为诉讼当事人直接享有诉权也不直接参与诉讼过程、代为行使诉讼权利，其实际发挥的作用相当有限。另外，对支持机构提出较高义务要求缺乏法理基础，实践中也难以明确其具体的履职不当行为及应承担对应的法律责任。以最常见的委派诉讼代理人为例，参与诉讼活动的主体是经委派的自然人而非投保机构，当事人难以据诉讼代理人的失职行为直接向投保机构主张责任承担。这与投保机构作为与虚假陈述有直接利害关系的诉讼当事人，以自己的名义深度参与诉讼过

〔48〕 范卫国：《从支持起诉到公益诉讼：新〈证券法〉实施下投资者权益保障的困境与出路》，载《金融法苑》2020 年第 2 期。

〔49〕 参见《投服中心：拟全力推动证券支持诉讼示范判决机制》，载中国证券业协会网：https://www.sac.net.cn/tzzyd/zxsd/wqbh/201803/t20180319_134770.html，2020 年 4 月 26 日访问。

〔50〕 苟晨露：《证券支持诉讼的实践探索与思考》，载《投资者》（第 2 辑），法律出版社 2018 年版，第 150 页。

〔51〕 参见陈刚：《支持起诉原则的法理及实践意义再认识》，载《法学研究》2015 年第 5 期。

程、直接行使诉讼权利存在本质不同。

其次，被委派的代理人能够行使的代理权也与代表人行使的代表权存在权限方面的不同。一般情况下，代表人的诉讼行为对其所代表的全体当事人发生效力，而诉讼代理人只能在委托人事前签名或盖章的授权委托书中所明确的委托事项和权限范围内行使代理权。因此，与诉讼代理人书面、明示和事前的授权不同，诉讼代表人拥有更广泛的、默示的诉讼权利。对于特殊情形，包括承认、放弃、变更诉讼请求，进行和解，提供反诉或者上诉，根据《民事诉讼法》第53条、第54条、第59条的规定，诉讼代表人必须经过被代表的当事人同意，而诉讼代理人则需经过委托人的特别授权。两者的区别在于：特别授权是事前决定的，如果委托授权书中没有明示特别授权，诉讼代理人不得代为行使前述诉讼权利，必须同诉讼代表人一样征得权利人的同意，诉讼代表人则原则上可以直接代为行使。

最后，对投保机构主动提起诉讼的评价。"是否将民事纠纷提交法院审理是当事人的权利，支持起诉的主体在当事人没有起诉时主动（帮助其）挑起诉讼，有鼓动、挑唆诉讼的嫌疑，是对当事人处分权的不法干预"，[52]其所行"越俎代庖"之事与现代民事诉讼法基本理念中的处分原则存在冲突。[53] 可见，在支持诉讼中，理论上投保机构不具备提起诉讼的主动权，只能在原告决定起诉后介入并支持。投服中心《证券支持诉讼业务规则（试行）》中亦明确提起证券支持诉讼以"中小投资者已提交书面的支持诉讼请求"为条件。但在代表人诉讼中，投保机构自身就是诉讼当事人与诉讼利益的直接归属者，行使和处分诉权是投保机构的基本权利，是否提起代表人诉讼由包括投保机构在内的适格投资者群体共同决定。

3. 主体适格条件不同。支持诉讼对支持主体及其委派的诉讼代理人都有条件上的限制：从支持主体要求来看，根据《民事诉讼法》第15条的规定，有资格进行支持诉讼活动的主体只能是机关、社会团体和企业

---

〔52〕 李德恩：《接近司法视阈下检察机关支持起诉的体制建构》，载《法治研究》2016年第1期。

〔53〕 参见蒋集跃、梁玉超：《存在未必合理——支持起诉原则的反思》，载《政治与法律》2004年第5期。

事业单位，以“保证提供支持的主体自身具有较强的能力或资源优势……从而与帮助弱势群体接近司法的初衷相吻合”。〔54〕可见，法律要求提供支持的主体应当具备一定的公益属性且不是自然人，那么营利性的民间社团、维权律师、“职业打假人”等群体，即使名义上开展公益活动，也无法成为提供支持的主体，但却可以是适格的诉讼代表人。诉讼代表人在主体方面的多元化能够为弱势的投资者提供更丰富的诉讼资源。

从诉讼代理人要求来看，《民事诉讼法》第58条规定的诉讼代理人包括律师、基层法律服务工作者、当事人近亲属或者工作人员、当事人所在社区、单位以及社会团体推荐的公民，仅限于自然人不包括单位。且较2007年《民事诉讼法》，修订后的版本删去了“经人民法院许可的其他公民”可作为诉讼代理人的内容。〔55〕可见，投保机构不能直接成为诉讼代理人，只能委派员工（基层法律服务工作者）或者律师等自然人从事代理行为。而在代表人诉讼中，投保机构是当事人同时也是适格的诉讼代表人，深度参与诉讼活动。

值得一提的是，投保机构参与的支持诉讼和代表人诉讼均具有较显著的溢出效应：在支持诉讼中，投保机构与民间公益律师团体可能形成良性合作；〔56〕而在代表人诉讼中，同为适格诉讼代表人的投服中心与维权律师则互为竞争关系，两种互动模式从整体上都有可能推动维权律师行业的发展、释放证券群体性诉讼的活力。

4. 支持诉讼与代表人诉讼完全可以并行不悖，有益结合。首先，投保机构通过委派代理人支持诉讼活动的，应当进一步探索其与证券示范判决机制的衔接和结合，形成“支持诉讼＋示范判决＋实际赔付”三位

---

〔54〕 韩静茹：《社会治理型民事检察制度初探——实践、规范、理论的交错视角》，载《当代法学》2014年第5期。

〔55〕 2007年《民事诉讼法》第58条原文为：“当事人、法定代理人可以委托一至二人作为诉讼代理人。律师、当事人的近亲属、有关的社会团体或者所在单位推荐的人、经人民法院许可的其他公民，都可以被委托为诉讼代理人。”

〔56〕 参见辛宇、黄欣怡、纪蓓蓓：《投资者保护公益组织与股东诉讼在中国的实践——基于中证投服证券支持诉讼的多案例研究》，载《管理世界》2020年第1期。

一体的救济结构。[57] 其次，投保机构支持诉讼的方式不应仅限于前种方式，未来还可以积极发挥诉前、诉中和诉后阶段的支持作用，如在起诉前协助当事人收集证据、判决后对后续平行案件损失计算及系统性风险评估的处理、[58] 提供法律咨询，或者借鉴美国“法庭之友”制度[59]——由投保机构向法庭提交书面意见、披露重要信息以提醒法院注意等。与提供诉讼代理人、充当诉讼代表人不同，投保机构对前述的这类支持供给可以趋于常态化。最后，在该基础上，支持诉讼与代表人诉讼机制可以兼容并蓄。比如，在同一件虚假陈述民事赔偿诉讼中，投服中心提供证据收集等方面的诉讼支持，持股的公益基金或其他积极投资者会担纲诉讼代表人，形成不同主体各司其职的同时互相监督、共享信息、协调合作的局面。

四、政策建议

投保机构依据《证券法》第 95 条第 1 ~ 2 款提起代表人诉讼，具备法律基础、现实可行性和制度优势。在法律适用上，投保机构既可以是证券民事赔偿纠纷的适格原告投资者，也可以经投资者推选或者与法院商定成为《证券法》第 95 条第 1 ~ 2 款下的诉讼代表人；司法实践中，投服中心符合虚假陈述民事赔偿诉讼适格原告条件的，即其在虚假陈述实施日之后揭示日之前买入公司证券的情况现实存在且预期存在相当数量的可诉案件；可替代机制方面，投保机构依据《证券法》第 95 条第 1 ~ 2 款提起的代表人诉讼亦较“中国式集体诉讼”和证券支持诉讼有其制度特征乃至某些情形下的比较优势。

有鉴于此，未来应当积极探索投保机构依据新《证券法》第 95 条第 1 款和第 2 款成为诉讼代表人，并提起虚假陈述民事赔偿诉讼的有益路径。为扩大对潜在的虚假陈述上市公司的提诉范围，投保机构可以定期

---

〔57〕 参见叶林：《探索适合证券市场大规模侵权纠纷解决的新型机制》，载《投资者》（第 4 辑），法律出版社 2018 年版，第 111 页。

〔58〕 同前注〔33〕，第 97 页。

〔59〕 参见项焱、海静：《“法庭之友”：一种诉讼信息披露机制》，载《法制与社会发展》2017 年第 2 期。

(如每隔1年或者2年)持续增持实施虚假陈述行为可能性较高的上市公司群体(比如,科创板、创业板等注册制重点推行板块中的上市公司、被标记为ST或者*ST存在退市风险的上市公司)的一手股票。日后,如果该政策实施平稳顺利,则投保机构可以根据维权需求和成本衡量,于必要时将增持范围扩大至其他板块或者其他重要指数(如沪深300指数、中证500指数等)的上市公司,甚至最终覆盖沪深两市所有挂牌上市的公司。

从政策建议的可行性方面分析,本文大致估算了投保机构如增持上市公司股票所需要的资金成本,如表2所示。[60] 可见,即使未来投服中心或者其他投保机构一次性增持A股市场所有上市公司股票各100手,其增持成本将仅在800万元上下浮动,基本不会超出600万~1000万元的区间。如果仅购买或者增持风险警示股、创业板和科创板公司的股票,成本则可以控制在410万元以内。相比之下,投保机构的注册资本要远高于这个数额——中证中小投资者服务中心有限公司注册资本达300亿元,中国证券投资者保护基金有限责任公司的注册资本达630亿元,此外,投保机构自身还可以通过缩小增持股票的范围、适当延长增持的间隔周期、短期内先卖出再买入股票的方式控制成本。因而对投保机构来说,这笔成本支出应在合理的可承受范围之内。

表2　推算增持上市公司一手股票的资金成本

单位:元

板块股/指数成分股	年成交均价之和×100	月成交均价之和×100
A股	7,346,705.69	9,105,599.83
风险警示股(ST/*ST)	88,344.07	85,156.16
上证A股	2,785,534.59	4,429,456.14
深圳A股	4,561,171.10	4,676,143.69

---

〔60〕 表2中的数据来源于东方财富Choice数据库,其中第二列“年成交均价之和×100”是指将2019年9月30日至2020年9月30日各上市公司股票的不复权成交均价求和后乘以100(一手100股);第三列“月成交均价之和×100”是指将2020年9月1日至2020年9月30日各公司不复权的成交均价求和后乘以100(一手100股)。由于科创板设立时间不到1年,所以第二列的数据无法得出,可参考第三列数据。

续表

板块股/指数成分股	年成交均价之和×100	月成交均价之和×100
深圳主板 A 股	498,232.59	531,983.71
中小板	1,517,553.10	1,574,202.34
创业板	2,504,431.07	2,530,636.61
科创板	—	1,458,190.61
沪深 300 指数成分股	1,080,584.24	1,178,083.15
中证 500 指数成分股	887,651.05	978,986.29

（编辑：吴紫君）

《证券法苑》(2020)
第三十卷,第48~75页

日本公司法中的多重代表诉讼制度:妥协与平衡之下的立法

朱大明*

摘要:日本2014年通过《公司法》修改正式建立了多重代表诉讼制度,对日本《公司法》既有的法律制度,特别是对涉及母公司董事以及子公司经营者的制度带来重大影响。该制度充分考虑了对既有法制度可能产生的冲击,通过限定的方式尽可能实现了多重代表诉讼与既有法制度之间的一种平衡。日本在《公司法》中建立多重代表诉讼制度本身对于追究子公司董事责任、解决股东权限缩问题、保护母公司利益以及改善公司集团治理机构等方面具有重要意义。

关键词:股东权　股东代表诉讼　公司集团法制　多重代表诉讼

引　言

在日本《公司法》中,如何保护公司集团以及母子公司中母公司的利益成为一个重要的问题。作

---

* 北京大学国际法学院副教授。

为公司集团立法中的重要内容,日本在2014年(平成26年)经过长期的讨论,[1]正式在日本公司法中建立了多重代表诉讼制度(规定在日本《公司法》第847条之3)。

所谓多重代表诉讼,是指母公司的股东以自己的名义,代表子公司行使对子公司经营者的损害赔偿请求权,提起的追究子公司经营者损害赔偿责任的诉讼。从股东代表诉讼的角度来看,多重代表诉讼制度可以说是特殊的代表诉讼,其内容就是母公司股东针对子公司经营者提起的代表诉讼。本来,在股东代表诉讼的制度中,公司的股东为了公司的利益以自己的名义起诉侵害公司利益的公司董事等经营者,要求公司的经营者向公司承担损害赔偿责任。但是,在公司集团或是母子公司的结构中,由于子公司的经营者损害公司利益的行为同时也会导致母公司利益的受损,因此,如果在制度上仅有股东代表诉讼,那么,在母公司董事怠于追究子公司经营者责任的前提下,[2]事实上子公司经营者的责任追究就会陷入一种困境。解决这个困境的方法,存在两种可能的路径:第一种是直接的方法,具体而言,就是直接允许母公司股东穿透母公司直接起诉子公司董事等经营者,通过保护子公司的利益进而实现对母公司利益的保护,也就是多重代表诉讼制度。第二种是间接的方法,具体而言就是强化母公司董事的权利与义务,明确规定母公司董事对子公司的经营负有监督管理的义务。通过母公司董事行使对子公司经营的监督管理来实现对于子公司经营者行为的规制。

对于这两种不同的方法,日本《公司法》修改过程中,进行了激烈的争议。[3]特别是对于上述的第一种手段,即多重代表诉讼制度,由于建立多重代表诉讼制度将会给整个公司集团内部的关系带来巨大的

---

〔1〕 参见[日]根本伸一:《多重代表诉讼的特殊性与普遍性》,载《法律论丛》2012年第85卷第1号,第271页。日本在公司法立法中对于多重代表诉讼制度的探讨从2005年公司法制定的过程中就已经开始讨论了。

〔2〕 参见[日]落合诚一:《公司法要论》(第2版),有斐阁2016年版,第180页。考虑到母公司董事与子公司经营者可能存在熟人关系等多方面的因素,事实上很难期待母公司董事会代表母公司迅速追究子公司经营者的责任。

〔3〕 参见[日]高桥阳一:《多重代表诉讼的应有形态——必要性和制度设计》,商事法务出版社2015年版,第1页。

影响,因此有来自各界为数众多的反对声音。[4]

就理论而言,如果采用上述的第二种方法,应当说对于抑制子公司董事的行为具有明显的效果。但是,无论母公司董事是否充分、有效地履行对子公司进行监督管理的义务,子公司董事在执行职务时如果出现了职务懈怠或者其他违法行为造成了子公司的利益受到损害的情况,如果不能追究子公司董事的责任,而将子公司董事的问题转嫁到母公司董事身上,这其中由于伴随母公司董事是否对子公司尽到监督管理义务的问题,事实上,不仅无法明确地解决问题,甚至还会导致问题变得更加复杂。

此外,从公司集团的角度来看,也有很多人提出了反对多重股东代表诉讼的意见。其重要原因在于,当公司集团的利益与子公司的利益之间出现冲突时,子公司董事遵从了母公司董事的指示或命令,从而虽然维护了公司集团整体的利益,但是却可能会造成子公司利益的受损,而是否应当追究子公司董事的责任,应当是母公司董事的一种经营判断。因此,排除多重代表诉讼制度,为公司集团经营减少障碍似乎更符合公司集团发展的需要。与此相关联,近年伴随公司集团的大量出现,从而出现了"股东权限缩"的问题(关于股东权限缩的问题在下文中会有详细说明)。[5] 而这些从公司集团的角度出发产生的问题,其背后更根本的问题是公司集团经营的应有形态究竟该如何选择。

在这激烈的争议过程中,日本最终决定在公司法中建立多重代表诉讼制度。今天,多重代表诉讼制度已经变成了日本公司法制中的一个重要制度,我们既有必要了解日本的多重代表诉讼制度在建立的背后所面对的诸多问题,也有必要了解多重代表诉讼制度在运行过程中所展示出的功能与意义,这对于未来我国公司法制度的完善具有宝贵的参考价值。

---

〔4〕 参见[日]河合正二:《多重代表诉讼制度的创设与公司集团董事的义务与责任——从多重代表诉讼的法构造出发》,载《金泽星稜大学论集》第51卷第2号,第22页。

〔5〕 参见[日]落合诚一:《公司法要论》(第2版),有斐阁2016年版,第296页。

一、日本建立多重代表诉讼制度的背景

(一)股东权限缩的问题

第二次世界大战以后,根据当时联合国军最高司令官总司令部(GHQ)的要求,日本分拆了第二次世界大战之前控制日本经济的公司集团,并且,为了防止这些公司集团的"复活",通过在立法上禁止设立持股公司,禁止法人持有股份〔6〕等方法,在法律上对公司集团进行了严格地限制。因此,日本在第二次世界大战结束之后很长一段时间内几乎都没有公司集团。但是,随着日本经济的发展产生的"本国法和外国法整合的需要"以及"稳定金融秩序的需求"等诸多因素,日本政府从20世纪60年代开始在立法上不断地调整上述禁止设立持股公司、禁止法人持有股票的法制度,〔7〕并最终于1998年全面解除了这些对于限制公司集团的发展有重要意义的法律规制。〔8〕进入21世纪之

---

〔6〕参见1947年日本《反垄断法》第10条。

〔7〕日本于1949年修改了《反垄断法》第10条。通过修改第10条,使持有"事业公司的股份"的限制得到了缓解。仅仅对以下几种情形予以限制。通过取得、持有其他的公司的股票或者债券,进而产生的"在实质的抵消公司竞争的情况";通过"不公正的竞争方法"来取得、持有股份或者公司债的情况;取得、持有存在竞争关系的国内的其他公司的股票或者是公司债的情况。所谓事业持股公司,是指在自己经营事业的同时,还支配其他子公司事业的公司。日本1953年进行的法律修改,使日本《反垄断法》第10条的规制得到了进一步的缓和。仅限于"对于在一定的交易领域中限制竞争的情形"以及通过"不公正的交易方法"的情形,股份的取得、持有成为限制的对象。另外,公司债的取得与持有被排除在禁止对象之外。日本通过上述的1949年以及1953年《反垄断法》的修改,除了带来限制竞争的情况以外,法律全面解禁了法人持有股份的行为。通过这样的修改,有经营事业的公司持有子公司的行为也获得了法律的承认。

〔8〕修改后的日本《反垄断法》第9条规定,通过持有其他的国内的公司的股票,使本公司事业的市场占有率变得过于集中的公司设立或者企业再编的行为属于规制的对象(日本《反垄断法》第9条第1~2款)。在这里所指的公司,是指取得的子公司股票价格的总额占公司总资产的数额比例的50%以上的公司(日本《反垄断法》第9条第3款)。另外,所谓"事业的市场占有率过度集中"的含义,是指符合下列任何一种情况,并且会对国民经济产生很大影响,妨碍促进公正及自由竞争的情况。(1)通过持有股份支配其事业活动的其他的国内的公司的综合事业规模跨越相当数量的事业领域,规模显著非常大的情况。(2)对于基于资金交易的其他事业者的影响力

后,在日本的经济市场中通过并购重组等方式迅速重新形成了大量的公司集团。

正是因为日本的经济市场中迅速形成了大量的公司集团,也由此产生了诸多的问题。其中,随着公司实施事业部门子公司化,本来可以直接参与母公司经营活动的母公司股东对于子公司的事业只能通过间接的方式来影响。就这个意义而言,事业部门子公司化之后,子公司股东的权限在客观上被制约了,〔9〕这就是所谓“股东权限缩”的问题。〔10〕如何解决“股东权限缩”的问题,日本《公司法》中有诸多的探讨,正是在这样的背景之下,始于2014年的多重代表诉讼制度在讨论的过程中,其中的一种重要的视角就是解决“股东权限缩”的问题。〔11〕

(二)母公司董事对子公司进行监督管理的义务

在传统公司法的理论中,公司法制度基本上是以每个公司作为独立的对象来进行设计规制的,并没有过多考虑公司集团的关系、母子公司之间的相应法规制。如上所述,从1998年日本在法律上解除了对纯粹持股公司的限制以后,日本的经济市场迅速形成了大量的公司集团。但是在公司企业集团中,母公司董事对子公司的指挥权在法律中并没有明确规定(未被规定),那么,当母公司董事将母公司制定的集团整体经营战略部署到公司集团中各个子公司时,母公司董事究竟有什么样的权限以及相应的义务与责任都并不清楚。另外,虽然在法律上子公司并没有遵循母公司指示的义务,但是,由于母公司基于控制权而

显著非常大的情况。(3)在相互之间具有关联性的相当多数量的事业领域中,各自占有强力地位的情况(日本《反垄断法》第9条第5款)。在1998年日本《反垄断法》的修改中,全面解除了对于设立纯粹持股公司的限制。唯有一个例外,那就是如果公司事业的市场占有率过度集中,那么其仍然是被禁止的对象。

〔9〕 代表诉讼可以说就是“股东权限缩”的一个例子,具体而言,原来股东可以通过代表诉讼起诉公司所有经营者,但是,公司的营业部门子公司化之后,股东作为母公司的股东无法再通过代表诉讼来起诉子公司的经营者。

〔10〕 参见[日]落合诚一:《公司法要论》(第2版),有斐阁2016年版,第297页。

〔11〕 参见[日]河合正二:《多重代表诉讼制度的创设与公司集团董事的义务与责任——从多重代表诉讼的法构造出发》,载《金泽星稜大学论集》第51卷第2号,第22页。

实际享有对子公司的控制力，由此实际上母公司与子公司之间又存在控制关系，因此，子公司事实上又不得不服从母公司董事的指挥。在这样的状态之下，母公司董事与子公司经营责任之间的法律关系就变得模糊不清。特别是对于子公司董事而言，如果遵从母公司董事的指挥而导致子公司自身利益受到损害的话，自己并不能逃避相应的法律责任，但是如果拒绝的话，就可能会受到来自母公司的解聘等处罚。这些问题逐渐成为阻碍公司集团发展的重大阻碍。〔12〕因此，在法律上迫切需要拿出对于上述问题的对应方法。

在这样的背景之下，2014年开始在日本《公司法》修改的过程中展开讨论的股东多重代表诉讼制度，事实上必须要面对一个核心的问题，那就是如何协调多重代表诉讼制度与日本《公司法》规定的“母公司董事对子公司经营的监督管理义务以及子公司董事对母公司的义务”之间的关系。

（三）赞成派与反对派的激烈对立

在多重代表诉讼立法过程中，日本公司法学界存在大量的探讨，对于是否应当引入多重代表诉讼制度进行了激烈的争议，并且形成了赞成派与反对派两种完全对立的意见。〔13〕赞成派的理由相对比较集中，主要是从两个角度展开：第一，由于在公司集团中出现了“股东权限缩”的问题，因此，作为解决“股东权限缩”问题的重要手段，应当建立多重代表诉讼制度。〔14〕第二，从公司集团治理的角度出发，由于完全子公司的董事职务懈怠，无论是否造成完全子公司的损害，完全母公司不提起诉讼，导致该完全子公司董事没有被追究责任的时候，完全母公司的股东有权对完全子公司的董事提出恢复子公司利益的损害赔偿诉讼，这将会对公司集团整体的经营产生巨大的影响。由于多重代表诉讼制度对于改善公司集团治理的作用，应当引入多重代表诉讼制

〔12〕参见［日］落合诚一：《公司法要论》（第2版），有斐阁2016年版，第299页。

〔13〕参见［日］根本伸一：《多重代表诉讼的特殊性与普遍性》，载《法律论丛》2012年第85卷第1号，第273页。

〔14〕同上。

度。[15]

在反对建立多重代表诉讼的观点中,主要理由集中在以下几个方面。第一,在现行法下,如果母公司董事没有合理的理由不追究子公司董事的责任,那么母公司的股东可以追究母公司董事的责任。因此,在现行法下,并不缺乏对母公司股东进行保护的手段,因此没有必要引入多重代表诉讼制度。[16] 第二,在公司集团中,子公司董事的地位实际上一般也就是相当于公司集团中母公司的一个部门负责人,在现行公司法中,并不允许通过股东代表诉讼的方式来追究公司包括部门负责人在内的公司员工在经营上的责任,因此,也不应当打破这种结构,引入多重代表诉讼来追究子公司董事的责任。[17] 第三,在允许多重代表诉讼的美国法中,对于是否提起代表诉讼的问题,公司的董事会享有广泛的裁量权,同时法院也非常尊重董事会的判断,从而构成了一种制约机制或者说是事实上形成了对于代表诉讼的一种抑制。但是,日本的股东代表诉讼的制度设计中并没有对于董事会判断的过多加以重视,这一点日本的股东代表诉讼制度与美国的股东代表诉讼制度之间差别很大。在这样的前提下,如果再进一步建立多重代表诉讼制度的话,那么股东滥诉的可能性将大为增加。因此,不应当再允许多重代表诉讼制度。[18] 第四,多重代表诉讼制度的本质是允许母公司的股东对于具有独立法人格的子公司的董事提起责任追究的诉讼。从行为的外观上来看,多重代表诉讼制度是以颠覆母公司与子公司两个公司的独立法人格为前提的,因此,从应当充分尊重公司法人格的角度主张不应当建立多重代表诉讼制度。[19]

(四)小结

从日本《公司法》立法过程中所面对的问题与立法过程中的主要意见来看,日本在建立多重代表诉讼制度时,主要面对的问题有两点:

---

〔15〕 参见[日]加藤贵仁:《公司法制修改的检讨(2):公司集团治理中多重代表诉讼的意义》(下),载《商事法务》第1927号,第37页。

〔16〕 同上书,第137页。

〔17〕 参见[日]前田雅弘:《母公司股东的保护》,载jurist第1439号,第39页。

〔18〕 同上书,第40页。

〔19〕 同上书,第39页。

第一,《公司法》中建立多重代表诉讼制度究竟要发挥什么作用,这个问题甚至关系到在日本《公司法》中是否有必要建立多重代表诉讼制度。第二,多重股东代表诉讼制度如何协调公司法内部相关联的制度。关于这两点问题,笔者会在后面详细说明。

二、立法过程中的一个偶然——日本最高法院的一个判决对多重代表诉讼制度的影响

(一)福冈鱼市场股份公司案概要

1. 案例概要[20]

福冈鱼市场股份公司(以下简称甲公司)与副食公司(以下简称乙公司)之间是母子公司关系,乙公司是甲公司的全资子公司。甲公司是一家以专门销售、进出口水产品以及水产加工品等为主要业务的股份公司。为了销售的路径更加多样化、扩大商业规模,甲公司设立了全资子公司乙公司。在乙公司中,由甲公司的社长Y1担任乙公司的非常勤董事(类似于我国实务中的非执行董事),甲公司的专务董事(在董事中地位仅次于担任社长的董事)Y2担任乙公司的非常勤董事,后来又担任Y2的社长,甲公司的常务董事(在董事中地位低于专务董事,但高于一般的董事)Y3担任乙公司的监事。

乙公司与甲公司、M公司等共计6家在市场上比较有实力的公司之间约定,在乙公司把水产品销售给4家公司之后,如果在一定期间过后,这四家公司还存在没有销售出去的水产品,那么乙公司承诺对这些水产品进行回购。此外,乙公司的董事兼营业部经理的K在未经乙公司董事会许可的前提下,与上述的较有实力的公司之间约定,在一定期间过后,除了回购这些公司未能销售的水产品,对于与这些公司进行购货的其他公司未能在一定期间内销售的水产品也同样进行回购(以下

[20] 参见《福冈高裁平成24年4月13日判决》,载《金融商事判例》第1399号,第24页;[日]神吉正三:《对于经营恶化的子公司提供融资等支援中母公司董事的忠实义务与善管注意义务被认定的案件——福冈鱼市场股份公司二审判决》,载《龙谷法学》第45卷第4号,第481页。

将该行为称为"全部回购"),并且回购的价格中除了原销售金额以外,还应当加上5%作为利润。

1999年1月,乙公司的常务董事C在检查上一年度的商品出入库单据时发现了公司库存中存在大量的不良商品,并将该情况向当时的乙公司的社长D作了报告。D随后召集了乙公司的常勤董事召开了会议,要求C与另一名常勤董事E对库房的情况进行调查。C也向Y1进行了相应的报告,因此,Y1对此情况已经知情。调查的结果是,当时库房不良商品的总额大约为3400万日元。

2002年11月18日,负责乙公司会计监察的G注册会计师在甲公司董事会上对于包括子公司在内的仓库管理的相关问题进行了说明与指导。由于乙公司从2002年(平成14年)开始向甲公司以及M公司等共计6家公司实施"全部回购",导致库房中不良商品开始大量增加,出现大量的损失。

2003年3月1日,甲公司董事会决定为乙公司对M公司的债务承担连带责任,并签订了连带保证合同。在该董事会审议该连带保证合同时,对于承担连带责任的上限甚至对乙公司可能向M公司承担的债务数额都没有进行确认就通过了该连带保证合同。

2003年12月,Y2收到乙公司E的报告,提出了库房存在大量不良商品的问题。Y2于2004年(平成16年)3月上旬向Y1报告了该问题。Y1知道后,立即成立了由Y2为委员长,Y3以及B、E为委员的调查委员会。该调查委员会没有确认库房单据、合同等具体的相关资料,只是依照K的报告,完成了调查报告书,在报告书中认定乙公司共有13亿7829万日元的损失。乙公司于同年4月30日向甲公司提出了重建计划。看了该重建计划后,Y1为了慎重起见,要求乙公司再度进行核算。乙公司于同年6月17日向甲公司提出了修改后的重建计划,该计划中认定的乙公司的损失数额为14亿8000万日元。在这个过程中,Y1没有对调查委员会应当采用的调查方法提出任何的具体指示,也没有找调查委员会确认其采用何种方法进行了调查。

根据上述的重建计划,Y1找到福冈银行进行商谈,最终以甲公司的名义向福冈银行贷款20亿日元。2004年6月21日甲公司召开董事会会议,在该董事会会议中通过了在20亿日元的范围内以贷款的方式向乙公司提供重建所需要的资金。根据该董事会决议，甲公司于当年的6月21日开始至12月29日，共计7次向乙公司提供贷款共计19亿1000万日元。但是，Y1等甲公司的董事并没有对乙公司是否妥当地安排和使用甲公司提供的这些贷款进行确认。

2004年12月29日，B向Y1报告，乙公司的损失达到了22亿6242万日元，并提交了以此金额为基础制作的重建计划。对此，甲公司的常勤董事之间对于如何应对进行了讨论，最终，考虑到与其让乙公司破产，放弃对乙公司的债权然后重建乙公司的方法对于甲公司而言，在信用的维护上以及税务的处理上等方面具有一定的好处，因此最终决定放弃对乙公司的债权，重建乙公司。2005年2月24日，甲公司召开董事会会议，在该董事会会议上以决议的方式决定放弃对于乙公司的15亿5000万日元的债权。

此后，2005年3月10～31日，乙公司向甲公司归还了3亿6000万日元的借款。甲公司于2005年4月4日至5月30日又向乙公司重新提供了3亿3000万日元的贷款。

截至2008年3月31日，乙公司所负债务的总额共计19亿9600万日元。

甲公司的股东X，认为Y1、Y2、Y3在对子公司管理的过程中违反了忠实义务与善管注意义务的要求，造成了甲公司向乙公司提供的贷款无法回收，致使甲公司的利益受到损害，因此，以Y1、Y2、Y3为被告提起了股东代表诉讼。

2. 法院的判决

(1)一审判决

福冈地方法院受理了本案，并于2011年(平成23年)1月26日作出了一审判决。在该一审判决中，法官支持了原告股东的请求。在一审判决中，法官认为3位被告在对于调查报告书的内容没有进行确认的前提之下，而决定向乙公司提供贷款的行为违反了对公司负有的忠实义务与善管注意义务。在向乙公司提供的19亿1000万日元的贷款中，甲公司放弃的15亿5000万日元以及后来又提供的新贷款3亿3000万日元，共计18亿8000万日元变成了无法回收的债权，因此，3位被告应当对此承担由于违反忠实义务与善管注意义务而产生的损害赔偿责任。[21]

(2)二审判决

随后,被告上诉到福冈高等法院,福冈高等法院于2012年4月13日作出了二审判决,在二审判决中福冈高等法院维持了一审的判决。[22]

(3)终审判决

被告继续上诉到日本最高法院,最高法院于2014年1月30日作出了终审判决,在该终审判决中,法官维持了二审的判决。[23]

(二)判决的评析

在本案中,无论是一审、二审还是终审的最高法院,都认为母公司董事Y负有对子公司进行监督管理的义务,而作为母公司董事的Y1、Y2、Y3违反了该义务。应当对母公司承担损害赔偿责任。这是日本公司法的历史上第一次在判决中承认母公司董事对子公司负有监督管理的义务。

关于母公司损害的认定,法院认为即使是母公司对子公司提供的重建支援,造成母公司提供的贷款无法回收的情形也应当认定为母公司受到了损害,损害的具体数额为无法回收的贷款金额,共计18亿8000万日元。

在案件中,对于母公司董事是否对子公司负有监督管理的义务的问题,原告与被告各执一词,原告主张,作为被告的母公司董事Y,没有及时纠正子公司董事的不正当行为,因此构成了职务懈怠。母公司董事对子公司具有监督管理的义务,但是却没有在早期发现子公司的不当行为,并且,后来在明知子公司存在不当行为或是具有不当行为可能性的前提下,没有进行调查就决定向子公司提供贷款的行为构成了职务懈怠,也违反了对子公司的监督管理义务。被告主张,母公司董事在法律上并不负有监督子公司经营管理的义务。即使就算是母公司董事

〔21〕 参见[日]手冢裕之:《福冈鱼市场股股东代表诉讼二审判决的解说——子公司管理与救济中的母公司董事责任》,载《商事法务》第1970号,第15页。

〔22〕 同上。

〔23〕 参见[日]堀田佳文:《福冈鱼市场股东代表诉讼最高裁判决》,载jurist第1488号,第120页。

对子公司的经营负有监督义务,子公司作为一个独立的法人,母公司董事也无法在最初就发现子公司的不当行为或潜在不当行为的风险。在这样的前提下,被告认为向子公司提供贷款的决定过程中并没有违反义务的行为。最终,法院都支持了原告的主张。

在本案一审、二审以及终审中,争议的焦点几乎都是一样的,简单来说,就是“母公司董事的义务究竟是什么”。在日本法中,董事的义务主要包括公司法规定的“忠实义务”与民法规定的“善管注意义务”。但是,这两者的规定都是抽象的规定,具体的内容并不是明确的。在本案中,法院认定的母公司董事违反了对子公司的监督管理义务,该义务在本案中的具体内容是对子公司董事的不正当行为与违法行为进行纠正。

母公司董事对“子公司进行监督管理的义务”来源于母公司董事的“忠实义务”与“善管注意义务”。换言之,母公司董事对母公司负有的“忠实义务”与“善管注意义务”中包含了母公司对“子公司进行监督管理的义务”。但是,母公司对“子公司进行监督管理的义务”的具体内容,对于母公司而言,它是一种在子公司利益受到损害或者有可能受到损害的情况下才能行使的一种权利,因此,它并不是一种常态化的权利,而是一种在特殊情况下才能行使的权利,或者说是“有事”时的权利。[24]

此外,还必须要指出的是,在本案中,由于作为被告的母公司董事Y1、Y2、Y3同时还兼任了子公司董事或监事,因此,这些母公司的董事与不兼任子公司董事、监事的情形相比较,由于其更有便利条件也更容易了解子公司的经营情况,因此其负有的监督义务要求会更高,反过来说也更容易被认定为构成任务懈怠。就这个意义而言,本案虽然是承认了母公司董事对子公司的经营管理负有义务,但应当注意的是,本案中母公司董事兼任了子公司经营者这一点上所具有的特

〔24〕 参见[日]河合正二:《多重代表诉讼制度的创设与公司集团董事的义务与责任——从多重代表诉讼的法构造出发》,载《金泽星稜大学论集》第51卷第2号,第28页。

殊性。[25]

(三)对多重代表诉讼制度的意义

由于福冈鱼市场股份公司案中最高法院的终审时间正好发生在2014年日本《公司法》修改过程中,因此该案件也就自然成为立法讨论多重代表诉讼制度时的一个最好的素材。因此,就某种意义而言,福冈鱼市场股份公司案不仅是日本代表诉讼以及多重代表诉讼中的一个重要案例,而且影响了日本多重代表诉讼制度的立法。

福冈鱼市场股份公司案中有许多制度讨论的问题,从多重代表诉讼的角度出发,在福冈鱼市场股份公司案中,有以下两点值得注意。

第一,如上所述,福冈鱼市场股份公司案中明确了母公司董事对子公司负有监督管理的义务,但是,如上所述,它不是一种常态化的权利义务,而是一种限定的权利义务。这个结论是极为重要的,与多重代表诉讼的建立具有关联性。

第二,福冈鱼市场股份公司案呈现了一个非常好的素材,用事实告诉了我们支持了建立股东代表诉讼的必要性。具体而言,在子公司董事违反其对子公司负有的忠实义务与善管注意义务,损害了子公司的利益的情况下,虽然母公司董事违反忠实义务与善管注意义务中包括其对子公司进行监督管理的义务,但是由于母公司董事对子公司不具有日常性监督管理的权利,所以在母公司董事怠于行使权利追究字董事责任时,事实上,现行日本《公司法》中是没有办法来追究子公司董事的责任,而建立多重代表诉讼制度可以填补这一制度上的空白。就这个意义而言,福冈鱼市场股份公司案有力地促进了日本在立法上引入多重代表诉讼制度。

〔25〕 参见[日]落合诚一:《公司法要论》(第2版),有斐阁2016年版,第293页。母公司董事兼任子公司经营者的情形使对母公司董事是否履行对子公司监督管理义务的判断变得更为复杂和困难。

三、日本《公司法》中多重代表诉讼制度的构造

(一)法律依据

2014年日本《公司法》修改时正式建立了多重代表诉讼制度。该制度具体规定在日本《公司法》第847条之3。此后,日本《公司法》在2019年再次进行了修改,但是多重代表诉讼制度的规则并没有发生任何的改变。因此,现行的多重代表诉讼制度就是在2014年日本《公司法》修改时建立的制度。此外,日本法务省颁布的《公司法实施规则》中第218条之5、第218条之6、第218条之7中对于多重代表诉讼的具体程序进行了细化规定。

由于日本《公司法》在第847条之3中对多重股东代表诉讼制度作了详细地规定,为了读者更容易去理解日本多重代表诉讼制度,笔者翻译了日本《公司法》第847条之3的条文,供读者参考。

第1款　从6个月(如果公司章程规定低于该期限的,那么适用公司章程)之前开始连续持有股份公司的最终完全母公司等(作为股份公司的完全母公司,该完全母公司没有完全母公司。以下同本节。)的总股东(在股东大会上对所有的决议不能行使表决权的股东除外)持有的表决权的百分之一(公司章程规定低于该比例的,按照公司章程的规定)以上的表决权的股东或者是该最终完全母公司等已经发行股份(不包括自己持有的本公司股票)的百分之一(公司章程规定低于该比例的,按照公司章程的规定)以上股份的股东,可以通过书面或是其他司法部规定的方法,向股份公司提出有关追究特定责任的诉讼。但是,符合下列任何一种情况的,可以不受此限制。

一、特定责任追究的诉讼是以谋求该股东或第三方的不正当利益或是以损害该股份公司或该最终完全母公司等为目的。

二、作为构成该特定责任原因的事实,没有给该最终完全母公司等造成损失。

第2款　前款规定的"完全母公司等"是指下列的股份公司。

一、完全母公司。

二、股份有限公司已发行的全部股份由其他股份公司及其完全子公司等(股份公司持有其全部股份或股权的法人。以下在本条中相同。)或者其他股份公司的完全子公司等拥有的其他股份公司(完全母公司除外)。

第3款　在前款第2项规定的情形中,该项规定的其他股份公司及其完全子公司等或者是该项规定的其他股份公司的完全子公司等持有其他法人的全部股份或股权的情况下,该其他法人视为该其他股份公司的完全子公司。

第4款　第1款规定的"特定责任"是指,该股份公司的发起人等在成为责任原因的事实发生之日的时点上,最终完全母公司等及其完全子公司等(包括根据前款的规定视为该完全子公司等的情形下一款及第849条第3款中也同样)的公司股票的账面价值超过该最终完全母公司等的账面资产金额按照法务省令规定的方法计算算出的总额的五分之一(公司章程规定了低于比例的情形中,按照公司章程规定的比例)时,该发起人等的责任(第10款以及本条第7款中同样)。

第5款　在最终完全母公司等在成为发起人等的责任原因的事实发生之日,将最终完全母公司等的股份公司作为其完全子公司等的情形中,关于前款规定的适用,应当将该最终完全母公司等的股份公司视为同款规定的最终完全母公司等。

第6款　关于在非公开公司的最终完全母公司等适用第1款规定的情形,该款中规定的"6个月(以下的期间在章程中规定的情况下,该期间)之前开始持续是股份公司"为"股份公司"。

第7款　股份有限公司在第1款规定的请求之日起60日内未提起特定责任追究的诉讼的,提出该请求的最终完全母公司等的股东可以为了股份公司的利益提起特定责任追究的诉讼。

第8款　股份有限公司在根据第1项规定的请求之日起60日内未提起特定责任追究的诉讼的情况下,从提出该请求的最终完全母公司等股东或者是成为该请求中被追究特定责任的被告的发起人等处收到请求时,应及时通过书面或是法务省令规定的其他方法,向提出请求的主体,通知其不提起追究特定责任的诉讼的理由。

第9款　无论第1款以及第7款的规定如何,如果因为该款规定的期间经过后可能会导致股份公司受到难以弥补的损害的情况下,在本条第1项中规定的股东可以为了股份公司的利益直接提起追究特定责任的诉讼。但是,在该款但书中规定的情况不受此限制。

第10款　在股份有限公司存在最终完全母公司等的情况下,关于免除特定责任所要适用的第55条、第103条第3项、第120条第5项、第424条(包括在第466条第4项中适用的情况)、第462条第3款但书、第464条第2款及第465条第2款规定的适用,这些规定中的"全体股东"为"全体股东及股份公司的第847条之3第1款规定的最终完全母公司等的全体股东"。

(二)具体的制度结构

1.母子公司的定义与适用的对象

(1)母子公司的定义

在日本《公司法》中,对于母公司以及子公司都有明确的定义,[26]但是即使这样,事实上母子公司如何界定一直以来都是公司法中的一个难题。[27]必须要注意的是,在多重代表诉讼制度中,所涉及的并非一般意义上的母公司与子公司,而是百分之百持股关系下的完全子公司与完全母公司,同时,还要求完全子公司与完全母公司必须是"最终完全母公司"与"最终完全子公司",此处的"最终"是指在百分之百控

---

〔26〕 在日本《公司法》中,界定子公司的标准可以分为两个标准,即形式标准和实质标准。具体来讲,所谓形式标准,就是以是否持有过半数以上的公司表决权作为判断基准。而所谓实质标准,是指一个公司的经营是否受某一个公司的实际控制为判断标准(日本《公司法》第2条第3项)。关于界定子公司的实质标准,是指公司支配其他公司等(公司以及其他准同于这些组织的事业体)的财务以及事业的方针等情形(日本《公司法施行规则》第3条第1款)。并且,该规则对于"支配一个公司的财务以及事业方针"的定义,进一步详细规定了应当从表决权的比例、高级管理人员的比例、合同等的有无、融资等的比例等不同的方面来界定子公司。关于母公司的判断标准,也同样类似于上述标准。根据日本《公司法》的规定,界定母公司的判断标准也包括两个方面:(1)将其他股份公司作为自己子公司的公司;(2)支配其他股份公司经营的公司(日本《公司法》第2条第1款第4项)。

〔27〕 母公司与子公司的界定中存在形式标准与实质标准两种标准,但究竟应当如何界定母公司与子公司事实上各个国家的规定之间区别很大。由此,可以从侧面说明对于母子公司如何定义仍然是公司法中一个重要话题。

股的母子关系中居于顶点或是说居于尽头的母公司以及子公司。因此，在“最终完全母公司”与“最终完全子公司”之间可能是直接的控股关系，也可能是中间间隔了两层甚至是多层的控股关系，也正因如此，日本的多重代表诉讼并不是双重代表诉讼，而是在理论上可以是三层乃至多层的代表诉讼。由于日本《公司法》中对于多重代表诉讼的适用仅限定于百分之百持股关系中的母公司与子公司，因此，其所涉及的母公司与子公司的判断标准是非常清晰的，也是很容易进行判断的。

在多重代表诉讼中，原告股东必须是“最终完全母公司”的股东。所谓“最终完全母公司”是指，该公司中不存在直接或间接持有公司百分之百股份的控制股东。具体来说，“最终完全母公司”主要包括以下三种情形：第一，一个公司独立拥有另一个公司百分之百股份；第二，一个公司与它的全资子公司共同拥有另一个公司百分之百的股份；第三，一个公司控制的一个或者多个全资子公司拥有另一个公司的百分之百的股份。此外，作为被告必须是“最终完全子公司”的董事等经营者，此处的“最终完全子公司”，是指公司已经发行的百分之百的股份被其他公司直接或间接的持有。

（2）适用对象

如上所述，日本《公司法》中建立多重代表诉讼的其中一个目的可以说是为了保护公司集团中母公司的利益。但是，值得注意的是，在日本《公司法》的具体制度设计中，作为多重代表诉讼的适用对象，并非所有的造成子公司损害的情形都可以适用多重代表诉讼，根据日本《公司法》的规定，作为原则，只有子公司的账簿价格超过母公司价值20%以上的情况，子公司的利益受到损害时才可以适用多重代表诉讼。〔28〕换言之，如果子公司的规模小于母公司的1/5的话，那么对于母公司的影响事实上会非常微小，因此在这种情况下，考虑到滥诉等潜在制度风险，因此，日本《公司法》就明确规定了这种情况不适用多重代表诉讼制度。换言之，日本多重代表诉讼制度并不适用于公司集团中的所有子公司，只适用于符合法定要求的“重要子公司”。就某种意义而言，这种规制并不一定符合公平与公正的法律价值，而这种制度设

〔28〕 参见日本《公司法》第847条之3第1款。

计的背后显然是一种妥协。可能也正是由此，日本《公司法》将子公司所承担的这种对于母公司的责任称为是“特定责任”。关于“特定责任”的问题笔者会在后面进一步说明。

关于“重要子公司”的判断，有两个具体的判断标准。第一，在子公司经营者实施的造成子公司利益受到损害的职务懈怠或者其他违法行为发生之日，子公司的财产总额超过母公司的1/5的，将会被认定为“重要子公司”，由此，损害公司利益的子公司经营者将会被追究相应的损害赔偿责任。[29] 第二，在子公司经营者实施的造成子公司利益受到损害的职务懈怠或者其他违法行为发生之日，如果该子公司的母公司变更为其他公司的100%的子公司，那么此时的“重要子公司”将会变成变更后的原母公司的全资母公司（作为原母公司的最终完全母公司）。[30]

2. 原告与被告

（1）原告

在日本《公司法》中，对于多重代表诉讼的股东有两方面的限制。第一，作为原告的股东必须是全资子公司的“最终完全母公司”的股东。换言之，并不是只要是母公司的股东就可以针对子公司的董事提起多重代表诉讼。第二，作为原告的股东还必须连续6个月单独或者合计持有最终母公司的1%的股份。[31]

相比一般的股东代表诉讼制度，多重代表诉讼制度对于原告设置了更为严格的适格要件，很显然这样的制度设计是为了防止原告股东滥用多重股东代表诉讼的起诉权。

关于多重代表诉讼的原告资格，由于在多重代表诉讼中原告股东提起诉讼之前，需要向子公司提出书面请求，要求子公司追究其董事等经营者的责任，以此来履行日本《公司法》规定的前置程序。在这个过程中，与一般的股东代表诉讼不同，子公司收到母公司股东的请求后，由于子公司并不掌握母公司股东的信息，公司法制度上也没有赋予子

---

〔29〕 参见日本《公司法》第847条之3第4款。

〔30〕 参见日本《公司法》第847条之3第5款。

〔31〕 参见日本《公司法》第847条之3第1款。［日］坂本三郎：《一问一答：平成26年公司法修改》（第2版），商事法务出版社2015年版，第181页。

公司去了解公司股东的相关信息的权利,因此,如何确认提出请求的母公司股东的身份以及相关信息是一个需要考虑的问题。[32]

(2)被告

在日本《公司法》中,多重代表诉讼的被告范围与一般代表诉讼的范围相同,仅限于董事、监事、执行官、会计参与等公司的经营者。[33]

与一般的股东代表诉讼不同的是,并非所有的子公司的经营者都有可能会成为多重代表诉讼的被告,在多重代表诉讼的制度设计中,仅限于"重要子公司"的经营者才会成为多重代表诉讼的被告。关于"重要子公司"的含义,笔者在前文已经进行了说明,此次不再赘述。

(3)被告的责任属性

在日本《公司法》中,作为多重代表诉讼被告的子公司经营者为什么要对子公司以外的其他法人的股东承担损害赔偿责任?虽然,从理论上来说,当子公司的利益受到子公司经营者的损害的时候,子公司的利益可以影响到母公司的利益,甚至可以说是可以等于损害了母公司的利益,而母公司利益的受损同样可以归结为母公司股东利益的受损,由此可以一直推演下去。但是,这其中逻辑的证成是非常复杂和困难的,甚至可以说明确子公司经营者与子公司、母公司以及母公司的股东之间的关系是一个不可能完成的任务。在这样的前提条件下,日本《公司法》中规定多重代表诉讼制度仅适用于"重要子公司",那么作为"重要子公司"的董事对该子公司所负有的责任,日本《公司法》对此进行明确规定,将其确定为一种"特定责任"[34] 关于该责任的属性,一般认为应当属于侵权责任。

3. 前置程序

在日本《公司法》中,与一般代表诉讼制度一样,母公司的股东在行使多重代表诉讼的起诉权之前必须履行相应的前置程序。具体而

---

〔32〕 参见[日]上田纯子等:《少数股东权等的理论与实务》,劲草书房2019年版,第163页。

〔33〕 参见[日]神田秀树:《公司法》(第22版),弘文堂2020年版,第291页。

〔34〕 参见日本《公司法》第847条之3第4款。

言,首先,该母公司的股东必须向子公司提出书面请求,〔35〕要求子公司向子公司的经营者追究其相应的损害赔偿责任。其次,在母公司股东向子公司提出书面请求之后,只有在子公司以书面的方式拒绝了母公司的请求〔36〕或者是子公司接到母公司股东书面请求之后60日内没有提起追究本公司董事等经营者责任的损害赔偿之诉的情况下,该母公司股东才可以以自己的名义提起追究子公司经营者责任的多重代表诉讼。〔37〕

4. 诉讼的管辖与诉讼费用

(1)诉讼的管辖

在日本《公司法》的规定中,多重代表诉讼制度与一般的代表诉讼相同,被告子公司所在地的法院享有专属管辖权。〔38〕

(2)诉讼费用

关于多重代表诉讼的费用,在日本《公司法》中,为了减轻原告的负担,与一般的股东代表诉讼相同,原告需要承担的诉讼费用是一种定额的诉讼费用,目前为13,000日元。〔39〕

5. 母公司以及其母公司的其他股东的地位

(1)母公司

在多重代表诉讼中,母公司可以作为诉讼的当事人参加诉讼。在诉讼中,与一般的代表诉讼相同,母公司也可以作为辅助参加者,站在被告的立场参加诉讼。〔40〕

(2)母公司的其他股东

除了原告股东之外,母公司的其他股东也可以基于其母公司股东的身份作为共同诉讼人参加诉讼。允许其他股东参加多重代表诉讼主要的目的在于防止母公司股东与子公司经营者之间进行恶意的串通诉

---

〔35〕 也可以是电子的方式提出请求(日本《公司法实施规则》第218条之5)。

〔36〕 子公司拒绝母公司股东请求的方式也可以是电子的方式(日本《公司法实施规则》第218条之7)。

〔37〕 参见日本《公司法》第847条之3第7款、第8款。

〔38〕 参见日本《公司法》第848条。

〔39〕 参见日本《民事诉讼费用的法律》第4条第2款。

〔40〕 参见日本《公司法》第849条第1款。

讼。[41]

6. 诉讼的事由

关于多重代表诉讼的事由,作为原则与一般的股东代表诉讼相同,唯一一点需要注意的是,必须符合“重要子公司”的条件才能使用多重代表诉讼。换言之,存在差异的是,并不是所有的损害子公司利益的情形都可以适用多重代表诉讼,不符合“重要子公司”要求的子公司是不能适用多重代表诉讼的。

7. 判决的效力

判决的效力与一般代表诉讼的法理相同,多重代表诉讼的效力不仅及于作为子公司股东的母公司,同时还及于母公司的所有股东。

8. 再审

为了防止原告与被告之间串通诉讼,在日本《公司法》中不仅允许子公司的股东(母公司),而且同时也允许最终完全母公司的股东提起再审的请求。[42]

9. 责任的免除

根据日本《公司法》的规定,如果要豁免多重代表诉讼中涉及的子公司经营者的责任,不仅需要经过子公司全部股东的同意,同时,还需要最终母公司的全体股东的同意,才能免除该子公司经营者的责任。[43]

(三)小结

综上所述,从多重代表诉讼制度适用的角度来看,日本《公司法》中对于多重代表诉讼制度的程序进行了较为详细地规定。在这些规则中,有必要强调的重要内容是,日本的多重代表诉讼制度具有严格的限定范围,只能适用于100%控股关系中的母公司与子公司。

在日本《公司法》规定的多重代表诉讼的程序中,也并非尽善尽美,仍然存在许多不明确的地方,例如,原告在诉讼中是否丧失股东身份,原告举证责任是否过重的问题,被告如何确认原告的母公司股东身

---

〔41〕 [日]上田纯子等:《少数股东权等的理论与实务》,劲草书房2019年版,第166页。

〔42〕 参见日本《公司法》第853条第1款第3项。

〔43〕 参见日本《公司法》第847条之3第10款。

份的问题。

此外,还应当注意的是,多重代表诉讼制度的适用还会涉及公司法以外的问题。例如,母公司的海外股东,是否可以在以日本法为准据法的前提下,在国外的法院起诉位于海外的完全子公司的董事。对此,有学者指出,日本《公司法》中记载的“股份公司”是指依照日本法设立的股份公司,因此,日本以外的其他国家的法院提起追究位于海外的子公司董事责任的多重股东代表诉讼不能适用日本《公司法》。〔44〕 但是,也有学者认为,外国法院是否以日本法作为准据法进行审查完全无法控制,因此,国外的法院受理上述案件并进行审理的可能性在理论上并不能完全排斥。〔45〕 这显然涉及国际私法的问题。而上述这些问题目前都没有得到完全的解决。

四、日本《公司法》中多重代表诉讼的功能与意义

如前所述,2014 年日本《公司法》修改过程中,虽然有激烈的反对意见,但是最终日本还是在 2014 年《公司法》修改中正式建立了多重代表诉讼制度。那么,日本《公司法》中建立的多重代表诉讼制度的效果究竟如何、是否达到了预期是值得重新审视的重要问题。

(一)提供了追究子公司董事责任的路径

在日本《公司法》中,母公司董事是否对子公司拥有监督管理的权利,由于公司法中并没有明确规定,事实上一直是一种并不清晰的状态。〔46〕 直到在福冈鱼市场股份公司案中,日本最高法院才第一次明确承认母公司董事负有对子公司经营进行监督管理的权利。同时在福冈鱼市场股份公司案中,引起广泛思考的一个问题,就是如果子公司的行

〔44〕 参见[日]岩原绅作:《公司法修改纲要的解说(三)》,载《商事法务》第 1977 号,第 12 页。

〔45〕 参见[日]太田洋:《速报公司法修改:纲要解说与实务对应的要点》,清文社 2012 年版,第 100 页。

〔46〕 参见[日]根本伸一:《多重代表诉讼的特殊性与普遍性》,载《法律论丛》第 85 卷第 1 号,第 288 页。

为损害了子公司的利益,而母公司的董事由于种种原因又怠于代表母公司行使追究子公司董事的损害赔偿责任,那么应当如何保护子公司或者说是公司集团整体的利益?固然,母公司股东可以通过追究母公司董事责任的手段,来给母公司董事施以巨大的压力,但是这仍然有隔靴搔痒之感,并不能迅速直指问题所在,进而从根本上解决问题。因此,从这个意义上来说,多重代表诉讼制度的建立首要功能就是通过赋予母公司股东针对子公司董事的起诉权,在制度上为公司集团或是母子公司的关系中追究子公司董事责任提供了路径,从而填补了这个制度上的空白,使公司集团法制以及母子公司法制在制度建设层面更为完整。

(二)督促母公司董事监督子公司

如前文所述,事实上,在福冈鱼市场股份公司案中,最高法院认为母公司的董事对子公司不享有日常的指示、命令的权利。[47] 但这并不是说母公司董事不能通过对子公司董事发出指示、命令的方式来实现对子公司经营进行监督管理。[48] 需要指出的是,母公司董事对子公司董事发出指示、命令的权利的基础并不是来自母公司董事在母公司中所享有的权利,而是由母公司作为子公司股东所享有的对子公司进行经营监督的权利延伸而来。[49] 由于母公司董事对子公司的经营监督权并非一种日常性的权利,其行使应当限定在出现损害子公司利益等特殊的时刻。由此,有学者认为日本《公司法》中建立的多重代表诉讼制度并没有改变母公司董事义务的内涵,因此多重代表诉讼制度并没有发挥出规范母公司董事行为的作用。[50]

同时,近年来,还有学者指出,在一般的代表诉讼的制度设计中,原

〔47〕 参见[日]河合正二:《多重代表诉讼制度的创设与公司集团董事的义务与责任——从多重代表诉讼的法构造出发》,载《金泽星稜大学论集》第51卷第2号,第28页。

〔48〕 同上书,第30页。日本有学者提出,子公司董事与母公司之间的关系应当区分该母公司是全资母公司还是非全资母公司,如果是全资母公司的话,子公司董事应当遵循母公司董事的指示与命令,如果是非全资母公司的话,子公司董事可以不遵循母公司董事的指示与命令。

〔49〕 参见[日]河合正二:《多重代表诉讼制度的创设与公司集团董事的义务与责任——从多重代表诉讼的法构造出发》,载《金泽星稜大学论集》第51卷第2号,第26页。

〔50〕 同上书,第29页。

告股东必须向公司提出书面请求，要求公司追究董事等公司经营者损害公司利益的责任，但是在多重代表诉讼中，母公司的股东越过母公司直接行使了本应作为子公司股东的权利。在这个过程中，母公司的董事会并没有任何权限，在程序上甚至可以说母公司的股东提起多重代表诉讼与母公司的董事会之间几乎没有任何关系。由此，更进一步佐证了在多重代表诉讼制度对于母公司董事对母公司负有的忠实义务以及善管注意义务并没有带来任何的影响。[51]

但是，2014 年日本《公司法》引入了多重代表诉讼制度之后，随着多重代表诉讼制度开始步入实践，目前的多重代表诉讼制度在运行过程中，虽然从制度上来看并没有直接影响到母公司董事对母公司所负有的忠实义务与善管注意义务的具体内容，甚至在程序上也与母公司没有直接的关系，但是，应当注意到的是，多重代表诉讼制度与一般的代表诉讼制度一样，必须要履行前置程序。在原告股东向子公司履行前置程序的过程中。也即原告股东向子公司提出请求，要求子公司追究子公司董事的责任时，由于原告是母公司的股东，子公司必然会将该股东的请求报告给母公司董事会，对于是否追究子公司董事责任的问题征求母公司董事会的意见。母公司董事会或董事如何回复子公司，关系到母公司董事自身责任的问题，因此，多重代表诉讼制度将会产生督促母公司董事履行对子公司进行监督管理的义务，抑止母公司董事职务懈怠的可能性，这种制度上的牵制力，将会转化为防止子公司董事不正当行为或是违法行为的一种抑止力。就这个意义而言，日本《公司法》中建立多重代表诉讼的一个重要功能在于从制度上督促母公司董事行使对子公司监督管理的职责，[52]进而对于防止子公司董事不正当行为或是违法行为实现一种牵制功能，这对于完善公司集团的治理结构是具有重要意义的。

（三）维护了公司集团的利益

日本《公司法》中建立了多重代表诉讼之后，最直接的效果就是对

---

〔51〕 参见［日］河合正二：《多重代表诉讼制度的创设与公司集团董事的义务与责任——从多重代表诉讼的法构造出发》，载《金泽星稜大学论集》第 51 卷第 2 号，第 29 页。

〔52〕 同上书，第 28 页。

于作为被告的子公司董事的相关规制产生重要影响。从子公司的立场出发,多重代表诉讼与一般代表诉讼相同,追究的是子公司董事损害子公司利益行为的法律责任。但是,从制度的内在逻辑来进一步思考,由于子公司董事在履行职务过程中如何对待来自母公司董事的指示或命令的问题在公司法中并不清晰,因此,日本《公司法》中建立多重代表诉讼制度的一个功能就是有利于解决母公司董事与子公司董事之间的法律关系混沌的问题。

具体而言,在公司集团或是母子公司的结构中,公司法中并没有明确的规定子公司董事是否必须遵从母公司董事的指示与命令。对于该问题,在日本公司法的理论中,一般认为,子公司董事等公司经营者没有义务必须遵循母公司董事的指示或命令。〔53〕换言之,由于子公司董事等公司经营者对子公司负有忠实义务与善管注意义务,因此,如果来自母公司董事的指示或者命令不符合子公司的利益,即使该指示或命令有利于母公司或者公司集团的利益,子公司的董事等经营者也不应当执行该指示或命令。如果子公司的董事执行了母公司董事的指示或命令,给子公司利益造成了损害,那么该子公司董事将可能对子公司承担损害赔偿责任。〔54〕

在这样的前提下,如果当母公司与子公司利益出现冲突,而在子公司董事的义务要求中,子公司董事作出的经营判断中是否包括应当考虑母公司的利益或是公司集团整体的利益。回归到现行日本《公司法》的制度中,如上所述,子公司董事并没有义务遵守母公司董事的指示与命令,这将可能出现母公司董事与子公司董事之间巨大的对立,而其背后更是对母公司对子公司"控制"的一种重大挑战。

日本《公司法》上建立多重代表诉讼制度,使母公司股东享有起诉子公司董事的起诉权,这会有力地促使在子公司董事作出经营判断的

〔53〕 参见[日]落合诚一:《公司法要说》(第2版),有斐阁2016年版,第299页。

〔54〕 同上。

时候，不仅要考虑子公司的利益，还要考虑母公司的股东的利益。[55]这也许在某种意义上可能加重了子公司董事的义务，但是从公司集团或是母子公司整体来看，促使子公司董事更多地去考虑母公司的利益也更符合构建公司集团或是母子公司关系本身的初衷。这一点对于调整公司集团的协调性与统合性具有积极意义。

（四）强化了母公司股东的权利

如前文所述，随着1998年日本通过独占禁止法的改革，解除了对于纯粹持股公司的限制，近年来日本资本市场上公司集团以及母子公司的数量急剧增长。当然，就某种意义而言，公司集团或是母子公司的出现也是每个企业的自由选择。但是，大量公司集团出现的背后，母公司的股东权虽然权利本身并没有发生变化，但是随着公司从一个单一的公司转变成公司集团，其权利的实质效果不再能涉及公司的全部经营事项，因此就出现了被称为"股东权限缩"的现象。

日本在《公司法》中建立多重代表诉讼制度，当然并不能完全消除"股东权限缩"的问题，但是，至少在责任追究的侧面，应该说，多重代表诉讼的建立使母公司股东的诉权可以触及子公司经营者，扩大了股东权利，[56]从而在一定程度上解决了"股东权限缩"的问题。

五、对我国的启示

2014年日本通过《公司法》修改正式建立了多重代表诉讼制度。从制度的整体来看，日本在很多方面对多重代表诉讼制度的适用进行了限定，因此，从这个意义上来说，日本的多重代表诉讼制度是赞成派与反对派之间的一个妥协的结果。也正是由于制度内在的妥协性，从具体制度的设计来看，日本的多重代表诉讼制度不仅在自身的程序等

---

〔55〕 参见［日］土岐熏：《日本的多重代表诉讼与公司法理论》，载《商业与会计》第13号，第27页；参见［日］高桥阳一：《公司集团经营的规制中多重代表诉讼制度的作用》，日本私法学会2015年年会报告论文集，第187页。也有学者提出，母公司对子公司经营的监督管理是一种过度的监督，将会影响子公司经营的效率。

〔56〕 参见［日］江头宪治郎：《股份公司法》（第6版），有斐阁2016年版，第501页。

设计上,而且在多重代表诉讼制度与母公司经营者的义务以及子公司经营者的义务等公司法中的其他问题之间存在进一步协调与整合的空间。但是,即使如此,这些尚存的不足都不能掩盖日本《公司法》的立法者在面临激烈反对的背景之下仍然选择在《公司法》中建立多重代表诉讼本身具有的重大意义,这一点也是值得我们满怀敬意的。

在公司法中建立多重代表诉讼制度,其首要意义在于解决“在公司集团或者母子公司结构中,子公司董事滥用职权损害母公司利益的时候却没有手段对其进行规制的问题”,就这一点而言,多重代表诉讼制度的建立可以说填补了公司法结构或者说是公司集团法制度中的一个空白点,其意义显然是重大的。在此之上,多重代表诉讼制度的建立也可以使公司集团法制中母公司股东的股东权限缩问题得到有效的缓解,对于母公司董事行为的规范也将发挥出积极的作用,这些制度功能将会有效促进公司集团法制中的治理结构的完善。由此,可以说日本《公司法》在建立多重代表诉讼制度上已经跨出了具有里程碑意义的重要一步。

日本《公司法》引入多重代表诉讼的经验是值得我国重视的,它对于今后我国公司法制的完善也是具有重要参考价值的。笔者认为,通过日本公司法建立多重代表诉讼的立法经验,我国在今后构建多重代表诉讼制度时有以下四个问题应当得到充分的重视和妥善的解决。第一,多重代表诉讼制度的设计本身是具有诸多难点的,例如,如何界定其制度适用的范围、前置程序的履行等制度设计都是极其复杂的。第二,多重代表诉讼绝不仅仅是一个法制度,它的建立不仅会对子公司董事的行为规范直接产生影响,也会对母公司董事的职权行使产生一种内在的影响。第三,相比上述两点,更为重要的是多重代表诉讼将会影响到公司集团或是母子公司的整体结构,因此,就制度定位而言,无疑多重代表诉讼制度是公司集团法制中的重要内容,因此,跳出以单一公司为对象的立法思路,而必须站在公司集团法制的角度去全面考虑公司集团中所可能涉及的诸多利害关系,慎重而仔细地去设计多重代表诉讼制度。第四,从根本上来看,日本在公司法制的发展中已经逐渐开始全面地建设公司集团法制,从建设公司集团法制的角度来考虑,势必对以单一公司为对象而建立的法制度产生重大影响。由此,公司作为一种经营组织的应有形态,是我国《公司法》今后发展时有必要深入思考的一个重要问题。换言之,是否建立公司集团法制以及以何种理念来构筑公司集团法制的前提是我们对于“公司”作为一种经营组织的理解以及我们对它应有形态的选择。

(编辑:邹思思)

【责任认定】

《证券法苑》(2020)
第三十卷,第76~95页

证券虚假陈述与投资者损失因果关系否定的司法路径

缪因知*

摘要:我国通过司法解释对证券虚假陈述行为与投资者损失之因果关系予以推定。就虚假陈述行为的影响而言,要否认虚假陈述与投资者客观损失之间的因果关系,不能仅定量地依据涉案证券价格变动趋势与系统风险参照基准的变动趋势一致,而须基于对虚假陈述本身原因力的定性分析,或基于涉案证券自身在虚假陈述实施日/揭露日股价变动的定量分析。投资者对虚假陈述的无信赖,可基于特定的交易习惯或交易身份得出,但理由不应包括在揭露日后的买入行为本身。

关键词:虚假陈述　证券民事责任　证券欺诈　鸿基案

一、因果关系的一般推定与个案否定

证券虚假陈述赔偿责任在理论体系中是我国

* 中央财经大学法学院教授,北京大学法学博士。

证券民事责任的发轫点,[1]在司法实务中也已然成为一种规模化的民事诉讼活动。[2] 职业原告律师队伍不断扩张,专门支持诉讼的风险资本也已然出现,索赔额上亿元的案件此起彼伏。中国裁判文书网显示,2019 年审结的证券虚假陈述赔偿诉讼就有七千多件,涉及近百家上市公司。而对单一被告的索赔金额超过 1 亿元的也并非个例,如尔康制药案索赔金额超过 5 亿元。

诉讼多发的基本原因之一是我国最高人民法院 2003 年《关于审理证券市场因虚假陈述引发的民事赔偿案件的若干规定》(以下简称《赔偿规定》)通过推定的方式确立了证券虚假陈述与投资者损失之间的双层因果关系,大大方便了投资者在诉讼中证明受到虚假陈述影响。[3] 具言之,投资者在(诱多型)虚假陈述实施日后买入、揭露日(含更正日,下同)后卖出或持有并产生差价损失的,司法解释既推定虚假陈述与投资者交易行为之间产生因果关系;又推定虚假陈述与投资者损失之间产生因果关系,从而导出赔偿责任。

《赔偿规定》实际上是基于虚假陈述实施时段和投资者持股时段做出的举证责任倒置,即假定正常交易者因信赖市场定价而信赖被告的披露。随着 17 年来我国虚假陈述赔偿诉讼的成熟,法院也开始探索避免机械适用基于上述时间轴的"公式"来简单推定虚假陈述与投资者损失之间的因果关系,而视之为一种"可辩驳的信赖推定"(rebuttable presumption of reliance)。根据《赔偿规定》,即便相关陈述已经被证监会以信息披露不实而处罚,若原告未实施买入卖出交易、买卖未产生差价损失、买卖时间点不符(实施日前卖出或揭露日后买入),[4]仍不足以获得赔偿。除此等简单情形之外,在我国民事司法判

---

〔1〕 参见于莹:《中国特色的社会主义商法学理论研究》,载《当代法学》2013 年第 4 期。

〔2〕 参见高旭军:《〈证券法〉虚假信息责任条款适用研究》,载《财经法学》2016 年第 2 期。

〔3〕 参见最高人民法院民事审判第二庭编著:《最高人民法院关于审理证券市场虚假陈述案件司法解释的理解与适用》,人民法院出版社 2015 年版,第 250 页。

〔4〕 有论者认为虚假陈述未被揭露前,若市场已经有所反应,证券价格已受到影响,投资者出于止损目的而提前抛售证券所受损失应当得到赔偿。但投资者需要自行证明"在抛售前证券价格已经受到了虚假陈述行为的影响",才能认定因果关系,参见吴国萍、黄政:《信息披露违规的行政处罚与民事赔偿》,载《社会科学战线》2013 年第 4 期。

决中逐渐成型的否认虚假陈述因果关系推定的理由主要包括:

1. 虚假陈述作用力不符(并非诱多型虚假陈述),是其他因素导致了投资者买入,即理性投资者在客观上不会信赖虚假陈述(从另一个视角看,即虚假陈述不会影响市场价格,或市场价格未曾吸收反应此信息);或者作用力弱,只是远因、次因、隐因,其他因素才是买入的近因、主因、显因。[5]

2. 损失或部分损失是由证券市场系统、非系统风险等其他因素导致。

3. 投资者的买入,在主观上并非源于对虚假陈述的信赖因素。[6]

上述第1点可谓整体性理由,即源于虚假陈述本身的特质,对具体时空环境下的所有投资者都适用。第3点属于个体性理由,即源于特定的投资者的行为,不适用于所有的投资者。第2点可能是整体性理由,也可能是个体性理由,这取决于考察系统、非系统因素影响力的期间是以虚假陈述人的行为为基准(以虚假陈述实施日、揭示日为基准),还是以个体投资者的行为为基准(以个体投资者的买入卖出时间为基准)。[7]

法院在这些定性的交易因果关系层面否认了虚假陈述与损失的关系后,可不必再就定量的损失因果关系展开。

本文将运用证券侵权法原理,结合实际司法案例,对这几种理由的允当性予以讨论。本文将在相关判决的研究中,重点考察宝安鸿基地产公司虚假陈述案(以下简称鸿基案),一是因为鸿基案一审的深圳市中级人民法院的金融审判水平在国内居于前列,二审后又经过了最高

---

〔5〕 例如,北大医药案一审判决在提出传统的否认因果关系的理由的同时,提出其他导致买入的理由包括:原告购买时间是在涉案行为已经发生一年后的牛市期间,重庆市第一中级人民法院:张三元与北大医药股份有限公司证券虚假陈述责任纠纷一审民事判决书,(2018)渝01民初291号,2018年8月39日;二审判决认为被诉行为构成虚假陈述,但认定与投资者损失无因果关系的理由成立,维持原判,(2019)渝民终343号判决。

〔6〕《赔偿规定》列举的否认因果关系的理由还包括:明知虚假陈述存在而进行的投资;投资者属于恶意投资、操纵证券价格的。但这些理由在诉讼实务中的适用颇为罕见。

〔7〕 缪因知:《精算抑或斟酌:证券虚假陈述赔偿责任中的系统风险因素适用》,载《东南大学学报》(哲学社会科学版)2020年第5期。

人民法院的再审,〔8〕司法观点表达的层次较为分明。二是本案是最高人民法院就虚假陈述赔偿责任因果关系作出明确表态的少数判决之一,其提出:根据当时最高人民法院《关于贯彻执行〈中华人民共和国民法通则〉若干问题的意见(试行)》第68条的规定,"一方当事人故意告知对方虚假情况,或者故意隐瞒真实情况,诱使对方当事人作出错误意思表示的,可以认定为欺诈行为。据此,虚假陈述行为与投资者的投资决定之间存在因果关系,是证券投资欺诈的成立要件之一","投资者的交易决定,必须是受到虚假陈述行为的影响或者误导并错误交易才构成证券交易欺诈因果关系"。这些表述属于此领域基石性的司法论断之一。三是该案属于法院认定被处罚的虚假陈述行为与原告投资者损失结果无因果关系的少数判例。四是本案案情复杂,前述几类否认因果关系推定的理由均在本案中有所涉及,但相关论述包括最高审判机关的立论并非没有值得学理深挖之处。

二、否认因果关系推定的理由:虚假陈述的作用力不符

(一)正向发布信息与反向隐瞒信息的同一构造

《赔偿规定》构建的基本法理是基于诱多型虚假陈述导致的投资者"高价买入、低价卖出"的损失模式。诱多型虚假陈述包括披露虚假的利好信息或隐瞒真实的利空信息两类。

显然,消极隐瞒真实的利空信息不像积极发布虚假信息那样会直接对市场产生拉抬作用,其只是压抑了股价本来可能有的下跌,主要危害在于让本来会得到警示而卖出的投资者未曾卖出。在考察信息对股价之变动的事件研究法(event study)路径下,隐瞒信息和发布信息的处理方式也不同。

不过,纯粹隐瞒利空信息在构造上仍然能被视为等同于发布虚假的利好信息。因为投资者是基于市场整体信息(mix)做出交易决策

---

〔8〕 本文主要依据林超英诉鸿基案的三份连续判决书:(2014)深中法商初字第50号、(2015)粤高法民二终字第1028号、(2016)最高法民申502号裁定书。

的,隐瞒一项信息虽然不像发布一项信息那般引人注目,却也是对整体信息本来应呈现的面貌的改变。例如,在披露年报时隐瞒一项重大损失的存在,无疑会使投资者对公司整体经营能力产生更为乐观的估计。故而隐瞒信息的行为仍然存在“诱”的作用。法院不能仅仅由于被诉行为是隐瞒真实信息而非发布虚假信息,而否认《赔偿规定》的法理体系下的交易因果关系。

(二)基于诱空和中性虚假陈述的因果关系否定

我国虚假陈述赔偿责任中的因果关系推定仅限于诱多型,而不包括诱空型,[9]即不包括实施时可能导致股价下跌而非上涨的发布虚假利空信息或隐瞒利好信息的行为。

最高人民法院人士明确,这是“鉴于导致股价畸高的诱多型虚假陈述较为典型,而诱空型虚假陈述常常与内幕交易、操纵市场等其他种类的证券市场欺诈行为相联系,所以,《赔偿规定》将其调整对象定位于诱多型虚假陈述行为”。[10]

其背后的法理,主要是在于“高买低卖”诱多型虚假陈述导致了投资者现实净损失,需要获得法律救济的社会反应强烈。而诱空型虚假陈述主要导致的损失形态是低价卖出证券后,其股价在后来上涨所导致的可得利益丧失,或所谓因诱空陈述而未曾买入导致的可得利益丧失,相关交易行为在“若无,则不”测试下是否真的会发生的确定性更弱,对其进行因果关系推定的正当性更低。

所以,若能认定相关陈述为诱空型,则即便符合“实施日后买入、揭露日后卖出”的时间关系,也不应认定因果关系存在。[11] 毕竟,虚假陈述责任交易因果关系属于信赖关系判断,此种判断以特定条件下存在信赖合理性为推定的正当性基础。事实上,特定投资者的交易行为结

---

〔9〕 诱多型和诱空型的基本分类参见贾纬:《证券市场虚假陈述民事案件的赔偿范围》,载《人民司法》2002年第11期。作者为最高人民法院民事审判第二庭法官,参与起草了《赔偿规定》。

〔10〕 最高人民法院民事审判第二庭编著:《最高人民法院关于审理证券市场虚假陈述案件司法解释的理解与适用》,人民法院出版社2015年版,第253页。

〔11〕 有法院开始探讨诱空型虚假陈述下相应投资者的损害赔偿,值得肯定,如(2014)深中法商初字第74号,(2014)粤高法民二终字第1041号判决,(2015)鲁商终字第327号。

果还可能因为遭遇虚假陈述行为而变得更为有利。

例如,海南省高级人民法院在2012年华闻传媒案判决中指出“公司少报了企业利润,年报中披露的业绩比实际业绩差”,对原告“不构成虚假陈述”。[12] 新疆一法院在2017年中基健康案中指出:虚减利润的利空型虚假陈述“客观上不会诱导原告作出积极投资被告股票的决定,亦不会使原告产生投资被告股票的信赖利益”,“原告投资被告股票造成的损失与被告虚假陈述行为之间无因果关系”。[13]

除此之外,我们还可以探究诱多型、诱空型虚假陈述以外的“中性”虚假陈述的空间,包括涉及财务数据的微小误差、短暂的迟延披露、不实或未披露股份代持、一致行动人、交易信息和关联信息等的陈述。此类陈述也不应在目前基于利好型虚假陈述的赔偿责任体系下得到支持。目前,部分先进法院也已经对此些情形作了否认因果关系的有益实践。[14] 限于篇幅,笔者将另行撰文阐述此类陈述。

(三)诱多与诱空虚假陈述交织时的因果关系否定

在现实中,一家上市公司可能会同时存在多个未被揭示的虚假陈述,这些虚假陈述可能分别具有诱多和诱空的性质,其因果关系判定就会更为复杂。

例如,中基健康公司在2006年、2007年年报中虚增利润,2008年到2011年年报中虚减利润,在2012年上述虚假陈述揭示前,投资者会同时受两种作用力相反的虚假陈述影响。在武昌鱼股份案[15]中,公司主要实施了隐瞒重大合同与重大诉讼事项这两类虚假陈述行为。隐

---

〔12〕 参见(2012)琼民二终字第129号,最高人民法院驳回原告再审申请时指出真实信息“对投资者而言,是利好消息”,(2013)民申字第1798号裁定书。

〔13〕 参见新疆高级人民法院生产建设兵团分院(2017)兵民终29号。

〔14〕 参见(2013)民申字第1798号裁定书(较小的会计调整),(2014)粤高法民二终字第74号判决(在资产负债比例较小),(2018)粤民终1414号(收购子公司资产时的评估报告遗漏最新一个月有变化的利润数据),(2019)渝民终343号判决(未披露非控制性股份代持),(2019)辽民终549号(未披露对外投资),(2012)深中法商初字第75号,(2013)深中法商初字第47号(在负债、收入、利润中比例较小),(2013)穗中法民二初字第4号(较小的会计错误),(2018)沪74民初1185号(未披露一致行动关系形成、但未获得控制权)。这些判决均否认了相关不实披露对投资者损失的责任。

〔15〕 参见(2014)鄂武汉中民商初字第00061号。

瞒重大合同的实施日为2006年3月7日,更正日为2006年7月8日。隐瞒重大诉讼事项的实施日为2006年6月1日,揭露日为2010年6月8日,故在2006年6月1日至7月8日买入者,同时会受两种方向相反的虚假陈述的影响。

本文认为,对于纯粹财务数据型的多个虚假陈述,可以认为存在收入、利润等数据的"层叠效应",即历年的虚增虚减数据会在虚假陈述前逐年积累和传递,从而出现一个总的净虚增、净虚减金额,并以此判断具体投资者买入时受到的"净作用力"是诱多还是诱空的。[16]

对于非财务数据型的多个虚假陈述的情形,可以分为定量和定性的两种处置路径。

以定量为例,将相关事件"折算"量化,如隐瞒一项被索赔1亿元的诉讼信息,不等于公司隐瞒1亿元的损失,但可以在事前"计提"相应的损失金额,如根据败诉概率,可将之折算为相当于隐瞒了一定金额的现实损失。

显然,这种定量的方式看似能得出精确的量化结果,实际操作却可能相当不精确,所以法院亦可以采取定性的方式,即基于一个理性投资者的立场,在不同的诱多诱空虚假陈述中何以区别主因与次因、远因与近因、显因与隐因。如中基健康案虽然是先虚增利润、后虚减利润的纯财务数据型的虚假陈述,相增减的结果也是略有净虚减利润,但法院直接认为"李胜开买入新中基股票的行为应当受该公司2008年至2011年年度报告的影响而不是2006年至2007年年度报告的影响",并指出原告买入前公司处于"巨亏"和整年股价大跌的状态,"该公司的企业经营状况并未影响投资者的选择",值得参考。

需要指出的是,具体案件中的虚假陈述究竟属于诱多型、诱空型还是中性,应当结合情境具体分析,即该陈述所描绘的公司资产、利润等信息会导致投资者高估还是低估公司的价值,真实案件往往相当复杂。

例如,1993年起宝安鸿基公司与新鸿进公司等签订股份转让协议,新鸿进公司付清股票转让款后,因故退回股票并收回股款;鸿基公

〔16〕 在投资者存在多次买入卖出时,可以按先进先出的原则,判断虚假陈述揭示时尚持有的股份所对应的买入时间。

司又与业丰公司签订股份转让协议,但业丰公司未付款。鸿基公司用标的股份历年分红冲抵应收新鸿进公司及业丰公司购股款;不足部分,由鸿基公司使用自有资金经第三方过账划回公司冲抵。换言之,鸿基公司通过虚构转让交易,经资金运作及账务处理,将涉案股票转至账外,以新鸿进公司、业丰公司的名义继续持有。2007 年经交易所询问,鸿基公司仍然声称相关股份的实际持有人为新鸿进公司、业丰公司。

故而,本案属于被告公司未如实披露自身所持股份资产,其行为导致名义资产减少,属于诱空型的虚假陈述行为。但本案实际面貌要更复杂些,因为其并非通过虚报财产损失的方式隐匿资产,这些资产名义上是在正常交易中出售的,公司本该获得资金对价,总资产大体上未增未减。但实际上名义股权受让方未曾有效支付对价,名义上的股份受让款由名义股权出让方通过第三方过账等财务报表操作方式呈现。相关股份出售后,所产生的收益也未被鸿基纳入报表。

本案具体的会计账务处理方式在此无法详细展开,但从其呈现形式看,在更正前市场上并未有明显质疑其股权转让收入不实之声,可见投资者接受了其对股权转让收入部分的虚增。只是“羊毛出在羊身上”,该部分“虚增”的股权转让收入实际上是以其他收入或现金资产的“虚减”为代价的。简言之,被告名义上出让、减少了 8000 万元的股票资产,应收 8000 万元资金,通过“资金运作及账务处理”,被告应该明面上还是获得了 8000 万元的资金收入,但暗面上必须自行筹措 8000 万元资金来对冲,导致其他收入或现金资产无形之中减少。故“两减一增”,总体而言,形式上还是资产的减少,应视为利空型虚假陈述。不过,本案法院以其他理由驳回了投资者的诉讼请求,未结合此陈述的性质予以更多展开。

三、否认因果关系推定的理由:股价无“异常大幅波动”的系统维度与个股维度

系统风险和非系统风险因素不足以否认虚假陈述与交易行为之间的因果关系,但可用于否认虚假陈述与投资者损失或部分损失之间的

因果关系,这是当前虚假陈述赔偿责任理论与司法创新的主要发展领域。不过更复杂的是虚假陈述与系统、非系统的其他因素交织时的责任区分。简言之,系统风险因素的估算需要借助一定的基准,这种基准会具有内在的不准确性。〔17〕 实践中,一些法院仅依据自身选取的系统风险估算标准,就全部否认了虚假陈述与投资者损失之间的因果关系,存在说理不足。而鸿基案判决综合了系统风险影响的定量考察与虚假陈述影响的定性考察,值得肯定。

(一)“其他因素”影响的定量考察与虚假陈述影响的定性考察

虚假陈述对股价的影响会与其他系统和非系统因素重叠。《赔偿规定》第 19 条列举了若干应当认定虚假陈述与损害结果之间不存在因果关系的情形。实务中,系统因素一般由虚假陈述期间内的市场指数、板块指数等来度量,〔18〕非系统因素则包括公司本身经营业绩下滑、退市风险等利空因素,也包括其他行为如操纵市场对股价的影响。〔19〕

虚假陈述与其他因素叠加造成影响时,并不等于虚假陈述不存在影响。以“其他因素”否认损失因果关系的法理实指当多种因素叠加时,应当优先考虑虚假陈述以外因素的影响。这并非法理推演的逻辑,而是最高人民法院的一项政策抉择。

这种制度安排的法理在于:虚假陈述赔偿并非对投资者的“保险”。投资者投资可比股指或同类股票时无法避免的损失,不应通过虚假陈述赔偿制度来解决。毕竟,虚假陈述赔偿责任本身仍然依赖因果关系推定来建立,虚假陈述人对投资者损失的责任并非那么“理所当然”。而在被罚行为出现泛化现象,往往不具备重大性时,优先去除

---

〔17〕 对于证券虚假陈述赔偿责任中的系统风险因素适用,参见缪因知:《精算抑或斟酌:证券虚假陈述赔偿责任中的系统风险因素运用》,载《东南大学学报》(哲学社会科学版)2020 年第 5 期。

〔18〕 参见甘培忠、彭运朋:《论证券虚假陈述民事赔偿中系统风险所致损失数额的认定》,载《甘肃社会科学》2014 年第 1 期;张保生、周伟、刘思远:《证券虚假陈述民事赔偿案件系统风险的认定标准和计算方法》,载《金融服务法评论》(第 7 卷),法律出版社 2015 年版。

〔19〕 文峰大世界案中,法院认为投资者损失是由操纵市场所致,江苏省高级人民法院:冯韵与文峰大世界连锁发展股份有限公司证券虚假陈述责任纠纷上诉案,(2017)苏民终 2209 号,2018 年 3 月 12 日。

其他因素的影响更为正当。司法者对这些因素的考量，则是司法精细化的进步表现。

有些司法判决不仅考察了基于可比指数和同类股票走势的系统性因素，还考察了涉案虚假陈述实施日和揭露日等关键时日的个股走势的个别因素。例如，鸿基案一审判决指出虚假陈述实施日和揭露日后的一段时期内，从纵向看，涉案“股票价格在虚假陈述实施日和揭露日后的一段期间内，没有在短时间内出现大起大落或连续涨跌停等异常情况，走势没有发生异常大幅度的波动”；从横向看，“其股票价格涨跌幅与大盘、所在产业板块，以及与其他同类企业股票价格的整体走势基本一致，涨跌幅度并不突出”，故“没有证据表明其虚假陈述行为导致了被告股价出现异常波动、严重背离其市场价值。被告股价产生波动的原因应当是除了虚假陈述以外、同样影响着其他个股的宏观因素、产业因素、市场因素等多重因素”。

需要注意的是，法院对纵横两向的考察是基于不同的维度。认定涉案股票走势与可比指数和同类股票走势基本一致，在形式上似乎足以由此认定投资者的买卖价差损失是由证券市场系统风险所导致，但在进一步追问横向参考标准的正当性时，存在不足。而论证涉案个股未有异常大幅度波动，才是“釜底抽薪”，即并非只是出于政策考量而优先考虑系统因素带来的股价下跌并忽视了虚假陈述带来的股价下跌，而是论证了虚假陈述就根本未带来股价下跌，虚假陈述的实施和揭露均未影响市场价格。

换言之，鸿基案一审判决并不认为虚假陈述和系统性风险因素存在“叠加”作用，而是认为虚假陈述完全无影响，股价波动均由其他因素造成。这一点的得出，不能依据定量分析，而必须依据定性分析。因为“虚假陈述无影响”和“系统风险有影响”两个理由是独立的。

仅从定量角度入手考察，会发生一种违背“个股所受影响 = 虚假陈述影响 + 系统因素影响 + 其他因素影响”之一般规则的现象，即系统因素即可比指数和同类股票变化幅度超过个股股价变化幅度，等式后三者之一大于等于等式前。[20]

发生这种异常现象时,可以用市场有效性(efficiency)的不足来解释等式两边变动为何不一。但在对抗的虚假陈述诉讼的情境下,恐怕更会被主张和接受的解释是用来比较的指数或同类股票并不能准确地反映系统风险,[21]故应当重新调整可比指数和同类股票的构成以"容纳"虚假陈述的影响空间。

故而,从定性上否认涉案虚假陈述行为对股价的影响,才能彻底排除其与投资者损失的因果关系与赔偿责任。即便认定虚假陈述对个股股价无显著影响,而其他系统因素也不足以解释股价变动,即等式后三者之和小于等式前的因素时,等式的再平衡可以通过非系统性因素即公司自身业绩方面的因素来"填充空白"。

所以,发现涉案个股与可比指数和同类股票的走势一致,只能说明"虚假陈述无显著异常影响"。这是定量层面的结论,即系统性或非系统性因素的影响可以基本解释涉案个股的价格变动,但不能断定虚假陈述对个股价格变动没有影响。毕竟,从虚假陈述的内容与作用力的逻辑关系和时间关系上看,虚假陈述对股价还是会产生影响的(只是程度不确定)。要得出"虚假陈述无显著影响"的定性层面的结论,即虚假陈述本身缺乏重大性,需从涉案个股本身在实施日和揭露日的股价变动情况来分析。

鸿基案一审判决认为虚假陈述未在实施日和揭露日引发股价异常大幅波动,故对股价无正面影响,反面又解释说可比指数和同类股票的走势能解释个股走势时,其整体逻辑即"买卖差价完全取决于系统风

---

〔20〕 实践中也有判决仅以"系统风险+非系统风险"因素排除了被诉行为与损失之间的因果关系,对非系统风险(ST股票重组失败)未做量化,但判决本身也对虚假陈述行为作了"不会影响一般投资者"的定性排除,辽宁省高级人民法院:陈某香、银基烯碳新材料集团股份有限公司证券虚假陈述责任纠纷二审民事判决书,银基烯碳案,(2019)辽民终549号,2019年10月9日。

〔21〕 鸿基案中,林某英等原告即主张"鸿基公司的走势和大盘的走势并不一致",并认为鸿基主营业务收入构成决定了其不适合与房地产股票和指数比较。但此系个案事实认定问题,本文不做评判,本文只是想说明提出参照标准时,总会有辩论空间。

险”就更为贯通。[22]

(二)虚假陈述对个股影响排除的“双日”考察

如何在定性上认定虚假陈述对个股无影响？路径一是根据虚假陈述的内容、性质、作用力方向指出其在逻辑上不会产生对投资者不利的影响，如利好性虚假陈述不会导致卖出者遭受不利，如前所述，鸿基案虚假陈述可以考虑被视为不会造成股价上升的虚假利空型陈述。路径二是根据虚假陈述实施日和揭露日的股价无显著变动来认定。由于我国信息披露制度对上市公司提出了过多的披露要求，往往导致披露公告本身未必具有实质内容。[23] “某提示揭露行为是否可以作为虚假陈述揭露日，可与相关股票是否停牌挂钩，其引起价格急剧波动导致其停牌的，则可以认定其揭露行为的时日为虚假陈述揭露日”。[24] 金融学以事件研究(event study)法来命名这种信息与对股价的关系。

进一步细分，利多型虚假陈述“无显著影响”又可根据实施日和揭露日如表1所示分成三种情况。

表1　利多型虚假陈述“无显著影响”分类

实施日	揭露日	损失情况
股价显著上升	股价无显著变化或上升	期间买入者未受损
股价无显著变化或下跌	股价无显著变化或上升	期间买入者未受损
股价无显著变化或下跌	股价显著下跌	期间买入者受损

对利多型虚假陈述而言，上述前两种情况均较简单，第三种情况较

〔22〕 在2015年的一起判决中，武汉中级人民法院采取了类似的进路，指出涉案虚假陈述是未披露关联关系、未披露关联交易，结合本案的事实来看，未对原告的投资行为产生影响，不具有重大性。从虚假陈述实施日及揭露日前后10日的股价及成交量对比也可以看出，虚假陈述行为并未对交易量及价格产生重大影响，武汉市中级人民法院：郭某卢诉黄石东贝电器股份有限公司等证券虚假陈述责任纠纷案，(2015)鄂武汉中民商初字第00734号(未披露关联关系、关联交易)，2016年12月21日。

〔23〕 参见李有星等：《论重大资产重组信息披露制度的完善》，载《浙江大学学报》(人文社会科学版)2015年第3期；缪因知：《论证监会信息披露规则的不足》，载《法治研究》2016年第2期。

〔24〕 最高人民法院民事审判第二庭编著：《最高人民法院关于审理证券市场虚假陈述案件司法解释的理解与适用》，人民法院出版社2015年版，第264~265页。

罕见,也最为难解。若市场有效且无其他因素影响,这种情况不会发生,因为既然虚假陈述被实施时不曾令股价虚涨,其被揭露时也没有可“挤出”的水分。但现实的市场有效性有限,股价又受多种因素影响(包括市场对负面消息的过度反应),此等情形不无可能。此时按照《赔偿规定》,若产生买卖差价,就是应当赔偿的。虚假陈述人仅在定量上以实施日股价无显著变化做辩护,较难成立,须结合定性因素论证该虚假陈述在形式上不构成虚假利好,实施日股价无显著变化或下跌属合理,而揭露日股价显著下跌不合理,或是受了其他因素影响所致。

根据一审判决书提供的数据,鸿基的股票属于情形二,即实施日和揭露日均无显著变化。

但讨论股价为何无变化时,需要考虑虚假陈述的性质,虚假陈述分为积极披露事实和消极隐瞒事实两类,前者具有重大性时会影响股价,而后者只是导致股价未曾发生应有的变化,故股价无显著变化本身就可能是虚假陈述导致的结果。而揭露是一个明确、专门、积极的信息揭示活动,能引起投资者的高度注意。所以相对而言,揭露日的股价变化比实施日的股价变化更重要。

从投资者的角度看亦如是。揭露日起的股价变化直接导致了投资者的损失,而无显著变化则无可计算的损失。在美国法下,法院明确要求原告证明相关负面信息被披露后,股价出现显著下跌,否则就不能构成有效的虚假陈述揭示和确立赔偿责任。[25]

鸿基案的虚假陈述是“2007 年 3 月 19 日《澄清公告》及 2006 年至 2009 年年度报告未如实披露其‘代持股’问题”,这属于消极隐瞒事实的类型,一般不会引起股价变化。不过,鸿基案的特殊事实又在于此前知名媒体《财经》质疑了公司法人股股票投资收益惊人,深圳证券交易所明确要求公司核实回复。故虚假陈述体现为“专门否认一个已经被关注的事实”,较之单纯的消极隐瞒甚至在大量信息中夹杂披露虚假信息,专门“否认事实”能获得较多的投资者关注,造成误导的潜力更大。故而,鸿基案虚假陈述实施时未引起股价显著变化,更可见缺乏重大性。

---

〔25〕 Dura Pharmaceuticals Inc. v. Broudo, 544 U. S. 336 (2005).

（三）虚假陈述的积极/消极表现形式与重大性争议

鸿基案原告主张虚假陈述实施日为实际发生股权代持的时间。这里的意思是虚假陈述属于"应披露而未披露"，即1994年当股权转让交易未实现时，就应该披露此信息，而不应以2007年公司回应媒体质疑和交易所问询时就相关股权归属发布公告日为虚假陈述实施日。此说有一定道理，但若此说成立，则涉案虚假陈述的形式表现为重大遗漏，对信息重大性的要求更为明确，即所涉及的资产应占到上市公司总资产相当的比例。

诚然，虚假陈述的三种表现形式即虚假记载、误导性陈述和重大遗漏应该具有等位性，虚假记载、误导性陈述同样需要信息具有重大性。但证监会近年的处罚强调合规性、信息真实性，并不一贯注重重大性判定。对鸿基虚假陈述的处罚书并未提及2007年的否认公告所涉及的信息相对于鸿基的资产而言是否具有重大性，即被错误表述所有权的资产占鸿基总资产的比例是否达到了一定的阈值。〔26〕这导致虚假陈述处罚自动成为民事责任的基础时，重大性要件也往往被无形消解。

换言之，这里有两种可能性。可能性一是鸿基对资产归属的虚假陈述具有重大性，那在此之前鸿基年度报告中隐瞒了相关资产就可能构成重大遗漏；可能性二是鸿基对资产归属的虚假陈述不具有重大性，证监会处罚之时并未以重大性为考量要素，而只是鉴于行为人否认了交易所监管函，引发了投资者的较多关注后仍然做出虚假陈述、情节恶劣等而做出处罚，故而在民事诉讼中，亦不能认为公司在此之前已构成重大遗漏。

鸿基案原告林某英上诉时曾明确提出鸿基公司虚构股票转让交易，而且涉及金额巨大，故应以未公告的1994年时日为虚假陈述实施日，但未被法庭采纳。在现行法制下，法院自然可以将行政处罚认定的虚假陈述作为民事诉讼中虚假陈述认定的唯一依据。不过，若未来虚假陈述诉

〔26〕 参见中国证监会行政处罚决定书（宝安鸿基地产集团股份有限公司、邱某亨、任某强等15名责任人）〔2012〕53号。

讼放松前置程序的话,[27]法院在类似情境下需更多考虑被处罚前是否有重大遗漏等情节导致虚假陈述另行成立的可能性。

四、否认因果关系推定的理由:特定投资者对虚假陈述的无信赖

实务中,基于特定投资者对虚假陈述无信赖的理由而否定因果关系的具体情形包括:

1. 基于投资者在虚假陈述揭露日后的继续买入行为;

2. 基于投资者在虚假陈述揭露日前后的持续交易习惯;

3. 基于投资者作为机构投资者的身份。

(一)基于投资者交易模式的否定理由

基于投资者在虚假陈述揭露日后的继续买入行为而否定因果关系,受到了高层级司法裁判的支持,但法理存疑。

深圳中级人民法院一审判决鸿基案原告败诉后,二审法院维持原判,最高人民法院2016年裁定驳回再审申请,认为原判决“没有因果关系的裁判理由有所欠当,但处理结果正确”,同时提出了新的理由,“揭露日之后其(投资者)仍在进行买入卖出行为,应当认定其交易决定并未受本案诉争的虚假陈述行为的影响,故不产生交易因果关系”。

这种司法观点直指交易因果关系,可概括为“揭示日后买入,证明之前亦无信赖”,并非鸿基案裁定首创。较早的采纳者有2009年北京大唐电信科技虚假陈述案,但相关败诉投资者系在揭露日后买入,在揭露日

[27] 《赔偿规定》要求民事诉讼以行政处罚或刑事判决为前置程序。2015年5月最高人民法院《关于人民法院登记立案若干问题的规定》施行,开始采取立案登记制。2015年12月最高人民法院民事审判第二庭庭长杨临萍《关于当前商事审判工作中的若干具体问题》讲话称,“根据立案登记司法解释规定,因虚假陈述、内幕交易和市场操纵行为引发的民事赔偿案件,立案受理时不再以监管部门的行政处罚和生效的刑事判决认定为前置条件”。不过,2018年最高人民法院在李某某诉广东威华股份有限公司、赣州稀土集团公司等案[(2018)最高法民申264号]中裁定:由于《赔偿规定》并未废止,所以证券虚假陈述赔偿仍然需要满足前置程序。

前完全无买入。[28] 2012年朱某强诉国创能源虚假陈述案中,原告在更正日前后均有买入,贵州高级人民法院判决称:"在国创能源公司公告了未及时披露的信息以后,朱某强仍然购买了该公司的股票。由此可见,国创能源公司未及时披露信息的行为客观上没有影响朱某强的投资决定,亦不会使朱某强产生投资其股票的信赖利益。朱某强的投资交易并不是由国创能源公司未及时披露信息的行为所决定的。"[29]

然而,此说并不正确,投资者在虚假利好陈述被揭示、股价下跌后仍然买入股票,不排除是由于对虚假陈述及其揭示不在意;然而,从投资策略看,由于揭示后股价会下跌,只要公司仍然有投资价值,投资者"逢低买入"亦属正常策略。判决书显示,朱某强在更正日后一个多月才重新买入时的成本仅为在更正日前买入时价格的一半。[30]

而且,我国虚假陈述赔偿制度的法理基础是源于美国的"欺诈市场理论",这意味着未曾接触或信赖虚假陈述的投资者依据已然受到虚假陈述影响的"虚高"市场价格买入,就已然受到欺诈,而应获得赔偿。[31]投资者在揭示日后又买入股票,最多说明其此时不再受虚高的价格欺诈,而不等于在揭示日前的买入就不曾受过欺诈了。在南京中级人民法院雅百特案判决也明确否认了此等理由。

相比之下,在殷某舟诉中水远洋案中,法院以原告在虚假陈述实施与揭露前后均有频繁、连续、稳定的买卖股票的操作规律和交易习惯为由,否认其对虚假陈述的信赖的做法,虽然指向更为概括,但更有说服力。类似思路的还有鞍山重型矿山机器案。[32]

---

〔28〕 例如,(2009)一中民初字第8216号。该案发生这一情形是由于法院把2005年收到立案调查通知书日定为揭露日,而非2007年收到行政处罚事先告知书日。

〔29〕 参见(2012)黔高民商终字第3号判决书。

〔30〕 国创能源案判决还有一个严重错误,判决书显示,原告朱某强再次买入时已经是在基准日之后。法律推定此时虚假陈述及更正对股价的影响已经消失,买入者已无所谓对虚假陈述是否有信赖。

〔31〕 参见最高人民法院民事审判第二庭编著:《最高人民法院关于审理证券市场虚假陈述案件司法解释的理解与适用》,人民法院出版社2015年版,第249页。

〔32〕 沈阳市中级人民法院:原告葛某与被告鞍山重型矿山机器股份有限公司、九好网络科技集团有限公司证券虚假陈述责任纠纷一审民事判决书,(2018)辽01民初1411号,2019年4月15日。

(二)基于投资者身份的否定理由

推定因果关系本来只是为了方便投资者的信赖因素举证而做出的特殊处理方式。符合行政前置程序的虚假陈述无论其表面的可信度、实质作用力高低,均会先被推定为值得投资者信赖。故而,当特定投资者本身另负一层更高的审慎决策义务和相应的理性分析能力时,其就有一定的去伪存真的鉴别义务和条件,即不轻易地将自身判断建立在对虚假陈述的信赖之上。这也是促进市场有效化的一个重要渠道。

专业投资者是证券市场信息的接收者、分析者,他们基于证券信息而非证券价格开展交易,是价格的制造者、调整者而非被动接受者,可谓有效市场假说的真正的基石。所以专业投资者并不理所当然地完全适用欺诈市场理论的保护。专业投资者不限于机构投资者,也不包含所有的法人投资者。为了与证券法的其他部门匹配,专业投资者可以包括:具有证券发行询价资格的投资者、具有证券非公开发行认购资格的投资者、具有在三板、科创板市场交易资格的投资者,这些投资者可被推定具有较丰富的投资经验、较强的抗风险能力。

我国最高人民法院在制定《赔偿规定》时即认为:"投资基金设有专门的市场投资者研究机构,在投资之前会实地考察和提出可行性研究报告,所以一般难以受到虚假陈述侵害。"〔33〕贾纬法官主张,"法人或者其他组织等机构投资主体还须提交其投资可行性调研或分析报告、投资决策报告,以证明其投资行为是理性和善意的"。"如果等同于对自然人投资主体信赖推定的证明标准而适用因果关系认定,支持投资机构的诉讼请求,不仅不利于保护中小投资人,而且无辜加重了虚假陈述行为人的民事责任,更重要的是危害了民事赔偿诉讼制度"。〔34〕

实务中,由专业投资者提起的虚假陈述赔偿诉讼并不多见。有的法院并未就专业投资者是否负有特殊义务作出专门规定,而直接适用了交易关系推定。〔35〕但也有重要的反例。在2007年大成基金管理有限公司

---

〔33〕 李国光主编:《最高人民法院关于审理证券市场虚假陈述案件司法解释的理解与适用》(重印本),人民法院出版社2015年版,第109页。

〔34〕 贾纬:《证券市场侵权民事责任之完善》,载《法律适用》2014年第7期。

〔35〕 济南市中级人民法院:北京高石创新投资公司诉山东京博控股股份公司案,济南市中级人民法院(2014)济商重初字第3号,2014年9月10日。

诉广夏(银川)实业股份有限公司的典型案例中,一审法院认为“基金公司属于专业投资机构,其具备证券市场投资的特别技能、知识、经验及专业分析研究能力,也有着严格的投资决策程序,因此,基金公司不同于普通证券市场投资人。基金公司进行证券投资,不但要严格遵循其投资决策程序,而且必须对其专业分析研究能力、特别技能、知识和经验加以运用,否则如果其信赖一个不具备这些条件的普通投资可能合理信赖的虚假陈述,那么就是不合理信赖”。二审宁夏高级人民法院对此认同,认为大成基金购买银广夏股票在相当程度上依赖的是媒体报道、股票分析人员的点评及10余人次实地调研的结果;大成基金的研究人员曾对广夏公司的业绩提出疑问。这表明其未能合理运用自身专业知识和专业技能对银广夏股票的投资价值进行判断,决策过程中存在不周全和瑕疵之处,并未按照基金契约的规定履行完全的证券投资决策程序,不能确定尽到了充分的审慎义务和注意义务。作为专业投资机构,其投资行为确有重大不合理性。因此与银广夏的虚假陈述行为之间不存在交易因果关系。[36]

此判决意旨得到了一些法官[37]和学者[38]的赞同,也被一些判决所遵循,如上海雨浩投资咨询有限公司诉浙江祥源文化股份、西藏龙薇文化传媒案。[39] 不过笔者认为这一司法观点存在地方保护主义之嫌。大成基金的调研行为和内部质疑等恰恰证明了其确实阅读了上市公司的披露信息,也未曾完全信赖和盲信披露信息。披露文件毕竟是上市公司提供的主要信息,仍然是包括专业投资者在内的投资者进行投资决策的主要依据。只有在事实层面认定专业投资者调研流于形式,才能认定其未尽到合理的注意义务。

故而,只要原告专业投资者能证明自身已经做了合理的、并非流于

〔36〕 参见宁夏回族自治区高级人民法院(2007)宁民商终字第74号。

〔37〕 参见贾纬:《证券市场侵权民事责任之完善》,载《法律适用》2014年第7期。

〔38〕 参见樊健:《我国证券市场虚假陈述交易上因果关系的新问题》,载《中外法学》2016年第6期(盛赞此判决书“说得非常清楚”)。不过樊健主张机构投资者只有存在故意或重大过失时,才可排除因果关系推定,第1510页。

〔39〕 杭州市中级人民法院:上海雨浩投资咨询有限公司与浙江祥源文化股份有限公司、西藏龙薇文化传媒有限公司证券虚假陈述责任纠纷一审民事判决书,(2018)浙01民初2352号,2019年7月25日。

形式的调研,收集和分析了正常水平的投资决策信息,并且这些信息并不必然或高度盖然地本应导向不投资的决定,则其投资决定就仍然应被推定为受到了披露信息的欺诈,而可适用《赔偿规定》的相关保护。这一立场符合我国法院早年在委托理财纠纷中对受托人责任的立场:“基于商业判断而作出的正常投资行为,即使出现投资判断失误,但其只要尽到了合同约定的谨慎、勤勉的管理人义务,不存在明显过错,就不能以受托人当时的商业判断与市场后来的事实发展相悖为由,要求其承担赔偿责任”。[40]

在此领域,司法进一步的发展方向:一是探讨专业投资者证明已经履行了适当的信息收集和分析具体免责标准,但对此应当遵循合理商事判断的事前程序规则,而非结果主义的“事后诸葛亮”的归责标准。投资本身是有合理差错率的,任何投资都不会是基于近乎百分百的确信做出的,不能仅以投资机构内部有人提出过质疑和反对意见作为认定投资者忽视“合理怀疑”的理由,否则投资者会陷入“调研越多、疑点越多、自身过错越大”的怪圈。二是对专业投资者的外延作出具体的界定,对非金融机构、非专业投资机构如企业内部投资部门等的地位予以界定。

五、结论

学界还一直在探索进一步便利证券民事诉讼的方式,如集中管辖、倚重公共投资者保护机构起诉,[41]仿效我国香港式的监管机构代为诉讼模式,或示范性诉讼。[42] 2020 年 3 月起实施的《证券法》正式赋予了投资者保护机构发起中国式集团诉讼的机会,未来的证券虚假陈述赔偿

---

〔40〕 最高人民法院:西能科技公司诉国泰君安证券公司委托管理资产合同纠纷案,(2003)民二终字第 182 号,2004 年 2 月 19 日。

〔41〕 参见缪因知:《证券诉讼在中国:适用前景与改进方略》,载《北方法学》2012 年第 1 期;吕成龙:《投保机构在证券民事诉讼中的角色定位》,载《北方法学》2017 年第 6 期。

〔42〕 参见王彦明、于淼、王殳昊:《中国示范诉讼制度的构建——以证券欺诈民事纠纷的应用为例》,载《社会科学战线》2019 年第 2 期。

诉讼将获得爆炸式发展。但诉讼程序制度的便利化应当与适当的实体责任制度相平衡。

我国虚假陈述赔偿制度以欺诈市场理论的推定为法理依据,但这种对整体情势的推定并非总是贴切个案情势。首倡欺诈市场理论的美国最高法院已经开始允许证券发行人举证涉案虚假陈述并没有影响股票交易价格,否认市场有效性。[43]

近年来,中国证监会的信息披露违法处罚趋于扩张,[44]处罚逻辑则日益表现为仅基于发布信息的合规性考察,只论事实真假,无论对市场价格的影响,即缺乏重大性的前置要件,这使信息披露违法处罚作为虚假陈述赔偿责任的前提,存在先天不足。故而,虚假陈述赔偿诉讼应当摆脱对行政处罚的机械依赖,而发展适合民事赔偿场景而非行政合规场景的独立因果关系认定和责任理论。此即如汤欣教授等提出的,“对于同一案件中的多项虚假陈述行为,应当作出恰当的切割”,再讨论民事责任。[45]

从当前的司法实践看,基于虚假陈述作用力不符,损失或部分损失是由证券市场系统或非系统风险等其他因素所导致,而认定虚假陈述与投资者损失无因果关系的尝试较符合法理,值得继续细化深挖。基于特定投资者对虚假陈述无信赖的理由而否定因果关系的理由,亦可以基于投资者的特定交易习惯、交易身份等而结合具体事实成立,但认为揭露日后买入,就反证揭露日前的买入也不具有对虚假陈述的信赖因素的观点则不正确,应予摒弃。

(编辑:邹莹)

---

〔43〕 See Halliburton Co. v. Erica P. John Fund, Inc. (Halliburton Ⅱ), 134 S. Ct. 2398 (2014).

〔44〕 相关数据自2010年起持续增长,参见邢会强:《证券欺诈规制的实证研究》,中国法制出版社2016年版,第21页。

〔45〕 参见汤欣、杨祥:《虚假陈述损害赔偿的最新实践及法理检视——以万福生科与海联讯补偿方案为例》,载《证券市场导报》2015年3月。

《证券法苑》(2020)
第三十卷,第96~115页

虚假陈述连带赔偿责任分配的价值基础和实现标准

刘　磊*

摘要:我国法律关于虚假陈述责任主体的规定具体分明,不过未能掩盖适用中责任承担主体单一化的状况,导致真正的虚假陈述责任主体难以尽责,证券中介机构未能发挥"看门人"作用。虚假陈述共同侵权的责任分配,须参酌各主体在虚假陈述行为中的作用力及知情程度等因素。虚假陈述连带赔偿责任的终局承担者应当以控股股东、实控人及董事等内部人员为主,证券中介机构的责任承担应根据过错状况区别对待,此外连带赔偿责任的分配也亟须司法实践的回应。

关键词:虚假陈述　信息披露　注册制　责任分配

有效的信息披露是资本市场健康有序发展的保障,也是证券法实施的基本立足点。而虚假陈述则是我国资本市场最为突出的违法违规问题。围绕着虚假陈述责任体系的构建是证券立法的重点,

* 中证中小投资者服务中心有限责任公司副总经理。本文仅代表作者个人观点,与所任职单位无关。

也是法律适用的难点。2019年《证券法》拓宽了虚假陈述连带赔偿责任的范围，并在控股股东、实际控制人的归责原则上予以强化。不过就既往虚假陈述赔偿责任的法律适用效果而言，不甚理想，难以充分实现现行证券立法保护投资者合法权益与阻却并惩戒虚假陈述行为实施的制度功能，存在改进的空间。在2019年《证券法》已全面实施的制度背景下，合理分配虚假陈述责任主体连带赔偿责任的范围，对于追究真正责任主体的最终责任、保障信息披露制度有效实施以及全面推进注册制改革都极具意义。本文尝试在梳理、剖析我国现行法律规范及司法实践关于虚假陈述连带赔偿责任的规定与适应的基础上，在既有共识性学理分析的前提下，提炼归纳虚假陈述连带赔偿责任分配的考量因素，进而探索虚假陈述中各主体的责任边界。

一、法律规范关于虚假陈述责任主体的规定：确定性与类型化

总体而言，我国关于虚假陈述责任主体的规定是较为明确的，而且不同层级的法律规范体系为规制虚假陈述责任主体提供了依据，并且确定了类型化、多层次的责任主体。

我国虚假陈述责任主体包括信息披露义务人和不得进行虚假陈述的责任主体。[1] 信息披露制度作为证券法的核心制度，有效的信息披露是促进证券交易的不二法门。因此，建构有效的信息披露制度、化解信息不对称以降低证券交易成本就成为证券法的核心命题之一。正因如此，"证券法在很大程度上可以说就是公司信息与成本节约法"。[2] 我国《证券法》围绕着信息披露制度的构建，明确了以信息披露义务人为核心的虚假陈述责任主体。除此之外，还包括不得进行虚假陈述行为的义务人，这主要是指证券交易场所、结算机构、证券业协会、证券监督管理机构及其工作人员，还有传播媒介等主体。虽然这类主体并非

〔1〕 参见李国光主编：《最高人民法院关于审理证券市场虚假趁实案件司法解释的理解与适用》（重印本），人民法院出版社2015年版，第236页。

〔2〕 许德风：《欺诈的民法规制》，载《政法论坛》2020年第2期。

《证券法》所明确规定的信息披露义务人,但由于该类主体的地位及职务原因,《证券法》亦要求其不得作出虚假陈述或信息误导行为。[3]

2019 年《证券法》完善了关于虚假陈述民事责任的规定。其中,作为虚假陈述责任主体核心的信息披露义务人可以分为以下几类:第一,发行人与上市公司。发行人作为信息披露第一责任人,肩负着保障信息披露真实、准确、完整的首要职责。而且发行人的信息披露义务贯穿于证券发行阶段及持续信息披露阶段,并在归责原则上承担无过错责任。第二,与发行人相关的人员。包括其控股股东、实际控制人、董事、监事、高级管理人员和其他直接责任人员等。这类主体可以说是控制公司的人与公司内部人员,因其对公司控制或经营管理之责而应该对公司勤勉忠实,对虚假陈述承担过错推定责任。第三,保荐人、承销的证券公司及其直接责任人员。证券的公开发行,须聘请证券公司为保荐人,保荐人为证券发行出具保荐书。其中,保荐人及参与证券承销的证券公司均应诚实守信、勤勉尽责,对相关公开发行文件进行核查。否则将面临与发行人承担连带赔偿责任的不利境地,其在虚假陈述中的过错形式亦为过错推定责任。第四,证券服务机构。这主要是指会计师事务所、律师事务所、资产评估机构以及从事证券投资咨询、资信评级、财务顾问、信息技术系统服务的证券服务机构。证券服务机构在证券发行、上市及交易相关活动中以受托人身份而存在,应当勤勉尽责,对所出具文件依据的资料内容进行核查验证,确保依其职责所出具文件的真实性,若其出具文件存在虚假陈述,将与委托人一并承担连带责任,除非能证明自己没有过错,这里的委托人主要指发行人及上市公司。[4]

作为证券立法的补充,在司法解释层面,最高人民法院于 2003 年发布的《最高人民法院关于审理证券市场因虚假陈述引发的民事赔偿案件的若干规定》(以下简称《虚假陈述若干规定》)第 7 条从诉讼被告

---

〔3〕 参见《证券法》第 56 条。基于维护证券市场的有序发展,《证券法》原则上禁止任何单位和个人编造、传播虚假信息或者误导性信息来扰乱证券市场。

〔4〕 参见《证券法》第 85 条、第 163 条。

的角度列举了七类主体可以作为虚假陈述行为人。[5] 就法律技术方法而言,相较于《证券法》较为分散的规定,司法解释以列举加兜底条款的统一规定更为明确具体,也更为科学合理。诚然,《证券法》作为资本市场的基本法律规范,需要兼顾整体证券制度体系安排,不可能将虚假陈述主体事无巨细地一一列举。不过,在主体范围上有所变化的是,《虚假陈述若干规定》将发起人作为虚假陈述行为主体,后续《证券法》修订中对此并未吸收保留,未将发起人作为虚假陈述行为主体。因为发起人是公司设立中的概念,公司成立之后,发起人将退出或转化为股东,如果仍处于对公司的控制地位,其完全可以被控股股东或者实际控制人的概念所吸收。[6] 此外,证监会发布的系列部门规章以及交易所发布的系列行业规定等法律规范性文件均对相关主体依法履行信息披露义务及不得有虚假陈述行为进行规定,由此构成了我国关于虚假陈述责任主体的不同层级的法律规范体系。

综上,可以说随着我国《证券法》的修订,辅以司法解释、部门规章以及行业规定等多层级法律规范性文件的规定,我国法定虚假陈述责任主体是类型清晰且层次分明的。法律采取多层次责任主体的制度设计,其目的在于:为投资者提起虚假陈述民事赔偿诉讼提供了尽可能多的选择,在发行人、上市公司无力赔偿的情况下,可以其他虚假陈述责任人作为被告来实现救济保障;此外,虽然确立了不同层次主体在一定情况下承担连带赔偿责任,但不同责任主体的归责原则却不尽相同,虚假陈述行为作为一种特殊的证券侵权行为,体现了符合侵权责任法的归责要求。[7] 不过些许遗憾的是,上述法律规范尚未对虚假陈述各主体之间的连带赔偿责任范围作出规定,这会加大法律适用及法律解释的成本,导致虚假陈述责任规定在司法实践中的适用困境。

---

〔5〕 七类主体分别为:(1)发起人、控股股东等实际控制人;(2)发行人或者上市公司;(3)证券承销商;(4)证券上市推荐人;(5)会计师事务所、律师事务所、资产评估机构等专业中介服务机构;(6)上述第2~4项所涉单位中负有责任的董事、监事和经理等高级管理人员以及第5项中直接责任人;(7)其他作出虚假陈述的机构或者自然人。

〔6〕 参见朱锦清:《证券法学》,北京大学出版社2019年版,第165页。

〔7〕 参见杨城:《论我国虚假陈述民事责任主体的困境与创新》,载《证券市场导报》2017年第7期。

二、我国虚假陈述责任主体承担的司法现状及不利后果

(一)我国虚假陈述责任主体承担的司法现状:差异性与单一化

司法数据表明,有较大体量的虚假陈述纠纷案件进入司法程序。[8] 在虚假陈述责任主体的承担形态上,总体来看,会出现两种截然相反的裁判结果:第一,虚假陈述责任主体承担连带赔偿责任,不会去区分虚假陈述责任主体之间的内部责任承担或者以内部责任分担不属于本案审理范围为由,令其另行处理。[9] 第二,判定部分责任主体承担补充赔偿责任,比如,资产评估机构、独立董事等责任主体在一定比例范围内承担补充责任。[10] 不过,该类裁判结果较为罕见,司法实践仍以第一种为主流。

此外,我国虚假陈述责任主体承担的另一个不容忽视的现状是"承担责任主体的单一化"。[11] 有学者曾以1575份判决书作为研究样本分析虚假陈述诉讼情况,结果发现涉案的44名被告中,43名被告主体

---

〔8〕 笔者在北大法宝数据库上以"证券虚假陈述责任纠纷"为案由来进行检索,相关民事案例与裁判文书达27,000多份,案件审理法院涉及中级人民法院、高级人民法院及最高人民法院三个层级。当然,由于虚假陈述纠纷多为涉众纠纷,代表人诉讼在司法实践中应用的匮乏,很多案件事实与法律适用雷同,为不同投资者作为原告对同一被告提起的诉讼。

〔9〕 该类代表性案件可参见陈某华等23名投资人诉大庆联谊公司、申银证券公司虚假陈述侵权赔偿纠纷案判决书,载《最高人民法院公报》2005年第11期;上海市高级人民法院:上海大智慧股份有限公司、杨某佳等与王某松、董某军等证券虚假陈述责任纠纷二审民事判决书,案号:(2018)沪民终33号,2019年12月10日。

〔10〕 该类代表性案件可参见深圳市中级人民法院:梁某宇、苏某迅等与江苏保千里视像科技集团股份有限公司等证券虚假陈述责任纠纷民事判决书,案号:(2018)粤03民初3866号、3867号、3869号,2019年11月25日;南京市中级人民法院:张某与协鑫集成科技股份有限公司、谢某杰证券虚假陈述责任纠纷民事判决书,案号:(2016)苏01民初2071号,2018年5月10日。

〔11〕 杨城:《论我国虚假陈述民事责任主体的困境与创新》,载《证券市场导报》2017年第7期。

为上市公司，而责任主体为个人的仅为1名。[12] 还有学者以2013年至2015年连续三年的虚假陈述司法判决为研究对象，结果发现共计16家上市公司被1193名投资者诉至法院的案件中，共有6家上市公司对1057名投资者承担民事赔偿责任。其中，仅有14名投资者获得了上市公司董监高与上市公司承担连带赔偿责任，其余均为上市公司单独承担责任。这一现象出现的原因主要在于大多数投资者未将上市公司以外的主体列为共同被告或者对其单独提起诉讼，司法机关在作出个案判决时当然也不会去主动追加其他责任主体。[13]

上述实证情况已经较为充分说明了在虚假陈述诉讼实践中，存在较为普遍的责任主体单一化的现象。对此的一个可能性解释是：通常情况下在民事诉讼中，原告在起诉时对被告加以确定，只要满足《民事诉讼法》第119条之规定"有明确的被告"的前提条件即可。而原告在乎的往往是被告的偿付能力，若被告具有偿付能力，尚未达到资不抵债的程度，出于诉讼成本和诉讼效率的考量，原告更愿意选择单一责任主体作为被告来提起诉讼，而法院也会尊重原告的选择。并且在有关虚假陈述诉讼的规范文件中，本着被告赔偿能力与提高诉讼效率的考量，甚至对将中介机构、控股股东、董监高与上市公司一并列为共同被告使其承担连带赔偿责任都持极为谨慎的态度。[14] 这也反映出了《证券法》、司法解释等虽然提供了制度供给，但法律制度的具体适用并未达到应有的效果。

（二）上述司法现状造成的不利后果

实践中，虚假陈述责任主体承担的单一化违反了法律规范所明确

---

〔12〕 参见徐文鸣、莫丹：《证券虚假陈述投资者损失的理论模型与实证研究——基于有效市场假说》，载《广东财经大学学报》2019年第6期。

〔13〕 参见杨城：《论我国虚假陈述民事责任主体的困境与创新》，载《证券市场导报》2017年第7期。

〔14〕《中华全国律师协会律师办理证券虚假陈述民事赔偿诉讼业务操作指引》第28条规定，虚假陈述民事赔偿诉讼的被告主体类型较为广泛，但不同主体承担民事赔偿责任的免责要件不尽相同。出于保障原告合法权益、提高庭审效率、节约双方诉讼成本的考虑，如果第一被告为上市公司或者其他具有充分赔偿能力的主体，原告代理律师在确定被告时，应谨慎考虑是否将中介机构、控股股东、董监高等一并作为共同被告。

的责任主体多层次性的制度功能,虽然可能在偿付上满足了投资者损失的赔偿需求,但却难以追究相关责任主体的民事责任。将会造成如下不利后果:

第一,使控股股东、董事等真正的责任主体难以归位尽责。虚假陈述实践中,存在行政处罚认定的主体数量远超过实际承担民事赔偿责任主体数量的现象。比如,在大智慧信息披露违法案中,大智慧公司通过多种违法方式,共计虚增2013年度利润1.2亿余元,证监会对大智慧责令改正,给予警告,并处以60万元罚款;对其董监高等14名责任人员给予警告,并处以3万元至30万元不等的罚款;对张某虹等5名责任人员采取5年证券市场禁入措施。立信会计师事务所(以下简称立信所)和北京中同华资产评估有限公司(以下简称中同华)在开展审计业务和资产评估业务中,因未能勤勉尽责,立信所及其直接负责的注册会计师、中同华及其直接负责的资产评估师分别被处以相应处罚。[15] 而在随后投资者起诉大智慧公司的系列虚假陈述纠纷案中,仅有大智慧公司与立信所对投资者承担连带赔偿责任,其余主体则并无涉及。[16] 虽然说民事诉讼与行政处罚各自独立,并无必然联系,但很多法院在虚假陈述民事诉讼违法事实的认定上仍是以行政处罚为依据,民事责任主体与行政处罚认定主体的过分悬殊会架空《证券法》关于虚假陈述多层级民事责任主体规定的制度功能。而且控股股东、实际控制人等逃脱处罚,其操纵上市公司实施财务造假等违法违规的现象仍会频发。在法人制度层面,公司作为拟制法人,在上市公司决策中,真正的责任主体一般都是董监高等自然人主体,这些真正的责任主体如果脱离民事责任的追究,单靠几万元到几十万元的行政处罚,相较于动辄上亿元甚至数亿元的财务造假,仍显得力不从心。而且如果仅让上市公司来承担责任,并不能真正实现虚假陈述民事赔偿责任的功能,投资者作为上市公司的中小股东,受损的仍然是投资者,财富无非

---

〔15〕 参见《证监会对大智慧等4宗违法违规案件作出行政处罚》,载http://www.cankaoxiaoxi.com/finance/20160722/1241853.shtml,2020年5月18日访问。

〔16〕 比如,上海市高级人民法院:上海大智慧股份有限公司、杨某佳等与王某松、董某军等证券虚假陈述责任纠纷二审民事判决书,案号:(2018)沪民终33号,2019年12月10日。

是在投资者两个口袋之间来回转移。[17]

第二,证券中介机构未能勤勉尽责,没有起到相应"看门人"的作用。可以说,在法律规范层面,关于证券中介机构的责任形态一直都比较明确,而且学理上关于证券中介机构违反职责对外承担责任的应然性也几无争论。虽然在行政执法层面,关于中介机构被处罚的情况常年可见。但无论本文的统计还是其他学者的观察,可以说,"在我国的虚假陈述民事赔偿诉讼中,证券公司、会计师事务所、律师事务所等证券服务机构承担赔偿责任的案例可谓屈指可数"。[18] 如果证券中介机构不能在虚假陈述司法实践中承担起应有的责任,虚假陈述责任追究的威慑作用将难以发挥,保障信息披露制度有效发挥功用的一大屏障也将丧失殆尽。

在虚假陈述责任承担的民事诉讼中,为避免司法实践走向严重偏离证券法律制度的正轨,上述情况有待解决。

三、虚假陈述责任分配的规则机理与考量因素

(一)虚假陈述责任分配的规则机理:特殊共同侵权下连带责任的分配

其一,数人的虚假陈述行为是共同侵权行为。关于虚假陈述的责任性质,早期学理上存在违约责任与侵权责任之争,但随着理论研究的深入和司法实践的发展,现今认为虚假陈述的责任性质系侵权行为已无太大争议。[19] 无论是交易阶段还是发行阶段,虚假陈述均符合侵权行为的构成要件,当数个行为人参与虚假陈述,则行为人承担的就是共

〔17〕 参见黄辉:《中国证券虚假陈述民事赔偿制度:实证分析与政策建议》,载《证券法苑》(第9卷),法律出版社2013年版,第986页。

〔18〕 杨城:《论我国虚假陈述民事责任主体的困境与创新》,载《证券市场导报》2017年第7期。

〔19〕 无论是主流理论层面,还是实践层面,基本上都已肯定虚假陈述民事责任的性质为侵权责任。可参见朱锦清:《证券法学》,北京大学出版社2019年版,第219~220页;李国光主编:《最高人民法院关于审理证券市场虚假陈述案件司法解释的理解与适用》(重印本),人民法院出版社2015年版,第266~269页。

同侵权下的连带责任。虚假陈述行为破坏了《证券法》信息披露制度所建构起的维护资本市场公开、公平、公正的公共秩序。而信息披露制度是证券法的核心制度,它要求信息披露义务人在证券发行和交易活动中贯彻公开、公平与公正的原则,2019年《证券法》也通过设置信息披露专章来着重强调首次发行信息披露和持续信息披露。多个主体所从事的虚假陈述更是会危及证券法的核心制度,侵犯投资者的知情权,是一种共同侵权行为。

其二,虚假陈述连带责任的承担方式:以比例责任承担为原则,以等额责任承担为例外。立法设置连带责任的制度逻辑在于当部分责任人丧失责任承担的能力时,该部分责任无法偿付的风险应由其他责任人来承担。〔20〕 虚假陈述连带责任分配是一般意义上共同侵权连带责任内部分配在《证券法》这一特别领域的映射。当《证券法》未对虚假陈述连带赔偿责任的内部分配进行规定时,虚假陈述行为应回溯到共同侵权下连带责任的内部分配中去寻找依据。具体而言,对外,共同侵权下的连带责任是一种整体责任,不分份额,它意味着各个共同侵权行为人均有义务向受害人赔偿全部损失,受害人有权在共同侵权行为人中选择一人、数人或者全部来赔偿其损失;对内,我国现行法明确了共同侵权连带责任份额的承担以比例承担为原则,以平均承担为例外。〔21〕 当然,比例原则具有相当合理性,是根据行为人的过错及危害来分配责任的方式,平均承担是一种退而求其次的折中选择。

其三,虚假陈述行为的共同侵权是一种特殊的共同侵权行为,具有不同于传统共同侵权行为的特质。这是因为信息披露作为证券法确立的独特制度,为商事法领域一种典型的行为,其公众性的特点决定了虚假陈述行为的特质。“商行为是职业行为,其环节众多且一般是一对多或多对多的行为,因而程序特别是正当程序理念就非常重要”。〔22〕 而信息披露作为商行为,具有典型的一对多特点,各责任主体在公司相

---

〔20〕 参见张新宝:《民法分则侵权责任编立法研究》,载《中国法学》2017年第3期。

〔21〕 参见《民法典》第178条第2款。

〔22〕 陈醇:《后民法典时代的商法制度空间》,载 http://mp.weixin.qq.com/s/zqM62N3SEfIVEBMtys0U3A,2020年6月15日访问。

关内部程序中的表现是其行为正当性与否的重要依归,[23]也决定了其是否参与虚假陈述行为以及参与程度。另外,发行人或上市公司与其他主体存在不同的法律关系,这种复杂性也决定了虚假陈述共同侵权行为的特殊性。

(二)虚假陈述责任分配的考量因素

虚假陈述责任分配实则属于侵权责任人之间责任份额的确定。"共同侵权责任份额的确定在司法实践中属于法官自由裁量权的范畴,若要将其清晰明确进行量化运算则几无可能,也不存在严格详细的适用规则",[24]这是共同侵权责任份额确定也即虚假陈述侵权责任分配的痛点。考虑到虚假陈述责任的特殊性,本文认为若要其有章可循,虚假陈述责任分配既要考量侵权法中的过错与原因力因素,也要参酌证券法规则视域下责任主体信披违法中的具体情节。

其一,过错程度与原因力的考量。这个是侵权法领域的共识,同时也为司法实践中所认可。过错与原因力因素考量,是侵权法领域关于连带赔偿责任分配的基础性法则、一般性共识。虽然两个因素孰轻孰重有所争论,但只是侧重点和程度的区别。最高人民法院在关于《虚假陈述若干规定》的条文释义中就指出:"在虚假陈述共同侵权责任的承担中,确定共同加害人责任份额的基本要求,是各共同行为人主观过错程度和行为的原因力,将这两个因素综合判断,确定各共同加害人各自的份额。"[25]该释义及方法的理论基础来自主流侵权法学说对连带赔偿责任最终责任比例分担的表述,借用了侵权法领域连带责任的内

---

〔23〕 比如,发布定期报告等披露文件一般须经公司内部相关决议审议,《证券法》第82条第4款即规定,董事、监事和高级管理人员对证券发行文件和定期报告内容的真实性、准确性、完整性提出异议的,应当在书面确认意见中发表意见并陈述理由。

〔24〕 王竹:《论数人侵权责任分担原则——对〈侵权责任法〉上"相应的"数人侵权责任立法技术的解读》,载《苏州大学学报》2014年第2期。

〔25〕 其具体方法是:(1)确定整体责任是100%;(2)确定各行为人主观过错在整体过错中的百分比,按照故意重于重大过失,重大过失重于一般过失的标准,分别确定各行为人各自所占过错比例的百分比;(3)确定各行为人的行为对损害发生的原因力,亦用百分比表示,即全体行为人的行为总和是100%,各行为人的行为所占百分比;(4)某一行为人的过错百分比与行为原因力百分比相加除以2,即为该行为人的责任份额。参见李国光主编:《最高人民法院关于审理证券市场虚假陈述案件司法解释的理解与适用》(重印本),人民法院出版社2015年版,第289页。

部分配路径。这种标准的量化方法看似机械,但实际上同等考量了过错和原因力的地位,对于司法实践中最终确定侵权行为人的责任份额具有很强的指导意义。[26] 虽然在虚假陈述司法实践中,少有关于连带责任内部责任分配的案例,但司法机关还是认可以过错和原因力来划分共同侵权连带责任的内部责任份额分担。比如,在"高某、代威证券虚假陈述责任纠纷案"中,在涉案虚假责任主体的认定上,二审法院认为,"共同加害人和共同危害行为人对外承担整体责任,不分份额,对内应依其主观过错程度和行为的原因力不同,对自己的责任份额负责"。[27]

其二,责任主体在信息披露违法中的作用、知情程度、职务职责及专业背景等因素。如果说《民法典》是规制虚假陈述连带责任内部分配的一般法则,那么《证券法》则是规制虚假陈述行为连带责任分配的特殊规范。不过由于证券立法规则制定的简约,难以从《证券法》文本中直接寻找答案,需要借助其他证券规范性文件来阐释并经由司法实践来进行推动。[28] 比如,在信披违法行为的行政责任认定中,执法机关通过综合考虑责任人员在信息披露违法行为发生过程中所起的作用、知情程度和态度、职务职责情况及专业背景等因素来认定其责任大小。[29] 虽然行政责任与民事责任为不同性质的法律责任,有不同的适用规则,甚至行政责任的证明标准还要高于民事责任。但虚假陈述民事诉讼中,司法机关对案件法律事实的认定多以执法机关的处罚决定为客观依据。基于此,上述因素可为虚假陈述连带赔偿责任的分配提供适用参考。虚假陈述民事诉讼中,对于特定责任主体,比如,独立董事,司法机关在被告的责任承担上会综合考量"责任主体的身份角色、知情程度和主观态度、职责相关性、专业知识背景、担任独立董事的获

[26] 参见王竹:《论数人侵权责任分担中最终责任份额的确定方式》,载《法商研究》2020年第6期。

[27] 辽宁省高级人民法院:高某、代威证券虚假陈述责任纠纷二审民事判决书,案号:(2019)辽民终814号,2019年11月7日。

[28] 当然,这也是各国共同侵权制度发展所面临的共同性问题,其发展"均是透过解释论经由司法实践来推动的。"参见叶金强:《共同侵权的类型要素与法律效果》,载《中国法学》2010年第1期。

[29] 参见《信息披露违法行为行政责任认定规则》第19条。

益金额等因素”[30]来作出最终责任承担的认定。

综上,可以说对于虚假陈述的责任分配,《民法典》为《证券法》建立起了制度链接,提供了基点,同时也为证券法律规范关于虚假陈述责任分配规则的完善发展预留出了大量制度空间。

四、虚假陈述责任分配实现的路径探索

(一)注册制下信息披露主体的义务承担

当前,注册制的全面实施逐步开启,继上海证券交易所设立科创板并试点注册制改革后,2019 年《证券法》将既有注册制实践予以制度化、体系化,系统修订证券发行制度,明确证券公开发行的注册制,并将注册制的理念思维贯穿始终,并为全面推行证券发行注册制改革预留了法律空间。近期,证监会发布创业板改革并试点注册制相关制度规则,制度反哺于实践的效率可观。2019 年《证券法》实施注册制对信息披露制度进行了优化,为建立高质量的信息披露制度提供了契机。注册制背景下,各信息披露主体的义务承担具体如下:

其一,发行人承担着全方位、全阶段的信息披露义务。具体而言,(1)在所有依法应当披露的信息资料中,无论是证券发行申请文件还是定期报告、临时报告等信息披露资料,发行人应当充分“披露投资者作出价值判断和投资决策所必需的信息,信息内容应当真实、准确、完整,简明清晰,通俗易懂,不得有虚假记载、误导性陈述或者重大遗漏”。这是证券法关于发行人履行法定信息披露义务的一般性要求。[31] (2)全阶段体现在无论是首发阶段、融资阶段,还是持续监管阶段以及重大资产重组阶段,发行人作为信息披露义务的第一责任人,均应该依法依规、真实准确、完整履行信息披露义务。对此,证监会层面

〔30〕 南京市中级人民法院:张某与协鑫集成科技股份有限公司、谢某杰证券虚假陈述责任纠纷民事判决书,案号:(2016)苏 01 民初 2071 号,2018 年 5 月 10 日。

〔31〕 参见《证券法》第 78 条。

的部门规章及交易所层面的行业规定等规范性文件是为其具体规范依据。[32] 将发行人作为信息披露第一责任人,其合理性在于发行人作为公司法人,"独立于股东的财产制度和权责清晰的管理人制度是其具有独立法人人格的核心要素和最大表征",[33]就此来看,发行人是披露信息的掌握者、公布者,在信息披露中起着决定性作用。而注册制作为触及基本制度的改革,体现了证券发行上市阶段的包容性,一定程度上公司今后发行证券将会更为便利。为化解证券市场本身存在的信息不对称和非均衡等问题,2019 年《证券法》突出发行人的信息披露义务要求是其应有之义。正如尚福林先生所言,"注册制的基本运行逻辑是让发行人在符合基本发行条件的基础上,以投资者需求为导向,真实准确完整地披露信息;投资者则根据发行人披露的信息审慎作出投资决策,形成合理价格,从而更有效发挥市场在资源配置中的决定性作用。让这套机制发挥作用,最关键的核心在于真实、准确、完整、及时的信息披露"。[34]

其二,团体组织法视野下发行人内部人员信息披露中的保证义务。信息披露中,发行人内部人员主要指董事、监事、高级管理人员等责任主体,这种保证义务源于董监高等责任人员的具体职责,根植于董监高对公司所负有的忠实义务和勤勉义务。在公司团体组织内部,董监高等责任主体系基于公司选举、委派或者聘任等法律关系而产生的,因公司及股东的信任而取得经营管理权,应当依法依规依章为公司利益最大化服务。勤勉义务要求董监高应当以善良管理人的注意来管理公司,避免公司、股东的利益受到不必要损害;忠实义务则要求董监高与公司及股东利益冲突时,董监高不得为了自己利益而损害公司及股东利益。这是我国《公司法》的基本要求,也是实现公司治理良性运转的根基。基于此,当发行人披露的信息可能影响到股东、公众利益及资本

〔32〕 比如,《科创板首次公开发行股票注册管理办法(试行)》《上海证券交易所科创板股票发行上市审核规则》等对发行人作为第一责任人均有规定。

〔33〕 徐强胜:《我国公司人格的基本制度再造——以公司资本制度与董事会地位为核心》,载《环球法律评论》2020 年第 3 期。

〔34〕 尚福林:《推进信用体系建设 对资本市场造假"零容忍"》,载 http://www.xinhuanet.com/finance/2020-05/26/c_1126032474.htm,2020 年 6 月 10 日访问。

市场秩序时，董监高应当在证券发行文件和定期报告等披露文件中签署书面确认意见，“保证发行人及时、公平地披露信息，所披露的信息真实、准确、完整”。[35] 如对披露文件有异议的，应当在确认意见中指出并披露出来。

对于控股股东及实际控制人而言，其承担的主要是一般情形下的信息披露义务及特定情形下的配合披露义务。虽然单就控股股东及实际控制人的身份，难说其是发行人的内部人。然而，基于资本多数决的公司治理一般准则，公司控制权往往或明或暗地掌握在控股股东及实际控制人手中。鉴于其与发行人的特殊关系，除了履行一般性的信息披露义务要求外，在重大事件发生中需要配合公司履行信息披露义务。[36]

其三，委托关系中的证券中介机构须在信息披露中勤勉尽责、恪尽职守，履行特别注意义务。证券中介机构主要包括《证券法》上的证券服务机构以及承担保荐、承销职责的证券公司。证券中介机构可以说是发行人的外部人，与发行人之间系委托关系。除了作为受托人依约履行义务外，鉴于其特殊职责，《证券法》亦要求其承担相应法定义务。资本市场作为专业技术程度颇高的市场，对信息供给有着天然的需求，而投资者又极为依赖中介机构出具的文件，可以说证券中介机构是连接发行人与投资者之间的桥梁，是化解信息不对称的重要保障。因此，中介机构应保证与其专业职责范围相关文件的真实、准确、完整，履行其作为专业人士的特别注意义务。

综上，信息披露的相关规范要求各主体在信息披露中归位尽责、切实履行义务，这样才能真正释放证券法律制度的功效、注册制改革的活力。当然，违反义务是责任承担的前提，虚假陈述责任分配需要结合各主体在注册制下信息披露义务的承担来进一步审视。

（二）信披主体虚假陈述的责任边界

经由前述分析，在虚假陈述责任分配谱系中，虽然不同责任主体对外承担着连带赔偿责任，但在应然层面，无论从侵权行为责任承担还是

---

〔35〕 具体可参见《证券法》第82条。

〔36〕 具体可参见《证券法》第80条。

证券法信息披露义务承担角度，不同责任主体在最终责任人的承担形态上应当有所区别。故厘定不同主体的责任边界对于虚假陈述责任分配正义价值的实现极为重要。

1. 发行人与控股股东、实际控制人

2019年《证券法》将控股股东、实际控制人在虚假陈述中的归责原则强化为过错推定责任，相当程度上减轻了原告的举证负担。就发行人与控股股东、实际控制人之间的责任分配而言，本文认为，在特定情形下，控股股东、实际控制人在最终责任的承担上应当为第一顺位的责任人。首先，在特定情形中，控股股东操控着发行人的信息披露，应当履行直接的信息披露义务。虽然控股股东在公司治理中主要体现为"资本多数决"规则下的控制权，未必会亲力亲为参与公司的实际经营。但"在一般发行或持续信息披露中，由于控股股东可以控制上市公司的经营活动包括信息公开活动，因此在特定情况下要履行直接的信息公开义务"。[37] 比如，在大庆联谊虚假陈述案中，上市公司大庆联谊公司的实际控制人联谊石化总厂以上市公司名义实施虚假陈述行为，囿于原告仅起诉上市公司，虽然法院认为上市公司与实际控制人之间的责任分配或转承关系，属另一法律关系，不在本案审理范围，但法院认可上市公司可依据《虚假陈述若干规定》第22条第1款的规定向实际控制人行使追偿权。[38] 此种情形最终还是应当由实际控制人来承担赔偿责任。其次，如果控股股东操纵上市公司实施虚假陈述行为，实际上是将上市公司"工具化"，将其作为被告有着《公司法》与《证券法》的双重依据。而且鉴于我国特殊国情，多数上市公司系由国企改制而来，信息披露中的虚假陈述多由母公司操纵配合来完成，将控股股东或者实际控制人作为诉讼中的被告，符合公平原则，并且此时《公司法》第20条关于法人人格否认的规定就有了适用依据，其可以与《证券法》第85条关于控股股东、实际控制人过错责任标准的规定形成互

---

〔37〕 陈洁：《上市公司及相关主体违反公开承诺的民事责任分析——以虚假陈述型违反承诺为中心》，载《法律适用》2013年第10期。

〔38〕 参见《陈丽华等23名投资人诉大庆联谊公司、申银证券公司虚假陈述侵权赔偿纠纷案民事判决书》，载《最高人民法院公报》2005年第11期。

补与借鉴,[39]共同来规制控股股东、实际控制人的责任承担。最后,改变虚假陈述的责任承担顺序,由控股股东、实际控制人来承担第一顺位的责任,有利于将责任落实到人。落实控股股东的赔偿责任,能够避免财富转移现象的发生,对操纵上市公司进行虚假陈述行为的控股股东产生威慑作用。实践中,投资者保护机构提起的证券支持诉讼,按照追责"首恶"的原则,以上市公司实际控制人为第一顺位被告,上市公司为次级顺位被告来提起诉讼,实际上就是通过厘清虚假陈述责任主体顺序来追究虚假陈述真正实施人的责任,完善上市公司治理。[40] 比如,在大福控股虚假陈述案中,二审法院已经认可上市公司的实际控制人可作为第一顺位的被告来对受害人承担赔偿责任,而上市公司和其他责任主体承担连带责任。[41] 因此,本文认为,当控股股东、实际控制人与上市公司共同实施虚假陈述行为,基于控股股东的特殊地位及其在虚假陈述中的过错及损害产生的原因力,应当由控股股东、实际控制人来承担最终的赔偿责任。在证券诉讼实践中,应为第一顺位责任人。

2. 发行人与内部人员

董事、监事、高级管理人员不仅是发行人的内部人员,也是信息披露中承担着特定职责的法定直接责任人员。[42] 虚假陈述中的核心主体是发行人,而发行人作为公司组织,其内部管理核心主体又为董监高。因此,如何实现发行人与董监高之间的虚假陈述责任分配值得深思。当然,董监高作为内部主体,其承担着不同的职责,每个主体的具体情况又有所不同,限于篇幅,本部分仅以董事为分析对象来探讨发行人与内部人员的责任边界。

董事作为法定直接责任主体,其承担连带赔偿责任范围的边界在哪呢?对外,其与发行人承担连带赔偿责任的归责原则为过错推定责

---

〔39〕 朱锦清:《证券法学》,北京大学出版社2019年版,第166页。

〔40〕 《为中小投资者提供"权利救济"支持诉讼坚持追责"首恶"》,载 http://finance.sina.com.cn/roll/2019-01-16/doc-ihqhqcis6630038.shtml,2020年5月15日访问。

〔41〕 辽宁省高级人民法院:高鹏、代威证券虚假陈述责任纠纷二审民事判决书,案号:(2019)辽民终814号,2019年11月7日。

〔42〕 参见《证券法》第85条。

任,这个无须赘言。其内部责任承担的边界,本文认为,董事应当是虚假陈述连带赔偿责任分配中的主要终局承担者。[43] 因为首先,除了考虑过错和原因力因素外,董事等内部人员的责任边界应当以其忠实勤勉尽责为依归,反映在信息披露中,就是对"公开文件的真实性进行了主动调查和核实"。[44] 董事承担连带责任的基础不是一般共同侵权,而是基于职务因素的侵权,这种勤勉尽责是过错因素在公司证券法领域延伸的具体体现,也是其承担责任的基础。董事在信息披露中须履行常态化延续性的保证义务。其次,从制度经济学角度来审视,"公司作为一种契约,其特别之处在于工人、经理及企业家等人力资本因素的参与"。[45] 董事当然是公司中重要甚至独特的人力资本,通过参与董事会决议进而发挥经营管理职责来配置公司内部的生产要素,把控公司交易或者公司对外行为中的风险及不确定性。在上市公司的信息披露中,保障信息披露的真实,避免虚假陈述带来的责任风险是董事发挥其人力资本因素的应有体现。最后,从法律制度功能角度来看,虚假陈述的法律责任体系主要基于弥补投资者损失与阻止违法者加害行为而设计,就后者而言,遏制虚假陈述等证券欺诈行为的关键在于将责任主要分配给违法行为的实施者和受益者,而董事和高管往往就是虚假陈述的主要实施者和受益者。[46] 在董事连带赔偿责任的终局承担上,甚至有学者直接建议:"基于公司治理及公司行为均由占据董事职位的人作出的现实情况,在追究证券虚假陈述侵权责任时,董事应当履行第一赔偿义务,董事的提名人股东承担第一补充赔偿义务,公司承担最后

---

〔43〕 在此需要说明的是,在我国公司法律制度框架内,董事可分为非独立董事与独立董事,虽然两者的义务并无显性区别,但考虑到独立董事作为外部主体的特殊身份,可能在虚假陈述中的过错、原因力及参与程度有限,使其对发行人虚假陈述行为承担连带责任或者主要的终局责任,可能会加重其履职风险,造成义务与责任的不对称,其责任承担形态需要结合具体的情形来认定。因此,该部分所称董事为作为公司内部人员的非独立董事。

〔44〕 朱锦清:《证券法学》,北京大学出版社 2019 年版,第 156 页。

〔45〕 周其仁:《市场里的企业:一个人力资本与非人力资本的特别合约》,载《经济研究》1996 年第 6 期。

〔46〕 参见郭雳:《证券欺诈法律责任的边界——新近美国最高法院虚假陈述判例研究》,载《中外法学》2010 年第 4 期。

补充赔偿义务。"[47]虽然说由董事来履行第一赔偿义务突破了现有制度规则关于发行人作为信息披露第一责任人的规定,但是毫无疑问反映出了董事承担虚假陈述连带赔偿终局责任是实现法律制度规制功能的客观必然要求。

3. 发行人与证券中介机构

2019年《证券法》实施后,压实证券中介机构"看门人"职责是市场的主旋律,当然也是落实注册制的保障。证券中介机构是发行承销、审计、资产评估及法律服务等领域的专家,应当在其职责范围内对公开的文件负责。其是否勤勉尽责,关系到资本市场秩序的预期与稳定,落实其责任符合注册制改革中保护投资者的价值取向。同时,证券中介机构作为市场稳定发展及信息披露的承担者,如果不明就里,使其承担过重的责任,则证券中介机构会面临执业和滥诉的风险。因此,聚焦发行人与证券中介机构的责任边界,通过适当的虚假陈述责任分配机制加以引导和优化,对于激励证券中介机构恰如其分地履行职责就显得尤为重要。

证券中介机构作为受托人,除了应对公开文件履行专业层面的注意义务外,其开展尽职调查等履职行为的一大特点是其工作开展需要发行人的全面配合。因此,本文认为,证券中介机构是否与发行人存在共同意思联络及其具体过失形态决定了其责任的最终承担。首先,如果证券中介机构与发行人存在共同的意思联络,故意参与或者明知仍配合发行人实施虚假陈述行为,那么两者存在共同侵权行为,应当共同承担连带赔偿责任。其次,如果证券中介机构不存在与发行人的共同意思联络,但却存在过失,那么应当以其过失形态来厘定其责任边界。具体而言,其一,如果证券中介机构存在重大过失,未能勤勉尽责,证券中介机构亦应与发行人承担连带赔偿责任。因为"证券中介机构的注意义务是其职业团体特性所要求具有的知识水平、专业技能和业务水平,这种高度专业性的工作包含着大量技术性规则,主要以精神和智力

〔47〕 孙光焰:《董事证券虚假陈述职务侵权责任制度的重构——以公司治理为视角》,载《法商研究》2010年第4期。

判断为核心内容。因此,违法即视为过失”。[48] 如果说证券中介机构主观上存在重大疏忽,如会计师事务所,从审计工作底稿上查验出其违反基本的审计程序,导致其未发现相应问题,那么其对发行人的虚假陈述行为也难辞其咎,也应当承担连带赔偿责任。[49] 其二,如果证券中介机构只是一般过失,在最终责任的承担上,则应根据其过错及参与程度认定其承担相应比例的补充赔偿责任。这实际上是根据证券中介机构烦琐的工作特点和时间成本来考虑的,实现义务与责任的平衡,保障其能够充分履职尽责,履行注意义务,又不过分承担超出其职责范围的责任,走向适得其反的结果。正如司法实践中,法院会根据“资产评估机构行为的过错程度、虚增估值占比、对市场的影响及其与原告所遭受损失的因果关系等因素”,[50] 酌定其对上市公司因虚假陈述行为应赔偿原告损失的一定比例来承担补充赔偿责任。

五、结语

在注册制已全面推行的情势之下,如要发挥信息披露对维护资本市场秩序的有效性,虚假陈述连带赔偿责任的分配需要厘定。而责任如何分配也是一种博弈,如果责任主体单一,责任承担不到位,则乱象丛生,难以从根源上阻止责任主体的违法行为;如果所有主体一并追责,责任承担过重,则会丧失制度规则应有的激励作用,会抑制相关主体的行为。在虚假陈述行为的规制上,唯有通过合理的连带责任分配,才能确保公平与效率、激励与约束的实现。当然,这一问题也亟待司法实践的回应,正如此前学者呼吁的,“一并处理侵权之诉和连带责任人之间的责任分配之诉,既可以解决连带责任人的内部责任分担问题,也

[48] 程啸:《侵权责任法》,北京大学出版社2015年版,第280~283页。

[49] 参见杨志国、李阿敏:《会计师事务所虚假陈述民事赔偿责任承担方式研究》,载《中国注册会计师》2019年第9期。

[50] 深圳市中级人民法院:梁某宇、苏某迅等与江苏保千里视像科技集团股份有限公司等证券虚假陈述责任纠纷民事判决书,案号:(2018)粤03民初3866号、3867号、3869号,2019年11月25日。

不妨碍对赔偿权利人的保护，同时还能够减少诉累，节约诉讼资源，提高司法效率”。〔51〕如果司法实践能与现有规则形成良性互动，不仅能够提供足量的实证样本，也能够发挥其对虚假陈述责任分配规则完善的正向激励作用。

（编辑：邹莹）

〔51〕彭真明：《论会计师事务所不实财务报告的民事责任——兼评上海大智慧公司与曹建荣等证券虚假陈述责任纠纷案》，载《法学评论》2020年第1期。

《证券法苑》(2020)
第三十卷,第116～133页

反思操纵证券市场结果及因果关系之构成要件地位

——新修订《证券法》第55条"意图影响"要件之解释

贝金欣*

摘要:操纵结果及因果关系的证明是操纵证券市场案件的难题之一,其必要性问题一直存在争议。2019年《证券法》第55条将"意图影响证券交易价格或交易量"作为操纵成立的构成要件,明确了操纵的成立无须证明操纵结果及因果关系的观点。据此,可以将操纵证券市场解释为具体危险犯。虽然不需证明因果关系,但仍要证明相关行为具有扭曲证券价格的现实危险,需结合具体操纵手段,判断行为人是否具备市场优势,以及是否构成对市场优势的滥用,避免不正当扩张处罚范围。

关键词:操纵证券市场　因果关系　具体危险

2019年修订的《证券法》第55条增加"意图影响"证券价格或证券交易量这一要件,与"影响"并列作为操纵证券市场的构成要件,涉及操纵证券市场认定的基本问题:操纵结果是不是操纵证券市场

---

* 最高人民检察院三级高级检察官,法学博士。

成立的必要条件,以及是否必须证明操纵行为与操纵结果之间的因果关系。在《证券法》修订之前,关于问题的理论和实践中争议较多,影响到具体操纵行为的认定。本文根据2019年修订的《证券法》第55条的变化,对操纵证券市场结果及因果关系在构成要件中的地位作进一步解释。

一、问题的提出

2019年修订之前,原《证券法》第77条仅规定"影响"或"操纵"证券交易价格或交易量的行为构成操纵证券市场。2007年证监会《证券市场操纵行为认定指引(试行)》(以下简称《操纵认定指引》)第14条在解释"影响证券交易价格或者证券交易量"时,明确要求"行为人的行为致使证券交易价格异常或形成虚拟的价格水平,或者行为人的行为致使证券交易量异常或形成虚拟的交易量水平",同时又指出"致使"是指"行为人的行为是证券交易价格异常或形成虚拟的价格水平,或者证券交易量异常或形成虚拟的交易量水平的重要原因"。按照该规定,认定操纵证券市场,需要证明两个层面的问题:首先是结果是否发生,即证券交易价格(交易量)异常或形成虚拟的交易量水平;其次是行为与结果之间存在因果关系,而且还需证明行为是证券交易量或交易价格变动的重要原因。

但是学者们的理解并不一致。有的刑法学者认为,操纵证券市场罪属于结果犯,对于操纵证券市场行为与结果之间的因果关系,依据法律的规定,根据普遍的经验法则或者证券市场的常识进行判断,具有抽象性。[1] 有的学者指出,修订前《证券法》第77条规定的"操纵"与"影响"在因果关系强度以及刑事证明程度上的要求存在显著的差异,"操纵"的因果强度与证明力度必须超过"影响"。[2] 有学者考虑到操

〔1〕 参见李兰英:《操纵证券市场罪因果关系的认定》,2019年10月29日在石狮证券期货违法犯罪的防范与治理研讨会(由泉州市人民检察院主办)的报告。

〔2〕 参见刘宪权、谢杰:《市场操纵犯罪的实质解构:法律与经济分析》,载《现代法学》2014年第6期。

纵证券市场案件中证明因果关系的复杂性，提出了降低证明难度的方案，指出可以借助司法解释制定相关司法推定规则，重新分配证明责任，适当降低控方的证明责任。[3] 与之相对的是，我国还有一些学者认为，《证券法》（修订前）要求必须产生“成功操纵”结果的观点是狭隘的；[4]没有必要证明因果关系，操纵证券市场罪在我国都是具体危险犯，而非结果犯。[5] 行为的成立不以造成异常的证券价格波动等现象为必要，这些现象可以作为行为社会危害性大小、情节严重与否的考量内容。[6]

2019 年修订的《证券法》第 55 条足以解决上述争论，相较于修订前的《证券法》有两方面的变化：一是修订前《证券法》对连续买卖规定的“操纵证券交易价格或者交易量”，引起学者们关于“操纵”与“影响”内涵的争论，2019 年修订的《证券法》摒弃了“操纵”的提法。二是增加了“意图影响”要件。“意图影响”不仅表明了主观方面的要求，而且其文义直接表明，行为人只要有影响证券交易价格或者证券交易量的意图，即使没有造成影响的结果，也可以构成操纵证券市场。但在具体适用条文时，仍需要进一步理解立法调整背后的目的以及具体适用的方法，以防止“意图影响”要件的滥用，导致操纵证券市场认定的主观归责倾向，影响正常的市场交易行为。

---

〔3〕 参见泉州市人民检察院：《名家观点集成：石狮“证券期货违法犯罪的防范与治理”研讨会综述》，载 https://www.thepaper.cn/newsDetail_forward_4913668，2020 年 3 月 1 日访问。

〔4〕 参见张子学：《首例上市公司增发股份操纵股价处罚案分析与启示》，载《清华金融评论》2014 年第 12 期。

〔5〕 参见田宏杰：《操纵证券市场罪：行为本质及其司法认定》，载《中国人民大学学报》2014 年第 4 期。

〔6〕 参见陈煜：《证券信息操纵行为法律规制之比较研究——兼论〈证券法〉第七十七条一款之修改》，载黄红元、徐明主编：《证券法苑》（第 11 卷），法律出版社 2014 年版，第 68 页。

二、因果关系证明在反操纵执法司法中的具体实践

尽管理论上存有争议，但由于修订前《证券法》第 77 条和《刑法》第 182 条对操纵证券市场构成要件采取结果犯的表述，执法司法实践通常认为操纵结果的存在以及操纵行为与价格变化结果之间是否具有因果关系，属于需要证明的要件之一。由于证明难度很大，行为人往往以证券价格变动与操纵行为之间没有因果关系为由提出辩解。特别是在一些操纵失败的案例中，证券价格并未如操纵者期待发生变化，行为人没有通过操纵证券市场获利，更容易产生操纵结果以及因果关系是否存在的争议。〔7〕对这些辩解，法院和证监会的认识并不完全一致，在不同案件中采取了不同的态度。

案例 1：薛某聪等人操纵股票案。薛某聪等人采取连续买卖、洗售交易、虚假申报、尾市操纵等方式操纵多只证券。薛某聪等人提出不具有因果关系的理由包括：（1）操纵期间与股价因其他客观原因上涨时间重合：上市公司在此期间发布了 2 个利好公告；（2）操纵行为终止后股价仍然维持高位。因此股价波动符合市场规律，与被调查人交易行为没有直接因果关系，归责于被调查人并不公平。证监会则认为，行为人利用资金优势影响个股价格走势，通过操纵期间总股本和流通股有无变化、有无重大公告发布、股价涨幅，与相应板块指数和行业指数的偏离度等要素，证明操纵行为对同期被操纵证券价量的影响情况。法院对此予确认。〔8〕

案例 2：高某操纵股票案。高某采取连续买卖、封涨停等方式操纵“精华制药”。高某提出的不具有因果关系的理由是：其交易行为发生在股票停牌之后，由于股票停盘期间股市普涨，“精华制药”后续的连

〔7〕 在程某水等操纵“中核钛白”案中，程某水和刘某泽利用持股优势、资金优势以连续买卖和在自己实际控制的账户组中买卖“中核钛白”股票的方式，操纵和影响“中核钛白”交易价格和交易数量，但账户组在操纵期间交易“中核钛白”股票账面亏损达 580 余万元。参见中国证监会行政处罚决定书〔2009〕13 号。

〔8〕 参见北京市第一中级人民法院（2016）京 01 行初 545 号行政判决书。

续涨停现象属于停牌后的正常补涨,不是其交易行为所致,两者之间没有因果关系。证监会则是通过对高某账户组操纵期间高买成交量占比(36.57%)、高于市场成交价的申报价格、买入交易量与交易期间卖申报总量对比等具体行为的异常性,以及操纵期间股价涨幅与同期中小板指数涨幅的对比等因素,推定高某的连续买入行为对股价变动具有显著影响。同时证监会还指出,“精华制药”股价是否显著偏离大盘指数,不影响交易行为异常性的判断,也不影响对操纵行为的认定。〔9〕

案例3:蝶彩资产管理(上海)有限公司、谢某华、阙某彬等人操纵证券市场案。蝶彩公司等利用信息优势操纵股票。被调查人否定因果关系的理由是:“公告发布后股价走势不存在异常状况,公司公告与公司在涉案期间股价大幅上涨的结果无关。”证监会在行政处罚决定书中未对此作出直接回应,但从对其他申辩理由的回应中可以看到证监会的证明路径,即认为被调查人主观目的、客观行为、实际效果形成完整的逻辑链条,因此,可以认定发布利好消息的行为最终导致“恒康医疗”股价异常上涨。〔10〕

案例4:汪某中“抢帽子”操纵证券市场案。汪某中否定因果关系的理由是:其实际交易的资金量与涉案股票股流通市值相比,不可能对相关证券的交易量和交易价格产生影响。证监会则基于“抢帽子”交易的特点,没有从交易量进行分析,而是从发布信息的影响力作出判断,认为由于汪某中任职的北京首放投资顾问有限公司具有社会影响力,其向社会公众发布咨询报告的行为对投资者产生了比较广泛、重要的影响,存在影响投资者决策并引起股票股价波动的可能性。〔11〕在该案刑事判决中,法院进一步认为“抢帽子”操纵的证明要求作了明确阐释:只有行为引起或者足以引起市场明显波动,行为人才可能会获得不法收益,投资者才可能会受到较大损害,达到情节严重的入刑标准,因此相关行为必须具有引起市场明显波动的较大可能性。同时认定汪某

〔9〕参见中国证监会行政处罚决定书〔2018〕47号。

〔10〕参见中国证监会行政处罚决定书〔2017〕80号。

〔11〕参见中国证监会行政处罚决定书〔2008〕42号。

中的行为是相关证券交易价格或者交易量变动的重要原因。[12]

案例5:北八道操纵证券市场案。北八道公司否定因果关系的主要理由是:被指控操纵期间涉案股票存在其他影响股价的重大事项。该案被调查人向法院提起行政诉讼,北京市高级人民法院在终审判决中对交易行为与结果之间因果关系的证明要求进行了深入阐释。法院认为,认定操纵证券市场应当符合两个条件:一是行为人客观上实施了可能影响证券交易价格或者证券交易量的行为;二是行为人主观上具有操纵证券交易价格或者证券交易量的意图。但是,客观性的价量变动并非必要条件,仅仅是判断行为本身具有影响力的佐证。[13]

案例6:吴某健操纵证券市场案。吴某健否定因果关系的主要理由,也是股价受到了案外其他因素的影响。证监会则认为,操纵行为之外因素对证券交易价格的影响,并不影响对操纵行为本身的判断。只要吴某健连续买卖和洗售操纵行为已经对涉案股票价格产生影响,其他市场因素对股价的影响,并不能作为排除吴某健行为构成操纵证券市场行为的合理理由。[14]

上述行政处罚决定书或法院判决呈现出观点的差异,与前述理论界的争议本质相同:(1)行为存在影响股价的可能性。在汪某中案的刑事判决中,虽然法院从股价上涨的结果推定汪某中的行为是引起股价上涨的重要原因,但同时在说理时指出只要行为人的行为具有引起股价明显波动的较大可能性即足以认定,也就是说,不需要证明行为与股价实际波动之间的因果关系。在北八道案的行政判决中,法院也认为只要行为具备影响证券交易价格的可能性即可。(2)由行为推定操纵结果及因果关系的存在。在其他4个案例中,证监会都从结果推定行为与结果之间具有法律上的因果关系,所采取的推定规则又不相同。蝶彩资产案中未作详细展开,而薛某聪案将结果的偏离度作为重要指标,高某案却又指出偏离度并非必要指标,并且从大量买入行为直接推

---

〔12〕 参见白波、刘月:《汪建中操纵证券市场案——抢先交易行为性质的认定》,载http://www.financialservicelaw.com.cn/article/default.asp? id=2800,2019年12月10日访问。

〔13〕 参见北京市高级人民法院(2019)京行终字4186号行政判决书。

〔14〕 参见中国证监会行政处罚决定书〔2019〕68号。

定得出对股价变动具有显著影响这一结论。在吴某健案中,对于操纵行为与案外因素可能共同影响股价的情形下,证监会认为案外因素不影响操纵行为与操纵结果之间因果关系的认定,但没有具体展开因果关系成立的论证过程。

三、操纵结果及因果关系证明的困境

判断因果关系的标准是什么,本身就是一直困扰法学家们的难题,以至于有学者将此称作为“因果关系的折磨”,不同法系、不同国家的学者们形成了丰富多样的理论体系和理论表达。[15] 认识分歧部分源自因果关系问题的复杂性,但更为重要的原因是,证券市场交易量和交易价格的原因极为复杂多样,宏观政策、地缘政治、经济形势、上市公司动态以及交易行为等,都可能对证券交易量和交易价格产生影响,至于究竟哪些属于证券交易价格和交易量出现异常波动的真正原因,只能从概率上进行判断,操纵结果及因果关系的证明也都存在现实困难。现有因果关系理论不足以解决上述困境,有必要另辟蹊径。

(一)操纵结果“人为价格”的判断难题

禁止操纵证券市场的立法目的,是为了制止操控市场的活动,以维护市场自由的自然的供求关系,以形成公平价格。[16] 但是,由于影响证券市场的因素复杂多样,证券价格或交易量是否异常,或者说是否受到人为扭曲,无法通过价格自身来证明。若要证明“人为价格”的存在,前提是存在一个可供参照的“真实价格”,但“真实价格”在实践中很难证明。对“人为价格”进行验证需要以假设的竞争性市场价格为参照,然而假设前提是难以被充分验证的,为此实践中主要通过过错推定的方法,基于交易行为与价格异动的关联性进行主观推定。[17] 我国

---

〔15〕 参见叶金强:《相当因果关系理论的展开》,载《中国法学》2008 年第 1 期。

〔16〕 See Thomas Lee Hazen, *Treaties on the Law of Securities Regulation*, 5th edition, St. Paul, MN: Thomson/West, 2005, p. 151.

〔17〕 参见陈煜:《证券期货市场交易型操纵行为主观认定问题探讨——以非市场化交易手段为视角》,载《证券市场导报》2017 年第 8 期。

证监会行政处罚决定书和法院行政判决书对此说理并不充分。美国的法院往往采用经济分析方法进行论证。最终“人为价格”的证明过程往往陷入行为与结果之间的循环证明之中。比如,在前述高某案中,被调查人辩解:“‘精华制药’后续的连续涨停现象属于停牌后的正常补涨,不是其交易行为所致。”该辩解看似否定因果关系的存在,实则亦否定了连续涨停的价格系受操纵影响的“人为价格”,只是“正常补涨”。证监会的理由实则是从行为的操纵性推导出操纵结果的存在。薛某聪案、蝶彩公司案采取的也基本属于这样的循环推导过程。如果无法证明操纵结果的存在,因果关系的证明就无从谈起。

(二)相当因果关系说之局限性

面对“因果关系的折磨”,学者们经过不断求索,对一般的行为与结果之间法律因果关系的判断,已经形成诸多理论上的共识。[18] 从理论发展的进程来看,大陆法系经历了从条件说、原因说到相当因果关系说,再到客观归责说这样一个学说的演进过程。[19]

无论学说如何发展,普遍认为,判断行为与结果之间是否存在因果关系,首先需要接受条件关系的检验,即行为与结果之间,是否存在“如无前者,即无后者”的关系,即是否符合“but - for”规则,这也被称为“条件说”。根据条件说的立场,一切行为凡是在逻辑上属于发生结果的条件,就是结果发生的原因。此说主张在行为与结果之间,如果存在逻辑上必然的条件关系,即存在因果关系。[20] 但是“条件说”的缺陷在于,有可能在具体认定中无限扩大原因的范围,导致因果关系认定的虚置。为了解决这一问题,因果关系学说得到了进一步发展,出现了许多修正条件说的学说,其中相当因果关系说的影响较大,其主张通过经验常识判断条件与结果之间的相当性,以排除不具有相当性的偶然事

---

〔18〕 一些学者痴迷于对统一、明确规则的探寻,一些学者则认为这种探寻是徒劳的,试图放弃对统一规则的追求。参见韩强:《法律因果关系理论研究——以学说史为素材》,北京大学出版社2008年版,第2页。本文只就当前关于因果关系的主流学说在操纵证券市场认定中应用试图进行适当展开。

〔19〕 参见陈兴良:《从归因到归责:客观归责理论研究》,载《法学研究》2006年第2期。

〔20〕 参见王泽鉴:《侵权行为法》(第1册),中国政法大学出版社2001年版,第191页;陈兴良:《刑法因果关系研究》,载《现代法学》1999年第5期。

实作为原因。随后出现的客观归责论等学说,则从另一个维度对造成结果的可归责的行为进行界定。客观归责论主张,当行为制造了法所禁止的危险,符合构成要件的结果被实现,且该结果在构成要件效力范围之内的,该行为造成的结果才归属于行为人,它是判断构成要件符合性、限定处罚范围的规范方法。〔21〕 客观归责在因果关系的界定中,也可理解为判断相当性的规则。

但具体到操纵证券市场,多种因素支配下,特定行为与证券价格和交易量变动之间是否符合"若无—则不"的条件法则,便属难题。虽然对于证券市场而言,行为人的交易行为和与证券紧密关联的信息,都会对证券交易价格和交易量产生影响。比如,在前述北八道案、吴某健案中,被调查人均声称被指控操纵期间涉案股票存在其他影响股价的重大事项,如若确实存在其他重大事项,如何判断因果关系的成立。在这种情形下,并不必然能够证明若没有行为人的行为,就不会产生证券交易价格明显波动,也就是说,无法证明行为与结果之间存在"若无—则不"的条件关系,更无须讨论相当性的问题。

(三)疫学因果关系说之局限性

相当因果关系说的局限性,不仅是证券市场面临的难题,也是当前社会风险不断演变所产生的普遍性难题。随着当前社会风险因素不断增加,给人类生活带来诸多不确定性与危险,因果关系的判断正在日益的复杂化。〔22〕 由于风险的不确定性和人类认识的局限性,对某些结果的发生与风险之间的关系是否符合"若无—则不"的判断要求也是问题。如何确认行为与结果之间存在"若无—则不"的关系?为了在法律上作出因果关系的判断,形成了疫学因果关系的学说,以可观察的统计资料显示的盖然性为标准,判断因果关系之存在。〔23〕 这一学说是借用疫学上所采用的因果关系的认识方法,某因子与疾病之间的关系,即使不能够从医学、药理学等观点进行详细的法则性的证明,但根据大量

〔21〕 参见周光权:《客观归责论与实务上的规范判断》,载《国家检察官学院学报》2020年第1期。周光权认为,客观归责论具有规范思考的特色,通过规范方法限制因果关系的存在范围,这是相当因果关系说所不具备的。

〔22〕 参见劳东燕:《风险社会中的刑法》,北京大学出版社2015年版,第89页。

〔23〕 参见陈兴良:《刑法因果关系研究》,载《现代法学》1999年第5期。

的统计观察，认为两者之间具有高度的盖然性时，就可以肯定因果关系。[24] 疫学因果关系实际上是在条件说无法解释因果关系的情形下所做的一种退让，是为了维护公共利益减轻受害人举证责任的一种不得已之举。它被用于对那些详细的科学机理尚不清楚，其事态发展的因果过程目前还无法逐一进行说明的特别对象，充其量只能得出若行为存在，则危害结果的发生概率会升高的结论。从逻辑上讲，它表明的只是行为与危害结果发生的概率的提升之间存在条件关系，而不是行为与危害结果的发生本身存在条件关系，该概念的提出本质上代表着降低因果关联认定标准的事实。[25] 比如，疫学因果关系通常被用于公害行为的损害赔偿案件中，在无法证明没有公害就没有疾病的情形下，通过基于统计资料的分析，对于具有引发疾病的高度盖然性的公害，就径直认定为两者之间具有法律意义上的因果关系，而不再去论证是否符合“若无—则不”的规则。

疫学因果关系学说的提出，以统计概率代替了条件关系，有助于解决风险社会中条件关系无法确认的难题，在处理环境污染赔偿等特定领域的案件中具有重要价值。在操纵结果可以确定时，疫学因果关系学说更适合用于证明操纵证券市场行为与结果之间的因果关系，可以根据证券市场相关统计资料来测算因果关系存在的高度盖然性，这足以弥补相当因果关系学说中“若无—则不”规则在操纵证券市场案件中的证明难题。但这只解决一部分问题。首先，判断行为与结果存在高度盖然性标准如何设定？如果统计上以100%的概率关系作为确认自然律的标准，那么这个世界上没有任何因果关系可能被确认出来，但是如果认为统计上60%、50%、40%或者甚至30%的概率关系就可以作为确认自然律的标准，那么相对的受损害的将是所有社会生活参与者的自由。[26] 特别是在影响因素多元的证券市场，除非制定明确规则，否则根本无法在个案中建立共识。其次，如前所述，当操纵结果本身无法确定时，根本无法开启因果关系证明程序。这是因为，应对风险

---

〔24〕 参见陈兴良：《刑法因果关系研究》，载《现代法学》1999年第5期。

〔25〕 参见劳东燕：《风险社会中的刑法》，北京大学出版社2015年版，第138～139页。

〔26〕 参见黄荣坚：《基础刑法学》（上），中国人民大学出版社2008年版，第192页。

社会发展起来的疫学因果关系理论,虽然可以通过运用统计学概率相关理论追溯环境污染公害的原因并证明两者之间的因果关系,但其前提必须时客观上存在环境污染公害的后果。

四、对操纵结果及因果关系构成要件地位的反思

面对操纵证券市场认定中"因果关系的折磨",我们需要反思经历这种折磨的必要性。法律禁止操纵证券市场,是否仅需惩治产生操纵结果的操纵行为,而无须关注那些没有产生"人为价格"的操纵行为?主张操纵结果及因果关系必要性的观点与监管目的不相符。

(一)强调结果要件和因果关系不符合操纵的危险本质

操纵者对非法利益的获取,主要透过破坏自由公平的证券价格形成机制来实现,即通过操纵刻意拉抬、压低或者维持证券价格,从而形成虚假的控制之下的价格。无论是交易型操纵还是信息型操纵,均是透过扭曲价格形成机制来实现操纵目的。禁止操纵证券市场,就是要确保证券价格能在自由市场正常供需竞价下产生,避免遭受特定人操纵。[27] 证券价格形成因素复杂,操纵行为所产生的扭曲力可能与市场中正常的同向或反向作用力互相叠加或抵消,操纵的作用便隐而不显。在"人为价格"难以判断的情形下,也不表明操纵行为没有对证券价格形成机制形成破坏作用,只是其破坏作用难以被发现和描述。因此,即使操纵行为没有造成实际后果,或者实际后果尚未被察觉或者证明,操纵行为损害自由、公开的证券市场秩序的风险始终存在,有必要对具有扭曲自由公平价格形成机制危险的滥用市场优势行为予以禁止。欧盟委员会清晰地指出,认定操纵证券市场应当结合整个市场的相关因素加以考虑,包括整个市场的透明度水平,保护市场运行效率的必要性和相关证券供给、需求的适当互动,相关市场行为对市场流动性和效率的影响程度,相关行为对相关市场交易机制的影响程度等,只有市场行为

---

〔27〕 参见赖英照:《最新证券交易法解析》,中国台湾元照出版有限公司2011年版,第635页。

和操纵结果之间有一定的必然联系才能够认定相关市场行为构成操纵,但是证券价格出现不正常波动不是操纵的必要要件,可以通过其他标准来判断。[28] 这也逐渐成为境外证券监管的共识。

(二)强调结果和因果关系不符合预防金融风险的监管目的

金融风险与其他违法犯罪行为的社会危害不同,一旦系统性风险转化成实质危害,就可能造成无可挽回的损失,因此防范金融风险更为重要。对于可能造成重大金融风险和社会风险的操纵证券市场行为,应当以抓小抓早、防微杜渐为原则,只要实施相应行为,就予以禁止。基于刑事政策必要性以及惩治严重经济犯罪的需要,立法者对于如此超个人法益的保护,常借由抽象危险的犯罪构成要件,以防范该种行为可能造成的潜在危险,无须做因果关系上的判断。[29] 在证券法的条文中,立法者大量运用"行为犯"的规则,来实现防范风险的目的,如禁止短线交易、权益披露规则等,并不是因为这些行为对证券市场造成了实质危害结果,而是因为这些行为具有造成危害结果的现实危险性。由此可见,在证券监管中,保障个人交易自由的制度利益需适当让位于维护市场秩序制度利益。相对而言,滥用市场优势扭曲证券价格形成机制的行为社会危害更大,举轻以明重,更应作为具体危险犯认定。

(三)强调结果和因果关系抬高执法司法成本

不切实际的执法司法标准,必将提高执法司法成本,影响对市场操纵的惩治效果。即使执法司法部门可以通过股价的上涨以及与相关指数的偏离度等要素推定"人为价格"这一危害结果是否发生,但由于作用于证券市场的因素复杂,有时候这种波动并不明显,更难判断理论价格与操纵价格之间的偏离度。在前述案例中,为了应对因果关系之辩,证券监管部门采取了诸多说理论证的方式,但体现在行政处罚决定书中并不都令人满意,这并不表明这些行为不构成操纵,只是强调因果关系的观念造成了执法人员的论证困境,在一定程度上也无助于执法司

---

〔28〕 参见盛学军主编:《欧盟证券法研究》,法律出版社2005年版,第215~216页。

〔29〕 参见廖大颖:《证券市场与企业法制论》,中国台湾元照出版有限公司2007年版,第36~37页。同时指出,我国台湾地区在"证券交易法"之草创时期"立法院"说明其立法原意指出,操纵规定旨在防止该行为有意图操纵行情、控制市场价格及扰乱秩序,强调该规定无须考虑结果,如此立法寓有防患于未然之意。

法权威的确立和对违法犯罪活动的震慑,增加了社会成本。

(四)强调结果和因果关系不符合境外的立法司法实践

许多国家和地区也都没有将实际危害结果作为操纵证券市场的成立要件。如前所述,欧盟委员会明确指出,操纵成立不以出现操纵结果为必要。欧盟法院也支持这样的观点,认为基于交易而操纵并不要求证明证券价格处于异常或虚假的水平。〔30〕 在美国也是如此,指控操纵成立并不需要证明证券价格低于或高于公平价格。〔31〕 2011 年 7 月,美国 CFTC 根据《多德—弗兰克法案》的授权,发布了最新的“反操纵实施细则”(anti - manipulation final rules),市场操纵行为被分为两类:“使用或者试图使用操纵手段和欺诈手段的操纵行为”和“价格操纵行为”。〔32〕 德国《有价证券交易法》第 20a 条和《市场操纵定义条例》第 4 条规定,在违反秩序的层面,行为人只要实施了该条文所禁止的行为,即使没有对股票价格造成实际影响,也构成操纵证券市场,有学者将上述规定归入抽象危险犯之中。〔33〕 我国台湾地区“证券交易法”对不履行交割、约定交易、连续买卖、自买自卖、盅惑交易等操纵手段,均使用了“足以影响市场秩序”“意图影响集中交易市场有价证券价格”等表述,并未将操纵结果作为构成要件,有法院判决明确指出操纵行为不以股票价格客观上产生急剧变化为必要,股价也不必达到行为人操纵所预期的价格。〔34〕

由此可见,过于强调操纵结果和因果关系必要性的观点,违反了操

---

〔30〕 See Mathias Siems, Matthijs Nelemans, *The Reform of the EU Market Abuse Law: Revolution or Evolution?* Maastricht J. Eur. & Comp. L. Vol. 19,2012.

〔31〕 See Thomas Lee Hazen, *Treaties on the Law of Securities Regulation*, 5th edition, St. Paul, MN: Thomson/West, 2005, p. 155.

〔32〕 参见宋澜:《金融基准操纵的法律规制问题研究》,华东政法大学 2018 年博士学位论文。

〔33〕 参见高基生:《德国市场操纵证明之研究》,载《证券市场导报》2005 年第 8 期。我国也有学者认为约定交易、洗售属于抽象危险犯,不以证券市场的行情确实因相对委托行为而受到实际影响为必要。参见于莹:《论以虚伪交易方式操纵证券期货市场》,载《国家检察官学院学报》2003 年第 5 期。但抽象危险犯不考虑行为本身是否具有扭曲证券价格形成机制的现实危险,不符合操纵本质,不当扩大处罚范围。

〔34〕 参见赖英照:《最新证券交易法解析》,中国台湾元照出版有限公司 2011 年版,第 660 ~ 661 页。

纵证券市场的本质,并不契合惩治和预防操纵的执法司法实践需要,与境外立法司法实践相脱节。2019 年新修订的《证券法》第 55 条对操纵证券市场构成要件的修改,较好地回应了这一要求,对操纵结果及因果关系的构成要件地位进行重新认识和设计,参照刑法中具体危险犯之原理,[35] 从而得以将部分意图影响证券交易价格和交易量并产生现实危险的操纵行为直接认定为操纵证券市场追究法律责任。这是在适用 2019 年新修订的《证券法》时需要特别注意的方面。

五、"意图影响"型操纵行为的准确认定

根据 2019 年新修订的《证券法》第 55 条的规定,证明操纵证券市场的成立,并不一定需要证明操纵行为形成了影响证券价格的实际结果,只要证明操纵行为具有影响证券价格的意图。但是这并不是说,只要有操纵意图,一切行为即构成操纵证券市场。有观点指出,对于连续买卖等证券交易中的常态化交易手段,如果对该种危险行为一律进行刑事处罚,恐株连甚广,法律应当规定客观处罚条件且唯有在客观处罚条件出现时才能追究刑事责任。[36] 这一观点体现具体危险犯制度设计所反映出的个人交易自由与市场秩序之间的制度利益冲突,在无法证明操纵结果或因果关系的情形下,必须实质地判断行为是否具有现实危险性,不能唯主观意图论,从而避免操纵认定范围的不当扩大,侵蚀市场交易的合法空间。本文认为,操纵证券市场的本质是对资本优势、信息优势等足以影响证券价格形成机制的市场优势的滥用,且这种滥用行为具有造成证券交易价格异常或形成虚拟的价格水平,或者造成

---

〔35〕 刑法中的具体危险犯,是指只要行为人实施了符合刑法条文规定的构成要件的行为,且这种行为具有产生社会危害的现实危险,无论危害结果是否实际发生,即构成犯罪;所谓结果犯,行为人实施了符合刑法条文规定的构成要件的行为,必须产生实际的侵害危害结果,才能认定为犯罪,否则构成犯罪未遂。过失犯罪必须存在危害结果。

〔36〕 参见廖大颖:《证券市场与企业法制论》,中国台湾元照出版有限公司 2007 年版,第 8 页、第 37 页。

证券交易量异常,或者形成虚拟的交易量水平的现实危险性。因此,判断具体危险是否发生,应当基于对滥用市场优势行为严重性的评价作出。不具有现实危险性的行为,即使行为人意图操纵,也不会在客观上对证券市场运行产生人为干扰,无须法律禁止。判断行为是否具有现实危险时应当从操纵证券市场的本质出发,重点考察以下两个方面的要素:

(一)行为人必须具有市场优势

在操纵证券市场时,操纵者通常利用其他市场参与者心理上或者信息上的弱势地位,不正当的利润往往来自对其他弱势市场参与者的围猎。[37] 有效控制或者影响其他证券市场参与者投资决策的市场优势或影响力,是操纵者操纵证券市场不可缺少的前提。[38] 操纵证券价格透过影响基本价值面和供求关系来实现,因此操纵者的优势也必然体现在与基本价值面和供求关系改变方面具有特定的优势,即资本优势和信息优势,这是实施操纵的前提。

我国修订前后的《证券法》在规定连续(联合)买卖型操纵时,列举了资金优势、持股优势和信息优势三种优势,较为全面地概括了影响证券价格的市场优势。最高人民检察院、公安部《关于公安机关管辖的刑事案件立案追诉标准的规定(二)》(以下简称《立案追诉标准(二)》)、《操纵认定指引》以及2019年"两高"《关于办理操纵证券、期货市场刑事案件适用法律若干问题的解释》(以下简称《操纵刑事司法解释》)中,对市场优势作了相对具体的描述。无论是资本优势、信息优势还是技术优势,市场优势都是一个相对概念,是对操纵者与其他交易者比较而作出的结论,在判断时需要结合具体事实作出评价。

以资本优势为例,资本优势作为一个相对概念,行为人在交易时是否具有资本优势,关键在于行为对自由公正的证券价格形成机制的作用力之大小,应当结合具体证券交易行为进行综合分析。《操纵认定指引》所确定的判断方法,以及诸多行政处罚案件所确立的标准,均具

---

〔37〕 See Benjamin P. Edwards, *Conflicts & Capital Allocation*, Ohio State Law Journal, Vol. 78, 2017.

〔38〕 参见田宏杰:《操纵证券市场行为的本质及其构成要素》,载《国家行政学院学报》2013年第3期。

有一定合理性。但是,具体交易手段不同,资本优势对证券价格影响的作用也存在明显区别,不应适用同样的标准。这在《操纵刑事司法解释》对连续买卖和虚假交易作出不同规定的做法中已有所体现。判断交易型操纵的滥用资本优势,需要进一步对交易型操纵进行类型化,并根据各种具体类型的交易特点分别制定判断规则。比如:(1)根据交易行为的性质进行类型化,对基于真实交易的连续买卖和基于虚假交易的洗售、虚假申报等作不同处理。连续买卖的资金优势认定标准应当适当高于洗售、虚假申报的认定标准。在兼具两种行为的场合,应采取就低不就高的标准。较真实交易而言,约定交易、洗售、虚假申报等虚假交易行为直接制造交易活跃假象形成人为价格,对资本的要求相对较低,《立案追诉标准(二)》对连续买卖操纵和虚假交易操纵分别规定了不同的指标,后者略低于前者,应出于上述考虑。(2)根据操纵期间的长短进行类型化,对于长线操纵和短线操纵、超短线(日内或隔日操纵)分别设置不同的判断标准。长线操纵中,总成交量占比、单日成交量占比是判断资金优势的重要指标;短线操纵中,单日成交量占比仍应作为重要判断指标;而在超短线操纵中,特定时段的成交量占比可以作为判断指标之一,同时需结合交易行为所处的时间段、操纵者的获利途径等其他因素进行综合判断。

(二)行为人必须存在滥用行为

市场优势通常是市场竞争的产物,任何市场优势都可以成为影响证券交易价格和交易量的重要力量,成为形成自由竞争市场的基石,政府不应过度干预证券市场中各类竞争优势的形成,更不能轻易在法律上做负面评价。是否构成违法,关键在于相应市场优势是否存在滥用情形,即处于市场优势地位的主体不正当运用优势。

“滥用”包括欺诈和其他不具有欺诈特征的不正当利用行为。(1)欺诈。行为人在明知事实真相的情形下,编造、传播虚假信息,自然是滥用行为。从欺诈的内容来看,既可以是市场信息,也可以是交易行为本身。蛊惑交易操纵、约定交易操纵、洗售交易操纵均属于典型的滥用行为,在判断上相对较为简单。(2)非欺诈性滥用。滥用并不必然具备欺诈特征,在证券市场中也并非只有欺诈才能对证券价格产生人为干扰,资本优势、信息优势都存在不正当运用的可能性,损害其他证券交易者的正当利益,成为行为人获取非法利益的工具。对于不具有典型欺诈特征的滥用行为,其与合法利用之间较为模糊,经常出现争议。这就需要透过其他的运行特征,结合证券市场的一般经验规律和相关法律规定,明晰判断路径,予以综合评价。

以连续买卖为例,其属于一种基于真实交易的操纵行为,是争议最大的一种操纵类型。原则上,任何真实交易行为都属于价格形成机制的一部分,何种真实交易行为具有扭曲证券价格的破坏作用?这就需要从证券监管的基本原理出发,判断交易是否系属滥用。申报价格的异常性、交易行为的垄断性、存在关联外部利益、违反禁止性规定通常被作为判断滥用行为的因素。在上述因素中,违反禁止性规定因素,是判断操纵的基准。例如,《证券法》关于违规减持、短线交易、违反权益披露规则交易、非法利用他人账户交易等与操纵具有一定关联性的禁止性规定以及交易所制定的一系列异常交易监控规则,都可以作为判断是否属于非正当交易的依据。但同时,还需要考察这些违反禁止性规定行为是否具有扭曲证券价格形成机制的作用,并需要结合交易行为特点对其他不正当因素的考察后进行综合判断,特别是要针对长线操纵、短线操纵、超短线操纵以及操纵动机、获利方式进行类型化分析。比如,在基于真实交易的尾市操纵中,行为人在特定时间段内大量申报行为具有明显支配地位,该种交易行为便可视为垄断交易,而无须考虑垄断持续时间,但同时必须具备外部利益或者次日反向交易等相关事实的支持综合认定;在日间交易中,行为人某个时间段的交易行为尽管在该时间段内具有绝对支配地位,若此时由于该“垄断”交易对价格影响不具有现实的影响力,则仍然需要判断日内所有交易量在当日交易量中的占比,甚至要考虑若干交易日内是否形成垄断地位,方能准确判断。不同交易行为、不同因素的组合,都会对判断形成影响。“滥用”一词虽没有确定标准,却有其特定的法律内涵,在运用具体要素进行综合判断的过程中,需恰当运用法律人的自由裁量和正义观使判断结论符合“滥用”一词的本来意义。

六、小结

扭曲自由公平证券价格的结果是否实际发生，不影响操纵证券市场行为的成立，只要操纵行为本身足以产生这一危险即可，相当于刑法中的具体危险犯在行政处罚和刑事追究中均应如此。在具体案件中，指控一方无须证明结果的成立以及行为与结果之间的因果关系，但必须结合具体案件事实证明行为存在具体危险。主观故意是构成操纵证券市场必要主观要件，行为人若不具备操纵的主观故意，便不构成操纵。以上关于具体危险犯的观点，适用于判断操纵证券市场的成立。在判断因操纵行为产生的损害赔偿责任时，原告仍然需要证明操纵行为与其他交易人的损失之间具有损害上的因果关系。〔39〕另需指出的是，从字面意义看，新修订《证券法》条文中使用的“影响”二字过于中性，并未反映出操纵的本质，正常情况下任何交易行为都能“影响”证券价格或证券交易量，只有非正常的影响以致扭曲自由公平证券价格才是操纵的违法本质，在一些国家的相关法律中则直接规定为“人为价格”，为此，《证券法》中的“影响”应作“人为影响”或“扭曲”解释更为贴切。

（编辑：宋澜）

---

〔39〕 See Charles R. Korsmo, *Mismatch: The Misuse of Market Efficiency in Market Manipulation Class Actions*, William and Mary Law Review, Vol. 52, 2011. 美国联邦最高法院在 Basic Inc. v. Levinson 确立了“市场欺诈理论”(Fraud on the Market)，允许根据 1934 年《证券交易法》10(b) 以基于信赖市场有效进行交易为由提起损害赔偿的集团诉讼，这一原则也被适用于适用 10(b) 的操纵案件，主张损害赔偿需证明市场是有效的。See Basic Inc. v. Levinson, 485 U. S. 224 (1988). 但 Korsmo 认为，操纵恰恰证明市场不是有效的，适用该条款的操纵案件应当替换为证明损失因果关系：(1) 证明原告信赖市场完整性与损害时间的必然因果联系；(2) 所诉操纵行为是否扭曲了市场价格。

《证券法苑》(2020)
第三十卷,第134~164页

内幕交易犯罪案件违法所得计算方法研究*

王　涛**

摘要:对于行为人获悉内幕信息后买入或卖出股票,在信息公开后5个交易日内已卖出或买入(回补)证券的,适用实际所得法;对于行为人获悉内幕信息后买入或卖出股票,在信息公开后未卖出或买入(回补)的部分,或者超出5个交易日卖出或买入(回补)的部分,适用拟制所得法,并将信息公开后5个交易日收盘平均价格拟制为市场基准价格。行为人在利好型内幕信息公开前买入并卖出股票的,根据收盘价格涨跌幅偏离值指标判断是否将获利数额认定为违法所得。对于期初持股案件,依先进先出法和后进先出法分别计算后就低认定违法所得。如果内幕信息涉及利润分配、权益分派或股票分红的,其分红数额应当纳入违法所得的计算范围。

关键词:内幕交易犯罪　违法所得　计算方法

---

* 本文仅代表作者个人观点,与所在单位无关。本文系2017年度国家社科基金一般项目"信息化条件下特大城市犯罪治理研究"(项目批准号:17BFX188)阶段性研究成果。

** 法学博士,上海市人民检察院第一检察部四级高级检察官。

认定内幕交易行为应受行政处罚还是刑事处罚,并非"质"的相异问题,而是"量"的多少问题,其关键在于判断其是否达到"情节严重"的标准。最高人民法院、最高人民检察院《关于办理内幕交易、泄露内幕信息刑事案件具体应用法律若干问题的解释》明确规定,"获利或者避免损失数额在15万元以上的,应当认定为情节严重",但并未明确选择何种方法计算获利或避损数额。对此,理论界鲜有论述,实务界也莫衷一是,需要进一步研究。

一、违法所得计算方法的概述

(一)实际所得法

实际所得法,又称净利法或者差额法,以卖出金额减去买入金额及相关交易费用后的余额作为违法所得。司法实践中,对于行为人获悉利好型内幕信息后买入股票,并在信息公开前后卖出的,或者行为人获悉利空型内幕信息后(融券)卖出股票,并在信息公开后买入(回补)的,多采用实际所得法。对于利好型内幕信息公开后未卖出的部分,由于不存在对应的交易价格,通常不纳入违法所得的计算范围;对于利空型内幕信息公开后未买入(回补)的部分,我国台湾地区法院往往不再计算违法所得,美国判例通常将实际卖出金额扣除原始买入成本及相关交易费用后的余额认定为违法所得。此外,在实际所得法下,并不考虑内幕信息公开后卖出或买入(回补)股票的时限,即该方法无须考虑其他市场因素引发股价的涨跌变化程度。

(二)市场吸收法

市场吸收法,又称关联所得法,强调股价涨跌变化与内幕信息公开之间必须具有相当关联性。在具体计算时,首先要确认内幕信息公开后市场完全吸收该信息的合理期间,然后判断内幕信息在该期间内对股价涨跌变化的实际影响,并据此认定违法所得。对于与内幕信息无关的其他市场因素对股价的影响,则予以排除。与实际所得法不同,行为人在内幕信息公开后是否卖出或买入(回补)股票,或者实际卖出或买入(回补)价格如何,均不影响以市场吸收法计算违法所得。例如,行为人在获悉利好型内幕信息后以每股 15 元的价格买入某公司股票,经确认内幕信息公开后 3 日市场完全吸收该信息,在排除其他市场因素影响的情况下,股价达到每股 20 元。行为人在内幕信息公开后第 10 日以每股 25 元的价格卖出部分股票。根据市场吸收法,计算违法所得应以内幕信息被市场完全吸收时的 20 元为基础;由于股价从 20 元上涨至 25 元系受其他市场因素影响所致,与内幕信息无关,故最终卖出价格 25 元以及继续持有部分股票对违法所得的认定没有实际意义。

(三)拟制所得法

拟制所得法,将内幕信息公开后特定交易期间的交易价格拟制为市场基准价格,并以其与内幕信息公开前买入或卖出股票价格的差额作为计算违法所得的基础。该方法也强调股价的涨跌变化须与内幕信息的公开具有因果关联性,只不过与市场吸收法相比,市场吸收法对因果关联性进行了较为严格的限定。[1] 根据市场吸收法确定市场完全吸收内幕信息的合理期间因个案差异会长短不一,且内幕信息对股价的实际影响程度也不同,其间需要排除与内幕信息无关的其他市场因素引起股价的涨跌变化。而拟制所得法则是直接设立特定交易期间作为市场完全吸收内幕信息的合理期间并统一适用于所有案件,且交易价格也相对确定并易于计算,其间基于拟制性不再单独考虑与内幕信息无关的其他市场因素对股价的影响。例如,我国台湾地区借鉴《证券交易法》第 157 条之 1 第 3 项关于内幕交易民事赔偿计算方法的规定,将内幕信息公开后 10 个交易日收盘平均价格拟制为市场基准价格,而日本则将内幕信息公开后 2 周内股票的最高价或最低价拟制为市场基准价格。司法实践中,对于行为人获悉内幕信息后买入或卖出股票,在信息公开后未卖出或买入(回补)的部分,或者超出特定交易期间卖出或买入(回补)的部分,多采用拟制所得法计算违法所得。其中,在我国台湾地区,无论是计算获利数额还是避损数额,市场基准价

〔1〕 参见汤欣、高海涛:《我国内幕交易案件中违法所得的算定及判罚——兼论域外法律实践及其启示》,载郭锋主编:《证券法律评论》(2015 年卷),中国法制出版社 2015 年版,第 61 ~ 62 页。

格均是内幕信息公开后10个交易日的收盘平均价格;而在日本,内幕信息公开后2周内股票的最高价是计算获利金额时的市场基准价格,内幕信息公开后2周内股票的最低价则系计算避损数额时的市场基准价格。[2]

二、我国违法所得计算方法的适用

(一)我国违法所得计算方法的适用现状

本文通过对64件内幕交易犯罪案件中涉案股票买卖时点、内幕信息敏感期间、内幕信息实现与否以及剩余股票持有情况等内容进行梳理(见附件),将我国司法实践中适用的违法所得计算方法归纳为以下几种类型:

1. 行为人获悉利好型内幕信息后买入股票,在内幕信息得以实现的情况下,于信息公开后全部卖出的案件有33件,法院均以实际所得法计算违法所得。在这些案件中,信息公开日或股票复牌日与卖出时点间隔长短不一,有的案件在复牌当日即全部抛售,如杨某山内幕交易案、蔡某福内幕交易案,有的案件至复牌后7个多月才全部清仓,如肖某庆内幕交易案。

2. 行为人获悉利好型内幕信息后买入股票,在内幕信息未能实现的情况下,于信息公开后全部卖出的案件有4件。其中,在韩某内幕交易案,吴某某内幕交易案,王某鸣等人内幕交易、泄露内幕信息案中,法院以实际所得法计算违法所得;在王某芳等人内幕交易、泄露内幕信息案中,辩护人提出应以复牌日最低价计算账面盈利作为违法所得,法院既未采纳其辩护意见,也未依实际所得法认定违法所得,而是以复牌日收盘价计算账面盈利作为违法所得。

3. 行为人获悉利好型内幕信息后买入股票,于信息公开前卖出部分股票,并在内幕信息得以实现的情况下,于信息公开后卖出剩余股票的案件有8件,法院均以实际所得法计算违法所得,如邓某内幕交易

[2] 参见薛智仁:《内线交易之犯罪所得概念》,载《政大法学评论》2012年第5期。

案,杜某库等人内幕交易、泄露内幕信息案。

4. 行为人获悉利好型内幕信息后买入股票,于信息公开前卖出部分股票,并在内幕信息未能实现的情况下,于信息公开后卖出剩余股票的案件有1件,法院以实际所得法计算违法所得,即冯某明等人内幕交易案。

5. 行为人获悉利好型内幕信息后买入股票,于信息公开前卖出部分股票,并在内幕信息得以实现的情况下,于信息公开后继续持有剩余股票的案件有7件。其中,在陈某洪等人内幕交易、泄露内幕信息案,邓某新内幕交易案中,法院以复牌日收盘价计算余股市值;在黄某芳内幕交易案中,法院则以复牌后连续涨停的最后涨停日的收盘价计算余股市值。在上述案件中,法院对于卖出的部分股票则均以实际所得法计算违法所得。在其余4件案件中,如董某青等人内幕交易、泄露内幕信息案,判决书并未体现违法所得的计算方式。

6. 行为人获悉利好型内幕信息后买入股票,于信息公开前卖出部分股票,并在内幕信息未能实现的情况下,于信息公开后继续持有剩余股票的案件有1件,法院以停牌前一日收盘价计算余股市值,对于卖出的部分股票则以实际所得法计算违法所得,即陈某生内幕交易案。

7. 行为人获悉利好型内幕信息后买入股票,于信息公开前卖出部分股票,并在内幕信息得以实现的情况下,于信息公开后又卖出部分股票且继续持有剩余股票的案件有1件,法院以复牌日收盘价计算余股市值,对于卖出的部分股票则以实际所得法计算违法所得,即郭某祥内幕交易案。对此,法院特别指出,在利好型内幕交易案件中,行为人利用其预先获悉内幕信息的优势提前进行股票交易,如果没有证据证明行为人从内幕信息知情人员处获取了预期价位,则该利好型内幕信息公开后,行为人与普通投资者相比已不再具备信息优势;而且,收盘价是某个交易日市场参与者综合考虑各种信息后通过实际交易获得的价格,内幕信息公开后经过首个交易日,应视为证券市场充分吸收了上述信息。因此,复牌日收盘价可以作为余股市值计算标准,也符合利好型内幕交易案件的交易习惯。[3]

---

〔3〕 参见天津市高级人民法院(2015)津高刑二终字第9号刑事裁定书。

8. 行为人获悉利好型内幕信息后买入股票,在内幕信息得以实现的情况下,于信息公开后未卖出股票或仅卖出部分股票的案件有6件。其中,法院在国美电器、黄某裕等人内幕交易案,姚某江等人内幕交易案,宋某军内幕交易案中以复牌日收盘价计算余股市值;在段某内幕交易案中以复牌后打开涨停板日(最后涨停日的次日)的收盘价计算余股市值。在上述案件中,法院对于卖出的部分股票则均以实际所得法计算违法所得。在其余2件案件中,如王某等人内幕交易、泄露内幕信息案,判决书并未体现违法所得的计算方式。

9. 行为人获悉利空型内幕信息后至公开前卖出股票的案件有3件,法院计算避损数额的方法各不相同。在宏普实业、曾某珍内幕交易案中,法院认为,涉案信息属于明显的利空信息,该信息公告后公司股票面临极大的下跌可能,而在公告当日股市开盘时宏普实业就具备了抛出宏盛科技股票规避损失的条件,所以应以公告日的开盘价作为基准价计算避损数额;在黄某涛等人内幕交易、泄露内幕信息案中,涉案股票在7月1日复牌当日及此后2个交易日(7月4日、5日)均跌停,法院以7月5日最后跌停日的收盘价作为基准价计算避损数额;在周某内幕交易案中,涉案股票在2月1日复牌当日及此后2个交易日(2月4日、5日)均跌停,2月6日股票跌幅为3.42%,打开跌停板,法院以2月6日打开跌停板日的收盘价作为基准价计算避损数额。

(二)我国违法所得计算方法的适用困境

目前,我国关于内幕交易刑事案件的裁判文书很少描述买卖股票的详细数据及交易费用(佣金、过户费、印花税等)的具体数额,对违法所得的计算依据和论证过程更是鲜有提及,即使列明控辩双方对该问题的争议焦点,释法说理也往往一语带过,未能充分阐述和评析各方观点。加之证券监管机构和最高司法部门的相关规范性文件仅规定了违法所得的概念及简单的计算公式,并未就适用条件和判定规则进行细化,导致司法机关对违法所得的认定标准不一,存在同类案件不同判决的情况,其处理结果的公允性和公信力难免受到社会质疑,主要如下:

1. 关于内幕信息对股价影响的时效性问题,司法机关在计算违法所得时往往未予以充分考虑。例如,在利好型内幕信息得以实现的情况下,无论信息公开后多久卖出股票,法院均适用实际所得法;在内幕信息公开前卖出股票的,无论内幕信息是否实现,法院也一律采用实际所得法;在利好型内幕信息未能实现的情况下,对信息公开后陆续卖出股票的,有的法院仍依实际所得法计算违法所得。这就意味着,即使内幕信息对股价的影响尚未产生或者不复存在,只要行为人卖出股票,就以卖出金额减去买入金额并扣除交易费用计算违法所得,这种不考虑内幕信息对股价影响具有时效性的计算方法有违内幕交易的本质,即行为人利用内幕信息对股价产生的影响而获利或避损。值得注意的是,在冯某明等人内幕交易案中,辩方提出在内幕信息未实现的情况下应以德赛电池股票复牌日的收盘价计算被告人的账面盈利作为违法所得,但广东一审、二审法院均未采纳该意见。而利用同一内幕信息买卖德赛电池股票的王某芳等人内幕交易案,上海一审、二审法院均以复牌日的收盘价计算被告人的账面盈利作为违法所得,比适用实际所得法计算的获利数额少了 580 万余元。上海法院认为,利好型内幕信息未能实现往往不会对复牌后的股价产生直接影响,即后续的股价变化与内幕信息之间没有因果关系。行为人在复牌当日未抛售股票而选择继续持股,系基于对市场的判断而作出的选择,后续的获利或损失与内幕信息缺乏关联性。因此,对于在复牌后仍较长时间持股或卖出的,以复牌日收盘价计算违法所得较为合理。[4]

2. 对于获悉利空型内幕信息后至公开前卖出股票规避损失的计算,司法机关在计算时选择基准价的标准并不统一。例如,在宏普实业、曾某珍内幕交易案中,辩护人提出规避损失数额应基于内幕信息公告日的收盘价认定,而法院则以公告日的开盘价作为基准价。与之不同,在黄某涛等人内幕交易、泄露内幕信息案和周某内幕交易案中,法院分别以复牌后连续跌停的最后跌停日的收盘价和打开跌停板日(最后跌停日的次日)的收盘价作为基准价。

3. 对于内幕信息公开后继续持有股票的市值,司法机关在计算时选择基准日(价)的标准并不统一,从而导致认定的违法所得数额差异较大。2007 年中国证监会《证券市场内幕交易行为认定指引(试行)》

〔4〕 参见罗开卷:《利好型内幕信息复牌后未兑现的违法所得认定》,载《人民司法》2014 年第 8 期。

(以下简称《指引》)第22条仅规定可以将内幕交易行为终止日、内幕信息公开日、行政调查终结日或其他适当时点作为计算违法所得的基准日,未明确“其他适当时点”包括哪些时点,亦未明确各时间点分别适用何种情形,一定程度上增加了司法机关确定基准日的不确定性。如在姚某江等人内幕交易案中,在计算余股市值时,检察机关以公安机关立案日的收盘价11.75元/股作为基准价,而法院则以复牌日的收盘价7.23元/股作为基准价,单价相差4.52元,而由此认定的余股市值差异更大。经统计分析,目前对余股市值的认定,在利好型内幕信息得以实现的情况下,多数法院以复牌日的收盘价作为基准价,也有法院以复牌后连续涨停的最后涨停日或者复牌后打开涨停板日的收盘价作为基准价;而在利好型内幕信息未能实现的情况下,则存在法院以停牌前一日的收盘价作为基准价。

4.对于是否剔除与涉案内幕信息无关的其他市场因素(包括其他内幕信息)对股价的影响,司法机关在认定违法所得时均未给出明确意见。例如,张某等人内幕交易、泄露内幕信息案中,利好型内幕信息公开后凯诺科技股票涨幅14%,同期大盘涨幅22.58%。辩方认为,法院适用实际所得法计算违法所得数额过高,应考虑同期大盘涨幅高于涉案股票涨幅的情况,剔除与内幕信息无关的市场系统性因素对股价的影响。对此,法院认为,违法所得是被告人利用内幕信息买卖股票所实际获取的利益,大盘只能说明在某一段时间内股市的综合涨跌幅度,不能据此推测某一只股票获利与否,更不能据此认定该时间段内交易单只股票的获利数额。虽然被告人交易的股票涨幅低于大盘涨幅,但内幕交易是有针对性的股票交易,仍应当以其利用内幕信息进行交易所实际获取的利益来认定违法所得。[5] 可见,虽然辩方主张剔除市场系统性因素对单只股票价格的影响,但法院只是重申违法所得应是通过内幕交易所实际获取的利益,并未对内幕信息以外的其他市场因素引发股价涨跌是否计入违法所得作出具体回应。再如,诸暨某商贸公司、李某等人内幕交易案,该案涉及两个内幕信息,即非公开发行股票和年度利润分配预案,其敏感期分别为2013年1月29日至4月25日

〔5〕 参见山西省清徐县人民法院(2011)清刑初字第30号刑事判决书。

及同年3月28日至4月22日。4月18日,露笑科技因筹划非公开发行股票而停牌,同月25日复牌(单日涨停)。被告人李某仅获悉露笑科技非公开发行股票的信息,而对年度利润分配预案并不知情。2013年2月至3月,李某指使他人先后买入露笑科技股票,并在复牌后陆续抛售获利。由于两个内幕信息同时对股价产生影响,而李某只是利用其中一个内幕信息买卖股票,故应剔除另一个内幕信息对股价的影响,但法院在计算违法所得时仍直接适用实际所得法。[6]

三、境外违法所得计算方法的实践

(一)实际所得法的适用

1. United States v. Mooney 内幕交易案

United Healthcare 公司(以下简称 UH 公司)有意收购 Metra Health 保险公司(以下简称 MH 公司)。1995年5月24日至6月14日,UH 公司副总裁 Mooney 以25.8万余美元陆续买入期权。同年6月26日,UH 公司宣布收购 MH 公司。后 Mooney 陆续卖出期权,得款53.2万余美元。联邦地方法院及第八巡回法院均采实际所得法认定 Mooney 获利27.4万余美元。[7]

2. United States v. Nacchio 内幕交易案

Nacchio 系某公司董事长兼执行长,其获悉公司盈利欠佳后,在该信息公开前将其持有的公司股票共计133万股全部卖出,得款5200万余美元。联邦地方法院依实际所得法以实际卖出金额与原始买入成本731.5万美元及相关交易费用1613.8万余美元之差认定违法所得为2855.4万余美元。[8]

3. 游某内幕交易案

明基公司副总经理游某在获悉公司重大亏损的信息后,将其持有

〔6〕 参见浙江省台州市中级人民法院(2015)浙台刑二初字第1号刑事判决书。

〔7〕 See United States v. Mooney, 425 F. 3d 1093 (8th Cir. 2005).

〔8〕 See United States v. Nacchio, 573 F. 3d 1062 (10th Cir. 2009).

的明基公司股票676.9万股卖出，每股平均单价为34.03元（以下涉及我国台湾地区的案例，币种均为新台币）。上述信息公开后，又买入529.5万股，支出14,325万余元，每股平均单价为27.05元。我国台湾地区“高等法院”以每股34.03元计算买入529.5万股的成本为18,018万余元，较实际支出减少3693万余元，并将其认定为游某的违法所得。[9] 需要注意的是，游某在内幕信息公开后仅买入（回补）529.5万股，与卖出数量相差147.4万股，由于该部分股票没有对应的买入价格，故“法院”仅对529.5万股计算违法所得。

（二）市场吸收法的适用

1. United States v. Nacchio内幕交易案

联邦地方法院依实际所得法认定Nacchio违法所得为2855.4万余美元，判处其有期徒刑72个月。Nacchio提出上诉。第十巡回法院撤销联邦地方法院判决，改采市场吸收法，认为影响股价涨跌的因素复杂多样，违法所得只能以内幕信息对股价的影响作为计算基础，并扣除非因内幕信息所产生的利益。当时，代表政府的专家及代表被告的学者都使用事件研究法测算内幕信息对股价的影响，但是结论却差异较大。代表政府的专家主张，本案内幕信息对股价下跌的影响达45%～65%，被告获利在2300万～3200万美元。代表被告的学者却认为，本案内幕信息对股价下跌几乎没有影响，至多仅为3.52%，被告获利最多只有183万余美元。第十巡回法院采信代表政府的专家意见，对其判处有期徒刑70个月。[10] 可见，该案使内幕信息和其他市场因素对股价的实际影响在司法实践中得到适用，不再停留在纯粹的理论分析和行为人的抗辩层面。

2. 徐某、林某内幕交易案

徐某、林某系警察，在履行职务过程中获悉千兴公司遭受调查的信息后，融券卖出该公司股票。该信息经媒体报道，千兴公司股价大跌。被告以每股9.26元的价格买入（回补）千兴股票。我国台湾地区“最高法院”撤销“高等法院”依实际所得法作出的判决并指出，原审法院

〔9〕 我国台湾地区“高等法院”2009年度矚上重诉字第六十一号刑事判决书。

〔10〕 同前注〔8〕。

以被告回补股票的成交价格9.26元作为计算违法所得的基准价格不妥,因为被告回补股票之时距离内幕信息公开之时将近一个月,在此期间,难以认定该内幕信息与千兴公司股价下跌具有相当关联性,不排除其他影响股价的市场因素介入其中。[11]

3.苏某等人内幕交易案

本案中,我国台湾地区"高等法院"对于被告买入后再行卖出的部分,采实际所得法认定违法所得,未卖出部分不列入计算范围。[12] 但我国台湾地区"最高法院"予以撤销,认为违法所得应依市场吸收法认定。[13] "高等法院"更一审判决仍然坚持原审观点,"最高法院"重申前判意旨,再次撤销"高等法院"更一审判决。"高等法院"更二审判决针对已出售的股票,以实际所得法计算违法所得;针对未出售的股票,则将行为人最后一次出售股票的价格作为计算基准。[14] "最高法院"在撤销"高等法院"更二审判决时,进一步说明市场吸收法的意旨:(1)计算违法所得必须以股票价格的变动与内幕信息的公开之间具有相当关联性为必要,如果股价变动是由于其他市场因素所导致,而与内幕信息公开无关,则不能以涨跌变化后的股价作为计算违法所得的依据。(2)被告历次卖出股票的交易时点,与内幕信息公开之时远近距离各有不同,其中近则4日,远则11个月又13日,故不能一概认定公司股价变动与内幕信息公开之间具有相当关联性。[15]

(三)拟制所得法的适用

1.刘某内幕交易案

刘某在获悉公司重大亏损信息后,卖出持有的公司股票,并在信息公开后未再买入。我国台湾地区"高等法院"判决指出:(1)本案只有卖出价格而无买入价格,故只能以拟制方式认定买入成本;(2)内幕信息对于股票价格的影响通常在10个交易日左右,其后股价若有涨跌,往往系其他市场因素所致,与内幕信息无关,故将10个交易日收盘平

---

〔11〕 参见我国台湾地区"最高法院"2012年度台上字第五九二四号刑事判决书。

〔12〕 参见我国台湾地区高等法院2007年度矚上重诉字第十七号刑事判决书。

〔13〕 参见我国台湾地区"最高法院"2007年度台上字第七六四四号刑事判决书。

〔14〕 参见我国台湾地区高等法院2009年度矚上重更(二)字第八号刑事判决书。

〔15〕 参见我国台湾地区"最高法院"2012年度台上字第一八五七号刑事判决书。

均价格拟制为买入价格，据以计算其违法所得。[16]

2. 周某内幕交易案

周某在公司并购内幕信息公开前，买入涉案公司股票。“台北地方法院”认为，计算违法所得应以内幕信息公开后10个交易日收盘平均价格为基准，而不以实际卖出获利为限。因此，“法院”在判决中并未说明周某买入股票后是否卖出以及卖出多少，而是直接将内幕信息公开后10个交易日收盘平均价格作为卖出价格。[17]

3. 苏某等人内幕交易案

一审时，我国台湾地区“台北地方法院”采用拟制所得法并指出：由于影响股价的因素众多，因此，计算违法所得必须采取拟制所得法，以内幕信息公开后10个交易日收盘平均价格为市场合理基准价格。[18] 更三审时，我国台湾地区“高等法院”参考“法务部”委托学者研究的意见，认为如果在内幕信息公开后10个交易日内卖出或买入的，应以实际所得法计算；如果在内幕信息公开后未卖出或买入，或者超出10个交易日卖出或买入的，应以10个交易日收盘平均价格计算。[19]

（四）比较与述评

在美国，实际所得法与市场吸收法的争议点主要集中在以下几个方面：

1. 支持市场吸收法的第十巡回法院认为，买卖股票无罪，罪在欺骗。当内幕信息公开，市场完全吸收该信息并反映于股价时，欺骗行为即告终止，其他市场因素造成的股价涨跌与欺骗行为无关。因此，在一笔股票交易中，必须区分“合法的股票买卖”与“非法的内幕交易”，并据此将所获利益区分为：“非关内幕信息的收益”与“来自内幕信息的所得”，且将违法所得限于后者。而主张实际所得法的第八巡回法院则认为，内幕交易只是一笔整体的证券交易，并不存在将一笔内幕交易分割为“合法股票买卖”与“非法内幕交易”的情形，因此，联邦量刑准则说明中明确，所谓违法所得，是指被告买卖证券所获得的全部利益

〔16〕 参见我国台湾地区高等法院2009年度矚上重诉字第六十一号刑事判决书。

〔17〕 参见我国台湾地区台北地方法院2008年度金诉字第十号刑事判决书。

〔18〕 参见我国台湾地区台北地方法院2006年度矚重诉字第一号刑事判决书。

〔19〕 参见我国台湾地区高等法院2012年度矚上重更（三）字第八号刑事判决书。

(the total increase in value realized through trading in securities by the defendant)。此外,联邦量刑准则说明所使用的文字是一般用语,而非专业用语,依联邦最高法院判决,上述文字应根据一般文义加以理解。如依市场吸收法计算违法所得,联邦量刑准则说明应表述为:"the gain in market value that has resulted from the offense",而事实并非如此。[20]

2. 市场吸收法认为,制定量刑准则是为了提高量刑一致性,使相同或类似的犯罪行为适用相同或相近的刑罚,并减少罪刑不相当的现象。而实际所得法却因被告人买卖股票时间的不同而价格各异,使违法所得数额存在较大差异,导致出现相同犯罪情节适用不同刑罚,或不同犯罪情节却适用相同刑罚的情形,悖离量刑准则的基本目的。[21] 理论上,依市场吸收法计算违法所得,因不受买卖股票时点及价格的影响,同一案件各被告人的量刑,与实际所得法相比确实较为一致。但实际上,市场吸收法具有人为设算的性质,不仅内幕信息在股价上完全反映出来的时间点很难认定,而且区分股价的涨跌,多少是因为内幕信息的公开所导致,多少是由于其他市场因素的影响所引发,必须倚赖高度专业的金融分析师和财务审计师的参与,而不同专家和学者往往得出迥异的结论。例如,United States v. Nacchio 内幕交易案中,同一被告在相同市场的违法所得,不同专家和学者即使采用同一研究方法却得出差异悬殊的数额。该案中代表政府的专家及代表被告的学者都承认,由于证券市场对内幕信息的反应本质上存在效率欠佳的问题,现有的研究方法不能完整地呈现内幕信息对股价的影响程度。特别是当几项内幕信息在一段时间内陆续公开时,计算信息对股价的影响更为困难。[22] 可见,由于市场吸收法并无明确统一的认定标准,相同情节的内幕交易案件未必能得出相同的违法所得并适用相同的刑罚,也难以达成罪刑相当的目的。而且,当实际所得数额远大于依市场吸收法计算的违法所得时,如果将后者作为量刑的基础,就会导致被告人在内幕交易犯罪故意支配下,在可预见的范围内,按照自己所决定的买卖时点

---

〔20〕 同前注〔7〕。

〔21〕 同前注〔7〕。

〔22〕 参见江朝圣:《论内线交易之犯罪所得——美国法的观察》,载《甘添贵教授七秩华诞祝寿论文集》(下册),承法出版文化有限公司2012年版,第393页。

实施内幕交易行为,实际获得较高的收益,却依较低的违法所得适用较轻的刑罚,也有违量刑公平原则。此外,倾向于市场吸收法的论者,主要是希望通过市场吸收法扣除其他市场因素对股价的影响,以解决量刑过重的问题。[23] 但事实上,United States v. Nacchio 内幕交易案显示,实际所得法和市场吸收法实际效果相当,最终量刑只相差 2 个月。因此,市场吸收法并未从根本上解决刑期过重的问题。

3. 市场吸收法借鉴了美国联邦最高法院审理的 Dura Phamaceuticals, Inc. v. Braudo 内幕交易案的民事赔偿计算方法,并将用于认定刑事案件违法所得。第十巡回法院认为,内幕交易的民事赔偿数额,以信息公开前买卖股票的价格,与信息公开后合理期间的股票价格差额,并剔除其他市场因素对股价的影响后,作为计算的基础。[24] 该方法旨在剥夺被告人的非法获利,能忠实反映被告人的主观恶性,与刑事责任的作用有共通之处,且可促成罪刑相当的目的,故在认定违法所得时应予以援引。[25] 但事实上,美国联邦法院对于是否能以民事赔偿计算方法认定刑事案件违法所得存在分歧,同意适用的案例有 United States v. Olis、United States v. Rutkoske,拒绝适用的案例有 United States v. Berger。此外,第八巡回法院认为,民事赔偿是为了弥补投资者因内幕交易所遭受的损失,因此,必须扣除其他市场因素对股价的影响,以避免投资者不当得利。而美国联邦量刑准则规定的实际所得法则有更广泛的公共利益考量,况且该准则明确,由于投资者因内幕交易所遭受的损失金额难以认定,故以违法所得取代投资者的损失作为量刑基准。[26] 因此,不应以民事赔偿的计算方法认定刑事案件违法所得。

与上述产生争议的立足点不同,在我国台湾地区,主张市场吸收法的“最高法院”认为,计算违法所得必须以股票价格的变动与内幕信息

---

〔23〕 See Lana L. , *Freeman: Sentences Should Be Reasonable, Not Shocking: A De – Emphasis on Loss for Federal Securities Fraud Sentencing*, U. ILL L. REV. (2012): 969.

〔24〕 See Dura Phamaceuticals, Inc. v. Braudo, 544 U. S. 336 (2005).

〔25〕 同前注〔8〕。

〔26〕 See Stephanie Nevins, *Nacchio Profits: The Tenth Circuit in United States v. Nacchio Properly Departs from the Eighth Circuit in United States v. Mooney and Adopts the Civil Remedy of Disgorgement to Measure an Inside Trader's Gain under the Federal Sentencing Guidelines*, Creighton L. Rev. (2010) 43: 1120.

的公开之间具有相当关联性为必要,此为法理上之当然解释。但是,支持实际所得法的学者则认为,同一笔内幕交易,价格无论如何涨跌,在特定的时点,客观上只有一个价格,立法理由并没有明确要求股票价格的变动须与内幕信息的公开相关联,亦未要求将其他市场因素产生的涨跌部分扣除。而且,摘取立法理由的一句话作为解释的权威依据,并不是"法理上之当然解释"。[27] 正如 Harold Leventhal 法官所说的,依据立法理由判决案件,就像在人头攒动的群众中找出自己的朋友。执法者只是从立法理由所呈现的多种观点中,选择采用可以支持自己结论的理由。[28] 综观我国台湾地区"司法"判例,虽然"最高法院"在判决中阐述市场吸收法的要旨,但仅作为撤销原判发回重审的理由,事实上"高等法院"并没有根据内幕信息公开后对股价所产生的实际影响计算违法所得,目前实务中仍多以实际所得法认定。

单纯从理论上分析,市场吸收法相较于其他两种计算方法,对违法所得的认定更为精准。因为影响股价的因素具有多样性和即时性,在内幕信息公开后对股价产生影响期间,不可避免地会有其他市场因素同步介入引起股价波动,而市场吸收法正是通过剔除其他市场因素对股价的影响来测算内幕信息这一单一因素引起股价涨跌变化的幅度。尤其是在市场持续上涨或下跌的特殊情况下,市场吸收法的计算方式对违法所得的准确认定具有重要参考价值与借鉴意义。换言之,当市场整体上涨时,计算违法所得应该剔除市场上涨因素对股价的影响,否则会高估被告人的违法所得。反之,当市场整体下跌时,涉及内幕信息的股票即便没有大幅上涨,但相对于其他股票而言可能会表现出抗跌甚至微涨的迹象,此时对其违法所得的认定更应该考虑市场因素的影响。不过,这种"违法所得数额的计算方法,对法院是极为复杂而艰辛的任务;而且计算的过程,耗费庞大的人力、物力,给量刑程序的进行平添许多障碍"。[29] 与之不同,实际所得法具有简单、明确、容易预见的优点,能够避免市场吸收法程序复杂冗长而结果不确定的问题,方便司

〔27〕 参见杨仁寿:《法学方法论》(第2版),台北,三民书局2010年版,第223页。

〔28〕 参见赖英照:《内线交易的所得计算》,载《中原财经法学》2013年第2期。

〔29〕 Daniel Richman, *Federal White Collar Sentencing in the United States: A Work in Progress*, Law & Contemporary Problems (2013) 76:56.

法机关适用,亦符合依犯罪情节轻重而量刑的立法意旨。需要关注的是,实际所得法也有自身的不足:一是内幕信息公开后未卖出或买入(回补)的部分往往不能纳入违法所得的计算范围;二是即使内幕信息对股价的影响消失殆尽,仍会将相关交易价格作为违法所得的计算基础,违反了违法所得因果关系的基本法理。[30]

为解决上述问题,拟制所得法应运而生。拟制所得法本质上是市场吸收法的简易版,两者都认为,内幕信息对股价的影响是有时效性的,但对于如何确定这一影响期间,市场吸收法认为,应取决于证券市场的大小、投资者专业程度、信息流动速度、证券流通速度等多种因素,并无绝对的标准,应由法官依个案认定。[31] 例如,美国第二巡回法院在 United States v. Royer 内幕交易案中,将违法所得界定为内幕信息公开后 3 日内的实际收益。[32] 而拟制所得法为了便于司法操作,保证违法所得认定逻辑的一致性和认定规则的明确性,避免使用市场吸收法时需要确定内幕信息被市场充分吸收的时间而进行的复杂的事实调查,[33]将内幕信息公开后特定交易期间的交易价格拟制为市场基准价格,并以其与内幕信息公开前买入或卖出股票价格的差额作为计算违法所得的基础。这种拟制方式,实际上正是在寻求合理评估内幕信息公开对股价影响程度的标准,尽量排除买卖股票时间及其他市场因素对计算违法所得的影响。

事实上,无论从立法目的的角度考虑,还是从执法效率的方面衡量,上述计算方法均有其合理性,但也都无法避免在具体操作时出现各种各样的问题。执法部门希望最大限度地剥夺被告人的不当得利并对其进行处罚,被告人则希望减少对其违法所得的认定并据此获得从轻处罚。此时,计算方法之争就会演变为利益保护和政策效果之争。值

---

〔30〕 参见张保生、朱媛媛:《对执法实践中内幕交易违法所得认定方法的反思与修正》,载郭锋主编:《证券法律评论》(2017 年卷),中国法制出版社 2017 年版,第 327 页。

〔31〕 参见李有星、杨楠:《论我国内幕交易损害赔偿计算方法的建构》,载《时代法学》2012 年第 6 期。

〔32〕 See United States v. Royer,549 F. 3d 886 (2d Cir. 2008).

〔33〕 参见肖泽晟:《违法所得的构成要件与数额认定——以内幕交易为例》,载《行政法学研究》2013 年第 4 期。

得欣喜的是,不同利益主体基于其自身利益,提出各种关于内幕交易违法所得的认定方法在不断完善,值得我们研究和借鉴。

四、我国违法所得计算方法的重构

通过前述关于我国内幕交易刑事案例的梳理,以及关于境外立法和实践的经验,本文提出以下完善我国内幕交易违法所得计算方法的建议。

(一)我国违法所得算定的一般规则

在内幕交易犯罪中,行为人的获利或避损只有剔除市场因素的影响且与内幕信息存在相当关联性才能作为违法所得。[34] 目前,世界多数国家资本市场在监管实践中,通常将法律意义上的"违法所得"等同于金融范畴中的"超常收益",即运用金融学数理模型拟合出某只股票在不涉及内幕信息的情况下基于市场因素影响所产生的正常收益,从该股票的整体收益中扣减正常收益得出"超常收益"。[35] 也就是说,"超常收益"的计算区分了内幕信息与市场因素对股价的影响,只将基于内幕信息产生的收益认定为违法所得。在此基础上,经进一步考虑市场波动的随机性,形成了测算"超常收益"的主要方法:潜在计量法和潜在概率法。[36] 需要注意的是,这两种方法对的计算结果往往由于

---

〔34〕 吴任桓:《内幕交易违法所得计算中对市场因素的处理》,载《金融理论探索》2017年第4期。

〔35〕 陈莹、李心丹、周旭媛:《内幕交易违法所得计算中对市场因素的处理——基于国内案例的实证分析》,载《证券市场导报》2014年第4期。

〔36〕 潜在计量法由SEC开发,以事件研究法为基础,认为如果没有特别信息的扰动或冲击,股价变动应遵循前一段时期的状态,由此可根据历史股价测算股票交易能够获得的正常收益。若内幕交易者基于信息优势,显著并连续地战胜市场,获得正常收益以外的利润,则这部分利润便是信息优势给内幕交易者带来的额外好处,属于违法所得。与之类似,潜在概率法也是利用股价突破正常收益范围的程度来测算内幕交易者基于信息优势所获得的好处。但不同的是,潜在计量法中的正常收益是由股价历史回归模型得来,而潜在概率法的正常收益则由股价几何布朗运动得来,后者计算更为准确,适用性更广。参见黄素心、王春雷:《内幕交易违法所得测度方法述评》,载《商业时代》2009年第28期。

模型的设计和参数的选取而存在较大差异。例如,邓某、曲某内幕交易案中,依潜在计量法和潜在概率法认定邓某的违法所得分别为 8 万余元、12 万余元,两种计算方法得出的超常收益相差约 4 万元。但如果不剔除市场上涨因素对股价的影响,直接将实际所得认定为违法所得(该案为 15 万元),就会存在对被告人处罚过重的风险。又如,瞿某内幕交易案中,根据潜在计量法、潜在概率法认定的违法所得分别为 16 万余元、0 元,差额悬殊。而根据实际所得法认定的违法所得为 -4 万余元,因为前期内幕信息虽然给被告人带来收益,但在其卖出股票时,同期股市泡沫破裂,股指从 6000 点急剧下跌,导致其实际所得处于亏损状态。[37] 此外,潜在计量法和潜在概率法涉及大量的计量模型和统计工作,一般办案人员如不具备金融知识,较难完全理解和掌握。因此,在实践中仍具有较大的操作难度。[38] 正如 United States v. Nacchio 内幕交易案中,法官在承认市场因素对内幕交易违法所得产生影响的同时,也指出"要绝对精确"地计算出市场因素对股价的影响,并在此基础上分离出内幕信息产生的收益是相当困难的。[39] 更何况,"与实际所得法比较,市场因素的影响只是程度不同,并非存在本质的差异。依市场吸收法计算违法所得,亦不能脱离市场效率性的影响。同样的信息在反应敏锐的市场与反应迟钝的市场,引发股价的涨跌幅度并不相同;即便在同一市场,各股票对信息的反应程度也有差异。对内幕信息反应敏锐的股票,违法所得相对较多,反之则违法所得较少。可见,无论采取何种计算方法,市场因素的影响依然存在,设想通过市场吸收法排除市场因素的影响并不符合股票市场的现状"。[40] 甚至有专家认为,这种不精确的计算方法,在执行上也未必产生理想的效果,故不应适用于刑事案件中。[41]

---

〔37〕 同前注〔35〕。

〔38〕 同前注〔1〕,第 56 页。

〔39〕 同前注〔35〕。

〔40〕 同前注〔28〕。

〔41〕 See Nicole Black, *United States v. Nacchio and the Implications of an Emerging Circuit Split: Practical and Policy Considerations of Amending Financial Gain as a Measure of Culpability*, Denver Uni. L. Rev. (2010) 87:633.

基于以上,笔者认为,实际所得法与拟制所得法计算方式相对简便,可操作性强。同时,拟制所得法也考虑到股价的涨跌变化必须与内幕信息的公开具有因果关系,通过直接设立特定交易期间作为市场完全吸收内幕信息的合理期间并统一适用于所有案件,其间基于拟制性不再单独考虑与内幕信息无关的其他市场因素对股价的影响,值得借鉴。因此,对于行为人获悉内幕信息后买入或卖出股票,在信息公开后特定交易期间内已卖出或买入(回补)证券的情形,适用实际所得法计算违法所得。对于行为人获悉内幕信息后买入或卖出股票,在信息公开后未卖出或买入(回补)的部分,或者超出特定交易期间卖出或买入(回补)的部分,采用拟制所得法计算违法所得。关于特定交易期间的确定,有学者提出,考虑到我国证券市场上现行的涨跌停板交易机制,原则上应以信息公开至打开涨跌停板日为特定交易期间,以当日收盘价或期间加权平均价为参考价格。〔42〕 对此,笔者并不认同,因为内幕信息并不必然引起涨跌停,而且即使涨跌停板打开,也并不意味着内幕信息对股价的影响就消失殆尽,因此,宜立足我国证券市场发展水平及现有法律规定精神,并借鉴我国台湾地区的"司法"实践,设立固定的交易期间。根据《证券法》第42条第2款的规定,为发行人及其控股股东、实际控制人,或者收购人、重大资产交易方出具审计报告或者法律意见书等文件的证券服务机构和人员,自接受委托之日起至上述文件公开后5日内,不得买卖该证券。基于此,可以初步认定,《证券法》认为市场在上述文件公开5日后已经吸收相关内幕信息。因此,建议将内幕信息公开后5个交易日收盘平均价格拟制为市场基准价格。具体来说,行为人获悉利好型内幕信息后买入股票的,违法所得(获利数额)=(市场基准价格-买入价格)×买入数量-交易费用;行为人获悉利空型内幕信息后卖出股票的,违法所得(避损数额)=(卖出价格-市场基准价格)×卖出数量-交易费用。当然,对于上述情形,应当允许被告人及其辩护人提出证明交易所得与内幕信息无关的反证;〔43〕 反证

〔42〕 同前注〔1〕,第66页。

〔43〕 参见杨子良:《如何计算内幕交易案件中的违法所得》,载《法律适用》2017年第24期。

成立的,应当将与内幕信息无关的部分从违法所得中扣除。

(二)利好型内幕信息公开前买入并卖出股票的违法所得算定规则

内幕交易的违法性在于利用内幕信息对股价的影响获得独有的不当收益。因此,对于在利好型内幕信息公开前买入并卖出股票的,有学者认为,这时内幕信息尚未对股价产生影响,所从事的交易即使获利,也完全是由于其他市场因素的影响,不属于违法所得;行为人等于是选择享受其他市场因素带来的收益而放弃了内幕交易,应当认定其并没有利用内幕信息获利。[44] 换言之,在内幕信息敏感期内已完成的交易所产生的收益,并非在内幕信息的影响下产生,二者不具有因果关系,从处罚的适当性与公正性看,不宜认定为违法所得,除非有充分的证据证明尚未公开的内幕信息是导致证券价格波动的主要原因。[45] 如我国香港地区的 Success Holdings Limited 案中,审裁处认为,内幕信息在公开前是否能够按照预定计划披露并不确定,即使最终披露,被告人在信息公开之前卖出股票也不具有利用内幕信息获利或避损的动机,故不存在违法所得。[46] 但在此后的 Public International Investments Limited 案中,审裁处则改变观点,认为被告人在信息公开之前卖出股票获利是基于内幕交易的违法所得。[47] 我国香港地区终审法院更是在 Shek Mei Ling 案中明确"如果股票销售行为发生在相关信息公开之前,以实际所得法计算违法所得"。[48] 对此,我国司法机关对于行为人在利好型内幕信息公开前买入并卖出部分股票的 14 件案件,无论内幕信息是否实现,也不论信息公开后是卖出还是持有余股,均适用实际所得法计算信息公开前卖出股票的违法所得。

内幕交易的实质在于行为人利用内幕信息对股价的影响实现利益的定向输送。因此,认定行为人在利好型内幕信息公开前买入并卖出

---

〔44〕 彭冰:《内幕交易行政处罚案例初步研究》,载《证券法苑》(第 3 卷),法律出版社 2010 年版,第 126 ~ 127 页。

〔45〕 同前注〔34〕。

〔46〕 See Report of the Insider dealing tribunal of Hong Kong: Success Holdings Limited (June, 1994).

〔47〕 参见香港特别行政区政府网: http://www.idt.gov.hk/cnglish/doc/Public_International_Investments_Ltd.pdf,2019 年 7 月 15 日访问。

〔48〕 Insider Dealing Tribunal v. Shek Mei Ling (1999) FACV No. 23 of 1998.

股票的收益是否属于违法所得,关键在于判断这种收益是否源于内幕信息对股价的影响。一般而言,行为人通过各种方式获得利好型内幕信息后,就会想办法去挖掘该信息的潜在价值,使其充分反映到相关股价中。为此,在内幕信息公开之前,行为人都会利用这一信息优势大量买入涉案股票,并可能有意识地暗中释放内幕信息,使直接或间接获知该信息的人员不断增加。当这些人不断买入涉案股票时,往往会推动其成交量(换手率)的增加和价格的上涨,促使该股票的技术指标和技术形态逐渐走好,从而吸引正反馈交易者的参与。[49] 他们从超出原有市场预期的交易活动中推测、判断相关的内幕信息,并据此调整自己的投资策略,纷纷购买该股票。随着参与交易的投资者不断增多,该股票交易变得活跃起来,其成交量不断增加,价格也进一步上涨,形成知情效应。[50] 正如有效市场理论所指出,理性投资者获取市场信息,不仅可以通过信息披露的方式来完成,而且还能够依靠对交易行为的"解码"来实现。理性投资者从其他市场参与者的交易行为所导出的股价、成交量等数据变化中解读、推断潜在的内幕信息,对资产收益产生正确的预期,从而使信息能够快速地扩散和聚合,并反映在股票价格上,因此,那些并无信息优势的投资者能够通过观察市场变化而获取和内部人一样的内幕信息。[51] 正是基于上述因素,内幕交易者能够利用内幕信息公开前所引发的股价波动获取具有违法所得性质的收益。[52]

为便于司法操作,有学者进一步提出量化标准,即内幕信息公开

---

〔49〕 正反馈交易者是通过股价过去的变化趋势而进行趋势外推的"追涨杀跌"型投资者,往往在股价上涨时买入,在股价下跌时卖出。

〔50〕 知情效应衡量的是投资者对新信息的了解程度,当投资者对新信息了解和吸收程度加深,就会有越来越多的投资者改变其原来的预期及投资策略,加入投资队伍之中,导致成交量增加和股价波动增大,这种现象就是知情效应。参见沈冰、冉光和、钟剑:《我国股票市场知情交易的形成及策略分析》,载《管理世界》2012 年第 1 期。

〔51〕 楼扬:《实验方法下信息不对称和操纵对预测市场的影响》,浙江大学 2013 年硕士学位论文。

〔52〕 有学者以 2009 ~ 2012 年上证 A 股 126 家上市公司共 423 个重大事项作为样本进行实证分析,发现重大事项信息在公开披露前 15 日左右就已经泄露并对股价产生影响,内幕信息知情人通过内幕交易低价买入,并在公开前一天卖出,即可获得超额收益。参见胡攀峰、江磊:《信息披露前后的股价波动与内幕交易分析》,载《经济论坛》2013 年第 9 期。

前,相关股票价格出现下列情形之一,应当将该期间所获利益纳入违法所得的计算范围:(1)单一交易日涨停或者跌停的;(2)连续3个交易日按照信息内容的指向日波动幅度超过5%的;(3)7个交易日按照信息内容的指向总波动幅度超过30%的;(4)20个交易日按照信息内容的指向总波动幅度超过50%的。[53] 对此,笔者并不认同,因为股价是否基于内幕信息产生异常波动,在内幕信息公开之前买入并卖出股票获得的利益是否源于这种波动,并非简单地根据该股票价格的波动幅度以及是否出现单日涨停或跌停进行判断,还需要从中剔除大盘普涨、普跌和行业整体波动等外部因素引起的股价变化。对此,可以借鉴上海和深圳证券交易所关于"股价异常波动"的标准。根据《上海证券交易所交易规则》(2020年修订版)第5.4.2条规定,连续3个交易日内日收盘价格涨跌幅偏离值(单只股票收盘价格涨跌幅－对应分类指数涨跌幅)累计达到±20%的,属于股价异常波动。此外,根据《深圳证券交易所交易规则》(2020年修订版)第5.4.3条,ST和*ST股票连续3个交易日内日收盘价格涨跌幅偏离值累计达到±12%的,也属于股价异常波动。

选取收盘价格涨跌幅偏离值指标,相较于单纯采用股价波动幅度的标准,可以真实地反映涉案股票价格受内幕信息单一因素影响而引发的变化情况,使股价异常波动的评判更加科学、合理。以陈某生内幕交易案为例,该案内幕信息敏感期为2007年4月17日至5月9日,涉案创兴科技股票连续3个交易日(4月27日、4月30日、5月8日)内收盘价格涨幅分别为9.55%、8.07%、9.32%,对应上证A股指数涨跌幅为－0.61%、2.17%、2.83%,偏离值分别为10.16%、5.90%、6.49%,累计达到22.55%,这意味着内幕信息并没有通过正规披露的方式,而是借由信息"解码"的市场运作模式在公开前已经对创兴科技股票价格产生实际影响,故法院将陈某生在内幕信息公开前卖出股票所获利益计入违法所得。[54] 与之不同,在黄某芳内幕交易案中,敏感期的任

[53] 参见刘宪权:《内幕交易违法所得司法判断规则研究》,载《中国法学》2015年第6期。

[54] 参见福建省厦门市中级人民法院(2009)厦刑初字第109号刑事判决书。

意连续3个交易日内,其股票收盘价格涨幅偏离值均未达到"股价异常波动"的标准,难以认定内幕信息在公开前已经对涉案三变科技股票价格产生实际影响,故法院径直将黄某芳在内幕信息公开前卖出股票所获利益计入违法所得的理由不够充分。[55]

(三)期初持股案件的违法所得算定规则

期初持股,是指行为人在知悉利好型内幕信息前已经在同一证券账户内持有部分涉案股票。由于期初持股与内幕交易无关,因此,在认定行为人利用内幕信息买入股票的违法所得时,不应将期初持股数量纳入计算范围。换言之,当证券账户同时包含期初持有的股票和利用内幕信息买入的股票时,行为人在内幕信息公开后以不同价格卖出全部或部分股票的,需要确定利用内幕信息买入、卖出或继续持有股票之间的关系,进而剔除期初持股对计算内幕交易违法所得的影响。对此,国内外学术界侧重于方法上的简单介绍和理论上的抽象研究,对真实案例情境下期初持股的实务探讨并不多见。目前,国内外证券监管机构和司法机关主要采用会计行业中常见的发出存货成本的计价方法来处理期初持股问题,包括先进先出法和后进先出法。[56] 前者是指先买进来的股票先卖出去,后买进来的股票后卖出去。而后者则指先买进来的股票后卖出去,后买进来的股票先卖出去。

具体包括以下两种情形:

1. 行为人在内幕信息公开后以不同价格卖出全部股票的,需要判定两类股票的卖出顺序和卖出价格,进而扣除期初持股对应的卖出金额。例如,行为人期初持有某公司股票5000股,并在知悉利好型内幕信息后,以每股2元的价格买入10,000股。后内幕信息公开,行为人分别以每股3元的价格卖出7000股,以每股3.5元的价格卖出8000股。依先进先出法,期初持有的5000股先被卖出,则利用内幕信息买入的10,000股对应的卖出金额为$(7000-5000)\times 3+8000\times 3.5=34,000$元,故违法所得为$34,000-10,000\times 2=14,000$元。依后进先

[55] 参见浙江省台州市中级人民法院(2014)浙台刑二初字第4号刑事判决书。

[56] 在会计行业中,先进先出法是指根据先入库先发出的原则,以先入库存货的单价计算发出存货成本的方法;后进先出法是根据后入库先发出的原则,以后入库存货的单价计算发出存货成本的方法。

出法，期初持有的5000股后被卖出，则利用内幕信息买入的10,000股对应的卖出金额为7000×3+(8000-5000)×3.5=31,500元，故违法所得为31,500-10,000×2=11,500元。

2.行为人在内幕信息公开后以不同价格卖出部分股票的，需要判定两类股票的卖出数量和卖出价格以及继续持有的数量和基准价格，进而扣除期初持股对应的卖出金额或虚拟市值。例如，行为人期初持有某公司股票5000股，并在知悉利好型内幕信息后，以每股2元的价格买入10,000股。后内幕信息公开，行为人分别以每股3元的价格卖出7000股，以每股3.5元的价格卖出2000股，案发时仍持有6000股(假定基准价格为每股4元)。依先进先出法，期初持有的5000股先被卖出，则利用内幕信息买入的10,000股对应的卖出金额为(7000-5000)×3+2000×3.5+6000×4=37,000元，故违法所得为37,000-10,000×2=17,000元。依后进先出法，期初持有的5000股后被卖出，则利用内幕信息买入的10,000股对应的卖出金额为7000×3+2000×3.5+(6000-5000)×4=32,000元，故违法所得为32,000-10,000×2=12,000元。

可见，在内幕交易违法所得的计算过程中，对期初持股采取不同的处理方法会产生差异较大的结果。而且，由于交易比较复杂，难以确定卖出的股票中哪些是在知悉内幕信息后买入，哪些是在知悉内幕信息前持有，这两种不确定情形发生的概率是相同的，由此产生的利益应遵循存疑有利于被告人的原则，根据先进先出法和后进先出法分别计算后就低认定。例如，冯某明等人内幕交易案中，冯某明操作他人证券账户在内幕信息敏感期内大量买入德赛电池股票并在案发前全部卖出。法院认为，根据涉案证券账户在内幕信息敏感期间购买的德赛电池股票所对应的卖出金额扣减期间买入股票金额和交易税费再加上股息收益计算得出违法所得数额，其中以先进先出法计算违法所得为1921万余元，以后进先出法计算违法所得为1837万余元，根据现有证据情况并按照有利于被告人的原则认定违法所得为1837万余元。[57] 又如，邓某新内幕交易案中，邓某新在内幕信息敏感期内买入中国长城股票

〔57〕 参见广东省高级人民法院(2013)粤高法刑二终字第274号刑事裁定书。

并在案发前卖出部分股票。法院认为,对应卖出金额按照先进先出法计算,余股市值按照复牌日收盘价计算,盈利金额411,565.67元;对应卖出金额按照后进先出法计算,余股市值按照复牌日收盘价计算,盈利金额412,832.71元。按照有利于被告人的原则认定违法所得为411,565.67元。[58]

(四)涉及股票分红的违法所得算定规则

司法实践中,对于行为人利用内幕信息买卖股票获得的股票分红能否认定为违法所得亦存有争议。一种观点认为,股票分红是上市公司根据自己的盈利情况作出的利润分配,是任何在规定期间持有股票的投资者都可以获得的既定利益,与二级市场上的内幕交易行为并无直接关系,不能认定为违法所得,宜将所分红利作为内幕交易行为的附带收益予以追缴。[59] 另一种观点则认为,股票分红与买入的股票数量成正比,而买入的股票数量直接与内幕信息的影响力有关,因此,股票分红与内幕信息之间具有刑法上的因果关系,应将其认定为违法所得;[60] 此外,《指引》第23条规定的违法所得的计算公式也将涉及股票分红的累计派现金额计入违法所得。

对此,笔者认为,应根据主客观相统一的原则进行认定:

1. 对于内幕信息涉及利润分配、权益分派或股票分红的,行为人在获悉该信息后买卖相关股票旨在实现"双赢":从内幕信息引发股价上涨中获取差额利益以及利用内幕信息买入的股票获得相应分红。其分红数额直接派生于内幕信息的经济价值,应当纳入违法所得的计算范围。例如,李某生内幕交易案中,李某生与宝利沥青董事会秘书陈某商谈时,刺探到该公司2011年度利润分配信息后,即买入宝利沥青股票。后宝利沥青公告称将向全体股东每10股转增10股并派发现金2元。李某生持股参与利润分配并陆续将上述股票全部卖出获利。法院在认

---

〔58〕 参见广东省深圳市中级人民法院(2017)粤03刑初214号刑事判决书。

〔59〕 参见万志尧:《内幕交易刑事案件"违法所得"的司法认定》,载《政治与法律》2014年第2期。

〔60〕 参见刘晓虎:《关于内幕交易犯罪案件若干问题研究》(下),载《上海证券报》2016年6月15日。

定违法所得时将股票分红计入其中。〔61〕

2. 对于内幕信息涉及其他重大事项的，行为人在获悉该信息后买卖相关股票，只是为了能从内幕信息引发股价上涨中获取差额利益，对股票分红事先没有认知，或者纯属意料之外，分红数额与内幕信息没有因果关系，不宜计入违法所得。如高某内幕交易案中，高某获悉的内幕信息涉及重大资产收购，而非利润分配、权益分派或股票分红，其利用内幕信息买入万顺股份股票，后根据万顺股份《2009 年度权益分派实施公告》获得股票分红。〔62〕 由于股票分红与涉案内幕信息无关，故法院将股票分红计入违法所得不妥。

附件：

内幕交易犯罪相关案例违法所得计算方法统计

序号	案例名称	裁判文书号	违法所得计算方法
1	叶环保国有公司人员失职、滥用职权、内幕交易，顾某内幕交易案	(2003)深罗法刑初字第 115 号	实际所得法
2	刘某春、陈某玲内幕交易案	(2010)通中刑二初字第 5 号	实际所得法
3	赵某梅、刘某斌、刘某祥内幕交易案	(2011)锡刑二初字第 0001 号	实际所得法
4	丁某某等人内幕交易案	(2011)浙刑二终字第 41 号	实际所得法
5	谢某华内幕交易案	(2011)浦刑初字第 2738 号	实际所得法
6	肖某庆受贿、内幕交易案	2011 年(未找到文书号——笔者注)	实际所得法
7	李某清内幕交易案	(2011)卢刑初字第 122 号	实际所得法

〔61〕 参见江苏省无锡市中级人民法院(2013)锡刑二初字第 0010 号刑事判决书。
〔62〕 参见江苏省无锡市中级人民法院(2014)锡刑二初字第 0008 号刑事判决书。

续表

序号	案例名称	裁判文书号	违法所得计算方法
8	杨某山内幕交易案	(2012)沪一中刑初字第191号	实际所得法
9	李某生内幕交易案	(2013)锡刑二初字第0010号	实际所得法
10	孙某章内幕交易案	(2013)穗中法刑二初字第108号	实际所得法
11	金某平等人内幕交易、泄露内幕信息案	(2013)浙嘉刑初字第49号	实际所得法
12	顾某旖内幕交易案	(2013)沪一中刑初字第131号	实际所得法
13	王某内幕交易案	(2014)沪一中刑初字第167号	实际所得法
14	高某内幕交易、泄露内幕信息案	(2014)锡刑二初字第00008号	实际所得法
15	余某某内幕交易案	(2014)江开法刑初字第546号	实际所得法
16	李某俊等人内幕交易案	(2014)二中刑初字第315号	实际所得法
17	李某甲等人内幕交易、泄露内幕信息案	(2015)浙台刑二初字第1号	实际所得法
18	陈某龙犯内幕交易、泄露内幕信息案	(2015)浙杭刑初字第78号	实际所得法
19	石某甲等人内幕交易案	(2015)中二法刑二初字第243号	实际所得法
20	葛某云内幕交易、泄露内幕信息案	(2016)渝01刑初131号	实际所得法
21	张某礼泄露内幕信息、刘洪亮内幕交易案	(2016)沪01刑初60号	实际所得法

续表

序号	案例名称	裁判文书号	违法所得计算方法
22	刘某强挪用资金、内幕交易案	（2016）冀 08 刑初 12 号	实际所得法
23	王某仪等人内幕交易、泄露内幕信息案	（2016）闽 05 刑初 92 号	实际所得法
24	鹿某犯内幕交易、泄露内幕信息案	（2016）鲁 03 刑初 12 号	实际所得法
25	张某翔、杨某斌内幕交易、泄露内幕信息案	（2016）粤刑终 399 号	实际所得法
26	周某军内幕交易、泄露内幕信息案	（2017）晋 01 刑初 21 号	实际所得法
27	陈某泉等人内幕交易、泄露内幕信息案	（2017）沪 01 刑初 121 号	实际所得法
28	芮某华等人内幕交易、泄露内幕信息案	（2017）鄂 10 刑初 14 号	实际所得法
29	顾某安内幕交易案	（2018）沪 02 刑初 28 号	实际所得法
30	郭某泄露内幕信息案	（2018）沪 02 刑初 29 号	实际所得法
31	范某升内幕交易、泄露内幕信息案	（2018）沪 02 刑初 99 号	实际所得法
32	张某内幕交易、泄露内幕信息、职务侵占案	（2018）粤刑终 1244 号	实际所得法
33	蔡某福内幕交易、泄露内幕信息案	（2019）闽 0203 刑初 283 号	实际所得法
34	韩某内幕交易案	（2014）浙绍刑初字第 12 号	实际所得法
35	吴某某内幕交易案	（2015）榕刑初字第 182 号	实际所得法

续表

序号	案例名称	裁判文书号	违法所得计算方法
36	王某鸣等人内幕交易、泄露内幕信息案	(2018)沪 01 刑初 14 号	实际所得法
37	王某芳等人内幕交易、泄露内幕信息案	(2013)沪一中刑初字第 51 号	以复牌日收盘价计算账面盈利作为违法所得
38	邓某内幕交易案	沪浦检刑诉(2005)1272 号	实际所得法
39	杜某库等人内幕交易、泄露内幕信息案	(2011)锡刑二初字第 2 号	实际所得法
40	邹某内幕交易案	(2012)沪一中刑初字第 282 号	实际所得法
41	徐某庭内幕交易案	(2015)粤高法刑二终字第 134 号	实际所得法
42	陈某红等人内幕交易、泄露内幕信息案	(2015)沪一中刑初字第 141 号	实际所得法
43	汪某明等人内幕交易、泄露内幕信息案	(2016)沪 01 刑初 80 号	实际所得法
44	满某某等人内幕交易、泄露内幕信息案	(2016)鲁 05 刑初 14 号	实际所得法
45	张某勤内幕交易案	(2017)浙 01 刑初 28 号	实际所得法
46	冯某明等人内幕交易案	(2013)粤高法刑二终字第 274 号	实际所得法
47	陈某洪等人内幕交易、泄露内幕信息案	(2017)闽刑终 43 号	以复牌日收盘价计算余股市值,对于卖出的部分股票则均以实际所得法计算违法所得
48	邓某新内幕交易案	(2017)粤 03 刑初 214 号	以复牌日收盘价计算余股市值,对于卖出的部分股票则均以实际所得法计算违法所得

续表

序号	案例名称	裁判文书号	违法所得计算方法
49	黄某芳内幕交易案	(2014)浙台刑二初字第4号	以复牌后连续涨停的最后涨停日的收盘价计算余股市值,对于卖出的部分股票则均以实际所得法计算违法所得
50	董某青等人内幕交易、泄露内幕信息案	(2008)天法刑初字第689号	从判决书中无法判断违法所得计算方法
51	鲍某民等人内幕交易案	(2012)站刑再字第2号	从判决书中无法判断违法所得计算方法
52	倪某琴等人内幕交易、泄露内幕信息案	(2015)粤高法刑二终字第151号	从判决书中无法判断违法所得计算方法
53	张某业内幕交易案		从判决书中无法判断违法所得计算方法
54	陈某生内幕交易案	(2009)厦刑初字第109号	以停牌前一日收盘价计算余股市值,对于卖出的部分股票则以实际所得法计算违法所得
55	郭某祥内幕交易案	(2014)一中刑初字第54号	以复牌日收盘价计算余股市值,对于卖出的部分股票则以实际所得法计算违法所得
56	国美电器、黄某裕等人内幕交易案	(2010)二中刑初字第689号	以复牌日收盘价计算余股市值
57	姚某江等人内幕交易案	(2011)乌中刑二初字第2号	以复牌日收盘价计算余股市值
58	宋某军内幕交易案	(2017)鲁05刑初3号	以复牌日收盘价计算余股市值
59	段某内幕交易案	(2016)京02刑初82号	以复牌后打开涨停板日的收盘价计算余股市值;对于卖出的部分股票则均以实际所得法计算违法所得

续表

序号	案例名称	裁判文书号	违法所得计算方法
60	王某等人内幕交易、泄露内幕信息案	(2015)粤高法刑二终字239号	从判决书中无法判断违法所得计算方法
61	胡某明等人内幕交易案	(2016)沪02刑初115号	从判决书中无法判断违法所得计算方法
62	宏普实业、曾某珍内幕交易案	(2009)浦刑初字第1895号	以公告日的开盘价作为基准价计算避损数额
63	黄某涛等人内幕交易、泄露内幕信息案	(2019)沪01刑初1号	以最后跌停日的收盘价作为基准价计算避损数额
64	周某内幕交易案	(2015)沪一中刑初字第82号	以打开跌停板日的收盘价作为基准价计算避损数额

(编辑:邹露)

【信息披露】

《证券法苑》(2020)
第三十卷,第165~244页

大而不能披露:证券监管中的公司规模和重大性盲区[*]

[美]乔治·吉奥吉夫[**] 著

吴紫君[***] 邹 莹[****] 译 谢贵春[*****] 校

摘要:证券信息披露制度存在以前未被检验过的

---

* George S. Georgiev, *Too Big to Disclose: Firm Size and Materiality Blindspots in Securities Regulation*, 64 UCLA L. Rev. 602 (2017), available at https://www.uclalawreview.org/too-big-to-disclose-firm-size-and-materiality-blindspots-in-securities-regulation/. 本文翻译出版获得了作者及期刊社授权,特此感谢。关键词为译者所加。

** 埃默里大学法学院助理教授。感谢 Iman Anabtawi, Stephen Bainbridge, Steven Bank, Daniel Bussell, Michael Guttentag, Henry Hansmann, Joan Heminway, Christine Jolls, Sung Hui Kim, Al Klevorick, Don Langevoort, Alex Lee, Lynn LoPucki, Jonathan MaceyJon Michaels, John Morley, Hiroshi Motomura, Mariana Pargendler, James Park, Roberta Romano, Susan Rose-Ackerman, Clyde Spillenger, Rebecca Stone, Alexander Stremitzer, and Urska Velikonja 等人对本文的有益评价及讨论。本文还受益于呈现该文的各种学院研讨会和会议的参与者的见解,以及几位证券律师的反馈。加州大学洛杉矶分校法律评论的工作人员提供了出色的编辑协助。文责自负。

*** 华东政法大学经济法学院2020级博士研究生,上海证券交易所法律部员工。

**** 上海证券交易所法律部员工。

***** 上海证券交易所法律部员工。

结构性缺陷,这些缺陷源于重大性标准的应用。对于大型公司而言,重大性标准或将导致信息披露的不足,即"重大性盲区"。这些公司是所谓的"大而不能披露",并且以完全合法的方式利用重大性标准来避免披露重要事项。重大性盲区有两种潜在危害;首先,可能会有损投资者保护和公司治理。其次,可能导致市场扭曲,实际上构成对大公司的监管补贴。建议对于某些目前基于原则导向的重大性标准的信息披露要求,辅之以信息披露定量阈值的针对性的规则。

关键词:信息披露　重大性标准　重大性盲区　监管补贴　证券法

前　言

成为一家上市公司,即意味着其必然存在一笔心照不宣的交易:公司通过上市可以获得大量流动性高的资金池,从而迅速有效地筹集资金;但是作为回报,上市公司必须定期向投资者和美国证券交易委员会(SEC)提供有关其日常经营活动的信息,[1]即信息披露,其中包括上市公司的经营成果、财务状况、影响业务的趋势和风险、重要合同、未决诉讼以及未来项目承诺等信息。投资者可以通过上市公司披露的该等信息来评估公司的业绩和前景,并决定其是否买入、卖出或持有其证券。此外,按照信息披露要求发布的信息被认为能有助于对公司的证券进行准确定价,改善公司的治理情况,并有助于提高经济体内部的配置效率。作为附带效益,此类信息披露也能够帮助公众洞察有时难以

[1] "上市公司",是指必须遵守1934年《证券交易法》(简称《交易法》)第13条或第15(d)条规定的定期和当期报告要求的公司。参见《美国法典》第15卷第78m条、第78o-6条(2012年)。公司的债务或权益性证券在国家证券交易所上市交易[《交易法》第12(b)条]时,如果其资产和在册股东超过某些界限[《交易法》第12(g)条],或者如果该公司在美国公开发行证券而没有在交易所上市[第15(d)条],则应遵守这些报告要求。参见同一出处第78l(b)条、第78l(g)条、第78o-6条。除非上下文另有要求,本文会交替使用"上市公司"、"公司"和"企业",而非专门的证券法术语,如"发行人"、"注册人"和"报告公司"。

通过其他手段获悉的公司实体活动,[2] SEC 的信息披露制度覆盖了美股经济体量的很大一部分,具体而言:在美国上市的约 5200 家上市公司的总市值达到了 26.68 万亿美元,比美国的年度国内生产总值高出大约 50%。[3]

本文认为,现有证券信息披露制度具有先前未被检验过的结构性缺陷,这些缺陷与最大型上市公司提供的信息息息相关。这些缺陷产生的原因在于重大性标准的实施。在诸多披露规则中,重大性标准是信息披露制度的核心要素。追根溯源,重大性标准旨在使上市公司进行有限度的披露,并防止信息被过量披露,而这恰恰对投资者至关重要。然而,我认为,对于大型公司而言,重大性标准也可能导致信息生产的不足,即"重大性盲区"。由于公司规模扩大,重大性门槛也会提高,在超大型公司里,即使是绝对值重大的事项,也可能被认为是无关紧要的而不予披露。换言之,公司可能"规模太大而不披露",并以完全合法的方式利用重大性标准来避免披露重要的信息。

请看以下示例:

1. 信息披露制度要求公司披露有关重大合同的信息,具体包括任何"重大最终协议"的关键条款以及该公司"任何重大收购计划"的全部内容。[4] 2011 年 5 月,微软公司(Microsoft)宣布其已达成以 85 亿美元收购互联网电信公司 Skype 的收购协议。作为当时美国第三大的上市公司,微软公司达成了其 36 年历史中最大的一笔交易,该笔交易

[2] See generally Joel Seligman, *The Transformation of Wall Street: A History of the Securities and Exchange Commission and Modern Corporate Finance* (3d ed. 2003)(描述了美国证券监管的基本理念和信息披露的作用)。下文第一章、第三章和第四章也讨论了信息披露制度的各种好处。

[3] 截至 2016 年 11 月 30 日,在纽约证券交易所和纳斯达克上市的公司总数为 5200 家(美国国内 4329 家,国外 871 家),市值达到 26.68 万亿美元。World Fediv of Exchs. ,*Monthly Report* (2016), http://www.world-exchanges.org/home/index.php/statistics/monthly-reports. 2015 年,美国国内生产总值达 17.94 万亿美元。U. S. Dept. of Commerce, Bureau of Econ. Affairs, *National Income and Product Accounts* (2016), available at https://www.bea.gov/newsreleases/national/gdp/2016/gdp4ql5_3rd_htm.

[4] See infra notes 130 - 131 and accompanying text.

的收购价格占微软公司当时总资产的7.8%。然而,微软公司并没有披露公告其收购协议的关键条款,也没有向SEC提交收购协议的全部内容。事实上,在最近的10年里,微软公司收购了76家私营公司,但没有披露任何一笔收购协议,其中包括两笔130亿美元已进行资产减值的交易。据推测,未进行披露的原因在于微软公司认为这些收购协议都不重要。[5]

2.上市公司同样地还必须披露"重大未决法律诉讼"以及任何已知的可能对其财务状况或经营结果具有重大影响的"趋势、需求、承诺、事件或不确定性"。[6] 伯克希尔·哈撒韦公司(Berkshire Hathaway)作为美国第四大上市公司,在保险、公共设施和能源、铁路以及金融产品等受严格监管且诉讼密集的行业拥有庞大业务。然而,伯克希尔·哈撒韦公司在过去的5年中,从未披露其所涉及的任何法律诉讼,大概是因为公司自认为这些诉讼都不重要。该公司的年度报告承认伯克希尔·哈撒韦公司已牵涉入"多起法律诉讼",但其随后又表示,公司"认为(未决)诉讼对它的财务状况或经营成果没有重大影响"。[7]

3.上市公司还必须披露对其财务状况和经营成果有重大影响的有关个别资本性支出和公司经营费用的历史相关信息(具体例如:研发费用)。[8] 谷歌公司(Google)(最近重组为Alphabet)[9]作为美国第二大上市公司,其绝大部分收入来自成功的互联网搜索和广告业务。众所周知,谷歌公司还大量投资了生物技术、消费性电子产品和交通驾驶等多项具有变革时代潜力的领域内的项目。与前些年一样,谷歌公司2015年的年度报告披露,谷歌公司重资投入资本市场和研发领域,投资总额分别高达99亿美元和123亿美元。然而谷歌公司并未披露上述高额支出所指向项目的具体信息,可能是因为虽然金额庞大,但投

---

〔5〕 See infra notes 142 – 151 & 231 and accompanying text.

〔6〕 See infra notes 152 – 159 and accompanying text.

〔7〕 See infra notes 165 – 171 and accompanying text.

〔8〕 See infra notes 180 – 184 and accompanying text.

〔9〕 2015年8月,谷歌公司变更其公司结构,创建了一家新的控股公司——Alphabet,负责其各种业务。为了避免混淆,我把重组前和重组后的公司都称为谷歌公司。虽然重组对公司的财务报告结构产生了影响,但这些变化并不影响本文的分析。

资项目的信息对这家科技巨头的财务状况或经营成果而言并不重要。[10]

根据 SEC 和美国联邦最高法院的规定,如果"理性投资者在决定买入或卖出(某一证券)[11]时极可能予以高度重视的信息",或者换言之,"如果理性投资者极可能会认为遗漏了某事实的信息披露会大大改变已提供信息的'总体结构',那么该信息就是重大的"。[12] 上述例子中讨论的事项绝对意义重大,并可能使投资者作出极其严重的决策失误并导致财务损失。但上述例子却都被视为非重大的事项,原因在于它们所涉及的上市公司规模非常巨大,披露这些事项并不会改变提供给投资者的信息的"总体结构"。重大性标准即根据公司的规模来评估这些信息事项的规模或重大性,而不是(例如)通过对照独立的参考点来评估它们的规模或重大性。因此,公司越大,某一收购、法律诉讼或投资项目(无论多么重要)在整个信息结构中的重大性可能也就越低。这种重大但未披露的信息事项即为重大性盲区:由于大公司在履行信息披露义务时实施重大性标准,某些重大信息仍然是隐藏的。

从表面上看,重大性标准对于小公司和大公司而言均一视同仁。但实际上,大公司给投资者和整个市场带来了难题。例如,美国最大的前 100 家上市公司的总市值约占罗素 3000 指数(代表整个美国股票市场)总市值的 51%。美国最大的前 300 家上市公司(仅占指数所含公司的 1/10)的总市值约占罗素 3000 指数总市值的 73%。[13] 因此,若投资者试图通过持有整个市场的部分板块(如"市场组合投资")来实现投资多样化,那么,最终会面临不成比例的持有过多的大公司证券而承担风险。同样地,若大公司因欺诈或公司治理不善而遭受财务损失时,这些损失终将会在投资者多元化的市场组合投资中被放大。[14] 因

〔10〕 See infra notes 186 – 190 and accompanying text.

〔11〕 See infra note 103 and accompanying text.

〔12〕 See infra notes 94 – 99 and accompanying text.

〔13〕 Author's calculations based on Bloomberg data as of December 16, 2016. For information on the Russell 3000 index, available at http://www.ftse.com/products/indices/russell-us.

〔14〕 See George S. Georgiev, *Optimizing Securities Disclosure for the Universal Investor* (未出版手稿), available at http://ssrn.com/abstract=3035087.

此,若按照大公司对于信息披露目的的把握,那些大公司认为远低于重大性门槛的信息仍可能会导致投资者的组合投资将遭受重大损失。

通过借鉴大公司的原始案例研究资料和其信息披露实践,以及通过企业规模的视角来重新评估当下被普遍认可的披露监管理论,我对重大性盲区的影响进行了研究。通过研究,我发现了如下两类潜在危害。第一,重大性盲区可能会损害投资者利益和公司治理,即证券监管的核心:在最基本的层面上来看,不披露信息可能会导致公司证券定价不准确,从而损害投资者利益并阻碍资本的有效配置。[15] 在内部公司治理领域,重大性盲区会使管理层更容易出现欺诈、浪费或次优行为(例如,在寻求并购或投资商业项目时),并且可能会妨碍公司董事会、其他内部人员或顾问(advisers)履行实施监督程序。[16] 在外部公司治理领域,重大性盲区会使那些不参与公司日常运营的人员,如投资者和信息中介,更难以监督管理并发现上市公司的欺诈、浪费或次优行为。[17]

第二,我认为重大性标准会导致市场扭曲,并且仅仅因为大公司的规模而给它们带来优势。当大公司能够避免披露如收购协议、法律诉讼和商业项目等事项时,它们会比面临同样问题但无法避免披露的小规模竞争对手和同类公司更具优势。[18] 例如,当一家大公司有能力收购一家私营公司同时避免披露收购协议(通常包含敏感信息)时,相对于因重大性标准而必须进行披露的小规模公开竞标人,该家大公司更具优势。同样,若大公司能够在不披露项目性质的前提下对资本项目和研发项目投入大量资源,即秘密运作,则相对于需要在投资者和竞争对手的直接监督下开发类似项目的小规模上市公司而言,该家大公司更具有潜在竞争优势。[19] 通过向大公司提供这种制度优势,证券信息披露制度可能会扭曲证券产品和资本市场,并且实际上会给予大公司

〔15〕 见下文第三(一)部分。
〔16〕 见下文第三(二)部分。
〔17〕 见下文第三(三)部分。
〔18〕 见下文第四(一)部分。
〔19〕 见下文第四(二)部分。

监管补助。[20] 尽管在某种程度上超出了证券监管的传统范围,但我认为关注这些问题是有必要的,因为SEC必须根据法律法规要求考虑其规则是否能促进效率、竞争和资本形成(以及投资者保护)。[21]

鉴于重大性盲区会带来潜在的危害,我认为我们应该重新考虑在某些关键披露领域对具有原则导向意义的重大性标准的依赖程度。我建议,除了重大性之外,此类披露领域还应采用具体的定量阈值来触发大公司披露额外的信息。为了避免重大性标准反复造成扭曲,定量阈值应表示为绝对美元金额(而不是百分比)。SEC应仔细校准阈值金额,并定期更新。这些附加要求将作为一张安全网,通过要求披露绝对重要或金额庞大的、但现有重大性标准未捕捉到的额外信息,以防止重大性盲区。[22] 实施这些规则的同时,可以进行其他有价值的改革,以使信息披露制度架构现代化。例如,消除重复披露并提高所有公司提供信息的可用性。[23] 通过逆转因大公司履行重大性标准而出现的信息损失,这种基于披露的政策解决方案将重点放在重大性标准造成的两组危害上:(1)投资者保护并保障在公司治理层面上的披露效益,(2)寻求废除大公司享有的一些特殊优势。

本文涉及三个层面的意义:(1)重大性标准的使用;(2)证券披露制度的设计;(3)公司规模所产生的影响。从最直观的角度来看,本文提供了关于监管者和法院如何定义重大性以及企业及其顾问如何应用重大性的问题目录的新路径。[24] 虽然我并不怀疑重大性对证券监管的总体效用,但重大性盲区现象表明,我们应该努力澄清重大性在公司公告中的定义和使用。[25] 更广泛地说,考虑到证券市场结构的重大变化以及最近颁布的旨在促进小企业融资的立法,如《JOBS法》和《FAST法》,本文对有关上市公司披露制度的适当设计的重要学术辨

---

〔20〕 见下文第四(三)部分。

〔21〕 见下文第四(四)部分。

〔22〕 见下文第五(一)部分。

〔23〕 见下文第五(二)部分。

〔24〕 见下文第一(三)部分。

〔25〕 See George S. Georgiev, *Beyond Binary Materiality in Corporate Reporting*(工作底稿,由作者存档)。

析具有启示意义。[26] 例如,如本文第四部分所述,如果大公司适用的信息披露制度所得到的待遇扭曲了小公司的融资选择,那么,在评估向小公司提供进一步披露豁免(一种普遍的监管与否的战略)的预期效果时,应考虑这一动向。[27] 最后,是关于信息披露制度通过重大性原则为大公司提供监管补助的建议,也成为需要针对大公司进行额外审查和实施更具定制化的监管策略的众多理由之一。[28] 近年来,学者们认为大公司存在大而不倒(too big to fail)[29]、大而不受责(too big to jail)[30]、结构性公司退化(structural corporate degradation)[31]和扩张(empire - building)等问题[32],也注意到了大公司在社会中的角色(和

---

〔26〕 See, e. g. , Donald C. Langevoort & Robert B. Thompson, "*Publicness*" *in Contemporary Securities Regulation After the JOBS Act*, 101 GEO. L. J. 337 (2013); Henry T. C. Hu, *Too Complex to Depict? Innovation*, "*Pure Information*" *and the SEC Disclosure Paradigm*, 90 TEX. L. REV. 1601 (2012); Michael D. Guttentag, *Patching a Hole in the JOBS Act: How and Why to Rewrite the Rules That Require Firms to Make Periodic Disclosures*, 88 IND. L. J. 151 (2013); Jeff Schwartz, *The Twilight of Equity Liquidity*, 34 CARDOZO L. REV. 531 (2012); Onnig H. Dombalagian, *Principles for Publicness*, 67 FLA. L. REV. 649 (2016).

〔27〕 See infra notes 55 - 61 and accompanying text; See also Jeff Schwartz, *The Law and Economics of Scaled Equity Market Regulation*, 39 J. CORP. L. 347 (2014)(讨论豁免的使用和披露要求的范围)。

〔28〕 值得注意的是,本文提出的观点并非源于关于上市公司最佳规模的先验立场:我并不认为"大就是坏",大公司只是对证券披露制度带来了特殊的以及迄今为止无法权衡的挑战。

〔29〕 See generally David Skeel, The New Financial Deal: Understanding the Dodd - Frank Act and Its (*Unintended*) Consequences (2011)(注意,《多德—弗兰克法案》的两个主要目标之一是限制大型金融机构破产造成的损害)。

〔30〕 See generally Brandon L. Garrett, Too Big To Fall: How Prosecutors Compromise With Corporations (2014)(认为检察官在针对大公司的执法行动中采用宽松标准)。

〔31〕 See Mark J. Roe, *Structural Corporate Degradation Due to Too - Big - to - Fail Finance*, 162 U. PA. L. REV. 1419 (2014)(认为金融集团不受某些公司结构压力的影响,这导致效率低下并加剧制度风险)。

〔32〕 See, e. g. , Andrei Shleifer & Robert W. Vishny, *A Survey of Corporate Governance*, 52 J. FIN. 737, 742 (1997)("管理者希望将公司扩张到超出合理的范围时,对活动现金进行再投资并从事小项目,就会产生更高的成本")。

权力）转变。[33]

本文还涉及一个独特而重要的监管时刻：SEC 正在实施一项信息披露有效性倡议，这是对证券信息披露框架的各个方面进行的一次千载难逢的全面审查。[34] 这一计划带来了迅速和广泛的改革机会，这些改革既可提高披露文件对投资者的有用性，也可提高企业融资的能力。但是，这也带来了风险，即对投资者保护至关重要的披露制度可能会因行业游说或忽视已知和可疑结构性缺陷（包括与重大性标准相关的缺陷）的审议而被弱化。

本文的主要目的在于为重大性盲区的存在提供概念验证，并提出一项有针对性的监管策略，以解决其负面影响。第一部分概述了证券信息披露制度的相关特征，然后对重大性盲区是如何以及何时出现进行相关解释。第二部分通过分析在信息披露规则中的三个重要领域，并通过对大公司实际信息披露实践的原始案例研究，以此证明重大性盲区的论点。后续两部分将探讨由此带来的危害，第三部分论述了重大性盲区对投资者保护和公司治理的潜在不利影响，而第四部分则讨论了对市场效率和竞争的负面影响，以此证明重大性标准对于大公司而言具有监管补贴的作用。第五部分在 SEC 信息披露有效性倡议的背景下，提出并论述了对应的政策建议，及分析了潜在的反对意见。最后，在附录中提供了一个简化的理论框架，解释了证券信息披露制度的各项特征是如何以及何时导致重大性盲区的。

---

〔33〕 See, e. g., Hillary A. Sale, *The New "Public" Corporation*, 74 LAW & CONTEMP. PROBS. 137, 138 (2011)（认为公司和社会之间的关系已经改变，需要更新"上市公司"的概念）；See also Hillary A - Sale, *JP. Morgan: An Anatomy of Corporate Publicness*, 79 BROOK. L. REV. 1629 (2014).

〔34〕 See U. S. SEC. & EXCH. COMM'N, *Disclosure Effectiveness*, http://www. sec. gov/spotlight/ disclosure - effectiveness. shtml（概述披露有效性计划范围内的各项研究和规章制定）；Concept Release on Business and Financial Disclosure Required by Regulation S - K, Securities Act Release No. 10,064, Exchange Act Release No. 77,599, 81 Fed. Reg. 23,916 (Apr. 22, 2016)（hereinafter *Regulation S - K Modernization Concept Release*）（讨论 S - K 规则的潜在改革并征求利益相关方的意见）。

一、重大性盲区在SEC信息披露制度中的渊源

本部分将重大性盲区的渊源定位在证券披露制度中的两个重要但不完全一致特征的交汇处。第一个特征是通过具体和详细的制度规则使信息披露要求标准化,目的旨在使投资者能够比较不同规模公司之间的披露情况。第二个特征是被普遍使用的未作明确规定的标准,即重大性标准,该特征一方面是为了避免琐碎信息的披露而扩大某些信息披露要求,另一方面是为了填补特定披露规则中所没有预料到的信息披露的空白。我首先简要概述SEC的信息披露制度,然后评估公司规模所发挥的作用,最后分别阐述重大性标准与上述两者间的联系。

(一)SEC信息披露制度概述

美国信息披露制度可以追溯到罗斯福新政时期,以及美国国会为保护投资者免受1929年股市崩盘所导致的各种违规行为所带来的不利影响而做出的努力。美国国会迅速通过了1933年《证券法》和1934年《证券交易法》,同时也成立了SEC。[35] 上述两部基本法律将投资者保护置于监管制度的核心地位,并将强制信息披露作为其资本市场的主要监管抓手。[36]

强制性披露要求为所有上市公司必须向投资者披露的信息提供了一条基准线。上市公司可以在自愿的基础上自由披露标准以外的其他信息,只要这些信息不是虚假的或具有误导性质的。近年来,出于保护投资者的前提导向,在确保上市公司业务和财务状况相关详细信息的可获取性方面,信息披露制度框架的规模和复杂性都有了很大的提高。[37] 尽

---

〔35〕 See SELIGMAN, supra note 3, at 39 – 72.

〔36〕 Id. at 604 – 21. 强制性披露要求作为一种监管工具的使用早于联邦证券法,但在州一级这种要求很少实施。See Stuart Banner, Anglo – American Securities Regulation: Cultural and Political Roots, 1690 – 1860, at 224 (1998).

〔37〕 这一理念在1933年联邦证券法的制定过程中得到了阐述。See, e. g., H. R. REP. No. 73 – 85, at 4 (1933)(声明披露规定的目的是“将可能隐藏在证券背后的真实和不真实的价值因素充分地公之于众”)。

管投资者保护的确切含义仍然有些模糊，但信息披露制度一直被视为证券监管的一个关键部分。[38]

信息披露制度基于一种描述性的模型，需要 SEC 和美国国会对投资者需要的信息类型和他们能够处理的信息格式作出一系列事先预判。[39] 该预判是一种虚构的结构，即要求上市公司根据预定模板（信息披露规则）披露信息，相关信息的目标受众是"理性投资者"。[40] 总的来说，信息披露的目的是向投资者提供公司经营情况的描述，并使每个投资者能够据此作出理智的投资决策。[41] 信息披露规则中非常有限的一部分内容是通过严控管理层的投机主义行为来实现风险预防功能，[42] 而另一部分的信息披露要求则试图通过引导公司远离或避开某些治理误判来塑造公司合规的治理行为。[43] 为了提高信息披露的准确性和防止上市公司欺诈行为，上市公司以及它们的董事、高管和某些代理人——可以根据证券法的公共和私人执行条款，对信息披露中的虚假陈述或遗漏承担相应的责任。[44]

尽管美国国会向 SEC 提供了有关信息披露的初步指导，并定期介入且规定了额外的披露任务，但 SEC 在制定和颁布信息披露要求方面仍享有实质性的自由裁量权。[45] 信息披露规则的核心系载于 S－K 规则，其中规定了非财务类信息披露的实质和形式，[46] S－X 规则与各种会计公告准则为财务类信息披露的形式和实质确立了共同的标

---

〔38〕 See Michael D. Guttentag, *Protection From What? Investor Protection and the JOBS Act*, 13 U. C. DAVIS BUS. L. J. 207, 210－18 (2013)（讨论"投资者保护"的不同概念，并强调信息披露的作用）。

〔39〕 See Henry T. C. Hu, *Disclosure Universes and Modes of Information: Banks, Innovation, and Divergent Regulatory Quests*, 31 YALE J. ON REG. 565, 586－89 (2014).

〔40〕 参见下文第一（三）2 部分。

〔41〕 See Hu, *supra* note 39, at 584－85.

〔42〕 See infra notes 85 & 219 and accompanying text.

〔43〕 See infra note 89 and accompanying text.

〔44〕 See generally 4 Thomas Lee Hazen, Treatise on the Law of Securities Regulation §§ 7.0－7.17, 12.1－13.2 (6th ed. 2009).

〔45〕 Id., §§ 1.30－1.31.

〔46〕 See Regulation S－K, 17 C. F. R. § 229 (2014).

准。[47] 所有的信息披露都必须使用 SEC 规定的"通用语言",即财务会计语言(用于财务报表)和大多数叙述类信息"简明英文"的组合。[48] SEC 还规定了提交和公告上市公司信息披露的具体格式和方法。据一些估计,约 95% 的法定财务和叙述类披露信息属于公司的历史信息类别,其余的才是上市公司有关未来计划和预测的信息。[49]

(二)信息披露要求和公司规模

为了使投资者能够作出有效的决策,信息披露制度力求通过使披露要求标准化来确保上市公司之间的可比性。除了基于行业分类、[50] 外国主体地位[51] 和公司规模[52] 等特征的有限差异外,信息披露要求在很大程度上是相同的。例如,SEC 要求特定行业的公司向投资者提供更深层次和更详细的信息,因为该类行业的公司更加复杂,投资者可能需要一般的信息披露规则所无法捕获的特定信息。[53] 然而,现有的信息披露制度没有相应的规则来要求那些由于其规模大而更加复杂的公司向投资者提供更多的信息。因此,重大性标准在定义需要大公司发布的信息内容和确定此类信息的总量方面发挥了重要作用。[54]

与向小公司提供多项信息披露豁免制度形成鲜明对比的是,适用于大公司的信息披露制度缺乏差异性。例如,公开发行的股份一般少

---

〔47〕 See Regulation S – X, 17 C. F. R. § 210 (2014).

〔48〕 Id. Plain English Disclosure, Securities Act Release No. 7497, Exchange Act Release No. 39, 593, Investment Company Act Release No. 23, 011, 63 Fed. Reg. 6370, 6377 (Feb. 6, 1998).

〔49〕 See Reinier Kraakman et al., The anatomy of Corporate Law: A Comparative and Functional Approach 284 n. 45 (2d ed. 2009).

〔50〕 SEC 要求某些特定行业的上市公司披露更多的标准化信息,具体包括石油和天然气业务的公司(Industry Guide 2)、银行控股公司(Industry Guide 3),以及财产保险承销商(Industry Guide 6)等。See U. S. SEC. & EXCH. COMM'N, *Industry Guides* 2 – 12, 32 – 34, https://www.sec.gov/about/forms/industryguides.pdf.

〔51〕 See generally Steven M. Davidoff (Solomon), *Rhetoric and Reality: A Historical Perspective on the Regulation of Foreign Private Issuers*, 79 U. CIN. L. REV. 619 (2010).

〔52〕 See infra notes 55 – 61 and accompanying text.

〔53〕 See U. S. Sec. & Exch. Comm'n, supra note 50.

〔54〕 参见下文第一章第(三)部分以及附录。

于7500万美元[55]的“规模较小的上市公司”,其必须披露的历史财务信息也相对较少;此外,它们还可以获得《萨班斯—奥克斯利法》和《多德—弗兰克法》某些条款的豁免,并有更多的时间提交上市公司公告。[56] 此外,《JOBS法》为年收入总额不足10亿美元的公司设立了“新兴增长公司”(EGC)板块。[57] 作为首次公开发行程序的一部分,根据《证券法》以及根据《证券交易法》,新兴增长公司履行其持续披露的公告义务而言(最长5年),信息披露要求大幅度减少了。[58] 《JOBS法》还将应当遵守《交易法》强制性披露义务的股东人数的门槛从500名提高到了2000名,[59]使更多的公司能够保持私有。所谓的A+规则使公司能够在不全面遵守披露制度的情况下也能筹集少量资本。[60] 随着美国国会于2015年12月通过《FAST法》,这一趋势将继续下去,该法案指示SEC向小公司提供进一步的信息披露豁免。[61] 除了具体任务外,《JOBS法》和《FAST法》都要求SEC研究和发布关于现有披露要求的研究报告,主要为了小公司的利益以期减少或简化相关的信

[55] See 17 C. F. R. § 240. 12b-2 (2014). 对于负有《交易法》报告义务的非上市公司,要求年收入不超过5000万美元。See id.

[56] See Smaller Reporting Company Regulatory Relief and Simplification, Securities Act Release No. 8876, Exchange Act Release No. 56,994, Investment Company Act Release No. 2451, 73 Fed. Reg. 934 (Jan. 4, 2008).

[57] Jumpstart Our Business Startups Act, Pub. L. No. 112-106, § 101, 126 Stat. 306, 307 (2012) [hereinafter JOBS Act].

[58] See 15 U. S. C. § 77g(a)(2) (为新兴增长公司制定注册要求); JOBS Act §§ 102-4, 126 Stat. at 310 (2012).

[59] See JOBS Act § 501, 126 Stat. at 325. 对于非金融发行人而言,只要超过1500名股东是合格投资者,那么2000名股东的门槛就适用。See id.

[60] 该规则于2015年4月通过,被称为对A规则进行修订的A+规则,规则中设置了两类豁免证券,即在任何12个月内分别发行不超过2000万美元及不超过5000万美元。See Amendments for Small and Additional Issues Exemptions Under the Securities Act (Regulation A), Securities Act Release No. 9741, Exchange Act Release No. 74,578, Trust Indenture Act Release No. 2501, 80 Fed. Reg. 21,806 (Apr. 20, 2015).

[61] See U. S. Sec. & Exch. Comm'n, *Announcement: Recently Enacted Transportation Law Includes a Number of Changes to the Federal Securities Laws*, avaiable at, https://www.sec.gov/corpfin/announcement/cf-announcement—fast-act.html [概述了《美国道路交通修理法案》中有关证券法的规定(FAST法)]。

息披露要求。[62]

诚然,尽管 SEC 最近将重点放在了小公司,但并没有完全忽视大公司。例如,某些规则只适用于"知名度高"和"经验丰富"的大公司,并使这些公司能够更方便地筹集资本。[63] 然而,这些规则纯粹与发行证券的机制有关,并不改变公司所披露的信息的总体内容或数量。此外,SEC 数十年前制定的规则要求公司通过不同的业务部门来披露特定的信息(也称为"分报告"),[64] 这种规则对大公司的影响比对小公司的影响更大。尽管如此,分报告规则同样适用于所有公司,而不考虑规模。此外,上述这些规则相当狭窄:它们是出于对 20 世纪 60 年代集团合并浪潮期间财务信息披露不足的担忧而制定的,因此只涉及特定的几类财务信息。[65]

(三)信息披露要求和重大性标准

在信息披露制度普遍未顾及小规模公司之外的上市公司的情况下,信息披露制度依赖于该项不明确的标准,即"重大性"标准,以扩大披露制度的适用情形,既是避免琐碎信息的披露,也是作为一种填补空白的规则,借此来引向当下无法预料的重要事项发生时所适用的披露规则。为了给下文其他部分做铺垫,该部分首先概述了信息披露制度下"重大性"的适用,然后评析"重大性"标准的概况。

重大性是一个宽泛的概念。重大性概念不仅是证券披露制度的核

---

〔62〕 See JOBS Act § 108;Fixing America's Surface Transportation (FAST) Act, Pub. L. No. 114 - 94, § 72003,129 Stat. 1312,1785 (2015).

〔63〕 See Securities Offering Reform, Securities Act Release No. 8591, Exchange Act Release No. 52,056, Investment Company Act Release No. 26,993,70 Fed. Reg. 44,722,44,722 (Aug. 3,2005) [讨论有关"知名经验丰富的发行人"(WKSI)和"经验丰富的发行人"名称的规则]。

〔64〕 See Segment Reporting, Securities Act Release No. 7620, Exchange Act Release No. 40, 884,64 Fed. Reg. 1728 (Jan. 12,1999).

〔65〕 See Jeffrey N. Gordon, *The Rise of Independent Directors in the United States*, 1950 - 2005: *of Shareholder Value and Stock Market Prices*, 59 STAN. L. REV. 1465, 1551 (2007) (讨论关于子报告要求的历史和内容)。

心，也是证券诉讼的核心。[66] 在证券监管方面，围绕着重大性标准所发挥的关键作用，形成了大量的司法和行政理论。[67] 学者和评论员发现了与重大性有关的诸多问题，认为该标准没有具体的界定，使得上市公司、法官和陪审团难以沟通合作，以致信息披露不足或证券法执行不力。[68] 鉴于文献的篇幅，本段的目的并非评析现有的所有与重大性间接相关的学术理论，也不在于讨论证券监管领域信息披露制度之外的适用。我的重点在于找到一个新的概念问题——不明确的重大性标准与企业规模之间的相互作用，以及由此产生的重大性盲区。

1. SEC 信息披露制度中重大性标准的使用

部分信息披露规则（并非全部）高度涵盖并重度依赖重大性标准。例如，S－K 规则第 303 项下关于经营成果和财务业绩情况的讨论是以重大性标准为基础的，并要求披露所有对公司产生积极或消极影响的"要求、承诺、事件或不确定性因素"。[69] 这将包括有关该公司开展的重大商业项目支出的信息。[70] S－K 规则第 101 项所规定的有关某公司业务的日常发展情况的披露要求，大部分也是根据重大性标准提出

---

〔66〕 例如，投资者必须根据《交易法》10－5b 规则证明虚假陈述或遗漏陈述的重大性；政府必须在内幕交易案件中证明重大性，重大性的证明同时也需要结合《证券法》的责任条款予以判定。

〔67〕 See generally HAZEN, supra note 44, § 12.9.

〔68〕 文献过于庞杂，无法引用，但具有代表性的例子包括 Stephen M. Bainbridge & G. Mitu Gulati, *How Do Judges Maximize? (The Same Way Everybody Else Does—Boundedly): Rules of Thumb in Securities Fraud Opinions*, 51 EMORY L. J. 83 (2002)（表明重大性的概念引发了司法界的思考，从而导致了证券诉讼的驳回）；Joan MacLeod Heminway, *Materiality Guidance in the Context of Insider Trading: A Call for Action*, 52 AM. U. L. REV. 1131 (2003)（声称重大性标准的模糊性给律师和客户评析信息披露的风险和收益带来了问题）；James J. Park, *Assessing the Materiality of Financial Misstatements*, 34 J. CORP. L. 513 (2009)（讨论了财务报表的重大性所带来的挑战）；Richard C. Sauer, *The Erosion of the Materiality Standard in the Enforcement of the Federal Securities Laws*, 62 BUS. LAW. 317 (2007)（讨论了关于重大性标准的执行困难）。

〔69〕 Regulation S－K, Item 303, 17 C. F. R. § 229.303 (2014).

〔70〕 见下文第二（三）部分。

的。[71] 同样，与公司正在履行的合同[72]和待决的诉讼程序[73]有关的披露要求也依赖于重大性标准，但是对如何评估重大性的指导非常有限。其他如与公司所面临的风险有关的披露规则[74]以及高管薪酬相关的披露规则[75]也涉及重大性标准的运用，但这些规则包含了更广泛的指导意义，即什么才是重大的。在每一种情况下，重大性标准均指导着公司的信息披露，首先是关于它们是否应该披露某些类型的信息，然后是关于这种披露所需的详细程度。

此外，公司还有义务披露"除明确要求列入报表或报告外的信息，若该信息具有重大性，则可能是必须要进行披露陈述的，以避免该重大信息在何种情况下不会产生误导"。[76] 这一要求将重大性准备转化为披露制度内的一般填补空白原则。

上市公司并没有披露所有重要信息的一般义务。然而，各种具体的披露规则、司法理论解释和证券交易所披露规则之间的相互作用实际上为各披露信息创造了接近一般义务的要求。[77] 一般来说，如果历史信息对某上市公司的业务或财务状况至关重要，则必须实时披露或者在该公司向 SEC 提交季报时披露。[78] 较低的披露义务仅适用于在

---

〔71〕 参见 Regulation S－K，Item 101（a）（1），17 C. F. R. § 229. 101（a）（1）（2014）［要求"应就下列事项提供信息：在正常经营过程以外的任何资产的重大数额的获取或处置；以及经营方式的任何重大变化"（emphasis added）］。

〔72〕 见下文第二（一）部分。

〔73〕 见下文第二（二）部分。

〔74〕 参见 Regulation S－K，Item 903，17 C. F. R. § 229. 903（2014）（要求信息披露构成"重大风险"的活动或事件）。

〔75〕 Regulation S－K，Item 402，C. F. R. § 229. 402（2014）（通过枚举补充的重大要素列表来定义补充信息的重大性阈值）。

〔76〕 Exchange Act Rule 12b－20，17 C. F. R. § 240. 12b－20（2014）；see also Securities Act Rule 408，17 C. F. R. § 230. 408（2014）（根据《证券法》在注册声明中规定了类似的义务）。

〔77〕 See，e. g.，Steven E. Bochner & Samir Bukhari，*The Duty to Update and Disclosure Reform：The Impact of Regulation FD and Current Disclosure Initiatives*，7 STAN. J. L. BUS. & FIN. 225，229－30（2001）（概述"披露义务以使其他披露准确无误"，"从事市场交易时的披露义务"和"提交 SEC 报告时的披露义务"）。与历史信息不同，不需要披露某些类别的前瞻性信息，例如预测。

〔78〕 See SEC Form 10－Q（规定公司每季度必须披露的信息）；SEC Form 8－K（提供涵盖事件发生后 4 个工作日内公司必须披露的信息类别的较窄范围的列表）。

较有限的情况下必须披露的重大前瞻性信息,[79]适用于一般不需要披露的管理预测类信息,[80]以及无须披露的那些“披露将对(公司)竞争地位产生不利影响的信息”。[81] 除这些有限的例外情况外,在确定证券法规定的各种披露义务的具体内容时,通常要求公司评估风险、不确定性因素、财务支出、合同和其他业务事项的重大性。

虽然重大性标准是若干披露要求的核心,并具有填补空白的一般功能,但披露制度也包含某些规则,这些规则被称为硬性和固定(fast)的要求。这种规则有时被称为“逐项(line - item)披露要求”或“规范性披露要求”或“基于规则的要求”。相比之下,重大性标准的适用可归为“基于原则的披露要求”。[82] 与开放式的重大性标准不同的是,规范性披露规则依赖于从公司获取信息的各项方式。其中有些是绝对性要求,[83]有些是基于预先规定的数值门槛,[84]例如,要求公司对与其

[79] See, e. g. , Commission Guidance Regarding Management's Discussion and Analysis of Financial Condition and Results of Operations, Securities Act Release No. 8350, Exchange Act Release No. 48, 960, 68 Fed. Reg. 75, 056, 75, 062 (Dec. 29, 2003) (footnotes omitted) (“并非所有前瞻性信息都属于可选披露的范围。特别是,有关已知重大趋势和不确定性的重大前瞻性信息需要披露,作为对这些事项及其影响的分析的一部分。此外,与管理层讨论与分析有关的资产负债表外安排的披露需要前瞻性的信息”)。

[80] See Donald C. Langevoort & G. Mitu Gulati, *The Muddled Duty to Disclose Under Rule 10b - 5*, 57 VAND. L. REV. 1639, 1650 (2004).

[81] Regulation S - K, Item 101(c)(ii), 17 C. F. R. § 229. 101(c)(ii) (2014).

[82] Regulation S - K Modernization Concept Release, supra note 34, at 23, 925.

[83] 在一种重大性的概念下,此类规则所涵盖的信息类别可以被视为对投资者而言“本身具有实质性”或“假定具有实质性”。SEC(以及相关的议会)未在规则中包含重大性标准这一事实可能表明了一项明确的政策,即该规则所涵盖的信息对投资者是如此重要,因此应始终对其进行披露,而无须经过逐案重大性评估。See Georgiev supra note 25.

[84] 对于某些文件(如重要合同)而言,根据 S - K 规则第 601 项将文件作为证物归档的要求是按重要程度加以限定的,而对于其他文件,包括承销协议、附则和公司章程,以及界定担保持有人权利的文书,包括契约,则不按重要程度加以限定的要求。See Regulation S - K, Item 601(b)(1) - (10), 17 C. F. R. § 229. 601(b)(1) - (10) (2014).

董事或其他关联方产生的超过120,000美元的交易进行披露的规则,[85]或属于某些参数范围内的高管薪酬必须披露等。[86] 这些规则依赖于客观的、以百分比为基础的检验标准,如果某些事项超过了客观的百分比阈值,则该事项就需披露。[87] 其他规则所要求披露的信息不易通过重大性标准加以限定,例如,关于披露公司身份的信息、[88]旨在诱导某些类型的行为或公司治理做法的信息,[89]以及往往用于与证券监管无关的目的被视为政策事项的重要信息。[90]

---

〔85〕 例如,S－K规则第404项要求每年披露价值超过12万美元以及董事、执行官或股东拥有任何类别表决股的5%以上的权益的所有交易。17 C. F. R. § 229.404 (2014).

〔86〕 See, e. g., Executive Compensation and Related Person Disclosure, Securities Act Release No. 8732A, Exchange Act Release No. 54,302A, Investment Company Act Release No. 27,444A, 71 Fed. Reg. 53,158, 53,176 (Sept. 8, 2006)(规定向年薪超过25,000元的行政人员披露额外津贴和其他个人福利)。

〔87〕 例如,表格8－K的第2.01项要求披露有关大量资产的购置或处置的某些信息,如果资产的投资或已收金额超过公司及其子公司的总资产的10%,则购置或处置具有重大性。S－X规则的3－09条要求通过采用S－X规则的1－02(w)规则中规定的投资或收入标准,对达到或超过20%指标的每个权益投资对象分别提供单独的财务报表。尽管具有重大性,但这些重大性标准并不需要根据专门包含重大性标准的规则进行开放性的实质性判断。

〔88〕 See, e. g., Regulation S－K, Item 401, 17 C. F. R. § 229.401 (2014)(要求有关公司董事和高管的信息);SEC Form S－1(要求在注册声明的封面上提供公司识别信息,例如,公司或机构的司法管辖区以及公司地址)。

〔89〕 《萨班斯—奥克斯利法》和《多德—弗兰克法》引入的大多数公司治理要求都采用这种形式。例如,《萨班斯—奥克斯利法》第406条要求公司披露其是否采用了高级管理人员的道德守则;如果没有,为什么不这样做,《萨班斯—奥克斯利法》第407条则要求公司披露其是否至少有一名审核委员会是"财务专家",如果没有,为什么不这样做。Sarbanes－Oxley Act of 2002, § § 406, 407, 116 Stat. 745, 789－90 [codified as amended at 15 U. S. C. § § 7263－65 (2012)].《多德—弗兰克法案》第972s条要求公司披露是否将董事会主席和首席执行官的角色分开,如果不分开,为什么不分开。Dodd－Frank Wall Street Reform and Consumer Protection Act, Pub. L. No. 111－203, § 972s, 124 Stat. 1376, 1915 (2010) [codified as amended at 15 U. S. C. § 7265 (2012)].

〔90〕 最近的例子包括《多德—弗兰克法案》要求披露冲突的矿物和矿山安全的要求。See Dodd－Frank Wall Street Reform and Consumer Protection Act § § 1502, 1503 [codified as amended at 15 U. S. C. § § 78m(p), 78m－2 (2012)].

2. 重大性标准的概况

在呈现了 SEC 披露制度中重大性标准的使用情况之后,我现在转而考察该标准的内容以及与适用该标准有关的各种难题。本质上,对公司作出的许多重大性信息披露要求涉及对模糊的监管和司法指导的应用,其中往往关系到对未来时期影响的预测。公司在决定是否应披露某一事项时,必须事先采用重大性标准对其进行评估。相比之下,在有争议的案件中,监管机构和私人诉讼当事人有权事后评估有关事项是否达到重大性门槛。[91] 然而,事后证明重大性涉及一系列不同的困难。[92] 尽管重大性的判断存在不确定性,而且重大性的判断是频繁发生的证券诉讼的争点之一,但法院和 SEC 一直拒绝就重大性的判断提供明确的指引。[93]

重大性的经典定义来自 1976 年美国最高法院的一项裁决,该裁决认为,"如果理性的股东在决定如何投票时认为某事项重要,那么该省略的事实就是重大的"。[94] 法院接着指出,"换言之,理性的投资者应该很可能将披露遗漏的事实视为大大改变公司所提供信息的总体组合"。[95] 法院还指出,"重大性可以说是法律和事实的结合问题,涉及……对某一类特定事实的法律标准的适用"。[96] 重大性的阈值是不固定的:对于在本标准下被视为重大性的信息,此类信息不一定会导致理性投资者的投资决定发生变化,投资者只需将其视为"显著改变现

---

〔91〕 See, e. g., Stephen J. Choi & A. C. Pritchard, *Securities Regulation: Cases and Analysis* 49 (14th ed. 2015) ("重大性的确定在时间上很重要。公司高管在公司法律顾问的协助下,必须经常考虑他们选择披露或不披露的公司信息的重大性。……知道他们的决定可能日后会被判断……")。

〔92〕 See, e. g., HAZEN, supra note 44, § 12.9[12], at 115(指出"通常而言,指出某个特定案例的结果是否具有重大性是极其困难的")。

〔93〕 See, e. g., Matrixx Initiatives, Inc. v. Siracusano, 563 U. S. 27, 37 – 38 (2011) (驳回了根据未披露信息的"数据显著"的单一标准来判定证券欺诈诉讼中投资者原告是否充分论证了虚假陈述或遗漏披露的重大性)。

〔94〕 TSC Indus., Inc. v. Northway, Inc., 426 U. S. 438, 449 (1976) (根据 14a – 9 规则来定义在代理欺诈行为的情形下重大性的含义)。

〔95〕 Id.

〔96〕 Id. at 450.

有信息的'总体组合'"。[97] 这一重大性检验标准无论多么模糊,都是在各种证券法责任背景下采用的,[98]最近得到美国联邦最高法院的重申。[99]

SEC在披露制度的几个不同领域界定了重大性,并坚持认为其重大性概念符合美国联邦最高法院的定义[100]和财务会计中使用的重大性标准。[101] 《证券法》第405条规定,在用以限定就任何标的提供信息的要求时,(重大性)将所需信息限制在理性投资者在确定是否购买已登记证券时十分可能重视的事项上。[102] 《交易法》12b-2规定对重大性的定义是参考"在合理的情形下,理性的投资者将很可能在确定是否买卖已注册证券方面给予重视"。[103]

在实践中,确定任何特定的信息对一个理性的投资者是否具有实质性的重大性,以及它是否影响到"总体组合",都充满了挑战。[104] 由于法院事后评估重大性,因此在判定信息对投资者的实际重大性时,法

---

〔97〕 SEC v. Mayhew, 121 F. 3d 44, 52 (2d Cir. 1997)(只要一个理性的投资者认为这些信息会显著改变现有信息的"总体组合",那么信息就不需要是合理的投资者必然会根据信息来改变他的投资决策的那种信息)。

〔98〕 See Basic Inc. v. Levinson, 485 U. S. 224, 231-32 (1988)(采用了TSC Indus., Inc.一案在10b-5规则下关于证券欺诈诉讼中对重大性的定义); Landmen Partners, Inc. v. Blackstone Grp., 659 F. Supp. 2d 532, 540 (2d Cir. 2011)[采用了TSC公司在《证券法》第11节和第12(a)(2)节下关于证券欺诈诉讼中对重大性的定义,禁止在披露文件中的重大虚假陈述和重大信息遗漏]。

〔99〕 See Matrixx Initiatives, Inc. v. Siracusano, 563 U. S. 27, 38 (2011); see also Halliburton Co. v. Erica P. John Fund, Inc., 134 S. Ct. 2398, 2413 (2014).

〔100〕 See, e. g., Adoption of Integrated Disclosure System, Securities Act Release No. 6383, Exchange Act Release No. 18, 524, Investment Company Act Release No. 12, 264, 47 Fed. Reg. 11, 380, 11, 393-94 (Mar. 16, 1982)(说明405规则适用TSC公司)。

〔101〕 See, e. g., SEC Staff Accounting Bulletin No. 99, 64 Fed. Reg. 45, 150, 45, 155 (Aug. 19, 1999)(SAB 99无意更改会计或审计文件中的现行法律或指引)。

〔102〕 17 C. F. R § 230.405 (2014).

〔103〕 17 C. F. R § 240.12b-2 (2014).

〔104〕 See, e. g., Roger J. Dennis, *Materiality and the Efficient Capital Market Model: A Recipe for the Total Mix*, 25 WM. & MARY L. REV. 373 (1984)(讨论重大性标准与现代证券欺诈诉讼所依据的有效市场假设之间的紧张关系)。

院有更多的事实和经验证据，包括市场反应。[105] 鉴于司法标准的不固定特点和缺乏 SEC 的充分指导，随着时间的推移，公司及其审计人员在评估重大事项时形成了“经验法则”。这些包括百分比规则，最常见的是 5%，根据这些规则，如果某一事项对收入的影响超过 5%，或者超过资产的 5%，就会被认为是重大的。[106] 企业也形成了更多的主观判断标准，如“五分钟规则”，即如果一件事需要董事会超过五分钟的讨论，它就是重要的。[107] 这些难题凸显了规则和标准之间的典型紧张关系，以及法律的事前和事后定义。[108] 在没有对标准作出明确定义的情况下，公司采用并开始采用自己的经验法则。

毫不意外，在重大性标准上缺乏明确的指导促使那些担心公司信息不足的倡导者们频繁地呼吁改革。[109] 1998 年，SEC 发布了《第 99 号员工会计公告》(Staff Accounting Bulletin No. 99，以下简称 SAB99)，该公告包含了被广泛讨论的有关确定财务信息重大性的方法。[110] SAB99 的发布是为了回应在确定重大性方面过度使用基于百分比的准则、对重要信息的报告不足以及公司通过策略性地确定披露时间来

---

〔105〕 许多法院已经承认了这种信息优势，并对其在裁定证券欺诈案件时可能带入的偏见提出了担忧。See generally Mitu Gulati, Jeffrey J. Rachlinski & Donald C. Langevoort, *Fraud by Hindsight*, 98 NW. U. L. REV. 773 (2004).

〔106〕 See SEC Staff Accounting Bulletin No. 99, 64 Fed. Reg. 45, 150, 45, 151 (Aug. 19, 1999)(将 5% 的门槛作为一个经验法则)；See also Elizabeth MacDonald, *SEC Readies New Rules for Companies About What Is 'Material' for Disclosure*, Wall Street J., Nov. 3, 1998, at A2[“大多数审计师及其公司客户将重大性定义为任何可能对公司的收入产生正面或负面影响(3% ~ 10%)的新闻事件…… 这已经成为美国公司的标准做法。因为，如果特定的金额或事件没有达到 3% ~ 10% 的水平，公司则会认为他们没有必要进行披露”]。

〔107〕 See, e. g., Kathleen Wailes, *Inquiring Minds Want to Know: Just What Is Materiality?*, LEVICK (Apr. 7, 2011), https://perma.cc/R5B6 – MR8Y.

〔108〕 See, e. g., Louis Kaplow, *Rules Versus Standards*, 42 DUKE L. J. 557 (1992).

〔109〕 See, e. g., Sauer, supra note 68(描述 SEC 在考量有关重大管理能力或重大道德违规信息披露方面的努力)；Sam M. Woolsey, *Approach to Solving the Materiality Problem*, J. ACCT. 47, 47 (1973)(代表了早期对于引入不依赖纯数字经验法则来制定重大性标准的呼吁)。

〔110〕 See SEC Staff Accounting Bulletin No. 99, 64 Fed. Reg. 45, 150, 45, 155 (Aug. 19, 1999).

平滑收益的问题。[111] SEC 拒绝了公司广泛使用的经验法则。相反,在 SAB99 的重大性分析方法下,公司及其审计师必须考虑一份长期而非详尽的"定性"因素清单,使一些即使低于基于百分比的经验规则信息也构成重大性。[112] 此外,审计员必须重视财务报表使用者查看项目的背景,这实际上要求他们预测市场对特定信息的反应,这是一项艰巨的任务。[113] 定性因素的引入使重大性判断变得更加困难和不确定, SAB99 推出的改革被批评为行不通。[114] SEC 在 SAB99 一年后通过 FD 条例时,又试图提供实质性指导。[115] 最终,这也被视为效用有限。[116]

重大性标准的某些其他特征,使公司的披露分析以及投资者对信息披露的解释和使用,进一步复杂化。其中最突出的是要求对"理性投资者"进行重大性评估,这是一个人为的司法概念。[117] 法院要求该投资者吸收市场上的所有信息,利用这些信息分析风险,并无视乐观的

---

〔111〕 原 SEC 主席 Arhur Levitt 在题为"数字游戏"的演讲中指出:"有些公司滥用了重大性的概念。他们故意将数字误差记录在规定的百分比上限内。然后,他们通过争辩说对底线的影响太小而无足轻重,以此为借口。……当管理层或外部审计师被问及这些严重违反 GAAP 的行为时,他们的回答令人毛骨悚然……'没关系,这无关紧要'"。See Arthur Levitt, Chairman, Sec. & Exch. Comm'n, *Remarks at the NYU Center for Law and Business: The "Numbers Game"* (Sept. 28, 1998), https://www.sec.gov/news/speech/speech archive/1998/spch220.txt.

〔112〕 SAB 99 包含了诸多考量,例如,"不进行信息披露是否掩盖了收入或其他趋势的变化","掩盖了公司未能满足分析师对公司的公示期望的事实","将损失变为收入,反之亦然"以及"是否涉及公司业务的一部分或其他部门,而其已被确定为在公司运营或盈利能力方面起着重要作用。"SEC Staff Accounting Bulletin No. 99, 64 Fed. Reg. 45, 150, 45, 152 (Aug. 19, 1999).

〔113〕 See id.

〔114〕 See, e. g., Park, supra note 68, at 517 – 19, 527 – 28 (providing an overview of the literature).

〔115〕 FD 规则提供了并非详尽的信息类别列表,这些可能构成重大性的信息触发了公司在定期报告之外的信息披露义务。Selective Disclosure and Insider Trading, Securities Act Release No. 7781, Exchange Act Release No. 43, 154, Investment Company Act Release No. 24, 599, 65 Fed. Reg. 51, 716 (Aug. 24, 2000).

〔116〕 See Bochner & Bukhari, supra note 77, at 237 – 38(提出了对于 FD 规则对重大性产生的影响的批评)。

〔117〕 See, e. g., David A. Hoffman, The "Duty" to be a Rational Shareholder, 90 MINN. L. REV. 537, 543 (2006).

言论。[118] 对于任何一个特定的投资者来说，这些一般要求都很难履行。[119] 证券欺诈案件不是针对实际每一位投资者进行评估，而是针对理性投资者，所有市场上只有一种类型的理性投资者。[120] 因此，公司只能是不基于其本身投资者可能需要什么信息来确定重大性，无论他们可能多么独特，而是参照始终理性和无所不知的理性投资者应该要求什么。

除了理性投资者的概念外，判决证券案件的法官还形成了一系列基于重大性的标准，以帮助他们更快地处理案件。[121] 这些标准虽然对法官有用，但可能导致不承担任何责任（误判）的错误结论。[122] 司法标准也干扰了信息披露制度中对重大性标准的界定。在公司决定是否披露特定事项的阶段，司法标准可以导致不披露某些信息，或不公平地披露信息。[123]

总体而言，SEC 在就重大性标准提供指导方面的困难，源于一个事实，即某件事是实质性的还是非实质性的，取决于对目前发生的具体事项将如何影响"信息的总体混合"以及投资者在未来某一时刻的决定的概率判断。SAB99 和 FD 条例都更接近于使重大性取决于市场对特

---

[118] See id. at 538.

[119] 事实上，一些法院认为"'理性的投资者'就是市场本身"。Dunn v. Borta, 369 F. 3d 421, 430 (4th Cir. 2004).

[120] See, e. g., Tom C. W. Lin, *Reasonable Investor(s)*, 95 B. U. L. REV. 461 (2015); Amanda M. Rose, *The "Reasonable Investor" of Federal Securities Law: Insights from Tort Law's "Reasonable Person" & Suggested Reforms*, 43 J. CORP. L. (forthcoming 2017), https://papers.ssrn.com/abstract_id=2840993.

[121] See Bainbridge & Gulati, supra note 68, at 119–26（确定与重大性相关的四种启发式方法：夸大、谨慎、零价格变化和琐碎的事件）。

[122] Id.

[123] 例如，在夸大的方法之下，法院将公司高管含糊的乐观言论视为无关紧要。Id. at 119. 而且，由于该类言论被视为无关紧要，因此公司无须通过披露其他解释性信息来调整他们或对它们进行披露。实证证据表明，与判例法中所包含的假设相反，投资者并不一定对认同夸大的陈述或将该陈述大打折扣，而可能会将该类夸大陈述视为重大性披露。See Stefan J. Padfield, *Is Puffery Material to Investors? Maybe We Should Ask Them*, 10 U. PA. J. BUS. & EMP. L. 339, 341 (2008)（报告证据表明，当法院向实际投资者提交的声明被认为是无关紧要的夸大其词时，有 33% ~84% 的人会认为这些声明对潜在的投资决策具有重大意义）。

定信息的预期反应,法院已经接受将特定时间点对价格的影响作为重大性的指标。[124] 公司必须事先对预期的市场影响作出决定;监管机构、私人诉讼当事人和法院借助证据和事后判断,对这些决定进行检验。

3. 重大性标准与大型企业

重大性标准固有的多重模糊性使大公司有机会避免披露。理论上,公司越大,任何个别事项改变现有信息的“总体组合”的可能性就越小。大公司的规模和复杂性给了它们一个更大的“总体组合”,这反过来为在这种信息总组合中应该突出的东西设定了一个很高的门槛,并被披露。正如所讨论的那样,公司对重大性的判断往往不受具体规则的指导,而是依赖于 SEC 和法院提供的一般定义。这使大公司有很大的余地来阐述重大性。本文其余部分将更详细地探讨这一动态。第二部分从案例分析的角度阐述了三家大型企业披露过程中的重大性盲区现象。附录提出了一个简化的理论框架,更广泛地显示了重大性标准如何导致公司的披露产出随公司规模的变化而变化,以及它如何产生重大性盲区。

二、SEC 披露制度关键领域中的重大性盲区

结合对具体披露要求的分析和对大型公司 SEC 备案文件的案例研究,本部分旨在说明重大性标准如何使大型公司能够避免披露按绝对价值计算属于重大或规模较大的信息。首先,我审查了与重大合同披露有关的要求,并介绍了对微软公司 10 年来在私营并购协议方面披露实践的调查结果;调查显示,在此期间,微软公司在所有 76 宗收购中都避免进行信息披露。其次,我考虑了要求披露未决法律诉讼的复杂法律和会计规则;对伯克希尔·哈撒韦公司及其一家子公司在 5 年期间提交的 SEC 备案文件所进行的审查表明,存在该子公司对伯克希

[124] See Michael J. Kaufman & John M. Wunderlich, *Regressing: The Troubling Dispositive Role of Event Studies in Securities Fraud Litigation*, 15 STAN. J. L. BUS. & FIN. 1 (2010).

尔·哈撒韦公司并未披露的大量法律事项进行披露的情况。再次，我考虑了要求披露与业务项目的重大支出有关的规则；经过审查，在5年时间内，谷歌公司对其已知正在开展的大型项目的相关财务信息进行的披露非常有限。最后，我简要地说明了重大性盲区是如何在与环境、社会和治理(ESG)事项有关的披露领域中发生的。[125]

在一般情况下，如果公司不对具体事项进行披露，那么，投资者就不会知道这些事项的存在。本部分提供的示例很有启发性，因为这些示例强调了一些具体的、规模相当大的事项，这些事项没有披露，但通过某种独立于公司向SEC提交的文件之外的机制而为人所知。这些示例应被视为概念验证(proof - of - concept)，旨在提请注意披露制度中应进一步开展研究并予以纠正的结构性缺陷。我的目标并不是针对特定公司的披露进行事后评价，而是要说明重大性盲点现象。事实上，在各种不披露案例中，我均假设，有关公司已正确地运用重大性标准并遵守相关披露规则。

由于相关披露要求相当复杂，本部分颇具技术性。对SEC披露规则细节不太感兴趣的读者可以跳过案例研究，这些案例研究展示了微软公司、伯克希尔·哈撒韦公司和谷歌公司对SEC披露规则的应用。第三部分和第四部分利用案例研究的示例，说明了在大型公司披露义务方面使用重大性标准的不利影响。

(一)重大合同

1. 披露要求的内容及分析

要求公众公司向投资者提供关于其重大合同的信息的规定，可追溯到1933年的初始版《证券法》。[126] 如今，证券披露制度载有若干相

---

[125] 之所以选择这三个主要披露领域，是因为其充分利用了重大性标准，并涉及对大多数公司而言属于最重要资本支出来源范围内的事项。此外，这些领域强调了重大性标准如何导致在规则下出现信息盲点，这些规则涉及三种不同类型的信息：非财务信息(重大合同)、财务信息(业务项目的重大支出)以及财务与非财务信息组合(法律诉讼的重大支出和或有损失披露)。

[126] See Securities Act of 1933, Schedule A (24), (30), ch. 38, 48 Stat. 74, 90 - 91 [codified as amended at 15 U. S. C. § 77aa (2012)] (要求披露"非在正常经营过程中订立的每项重大合同的日期和协议方及其一般效力"，以及涉及的所有重大合同的副本)。

关规定,这些规定要求披露一系列重大合同和协议。[127] 根据 S－K 规则,公司必须提交:(i)非在正常经营过程中订立的重大合同的全文;[128](ii)属于各种具体类别的重大合同的全文,无论是不是在正常经营过程中订立的,以及[129](iii)重大收购协议[130]。此外,表格 8－K 要求公司在事实发生后 4 天内披露其所订立的任何“重大最终协议”的主要条款,以及有关终止任何此类协议的某些信息。[131] 表格 8－K 要求是 2004 年提出的,部分是为了响应《萨班斯—奥克斯利法案》的要求,即要求“迅速且及时地”披露有关公司财务状况或业务变化的重要信息。[132]

与披露制度的其他领域一样,SEC 对重大合同的构成并没有提供多少指导。在大多数情况下,公司必须使用本文第一(三)部分所讨论的重大性的一般原则来评估合同并作出披露决定,并且应对由此产生的所有挑战。也有一些有限的例外。例如,在高管薪酬领域,SEC 表

---

〔127〕 除上下文另有要求外,尽管有些规则使用的是更具体的术语,但是,我使用“重大合同”作为一般术语,指代下文注释〔128〕～〔136〕所述规定要求披露的合同文件类型。我使用“收购协议”指代与合并和收购(并购)有关的合同。尽管与不同类型合同有关的规定存在一些差异,但是,重大性盲点问题,一般适用于使用重大性标准来确定披露信息的所有合同。

〔128〕 See Regulation S－K, Item 601(b)(10)(i), 17 C. F. R. § 229. 601(b)(10)(i)(2014).

〔129〕 See Regulation S－K, Item 601(b)(10)(ii)－(iii), 17 C. F. R. § 229. 601(b)(10)(ii)－(iii) (2014)(要求对重大关联方合同、公司业务在很大程度上依赖的重大合同。例如,许可协议、购买或出售大量货物或服务的合同、重大租赁合同以及某些重大高管薪酬合同进行全文披露)。

〔130〕 See Regulation S－K, Item 601(b)(2), 17 C. F. R. § 229. 601(b)(2) (2014)(要求作为“任何重大收购、处置、重组、重新调整、继承、清算或安排计划以及该等事项任何相关修正案”的证据)。

〔131〕 See SEC Form 8－K, Item 1. 01, Item 1. 02. 表格 8－K 用于某些关键业务事项的“现况报告”,对于这些事项,需要在依据表格 10－Q 制作公司下一个季度报告之前进行实时披露。表格 8－K 第 2. 01 项(“完成资产收购或处置”)所载相关披露要求并不会以重大性标准为依据,而是以百分比阈值为依据。See infra note 136.

〔132〕 See Sarbanes－Oxley Act of 2002, Pub. L. No. 107－204, § 409, 116 Stat. 745, 791; Additional Form 8－K Disclosure Requirements and Acceleration of Filing Date, Securities Act Release No. 8400, Exchange Act Release No. 49, 424, 69 Fed. Reg. 15, 594, 15, 595 (Mar. 25, 2004)(描述新的表格 8－K 披露要求)。

示,某些类型的合同可免于备案,[133]但是,对于其他类型的合同,则需详细地涵盖在内,并且必须予以披露。[134] 同样,在并购领域,S－K规则[135]和表格8－K[136]在相关披露要求方面提供了一些有限的指导意见。

与收购企业有关的合同(收购协议)提供了一个特别有用的工具,用以说明重大性盲区现象,因为大多数并购交易都是备受瞩目的,即使在没有SEC备案文件的情况下,也可以观察到。此外,上市公司(受披露义务约束)与私营公司(不受披露义务约束)之间的交易,可允许我们将与特定交易相关的单独披露决定剔出,另行处理。如果发生并购交易但却并未披露相关合同,我们可以推断,上市公司得出的结论是该合同并不重要。相比之下,在上市公司与上市公司的并购中,交易各方都必须自行确定相关重大性内容,这实际上使交易方中至少一方有极大可能会对收购协议进行披露。在上市公司与私营公司的并购中,公众公司可能会单独避免对合同进行披露(如果其认为合同无关紧要的话),这将使其能够从不披露中获得充分益处,或者与私营合约方共享这些益处。

---

[133] See Regulation S－K, Item 601(b)(10)(iii)(C), 17 C.F.R. § 229.601(b)(10)(iii)(C) (2014)(表明无须对某些常规薪酬协议进行备案)。

[134] See Regulation S－K, Item 601(b)(10)(iii)(B), 17 C.F.R. § 229.601(b)(10)(iii)(B) (2014)(澄清就合并发出的某些股权补偿计划,已在有关重大补偿计划全文披露的条文中具体涵盖)。

[135] 虽然第601(b)(2)项中关于披露重大并购合同的一般要求并不包含"正常经营过程"的例外情况,但是,关于一个并购交易子类(财产、厂房或设备资产的购置或出售)的披露规定提供了一个"正常经营过程"的例外情况,即除非所购置或出售的资产占公司固定资产的15%以上,否则,应适用该"正常经营过程"的例外情况的相关规定。See supra note 130; Regulation S－K, Item 601(b)(10)(ii)(C), 17 C.F.R. § 229.601(b)(10)(ii)(C) (2014).

[136] 表格8－K第2.01项要求披露"大量资产的收购或处置",该项要求的第4条说明包括"总资产的10%"重大性测试。SEC Form 8－K, Item 2.01. 在"批准发布表格8－K"时,SEC明确表示,第2.01项要求意在提出范围比第1.01项重大最终协议披露要求范围更窄的披露要求,而后者(第1.01项)仍可引起对第2.01项未要求披露的协议进行披露。See Additional Form 8－K Disclosure Requirements and Acceleration of Filing Date, Securities Act Release No. 8400, Exchange Act Release No. 49,424, 69 Fed. Reg. 15,594, 15,598 (Mar. 25, 2004).

下文讨论的微软公司案例研究侧重于10年期间的公私并购交易。然而,在继续进行之前,有必要概述一下公私并购交易的具体披露要求和自愿披露实践:

S-K规则第602(b)(2)项:要求公司提交任何“重大收购、处置、重组、重新调整、继承、清算或安排计划及其任何修正案”的全文;[137]

表格8-K第1.01项:要求公司披露任何“重大最终协议”的关键条款;[138]

表格8-K第8.01项:允许公司自愿向其投资者披露表格8-K没有要求但公司“认为重要”的“其他事件”;[139]

公司新闻稿:公司经常通过其网站向投资者自愿披露信息,包括关于未向SEC备案的并购交易的新闻稿。[140]

2. 案例研究:微软公司

诸如微软公司等大型极具收购性的公司的披露实践说明了重大性标准如何向大型公司赋予很大的空间。在2006年9月1日至2016年8月31日的10年期间,微软公司收购了80家公司:其中76家是私营公司,4家是上市公司。表1汇总了手工收集的数据,并分析了微软公司在私营公司收购方面的披露实践。

---

[137] See supra note 130.

[138] 具体而言,第1.01项要求披露协议日期、各方名称、公司与任何一方之间的任何重大关系,以及“对(公司)具有重大意义的协议条款和条件或修正案的简要说明”。SEC Form 8-K, Item 1.01(a)(1)-(2).

[139] See SEC Form 8-K, Item 8.01.

[140] SEC发布了关于使用公司网站向投资者传播信息的指导意见,其中指出,该等信息受《交易法》反欺诈条款的约束。See Commission Guidance on the Use of Company Websites, Exchange Act Release No. 34-58288, 73 Fed. Reg. 45,862, 45,869 (Aug. 7, 2008).

表1　Microsoft 在私营公司收购交易中的披露实践
(2006 年第 3 季度至 2016 年第 3 季度)[141]

单位：家

内容	数量
收购总数	76
所披露的收购协议全文[登记表 S－K/601(b)(2)]	0
所披露的收购协议摘要(表格 8－K/1.01)	0
所披露的收购新闻稿(表格 8－K/8.01)	1
未包含在微软的任何 SEC 备案文件中的购买价格	72
无法从第三方来源获得的购买价格	53

在 76 宗私营公司交易中，2011 年 5 月对 Skype 进行的收购交易因其规模庞大而备受关注。微软公司当时是美国第三大公众公司，[142] 其同意以 85 亿美元的收购价格进行收购，这是 Microsoft 36 年历史上最大的一笔交易。[143] 收购价格占微软公司总资产[144]的 7.8%，是美国 2011 年最大的并购交易之一。[145] 尽管交易规模很大，但微软公司可能既没有根据表格 8－K 的要求提交该收购协议主要条款摘要，也没有根据S－K规则第 601(b)(2)项的要求提交该收购协议的全文，原因在

[141] Source: Author's survey of Microsoft's EDGAR filings with the SEC and other publicly available information relating to all Microsoft acquisitions between September 1, 2006 and August 31, 2016 listed on Microsoft's Investor Relations website. See Acquisition History, Microsoft Inv. Rel., https://perma.cc/L67U－CNU8.

[142] See Financial Times, *FT Global 500 Index* (*2011*), http://im.ft－static.com/content/images/33558890－98d4－11e0－bd66－00144feab49a.pdf.

[143] See Nick Wingfield, *Microsoft Dials Up Change*, Wall Street J. (May 11, 2011), https://perma.cc/9AJB－YE36.

[144] See Microsoft Corp., [2010] Annual Report (Form 10－K) (July 28, 2011), http://www.sec.gov/ Archives/edgar/data/789019/000119312511200680/d10k.htm(报告称，截至 2011 年 6 月 30 日，微软公司的总资产为 1087 亿美元)。

[145] Pricewaterhousecoopers, *Us Technology M&A Insights: Analysis and Trends in Us Technology M&A Activity 2012*, at 10 (2012).

于微软公司得出的结论是,该协议并非重大协议。[146] 因此,重大性标准可以让微软避免披露 Skype 收购协议。相比之下,除标准普尔 500 指数中几家超大型公司以外的任何一家公司在判断一份价值 85 亿美元的协议时都会认定其是重大的,以致不得不进行信息披露。

Skype 交易并非特例。在所分析的 10 年期限内,对于与其他重大收购有关的协议,微软公司亦未作出披露,例如,诺基亚公司(Nokia)(交易规模:50 亿美元)[147] 和 Minecraft(交易规模:25 亿美元)。[148] 如表 1 所示,在 72 宗(95%)交易中,微软公司的 SEC 备案文件甚至没有包含交易价格等最基本的交易信息。在 53 宗(70%)交易中,无法从第三方来源获得该等信息。尽管可能性不大,但是,在这 53 宗交易中,每宗交易价格都可能高达 85 亿美元,因为我们知道,微软公司并不认为这一数额在 Skype 交易中属于重大交易数额。此外,这种情况并非微软公司独有。诸如思科公司和苹果公司等大型公司同样选择对最近分别为 50 亿美元[149] 和 30 亿美元[150] 的收购协议不予披露,大概是因为尽管交易规模很大,但是,该等公司认为这些协议并不属于重大协议。对 2014 年私营公司与上市公司之间的大型并购交易的调查显示,

---

〔146〕 微软公司根据表格 8 - K 第 8.01 项(其他事件)提交了一份就该交易作出公告的简短公开新闻稿副本;表格 8 - K 第 8.01 项要求,允许自愿披露表格 8 - K 其他条款并未要求披露的信息。选择第 8.01 项而不是第 1.01 项,微软公司实际上是在确认,其不认为该协议属于重大协议且应予以披露。该新闻稿并没有概述收购协议的关键条款,也不符合第 1.01 项的要求。

〔147〕 See Press Release, Microsoft, *Microsoft to Acquire Nokia's Devices & Services Business, License Nokia's Patents and Mapping Services* (Sept. 3, 2013), https://perma.cc/K3C6 - X5SX(宣布以 37.9 亿欧元或约 50 亿美元的价格收购诺基亚公司某些业务)。

〔148〕 See Press Release, Microsoft, *Minecraft to Join Microsoft* (Sept. 15, 2014), https://perma.cc/G83DETTY(宣布以 25 亿美元的价格收购 Mojang 公司及该公司 Minecraft 的专营权)。

〔149〕 See Press Release, Cisco, *Cisco Completes Acquisition of NDS* (July 31, 2012), https://perma.cc/ BTB2 - 4CQF(宣布以约 50 亿美元的价格收购 NDS Group Ltd.)。

〔150〕 See Press Release, Apple, *Apple to Acquire Beats Music & Beats Electronics* (May 28, 2014), https://perma.cc/PC4S - TSSN(宣布以约 30 亿美元的价格收购 Beats Music 和 Beats Electronics)。

对于超过60%的交易，相关方并未披露收购协议。[151]

回想一下，收购协议只是SEC要求披露的各类合同中的一种，若属于重大协议，则要求依据SEC披露制度予以披露。无论公司是否披露收购协议，发生并购交易这一事实通常都无法隐瞒。然而，鉴于大型公司的经营范围，如果相关合同在重大性标准下被认为是无关紧要的，那么，涉及大量资本支出（和潜在浪费）的其他大型商业交易可能会被完全隐藏。如果我们想要对重大性盲区现象的严重程度进行量化，那么，本分部分所讨论的大型收购协议很可能只是冰山一角，而且，可能还有许多其他按绝对价值计算构成重大但仍未披露的合同。

（二）重要法律诉讼

SEC的披露机制规定，各家公司应以两种常规方式来披露包括政府调查在内的重要未决法律诉讼：作为S－K规则下规定的说明或非财务信息披露内容，以及在经审计财务报表及其附注中。虽然每项要求对采用重大性标准的要求略微不同，但是在这两种情况下重大性对大型企业提供的披露内容具有相同影响。

1. S－K规则披露要求的内容与分析

和重大合同一样，重要未决法律诉讼的披露要求可以追溯到SEC披露机制的创建。[152] 目前的体系要求以一种直接方式和两种间接方式来叙述性地披露此类诉讼。S－K规则第103项要求描述“公司或其任何子公司作为一方或其任何财产作为标的的任何重要未决法律诉讼，而不是业务附带的普通常规诉讼”，包括“已知的由政府当局筹划中的此类诉讼”。[153]另外，还要求披露对公司不利的公司相关方的重大诉讼，[154]以及提高环境索赔的披露标准。[155] 在确定未决法律诉讼

---

[151] 作者使用Zephyr并购数据库对2014年1月1日至12月31日宣布的收购价格超过30亿美元的公私并购交易所进行的调查。

[152] See Securities Act Release No. 33－167, 1934 WL 28449 (May 18, 1934)（要求披露“可能影响注册证券价值的法律诉讼”）。

[153] Rulation S－K, Item 103, 17 C. F. R. § 229. 103 (2014).

[154] See id. (Instruction 4)（要求各家公司披露重大诉讼——任何种类股票有超过5%的公司高管、董事或股东都是对公司不利的一方）。

[155] See id. (Instruction 5)（规定，某些重大环境诉讼不能被视为“业务附带的普通常规诉讼”，并且必须予以披露）。

中重大性方面,第103项仅提供了有限指导,指出不需要披露金额低于公司当前合并资产10%的损害索赔。[156] 在评估损害赔偿以外的补救措施的相关索赔时,需要使用本文第一(三)部分中讨论的非定量重大性指南。

除了S-K规则第103项之外,可能需要根据S-K规则第303项(管理层讨论与分析中的披露)或第503项(风险因素披露)来披露未决法律诉讼。根据第303项,一项法律诉讼必须披露,如果这项法律诉讼代表的是"管理层目前已知并且很有可能对(公司的)财务状况或运营成果产生重大影响的趋势、需求、承诺、事件或不确定性"。[157] 这一要求侧重于未决法律诉讼对公司今后的影响之重大性,而不是未决法律诉讼的重大性。[158] S-K规则的另一项规定也充分体现了重要法律诉讼:第503项要求公司"在'风险因素'标题下,讨论令(债券发行交易或股权发行交易)具备投机性或风险性的最重要因素"。[159]

2. 会计披露要求的内容和分析

未决法律诉讼还可能涉及与或有损失会计和披露有关的复杂财务会计制度。如上文讨论的S-K规则一样,会计制度依赖于重大性的概念,并可能引发大型企业的披露盲区。

相关制度载于财务会计准则委员会(FASB)的会计准则汇编第450号(ASC 450)中。[160] ASC 450将"或有事项"定义为"当今后一个或多个事件发生或未发生时,导致一个实体可能损(或有损失)益(或

---

[156] See id. (Instruction 2)(明确,应出于10%阈值之目的,汇总在实质上类似的法律问题和事实问题相关规定)。

[157] Management's Discussion and Analysis of Financial Condition and Results of Operations; Certain Investment Company Disclosures, Securities Act Release No. 6835, Exchange Act Release No. 26,831, Investment Company Act Release No. 16,961, 54 Fed. Reg. 22,427, 22,429 - 31 (May 24, 1989) [clarifying the disclosure requirements contained in Regulation S - K, Item 303(a)(1) - (3)].

[158] SEC试图明确"[第303项]要求披露规定的前瞻性信息,并规定了自己的披露标准——很有可能产生重大影响……在*Basic*中最高法院批准的重大性之发生概率/影响程度检验标准……对第303项披露不合适"。Id. at 22,430 n. 27.

[159] Regulation S - K, Item 503, 17 C. F. R. § 229.503(c) (2014).

[160] See Financial Accouting Standards Board, Contingencies (Topic 450): Disclosure of Certain Loss Contingencies (2010).

有收益）的相关不确定性之现状、情况或多种境况”。[161] 未决诉讼或潜在诉讼是或有损失的一个例子。ASC 450 根据或有损失发生的概率（“微乎其微”、“合理可能”和“很有可能”）将或有损失分为三类，并且根据这种分类情况和损失大小的可估计性，各种或有事项对财务报表的影响有所不同。[162] 因此，公司可能需要在其资产负债表中的负债部分记录应付费用，这让投资者可以大概知晓公司的财务状况。[163] 或者，公司可能需要披露或有事项的性质，并说明其为何不能估计损失金额。[164]

值得注意的是，只有可能导致“重大性损失”的或有损失才需要根据 ASC 450 进行分析，因而只有此类或有事项才应当计量或进行披露。重大性分析采用了第一（三）部分中讨论到的 SAB 99 定性重大性标准。如果公司（或其会计师）认为，未决诉讼并未造成重大的潜在损失，那么，这类事项无须进行计量或作为财务报表附注中应当披露内容。至于在其他方面，公司的规模越大，重大性的阈值越高。在这种情况下，重大性也会对财务报表产生直接影响，从而引发不准确性。制度规则没有对同时会发生的众多不重大和无关联损失作出规定；可以假定，可以不根据 ASC 450 来分析每一种损失，仅仅因为这类损失是不重大的，而不考虑各种损失的集合效应。

3. 案例研究：伯克希尔·哈撒韦公司

伯克希尔·哈撒韦公司是美国第四大上市公司，[165] 在保险、公用事业和能源、铁路和金融产品等行业拥有庞大业务。[166] 伯克希尔·哈撒韦公司是典型的企业集团。其全资子公司包括类如 Geico、Dairy

---

[161] Id. at 167.

[162] See generally King & Spalding, *Public Company Advisor*, *a "Roadmap" to Accruals and Disclosure Requirements Under ASC 450* (Mar. 29, 2013), http://perma.cc/QPJ5-JSWJ.

[163] 如果或有损失具备可能性，又具备合理可估性，那么情况就是如此。Id. at 3.

[164] 如果或有损失要么(a)具备可能性，要么(b)具备合理可能性，并且不具备合理可估性，那么情况就是如此。如果或有损失具备合理可能性和可估性，那么公司将需要估计损失范围内的金额。Id. at 3-4.

[165] See Bloomberg data as of December 16, 2016.

[166] See Erik Holm, *What Is Berkshire Hathaway?*, Wall Street J. (Apr. 30, 2015), http://perma.cc/J5L8-R9YC.

Queen、Fruit of the Loom、Benjamin Moore & Co.、Sees Candies 和 Duracell 之类的家用品牌;它的各种其他业务包括一家公务飞机公司、一家汽车连锁经销商、发电厂、天然气管道、风力发电场、太阳能项目和水力发电大坝等。[167] 公司 2015 年度报告列出了 229 家子公司;[168] 如果这些子公司是独立的,那么,其中 9 家公司将被列入美国最大公司财富 500 强排名中。[169] 伯克希尔·哈撒韦公司在全球约有 331,000 名员工,2015 年其合并资产总额达 5520 亿美元。[170]

伯克希尔·哈撒韦公司运营的许多产业都受到监管,且诉讼颇多。然而,伯克希尔·哈撒韦公司一般不会根据上述财务或非财务披露要求来披露任何重要未决法律诉讼。伯克希尔·哈撒韦公司在过去 5 年里的每份年度报告中,悉数承认自己是"正常业务过程中产生的各种法律诉讼"的一方,但随后又表示,"不认为(未决)诉讼会对其财务状况或运营成果产生重大影响"。[171] 不难理解为什么会发生这种情况:2015 年总资产为 5520 亿美元,即便是数十亿美元的巨额资产也不重要。回想一下,第 103 项特别免除了未决诉讼中的披露,如果损害索赔不到公司资产的 10%,那么在伯克希尔·哈撒韦公司的案例中,这将达到 552 亿美元的阈值。这一标准也适用于伯克希尔·哈撒韦公司的一家运营子公司,即使这一件事项对其来说实际上具有重大性。重大

---

[167] Id. 除了全资子公司,伯克希尔·哈撒韦公司还持有美国运通公司、可口可乐公司、富国银行集团、美国国际商用机器公司、高盛投资公司、美国银行和沃尔玛公司的大量股份。See id. 出于公司财务报表之目的,并未合并这些所持股份。

[168] Berkshire Hathaway Inc., [2015] Annual Report (Form 10 - K) (Exhibit 21) (Feb. 26, 2016), https:// perma. cc/LLK7 - PgAS.

[169] See Holm, supra note 166.

[170] See Berkshire Hathaway, supra note 168, at 1, 31.

[171] Id. at 30; Berkshire Hathaway Inc., [2014] Annual Report (Form 10 - K) 30 (Feb. 27, 2015), https://perma. cc/GE5N - B3BH; Berkshire Hathaway Inc., [2013] Annual Report (Form 10 - K) 28 (Feb. 28, 2014), http://perma. cc/5H5X - A2QZ; Berkshire Hathaway Inc., [2012] Annual Report (Form 10 - K) 27 (Mar. 1, 2013), http://perma. cc/36AN - KF8J; Berkshire Hathaway Inc., [2011] Annaul Report (Form 10 - K) 27 (Feb. 24, 2012), https//perma. cc/AQ8V - ZZEW.

性的评估是在集团企业层面,而不是在子公司层面,极个别情况除外。[172]

当然,伯克希尔·哈撒韦公司这样的大公司没有披露任何重要未决法律诉讼,这一事实本身并不能证明实际上有大量诉讼却由于不重大而免于披露。然而,在伯克希尔·哈撒韦公司的案例中,由于公司财务报告结构的不同寻常之处,我们实际上可以观察到一些重大性盲区。伯克希尔·哈撒韦公司的子公司之一——BNSF Railway Company (BNSF)向 SEC 单独定期提交文件。[173] 这代表了一个自然控制试验,鉴于我们能够在两个层面上观察到伯克希尔·哈撒韦公司的运营情况:企业的整体水平,以及主要子公司层面有——44,000 名员工和给伯克希尔·哈撒韦公司的 2015 年总收入贡献了 219.7 亿美元(10%)。[174] 因此,BNSF 已披露而被伯克希尔·哈撒韦公司排除在年度报告之外的重大可观未决法律诉讼,将说明伯克希尔·哈撒韦公司的 SEC 文件中的重大性盲区。

对 BNSF 连续 5 年(2011~2015 年)的年度报告调查显示,与未决

[172] 最近第二巡回法庭的一项裁决阐明了这项原则的一个非常受限例外情况。根据重大性的定性概念,法院认为,当一家公司拥有多个部门时,如果虚假陈述对于"格外重要的(公司)业务部门"具备重大意义,那么,即使"在数量上比(公司)范围内的财务业绩要小",虚假陈述也可能很重要。Litwin v. Blackstone Grp. ,634 F. 3d 706,720 (2d Cir. 2011)(emphasis added). 在涉及私募股权公司 Blackstone 的具体案件中,法院认为,投资者会对 Blackstones 私募股权投资的详细情况感兴趣,因为私募股权是 Blackstone 的"旗舰业务"。Id. 包括伯克希尔·哈撒韦公司在内的大多数企业集团不太可能达到这一有限标准,鉴于它们有许多业务,就个人而言,这些业务对它们来说并不像私募股权业务那样对 Blackstone"特别重要"。

[173] 这是债务融资安排的一个职能。2010 年,伯克希尔·哈撒韦公司收购了美国伯灵顿北方圣太菲铁路运输公司,但没有赎回或转让其在美国证券交易委员会注册的债务证券。因此,美国伯灵顿北方圣太菲铁路运输公司保留了美国证券交易委员会的登记情况,并根据《1934 年法案》的现行报告规定定期提交文件。然而,美国伯灵顿北方圣太菲铁路运输公司没有根据代理规则提交文件,鉴于它没有投票权证券。

[174] See Berkshire Hathaway, supra note 168, at 14,115.

法律诉讼相关的披露和与此类诉讼相关的或有损失不胜其数。[175] 根据上述 S－K 规则和 ASC 450 的要求,这些披露既具备叙述性(narrative),也具备财务性(financial)。在过去的 5 年里,BNSF 每年都披露了与涉嫌燃油附加费价格垄断相关的反垄断集体诉讼,其中原告寻求禁令性救济和未指明的 3 倍损害赔偿。[176] 此外,BNSF 透露称,它和子公司的联邦纳税申报单正在接受审查,它和子公司的州纳税申报单"正处于审查、行政上诉或诉讼的过程中"。[177] 截至 2015 年 12 月 31 日,BNSF 还透露了石棉索赔、雇员工伤索赔、第三方伤害索赔(估计损失在 3.3 亿美元至 4.45 亿美元)和环境索赔(估计损失在 2.85 亿美元至 5 亿美元)的详细情况。[178] 前几年也报告了类似的债务和事项。[179] 这些诉讼和潜在债务,尽管对 BNSF 来说规模大且重要,但对伯克希尔·哈撒韦公司来说并不具有重大性,因而也没有在伯克希尔·哈撒韦公司的文件中进行披露。

(三)经营项目中的重大开支

1. 披露要求的内容及分析

披露机制最重要的一项规定是要求各公司提交财务状况与运营成果的分析,以便各投资方能够"从管理层的角度"看待公司。[180] 这些披

---

〔175〕 See BNSF Railway Co., [2015] Annual Report (Form 10－K) (Feb. 26, 2016), https://perma.cc/6N4Y－SRRL; BNSF Railway Co., [2014] Annual Report (Form 10－K) (Feb. 27, 2015), https://perma.cc/7UZQ:M47F; BNSF Railway Co., [2013] Annual Report (Form 10－K) (Feb. 28, 2014), https//perma.cc/5HFJ－CZM9; BNSF Railway Co., [2012] Annual Report (Form 10－K) (Mar. 1, 2013), https://perma.cc/CAM4－9MUM; BNSF Railway Co., [2011] Annual Report (Form 10－K) (Feb. 27, 2012), https//perma.cc/Q2XP－7ES9.

〔176〕 See, e.g., BNSF Railway Co., [2015] Annual Report (Form 10－K), supra note 175, at 8 (summarizing proceedings in In re Rail Freight Fuel Surcharge Antitrust Litigation, MDL No. 1869).

〔177〕 Id. at 28. 截至 2015 年 12 月 31 日、2014 年 12 月 31 日和 2013 年 12 月 31 日的未确认的税收优惠金额分别为 6900 万美元、7800 万美元及 5600 万美元。Id.

〔178〕 Id. at 37－38.

〔179〕 See supra note 175.

〔180〕 Concept Release on Management's Discussion and Analysis of Financial Condition and Operations, Securities Act Release No. 6711, Exchange Act Release No. 24,356, 52 Fed. Reg. 13,715, 13,717 (Apr. 24, 1987).

露要求载于 S－K 规则第 303 条（管理层讨论与分析）内，SEC 已经发布了多个版本及其他明确格式与内容的指南。[181] 作为管理层讨论与分析披露的一部分，各公司必须报告包括研发（R&D）开支在内的、过去或将来对其财务状况及运营成果有重大影响的个别资本开支及营业开支。[182] 当然，总资本开支和营业开支在财务报表中有所披露。然而，SEC 已经认识到，财务报表本身并没有向各投资方提供足够的信息。[183] 因此，需要各公司提供不同类型的信息披露：对各种开支的重要趋势分析并解释其过去对公司成果的影响以及将来可能对公司成果造成的影响。[184] 总之，投资者能通过资本及运营开支的披露情况，来了解公司正在进行的经营投资及其未来的可能状况。

2. 案例研究：谷歌公司、Alphabet

谷歌公司以 Alphabet[185] 的名义重组，是美国第二大上市公司，市值 4752 亿美元。[186] 除了核心的互联网搜索和广告业务，谷歌公司还

---

[181] See Amendments to Annual Report Form, Related Forms, Rules, Regulations, and Guides; Integration of Securities Acts Disclosure Systems, Securities Act Release No. 6231, Exchange Act Release No. 17, 114, 45 Fed. Reg. 63, 630 (Sept. 25, 1980); Securities Act Release No. 5520, Exchange Act Release No. 10, 961, 39 Fed. Reg. 31, 894 (Sept. 3, 1974); Interpretive Releases Relating to Securities Act of 1933 and General Rules and Regulations Thereunder, Securities Act Release No. 4936, 33 Fed. Reg. 18, 617 (Dec. 17, 1968).

[182] See Regulation S－K, Item 303, 17 C. F. R. § 229.303 (2014).

[183] Concept Release on Management's Discussion and Analysis of Financial Condition and Operations, Securities Act Release No. 6711, Exchange Act Release No. 24, 356, 52 Fed. Reg. 13, 715, 13, 717 (Apr. 24, 1987)（"对于投资方而言，单凭数字汇报和简短的附注可能不足以判断收益质量及以往业绩预示未来业绩的可能性。管理层讨论与分析旨在通过提供公司业务的短期和长期分析，让投资方有机会从管理层的角度审视公司。该条款要求管理层讨论业务动态并分析财务状况"）。

[184] See id.; See also Management's Discussion and Analysis of Financial Condition and Results of Operations; Certain Investment Company Disclosures, Securities Act Release No. 6835, Exchange Act Release No. 26, 831, Investment Company Act Release No. 16, 961, 54 Fed. Reg. 22, 427, 22, 431 (May 24, 1989)（规定"需要对最近提及期间有重大影响但预计不会产生短期或长期影响的事项，以及对最近提及期间没有重大影响但预计会对未来有重大影响的事项进行讨论"）。

[185] See infra note 9.

[186] Bloomberg data as of December 16, 2016.

投资了生物技术、消费性电子产品和交通等领域大量具有变革潜力的项目。其中一些项目包括无人驾驶汽车、智能家居系统、无人送货服务、虚拟无线网络、支持虚拟现实的智能手机和各种寿命延长的技术。[187]

与前几年一样,谷歌公司 2015 年的年度报表披露,用于资本项目和研发的总开支分别为 99 亿美元和 123 亿美元。[188] 尽管资本开支占总收入的 13.2%,研发开支占总收入的 16.3%,谷歌公司并未披露这笔开支所涉及的具体项目信息,可能是因为单个项目的金额对这家科技巨头的财务状况或整体运营结果而言并不重要。谷歌公司也没有解释 2013 年到 2015 年资本开支增长 34.7% 的原因。[189] 同样,谷歌公司也没有就什么导致了研发开支在同一时期增长了 72.1% 而提供任何有用的详细信息。[190]

按绝对价值计算,这些波动背后的金额无疑很大,但由于谷歌公司的规模,相对公司的财务状况和运营结果而言,这些金额就并不大了,也没有披露任何其他信息。因此,投资者没有办法区分各种非互联网项目对谷歌公司的相对优先级,以及谷歌公司在这些项目中所投入的资源。事实上,谷歌公司的年度报表中很少提及这些项目中的绝大部分内容,我们获取的与它们相关的唯一信息来自公司选择性的公开宣传及第三方来源。在具有变革意义的项目投入大量资金的信息披露不足,是重大性盲区的另一个例子。

(四)其他应用情况:环境、社会和治理信息(ESG)披露

近年来,证券信息披露机制中进一步补充了披露要求,披露要求超出了传统上作为其核心的财务和经营业绩信息。[191] 这种新的报告义

---

[187] See Richard Waters, *Google: Letters of Intent*, FIN. TIMES (Aug. 14, 2015), http://perma.cc/Z5YS - MS7T; Selena Larson, *Google Unveils Its Pixel Smartphone and VR Headset*, CNN Money (Oct. 4, 2016), https://perma.cc/6GKG - RMXG.

[188] Alphabet Inc. and Google Inc., [2015] Annual Report (Form 10 - K) 4, 23 (Feb. 11, 2016), https:// perma.cc/VYW6 - S9DA.

[189] See id. at 95.

[190] See id. at 32(将研发费用增加主要归因于与"其他投注"报告部分相关的"劳动力和设备相关成本",该报告部分包含了没有披露的项目)。

[191] See Regulation S - K Modernization Concept Release, supra note 34, at 23,969 - 73.

务涉及使用冲突矿产(conflict minerals)、向外国政府支付资源开采款项、违反采矿设施的相关健康和安全规定,以及气候变化公约对商业活动的影响。这些新要求属于环境、社会和治理(ESG)信息披露的一般范畴。作为一个披露领域,ESG 披露一直保持着快速增长:自愿披露 ESG 信息的各家企业数量急剧增加。[192] 除此之外,大型机构投资者要求企业披露这些投资者认为有用的 ESG 信息和报告。[193] 最后,已有许多呼声要求 SEC 澄清现有风险信息披露要求对 ESG 信息的适用性,或要求 SEC 通过附加规则将 ESG 披露标准化。[194] ESG 报告可能是一个有争议的话题,[195] 从整体上或具体到某一特定领域内对 ESG 强制性披露确立一个规范性的标准,不属于本文讨论范围。然而,必须强调的是,当有关 ESG 披露规则依赖于重大性标准并适用于大型公司时,披露的结果可能会遭遇到类似于其他披露领域的重大性盲区。有关 ESG 最常见的两个话题——气候变化和公司政治献金——的鲜明例子就说明了这一点。

在气候变化领域,SEC 在 2010 年发布了一份解释性文件,阐述了现有关于上市公司就气候变化对其业务、运营和财务业绩的重大性影

[192] See *Eighty One Percent of the S&P 500 Index Companies Published Corporate Sustainability Reports in* 2015, Governance & Accountability Inst. (Mar. 15, 2016), http://perma.cc/R4YRKVNM (证明 2015 年所有标普 500 指数成份股公司中有 81% 报告了环境、社会和治理事宜,而 2011 年这一比例为 20%)。

[193] See Blackrock Investment Institute, *The Price of Climate Change: Global Warming's Impact on Portfolios* 7 (2015), http://perma.cc/M3J2 - 9VHW ["ESG factors cannot be divorced from financial analysis. We view a strong ESG record as a mark of operational and management excellence. Companies that score high on ESG measures tend to quickly adapt to changing environmental and social trends, use resources efficiently, have engaged (and, therefore, productive) employees, and face lower risks of regulatory fines or reputational damage."].

[194] See William Thomas & Annise Maguire, Willkie Farr & Gallagher LLP, *SEC Studying Change of Regulation S - K to Require ESG Disclosures* (Nov. 7, 2016), http://perma.cc/53RA - 7CHR (概述 S - K 规则现代化概念发布和 SEC 公开会议中讨论的环境、社会和治理披露事项)。

[195] See, e.g., *Regulation S - K Modernization Concept Release*, supra note 34, at 23,972 (总结反对要求环境、社会和治理披露的论据)。

响进行披露义务要求。[196] 这些事宜包括气候变化监管、立法和国际协定的影响;气候变化规章的间接后果,如对商品或能源的需求增加/减少;以及气候变化的实体性影响,如飓风和洪水等恶劣天气事件可能对实体作物和设施造成的潜在的"灾难性损害",以及生产和供给进程的中断。[197] 需要注意的一点是,作为气候变化披露义务的来源,SEC 使用的现有规则包含了重大性标准。[198] 因此,大公司的披露阈值比小公司高得多;诚然,如果一家大公司能够承受气候变化对其业务的影响,即使这些影响的绝对值相当大,它也有理由完全不披露信息。[199]

本文所讨论的重大性盲区现象也和公司政治献金披露这一备受争议的领域有所关联。2011 年,在美国联邦最高法院对"联合公民诉联邦选举委员会"一案作出裁决之后,10 位杰出公司法学者组成的团体恳求 SEC 制定让上市公司披露政治献金的规则。[200] 请愿后,SEC 收

〔196〕 See Commission Guidance Regarding Disclosure Related to Climate Change, Securities Act Re-lease No. 9106, Exchange Act Release No. 61,469, 75 Fed. Reg. 6290 (Feb. 8, 2010).

〔197〕 Id. at 6295-97.

〔198〕 这些规定包括与披露有关的 S-K 规则:遵守条例的重大影响[第 101(c)(1)(xii)项];重大法律诉讼(第 103 项);重大风险[第 503(c)项];重大趋势和不确定性(第 303 项)。Id. at 6293-95. 上述第二(二)(三)部分也讨论了其中一些要求。

〔199〕 作为一个类别,环境、社会和治理披露信息通常不会对公司的底线造成直接影响,但可能对投资者的非财务原因产生重要影响,而且可能影响其投资决策。从社会福利的角度来看,环境、社会和治理信息披露即使与个人投资者无关,也可能对社会是有益的。因此,由于重大性标准的实施而导致不披露环境、社会和治理信息,可能会带来超出第三部分和第四部分所讨论的投资者保护和经济效率问题之外的麻烦。

〔200〕 See *Committee on Disclosure of Corporate Political Spending*, *Petition for Rulemaking* (Aug. 3, 2011), https://www.sec.gov/rules/petitions/2011/petn4-637.pdf.

到大量公众评论函件，[201] 并且引发了广泛的学术和政策辩论。[202] 对公司政治献金披露规则的优劣性进行评估不属于本文讨论范围。然而，反对这一规则的一个论据说明了大公司当前使用重大性标准的问题。具体来说，一位前 SEC 委员认为，因为如果已经要求公司在损益表上披露其重大政治献金，就没有必要制定特别披露规定。[203] 然而，这一论点并没有支持反对公司政治献金规则的理由，反而凸显了重大性标准在 ESG 披露领域中的无效。如果仅按照重大性标准进行披露，那么大公司将能够进行非常大额的政治捐赠（浪费资源或者导致重大外部性）而无须披露，而小公司将需要披露低得多的政治支出。诸如此类的大型企业在政治支出上金额庞大却不用披露，就体现出了重大性盲区。如果这方面的信息披露是必要的，则可以通过诸如本文第五部分讨论的美元门槛，而不是通过重大性标准来进行披露。

三、投资者保护和公司治理的影响

在第一部分从概念上定义了重大性盲区现象并在第二部分通过真实示例进行了阐释后，我将指出潜在的负面影响：本部分先针对投资者

---

〔201〕 See Lucian Bebchuk & Robert J. Jackson, Jr., *Hindering the S. E. C. From Shining a Light on Political Spending*, N. Y. Times (Dec. 21, 2015), https://perma. cc/7NPM - RB47（注意到美国证券交易委员会已经收到了超过 1200 万条关于该提案的评论）。

〔202〕 See, e. g., Lucien A. Bebchuk & Robert J. Jackson, Jr., *Shining Light on Corporate Political Spending*, 101 GEO. L. J. 923 (2013)（提出企业政治支出披露规则的政策案例）; John C. Coates IV, *Corporate Politics, Governance, and Value Before and After Citizens United*, 9 J. EMPIRICAL LEGAL STUD. 657 (2012)（提出将公司政治支出与糟糕的公司治理联系起来的经验证据）; Michael D. Guttentag, *On Requiring Public Companies to Disclose Political Spending*, 2014 COLUM. BUS. L. REV. 593 (2014)（因为不符合 SEC 的强制披露制度，反对披露公司的政治支出）; Paul Atkins, *Materiality: A Bedrock Principle Protecting Legitimate Shareholder Interests Against Disguised Political Agendas*, 3 HARV. BUS. L. REV. 363 (2013)（认为公司政治支出规则不会为投资者提供重要信息）.

〔203〕 See Atkins, supra note 202, at 367 n. 23 (citing to Rule 210. 5 - 03 of Regulation S - X, which requires income statement line - item disclosure of "material amounts" of "operating costs and expenses" and "general expenses").

和公司治理,第四部分则针对市场效率和竞争。通过在现有文献中引入公司规模变量,我在概念上表明,重大性盲区可能以几种相关的方式损害投资者保护和公司治理。其一,其可能导致公司证券的市场定价不准确,因而伤害持有证券的投资者并阻碍资本的有效配置。其二,在公司内部治理领域,重大性盲区可能使管理层更容易参与欺诈、挥霍或采取次优做法;信息缺乏也可能妨碍公司董事会、其他内部人士和公司顾问的监督。其三,在公司外部治理领域,对那些不参与公司日常运营的人员,如投资者、第三方监督者和信息中介来说,重大性盲区可能会使他们更难以发现欺诈、挥霍或不良公司治理。

在有关信息披露监管和财务报告的广泛文献中,已证实信息披露与投资者保护和公司治理之间存在积极的联系。〔204〕然而,关于信息披露制度的最佳设计存在争论,一些学者认为,信息披露的部分或全部好处也可能在规避强制性披露要求的制度下获实现。〔205〕本文和本文的大部分内容都基于现行的强制披露制度;我在第五(三)部分中讨论了它的一些替代方案。通过方法论,我试图通过将普遍接受的理论与第二部分案例研究的具体例子联系起来的方式,强调重大性盲区在这个领域的负面影响。证明现行制度没有产生最佳的披露结果是完善制度的必要步骤,但是,可以肯定的是,这只是第一步;我在第五部分讨论了

〔204〕 See, e. g., Reinier H. Kraakman, *Disclosure and Corporate Governance: An Overview Essay*, in Reforming Company and Takeover Law in Europe 95, 96 (Guido Ferrarini et al. eds., 2004) 指出大多数学者和监管机构的"共识"是基于披露对证券有效定价的益处,以及"与上市公司治理和监管相关的实际问题"。

〔205〕 争论的很大一部分聚焦于强制披露制度与自愿披露制度的相对优点上,Roberta Romano 和 Merritt B. Fox 教授是持对立意见的最主要支持者。See, e. g., Roberta Romano, *Empowering Investors: A Market Approach to Securities Regulation*, 107 YALE L. J. 2359, 2372 (1998) [发现"很少有实证证据表明,联邦(证券监管)制度对投资者有利"并且反对强制披露制度]; Merritt B. Fox, *Retaining Mandatory Securities Disclosure: Why Issuer Choice Is Not Investor Empowerment*, 85 VA. L. REV. 1335 (1999) (支持强制披露和解释支持这一立场的实证证据)。For a behavioral perspective on the debate, see generally Stephen M. Bainbridge, *Mandatory Disclosure: A Behavioral Analysis*, 68 U. CIN. L. REV. 1023 (2000). For a potential alternative disclosure regime focused on portability and reciprocity across national borders, see generally Stephen J. Choi & Andrew T. Guzman, *Portable Reciprocity: Rethinking the International Reach of Securities Regulation*, 71 S. CAL. L. REV. 903 (1998).

可能的监管解决办法。最后，因为关注的焦点是大公司的信息披露，由于投资者对大公司的证券的敞口过大，即使是与最佳披露水平的微小偏差也会对投资者的投资组合产生重大影响。[206]

（一）证券价格的准确性

与强制披露相关的一个主要好处是提高了公司证券价格的准确性。从理论上来说，证券价格包含的信息越多，这种证券的价格就越能正确地预测公司的未来前景。[207] 投资者从中受益，因为他们的投资和预期回报之间的联系加强了，他们的资本被分配给了资本估值最高的使用者。此外，强制披露通过节省投资者的信息成本，有助于提高价格准确性。当没有或披露不足时，对投资者来说区分高质量和低质量的公司就会更加昂贵甚至无法区分，这可能导致逆向选择问题和市场机能破坏。[208] 有效的股票价格也很重要，因为它降低了将表现不佳的公司确定为潜在目标的成本，从而提高了公司控制权市场作为企业绩效约束手段的有效性。[209]

实证证据普遍支持信息披露与证券价格准确性（特别是股票价格准确性）之间的正相关关系。[210] 与此相关的一个问题，即股票价格实际上在多大程度上是传递信息有效的（通常被描述为有效市场假说），

---

[206] See supra notes 13 – 14 and accompanying text.

[207] See Merritt B. Fox, *Securities Disclosure in a Globalizing Market: Who Should Regulate Whom*, 95 MICH. L. REV. 2498, 2540 n. 80 (1997); See also Merritt B. Fox, *Why Civil Liability for Disclosure Violations When Issuers Do Not Trade*, 2009 WISC. L. REV. 299 (2009)（更多信息披露使股票价格更准确）。

[208] See Ronald J. Gilson & Reinier H. Kraakman, *The Mechanisms of Market Efficiency*, 70 VA. L. REV. 549, 637 – 39 (1984).

[209] See John C. Coffee, Jr., *Market Failure and the Economic Case for a Mandatory Disclosure System*, 70 VA. L. REV. 717, 747 (1984).

[210] See Merritt B. Fox et al., *Law, Share Price Accuracy, and Economic Performance: The New Evidence*, 102 MICH. L. REV. 331, 370 – 81 (2003); See also Allen Ferrell, *Measuring the Effects of Mandated Disclosure*, 1 Berkeley Bus. L. J. 369, 372 (2004)（提供对各种实证研究的评估，并指出“股票价格准确性的概念在会计和金融文献中被广泛接受和使用”）。

存在激烈的争论。[211] 然而,无论有效市场假说的有效性或准确性,在文献中有个近乎一致的观点,即信息披露通过提高价格的准确度而有益于投资者的福利,因为有信息披露的证券价格信息含量比没有信息披露的证券价格信息含量高。[212] 由于重大性标准的运用,在无信息披露的情况下应用这一理论得出了一些相关的观察结果。

首先,一家公司的信息披露不仅影响该公司的证券价格,而且成为整个信息环境的一部分,有助于提高其他公司股票价格的定价效率。当一家大公司因为重大性标准而能够隐瞒信息时,这种良性的动态机制就会中断。第二(一)部分中讨论的微软公司案例研究是一个特别麻烦的例子。正如前所述,微软公司并不认为其十年来的76个并购交易中的任何之一具备重大性,也没有披露收购协议或协议关键条款的概要。此外,微软公司在95%的案例中没有透露甚至是最基本的条款——交易价格,并且70%的案例都无法从第三方渠道获得此种信息。价格信息的缺乏可能使类似于微软公司收购的公司很难对其业务进行充分估值。如果微软公司披露交易价格信息,无论是上市公司还是非上市公司的投资者都会受益,因为这将提高投资者准确评估所持股份价值的能力。在这种情况下,任何由于不准确的股票价格造成的投资者损失,至少部分可以归因于微软公司对重大性标准的应用。当然,这种同群效应(peer effects)在任何特定情况下都很难估计,特别是因为分析所需的信息落在重大性盲区内。然而,最近的实证证据支持了同行企业信息效应的存在,并表明这种效应在早期生命周期的企业

---

[211] See, e. g., Donald C. Langevoort, *Judgment Day for Fraud – on – the – Market: Reflections on Amgen and the Second Coming of Halliburton*, 57 ARIZ. L. REV. 37, 48 – 54 (2015)(介绍了最近关于有效资本市场假说的研究和司法应用的讨论情况);Lynn A. Stout, *The Mechanisms of Market Inefficiency*, 28 J. CORP. L. 635, 635 (2003)("有效市场理论的弱点,从对其初始前提的仔细检查中可以明显看出,包括对同质投资者预期、有效套利和投资者理性的假设");Yesha Yadav, *How Algorithmic Trading Undermines Efficiency in Capital Markets*, 68 VAND. L. REV. 1607 (2015)(认为算法交易的兴起可能会损害股票价格的准确性和资本市场的配置效率)。

[212] See Ferrell, supra note 210, at 371; Marcel Kahan, *Securities Laws and the Social Costs of "Inaccurate" Stock Prices*, 41 DUKE L. J. 977 (1992).

中最为重要——这正是微软公司收购的企业类型。[213]

其次，仅仅由于披露做法的改变而导致股票价格大幅波动，这表明大型公司基于重大性标准而不披露重大事项，可能会更普遍地损害证券价格的准确性。例如，谷歌公司 2015 年 8 月声明该公司将改变其报告结构并在 6 个月内提供更详细的信息，导致其股价立即上涨 7%。[214] 亚马逊公司(Amazon)在 2015 年 4 月决定披露其盈利的云存储业务的相关信息，此前该公司一直认为这些信息无关紧要，抵消了同日公布的糟糕财务业绩导致的股价下跌。[215] 额外披露是否以及何时会提高总体股票价格的准确性是一个实证问题。简而言之，当大公司选择披露更多的信息，即使是他们认为无关紧要的信息，这些信息确实会以非比平凡的方式影响股票价格，并可能使股票价格在信息方面更有效率。

最后，重大标准适用的错误和由此产生的不披露信息的影响，对于小公司和大公司来说是不同的。如果一家公司错误地认定某项信息不重要，由于投资者对大公司证券的过度投资，该信息的缺失以及由此产生的股票价格不准确对整体市场效率的影响，将远远大于某家小公司相类似的错误。这表明，我们应该特别关注大公司的对重大标准的适用。

(二)公司内部治理

信息披露程序的有形输出是将向 SEC 提交并向投资者公开信息。一旦发布，此类信息就不再是秘密，公司对其准确性和完整性负有法律责任。[216] 然而，披露制度早在披露之前，或者即使是不要求披露，就已对公司治理产生了影响。公司和公司内部人员通常很清楚具体要求披露的内容，并可能相应地调整他们的行为。行为的变化是沿着两个方向发生的：一方面，远离自我交易和其他损害公司的行为；另一方面，转

---

[213] See Nemit Shroff, Rodrigo S. Verdi and Benjamin P. Yost, *When Does Peer Information Matter?* (Oct. 10, 2016), https://ssrn.com/abstract=2741231(表明竞争对手发布的信息会影响公司在早期生命周期的债务和股权成本)。

[214] See Mari Saito & Julia Love, *Google Morphs Into Alphabet; Investors Cheer Clarity*, REUTERS (Aug. 11, 2015), https://perma.cc/CSU3-DMWL.

[215] See Miriam Gottfried & Dan Gallagher, *Amazon Needs More Cloud Cover*, WALL STREET J. (Apr. 23, 2015), http://perma.cc/PX29-VFQD.

[216] See supra note 44 and accompanying text.

向组织内部的特定行为、策略或模式。[217] 此外,披露过程改善了管理意识(managerial consciousness),并促进更好地从公司内部和外部对公司业绩进行监督。[218]

披露提供内部治理效益的第一种机制与改善可能导致欺诈、挥霍或次优做法(代理成本)的自我交易或掏空行为有关。[219] 其核心在于,掏空代表着管理者、控股股东和其他内部人士对公司财富的榨取。[220] 披露过程旨在通过各种披露规则来阻止或预防掏空行为。[221] 这些规则不是禁止性规则,但它们可以有效地塑造公司或内部人士的行为,因为披露非标准或非市场条款或交易将会带来负面信号效应,并有可能引起投资分析师、投资者或监管机构的注意。就其本质而言,很难观察到披露过程对这些不良做法的威慑作用。然而,实证研究发现,公司努

[217] See Robert B. Thompson & Hillary A. Sale, *Securities Fraud as Corporate Governance: Reflections upon Federalism*, 56 VAND. L. REV. 859, 860 (2003)(将这一机制描述为"信息驱动—物质调节")。

[218] See, e. g., Louis Lowenstein, *Financial Transparency and Corporate Governance: You Manage What You Measure*, 96 COLUM. L. REV. 1335 (1996)(认为披露可以仅通过迫使管理者更加了解现实来提高管理绩效)。

[219] See, e. g., Paul G. Mahoney, *Mandatory Disclosure as a Solution to Agency Problems*, 62 U. CHI. L. REV. 1047, 1048 (1995)(认为 SEC 的强制披露要求最初是由公司发起人为减少代理成本而设计的); See also Lucian Arye Bebchuk & Christine Jolls, *Managerial Value Diversion and Shareholder Wealth*, 15 J. L. ECON. & ORG. 487 (1999)(讨论公司内部人士如何将价值从股东转移到自己身上)。

[220] See Simon Johnson et al., *Tunneling*, 90 AM. ECON. REV. 22, 22 (2000); See also Vladimir Atanasov, Bernard Black & Conrad S. Ciccotello, *Law and Tunneling*, 37 J. CORP. L. 1, 2 (2011). 现金流掏空,是指公司内部人员提取公司的部分现有现金流,如以非正常交易的方式进行关联交易,或获取过多的额外津贴。See id. at 11 – 13. 资产掏空,是指内部人员以低于(或高于)市场价格向公司购买(或出售)资产的交易。See id. at 7 – 8. 股权掏空,是指内部人士低于市场价格收购公司股权。See id. at 8 – 9.

[221] S – K 规则的第 404 项要求披露任何董事或执行人有重大利益的价值超过 120,000 美元的公司交易。See Regulation S – K, Item 404, 17 C. F. R § 229.404 (2014). S – X 规则的第 4.08 项要求在适当的财务报表或附注中披露影响财务报表的重大关联方交易。See 17 C. F. R § 210.4 – 08.

力避免披露与潜在的自我交易之间存在积极的联系。[222] 所有这些都表明，如果重大性标准能够帮助公司避免披露有助于防止欺诈、挥霍或次优做法的信息，就会产生问题。

披露提供内部治理效益的第二种机制涉及管理层、其他内部人员和公司董事会对信息的生产、传递和使用。例如，独立董事在公司治理中负有重要的监督职能，如果没有足够的信息，他们无法履行这些职能。[223] 通常，公司内部人员不断收集、组织和分析有关其公司的信息，以便能够汇编信息进行披露，然后在法律责任的威胁下证明其真实性。这种知识的增加可能对管理和公司业绩产生积极影响。[224] 此外，它还可以解决总部和分支机构之间或公司各子公司之间存在的信息不对称问题。

披露过程还有助于律师、审计师和承销商通过法律、会计和财务尽职调查进行监督。为披露而准备的信息一般都经过仔细审查，因为法律制度规定承销商对披露文件中的错误表述和遗漏负有责任，[225] 并且律师和审计师被要求提供法律意见、消极保证函（negative assurance letters）和审计师安慰信，它们起着声誉纽带的作用。[226] 从整体上看，承销商、律师和审计师的参与促成了对公司行为的积极监督。但是，如果由于重大性标准的适用而不需要披露重要性较大的事项，这种监督将是无效的。[227]

---

〔222〕 See Christian Leuz et al., *Why Do Firms Go Dark? Causes and Economic Consequences of Voluntary SEC Deregistrations*, 45 J. ACCT. & ECON. 181, 181 – 85 (2008)（发现公司内部人士选择退出 SEC 报告制度是为了保护其控制权私人利益的证据，包括“派息消费、优惠贷款、优厚的薪酬待遇、将自由现金流投资于为内部人员利益服务的项目，或与内部人士持有股权的其他公司进行自我交易”）。

〔223〕 See Hillary A. Sale, *Independent Directors as Securities Monitors*, 61 BUS. LAW. 1375 (2006)（将独立董事的监督作用描述为 SEC 用于改善公司治理的强制信息披露实质模式的一个方面）。

〔224〕 See Merritt B. Fox, *Required Disclosure and Corporate Governance*, 62 LAW & CONTEMP. PROBS. 113, 123 – 25 (1999).

〔225〕 See Securities Act of 1933 § § 11, 12(a)(2), 17, 15 U. S. C. § § 77k, 77l(a)(2), 77q (2012); Securities Exchange Act of 1934, 15 U. S. C. § 78j(b) (2012).

〔226〕 See, e. g., Andrew F. Tuch, *Multiple Gatekeepers*, 96 VA. L. REV. 1583 (2010).

〔227〕 可以肯定的是，当律师和审计师帮助公司在边际上做出重大决定时，这种治理利益可能部分得到弥补。

对于在多种产品和地理市场经营的大公司来说,监督对于解决信息不对称和防止次优决策的好处更加明显。然而,这正是我们预期会出现重大性盲区的公司类型。伯克希尔·哈撒韦公司的例子表明,在没有详细披露要求的情况下,这种有益的协调和监督没有实现。该公司最近的年度报告指出其业务高度分散;它在世界各地拥有约331,000名员工,但其中只有25名员工在公司总部工作并起到协调职能。[228] 可以肯定的是,如果伯克希尔·哈撒韦公司被要求提供更多的披露,它将需要进行更多的内部协调。

第二(一)部分讨论的微软公司案例提供了几个重大性盲区如何可能有损投资者保护和公司治理的例子。回想一下,微软公司能够避免披露与其85亿美元收购Skype有关的协议。虽然在该交易中没有任何自我交易的证据,但这笔交易至少可能是次优的。当时,微软公司的股东们担心,作为即将进行的首次公开募股的一部分,微软公司支付了超过Skype对其业务的自我估值的40%的溢价。[229] 此外,这一交易表明一家私募股权公司向一家上市公司(Microsoft)出售了一家私人公司(Skype),私募股权的非透明结构通常被描述为"滋生代理成本的温床"。[230] 这一案例中,代理成本可能来自收购协议条款,如主要高管的服务协议、购买价格调整和基于财务表现额外对价条款(earnout provisions)。因为协议没有披露,我们无法知道这些条款中是否存在任何是次优的或更糟糕的条款。不过,我们可以确信,微软公司的收购记录屡遭批评。最近两次未披露合同的收购导致130亿美元的资产减

[228] See Berkshire Hathaway, supra note 168, at 1.

[229] See Tara Lachapelle & Dina Bass, *Skype Gets 40% Markup as Microsoft Surprised Owners: Real M&A*, BLOOMBERG BUS (May 11, 2011), http://perma.cc/93LL-ZGRD(总结一些持有微软公司股票的机构投资者对Skype收购的负面反应)。

[230] James C. Spindler, *How Private Is Private Equity, and at What Cost?*, 76 U. CHI. L. REV. 311, 331 (2009).

值，公司价值的破坏给投资者保护和公司治理带来了直接和消极的后果。[231] 总的来说，因重大性标准的应用，微软公司能够避免披露并购协议，从而规避了证券法律对于自我交易、欺诈或糟糕决策的把关检查。

（三）公司外部治理

信息披露的公司外部治理效益源于其为投资者的决策提供信息，促进对冲基金、投资分析师、评级机构、代理咨询公司和其他信息中介机构进行外部监督。与从信息披露过程以及公司内部人员及其顾问的活动中获得的内部治理效益不同，披露的外部治理效益取决于信息披露的真实性和投资者的行为。[232] 因为投资者是披露制度的最初预期受益者，信息披露的外部治理效益与深植于美国证券法律的投资者保护原则密切相关。如果由于重大性标准的应用使大公司能够避免披露信息，这些好处就会减少。本文首先从理论案例出发，然后探讨了重大性盲区的潜在危害。

即使股东不参与上市公司的日常治理，但他们有三种权利，即"投票、出售（股票）或起诉"。[233] 在每种情况下，通过披露制度提供的信息都是必不可少的。例如，股东定期收到关于公司业绩的信息，以及与

---

〔231〕 See Nick Wingfield, *With LinkedIn, Microsoft Looks to Avoid Past Acquisition Busts*, N. Y. Times (Dec. 8, 2016), https://perma.cc/Q2PX－MYU3（报道称微软公司"没有很好的收购记录"并且其不得不注销其收购 aQuantive 和诺基亚移动业务的 130 亿美元，几乎是整个账面价值）；See also Don Clark, *Microsoft Has Mixed Record of Success on Big Acquisitions*, Wall Street J. (June 13, 2016), http://www.wsj.com/articles/microsoft－has－mixed－record－of－success－on－big－acquisitions－1465851304 (suggesting that few financial benefits have emerged from Microsoft's M&A activities and reporting investor sentiment that "[m]any of [Microsoft's] big deals haven't worked out as planned").

〔232〕 公司内部治理和外部治理之间的分界线并无明确划分：涉及股东的治理机制有时被称为"内部"公司治理，因为股东在公司中的确具有正式作用。在披露背景下，我保留了"公司内部治理"供那些参与公司日常管理及其顾问的人采取行动。因为股东和其他投资者不参与日常管理，除非信息已通过内部人士控制的过程予以正式披露（一般情况下）无法获得公司信息，似乎更倾向于将其纳入"外部"范畴。

〔233〕 Robert B. Thompson, *Preemption and Federalism in Corporate Governance: Protecting Shareholder Rights to Vote, Sell, and Sue*, 62 LAW & CONTEMP. PROBS. 215, 216 (1999).

要求他们投票有关的特别披露材料,这要么是理所当然的(如选举董事会),或者是由于特殊的公司事件(如投票批准法定合并或资产出售)。[234] 从相关的角度看,不仅股东,而且包括债券持有人在内的所有投资者都从信息披露中受益,因为信息披露消除了信息不对称,为证券交易创造了一个公平的信息环境。[235] 当投资者行使诉讼权利(例如,根据州法律提起的派生诉讼或根据联邦法律提起的证券欺诈诉讼),以及根据州法律规定的某些特别权利,如持异议者的权利(dissenter rights)或股份收买请求权(appraisal rights),信息披露也起到了告知投资者的作用。[236] 最后,披露有助于促进积极股东的持续监督和参与,这是公司治理中一支日益壮大的力量。[237] 积极股东的成功在一定程度上取决于他们收集、处理和分析信息的能力。因此,积极股东热衷于获取信息,包括公司披露文件中的信息。[238]

撇开投资者的工作不谈,由投资分析师、评级机构和代理咨询公司等信息中介机构进行的监督也给公司带来潜在的治理效益。[239] 其一,信息中介机构向散户投资者和机构投资者提供便利这些投资者行使治理权的信息。其二,公司管理层和董事会从信息中介机构所做的分析工作中学习,并经常改变战略以采纳他们的建议。至关重要的是,信息中介机构的任何监督都取决于是否有足够的关于公司活动的信息,而披露制度是提供此类信息的主要途径。

---

〔234〕 See Fox, *supra* note 173, at 1364; see also Fox, supra note 224, at 127.

〔235〕 See Guttentag, supra note 38, at 224 – 27. The SEC has adopted Regulation FD in order to safeguard the same goal. See supra note 115 and accompanying text.

〔236〕 For example, Exchange Act Rule 13e – 3 and DGCL § 262. See 17 C. F. R. § 240. 13e – 3 (2014); DEL. CODE ANN. tit. 8, § 262 (2011).

〔237〕 See Ronald J. Gilson & Jeffrey N. Gordon, *The Agency Costs of Agency Capitalism: Activist Investors and the Revaluation of Governance Rights*, 113 COLUM. L. REV. 863, 899 (2013).

〔238〕 See Alon Brav, Wei Jiang, Frank Partnoy & Randall Thomas, *Hedge Fund Activism, Corporate Governance and Firm Performance*, 63 J. OF FIN. 1729 (2008) (讨论信息丰富的股东监督在提出战略、业务和财务补救方式方面的机制和效果)。

〔239〕 See, e. g., Gilson & Kraakman, supra note 208 (讨论信息中介机构的角色); Jill E. Fisch & Hillary A. Sale, *The Securities Analyst as Agent: Rethinking the Regulation of Analysts*, 88 IOWA L. REV. 1035 (2003) (讨论投资分析师的角色)。

重大性盲区对公司外部治理的影响与其对公司内部治理的影响并无不同。如果重大性标准阻碍披露大型公司活动的有用信息，那么它将对投资者和信息中介的监督产生负面影响。回到微软公司的案例，从公司外部治理的角度来看，不披露收购协议也是有问题的，因为它除去了对欺诈、挥霍或次优决策的额外审查。如果微软公司必须披露收购协议，也不能证明微软公司本可以对 Skype 达成更好的交易，也不可能证明就两次并购交易而言，130 亿美元的资产减值本来是可以避免的。然而，我们可以确信，要求披露收购协议是为了保护投资者免遭欺诈或损失，对于如微软这样的大公司，由于重大性标准的特殊应用，有关协议没有披露，而投资者也因 130 亿美元的公司价值被减损而受到伤害。[240] 正如第五部分所讨论的，这是否足以证明改革披露规则是合理的，可归结为一项政策判断。对投资者和分析师来说，他们对微软公司的收购记录感到惋惜，[241] 更广泛意义上还包括了谷歌公司[242]和伯克希尔·哈撒韦公司[243]的披露做法。

[240] 诚然，如果股东遭受损失，可能会试图通过诉讼进行追偿，但他们必须解决商业判断规则的障碍，而且，他们只能起诉他们知道的事情。重大性盲区现象的本质是它首先阻碍了信息的披露：回想一下，第二部分案例研究中的许多例子都是证明这一规则的例外，因为我们知道通过其他方式存在未披露的事项。

[241] See Clark, supra note 231.

[242] See Alice Truong, *Wall Street Is Really Excited by Google's Restructuring—But It Isn't Exactly Sure Why*, Quartz (Aug. 10, 2015), https://perma.cc/V3XA-G82G（引用行业分析师的话说，即便是重组后的谷歌公司"也无法提供投资者评估其部分业务所需的全部透明度"，并对谷歌公司披露"对谷歌公司特别重要"的现金流项目的意图表示怀疑，如资本支出）。

[243] See Stephen Foley, *Warren Buffett Faces Pressure for More Disclosure*, FIN. TIMES (Feb. 8, 2015), on.ft.com/1zLKvNO（报道称投资分析师表示担忧，即 Berkshire Hathaway 的披露内容远低于同规模公司，并要求扩大披露范围）；See also Lynnley Browning, *Warren Buffett's Transparency Problem*, NEWSWEEK (Feb. 24, 2015), https://perma.cc/67D5-KTBB（指出 Berkshire Hathaway 是"美国最不透明的公司"之一，并引用了一位投资分析师的观点："实际上，我们对这家公司的某些部分一无所知，这使得评估盈利质量变得极其困难"）。

四、重大性标准是对大公司的监管补贴

将重大性标准应用于大公司的信息披露——以及由此产生的重大性盲区——产生的负面影响可能远远超出投资者保护和公司治理的范畴。公司和投资者之间的关系无疑是重要的,因为投资者是资本的提供者,但公司也与其他一些经济行为者,如雇员、其他供应商、客户、潜在收购目标和潜在收购者相互作用;公司也与其他公司竞争。在每一种相互作用中,信息的可用性极为关键。因此,当强制披露制度规范上市公司的信息输出时,它有能力影响这些相互作用以及这些作用发生的市场。公司强制披露所产生的外部性在理论上是已知的,但文献没有考虑到由于重大性标准的运用,不同规模的公司进行的不同信息输出〔244〕的影响。基于经济分析和第二部分讨论的案例研究,我认为,重大性标准的运用可以为大公司提供比小公司更好的竞争优势,并且这也会导致产品和资本市场的扭曲。由于这些影响,重大性标准可被视为给予大公司监管补贴(regulatory subsidy)。本部分的结论是,对效率和竞争的关注没有超出现代证券监管的范围。

(一)公司规模和公司间披露成本

关于证券披露制度,许多评论人士认为,上市公司披露信息有利于公司的竞争对手、供应商和客户。〔245〕 例如,一家公司对其经营行业的

〔244〕 原文为"输入"(input),可能为"输出"(output)的笔误。——编者注

〔245〕 See, e. g., Frank H. Easterbrook & Daniel R. Fischel, *Mandatory Disclosure and the Protection of Investors*, 70 VA. L. REV. 669, 672 – 73, 685 (1984); Coffee, supra note 209, at 721 – 23; Lucian Arye Bebchuk, *Federalism and the Corporation: The Desirable Limits on State Competition in Corporate Law*, 105 HARV. L. REV. 1435, 1490 – 92 (1992); Robert Charles Clark, Corporate Law § 17. 5. 3 (1986); Edmund W. Kitch, *The Theory and Practice of Securities Disclosure*, 61 BROOK. L. REV. 763, 846 – 74 (1995); Fox, supra note 205, at 1356 – 58; Fox, supra note 207, at 2533 – 50. But see Roberta Romano, *The Need for Competition in International Securities Regulation*, 2 Theoretical Inquiries L. 387, 434 – 35 (2001)(质疑一般认为上市公司披露信息对公司的竞争者、供应商和客户有利的理论依据,并认为披露对其他公司的影响可能是负面的)。

披露可能会泄露行业或公司预期产品的隐私信息;这些信息对其他公司规划自身经营是有用的。[246] 如果一家公司披露某一特定业务线盈利,竞争对手可以利用这些信息将资源引导到同一业务线并与披露的公司竞争。[247] 同样,披露的公司的主要客户或供应商可以利用这些信息更努力地与公司进行讨价还价。[248] 换言之,强制披露可以迫使公司发出信号,表明存在有利的竞争地位而产生的经济租金(或经济利润),并与竞争者、供应商和客户分享这些租金。[249]

信息披露给竞争对手、供应商和客户带来的利益,对披露公司而言是成本。披露公司提供了关于其未来计划或盈利能力的信息,竞争对手、供应商和客户可以利用这些信息谋利。对于披露公司,信息披露的成本被称为“企业间成本”(interfirm costs)。[250] 在社会福利方面,假定信息披露的企业间成本被信息披露给其他公司带来的相应利益所抵消。[251] 因此,企业间成本不会导致社会成本。这一动态关系是以下论点的关键,即在没有 SEC 信息披露制度的情况下,企业的自愿披露将低于社会最佳水平。[252] 在没有强制披露要求的情况下,公司有动机减少提供有关其战略和经营业绩的信息,特别是在具有进入壁垒、公司拥有市场支配力并获得经济(相对于会计)利润的市场。[253]

值得注意的是,现有文献没有考虑企业间成本如何随公司规模的变化而变化。我认为重大性标准颠覆了信息披露的企业间成本与其他

---

〔246〕 See Easterbrrok & Fischel, supra note 244, at 685.

〔247〕 See Merritt B. Fox, *The Issuer Choice Debate*, 2 Theoretical Inquiries L. 563, 570 (2001).

〔248〕 See id.

〔249〕 这在静态效率方面有好处,在动态效率方面有成本。披露通知了竞争对手利润机会,这可能导致生产在边际成本等于边际收益的水平,并可能导致更好的在静态效率模型下的资源分配。See Fox, supra note 205, at 1346 n. 20. 同时,披露可能会削弱公司在动态效率模式下产生隐私信息的动机。Id.

〔250〕 Fox, supra note 207, at 2550 – 51.

〔251〕 See Fox, supra note 205, at 1345 – 46, 1350 n. 25; infra note 259 and accompanying text.

〔252〕 Id. at 1346 (“在所有级别的披露中,发行人的私人边际成本将超过其社会边际成本,相当于这些公司间成本”)。

〔253〕 Cf. Id.

公司相应利益之间的平衡。正如第二部分所述,重大性标准确保大公司能够规避对重大事件的披露。如果要求披露这些事项,将导致单个公司的企业间成本,并给竞争对手、供应商和客户带来相应利益。然而,当大公司利用重大性标准并避免披露时,它们能够将自己的企业间成本降到最低。同时,它们从不能以类似的方式、利用重大性标准规避披露重大事项的小公司的披露中获益。最后,大公司给小公司增加了额外的成本,小公司现在不得不投入更多资金来获取未披露的信息。重大性标准影响小公司与大公司之间的企业间成本和企业间利益的特殊方式,可能在两个方面造成不良影响:在大公司和小公司之间的竞争中(给予大公司优势),以及在产品和资本市场中(造成扭曲)。

(二)规模优势

重大性标准使大公司能够将其企业间成本降到最低。公司越大,这种能力就越大。思考第二(三)部分讨论的商业项目的披露。如前所述,谷歌公司不必分解或解释其资本支出和研发支出,因此,不必披露单个商业项目,即使是规模较大的项目,因为它们不是重大的。〔254〕因此,谷歌公司可以避免这种披露所带来的企业间成本。反过来,谷歌公司的竞争对手、客户和供应商也无法从谷歌公司的披露中获得原本会带来的利益。〔255〕相比之下,大多数(如果不是所有)投资于与谷歌公司同等规模的商业项目的较小的竞争对手都必须披露他们在这些商业项目上的投资,因为他们对这些小公司来说是重大的。然后,小公司承担披露的企业间成本,而其竞争对手(包括谷歌公司)、其客户及供应商则从披露中获得相应的利益。

实际上,重大性标准为谷歌公司提供了双重优势,对小公司则提供

〔254〕 See supra Part Ⅱ. C.

〔255〕 诚然,SEC 的披露要求并不是了解大公司活动信息的唯一机制。即使在没有披露义务的情况下,公司也会在他们认为从商业角度来看是有利的情况下自愿发布信息。然而,避免(或至少推迟)披露积极信息和隐藏消极信息可能有非常大的利益。与此相关的是,大公司还受到媒体、行业分析师和其他人的更严格审查;这也可以为市场提供更多的信息。然而,发现私人公司特有的信息可能涉及大量的搜索成本,而且不能保证成功。例如,即使在并购等引人注目的领域,在第二(一)部分调查的过去 10 年的微软公司对私人公司收购的 70% 的案例中,第三方无法获得最基本的条款信息,即收购价格。

了双重劣势。作为全球第二大公司,谷歌公司可以:(1)通过扩大披露范围,最大限度降低自己的公司间成本;(2)持续从较小的竞争对手、较小的供应商和较小的客户(其他人)的披露中受益。另外,小公司:(1)无法最大限度降低自己的企业间披露成本;(2)不能从谷歌公司的披露中受益。在不披露项目性质的情况下,将大量资源投入资本项目和研发的能力,给予谷歌公司这家大公司比规模较小的、与其相互作用的小上市公司竞争优势。换言之,尽管谷歌公司可以秘密研发项目,但重大性标准要求小公司在竞争对手和投资者的直接审查下开发类似规模的项目。

这种动态关系在第二部分讨论的其他披露领域中关系不断显现。回顾一下,如果收购协议不具有重大性,大型上市公司可以避免披露规模大的收购协议。大型公司收购私人公司并避免披露收购协议的能力(通常包含敏感信息)可以使其相对于需要披露的较小的公共竞标人具有优势。思考下面的思想实验。像 Skype 这样的私人公司可以选择被上市公司 S 收购,规模较小而因此需要全面披露该交易的收购协议,或由一家如微软公司的公司收购,公司规模之大以至于收购不会具有重大性而且也不需要披露。可以肯定的是,对 Skype 而言披露将包含重要的企业间成本。[256] 当在两个竞标人之间进行选择时,Skype 将有动机选择微软公司的购买要约而不是 S 公司的要约,只要所有其他的——包括报价——是相等的。如果 Skype 与 S 公司达成协议,双方将不得不承担披露的企业间成本,因为 S 公司被要求披露协议的条款。相比之下,如果 Skype 与微软公司达成协议,双方可以避免企业间成本,因为微软公司不需要披露协议的条款。因此,大型公司(微软公司)仅仅因为其规模和避免披露的能力而获得优势。

披露与重大未决诉讼有关的信息也可能涉及企业间成本。如第二部分所述,法律诉讼程序的披露要求包括评估公司诉讼成功的可能性,

[256] 在出售给微软公司时,Skype 由一家私人股本公司组成的财团拥有。私人股本公司是并购市场中的重复参与者,披露一笔交易的条款可能会损害它们在未来交易中的博弈地位,因为未来的合同对手方可能要求平等或更好的待遇。商业上的敏感条款例子包括赔偿金、主要高管的服务协议、购买价格调整、收入条款以及任何分手费(由目标支付给收购方)或反向分手费(由收购方支付给目标)的存在(和金额)。

并且在某些情况下,还包括披露公司对预计损失规模的估计。这种信息可以向对方表明诉争的价值;相反,不披露这种信息可以带来和解上的好处。第二部分伯克希尔·哈撒韦公司的案例研究说明了这一点:重大性标准的运用,使公司能够避免披露客户的反垄断集体诉讼与所谓的价格操纵。即使可以通过法院数据库如 PACER 获得诉讼信息,这些信息往往是不完整的,而且不能充分替代公司的信息披露。关于重大未决诉讼的披露规则试图获取法院数据库所能提供的以外的信息。例如,ASC450 要求公司评估和披露诉讼造成损失的可能性和程度。与法院卷宗中所包含的未经过滤的信息相比,此类信息对投资者和第三方更有帮助(而且公司披露的成本更高)。[257]

(三)市场扭曲

大公司将信息披露企业间成本最小化的能力也会造成产品和资本市场的扭曲。这些影响与上文讨论的规模优势密切相关,但又有所不同。当公司能够避免披露时,就不能获得披露的一些潜在好处。其中包括披露对资本市场效率和整个经济范围内的资本和资产配置的积极影响,以及披露在特定产品市场消除信息不对称从而增强竞争的潜力。[258] 实证研究证明了缺乏信息披露与缺乏市场竞争之间的联系。[259]

在产品市场上,大公司将信息披露企业间成本最小化的能力(及小

---

〔257〕 见前文第二(二)部分。

〔258〕 See, e. g. , Coffee, supra note 209, at 721 – 23; Kahan, supra note 212, at 1013 n. 158. 即使是反对联邦强制披露制度和赞成自愿披露制度的评论人也承认信息在确定证券价格方面的作用,反过来也有助于分配效率。See, e. g. , George J. Benston, *An Appraisal of the Costs and Benefits of Government – Required Disclosure: SEC and FTC Requirements*, 41 Law & Contemp. Probs. 30, 32 – 33 (1977); Romano, supra note 244, at 464 – 93 (2001).

〔259〕 See Christine A. Botosan & Mary Stanford, *Managers' Motives to Withhold Segment Disclosures and the Effect of SFAS No.* 131 *on Analysts' Information Environment*, 80 ACCT. REV. 751 (2005)(表明公司利用会计披露要求的自由,隐瞒在竞争较弱行业中经营的业务部门的信息,并推断出这种不披露的动机是为了保护竞争力较低行业的利润);Mary Stanford Harris, *The Association Between Competition and Managers' Business Segment Report – ing Decisions*, 36 J. ACCT. RES. 111 (1998)(表明公司不太可能在竞争较弱的行业提供部门披露,并认为这源于保护竞争力较低行业中的非正常利润和市场份额)。

公司的无能为力)可能导致资源的次优配置。在任何一个大公司享有优势并能够获得经济利润的产品市场上,大公司缺乏信息披露将无法向小公司提供信号。如果没有新的市场参与者来竞争经济利润,大公司的优势将随着时间的推移而一直持续。这会降低消费者的福利,造成无谓的损失,并进一步增强大公司的市场力量。

在任何一个小公司享有优势并能够获得经济利益的产品市场中,小公司的证券披露可以向其他公司发出进入市场的信号,这将增强竞争并导致静态效率。但随着时间的推移,大公司也将在这样的市场上享有优势。通过减少创新的回报,信息披露减少了公司产生秘密信息(private information)的动机。[260] 当我们将这种一般效应应用于不同规模的公司时,我们再次观察到不同的结果。小公司产生秘密信息和创新的动机会减少,因为他们需要提供公开的信息,而大公司产生秘密信息和创新的动机不会受到影响,因为重大性标准使他们避免提供类似的披露。这可能导致研发资源在公司之间的次优分配,大企业在研发上的支出更多,而小企业的支出更少。因此,大公司将比小公司更具创新性,并可能主导产品市场。可以肯定的是,可能还有其他影响;这里的分析故意将公司的披露做法对它们所经营的市场的影响隔离开来,同时保持所有其他方面的平等。从理论上讲,重大性标准的应用,以及由此产生的大公司和小公司的信息披露企业间成本的差异,可以使产品市场上的大公司享有特权,减少竞争,导致寡头垄断的市场结构。

资本市场也可能出现类似的扭曲。由于披露要求的运用,小公司对披露什么的自由裁量权有限。小公司必须披露正面和负面信息,而大公司可能能够避免披露负面信息,如果这些信息低于重大性标准。假设一家小公司面临两件事情:一笔10亿美元的资本支出将提高其盈利能力(正面信息);一笔10亿美元的或有负债将对其经营结果产生不利影响(负面信息)。如果10亿美元对小公司来说是一个重要的数额,那么该公司将不得不向投资者披露这两件事。然而,面对同样的两件事,一家10亿美元不是重要数额的大公司将有权选择不披露负面信息,而只披露正面信息。这种行为将与理论预测相一致,因为所有公司

[260] Cf. Fox, supra note 207, at 2551 – 52.

通常都自愿披露将降低其资本成本的信息。[261] 大公司只能通过策略性披露正面信息来降低其资本成本,而小公司则不享有这种自由裁量权。因此,由于重大性标准而不披露信息可能导致扭曲,使大公司相较于小公司而言系统地受益于较低的资本成本。[262] 这反过来又会对整个经济的资本分配产生负面影响。

(四)披露,效率及竞争

强调重大性盲区对市场效率和竞争的潜在不利影响的证据,本身并不证明利用证券监管来减轻任何这样的影响是正当的。鉴于披露制度最初和持续关注投资者保护问题,可以认为,重大性标准造成的任何规模优势和市场扭曲都应与证券监管无关;相反,可以通过反托拉斯法或其他监管制度来解决这些问题。尽管它的概念简洁并具有直观吸引力,但是,这样的论点是错误的。本部分突出了 SEC 有时被遗忘的法定任务,即在制定规则时考虑投资者保护以外的因素,并提出了最近的经济证据,表明对市场扭曲和大公司规模优势的担忧可能是有根据。

学者们经常基于理论[263]和基本法规的立法历史,提出更广泛的证券监管概念,[264]但 SEC 在其规则制定时通常没有考虑投资者保护

---

[261] See, e. g., Michael P. Dooley, *Fundamentals of Corporation Law* 390 (1995)(指出公司有积极的动机披露信息,"直到额外披露的边际成本等于公司降低资本成本的边际收益为止");See also Romano, supra note 205, at 2426 – 27(表明了如果有选择,公司将选择最大化减少资本成本的披露做法)。

[262] 当然,与较小的公司相比,大公司从较低的资本成本中获益还有许多其他原因,如更好的财务资源或通过有效的多样化降低风险。这里的关键是,在所有其他平等的情况下,由于重大性而披露或不披露信息可能会扭曲资本市场,并抑制大公司的资本成本。

[263] See, e. g., Coffee, supra note 209, at 734("如果我们将证券市场看作是投资资本的主要配置机制,那么证券价格的行为之所以重要,与其说是因为它们对投资者的分配后果,不如说是由于它们对配置效率的影响。在这种情况下,重要的不仅是游戏是公平的,而且它是准确的——也就是说,资本被正确定价");Zohar Goshen & Gideon Parchimovsky, *The Essential Role of Securities Regulation*, 55 DUKE L. J. 711, 713 (2006)(反对"证券监管旨在保护普通投资者的普遍观点",并认为"证券监管的最终目标是实现有效的金融市场,从而改善经济中的资源分配")。

[264] See, e. g., Cynthia A. Williams, *The Securities and Exchange Commission and Corporate Social Trans – parency*, 112 HARV. L. REV. 1197, 1210, 1235 – 45 (1999)(认为除了保护投资者的目标外,《交易法》还赋予 SEC 促进"市场效率"的权力,并要求"未公共利益所必要或适当"的披露)。

外的因素。[265] 在华盛顿特区巡回法院推翻了 SEC 的几项规则,呼吁 SEC 在制定规则时,特别关注证券法有关要求考虑投资者保护之外因素的规定之后,这种情况开始改变,[266] 美国国会在 1996 年通过的立法条款要求 SEC 考虑"除保护投资者外,规则制定是否会促进效率、竞争和资本形成"。[267] 华盛顿特区巡回法院认为"效率、竞争和资本形成"(ECCF)的要求是,作为规则制定过程的一部分,SEC 需要对拟议规则进行成本效益分析。[268] 这一解释引起了很大的争议,因为它会改变并很可能限制 SEC 的规则制定能力,[269] 还因为金融监管可能特别不适合成本效益分析工具。[270] 同样存在问题的是,国会缺乏关于 ECCF 因素含义的指导,[271] 以及 ECCF 因素固有的模糊性。[272] 尽管面临这些挑战,SEC 仍在扩大其成本效益分析能力方面做了大量工作,并发布了一

---

[265] See, e. g., Yoon - Ho Alex Lee, *The Efficiency Criterion for Securities Regulation: Investor Welfare or Total Surplus?*, 57 ARIZ. L. REV. 85, 89 - 90 (2015).

[266] See Bus. Roundtable v. SEC, 647 F. 3d 1144, 1148 - 49 (D. C. Cir. 2011)(废止 Dodd - Frank 法规定的 SEC 代理访问规则); See also Am. Equity Inv. Life Ins. Co. v. SEC, 613 F. 3d 166, 177 - 79 (D. C. Cir. 2009)(废止 SEC 关于固定指数年金的规定); Chamber of Commerce v. SEC, 412 F. 3d 133, 142 - 44 (D. C. Cir. 2005)(废止 SEC 关于共同基金董事独立性要求的规则)。

[267] Securities Act of 1933, 15 U. S. C. § 77b(b) (2012); Securities Exchange Act of 1934, 15 U. S. C. § 78c(f) (2012). In 1999, the same provision was added to the Investment Company Act of 1940 and applies to rulemaking thereunder. Investment Company Act of 1940, 15 U. S. C. § 80(a) - 2(c) (2012).

[268] See Bruce Kraus & Connor Raso, *Rational Boundaries for SEC Cost - Benefit Analysis*, 30 YALE J. ON REG. 289, 300 (2013).

[269] See, e. g., Donna M. Nagy, *The Costs of Mandatory Cost - Benefit Analysis in SEC Rulemaking*, 57 ARIZ. L. REV. 129 (2015).

[270] See, e. g., John C. Coates IV, *Cost - Benefit Analysis of Financial Regulation: Case Studies and Implications*, 124 YALE L. J. 882 (2015).

[271] 国会没有界定"效率、竞争和资本形成"等术语,没有具体规定一个主导因素或这些因素之间如何平衡(或如何平衡投资者保护),也没有要求对这些因素的考虑产生净正面结果。See Jill E. Fisch, *The Long Road Back: Business Roundtable and the Future of SEC Rulemaking*, 36 SEATTLE U. L. REV. 695, 713 - 16 (2013).

[272] See Lee, supra note 264; See also Yoon - Ho Alex Lee, *SEC Rules, Stakeholder Interests, and Cost - Benefit Analysis*, 10 CAP. MKTS. L. J. 311 (2015).

份包括 ECCF 因素在内的、关于其对成本和效益理解的指导备忘录。[273]

ECCF 的要求不一定是个去监管(anti - regulatory)的工具,尽管它因法院判决推翻 SEC 规则而声名鹊起。在适当的情况下, ECCF 因素可以用来证明增加扩充监管的合理性。例如,在考虑新的信息披露规则时,ECCF 因素允许 SEC 考虑与提高竞争和效率有关的信息披露效益。正如第四(一)(二)(三)部分所述,重大性标准的应用——以及由此导致的重大性盲区——可以导致市场扭曲(降低效率)和对小公司和大公司施加巨大的企业间成本(破坏竞争)。因此,如果 SEC 考虑一项解决重大性盲区现象的规则时,它将能够在考虑该规则的投资者保护效益的同时,考虑该规则的效率和竞争效益。[274]

由于,作为信息披露有效性倡议(Disclosure Effectiveness Initiative)的一部分,以及基于美国国会在《JOBS 法》和《FAST 法》下的授权,SEC 已经参与了新的规则制定,这里讨论的效率和竞争问题具有直接相关性。对可能修订的信息披露制度(包括 S - K 规则)进行的成本效益分析时,应考虑本部分讨论的 ECCF 论据,而不仅仅是第三部分讨论的与投资者保护有关的论据。令人鼓舞的是,SEC 在有关“S - K 规则现代化理念公告”(Regulation S - K Modernization Concept Release)中承认,SEC 必须将 ECCF 因素作为其规则制定的一部分。[275] 公告中引用的少数学术研究指出,信息披露的好处不仅体现在保护投资者,而且体现在公司的资本成本和增长预期。[276] 然而,SEC 可以进一步考虑信息披露对竞争和效率的影响的理论和实证证据,以及本部分讨论的重大性标准对大公司和小公司的不同影响。这一观点得到了 SEC 自己的成本效益分析指南的支持,该指南指出,SEC 的成本效益分析可以从

---

[273] See Memorandum from the SEC Div. of Risk, Strategy, and Fin. Innovation and the Office of the Gen. Counsel, Current Guidance on Economic Analysis in SEC Rulemakings 12 - 15 (Mar. 16, 2012), http://perma.cc/DT6K - A386.

[274] 当然,规则的成本也是如此。然而,我们可以期待要求大公司额外披露的规则的好处大于这些规则的成本。

[275] See Regulation S - K Modernization Concept Release, supra note 34, at 23,922.

[276] Id. at 23,930 & n. 167 - 9.

“更好的信息共享带来较低的风险溢价和更好的资本配置”,以及“强化竞争,推动价格降低或质量提高”的角度,考虑成本效益分析之于规则的效益,其中包括信息披露规则。[277]

最近的经济证据表明,本部分所讨论的潜在问题,即大企业的市场扭曲和规模优势,可以在实体经济中观察到。例如,与同时期的大型企业首次公开发行和较早的小型公司首次公开发行相比,3 年内无盈利的小型公司首次公开发行的比例自 20 世纪 90 年代末以来有了相当大的增长。[278] 此外,美国上市非金融公司的投资资本回报率越来越集中在一个较小的市场领域:2014 年,规模居于 90 分位的公司的资本投资回报率是中等公司的 5 倍以上(高于 25 年前的 2 倍)。[279] 同一时期作为公司动态指标的企业进入率(firm entry rates)几乎下降了 2 倍,[280] 而在大多数行业中,50 家最大的公司所享有的收入份额确随着时间的推移而增加。[281]

可以肯定的是,这些不良现象的起源是高度复杂的,将其归咎于任何单一的监管领域都是错误的,更不用说仅仅是证券监管了。然而,鉴于本部分所提出的理论讨论,我们应该接受这种观点,即证券监管可能是许多因素之一。至少,证券监管不应增加大公司已经享有的规模优势。

对他们而言,政策制定者已经认识到过度扭曲、集中或缺乏竞争力的市场不能仅通过传统的反托拉斯法来解决,2016 年 4 月的行政命令证明了这一点,该行政命令指示所有“有权机构可以用来加强竞争”,以便“利用这些权力来促进竞争”。[282] 尽管行政命令“大力鼓励”如 SEC 之类的独立机构来遵守其指令,但迄今为止,SEC 似乎没有采取任

[277] See supra note 272, at 11.

[278] Xiaohui Gao, Jay R. Ritter & Zhongyan Zhu, *Where Have All the IPOs Gone?*, 48 J. FIN & QUANT. ANALYSIS 1663, 1669 – 71 (2013).

[279] White House Council of Economic Advisers, *Issue Brief: Benefits of Competition and Indicators of Market Power* 5 (2016), https://perma.cc/9U7DKXDR.

[280] Id.

[281] Id. at 4.

[282] Exec. Order No. 13,725, *Steps to Increase Competition and Better Inform Consumers and Workers to Support Continued Growth of the American Economy* (Apr. 15, 2016), 81 Fed. Reg. 23,417 (Apr. 20, 2016). 行政命令指出,诸如 SEC 等独立机构“被强烈鼓励遵守”,并谈到经济内部信息流动的重要性。Id. at 23,418.

何行动。然而,采取行动取消或至少减轻证券披露制度中对大公司的监管补贴有助于强化竞争,这符合行政命令的要求。这为 SEC 提供了另一个理由,让它把重点放在大公司将重大性标准应用于信息披露上。

五、建议的解决办法

本部分提出了一种可用于解决重大性盲区的监管方法:扩大对具体的数值标准的使用,确保披露特别重要的事项,改善目前信息披露制度对重大性标准的依赖。建议的披露要求将采取精确披露规则的形式,独立于原则导向的重大性标准。新的要求应针对有限的一组交易或事项,这些交易或事项尽管绝对值很大,但被大公司认为不重要。

我的建议是,以现有的强制披露制度作为前提,努力处理重大性盲区造成的两种危害。基于披露(disclosure - based)的解决方案具有可行性。利用其拥有的广泛权力,根据标准的规则制定程序,并作为目前正在进行的"信息披露有效性倡议"的一部分,SEC 可以相对容易地修改披露规则。尽管其他解决方案也是可用的,但它们可能消耗 SEC 更多的资源,[283]或未能解决本文指出的两种危害。[284] 此外,与其他可选方案相比,信息披露通常被认为是一种干预较轻的监管方式。[285] 可以

---

[283] 这类解决方案可能需要 SEC 加大监督和执行力度,既是为了在事前获得更多披露,也是为了在事后强制弥补披露遗漏。

[284] 通过允许更多的小公司从目前适用于 EGCs 和较小报告公司的披露要求的减少中受益,有可能解决监管对大公司的补贴问题。实际上,这将为这些公司提供"监管回扣",使它们与大公司处于更加平等的地位。这种解决办法虽然比什么都不做要好,但不如本文提议的办法好,因为它没有解决对投资者保护和公司治理的潜在危害问题。它可以帮助小公司与大公司竞争,但不会导致大公司向投资者提供更多的信息。

[285] 在废止 SEC 规定的对共同基金采取特殊治理做法的规则的 Chamber of Commerce v. SEC 一案中,华盛顿特区巡回法院认为,委员会未能将披露考虑为较轻的可选方案,违反了《行政程序法》。Chamber of Commerce v. SEC,412 F. 3d 133,144 (D. C. Cir. 2005).

肯定的是，信息披露要求可能是无效的，并且其扩张可能会产生不良影响。[286] 为解释这种可能性，我考虑了几种对我建议的可能的反对意见。我发现，尽管这些反对意见在其他情况下可能是很重要的，但在大公司的披露做法中，它们的影响力有限。

（一）作为披露安全网的定量阈值

SEC 可以通过在某些现有信息披露规则中引入特定的定量阈值（quantitative thresholds）来解决重大性盲区问题。这些定量阈值将触发一项要求，即在不首先使用原则导向的重大性标准进行分析的情况下披露信息。为了避免重复重大性的缺点，这种标准应以特定的美元数额而非百分比表示。使用基于百分比的规则会重复重大性标准中固有的问题，因为这种规则明确将正在进行重大性评估的公司的规模纳入考虑：公司越大，信息披露标准的绝对值越高。相比之下，以美元数额表示的量化阈值将保持绝对不变，公司规模将不再是重大性评估的一部分。相反，不同规模的公司的披露义务是相同的，并且实际上，披露义务可以设计成一个安全网来捕捉其他情况下不会披露的大的事项或交易。由于所披露的信息对于投资者保护、公司治理、市场效率、竞争或潜在的公共利益具有实用价值，在具有重大意义的披露领域，这种阈值将发挥最大的作用。例如，这可以包括第二部分讨论的一些领域。如果标准的设定是适当的，新要求的影响可能仅限于大公司和案例研究中反映的（应披露而）未披露的情况。

以第二（一）部分讨论的关于披露重大收购协议的规则为例。可以对这些规则加以补充，要求披露价值超过一定美元数额的协议，如 10 亿美元；这是对目前重大协议披露要求的补充。大多数公司不参与如此大规模的收购，因此不会受到新要求的影响；相反，他们将继续分析使用现有重大性标准规则时是否应该披露一项协议。然而，对于大公司来说，数量标准要求披露额外的收购协议，如微软公司以 85 亿美元收购 Skype。回想一下，微软公司认为这一协议不重大而没有披露。

---

[286] See, e. g., Steven A. Bank & George S. Georgiev, *Paying High for Low Performance*, 100 MINN. L. REV. HEADNOTES 14 (2016)（认为高管薪酬领域的披露规则可能被操纵且可能适得其反）。

增加的数量要求将作为防止重大性盲区的安全网,要求披露重要或绝对值相当大的信息,但现有的重大性标准并没有包含这些信息。

这项建议概述了增加信息披露要求的概念性方法;它没有规定具体披露要求的内容。SEC 可以根据其标准的规则制定程序来制定并测试具体的政策性建议,包括具体的数量标准。[287] 应定期审查和更新这些要求,以考虑通货膨胀或不断变化的经济现实。在设定数量标准时,SEC 可以使用易于实现和客观的基准。例如,如果交易规模超过美国上市公司的平均市值,或上市公司市值中位数,或所有上市公司总市值的一定比例,则可能需要披露。2011 年 Skype 交易的估值为 85 亿美元,2016 年则为 91 亿美元。这个数字高于罗素 3000 指数(代表美国市场规模)中公司的平均市值,也高于罗素 3000 指数中中等公司的市值。[288]

具体阈值已经是我们监管手段的一部分,并且在证券法以外的基于披露的监管领域尤其常见。[289] 即使在证券监管中,有时也使用具体的数字标准而不是原则导向的重大性标准,如在环境责任披露[290]、与关联方的交易[291]或高管薪酬方面。[292] 将定量标准设置到何种程度,与使用这种标准是两个不同的问题。现有的一些标准可能设置得太低,可能需要向上更新。拟议的旨在解决重大性盲区现象的定量标准

---

[287] 这一概念方法与最近在披露监管领域开展的其他工作一致。See, e. g., Langevoort & Thompson, supra note 26, at 379 – 80 (表明 SEC 应确定用于区分两个可能的发行人类别的具体特征,以及应适用于非公开发行人类别的披露要求的内容)。

[288] 根据 Bloomberg 数据库截至 2016 年 11 月 30 日的数据计算,Russell 3000 指数中公司的平均市值约为 87 亿美元,中等公司的市值约为 16 亿美元。

[289] 金融公司的监管更多地依赖于具体标准,而不是重大性的概念。在反托拉斯法中,Hart – Scott – Rodino 的申报标准是以绝对值表示而不是关于重大性的。环境法领域的披露义务也包含具体的标准。

[290] See Regulation S – K, Item 103, Instruction 5. A. C(要求政府实体披露对金钱惩罚可能超过 100,000 美元的环境制裁程序)。

[291] See Regulation S – K, Item 404, 17 C. F. R. § 229.404 (2014)(要求每年披露价值超过 120,000 美元及涉及董事、执行人或任何有表决权证券的 5% 以上的股东的交易)。

[292] See Executive Compensation and Related Person Disclosure, Securities Act Release No. 8732A, Exchange Act Release No. 54,302A, Investment Company Act Release No. 27,444A, 71 Fed. Reg. 53,158 (Sept. 8, 2006).

应由 SEC 设定至能捕捉重要信息(如第二部分所讨论的信息)的程度，但又不会导致过多的额外披露。这里建议的方法并不是要从现有规则中写出重大性标准。相反，它将通过确保大公司披露重要或绝对值非常大、但未被现行重大性标准包含在内的信息来增强这种标准。

采用信息披露定量标准，还可促进公司发布“纯粹信息”。例如，重要合同的全文将是纯粹信息，而合同摘要则不是。在某些情况下，纯粹信息可能比所谓的中介机构的描述对决策者更有帮助。[293] 这将由 SEC 来决定是否有必要在任何具体的披露领域要求披露纯粹信息，但至少在分析复杂的实体时，存在扩张使用纯粹信息的理论案例。[294]

在重大合同的背景下，纯粹信息的使用与美国国会 1933 年提出的最初方案并不冲突，这一方案仍载于《证券法》的附录 A，但后来被 SEC 制定的规则所取代。例如，美国国会规定，任何与公用事业公司订立的合同，如有下列规定，则需要予以披露：“提供或接受技术或财务咨询或服务(如果这种合同可能涉及向任何一方收取的年费率超过 2500 美元……)。”[295] 1933 年国会设定的标准非常低：2500 美元相当于 2016 年约 46,500 美元。为了避免披露无关的合同，目前需要更高的披露标准。然而，奇怪的是，美国国会在 1933 年认为一份 46,500 美元的合同本身是重要的，而今天的披露制度却容忍不披露 85 亿美元的合同(微软公司收购 Skype)。美国国会对公共事业合同的披露设定的低阈值很可能是由于这类合同可能被滥用。正如第三部分及第四部分所述，公共/私人并购交易也可能产生潜在、棘手的代理成本，危及投资者保护和市场效率。

(二) SEC 的信息披露有效性倡议

自 2012 年以来，SEC 一直在参与一项“信息披露有效性倡议”，该倡议源自《JOBS 法》的美国国会授权。[296] 这一倡议已扩大到包括对信息披露要求的实质内容、格式和向投资者提供信息的手段进行一次全

---

[293] See Hu, supra note 26(讨论金融监管背景下纯粹信息模式的利弊)。

[294] Id.

[295] Securities Act of 1933, Schedule A (24) ch. 38, 48 Stat. 74, 90 [codified as amended at 15 U. S. C. § 77aa (2012)].

[296] See supra note 62 and accompanying text.

面审查。具体而言,SEC 正在审查 S－X 规则中的某些财务报告和披露要求、S－K 规则中的业务和财务披露要求以及 S－K 规则中有关管理层、证券持有人和公司治理事项的披露要求。[297] SEC 还提出了规则修正案,以扩大超链接在公司文件中的使用,以及其他对“删除多余、重叠、过时或废止的信息披露规定”。[298] 本文这一子部分旨在评估许多改革建议的优点,但只是为了表明,借助本文提出的额外披露要求,通过提高信息的质量和可获得性,SEC 可以改善任何潜在的不良影响。此外,“信息披露有效性倡议”开展的监管审查为研究和解决重大性盲区现象提供了极好的机会。第四(四)部分讨论的“效率、竞争和资本形成”的效益,为 SEC 专注于该领域提供了另一个理由。

“信息披露有效性倡议”已经开始处理重复或过时的规则。重复的例子如第二(二)部分讨论过的对法律程序的披露:此类信息经常在公司信息披露文件的几个单独部分中重复,如法律程序、风险因素、管理层讨论和分析及财务报表附注。[299] 更普遍地,SEC 根据其S－K 和 S－X 规则制定的信息披露要求与财务会计准则委员会(Financial Accounting Standards Board)制定的会计规则之间存在明显的重复。[300] 最后,现行规则要求公司提供一些在别处容易获得的信息,或在某些情况下不需要的信息。[301]

过时的公司信息披露格式也需要改革。一项改革设想是采用“公

---

[297] See Mary Jo White, Chair, U. S. Sec. & Exch. Comm'n, *Testimony on "Examining the SEC's Agenda, Operations, and FY 2018 Budget Request"* (Nov. 15, 2016), https://www.sec.gov/news/testimony/white－testimony－sec－agenda－fy2018－budget－request.html(概述作为“信息披露有效性倡议”一部分的 SEC 的活动)。

[298] Id.

[299] 参见前文第二(二)部分。

[300] See, e. g., Keith F. Higgins, Dir., Div. of Corp. Fin, U. S. Sec. & Exch. Comm'n, *Shaping Company Disclosure: Remarks Before the George A. Leet Business Law Conference* (Oct. 3, 2014), https://www.sec.gov/News/Speech/Detail/Speech/1370543104412.

[301] 例如,S－K 规则第 201 条要求各公司提供一张表,显示前两年的历史股价。Regulation S－K, 17 C. F. R. § 229.201 (2014). 这一信息很容易通过互联网实时获取,投资者不太可能依靠公司文件来获取这一信息。另一个过时的要求涉及样板文件的披露,即在美国证券交易委员会的公共资料室查阅公司的年度报告。17 C. F. R. § 229.101(e)(2).

司文件”(company file)的方法,以包含更多的最新信息,[302] 其他改革涉及更多地使用图形、图表和表格来传达信息,以及更广泛地使用交叉引用。SEC 已经采取措施,通过要求以可扩展商业报告语言(XBRL)标记财务信息,使公司文件更具互动性。[303] SEC 还可以采取分层披露的措施,即公司的信息分别以摘要形式和细化形式呈现。详细信息也可以根据其重要性排序。在这种策略下,投资者可以根据自己的偏好和专业程度来选择他们想要的信息层,同时也可以跨层。这将解决不同投资者的不同信息需求,并确保公司的信息披露服务于不同类型的受众。

总之,在信息披露制度中删除重复或过时的规则,让位于旨在减少重大性盲区的额外信息披露要求。与提高信息可用性有关的改革将使当前的信息披露更容易处理,并将最小化由此导致额外复杂性。尽管额外信息披露要求有利于投资者,但 SEC 示意,对披露框架的修订可能会更加依赖“原则导向的披露要求”和重大性标准。[304] 根据本文提出的观点,更多地使用重大性标准,而不保留现有的量化阈值和增加其他的量化阈值,应该引起关注,尤其是对于大公司而言。

(三)对可能的反对意见的回应

我提出的解决重大性盲区问题方案,要求适度提高一小部分上市公司(从事最大规模交易的上市公司)的披露要求。尽管如此,它可能招致反对意见,[305] 主要鉴于目前关于强制信息披露制度效用的争论,

---

[302] See Higgins, supra note 299.

[303] See Interactive Data to Improve Financial Reporting, Securities Act Release No. 9002, Exchange Act Release No. 59,324, Investment Company Act Release No. 28,609, 74 Fed. Reg. 6776, 6776 (Feb. 10, 2009). 一旦财务数据采用 XBRL 格式,财务报表就可以直接下载到电子表格中,使用商业软件以多种方式进行分析,并以其他软件格式在投资模型中使用。Id.

[304] See, e. g., Mary Jo White, Chair, U. S. Sec. & Exch. Comm'n, *Speech at the National Association of Corporate Directors Leadership Conference: The Path Forward on Disclosure* (Oct. 15, 2013), http://www.sec.gov/News/Speech/Detail/Speech/1370539878806(提出披露制度“基本上基于重大性标准”);See also *Regulation S-K Modernization Concept Release*, supra note 34, at 23,924-8(总结观点,提出进一步研究的方向)。

[305] See Romano, supra note 205, at 261.

以及信息披露有限性的争论。[306] 在此,我简单地分析了一些反对意见。虽然他们主要基于中小型公司的案例,但我发现,反对意见并没有削弱我的旨在解决大公司信息披露重大性盲区提议。

1. 披露成本

潜在的反对意见主要集中在额外信息披露所产生的成本上。这些成本可以有多种形式,每种形式都有不同的预期效果。它们可能是真正的合规成本,在这种情况下,受新披露要求约束的公司可能会从其他可能更具生产性的用途上转移资源,以符合信息披露要求。成本也可以是预期(未实现)的合规成本。仅仅是对新披露要求的预期,就可能导致公司取消其证券的注册,要么是"潜入地下"(going dark)(成为一家非公众公司),要么是在信息披露要求不太严格的司法管辖区寻求在替代性股票市场上市。最后,披露成本可能与公司因披露专有信息而可能降低的经济前景有关,也可能与公司因比同行披露更多信息而导致的竞争地位下降有关。归根结底,每一项反对意见的前提都是,额外信息披露的收益不会超过数据收集和监管干预方面的成本。[307]

从理论上讲,对于最大的上市公司来说,每一个潜在的信息披露成本都应该是最低的,或者基于公司的规模是负担得起的。任何解决重大性盲区的建议都可能要求公司提供他们已经拥有的信息(如超过一定定量阈值的合同),或者他们可以很容易地利用现有复杂的管理机制和内部控制(如或有损失披露)产生的信息。这些管理机制和内部控制不会构成额外费用,因为它们已被要求遵守其他报告要求并用于日常业务管理。[308]

现有的经验证据也表明,大公司不太可能由于这里提出的额外信息披露要求而改变其行为。作为信息的生产者,大公司对信息披露义

[306] See, e. g., Steven M. Davidoff (Solomon) & Claire A. Hill, *Limits of Disclosure*, 36 SEATTLE U. L. REV. 599 (2013).

[307] See, e. g., Omri Ben – Shahar & Carl E. Schneider, *The Failure of Mandated Disclosure*, 159 U. PA. L. REV. 647, 735 – 42 (2011).

[308] See, e. g., Kitch, supra note 244, at 775 – 76 ("由于管理层需要收集和组织相同的信息,以便对业务进行管理,因此要求额外披露这些信息的成本很小")。

务的敏感性似乎比小公司低得多。[309] 最近的研究表明，小型公司 IPOs 的衰落——通常归咎于上市公司的监管负担过重——实际上是共同基金投资者对此类 IPO 需求减少的缘故。[310] 对《多德—弗兰克法案》有关私募基金注册和披露要求的影响的研究表明，尽管业内人士发出警告，但新的披露要求并未对私募基金收益产生负面影响。[311] 最后，学者们报告称，当适格的非美国公司决定不受制于美国证券披露制度时，它们通常是不愿受增加透明度负担的影响。[312]

第四部分表明，要求企业披露信息具有经济上的和竞争上的成本与效益。如果不仔细研究，这些影响是无法估计的，而且很可能会基于提供额外信息披露的公司的特点。然而，我们可以预期，信息披露成本将与公司规模成反比，而额外披露的好处将随着公司规模的增加而增加。因此，SEC 完全可以通过设定额外信息披露要求的范围和合规阈值，使新规则的净效益最大化，从而将经济成本和竞争成本降至最低。[313]

---

[309] See Robert P. Bartlett Ⅲ, *Going Private But Staying Public: Reexamining the Effect of Sarbanes - Oxley on Firms' Going - Private Decisions*, 76 U. CHI. L. REV. 7, 10, 43 (2009)(使用实证证据表明，作为《萨班斯—奥克斯利法案》的一部分，随着附加披露义务的颁布，大型上市公司选择继续遵守证券交易委员会披露要求的比率显著提高)。

[310] See Robert P. Bartlett Ⅲ, Paul Rose & Steven Davidoff Solomon, *What Happened in 1998? The Demise of the Small IPO and the Investing Preferences of Mutual Funds*, (U. C. Berkeley Public Law Research Paper No. 2718862, 2016), https://ssrn.com/abstract = 2718862(表明小型企业 IPO 的减少始于 1998 年，早在《萨班斯—奥克斯利法案》《多德—弗兰克法案》通过之前，这可归因于机构投资者需求的减少，而不是上市公司成本等供给方面的因素)；See also Paul Rose & Steven Davidoff Solomon, *Where Have All the IPOs Gone: The Hard Life of the Small IPO*, 6 HARV. BUS. L. REV. 83, 87 (2016) ["我们认为，独立于监管的市场力量可能会解释几乎全体(小型 IPO)的下跌状况……从历史上看，小型 IPO 似乎并没有得到市场的支持，因为它们并不适合投资者"]；Gao, Ritter & Zhu, supra note 277 (否决了"监管过度"假设，即"范围经济"假设侧重于大公司所享有的优势，从而导致小公司 IPO 数量下降)。

[311] See Wulf A. Kaal, Barbara Luppi & Sandra Paterlini, *Did the Dodd - Frank Act Impact Private Fund Performance? Evidence From* 2010 - 2015 (Mar. 15, 2016), https://papers.ssrn.com/abstract_id = 2629347.

[312] See Kraakmanetal, supra note 49, at 301.

[313] 可以想象，更大程度的披露可能会导致另一组成本，即由于公司提供的额外信息而增加股东和/或投资者诉讼。不确定这种情况是否会发生，即使发生了，也不能确定净效应。如第三部分所述，增加有价值的诉讼可以有助于改善外部公司治理。相比之下，增加轻率诉讼是不可取的，但可以通过其他手段加以控制。

2."信息过载"

除了公司在信息披露过程中会产生成本外,投资者在利用信息披露时也会产生成本。"信息过载"的概念具有直观的吸引力,并已应用于证券披露制度,以反对披露要求的扩张。[314] 我们可以想象,公司披露的信息如此之多,以至于即使是最专注的投资者(无论是散户投资者还是机构投资者)也难以处理;归根结底,这就是需要通过重大性要求、实现信息披露制度具有可伸缩性(scalability)的原因。如果没有某种程度的可伸缩性,信息披露制度将难以适用,正是这个原因,信息过载的论点偶尔会被 SEC 提及。[315]

信息过载论点根植于消费领域监管(consumer regulation),并因其直观的吸引力和几乎无所不在的信息披露监管而被输出到现代行政国家的其他监管领域。然而,这一论点在其最初的背景下仍然最具说服力:消费领域监管。[316] 在消费领域监管中,信息的使用者可能是缺乏积极性的、不精明的,而强制披露则是对更传统的监管模式的取代,如对高风险活动或产品的完全禁止或限制,或不合意的合同条款。[317] 相比之下,证券监管中的信息披露使用者通常更为成熟,受经济利益的驱使去处理信息。证券市场和消费市场在另一个重要方面是不同的:在

---

[314] See, e. g., Troy A. Paredes, *Blinded by the Light: Information Overload and Its Consequences for Securities Regulation*, 81 WASH. U. L. Q. 417 (2003)(概述以信息过载为由反对强制披露的论点)。

[315] See, e. g., Sarah N. Lynch, *SEC Chief Concerned Investors Face EC Chief Concerned In*, REUTERS (Oct. 15, 2013), https://perma.cc/59D6 - QBFU; White, supra note 303.

[316] See generally Omri Ben - Shahar & Carl E. Schneider, *More Than You Wanted to Know: The Failure of Mandated Disclosure* (2014)(从消费者监管的角度讨论反对强制披露的案例)。此外,关于证券监管中信息过载的经典文章依赖于消费者监管和会计研究的研究,这些研究预示着计算机技术广泛用于分析信息,包括 XBRL 格式的信息。See Paredes, supra note 313, at 436 - 43, 475, citing James R. Bettman et al., *Constructive Consumer Choice Processes*, 25 J. CONSUMER RES. 187 (1998); Russell Korobkin, *The Efficiency of Managed Care "Patient Protection" Laws: Incomplete Contracts, Bounded Rationality, and Market Failure*, 85 CORNELL L. REV. 1 (1999).

[317] 即使在消费者监管领域,反对强制披露的理由也很模糊。See, e. g., Ryan Bubb, *TMI? Why the Optimal Architecture of Disclosure Remains TBD*, 113 MICH. L. REV. 101 (2015).

证券市场中，信息是通过证券的价格传递的，因此信息披露的效用应该根据信息的边际使用者（marginal user）而不是信息的普通使用者（average user）来评估。

关于证券监管信息过载属于现实问题的实证证据较为缺乏。2016年7月，在被问及投资者是否受到信息过载时，SEC时任主席玛丽·乔·怀特没有引用最近有关证券投资者的研究；相反，她引用了一项为期8年的投资者电话调查，并援引了消费监管领域的素材。[318] 投资者不认为某些披露规则或披露格式有帮助通常被解释为投资者信息过载。[319] 另外，充分的坊间证据表明，机构投资者并未受制于公司信息过载，实际上要求更多的披露信息。[320] 此外，SEC投资者咨询委员会——一个代表实际投资者观点的委员会——在2016年得出的结论是，“从整体市场角度来看，现实情况是，大多数市场参与者并不觉得自己身边充斥着无用信息”。[321]

还有其他理由解释为什么信息过载论点不应阻止SEC解决重大性盲区问题。我的提议所带来的额外信息披露可能是有限的。相应地，处理额外披露的边际成本未必高，因为投资者已经熟悉相关公司所披露的信息。此外，信息过载论点通常认为，信息披露只针对散户投资者或不成熟的投资者。然而，现代金融市场的现实表明，散户投资者的

[318] See Letter from Mary Jo White, Chair, Sec. & Exch. Comm'n, to Sen. Elizabeth Warren, at 6 n. 21 – 22 (July 22, 2016), https://perma.cc/2LD7 – V65V.

[319] See, e. g., David F. Larcker et al., *Stanford Graduate Sch. of. Bus.*, *2015 Investor Survey: Deconstructing Proxy Statements—What Matters to Investors* 1 – 2 (2015), https://perma.cc/MG3D – ZEGY.

[320] See, e. g., Eleanor Bloxham, *Do Investors Have Too Much Information?*, FORTUNE (Oct. 29, 2013), https://perma.cc/72JY – 75LD（提供有关对专业投资者进行非正式调查的信息，发现他们不同意投资者信息过载理论，并希望看到公司披露的其他信息）；See also Foley, supra note 243（建议伯克希尔·哈撒韦公司扩大披露范围）；Browning, supra note 243（详述的伯克希尔·哈撒韦公司目前信息披露忽略了投资者的重要信息）。

[321] *Letter from SEC Investor Advisory Committee to Division of Corporation Finance*, U. S. Securities & Exch. Comm'n (June 15, 2016), https://www.sec.gov/comments/s7 – 06 – 16/s70616 – 22.pdf.

数量在下降,成熟的机构投资者也在增加。[322] 机构投资者往往拥有庞大的团队和复杂的计算机模型,能够处理大量的信息。同样重要的是,因为最大的公司广受关注,散户投资者可以利用投资分析师、评级机构和其他信息中介机构进行信息的二次分析。解决重大性盲区的建议,不但不会导致信息过载,反而可能提高二次分析的质量,从而对散户投资者和机构投资者都有利。从投资者的角度来看,被称为"信息过载"的担忧与企业有效地提供信息有关,SEC已经将这一担忧作为信息披露有效性倡议的一部分加以解决。

3. 自愿披露的替代方案

与自愿披露制度相比,关于联邦强制信息披露制度可取性和有效性的学术争论,是证券监管领域持续时间最长、范围最广的争论之一。[323] 简言之,对强制信息披露的反对意见是,强制披露是多余、浪费的,因为根据投资者的需求,企业已经有了主动披露最有效信息的动机。[324] 与之相对,强制信息披露制度的捍卫者辩称,强制性披露是解决缔约和协调问题的最佳工具,[325] 在没有强制性披露的情况下,公司有充分的动机来减少信息披露。[326]

如果在现行强制信息披露制度下出现重大性盲区,其很可能也会出现在自愿披露制度中,除非投资者通过讨价还价获取信息的效率有

---

[322] See, e. g., Donald C. Langevoort, *The SEC, Retail Investors, and the Institutionalization of the Securities Markets*, 95 VA. L. REV. 1025, 1025 – 26 (2009).

[323] See supra note 205 and accompanying text.

[324] See Jonathan R. Macey, *Administrative Agency Obsolescence and Interest Group Formation: A Case Study of the SEC at Sixty*, 15 CARDOZO L. REV. 909, 928 (1994) (认为市场效率消除了强制披露制度的必要性,因为由法定制度提供的信息将由市场提供); Romano, supra note 205, at 2426 – 28 (支持竞争性联邦制和发行人选择制度); See also Choi & Guzman, supra note 205, at 907 – 08 (通过可移植互惠机制提出自愿披露制度); Stephen Choi, *Regulating Investors Not Issuers: A Market – Based Proposal*, 88 CAL. L. REV. 279, 282 – 84 (2000) (提议建立一个系统,允许成熟的投资者决定他们需要披露什么)。

[325] See John C. Coffee, Jr., *The Future as History: The Prospects for Global Convergence in Corporate Governance and Its Implications*, 93 NW. U. L. REV. 641, 691 – 93 (1999); Edward Rock, *Securities Regulation as Lobster Trap: A Credible Commitment Theory of Mandatory Disclosure*, 23 CARDOZO L. REV. 675, 685 – 88 (2002).

[326] See Id.; See also Fox, supra note 205.

所提高。没有理由相信情况会是这样，事实上，大公司在这方面带来了更多的挑战。这些公司的规模，其证券的普遍性，以及投资者多样化的投资需求实际上使大公司的证券成为投资者投资组合中的必备资产，这反过来削弱了投资者讨价还价的能力。投资者不再寻求广泛的信息谈判策略，而是更容易接受提供的信息披露。[327] 第二部分的案例研究表明，即使投资者和分析师公开批评公司的信息披露做法或要求提供额外的信息，大型公司也已倾向于披露不充分的信息。[328]

六、结论

最近一篇被广为传阅的关于证券监管的文章开宗明义指出："当下的证券监管面临着非比寻常的压力。"[329] 其他著名的评论家也谈到了联邦证券监管的"范式转变"，日益增长的经济复杂性、遏制系统性风险的努力以及私人证券市场的兴起等因素在很大程度上超出了SEC信息披露制度的范围。[330] 本文指出了另一方面现象，表明需要重新考虑部分现有的证券监管体系。当重大性标准——披露制度的核心组成部分——适用于大公司时，会出现重大性盲区。尽管重大性标准最初是为了测量信息及降低其复杂性，但适用于大型企业时，其也具有令复杂性更加费解和隐藏重要信息的效果。如本文所示，重大性标准使微软公司、伯克希尔·哈撒韦公司和谷歌公司等大型公司能

[327] 尽管积极的对冲基金确实与公司打交道通常是成功的，但他们的目标是要求特定的公司行动或策略，而不仅仅是额外的披露。See Brav，Jiang，Partnoy & Thomas，supra note 238.

[328] See infra notes 242，243，319 and accompanying text.

[329] Langevoort & Thompson，supra note 26，at 337.

[330] See e. g.，Hu，supra note 26（认为以信息披露制度为核心的信息披露模式不充分，在金融创新所带来的复杂现实面前正在走向失败）；Steven M. Davido（Solomon），*Paradigm Shift*：*Federal Securites Regulation in the New Millennium*，2 BROOK. J. CORP. FIN & COM. L. 339（2008）（表明公共资本市场被逐渐兴起的私人金融市场所挑战）；Steven L. Schwarcz，*Rethingking the Disclosure Paradigm in a World of Complexity*，2004 U. ILL. L. REV. 1（2004）（认为某些金融交易的复杂性阻碍了成熟投资者将披露的信息纳入投资决策）。

够仅凭公司规模而规避披露重大事项。而这种不披露又有可能造成市场扭曲,损害投资者利益,这种动态关系与证券监管的核心目标背道而驰。

作为其信息披露有效性倡议和对信息披露制度持续监督的组成部分,SEC 应借此机会进一步研究重大性盲区的成因、规模,以及任何可能防止或至少减轻其有害影响的潜在改革。此外,重大性盲区的存在提醒人们不要依赖原则导向的信息披露要求,如基于重大性标准中的原则,而忽视了更具体的规则导向的要求。虽然原则导向的信息披露要求在信息披露制度框架中可以发挥作用,但本文表明,此类要求也可能产生不良影响,尤其是当此类要求适用于大公司时;这些影响难以观察,而且在很大程度上被忽略。此外,SEC 不应放弃使用定量阈值的披露要求,而应研究此类要求是否可以作为防止信息披露不足的安全网。最终,SEC 应适当均衡原则导向和规则导向的信息披露要求,并将其作为使命的一部分,以确保披露制度产生资本形成、市场效率、竞争性经济以及最重要的投资者保护所需的丰富信息环境。

附录:简要理论框架

本附录提供了一个简化的理论框架,旨在说明证券披露制度的各种特征如何以及何时导致重大性盲区。这一理论框架借鉴了本文主要部分所提供的信息,包括对披露制度架构的讨论、重大性标准的定义和使用、对具体披露要求的分析,以及 3 个大公司 5 年和 10 年期间信息披露产出的案例研究。与其他理论模型一样,该框架包含某些简化假设,并对不同类别(在这种情况下,披露需求和报告实体)进行必要的概括。这一一般理论框架可以根据具体情况加以完善或调整。本次迭代旨在作为监管机构和学术界未来研究重大性盲区现象,或更广泛地说,企业规模与企业信息产出之间的相互作用的出发点。本部分理论框架试图补充文章对重大性盲区的分析,但这一分析的有效性和相关政策建议的优劣性并不取决于理论框架的描述能力。

考虑到这些注意事项,本附录结构如下:第(一)部分说明了重大性标准如何影响不同规模公司的披露产出。第(二)部分定义了一个监管标准——规模中立性——并将其应用到现有的披露制度,以说明位于规模频谱上的大公司存在重大性盲区。

(一)重大性披露标准和所需信息披露量

公司应予披露的信息量由证券披露制度的监管要求决定,并与个别公司的特殊特征相关。为了分离基于公司规模的信息披露量,我们可以假设公司在所有方面都是同质的,但其规模除外,或者随着时间的推移一并考察一家公司的规模增长情况。我们可以通过多种方式衡量公司规模:参考目前在信息披露制度中使用的一些指标,如公众持股量、年营业收入和登记的股东数量;[331] 参考其他客观指标,如市值或企业价值;参考员工人数、资产价值,或子公司的数量;或使用综合指标。[332]

界定因变量(信息披露量)是一个更大的挑战。我们可以根据公司基于信息披露要求所产生的信息单位来考虑信息披露量。例如,在披露重大合同的要求下,信息披露量可以指该重大合同所包含的信息单位,[333] 当要求披露公司的财务状况和经营成果时,提供财务信息的详细程度可以转化为信息单位。[334] 我们应该进一步假设,每一个标准化的信息单位都具有相等和恒定的边际效用。

图 1 说明了基于公司规模的所需信息披露量。X 轴代表公司的规模,而 Y 轴代表根据强制信息披露要求产生的信息披露量。[335]

---

[331] See supra note 55 – 59 and accompanying text.

[332] See Georgiev, supra note 14(论不同企业规模指标的利弊)。

[333] 参见前文第二(一)部分,论重大合同的披露要求及相关实例。

[334] 参见前文第二(三)部分,论财务信息披露要求及相关实例。

[335] 尽管企业有时会主动披露信息,但自愿性披露的数量是无法预测的,也不在理论框架之内。只有当大公司自愿披露由于重要性标准的实施而导致强制性披露要求无法捕获重要信息时,框架中自愿披露的遗漏才成为问题。正如第五(三)部分所讨论的,企业不太可能通过自愿披露来弥补重大性盲区。与此相反,公司通常看重避免披露的能力:从第二(一)部分说起,当微软公司没有被要求披露其76项私人并购交易的收购协议时,其没有自愿披露任何协议;在绝大多数情况下,其也没有披露有关交易的最低限度的信息。

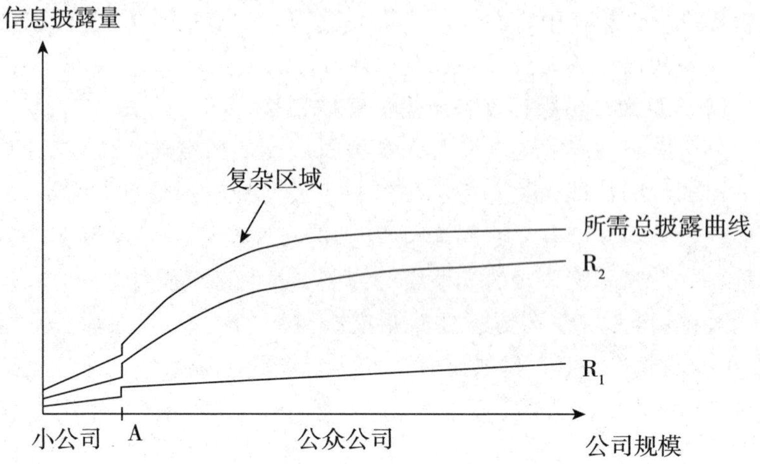

图1　基于公司规模的所需信息披露量

正如第一(三)部分所讨论的,信息披露制度包含采用重大性标准的规则和不采用重大性标准的规则。所需总披露曲线是两个组成曲线 R_1 和 R_2 的总和。第一条构成曲线 R_1 表示根据披露要求披露的信息,这些披露要求不符合重大性标准。我们可以预期,根据这些要求需要披露的信息量将随着公司规模大致成比例地增加。例如,公司规模越大,根据 S－K 规则需要披露的关联方交易就越多。[336] 以百分比(如资产百分比)[337] 表示的披露要求提供了一个更强有力的联系,因为根据我们的简化假设因变量——也就是信息披露量,是独立变量——也就是公司规模(此处用资产表示)的百分比。

第二条构成曲线(R_2)表示根据重大性要求进行信息披露生成的信息。我们可以预期,随着公司规模的扩大,此类信息披露也会增加,但最关键的是,增长率在某一特定点之后开始下降,因为随着公司规模的扩大,每一个边际事项(如交易、诉讼或投资项目)对公司的重要性可能不大。换句话说,当公司进入我所说的“复杂区域”时,R_2 曲线开始变平缓。企业规模越大、越复杂,就越不可能有其他事项影响到“信息的总体组合”——这是嵌入在重大性标准中的尺度。因此,公司规模

〔336〕 See supra note 85&221 and accompanying text.

〔337〕 See supra note 87&156 and accompanying text.

越大,额外事项就越不可能成为重大事项而应当予以披露。事实上,对于最大的公司来说,R_2可能会开始下降,因为对于这些公司来说,几乎没有什么能改变可用信息的总体组合。将 R_1 和 R_2 组合形成了所需披露(total required disclosure curve)总曲线。与 R_2 一样,所需披露总曲线也受重大性标准的影响。所需信息披露量不随公司规模线性增加。相反,当企业超过一定规模时,所需披露总曲线显示出所需披露边际比率减小(甚至可能变为负值)的区域。

所需披露曲线的一个特殊特征是 X 轴上 A 点处发生的转折。这反映了在第一(二)部分中讨论的 EGCs 和较小报告公司获得的披露豁免。事实上,披露要求在 A 点之后发生了变化:公司不再小到能够利用披露豁免,而是受到全面披露制度的约束。[338] 虽然这三条披露曲线的形状不是根据经验得出的,但这些形状是通过对相关披露要求、第二部分讨论的公司披露实践以及对重大性标准一般适用的分析得出的。

(二)信息披露的规模中性比率(size - neutral rate)

为了准确界定重大性盲区,我们至少需要对不同规模的公司所需披露的数量有一个大致的概念。推导出所需披露的最佳比率不在本文研究的范围研究之内,最佳比率取决于政策偏好和各种技术假设。[339] 取而代之的是,本文采用了一个通用的监管标准——规模中性,其提供了一种常识性的方法来定义不同规模公司所需的信息披露量。规模中性披露率是指不同规模公司的相对披露成本不存在差异的披露率。如果要求所有公司以规模中性披露率进行披露,从成本角度看,披露制度不会对一些公司有利而对其他公司不利,这将消除第四部分中讨论的规模优势和市场扭曲。偏离规模中性披露率可能有合理的政策理由,就小公司而言,会要求它们披露较少的信息,以促进资本形成。事实上,这是《JOBS 法》和《FAST 法》背后的驱动力。也难以证明偏离规模

---

[338] 为了简单起见,我将 EGC 和较小型报告公司归入单一的"小公司"类别,因为此类公司不会影响分析。有关 EGC 和小型报告公司的具体要求,见前文第一(二)部分。

[339] 根据公司规模概念化,最佳披露率的一种方法是,考虑向投资者披露(改进的监督)和向公司披露(改进的公司治理)的边际收益,以及向投资者(信息处理)和公司(产生披露和公司间效应)披露的边际成本。我们可以预期,随着公司规模的增加,边际收益会增加,而边际成本会减少,从而导致最优披露曲线是向上倾斜和凹的。

中性的披露率将导致大公司披露信息量不足。

考虑公司因披露而承担的成本(包括合规成本和企业间成本)的方法是将其视为“监管税”(regulatory tax)。信息披露要求可以在不同规模的公司以相同税率“征税”的情况下制定。例如,该制度可以试图将所有公司的合规和企业间成本设定为其自身市值的1%。在这种情况下,所有公司的监管税率都是一样的,即1%。这样的披露率是规模中性的:既不是递减的(大公司相对于小公司的收益)也不是递增的(小公司相对于大公司的收益)。

假设一个披露单位包含一个成本单位,那么规模中性的披露率应当用一条直线表示,如图2所示。直线的斜率取决于所选的比率。结合第一部分所讨论的与所需披露总量相关的见解以及本文得出的规模中性披露率,得出了重大性盲区现象的理论框架,如图2所示。

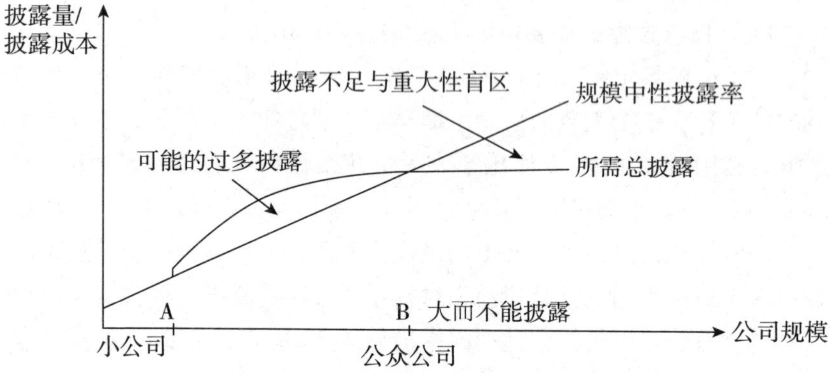

图2　所需总披露和规模中性披露率

所需披露总曲线(受重大性标准影响)和规模中性披露率线之间的相互作用导致了横坐标上的三个不同类别的公司:小公司、“大而不能披露”的公司以及介于两者之间的公司。当公司大于横坐标上的B点时,规模中性披露率超过所要求的信息披露量。在这方面,披露规则要求的披露水平低于规模中性披露率。换言之,我们观察到由于重大性标准导致的信息披露不足。寻求解决重大性盲区现象的政策干预可以实施额外的披露要求,这将提高这一领域所需披露总曲线,并将其与规模中性披露率相匹配。

可以肯定的是，这些曲线不是凭经验导出的，这些曲线可能有不同的斜率，进而可能导致它们在横坐标的不同点相交。然而，作为一个几何问题，大企业的披露不足和重大性盲区的存在取决于两个条件。第一个条件是对所有公司采用规模中性披露率的政策：假设披露的边际成本不变，规模中性披露率用一条直线表示。第二个条件是，所需披露总曲线显示出边际披露率降低（或变为负值）的区域；这一点得到了重大性标准的司法定义及其应用于不同规模公司的支持。显示出这一特征的所需总披露曲线至少部分位于向上倾斜的直线（规模中性披露率）之下，这意味着理论上总会有一些公司披露的信息量不足。[340]

如图 2 所示，对于中间类公司（介于 A 点和 B 点之间），所需总披露曲线高于规模中性披露率。这表明，可能会要求这一中间类别的公司披露比他们的大型同行更多的信息（并承担更高的成本）。如果是这样的话，那么对这类中间类公司的信息披露要求可能太高了。然而，这一结果不是通过线的几何形状所要求的，而是取决于所需披露总曲线的实际形状和我们设置规模中性披露率的水平。

这个框架是有用的，因为它说明了现行披露制度对大公司的监管补贴。由于重要性标准的应用，“大而不能披露”的公司（那些在横坐标上的 B 点的权利）需要以低于规模中性披露率的比率披露信息，这意味着它们相对于较小的公司（在 B 点的左边）处于特权地位。如果我们希望取消这种补贴，并确保规模中立，所需披露总曲线（监管制度）应遵循规模中性的披露率。根据第五部分的提议，由最大的公司进行的额外披露将着力解决重大性盲区现象。

值得注意的是，简化的理论框架只考虑了公司信息披露的成本，却没有考虑到第三部分所讨论的、信息披露对投资者保护和公司治理影响的净收益。使用规模中性披露率背后的政策目标仅仅是对不同规模的公司一视同仁。如果我们想考虑信息披露对投资者保护和公司治理

---

[340] 然而，如果大小中性披露率线与所需总披露曲线相交到横坐标上最大公司的右侧，那么这可能是一个空集合。

的全部净收益,那么,最佳披露曲线可能会高于规模中性披露率。这些额外的收益将支撑提高大公司的披露要求,以解决本文讨论的重大性盲区问题。

(编辑:陈长青)

《证券法苑》(2020)
第三十卷,第245～273页

信息披露重大性要求的判断标准与路径选择*

李文莉** 李子为***

摘要:信息披露制度是证券发行注册制的核心,其中重大性要求是对信息披露内容的要求。重大性制度设计过程中,应综合考虑制度实施的效率与成本,综合运用定量标准与定性标准,筛选出对投资者作出投资决策具有重要性的信息,进而实现通过信息披露保护投资者利益,帮助企业资本形成的目的。通过对成熟资本市场的重大性制度的比较研究,我国应完善重大性判断标准体系,探索适合我国的理性人标准,并通过行业披露指引及证券示范判决等方式提高判断标准的可实施性。

关键词:注册制 信息披露 重大性 定性标准 定量标准

证券发行注册制是以信息披露为核心的证券发行审查机制。信息披露旨在通过对发行人信息真实、及时、完整的披露,降低发行人与投资者之间

---

* 本文系2016年国家社科基金一般项目"注册制下证券发行信息披露有效监管研究"(16BFX133)阶段性成果。

** 上海对外经贸大学法学院教授,法学博士。

*** 上海对外经贸大学法学院2018级硕士研究生。

的信息不对称,保护投资者利益,并且通过市场的作用,在投资者知情判断的基础上对证券定价,实现社会资本的有效分配。信息披露过程中的重大性要求能够筛选出对投资者作出决策具有重要影响的信息,对于实现投资者保护与证券公允定价的目的具有重要意义。新《证券法》于2020年3月1日开始实行,预示我国资本市场将进入注册制时代,然而,我国对于重大性的判断标准的规范仍存在不足,对该问题的研究具有理论及现实意义。

一、信息披露"重大性"的法律界定:判例与法理

信息披露是证券市场法律规制的核心,及时、充分、完整和可理解是信息披露的形式要求,而真实、准确、公正是信息披露的实质要求。但实践中信息披露的不足与过量并存、不准确、不公正同在严重干扰投资者的价值判断。同时,信息披露是有成本的,高成本的信息披露也不利于资本市场持续健康发展。因此,并不是信息披露越多越好,而是真正能够影响投资者价值判断的信息,即具备"重大性"的信息才是证券市场信息披露的基石。何为"重大性"信息,重大性的标准如何确定是一个信息披露制度的核心理论与实践问题。有关重大性标准的法律界定及其历史演变,境外各国均经历了一段较长时间的发展演变。本文考察资本市场最为发达的美国证券监管与司法判例,探寻重大性标准背后的法理基础与监管逻辑。

(一)"重大性"的法律界定:以TSC案为基础

境外各国证券监管皆要求信息披露需遵循重大性要求,但重大性的法律界定却迟迟未得到确认。美国司法实践经历了较长的判例演变过程,最后确定了"重大性"判断的判例规则体系。[1]

TSC案最先界定"重大性"的概念,提出如果一个理性投资者很可能在决定如何投票的时候认为该事实是重要的,那么,该遗漏的事实便

---

〔1〕 参见汪其昌:《科创板信息披露重大性标准:司法视角》,载 http://www.thfr.com.cn/post.php?id=84493,2020年6月29日访问。

是重大的,而具有重大性则是指在任何情况下,理性投资者会认为对于遗漏事项的披露将明显改变其所掌握的有效"信息整体"(total mix)信息。[2]

Basic 案在 TSC 案基础上进一步讨论"重大性"的判断标准应由个案具体情境和事实决定,简单的判断标准在适用上的方便不能成为忽略证券法目的和立法者政策考量的借口。将单一事件作为一成不变的决定性因素必然会造成适用范围的过宽或过窄(over - or under inclusive)。[3]

Matrixx 案指出负面事件的存在本身不足以使之成为重大信息,而应满足一些额外条件才能称其为"重大",如报告的出处、内容、背景等。[4]

Black Stone Group 案讨论预测性信息的重大性问题,只要预测性信息披露是基于善意(good faith)并具有合理基础(reasonable basis),那么即使预测结果与最终事实不符合,披露人也无须承担欺诈责任。[5]

Basic 案、Matrixx 案与 Black stone Group 案皆是在 TSC 案基础之上,对重大性判断依据、负面信息、预测性信息等问题的细化,对于重大性的判断标准,是以 TSC 案为核心的,因此笔者在此主要以 TSC 案为核心,展开对重大性的法律界定及判断标准的讨论。

National Industries, Inc. (以下简称 National 公司)欲收购 TSC Industries, Inc. (以下简称 TSC 公司),并从该公司原始股东手中购买了 TSC 公司 34% 的有投票权的股票。之后,National 公司在 TSC 公司的董事会中安排了 5 名成员。TSC 公司的董事会在 1969 年 10 月 16 日投票通过决议(National 公司股东未参与表决),决定通过股份互换的方式,清算 TSC 的资产并出售给 National 公司。之后,TSC 与 National 共同发布委托征集书,向股东征集代理权以通过该决议。代理权征集完成后,TSC 得已清算并解散,股份互换亦发生效力。原告是 TSC 的股东之一,其提起诉讼请求赔偿。原告主张 TSC 与 National 共同发布

[2] See TSC Indus. ,Inc. v. Northway,Inc. ,426 U. S. 438,448 (1976).

[3] See Basic Inc. v. Levinson,485 U. S. 224,231 (1988).

[4] See Matrixx Initiatives,Inc. v. Siracusano,131 S. Ct. 1309,1318 (2011).

[5] See Litwin v. The Blackstone Group,634 F. 3d 706 (2d Cir. 2011).

的委托征集书违反美国证券交易法第14(a)条和Rule 14a-9,隐瞒了具有重大性的信息,就National公司对TSC公司已经形成的控制的情况以及该并购是否对股东有利的情况未予以充分披露。例如,代理权征集文件中记载了一家投资银行出具的有利意见,但投行另外出具的不利信息未披露;以及在该征集代理权期间有迹象表明National公司与一家共同基金有操纵National公司普通股股价的可能,该情况未予以披露。〔6〕 地方法院未支持原告请求,上诉法院推翻地方法院判决,主张"任何理性股东'可能'(Might)认为重要的事实"是具有重大性的事实。被告上诉至最高法院,最高法院未更改判决结果,但详细讨论了重大性的定义。

为了界定委托征集书中的信息的重大性范围,最高法院对先例中采用的各种重大性判断方法进行了评估。最高法院拒绝使用第七巡回上诉法院对"重大性"的解释,即上诉法院所接受的重大性标准。最高法院指出,要求披露"任何理性股东'可能'(Might)认为重要的事实"的重大性标准,会建立一个非常低的标准,而这种重大性标准"可能弊大于利",可能诱发信息披露义务主体过度披露导致披露无效率,因为为了遵守联邦证券法,发行人倾向于披露多余的,甚至披露重大性并不确定的信息。〔7〕 最高法院随后建议,基于影响投资者投资决策的"重大可能性"(而不仅仅是可能性)的重要性门槛可能更合适。

基于以上考虑,最高法院对重大性作出如下定义:具有重大性的信息必须存在实质可能性(substantial likelihood)使理性投资者(reasonable investor)认为该信息对于其作出买入、卖出或持有的投资决定或投票具有重要性(significance),即理性投资者认为该项事实会改变其对现有信息的信息整体(total mix)判断。〔8〕

最高法院的定义包括重大性判断的三要素:

首先,理性投资者因素。信息披露旨在保护投资者的知情判断,但不同投资者的判断能力是不同的,因此对于重大性的判断需考虑投资

〔6〕 See TSC Indus., Inc. v. Northway, Inc., 426 U. S. 438, 448 (1976).

〔7〕 Id.

〔8〕 Id.

者的标准。[9] 若不设定一般标准,而要求结合具体场景下投资者的认知能力为判断标准,则会对公司带来过重披露负担,因此,应以客观的理性投资者为标准,此时所应解决的问题即客观的理性投资者应如何确定?但理性投资者的界定也是一个主观判断,需予以进一步标准化。

其次,信息的改变投资判断的"实质可能性"因素。信息需存在改变理性投资者判断的实质可能性。"实质可能性"的要求过于抽象,如果没有具体的判断标准,也会存在披露负担过重的问题。因此,实践中逐渐形成以量化的界限值判断"实质可能性",即定量标准规则。[10]

最后,信息需具有改变理性投资者"信息整体判断"因素。这仍是一个抽象的标准,需要结合对具体情况的进一步解释进行判断。[11] 由于信息披露是通过市场反映投资者在知晓公司信息后对公司价值的评价的,因此,实践中形成以披露后的市场价格变动来确定信息对信息整体的重要性的判断方法。[12]

明确重大性的定义对于信息披露制度的发展具有重要意义,不仅《1933 年证券法》405 规则(The Securities Act of 1933 Rule 405)[13] 以及《1934 年证券交易法》12b-2 规则[The Securities Exchange Act of 1933 Article 12(b)][14] 皆接纳了该定义,各国的证券监管规范中也皆吸收了 TSC 案的重大性定义。

(二)"重大性"披露标准的确定:基于成本与效率的考量

在法定披露的披露理念下,信息的公开是规避不法行为最好的方式。投资者是公司的所有者与资本提供者,因此,证券法要求公司告知投资者公司的各方面信息。

---

[9] See Thomas v. Duralite, 524 F.2d at 584 (1975).

[10] See Kenneth C. Fang and Brad Jacobs, *Clarifying and Protecting Materiality Standards in Financial Statements: A Review of SEC Staff Accounting Bulletin* 99, 55 Business Lawyer (ABA) 1039 (2000).

[11] See James D. Redwood, *Qualitative Materiality Under the SEC Proxy Rules and the Fifth Amendment: A Disclosure Accident Waiting to Happen or Two Ships Passing in the Night?* Wisconsin Law Review 315, 335 (1992).

[12] See Elkind v. Liggett & Myers, Inc., 635 F.2d 156, 166 (2d Cir. 1980).

[13] See 17 CFR § 230.405.

[14] See 17 CFR § 240.12b-2.

证券发行审核制下的证券监管是以实质审核为基础的(merit - based),而证券发行注册制下的证券监管体系是以信息披露为基础的(disclosure - based)。[15] 因此,在注册制下,监管关注的是信息应公平、及时、真实地提供给投资者,至于投资者投资决策本身的合理性,则不在监管范围内。以信息披露为核心监管体系的规范逻辑在于:掌握发行人信息知情的投资者,会基于经济理性,作出符合自身利益的投资判断,而不是由政府代替投资者作出判断,同时,在市场机制的作用下,资本会被有效率地分配到发行人手中。[16]

然而,现实的商业环境具有复杂性,企业在运营过程中产生的信息纷繁复杂,如果不作引导,企业的披露容易陷入不效率,投资者无法有效获取有助于投资决策的信息。因此,信息披露义务往往受到两方面的约束:一方面,披露义务要受到一系列披露要求(信息披露规则)的规范;另一方面,披露的内容应授予投资者决策相关的"重大性"标准的约束。[17]

披露规则及要求反映证券监管的投资者保护与资本形成的目的与宗旨。例如,安然事件后,《萨班斯—奥克斯利法案》(Sarbanes - Oxley Act)更加严格地要求上市公司披露审计相关事务的信息,即体现证券监管对财务信息披露的重视。[18] 随着实践中的问题不断出现,强制披露的要求也会不断增加。增加披露要求对于监管部门来说,成本较低但监管效率高,这会使监管部门要求公司披露越来越多的信息。但与此同时,不断增加的披露要求会加重公司的合规成本负担,投资者从披

[15] See John Coffee Jr, Hillary Sale, M. Henderson: *Securities Regulation: Cases and Materials*, 5 - 6, (13th ed. 2015).

[16] See David Monsma & Timothy Olson, *Muddling through Counterfactual Materiality and Divergent Disclosure: The Necessary Search for a Duty to Disclose Material Non - Financial Information*, 26 Stanford Environmental Law Journal 137, 139 (2007).

[17] See Amy Deen Westbrook, *Sunlight on Iran: How Reductive Standards of Materiality Excuse Incomplete Disclosure under the Securities Laws*, 7 Hastings Bus. L. J. 13 (2011).

[18] See 15 U. S. C. § § 7264 - 65.

露信息中筛选信息的效率也会降低,最终会导致信息过载。[19]

因此,披露事项的设计与信息本身的披露均要受到“重大性”的约束。重大性要求的作用是对需披露的信息进行筛选,将应披露的信息限制在投资者需要知道的信息中,从而实现证券监管、公司合规成本及投资者决策三者的效率兼顾。

如前所述,披露项目与披露内容都会受到重大性限制。设计披露项目的重大性判断由监管机构完成,以强制披露规则的形式,要求企业在发行注册文件、年度报告、半年度报告等文件中披露特定的项目。但除了监管部门在事前可以判断的具有重大性的事件外,在企业运营过程中也会出现能够影响投资者判断企业价值的事件,此时,应如何判断重大性。TSC 案确定的重大性定义中包含的理性投资者、实质可能性与影响信息整体三点要素,但这三点要素仍具有抽象性,如何在证券监管实践中总结出确定可行的上市公司重大事项的披露规范,各国在证券法律规制中不断摸索出以原则导向的定性标准与以规则导向的定量标准,并逐步形成适合自己国情的重大性信息披露规范的路径。

二、重大性披露判断标准:从定量到定性

重大性的判断需将一定的法律标准应用于特定的事实之中。[20]寻找一个科学的标准来判断某个信息是否具有重大性,即是重大性问题的关键。信息披露的成本与效率的考虑是衡量标准,由此证券监管与证券司法判例演变中发展了定量与定性两种规范标准。

(一)定量标准:规则导向下的成本考量

信息披露监管体系的建立始终关注两个问题:准确性与成本。[21]

---

〔19〕 See Amy Deen Westbrook, *Sunlight on Iran: How Reductive Standards of Materiality Excuse Incomplete Disclosure under the Securities Laws*, 7 Hastings Law Journal 13 (2011).

〔20〕 See TSC Indus., Inc. v. Northway, Inc., 426 U. S. 438, 448 (1976).

〔21〕 See James J. Park, *Assessing the Materiality of Financial Misstatements*, 34 Journal of Corporation Law 513 (2009).

若信息披露是不准确的,投资者的决策会出现偏差,则股价无法反映公司的经济价值,信息披露的制度理念将无法实现。但由于商业环境的复杂性、上市公司的复杂性以及信息披露标准的模糊性,事无巨细地将所有信息都恰当地全部披露的合规成本高昂。因此,为平衡准确性与成本,监管实践中演化出以定量标准来判断信息披露的重大性,即确立了确定性的规则导向的规范体系。[22]

在 TSC 案确立重大性的定义后,上市公司的管理层及财务人员开始思索如何在公司信息披露中适用重大性要求。实践中逐渐形成了重大性判断的定量标准。定量标准,即通过测算财务报告中相关事实对公司整体的业绩及其股价的影响,判断该事实的错误陈述(misstatement)的重要性。[23] 具体而言,重大性的定量标准是一种客观的,以会计为基础的评估方式,其对一系列财务标准的披露的潜在影响作出评估,这些财务标准包括收入、净利润、税前净收入、总资产、所有者权益等。

在定量评价体系中,某项信息的重大性通过观察该信息对公司业绩造成的影响的百分比数值判断,该百分比由公司及审计人员设定,旨在确定某一事实是否具有重大性。在信息的影响量化后,若在所设定的临界值以下的,则将不被视为具有重大性。逐渐在财会领域形成了某种经验判断:当不存在诸如自我交易或高级管理人员的不当行为时,若某披露事项所造成的影响在 5% 以下时,则该信息不被视为具有重大性。[24] 即不具有重大性的信息不需要披露,从而减少公司的披露成本。

定量标准的优势在于易操作,具有确定性,可以降低公司的合规成本。但定量标准的弊端也很明显,主要体现在三方面:

1. 以定量标准判断容易以偏概全。重大性的判断需结合公司的具

〔22〕 See Nicholas Kappas, *A Question of Materiality: Why the Securities and Exchange Commission's Regulation Fair Disclosure is Unconstitutionally Vague*, 45 New York Law School Law Review 651 (2001).

〔23〕 See Glenn F. Miller, *Staff Accounting Bulletin No. 99: Another Ill - Advised Foray into the Murky World of Qualitative Materiality*, 95 Northwestern University Law Review 361 (2000).

〔24〕 See SEC Staff Accounting Bulletin No. 99, 64 Fed. Reg. 45150 (Aug. 12, 1999).

体场景,考虑各方面因素而后判断,[25]定量只能作为重大性判断的初步手段,但不能取代对重大性因素的全面分析。例如,虽然量化影响在界限值之下,但结合其他因素而具有重大性的情况,也存在虽然量化影响在界限值之上,但结合其他因素而不具有重大性的情况。[26] 因此定量标准虽然在合规成本上具有优势,但准确性却不足。

2. 定量标准的适用范围具有局限性。定量标准只能用于可量化的披露项目,而无法量化的非财务信息无法确定其重大性。如定量标准无法量化管理层忠实程度,企业的环境责任等信息。而这些非财务类信息对于投资者作出投资判断也是具有重要性的。[27]

3. 定量标准会诱发故意操纵。定量标准作为判断财务报告重大性的主要标准会诱发收入操纵(earnings manipulation)的问题。[28] 公司为了调节或迎合定量标准,可以通过故意调整收入以符合定量标准,使之无法触发披露义务及其法律责任,即故意的信息误述。同样的,对于能够量化的非财务类信息,亦可能会出现公司故意调整所应披露事项以使其符合定量标准的情况,如故意将持股比例控制在特定数值以下而通过其他方式掌握公司实质上的控制权的行为。[29]

因此,美国证券监管委员会(Securities and Exchange Commission, SEC)亦没有将这种定量分析标准作为唯一判断重大性的方法。SEC 认为,对重大性的判断从来不会是纯粹机械性的。因此,在判断重大性的过程中除定量标准外,还需考虑定性标准。[30]

(二)定性标准:原则导向下的准确性考量

如果仅以定量标准判断重大性会忽视作出披露的具体场景,会偏离重大性要求。尤其是在实践中出现了收入操纵的情况,因此,SEC 于 2000 年发布 SAB No. 99,提出在判断重大性时需综合考虑定量标准与

[25] See Basic, Inc. v. Levinson, 485 U. S. 224 (1988).

[26] See SEC Staff Accounting Bulletin No. 99, 64 Fed. Reg. 45150 (Aug. 12, 1999).

[27] See SEC Staff Accounting Bulletin No. 99, 64 Fed. Reg. 45150 (Aug. 12, 1999).

[28] See SEC Staff Accounting Bulletin No. 99, 64 Fed. Reg. 45150 (Aug. 12, 1999).

[29] See James J. Park, *Assessing the Materiality of Financial Misstatements*, 34 Journal of Corporation Law 513 (2009).

[30] See SEC Staff Accounting Bulletin No. 99, 64 Fed. Reg. 45150 (Aug. 12, 1999).

定性标准。定性标准关注的不是披露信息的量化影响,而是对该披露本身是否具有重大性作出判断,即判断该信息是否会影响投资者的投资决策。[31] 例如,某项事实会揭露管理层的不法行为或某项事实会表明管理层有将财务信息披露错误陈述的影响控制在特定百分比界限下的主观故意,则该事实的披露对于投资者而言即具有重大性,可以用以判断管理层的勤勉尽职程度。因此,定性标准将非量化的其他标准,如管理层的忠诚度等作出投资判断时需考虑的因素纳入重大性的考察范围内。[32]

但即使将定性标准亦纳入考察范围,重大性判断操作困难的实践难题仍未解决,定性标准亦受到众多批评:

1. 定性标准的披露成本高。定性标准会迫使公司披露与披露目标无关的额外信息。模糊的定性披露标准会极大增加合规成本,SAB 发布后很多律师注意到他们的客户提出,SEC 并未对定性标准给出一个精确的、可理解的定义。[33] 在 TSC 案中,法院也在提到定性标准的缺陷时即指出,某些信息的重要性是十分模糊的,坚持披露可能会利大于弊。[34]

2. 定性标准难以验证。在定性标准下,对于不可量化的重大性判断因素,模糊的定性标准使定性因素的重大性难以得到客观验证。在最早提及定性披露的 Franchard 案中,SEC 承认,由于某些重大性的定性判断标准(如管理能力)很难得到客观验证,如果放在招股说明书中,很可能会造成不可靠的外观。[35]

3. 定性标准容易被规避。定性标准的抽象性会给大公司以规避披露的机会。从重大性的定义角度看,具有重大性的事件需改变投资者

---

〔31〕 See SEC Staff Accounting Bulletin No. 99, 64 Fed. Reg. 45150 (Aug. 12, 1999).

〔32〕 See Nicholas Kappas, *A Question of Materiality: Why the Securities and Exchange Commission's Regulation Fair Disclosure is Unconstitutionally Vague*, 45 New York Law School Law Review 651 (2001).

〔33〕 See Glenn F. Miller, *Staff Accounting Bulletin No. 99: Another Ill – Advised Foray into the Murky World of Qualitative Materiality*, 95 Northwestern University Law Review 361 (2000).

〔34〕 See TSC Indus., Inc. v. Northway, Inc., 426 U. S. 438, 448 (1976).

〔35〕 See In re Franchard Corp., 42 S. E. C. 163 (1964).

掌握的公司“信息整体”,但公司的规模越大,单个事件对公司信息的整体影响即越小。[36] 大公司的规模及复杂性形成了一个庞大的“整体信息”,使能改变“信息整体”的要求很高。模糊的定性标准给大公司更大的空间解释某披露事项不具有重大性的空间。

微软(Microsoft)公司的披露规避实践,说明了定性标准如何给大公司的规避空间。在2006年9月1日至2016年8月31日的10年,微软收购了80家公司,其中76家为封闭公司,4家为上市公司。[37] 在76宗对封闭公司的交易中,2011年5月收购Skype的交易因其规模之大而引人注目。当时美国第三大上市公司微软同意以85亿美元的价格进行收购,这是该公司36年历史上最大的一笔交易。[38] 收购价格占微软总资产的7.8%,是2011年美国最大的并购交易之一。然而,尽管交易规模如此之大,微软既没有提交关于Form 8－K收购协议关键条款的概要信息,也没有按照S－K条例第601(b)(2)项的要求提交合同全文,其原因是微软认为该协议不具有重大性。重大性判断定性标准允许微软避免披露收购Skype的协议。相比之下,除了标准普尔500指数中几家规模最大的公司外,其他任何一家公司都会认为这笔价值85亿美元的交易视为具有重要性信息而需披露。[39]

综观定量与定性两种标准,各有利弊。定量标准因明确的披露阈值设置而减轻了公司的披露成本,从而也提高了投资者的决策判断效率,但正是刚性的单一的披露阈值,容易被规避或缺乏包容度从而影响披露的有效性;以披露事项本身是否具有影响投资者判断为依据的定性标准,具有较大的包容性和灵活性,从而使信息披露的重大性判断更加充分准确,但也会衍生信息披露过载、成本增加和缺乏客观性等诸多问题。

---

〔36〕 See George S. Georgiev, *Too Big to Disclose: Firm Size and Materiality Blindspots in Securities Regulation*, 64 UCLA Law Review 602 (2017).

〔37〕 See Acquisition History, Microsoft Inv. Rel., https://perma.cc/L67U－CNU8.

〔38〕 See Financial Times, FT Global 500 Index (2011), http://im.ft－static.com/content/images/33558890－98d4－11e0－bd66－00144feab49a.pdf.

〔39〕 See George S. Georgiev, *Too Big to Disclose: Firm Size and Materiality Blindspots in Securities Regulation*, 64 UCLA Law Review 602 (2017).

定量标准与定性标准分别代表了规则导向与原则导向的两种规范体系,规则导向更具体但缺乏适应性,因此监管机构需负担较高的立法成本以制定周全的规则;原则导向的适应性更强但缺乏确定性,虽然立法成本较低但在原则执行的过程中的成本较高,需不断结合具体场景判断原则的适用性。〔40〕 由于规则导向与原则导向的不同特点,定量标准可以有效降低合规成本,而定性标准则可提高披露的准确度。如何发挥这两种标准各自的优势,建立科学的境内市场重大事件信息披露规范体系,是各个证券市场需解决的问题。

三、重大性判断标准的实证考察:重大性判断要素比较

重大性是信息披露的核心要求之一,在判断重大性的过程中,应综合考虑定量标准与定性标准。然而定量标准会招致管理层故意操控规避重大性,定性标准则缺乏明确性使合规负担过高。因此,考察域外各国的证券监管框架,如何确定一个具有可操作性的、能真实反映企业价值的重大性的信息披露体系成为各国监管规制的重点。本部分将实证考察域外发达资本市场的成功监管经验,将从重大性的界定、类型化的重大事项、理性投资者标准、重大性的整体判断标准及与重大性披露有关的其他实践措施五个问题的不同解答,以探索各证券市场对重大信息披露体系问题的解答。

(一)重大性的法律界定

TSC 案确定重大性的定义后,各国证券监管规则大都接受该定义模式,虽然在具体表述上有所差异,但核心皆为对投资者判断会产生影响的事项,然而,我国《证券法》对重大性的定义却未循此例。

东京证券交易所(Tokyo Stock Exchange,TSX)在其上市规则中对上市公司重大信息披露项目作出列举,并通过兜底条款要求“与上市公司的经营、业务或者资产有关的事项,或者与上市股票有关的对投资

---

〔40〕 See Tash Bottum, *Material Breach, Material Disclosure*, 103 Minnesota Law Review 2095 (2019).

者投资决策有显著影响的重要事项”亦需要披露,[41]该定义未对投资者作出进一步要求,对信息整体界定在“与上市公司的经营、业务或者资产有关的事项,或者与上市股票有关的事项”范围内,其核心与 TSC 案具有一致性。

澳大利亚证券交易所(Australian Stock Exchange,ASX)在其《上市规则》第 3.1 条中规定“一旦公司发现任何理性人认为会对该公司证券的价格或价值产生重大影响的信息,该公司必须立即将该信息告知 ASX”。[42] 同时,澳大利亚在其《公司法》第 677 条提出:“当判断某个信息是否会对披露主体的证券的价格或价值产生重大影响时,会考虑理性人标准,以判断该信息是否会或可能会影响经常投资证券的人决定购买或处置证券。”[43]可见,澳大利亚的重大性定义的重点在于理性人对信息的判断,核心亦与 TSC 案一致。

我国《证券法》第 19 条规定发行人“应当充分披露投资者作出价值判断和投资决策所必需的信息。”第 80 条将重大事件定义为“会对股票的交易价格产生较大影响的”事件。由此可见,我国《证券法》以影响投资者判断及交易价格影响定义重大性。

通过以上对比可以看出,各国在重大性影响投资者判断上具有共识,而在具体判断方法上具有不同倾向。日本的监管规则列举具有重大性的事项,包括与经营、业务或者资产有关,通过类型的划定提高确定性;澳大利亚的监管规则通过证券的价格表现作为判断依据,信息披露制度在投资者知情判断的基础上,通过市场为证券合理定价,因此澳大利亚通过证券的价格作为判断依据具有其合理性,同时在以证券价格判断重大性时引入理性人标准,使该判断更加具有操作性。我国在定义重大性时也采用了以价格变动作为判断标准的方法,但未进一步提高判断的可操作性,仅通过事项的部分列举判断略显不足。在此,可参考同样以证券价格变动判断的澳大利亚的理性人标准做法。

---

〔41〕 See TSX,Securities Listing Regulations,Rule 402 (2018).

〔42〕 ASX, Listing Rules, ch. 3: Continuous Disclosure, https://www. asx. com. au/documents/rules/Chapter 03. pdf,accessed April 5th,2020.

〔43〕 Corporations Act,2001, § 677 (Austl.).

(二)理性投资者标准

理性投资者是TSC案确定的判断重大性的三大要素之一,亦是多个证券市场关注的重点。

澳大利亚在《上市规则》第3.1条的指导意见中进一步解释"重大性"的理性投资者标准。[44] ASX将通常"投资"证券的人理解为通常购买和持有证券较长时间,基于他们对证券内在价值的看法进行投资的人。因此,在ASX看来,理性投资者不包括交易员(trader,通常指的是高频交易员high frequency traders),即寻求利用非常短期的价格波动和交易的证券,而不是通过证券的内在价值获得盈利,亦没有长期持有的意图的人。[45] ASX也承认,在界定理性人标准时,会考虑到上市规则所依据的原则,平衡市场需求和公司利益。"理性人"一词表明这是一种客观的检验。然而,随着市场实践和预期的发展,理性人标准会发生改变。[46]

欧盟监管框架下的理性人标准与澳大利亚存在区别,欧洲证券监管委员会(The Committee of European Securities Regulators,CESR)在适用规制内幕交易的规范《市场滥用行为监管规定》(Market Abuse Regulation,MAR)的指引中指出,理性投资者是以理性的方式思考与行为的人,较澳大利亚的标准低一些,无经常投资于证券的要求。[47]

同样适用MAR及CESR的指引规范的英国在其披露规则《披露指引与透明性规则》(Disclosure Guidance and Transparency Rules,DGTR)中进一步明确,理性投资人是会利用该信息作出投资判断以最大化个人利益的人。[48]

通过以上对比,可以发现各证券市场的理性人标准存在较大区别。澳大利亚的理性人标准相对严格,结合证券投资这一环境对投资者提

---

〔44〕 See ASX,Continuous Disclosure:Listing Rules 3.1 – 3.1B,https://www.asx.com.au/documents/rules/gn08_continuous_disclosure.pdf,accessed April 5th,2020.

〔45〕 See ASX,Continuous Disclosure:Listing Rules 3.1 – 3.1B,4.2,When is information market sensitive?

〔46〕 See ASX,Continuous Disclosure:Listing Rules 3.1 – 3.1B.

〔47〕 See CESR, Market Abuse Directive Level 3 – second set of CESR guidance and information on the common operation of the Directive to the market (2007).

〔48〕 See FCA,Disclosure Guidance and Transparency Rules,2.2.5.

出较高的要求,需要投资者能够识别证券的内在价值。而欧盟对理性投资者的要求相对较低,具有一般经济理性人的投资理性,为最大化个人利益而投资即可。基于理性人标准严格程度的不同,可推知澳大利亚证券市场中具有重大性的信息的范围会小于欧盟监管框架下的重大信息范围,因此欧盟的监管更倾向于对投资者的保护。虽然科创板注册制提出"合格投资者"标准,资产额与两年投资经验并足以说明"合格投资者"具有足够的专业性,并且随着注册制全面化,我国证券市场散户居多的情况更加放大了专业性不足的缺点。因此,如果要借鉴成熟市场的经验,欧盟的理性人标准更适合我国引入。

(三)改变信息整体

具有改变信息整体(total mix)的重要性是 TSC 案确定的判断重大性的三大要素之一,亦是重大性判断的重点。改变信息整体的要求是 SEC 不支持定量标准作为唯一标准的原因之一,在判断重大性时需考虑影响投资者判断企业价值的所有因素,仅以量化手段判断信息的影响无法对难以量化的因素予以评价,因此需同时将定性标准纳入。然而如何判断某个信息具有改变信息整体的重要性?这个问题是"具有改变信息整体的重要性"要素的核心问题,也是适用定性标准的核心问题。

美国在 SAB99 中即列举了可能使财务信息的错误陈述具有重大性的情况,包括该错误陈述:

1. 隐瞒了公司收入或公司其他的未来趋势;
2. 是隐瞒了公司未能达到分析师对公司的预期;
3. 将收入转化成损失,或将损失转化成收入;
4. 涉及被认定为公司盈利能力具有重要性的部门;
5. 影响公司符合相关的监管要求;
6. 会影响公司的贷款合同或其他合同义务的履行能力;
7. 会产生提升管理者薪酬的结果;
8. 涉及隐瞒非法交易。[49]

然而这样的列举无法穷尽所有情况,而且没有具体的举例或量化

〔49〕 See SEC Staff Accounting Bulletin No. 99,64 Fed. Reg. 45150 (Aug. 12,1999).

的标准,因此在应用时仍存在困难,即仍存在前文指出的定性标准的缺陷。

欧盟对此问题的解决更具操作性。与美国等国家不同,欧盟将重大性的判断与证券的市场价格联系在一起,即对公司证券的价格会产生重大影响的事件具有改变信息整体的重要性。于是问题即转化为,什么因素可能会对价格产生重大影响?对此,CESR 指出,对价格影响的因素不存在硬性的标准。价格影响因素取决于多方面因素,包括公司的规模、公司近期的发展、市场的敏感程度以及公司所处的行业等,因此不同的公司会有不同的价格影响因素。但 CESR 也提出一些经验指标,可以帮助判断某信息是否可能有重大的价格影响,包括:这类信息与过去对价格有重大影响的信息是相同的;已有的分析师研究报告和观点表明,这类信息是具有价格敏感性的;该公司本身已将类似事件视为内幕信息的。〔50〕 由于该因素因公司的不同而会产生差别,因此,相关规则亦提出发行人最适合对特定的信息进行初步评估。〔51〕

即使通过对美国与欧盟实践的对比,仍很难归纳出体系化的判断公司信息整体的方法,可以发现“信息整体”是重大性判断标准中最具抽象性的要素。美国采用列举式,但因为无法穷尽列举,弊端是很明显的。欧盟否定了列举要素的做法,指出不存在可以一般适用于所有公司的硬性标准,并且在操作性方面提出经验指标以供判断。〔52〕 虽然欧盟与美国判断信息整体的方法原则性较强而不具体,但由于判例法传统,可以通过判例机制在实践过程中逐步完善重大性规范体系。而我国以成文法为传统,倾向于采取列举式,对具有重大性的事项予以列举。具体而言,我国《证券法》第 80 条列举的应及时通过临时披露予以披露的重大事项共 11 项,《上海证券交易所股票上市规则》通过第七章、第八章、第九章、第十章、第十一章对临时报告制度予以细化,要求披露包括董事会、监事会和股东大会决议、具有重大性的交易、关

〔50〕 See CESR, Market Abuse Directive Level 3 – second set of CESR guidance and information on the common operation of the Directive to the market (2007).

〔51〕 See FCA, Disclosure Guidance and Transparency Rules, 2.2.7.

〔52〕 参见项剑、王萌、肖少坤:《上市公司临时报告之重大交易披露标准研究》,载《证券市场导报》2020 年 1 月号。

联交易、重大诉讼仲裁、募集资金投资项目变更、业绩预告、业绩快报和盈利预测、利润分配和资本公积金转增股本、股票交易异常波动和传闻澄清、回购股份、吸收合并、可转换公司债券涉及的重大事项、权益变动和收购、股权激励与破产等信息的披露。同时,在《上海证券交易所股票上市规则》第十一章第十二节列举了12项具有重大风险,13项具有重大性的情形。对于涉及具体金额的事项,皆规定了量化判断的标准。尽管必然存在无法穷尽的不足,但现已作出的详细列举值得肯定。

四、我国证券市场重大性披露实践与问题

(一)我国信息披露重大性的立法实践与问题

我国现行的信息披露制度中已引入重大性标准。《证券法》《上市公司信息披露管理办法》等多部证券法律法规对上市公司信息披露的重大性作出规定(见表1)。我国采取的重大性标准包括影响投资者决策标准以及影响证券价格标准。

表1　我国现行信息披露重大性立法情况

名称	影响投资者决策标准	影响证券价格标准
《证券法》	第19条:发行人报送的证券发行申请文件,应当充分披露**投资者作出价值判断和投资决策所必需的信息**,内容应当真实、准确、完整	第80条:发生可能对上市公司、股票在国务院批准的其他全国性证券交易场所交易的公司的**股票的交易价格产生较大影响的重大事件**,投资者尚未得知时,公司应当立即将有关该重大事件的情况向国务院证券监督管理机构和证券交易场所报送临时报告,并予公告,说明事件的起因、目前的状态和可能产生的法律后果

续表

名称	影响投资者决策标准	影响证券价格标准
《上市公司信息披露管理办法》	第11条:发行人编制招股说明书应当符合中国证监会的相关规定。**凡是对投资者作出投资决策有重大影响的信息,**均应当在招股说明书中披露	第30条:发生可能对上市公司**证券及其衍生品种交易价格产生较大影响的重大事件,**投资者尚未得知时,上市公司应当立即披露,说明事件的起因、目前的状态和可能产生的影响
《公开发行证券的公司信息披露内容与格式准则第1号——招股说明书》	第3条:本准则的规定是对招股说明书信息披露的最低要求。不论本准则是否有明确规定,**凡对投资者做出投资决策有重大影响的信息,**均应披露	—
《深圳证券交易所关于制定信息披露业务备忘录第19号——临时报告实时披露》	—	要点三:上市公司出现下列紧急情形的,可向本所申请其股票及其衍生品种临时停牌,在市场交易期间通过指定网站披露临时报告: (一)公共传媒中传播的消息可能或已经**对上市公司股票及其衍生品种价格产生较大影响,**需要进行澄清的 …… (三)上市公司及相关信息披露义务人发生可能**对公司股票及其衍生品种交易价格产生较大影响的重大事件**(包括处于筹划阶段的重大事件),有关信息难以保密或已经泄漏的

影响投资者决策标准是重大性标准的核心。我国《证券法》第19条、《上市公司信息披露管理办法》第11条及《公开发行证券的公司信息披露内容与格式准则第1号——招股说明书》等规范中皆有相关表述。

影响证券价格标准以对于证券价格是否会产生较大影响作为判断重大性的标准。从规范条文表述可以看出,该标准主要适用于上市公司的持续披露阶段。但证券价格标准与投资者决策标准并非独立的两种标准,二者之间存在密切联系。在强制披露的制度环境下,投资者根据公司披露的信息,基于理性筛选出优质的上市公司股票,作出投资决策,决策的结果在市场的作用下反映在证券的价格上。影响投资者作出投资决策是重大性的本质,而影响证券价格则是信息具有重大性的表现。

对比前文所述成熟资本市场中的重大性标准,我国现行规范中采取的重大性标准已向成熟市场的标准靠拢,但是现行的相关规范仍存在可操作性不足的问题。适用影响投资者决策标准首先需明确“投资者”的理性标准,然而,这一问题在现行规范中并未得到解答。这直接导致执法与司法过程中说理不明确,标准不统一。“投资者”的理性标准是判断影响投资者决策的前提,需在立法层面予以明确,而非在执法过程中自由裁量。为提高证券监管的规范性,提升信息披露执法效率,同时保证信息披露义务人合规运营的可预期性,笔者建议在立法层面确立客观的理性人标准要件,同时在执法过程中总结实践经验,通过实践指引的规范形式细化理性人判断的执行标准。

(二)我国信息披露重大性的执法实践与问题

我国证券信息披露监管的执法实践包括对发行过程的监管与对上市公司的持续监管。对发行过程的信息披露监管体现为发行审核部门对发行人招股说明书等信息披露文件的反馈意见;对上市公司的持续监管主要体现为对上市公司在经营期间出现的如虚假陈述、内幕交易、操纵市场等证券违法行为的处罚。随着我国全面推行注册制,对发行过程的监管将由证监会转移至交易所,证监会的监管重心亦将从发行过程转移至对上市公司的持续监管。

在内幕交易违法行为监管中,涉及对未公开披露的信息是否具有重大性的判断,进而判断利用该信息交易股票的行为是否构成内幕交易。虽然内幕交易规范的是内幕信息的知情人利用重大未公开信息进行交易的行为,而非信息披露的义务人未履行对重大信息的披露义务的行为,但内幕交易执法中对信息是否具有重大性的判断对于梳理信息披露重大性判断标准的实践具有借鉴意义,因此,本文在此通过对我国的内幕交易处罚实践讨论信息披露重大性的执法实践。

通过对表2的监管实践与我国现行规范的实践比较,可以看出我国立法与执法的进步,同时也可以发现证券监管仍存在定量标准不明晰,定性标准尚不明确的问题。

表 2　信息披露重大性执法案例

案号	内幕信息重大性认定
中国证监会行政处罚决定书(吴某快)〔2019〕115 号	根据上述预案,三维股份拟通过发行股份的形式收购广西三维 100% 股权,交易价格为 14.7 亿元。该交易价格超过三维股份上一年度期末净资产的 50%。上述事项属于《证券法》第 67 条第 2 款第 2 项规定的"重大投资行为和重大的购置财产的决定",具有重大性
中国证监会行政处罚决定书(苏某华、孔某永)〔2019〕31 号	根据《上市公司重大资产重组管理办法》第 12 条第 1 款第 1 项规定,交易构成重大资产重组。 参照《上海证券交易所股票上市规则》第 9.2 条第 2 项规定,"交易的成交金额(包括承担的债务和费用)占上市公司最近一期经审计净资产的 10% 以上的,且绝对金额超过 1000 万元"的,属于"应当披露的交易"。 因此,万家文化购买上海快屏 100% 股权均属于"应当披露的交易",具有重大性,属于《证券法》第 67 条第 2 款第 2 项规定的重大事件
中国证监会行政处罚决定书(陶某)〔2019〕127 号	隆平高科拟实施股权激励的信息具有重大性,属于《证券法》第 75 条第 2 款第 8 项所述"国务院证券监督管理机构认定的对证券交易价格有显著影响的其他重要信息",在信息公开前,为内幕信息
中国证监会行政处罚决定书[越野一族(北京)投资管理有限公司、辛某、任某青]〔2019〕49 号	任某青作为顾地科技实际控制人,为上市公司 31 位员工认购激励股份提供借款并分享股票收益,但未履行告知义务。借款对应股份数额达到上市公司股本总额的 8%。该事实具有重大性,属于应当披露的重大事件。任某青的行为违反《上市公司信息披露管理办法》(证监会令第 40 号)第 35 条第 3 款的规定,构成《证券法》第 193 条第 1 款所述违法行为

首先,我国证券监管存在定量判断标准不明晰的问题。吴某快案中涉及对重大购置资产的判断,在说理部分说明交易价格超过公司上一年度期末净资产 50%,以说明案涉信息具有重大性,可见,监管部门采取

的是定量标准进行判断。[53] 然而，该决定书中所适用依据仅为《证券法》，在本案中适用的2014年《证券法》并未明确“重大购置资产”的定量标准，监管部门仅以《证券法》为依据，说理的充分性不足，其亦体现执法机关的执法标准不透明，会导致信息披露义务人对市场的可预期性减弱。

针对此问题，苏某华、孔某永案中的说理过程值得参考。同样对于“重大购置资产”行为进行认定，该案援引证监会发布的《上市公司重大资产重组管理办法》及上海证券交易所制定的《上海证券交易所股票上市规则》中的定量标准进行判断。[54] 证监会监管过程以及交易所的自律监管过程中对于重大性的定量标准会有更具体的认识，在具体认定重大性时采用证监会或交易所的标准更具有可操作性，亦更符合市场的实际情况。现行《证券法》第80条第2款第12项中以“国务院证券监督管理机构规定的其他事项”为重大事件的兜底条款，即为此实践提供制度准备。笔者建议可通过证监会规章的形式明确在信息披露监管过程中可以援引交易所的业务规则等规范作为判断重大性的参考。

其次，我国证券监管存在定性标准尚不明确的问题。陶某案中涉及认定实施股权激励信息是否构成重大性的问题。但实施股权激励信息并非2014年《证券法》直接列举的重大事件，本案援引2014年《证券法》第75条第2款第8项“国务院证券监督管理机构认定的对证券交易价格有显著影响的其他重要信息”进行判断。[55] 然而，该认定方式标准模糊不透明，监管机关的自由裁量范围极大，为市场主体的法律地位带来很大的不确定性。因此在2019年《证券法》中删去了该标准。

越野一族案亦出现相同的问题，处罚决定中援引的《上市公司信息披露管理办法》第35条第3款中，实际控制人对拟发生的股权转让、资产重组或其他重大事件负有披露义务，显然本案中仅可认为案涉信息是“其他重大事件”，同样是执法机关的模糊判断。[56]

---

〔53〕 参见中国证监会行政处罚决定书（吴某快）〔2019〕115号。

〔54〕 参见中国证监会行政处罚决定书（苏某华、孔某永）〔2019〕31号。

〔55〕 参见中国证监会行政处罚决定书（陶某）〔2019〕127号。

〔56〕 参见中国证监会行政处罚决定书［越野一族（北京）投资管理有限公司、辛某、任某青］〔2019〕49号。

陶某案与越野一族所揭示的问题即重大性的定性标准尚不明确。我国现行《证券法》对重大信息临时披露的规范采取“列举加兜底”的模式,包括11项重大事件的列举加国务院证券监督管理机构规定的其他事项。然而规范的列举具有局限性,无法穷尽所有对投资者决策产生影响的事件,当判断列举之外的事项是否具有重大性时,即需适用定性标准。我国现行的重大性规范框架下,虽已兼采影响投资者判断及影响证券价格标准,然而“投资者”应采取何种标准确定,可能影响证券价格的“重大事件”应如何判断,皆未明确,存在较大的裁量空间。如何提高监管的透明性,将监管标准明确化、成文化,减少监管部门的口袋规则、隐形门槛是立法与执法共同的重点。

(三)我国信息披露重大性的司法实践与问题

通过前文论述,可以发现在我国信息披露重大性的立法与执法实践过程中,虽然已有较为成熟的标准,但在执行过程中仍存在可操作性低,执法口径不统一的问题,该问题的症结在于“投资者”标准的不明确。完善信息披露重大性规范一方面应完善定量标准,提高执法效率,提高市场主体对行为的可预期性;另一方面则应完善定性标准,定性标准的完善不仅体现于对定义本身的完善,还在于明确“投资者”的标准。影响投资者判断是影响股票价格的原因,而判断影响投资者决策的核心则是“投资者”的理性标准,因此完善重大性判断标准的重点即在于明确“投资者”的理性标准。

在司法实践中,已有法院尝试采用并界定“理性投资者”的标准(见表3)。

表3 信息披露重大性司法判例

案号	判决内容
(2020)黔民终651号	事件性质:案涉公司2016年的盈亏状况直接关系到案涉公司的退市风险,退市风险是投资者在判断是否考虑投资该公司股票的重要因素。案涉公司2016年的业绩实际为亏损,而案涉公司在业绩预告中发布2016年的业绩为盈利,在理性投资者判断该股票的退市风险时造成重大误导。 定量分析:参照《上海证券交易所上市规则》相关定量标准,案涉公司业绩预告公布的数据和业绩更正预告公布的数据存在重大差异,从定量的角度对理性投资者考虑投资该股票时构成重大的影响

续表

案号	判决内容
(2019)京行终7590号	股权激励计划可能对该公司证券交易价格产生重大影响。信息公开后影响投资者的投资决策并进而对公司证券交易价格产生重大影响并非一种实然状态,而是通常情况下,基于一般理性投资者判断的高度盖然性。通常,股权激励方案对公司股价的影响存在以下逻辑关系:股权激励方案—激励管理层提升工作效率—公司业绩上升—股价上涨,因此,股权激励方案一般会对公司证券交易价格产生较为明显的影响
(2020)京02民终3525号	投资者适当性的要求系公开规定,原告作为理性投资者,应对投资条件和投资风险有充分的认知,作出与自身经济能力和风险承受能力相适应的投资决定

(2020)黔民终651号案中,法院结合案件的具体情况,通过定性分析与定量分析讨论所涉信息是否会影响理性人的投资判断;[57](2019)京行终7590号案中,法院通过展现案涉信息对证券价格影响的逻辑路径,说明信息会影响理性人判断的高度盖然性。[58](2020)黔民终651号案与(2019)京行终7590号案皆结合案件具体情况分析案涉信息是否会对理性人的判断产生影响,但并未对理性人的标准作出界定。(2020)京02民终3525号案中,法院对理性投资者作出界定,指出理性投资者应对投资条件和投资风险有充分的认知,并作出与自身经济能力和风险承受能力相适应的投资决定,[59]然而该案为全国中小企业股份转让系统中的合格投资者的投资纠纷,是否能将此标准推广适用仍存疑问。

在适用法律进行裁判的过程中,法院已发现适用重大性定性标准应先界定"投资者",因此各地法院作出相应尝试。司法实践的尝试具有先进性,但仍存在不足。一方面,由于法律中尚无规定,司法机关在裁判中论述理性人标准可能有"法官造法"之嫌;另一方面,司法实践中多为各地方法院在裁判过程中对标准进行论述,最高法院暂时无指导案例确定标准,各地法院相互独立,我国亦无判例法传统,因此,可能会产生标

[57] 参见贵州省高级人民法院(2020)黔民终651号。

[58] 参见北京市高级人民法院(2019)京行终7590号。

[59] 参见北京市高级人民法院(2020)京02民终3525号。

准确定不统一的情况,进而导致司法不平衡。我国正在探索示范判决机制,笔者建议可以通过示范判决机制确定事实相同或类似的案件中的理性投资者标准,从而提高标准的统一性。

五、我国上市公司重大事项披露路径选择

《证券法》与沪深两市的上市规则构成我国重大事项的监管框架。由《证券法》规定重大事项的披露要求并列举具有重大性的事项,由交易所的上市规则规定重大事项信息披露的具体要求。具体而言,《上海证券交易所股票上市规则》[60]第九章、第十章、第十一章对重大事项的认定标准、披露要求予以详细的规定,能够量化的事项皆有具体的定量标准,可见,我国重大事项判断的定量标准已较为完善。然而,我国现行监管体系下对重大性的定性标准的规定尚存在不足,结合前文对重大性信息披露的法理分析与比较研究,在此提出几点建议:

(一)完善重大性判断标准体系

在我国规范体系下,交易价格是重大性判断的依据,这与欧盟和澳大利亚的判断标准相类似。但我国对重大性的定义止步于此,并未进一步细化,体现了我国重大性判断的定量标准倾向。如前文所述,我国在重大事项的列举方面也作出详细列举。然而,缺乏定性判断的规范框架,在出现未列举事项的重大性判断上会出现问题。

《上海证券交易所股票上市规则》第 11.12.7 条第 1 款第 14 项规定:当上市公司出现本所或者公司认定的其他情形,应当及时向本所报告并披露。该条是重大事项披露的兜底条款,此时“重大性”的定义即为公司认定是否应当披露的定性标准。然而,结合我国《证券法》第 80 条规定中的定义,仅交易价格的变动是重大性判断的依据。CESR 指出,对以交易价格作为单一标准的分析,蓝筹股价格的波动性通常低于流动性较差的小型股,仅以交易价格作为判断依据并不合理。加之《证

---

[60] 《上海证券交易所股票上市规则》与《深圳证券交易所股票上市规则》的规范模式相近,本文仅以《上海证券交易所股票上市规则》为例。

券法》将第80条的信息披露要求扩大至流动性不强的新三板市场,会导致监管不平衡的情况。因此,我国现行证券监管体系下重大性的定义仍存在不足,应予以完善。在选择重大性标准的时候,可以综合运用定性标准,即以对理性投资者具有重要性作为判断标准,与证券价格变动标准。以定性标准考虑各种可能出现的重大事项并予以列举,而当需要考虑某件未规定的事项是否具有重大性时,以证券价格标准这一客观标准来衡量是否重大。〔61〕因此,建议借鉴成熟市场经验,在以交易价格为判断重大性的依据的前提下,需对定性标准进一步细化,使判断标准更周密且具备操作性。

(二)探索适合我国国情的理性人标准

通过前文的比较研究可以看出,在分析各国如何细化重大性定性标准的过程中,理性人标准是重点关注的因素之一。在澳大利亚的规范框架下,理性人为经常进行证券投资,关注证券内在价值的投资者,而欧盟则以一般的经济理性人为标准。我国现行信息披露重大性规范中已采用投资者判断标准,但在执行投资者判断标准时仍会遇到困难,问题的症结即在于规范中并未明确投资者的理性人标准。笔者认为,应在立法层面确定抽象的一般理性人标准,并且在实践的过程中不断完善提高该标准。

我国现行规范中仅有影响投资者判断标准,然而并未明确应以哪类投资者作为判断的对象,因此何种信息会对投资者产生多大程度的影响难以确定。构建信息披露重大性制度需首先解决前提性问题,应先在立法层面确定一般理性人标准。在完善立法的过程中需考虑到,我国的证券市场正逐步完善,但市场中的投资者总体素质还不高,呈现散户居多的样态。散户投资者对信息披露的关注往往呈现对行情类等投机性信息关注较多,而由于金融知识储备不足,对真正影响上市公司价值的信息缺乏关注。因此,以散户投资者为判断重大性的理性标准,会导致标准混乱不清,无法有效指引上市公司披露信息。具备专业知识的投资者对信息的判断更为准确,亦更符合市场运作规律。然而仍需注意我国的

---

〔61〕 参见覃宇翔:《浅议证券法信息披露义务中的"重大性"标准》,载《商业研究》2003年第4期。

证券市场的散户居多的现状,散户投资者是信息披露的主要披露对象,若直接以科创板或创业板"合格投资者"作为标准,会由于大部分投资者无法理解,使信息披露保护公众投资者的作用降低。因此笔者建议参考澳大利亚的理性投资者标准,以经常从事证券投资者为理性人的标准。具体而言,与我国投资创业板、科创板的合格投资者标准相类似,以从事证券投资的时间为标准进行界定。例如,在立法中明确,"发行人报送的证券发行申请文件,应当充分披露理性投资者作出价值判断和投资决策所必需的信息,内容应当真实、准确、完整。理性投资者指从事两年以上证券投资,具有一般金融财会知识的投资者"。

同时,为增加抽象标准的操作性,可以通过列举的方式将"理性投资者"标准下,投资者应当了解的知识作出列举。例如,美国法院通过司法实践中判例的完善确定理性人标准,法院认为理性投资者应了解一般的经济运行规律,应了解分散投资的原则,了解货币的时间价值,理解保证金账户,亦需对证券行业内的薪酬结构有所了解。[62] 立法部门可以会同证监会、法院等机关,结合域内域外经验以及国内市场的情况,对理性投资者的具体标准予以列举。而该标准即可作为法院在适用理性人标准时的推理的大前提。例如,理性投资者应了解一般经济运作规律,股权激励方案的发布可以激励员工的工作积极性,提高工作效率,进而提高公司生产力,提升公司整体价值等,通过说理的方式将市场中新出现的信息认定为具有重大性的信息。因此,笔者主张"抽象 + 列举"的立法模式,在抽象的理性人标准下,对理性人所应了解的知识作出列举。

(三)制定不同行业重大性披露指引

澳大利亚证券交易所在《上市规则》第五章中专门对矿产资源和矿石储量等特定行业的披露规则予以详细规定。如为编写勘探结果报告提供了核对表等细节规定。[63] 欧盟的相关判断指引中也提出,判断重大性需考虑公司所处的行业。例如,科创板的上市规则的上市标准中放

---

〔62〕 See Barbara Black, *Behavioral Economics and Investor Protection: Reasonable Investors, Efficient Markets*, 44 Loyola University Chicago Law Journal. 1493 (2013).

〔63〕 See ASX, Listing Rules, ch. 5: Additional reporting on mining and oil & gas production and exploration activities, https://www.asx.com.au/documents/rules/Chapter 05.pdf, accessed April 5th, 2020.

宽了对企业营业收入、盈利、现金流的要求,但提高了对科研成果与预计市值的要求,以体现对科创企业的支持,也体现了我国证券市场对具有发展潜力企业的支持。[64] 对于科创板企业,会影响投资者判断的重大事项更倾向于知识产权等无形资产,与传统产业所关注的事项存在区别,仍以传统标准要求科创企业进行披露会导致披露效率低下的问题。同时,如前所述,我国的投资者以散户居多,会存在金融、财务知识较为薄弱的问题,可能无法判断企业的何种事项会影响其内在价值。因此,建议可以结合不同行业的特点发布专门的重大性披露指引,以提高披露效率与接受程度,降低企业的合规成本。

各行业有各自的特点,若皆发行专门的披露指引,会过度增加监管成本,因此,可先在重点行业中试行专门指引,平衡披露效率与监管成本的矛盾。

(四)通过证券示范判决完善重大事件判断标准

美国通过TSC案确定重大性的定义后,实践中形成定量判断的标准,而后SAB No.99提出应综合考虑定性因素与定量因素判断重大性,但未提供明确的判断标准,FD规则虽提供了部分列举但标准依然模糊。但在实践中,基于判例法的传统,重大性标准仍能在诉讼过程中得以落实。而我国缺少判例法传统,对于实践性较强的信息披露重大性的监管,可能会出现原则性的立法与复杂多变的实践无法匹配的矛盾,各地法院各自的裁判标准不统一,导致各地司法不平衡的出现。笔者认为,可以通过证券示范判决制度缓解前述矛盾。

2019年1月16日,上海金融法院制定发布了《上海金融法院关于证券纠纷示范判决机制的规定》(以下简称《示范判决规定》),提出通过示范判决解决有共通的事实争点和法律争点的案件的纠纷解决机制。示范判决机制表现为“示范案件+平行案件”。在示范判决机制中,示范案件起到示范效果,在判决效力可得适当扩张,平行案件在一定程度上受到示范判决的约束,解决共通的问题,而平行案件解决自身特有的具

〔64〕 参见《上海证券交易所科创板股票上市规则》第2.1.2条。

体问题。[65]

以示范判决机制裁判信息披露重大性案件具有必要性。首先,信息披露重大性案件具有多、难、小、久的特点,若皆按照普通一审模式审理,则会造成无效和重复工作过多,产生过高成本。[66] 通过示范判决可以有效降低司法资源浪费,提升审判效率。其次,如前所述,信息披露重大性案件的裁决重点集中于理性人标准、影响投资者判断、影响证券价格等问题,裁量的自由度较大,会造成法律适用不统一的情况。通过选取具有代表性的案件作为示范案件,平行案件适用相同裁判标准,可以避免因案件众多而出现的法律适用不统一的现象。[67]

笔者认为,可以通过上海金融法院的示范判决机制完善信息披露重大性制度。科创板与创业板试点注册制,其中与注册制相关的证券纠纷由上海金融法院与深圳市中级人民法院集中管辖,这为重大性标准的裁判标准统一提供了制度环境:

首先,可以通过示范判决完善信息披露重大性的定性标准。信息披露重大性的定性标准下,核心的要素即投资者理性标准的确定。科创板与创业板的合格投资者标准存在区别,为比较不同的理性投资者标准下的重大性标准提供机遇。上海金融法院可以在选取示范案件时着重选取涉及两地不同理性投资者标准的案件,对不同的理性人标准进行比较,总结更为科学的理性人标准,并影响证券行政监管与立法的完善。

其次,可以通过示范判决完善信息披露重大性的定量标准。科创板与创业板适用不同的上市规则,在上市规则中采用的定量标准也存在部分区别,上海金融法院可以选取典型案例,比较沪深证券交易所的定量标准,通过审判对自律监管机构的标准予以讨论,检验定量标准的合理性,并促进审判与监管的互相作用,以审判促进监管规则完善,以监管实践推动审判质效提升。

---

〔65〕 参见叶林、王湘淳:《我国证券示范判决机制的生成路径》,载《扬州大学学报》(人文社会科学版)2020年第2期。

〔66〕 参见曹明哲:《证券虚假陈述民事赔偿“示范判决+多元调解”的诉讼模式构建》,载《中国证券期货》2020年第1期。

〔67〕 参见林晓镍、单素华、黄佩蕾:《上海金融法院证券纠纷示范判决机制的构建》,载《人民司法(应用)》2019年第22期。

最后,可以通过示范判决促进信息披露重大性裁决标准的统一。科创板与创业板案件的集中管辖,为统一注册制下信息披露重大性案件提供了支持,两地法院可以加强沟通,总结注册制下证券纠纷案件的审理经验,归纳统一信息披露重大性案件的审理标准,为全面推行注册制做好准备。

(编辑:陈长青)

《证券法苑》(2020)
第三十卷,第274~312页

信息披露的简明性要求
——比照美国简明英语规则经验

程海宁*

摘要:新《证券法》为我国资本市场带来了新鲜血液,其中包括“简明清晰、通俗易懂”的信息披露简明性要求。提高简明性以提高市场整体有效性,是现代资本市场所必需的。简明性规则早已出现在我国证券监管中,但现状与简明性标准相去甚远,篇幅、内容和形式对投资者不够友好。SEC的“简明英语规则”,是信息披露简明性改革的开路者。借鉴美国经验并结合我国实际,可以更加全面地理解简明性规则的内涵,提前认识到政策制定和实施中可能遇到的障碍。

关键词:证券信息披露　简明性　简明英语规则　制度建议

一、问题引入:何为信息披露的简明性要求

2019年12月28日,新《中华人民共和国证券法》(以下简称《证券法》)由第十三届全国人民代

* 北京大学法学院硕士研究生。

表大会常务委员会第十五次会议修订通过。新《证券法》明确了我国证券发行将实施注册制，许多章节内容都有大幅的修订和改进，很多条款也契合了资本市场的改革方向，填补了现行《证券法》中的漏洞和不足，但同时在细节方面仍存在不少问题和缺陷，值得更加深入的讨论分析。本文就将聚焦于《证券法》中新增的对证券信息披露的简明性要求，梳理探索这一法律政策背后的理论和实践问题，并结合国际经验试着给出完善相关规则的思路意见。

对于证券市场信息披露制度，新《证券法》将其独立成章，将原本较为零散的规则要求进行了体系化的整合梳理，并且将近年监管实践中许多成功的规章制度法律化，补充吸收进了新《证券法》。在信息披露章节的开头处，新《证券法》还相应增加对于信息披露制度的一般性规则：

第七十八条 发行人及法律、行政法规和国务院证券监督管理机构规定的其他信息披露义务人，应当及时依法履行信息披露义务。

信息披露义务人披露的信息，应当真实、准确、完整，简明清晰，通俗易懂，不得有虚假记载、误导性陈述或者重大遗漏。

证券同时在境内境外公开发行、交易的，其信息披露义务人在境外披露的信息，应当在境内同时披露。

这一总括性条文一共有 3 款，其中前两款中提到的信息披露的及时性、真实性、准确性和完整性要求为 2014 年《证券法》所固有的。但在第 2 款中新增的“简明清晰、通俗易懂”这一信息披露简明性要求，则是首次出现在《证券法》条文之中。暂不探其深意，要求信息披露的形式“简明清晰、通俗易懂”，从直观感受来说无疑是非常“政治正确”的：相较于复杂晦涩文本给读者带来的糟糕阅读体验，简明清晰、通俗易懂的文本形式无疑是更加“读者友好”的，它可以帮助我们更加便捷准确地获取文本中的信息，清晰明确的结构逻辑还可以帮助读者抓住文本重点，对文本信息建立系统全面的认识。

如果真的能够简明化呈现，对于广大投资者而言无疑是一件值得庆贺的好事，但是和普通的生活文本或文学作品不同，证券信息披露领域本身具有极高专业性、严谨性。一方面，信息披露文本是用来介绍证券发行人具体经营状况的，往往综合了会计、金融、法律等专业知识，对于从事高科技等行业的发行人,还会涉及专业性极高的自身业务信息等,文本整体具有很高的专业性和复杂性。另一方面,招股书等信息披露文件通常是投资者进行投资判断的最重要依据,法律要求信息披露义务人保证所披露信息的整体质量,并对虚假陈述行为承担严格的法律责任,这决定了信息披露文件的内容必须非常严谨。

简明性这一新增要求在证券信息披露领域到底能否实现,该如何实现,以及需要制度上作何保障?在相关理论基础和配套制度仍未完善的情况下,直接从《证券法》层面增加"简明性"要求,是否可以实现立法者所期待的政策效果,又会引发哪些值得讨论思考的问题呢?本文将结合外国成功经验,围绕信息披露"简明性"要求这一看似当然正确的议题进行讨论,分析这一政策可能带来的各种问题和影响,并试着给出合理的政策思路建议。

二、"简明性"要求概述

证券市场信息披露的简明性要求并非我国首创,实际上,以美国为代表的发达资本市场早在20世纪90年代就已经开始全面、深入的信息披露简明化改革运动,作为信息披露简明性规则的始创,[1]美国证券交易委员会(SEC)主导的简明英语运动(plain English movement)影响最为广泛且深远。SEC为了尝试和推行简明英语运动进行过丰富的试验和讨论,并最终推出了包括简明英语规则、[2]《简明英语手册》等在内的体系完备的制度规则和详细的规范指引,[3]为简明英语规则在美国的顺利推行提供了全面且坚实的理论和制度基础。

---

〔1〕 参见武俊桥:《论证券信息披露简明性规则——以网络时代为背景》,载《证券市场导报》2011年第11期。

〔2〕 See Plain English Disclosure, Release, 17 CFR Parts 228, 229, 230, 239 and 274, [Release Nos. 33 - 7497; 34 - 39593; IC - 23011, International Series No. 1113; File No. S7 - 3 - 97] (Jan. 29, 1998).

〔3〕 See the Office of Investor Education Assistance, *A Plain English Handbook*: *How to create Clear SEC Disclosure Documents*, U. S. Securities and Exchange Commission, http://www.sec.gov/plainwriting.shtml, accessed March 20th, 2020.

(一)我国信息披露简明性的制度现状

在我国资本市场,虽然新《证券法》第一次明确规定了简明性要求,也仍没有配套完善的制度体系和具体规则,但相关说法并非首次被提出。例如,在最新的设立科创板并试点注册制改革中,无论是对于新股首发的招股说明书还是持续信息披露文件,信息披露的“简明性”要求都多次被强调,并且给出了一些较为具体的标准,诸如重点突出、语言浅白、避免使用大量专业术语和外文等。[4] 在以信息披露为核心的证券发行注册制背景下,这些标准无不是为了提高专业信息披露文件的可读性、易理解性,降低普通市场参与者获取和理解信息的难度,减少市场整体交易成本。[5] 其实,在更早的创业板信息披露指引中,对于信息披露简明性要求的描述就已经较为具体,甚至比科创板的相关

---

〔4〕《科创板首次公开发行股票注册管理办法(试行)》,中国证券监督管理委员会令第153号,2019年3月1日发布。第34条规定:“发行人申请首次公开发行股票并在科创板上市,应当按照中国证监会制定的信息披露规则,编制并披露招股说明书,保证相关信息真实、准确、完整。信息披露内容应当简明易懂,语言应当浅白平实,以便投资者阅读、理解。”《上海证券交易所科创板股票上市规则》,上证发[2019]53号,2019年4月30日发布。第3.2.2条规定:“保荐机构、保荐代表人应当持续督促上市公司充分披露投资者作出价值判断和投资决策所必需的信息,并确保信息披露真实、准确、完整、及时、公平。保荐机构、保荐代表人应当对上市公司制作信息披露公告文件提供必要的指导和协助,确保其信息披露内容简明易懂,语言浅白平实,具有可理解性。保荐机构、保荐代表人应当督促上市公司控股股东、实际控制人履行信息披露义务,告知并督促其不得要求或者协助上市公司隐瞒重要信息。”第5.2.5条规定:“上市公司的公告文稿应当重点突出、逻辑清晰、语言浅白、简明易懂,避免使用大量专业术语、过于晦涩的表达方式和外文及其缩写,避免模糊、模板化和冗余重复的信息,不得含有祝贺、宣传、广告、恭维、诋毁等性质的词语。公告文稿应当采用中文文本,同时采用外文文本的,应当保证两种文本内容的一致。两种文本不一致的,以中文文本为准。”

〔5〕参见王青枚:《论上市公司强制退市中公众投资者权益的法律保护》,湖南师范大学2015年硕士学位论文。

规则更加系统、明确。[6] 除此之外,在之前证监会发布的系列信息披露内容与格式准则文件中,也明确表达了要求信息披露简明通俗的政策指导倾向,只不过多数表述仍较为概括、笼统。[7] 现在新《证券法》将"简明清晰、通俗易懂"的简明信息披露要求法律化,明文纳入了证券信息披露的要求,是从立法层面认可了之前的监管导向,进一步明确了我国资本市场转型进程中信息披露监管制度的改革方向。

但目前为止,简明信息披露的相关规定仍停留在较为笼统概括的指向性层面,没有配合切实可执行的具体标准。作为一项进阶性信息披露标准,一方面,"简明清晰、通俗易懂"的要求存在较大的主观调整空间,缺少客观确定的评判标准;另一方面,简明性规则本质是给信息披露义务人加以额外的义务,而直接收益主要归广大投资者享有。因此可以预料的是,如果立法机关和监管部门仅仅是提出方向性的指导意见,没有配套制定切实可行的细则标准以及强有力的规范限制措施,简明信

---

〔6〕《公开发行证券的公司信息披露内容与格式准则第28号——创业板公司招股说明书(2015年修订)》,中国证券监督管理委员会公告[2015]33号,2015年12月30日发布。第12条规定:"招股说明书应便于投资者阅读,做到浅白易懂、简明扼要、逻辑清晰,具有可读性和可理解性。(一)招股说明书应使用事实描述性语言,突出事件实质和披露重点,对投资者需要重点提醒的信息应当突出表示;使用浅白平实、通俗易懂的日常用语,使用直接、客观、简洁、确定的语句,不应使用抽象、模糊、冗长、重复的表述,不应过度依赖释义,尽量避免使用艰深晦涩、生僻难懂的专业术语或公文用语,不得有祝贺性、广告性、恭维性或诋毁性的词句;(二)招股说明书应尽量采用图表、图片或其他较为直观的方式进行披露;(三)招股说明书在不影响信息披露的完整性和不致引起阅读不便的前提下,可采用相互引征的方法,对各相关部分的内容进行适当的技术处理,以避免重复和保持文字简洁;(四)招股说明书对不同章节或段落出现的同一语词、表述、事项的披露应具有一致性。"

〔7〕例如,在《公开发行证券的公司信息披露内容与格式准则第1号——招股说明书(2003年修订)》(已失效)(证监发行字[2003]26号,2003年3月24日发布)中,就已经提到"招股说明书摘要中要尽量少用投资者不熟悉的专业和技术词汇,尽量采用图表或其他较为直观的方式准确披露公司及其产品、财务等情况,做到简明扼要,通俗易懂""文字应简洁、通俗、平实和明确"。另外,在《公开发行证券的公司信息披露内容与格式准则第2号——年度报告的内容与格式(2012年修订)》(已失效)(中国证券监督管理委员会公告[2012]22号,2012年9月19日发布)中,第4条就提道:"在不影响信息披露完整性和不致引起阅读不便的前提下,公司可以采取相互引证的方法,对年度报告相关部分进行适当的技术处理,以避免不必要的重复和保持文字简洁。"

息披露改革将因为信息披露义务人缺少主动改进的动力而举步维艰。

（二）我国信息披露简明性要求的实施现状

法律、政策的修订改进不是为了让规则体系看起来更加周全、先进，而是要真正实现预期的理想政策效果。从实施效果来看，我国资本市场原有的简明性相关要求显然没有很好地发挥作用，文章的这一部分将从披露文件的篇幅和内容两个方面，举例说明我国信息披露简明性要求的实施现状。

1. 近期首发上市企业信息披露文件篇幅情况统计分析

首先，笔者检索整理了2020年1月13日至2月15日一个多月时间内，A股和科创板市场最新的首次公开发行股票并上市公司的重要信息披露文件，[8]统计了相关信息披露文件页数、字数等反映篇幅长短的数据，[9]并进一步估算了投资者阅读相关信息披露文件所需时间（如表1、表2所示）。

表1　A股市场2020年1月13日至2月15日首发上市企业重点信息披露文件相关数据统计

（拟）上市发行板块	公司简称（股票代码）	信息披露文件类型	页数	字数	阅读所需时间（分钟）	
					按字数计算	按页数估算
创业板	艾可蓝（300816）	招股说明书	419	197,190	911.70	1197.14
	聚杰微纤（300819）	招股意向书	466	187,764	868.10	1331.43
		法律意见书	56	31,370	145.03	160.00

〔8〕因不同上市板块要求披露的文件类型有所差异，重点关注所选定时间段内，能够反映首发上市企业整体情况的招股说明书类披露文件，主要形式包括招股说明书、招股意向书、招股说明书摘要以及部分招股书相关附录等。

〔9〕表格中信息披露文件的字数统计均来自"福昕阅读器"的字数统计功能，因不同信息披露义务人所制作的信息披露文件格式有所差异，来自PDF文件的字数统计通常会被低估。文件内图片、表格以及部分格式不规范的文字可能不被计算进总字数，因此，实际字数只可能高于电子统计数据，依据相关数据所估算的阅读所需时间应是充分保守的低估数据。

续表

(拟)上市发行板块	公司简称(股票代码)	信息披露文件类型	页数	字数	阅读所需时间(分钟)	
					按字数计算	按页数估算
创业板	双飞股份(300817)	招股说明书	476	222, 258	1027.50	1360.00
		特别风险提示	7	2915	13.50	20.00
	英杰电气(300820)	招股说明书	408	80, 160	370.60	1165.71
		特别风险提示	7	861	4.00	20.00
	耐普矿机(300818)	招股说明书	507	224, 484	1037.80	1448.57
		特别风险提示	7	2947	13.60	20.00
创业板 5 家企业招股说明书平均			455	182, 371	843.00	1300.60
中小板	博杰股份(002975)	招股说明书	552	260, 468	1204.20	1577.14
		招股书摘要	158	82, 107	379.60	451.43
沪市主板	公牛集团(603195)	招股说明书	662	308, 500	1426.30	1891.43
		招股书摘要	112	69, 682	322.20	320.00
		特别风险提示	6	2278	10.50	17.14
	建业股份(603948)	招股意向书	469	82, 787	382.70	1340.00
		招股意向书摘要	60	10, 900	50.40	171.43
	良品铺子(603719)	招股说明书	569	262, 468	1213.40	1625.71
		招股书摘要	112	50, 893	235.30	320.00
	瑞芯微(603893)	招股说明书	434	192, 111	888.20	1240.00
		招股书摘要	101	62, 391	288.40	288.57
		特别风险提示	7	2827	13.10	20.00
	斯达半岛(603290)	招股说明书	390	183, 567	848.70	1114.29
		招股书摘要	117	56, 409	260.80	334.29

续表

(拟)上市发行板块	公司简称(股票代码)	信息披露文件类型	页数	字数	阅读所需时间(分钟)	
					按字数计算	按页数估算
沪市主板	雪龙集团(603949)	招股说明书	580	110,599	511.30	1657.14
		招股书摘要	78	14,070	65.00	222.86
		特别风险提示(一)	8	3362	15.50	22.86
		特别风险提示(二)	8	3359	15.50	22.86
	中银证券(601696)	招股说明书	790	442,115	2044.00	2257.14
		招股书摘要	205	128,041	592.00	585.71
		特别风险提示	8	3195	14.80	22.86
沪市主板7家企业平均		招股说明书	556	226,021	1045.00	1589.00
		招股书摘要	112	56,055	259.00	320.00

表2 科创板市场2020年1月13日至2月15日首发上市企业重点信息披露文件相关数据统计

公司简称(股票代码)	信息披露文件类型	页数	字数	阅读所需时间(分钟)	
				按字数计算	按页数估算
百奥泰(688177)	招股意向书	508	374,876	1733.13	1451.43
	招股意向书附录(一)	242	121,265	560.63	691.43
	招股意向书附录(二)	764	114,955	531.46	2182.86
	招股意向书附录(三)	72	—	—	205.71
华润微(688396)	招股书(注册稿)	625	416,050	1923.49	1785.71
广大特材(688186)	招股说明书	440	258,199	1193.71	1257.14
复洁环保(836304)	招股书(申报稿)	347	214,448	991.44	991.43

续表

公司简称（股票代码）	信息披露文件类型	页数	字数	阅读所需时间（分钟）	
				按字数计算	按页数估算
东方生物(688298)	招股说明书	453	295, 497	1366. 14	1294. 29
道通科技(688208)	招股说明书	423	56, 717	262. 21	1208. 57
瑞晟智能(823884)	招股书(申报稿)	297	183, 431	848. 04	848. 57
仁会生物(830931)	招股书(申报稿)	394	257, 070	1188. 49	1125. 71
南新制药(688189)	招股书(注册稿)	515	340, 516	1574. 28	1471. 43
康希诺(HK6185)	招股书(申报稿)	403	226, 551	1047. 39	1151. 43
洁特生物(688026)	招股说明书	526	324, 728	1501. 29	1502. 86
华峰测控(688200)	招股说明书	436	267, 601	1237. 18	1245. 71
石头科技(688169)	招股意向书	477	294, 026	1359. 34	1362. 86
	招股意向书附录(一)	576	332, 103	1535. 38	1645. 71
	招股意向书附录(二)	378	143, 391	662. 93	1080. 00
神工股份(688233)	招股书(注册稿)	336	207, 812	960. 76	960. 00
赛特新材(688398)	招股说明书	415	272, 517	1259. 90	1185. 71
瑞松科技(688090)	招股说明书	522	340, 609	1574. 71	1491. 43
紫晶存储(688086)	招股书(注册稿)	676	408, 148	1886. 95	1931. 43
泽璟制药(688266)	招股说明书	593	417, 271	1929. 13	1694. 29
有方科技(688159)	招股说明书	504	327, 541	1514. 29	1440. 00
优刻得(688158)	招股说明书	660	412, 580	1907. 44	1885. 71
映翰通(688080)	招股说明书	513	316, 180	1461. 77	1465. 71
科创板 21 家企业招股书平均		479	295, 827	1368. 00	1369. 00

从表 1 和表 2 中的数据可以非常明显地看出,我国证券市场目前的信息披露文件还是以“鸿篇巨制”为主流。企业首发上市的招股说明书等信息披露文本动辄几百页、数十万字,即便是主板企业所披露的招股书“摘要”,平均也有 112 页、超 56,000 字。相比之下,在 20 世纪 90 年

代 SEC 推行简明英语规则之前，美国上市企业招股书摘要平均长度仅有 10 ~ 25 页，而彼时 SEC 已经认为这些摘要过于冗长，已经远超投资者可能专心阅读的篇幅。[10]

在选取的近一个月首发上市的企业样本中，招股书字数最高的超过 44 万，这尚且没有涵盖数目繁多的其他信息披露文件，而我国第一部纪传体通史《史记》的全文也才 56 万多字。按照普通人的对语言平易、内容熟悉的普通中文文本阅读速度 216 字每分钟来估算，[11] 投资者如果完整阅读上述公司的招股说明书，平均每篇需要花费 1300 ~ 1600 分钟，[12] 即便是阅读“招股书摘要”，平均每篇也需要花费 320 分钟，这还没有考虑信息披露文件的专业性、复杂性，读者理解思考的时间，以及长时间高强度阅读产生的疲劳等因素。可以说招股书已经太长、太复杂，以至于“不鼓励除了知识最渊博且最顽强的人以外的所有人阅读”。[13]

2. 招股书内容的简明性评价：以“优刻得”为例

信息披露的简明性规则远非只要求削减信息披露文件的篇幅，而是体现在文本整体的方方面面，包括用词用语、句子结构、行文逻辑、版面设计等。那么，除了篇幅因素之外，国内招股说明书在其他方面的简明性程度又表现得如何呢？这一部分将以科创板公司“优刻得”首发上市招股说明书为例，进行简要的分析评价。

---

〔10〕 See Plain English Disclosure, 17 CFR Parts 228, 229, 230 and 239, [Release Nos. 33 – 7380; 34 – 38164; IC – 22464; File No. S7 – 3 – 97; International Series No. 1044] (Jan. 21, 1997). p. 3163.

〔11〕 参见廖建桥、张万山：《论中文的阅读速度》，载《人类工效学》1996 年第 1 期。文中作者给出的测算结论为 309 字/分钟，并根据实验条件与现实情况的区别，建议实际引用数据时加上 30% 折扣，经计算 309 × 0.7 ≈ 216 字/分钟。

〔12〕 这一数字是根据招股书页数估算所得，而非根据软件统计的字数计算。这样做的依据是：网络上可获取的证券信息披露文件多为 PDF 格式，因文件的格式特性，在使用软件统计其字数时存在较大少记、漏记可能。例如，百奥泰(688177)的长达 72 页的《招股意向书附录(三)》一文，使用软件统计的字数为 0，因此，以页数为计算依据相比于软件统计字数可能更接近实际情况。通过对比分析，作者认为可以参考文件格式较为规范科创板文件的统计数据，估算每页招股说明书的实际字数平均约为 620 字，即完整阅读每页招股书需要花费 2.86 分钟。

〔13〕 Kenneth B. Firtel, *Plain English: A Reappraisal of the Intended Audience of Disclosure under the Securities Act of* 1933, Southern California Law Review, Vol. 72, No. 2, 1999, p. 871.

“优刻得”全称优刻得科技股份有限公司,于2020年1月20日在科创板上市交易,其上市发行的保荐人(主承销商)为国内较为知名的中国国际金融股份有限公司(以下简称“中金公司”)。“优刻得”本次发行的招股书共660页,软件统计字数为412,580字,包含本次发行概览、发行人声明、重大事项提示以及13节具体披露事项,其中又细分有110项二级标题。

重点关注“优刻得”的招股书正文之前的“重大事项提示”部分,该部分并不算是对招股书的浓缩“摘要”,但内容较为丰富,共分为11个二级标题,包含了对公司投资价值判断相关的一些重要事项的简短介绍和解释。但在这12页重大事项提示中,就已经包含不少可以指摘的典型的违背简明性规则的问题。

(1)语言文字问题

首先关注语言文字问题,类似的问题在招股书中存在很多,在此仅举几例供参考说明。在介绍发行人相关情况时,招股书使用了大量类似“市场份额”“C端”“产业互联网(‘互联网+’)”等术语,以及“AWS”“IDC”“IaaS”等英文缩写,乍一看高端大气专业,但实则并不能增加表意准确性。例如,“市场份额”既可以指销售额在市场同类产品中所占比重,亦可代表销售量在市场同类产品中所占比重,这二者所传达的信息可能完全不同,难以和“表意准确”画等号;而查阅招股书中的专业词汇表可以发现,多数英文缩写的使用也是画蛇添足、故弄玄虚,只会额外增加普通读者的理解障碍,如果用简洁的汉语表述来代替,或是在缩写第一次出现时加上简单清晰的注释,将会极大降低读者的阅读障碍。[14]

除了不必要的缩写和术语,还有其他语言表述的问题。例如,招股书中“若未来下游消费互联网增速持续下降,产业互联网(‘互联网+’)拓展不及预期,可能导致发行人的收入增速短期内持续放缓,净利润继续下滑的风险”这样的表述更是言之无物,发行人对产业互联网原有预

〔14〕 招股书的专业词汇表中:“AWS”是指“亚马逊公司旗下云计算服务提供商”,可用“亚马逊云”来替代;“IDC”同时对应了互联网数据中心(Internet Data Center)和国际数据公司(International Data Corporation)两个机构,因此,并无法确定到底指代的哪个机构,其数据的权威性也无从考证;“IaaS”就是Infrastructure as a Service一词的缩写,指“基础设施即服务”的服务模式。

期是什么样的？这一概念如果不明确，那么，发行人日后利润只要持续下滑，就可以简单归咎于无法量化的“产业互联网拓展不及预期”，对于投资者的投资判断并无裨益。

（2）重复冗杂问题

重复冗杂也是信息披露文件中经常出现的问题，再重要的事情也不用在信息披露文件里说三遍，同一信息重复出现并无助于凸显其重要性，只会让读者产生阅读疲劳，把其他重要信息掩盖在过于拖沓的篇幅之中。

以“优刻得”的招股书为例，由于“优刻得”采用差异化表决权的特别治理结构，因此相关事项的确是其特有的重要风险之一，但仅在12页长的重大事项提示部分，有关特别表决权的相同表述就多次重复出现。在重大事项提示部分的第二项，关于特别表决权结构的介绍中，就已经明确提到相关风险；[15]然而，紧接着在这一部分的第7项，特别风险提示中，完全相同的风险提示再次被完整复制粘贴了一遍。其实远不止这一重要风险因素，即使仅仅是对公司同业竞争对手的介绍，在短短的重大事项提示部分也多次出现。[16]

（3）结构、逻辑问题

作为发行人向投资者介绍、推销自己的最直接材料，如果是以投资者需求为核心理念来撰写，那么，招股书的首要任务就是向广大潜在投资者简单介绍自己的主营业务等基本情况。但在“优刻得”招股书中，发行人开门见山地列明了本次发展概况，包括发行的股数、面值、价格

〔15〕“优刻得”关于特别表决权结构的表述：“特别表决权机制下，共同控股股东及实际控制人能够决定发行人股东大会的普通决议，对股东大会特别决议也能起到类似的决定性作用，限制了除共同控股股东及实际控制人外的其他股东通过股东大会对发行人重大决策的影响。……在特殊情况下，季昕华、莫显峰及华琨的利益可能与公司其他股东，特别是中小股东利益不一致，存在损害其他股东，特别是中小股东利益的可能。”

〔16〕类似的重复表述包括：“我国云计算市场中，阿里云、腾讯云、中国电信及AWS等头部企业已占据大部分市场份额……自IDC对公有云IaaS市场规模有统计的2015年以来，发行人市场份额由2015年的4.9%下降至2018年的3.4%”“自IDC对公有云IaaS市场规模有统计的2015年以来，发行人市场份额由2015年的4.9%下降至2018年的3.4%。相比阿里云、腾讯云等竞争对手，发行人目前业务体量相比行业巨头较小……”

等,但直到第 31 页才缓不济急地就发行人的基本情况进行了“自我介绍”。招股书的这一结构问题,显然是没有将普通投资者作为招股书的最重要受众来对待,而是根据相关格式指引的要求,按照监管的最低标准不加思考地填充了必需的内容。

除了内容结构的问题,还有许多更为深层的逻辑问题,这些问题往往较为隐蔽,只有真正需要使用招股书进行投资判断的人才可能注意到。例如,在“发行市盈率偏高的相关提示”这一部分中,提到了“优刻得”的特殊估值方式,[17]但发行人只是泛泛说明公司采用的是收入类估值指标进行估值,与股票市场中传统的利润类估值方法不太一样,如果套用利润类指标(如市盈率)评价则不太合适。但相关披露就仅止于此,并没有进一步论证自己现在使用收入类指标所计算出的估值结果就是合理的。

投资判断是一项复杂专业事务,不是仅了解一家企业的情况就能完成的,证明定价结果的合理性,需要在广泛的市场中进行比较分析。[18]例如,第一批在科创板发行上市的平板显示检测企业华兴源创(股票代码:688001),在招股书中展示业务构成等主要经营指标,以及成本费用等自身财务数据时,就选取了已经在创业板上市多年的同业可比公司精测电子(股票代码:300567),进行了全方位的对比分析,目的就是帮助投资者更直观地了解公司情况、作出合适的投资决策。

3. 小结

虽然信息披露的简明性要求早已被明文写入我国监管规则中,以信

---

〔17〕“公司收入快速增长,处于成长期,适用企业价值倍数(EV/S)、市销率(P/S)等收入类的估值指标。国内外主流研究机构针对同行业中与公司发展阶段类似的云计算企业,大部分采取收入类的估值指标进行估值。而采取收入类指标估值可能导致其估值水平显著高于采取利润类指标(如市盈率)估值的结果。2018 年度和 2019 年上半年公司净利润为 7714.80 万元和 778.44 万元,2019 年上半年净利润下滑幅度较大。如在发行时针对公司采取收入类指标进行估值,则本次发行存在发行市盈率偏高的可能性,未来可能存在股价下跌给新股投资者带来损失的风险。”

〔18〕See Kenneth B. Firtel, *Plain English: A Reappraisal of the Intended Audience of Disclosure under the Securities Act of* 1933, Southern California Law Review, Vol. 72, No. 2, 1999, p. 867.

息披露为核心也已经被明确为我国注册制的核心理念。[19] 但整体来看,相关政策规定实际上并没有得到有效的执行,其政策效果也并未实现。无论是篇幅还是内容,我国目前的信息披露文件都还很难被认为满足简明性要求,对普通投资者来说可读性仍较低,没有充分发挥应有的作用。这与注册制改革的本质内涵和改革进程不相匹配,相关制度规则亟待进一步改进完善。[20]

三、信息披露简明性要求的理论基础与利弊分析

(一)信息披露简明性要求的理论依据

相比于普通商品市场,证券市场包含了更多的风险特性,信息披露制度是用以保障证券市场健康有序运转不可或缺的制度安排,其既是联通各个市场参与主体、消除信息不对称、保障证券市场运转机制得以有效运转的关键所在,也是证券监管的重要抓手和工具。[21]

1. 信息披露制度的法理基础和价值取向演变

证券市场信息披露制度背后所依据的法理基础并非一成不变的,随着证券市场的日益专业化和复杂化,投资者与被投资公司之间的不对等地位和信息偏在程度逐渐增大,投资者的弱势地位日趋明显。为了削减这种不平等地位,保护投资者利益,法律通过强制性规定赋予了投资者信息获取权,相应地上市公司则负有信息披露义务。

作为证券市场公开原则的法律规则表达形式,信义义务理论和后来发展出的效率理论共同构成了信息披露制度背后所蕴含的深厚法理基础。信义义务侧重解决投资者与公司间的代理问题,而效率理论则侧重

〔19〕 参见杨毅:《易会满:真正落实以信息披露为核心的证券发行注册制》,载新浪财经网:http://finance.sina.com.cn/china/2019-06-14/doc-ihvhiews8741691.shtml,2020年2月20日访问。

〔20〕 参见周友苏、杨照鑫:《注册制改革背景下我国股票发行信息披露制度的反思与重构》,载《经济体制改革》2015年第1期。

〔21〕 参见南玉梅:《债券交易人卖者责任探析——以信息披露义务与诚信义务为核心》,载《中国政法大学学报》2017年第1期。

从有效市场角度解决公司与投资者之间有效沟通的问题。随着市场不断发展完善,投资者日趋成熟,效率理论的适用范围日趋广泛,理论解释能力不断增强,信息披露的质量、决策有用性和有效性等越发受到重视。[22]

从规则建设的角度来看,我国A股市场的信息披露制度已初步形成并完善,[23]形式上具备了多层次的信息披露规范,多数上市公司的信息披露也能够满足基本要求。[24] 但总体而言,我国资本市场仍处于改革转型阶段,在新股发行上市核准制下,信息披露规则仍以监管要求导向为主,[25]所关注的要点也更多集中在其合规、合法性上,在形式和内容方面,其实无须太多顾及市场中普通投资人的感受。

然而,在市场运行过程中监管者只是市场秩序的维护者,投资者才是信息的最终使用者,信息披露的根本价值取向不应是满足监管要求,而应是满足投资者的投资需求。[26] 随着科创板的顺利落地和新《证券法》的修订通过,注册制已经被确定为我国证券市场的发展方向,在注册制下"以信息披露为核心"可以说是各界鲜有争议的共识。[27] 更进一步,由于企业寻求上市融资的成败关键将逐渐从"能否过审"转变为"能否被投资者(持续)认可"。因此,信息披露的核心价值取向也应从满足监管标准转为服务投资者,[28]这样才能真正保护投资者的合法权益。

总之,信息披露文件数量多、篇幅长、内容过于专业等都将严重影响

---

〔22〕 参见程茂军:《上市公司信息披露法律规制研究》,华东政法大学2017年博士学位论文。

〔23〕 参见郑彧:《我国证券市场信息披露制度的法律分析——以法律规范文义解释为基础的研究》,载《证券法苑》(第十三卷),法律出版社2014年版,第352~353页。

〔24〕 参见郭建军:《注册制下上市公司信息披露制度的价值取向与实现》,载《河北法学》2015年第9期。

〔25〕 同上书。

〔26〕 参见程茂军:《上市公司信息披露法律规制研究》,华东政法大学2017年博士学位论文。

〔27〕 参见杨毅:《易会满:真正落实以信息披露为核心的证券发行注册制》,载新浪财经网:http://finance.sina.com.cn/china/2019-06-14/doc-ihvhiews8741691.shtml,2020年2月20日访问。

〔28〕 参见郭建军:《注册制下上市公司信息披露制度的价值取向与实现》,载《河北法学》2015年第9期。

中小投资者对相关信息的阅读和理解。[29] 而简明性改革正是在效率理论法理基础上,努力提高信息披露的投资判断有效性,推动信息披露从“形式规范”向“实质有效”转变,这将是注册制改革有序推进的重要保障。[30]

2. 简明性规则在我国发展滞后的原因

投资者是证券市场所披露信息的最重要使用者,而我国 A 股市场又一直都是以散户投资者为主流的市场,[31] 按照这一逻辑,A 股市场信息披露早该将简明性规则等迎合中小投资者需求的要素作为制度发展的重点。但无论是理论和实践领域,我国对信息披露简明性要求都未能给予充分重视,这其中的原因较为复杂,笔者认为有几个因素较为重要:

一是核准制下 A 股市场长久以来的市场化程度不高,供求关系失衡,价值投资仍未成为深入人心的主导性投资逻辑,披露文件中的信息很多时候并非投资者关注的重点。与此相对应的,监管和立法部门也并未真正将投资者需求作为信息披露监管工作的导向,使业已存在的简明性要求沦为缺乏实际作用的倡导性条款。二是在网络技术和移动互联技术没有得到充分普及、利用的时期,普通投资者并不能非常便捷、低成本地得到信息披露义务人所披露的信息,也具有无偏解读相关信息,并挖掘相关内涵的能力,[32] 一般只能依赖简化处理过的二手信息系进行投资判断,如证券分析师或中介机构等给出的盈余预测等建议。[33] 三是随着对证券市场欺诈行为处罚力度的不断加强,信息披露义务人为了规避相关法律风险,越来越倾向于在信息披露时套用标准文本,为了追

---

〔29〕 参见李有星、冯泽良:《论重大资产重组信息披露制度的完善》,载《浙江大学学报》(人文社会科学版)2015 年第 3 期。

〔30〕 参见郭建军:《注册制下上市公司信息披露制度的价值取向与实现》,载《河北法学》2015 年第 9 期。

〔31〕 参见陈见南、梁谦刚等:《A 股人物画像:散户突破 1.5 亿 近九成股民偏好短线》,载财经网:http://stock.caijing.com.cn/20200106/4636995.shtml,2020 年 2 月 20 日访问。

〔32〕 参见刘少波、彭绣梅:《公平信息披露与分析师预测精度——来自中国上市公司的经验证据》,载《证券市场导报》2012 年第 3 期。

〔33〕 参见郭杰、洪洁瑛:《中国证券分析师的盈余预测行为有效性研究》,载《经济研究》2009 年第 11 期。

求所谓的"严谨"而将信息披露文件写得越来越难、越来越长,忽视了对普通投资者造成的阅读和理解障碍。另外,一些中介辅导机构还可能出于增加行业门槛、维持高额中介费用市场等目的,故意将招股书等信息披露文件制作的极为复杂,营造出本不该有的工作难度和专业性。

(二)是否应该要求证券信息披露"简明化"

当然,信息披露的简明性规则并非"完美无缺",对于其是否应当从监管甚至法律层面得到明确仍存争议,[34]这些质疑往往是聚焦于信息披露简明性规则的实施成本和一些"副作用",进而质疑将简明性规则纳入监管和法律强制力范围的必要性。以 SEC 的简明英语规则为例,其推行之初也出现过不少反对观点,在此挑选几个进行简单介绍,以帮助读者更加全面地思考简明性规则。

1."知情门外汉的神话"(Myth of the Informed Layman)理论

所谓的"知情门外汉的神话"理论最早是由荷马·克里普克(Homer Kripke)提出的,此后大多数对 SEC 传统观点抱有怀疑态度的人都同意克里普克的这一观点。简单来说,这一理论认为 SEC 制定信息披露监管规则的逻辑基础:"普通投资者可以理解并有效地使用披露信息来作出'明智的投资决策'",是基于错误的"知情门外汉的神话"假设,并进一步认为招股说明书仅应面向市场中的专业人士,而不应针对普通投资者。[35]

这一观点虽然在当时极具说服力,但在此后的发展过程中并没有能够成为 SEC 和法院所采纳的主流观点,甚至还出现了与其相对的"超级专家神话"(the myth of the "expert" expert)理论,[36]认为不应假设只有专家才能理解信息披露文件,也不能假设所有专家均有能力理解。总之,此后简明英语的顺利推广并发挥的明显效果,都证明这一观点对现

---

〔34〕参见武俊桥:《论证券信息披露简明性规则——以网络时代为背景》,载《证券市场导报》2011 年第 11 期。

〔35〕See Kenneth B. Firtel, *Plain English: A Reappraisal of the Intended Audience of Disclosure under the Securities Act of* 1933, Southern California Law Review, Vol. 72, No. 2, 1999, pp. 864 – 866.

〔36〕See A. A. Sommer, et al., *New Approaches to Disclosure in Registered Security Offerings*, Business Lawyer, Vol. 28, No. 2, 1973, p. 527.

实的解释力较为有限。[37]

2. 过滤理论(The Filtration Theory)

所谓过滤理论,是同前文中的“知情门外汉的神话”理论是相互契合的,这一理论认为:在理想情况下,如果所有的信息披露义务人都能够以尽可能完全客观、准确、公平、公开的方式,尽可能全面地披露更多的事实,同时也保证所有感兴趣的投资者都能以最合适且最容易的方式得到这些信息,当然能够达到信息披露的最佳效果,但实际上这一目标是无法实现的,因为信息总量过于庞大,投资者无力直接使用如此大量的信息。[38] 因此,资本市场需要寻找一个更加经济、高效的折中披露水平。此时,有效的信息可能被隐藏在大量的信息之中,为了实现更加高效的披露水平,公众投资者最好是“间接获得”信息披露材料,也即披露信息先到达专业人员,经过他们的“过滤”,再交由给外行的公众投资者。[39]

3. 其他反对声音

除了上述两种理论,早期对于简明英语规则的反对声音还有很多,其中不乏完全反对 SEC 整个强制信息披露制度的理论。以乔治·斯蒂格勒(George Stigler)等芝加哥学派经济学家为代表的一批学者,坚持经济自由主义,认为市场不需要任何强制性信息披露,市场的力量会促使发行人作出符合自身最大利益的选择。[40] 这些理论在当时极具影响

---

〔37〕 例如,康涅狄格大学法学院副教授杰里米·R. 麦克莱恩于 2018 年发表的一篇简明英语规则实施效果的实证统计研究(Jeremy R. McClane, *Regulating Substance through Form: Lessons from the Sec's Plain English Initiative*, Harvard Journal on Legislation, Vol. 55, No. 2, 2018),他在文中分析了 2255 篇美国市场中的首次公开发行的招股书,认为遵守简明英语规则整体将实实在在地为发行人带来更多收益,其中很重要的一方面是更好地向投资者传递了信息。具体分析在后文中有更为详细的介绍。

〔38〕 See Milton H. Cohen, *Truth in Securities' Revisited*, Harvard Law Review, Vol. 79, No. 7, 1966, p. 1367.

〔39〕 See Kenneth B. Firtel, *Plain English: A Reappraisal of the Intended Audience of Disclosure under the Securities Act of* 1933, Southern California Law Review, Vol. 72, No. 2, 1999, p. 867.

〔40〕 See Joel Seligman, *The Historical Need for a Mandatory Corporate Disclosure System*, Journal of Corporation Law, Vol. 9, No. 1, 1983, pp. 2 – 3.

力,但随着经济、社会的不断发展变革,以及资本市场经验教训的不断积累,经济自由主义等学说已经不再是能令资本市场监管者所信服的主流理论,因此不再赘述。

除了理论界,以美国执业律师为代表的反对者也从实务角度表达了对简明英语规则的担忧。[41] 但从事后结果来看,这些质疑都得到了很好的回应。首先,SEC 为了推进简明英语规则的稳步实施,实行了包括试点计划、意见征集等前期改革准备,并配合《简明英语手册》等细则指引,保证了简明英语规则的顺利推行。其次,对于实务领域的一些反对意见,SEC 在制定最终的简明英语规则时做了必要的吸收采纳,如不再限制摘要部分的篇幅、不再要求发行人对主要风险因素进行评级、排序等。[42]

总之,信息披露的简明性要求毫无疑问是当前情况下保护普通投资者权益的关键"利器"。[43] 这一规则如果能够按政策预期得到有效推广,对于投资者来说无疑是一个好消息,但其背后仍有非常多理论基础需要补充完善,也有许多细节问题需要进一步讨论,下文中将会逐一梳理。

(三)证券信息披露能否实现"简明化"

正如前文所说,证券信息披露不同于普通的生活文本或文学作品,其特殊性质决定其需要极高专业性、严谨性。这也是简明英语规则推行

---

〔41〕 See Andrew T. Serafin, *Kicking the Legalese Habit*: *The Sec's 'Plain English Disclosure' Proposal*, Loyola University Chicago Law Journal, Vol. 29, No. 3, 1998, pp. 707 – 710.

〔42〕 See Plain English Disclosure, Release, 17 CFR Parts 228, 229, 230, 239 and 274, [Release Nos. 33 – 7497; 34 – 39593; IC – 23011, International Series No. 1113; File No. S7 – 3 – 97] (Jan. 29, 1998), p. 3. 这些担忧大致可以被分为三类:第一类是总体上不反对简明英语规则,但认为 SEC 并未准备好实施。他们认为,SEC 并没有能力来监管如此大规模的信息披露用语的转换,SEC 的高级官员几乎不会直接参与注册信息的审核,而初级职员也可能没有能力胜任这一工作。第二类是反对简明英语规则中的某些细则,如简明英语草案中要求发行人对主要风险因素进行评级、排序,反对者认为这需要太多的主观判断和猜测。第三类是认为简明英语过于简单,以至于不够精确,不适合用来披露招股书中包含的复杂信息。

〔43〕 参见武俊桥:《论证券信息披露简明性规则——以网络时代为背景》,载《证券市场导报》2011 年第 11 期。

之前，许多实务界人士对其可行性提出质疑的重要原因之一：使用“简明性”的语言表述可能无法准确传达其中的信息。

必须要承认的是，的确存在一些极端复杂的情况，会使简明性规则难以发挥作用。例如，在面对一些行业专有名词或是特别复杂的专业交易等事项时，一方面，可能难以用通俗语言将其简明化表达；另一方面，这些极度专业、复杂的事项即使用简明语言进行清晰描述，普通人可能也仍难以理解，此时简明性规则就难以发挥理想的作用，这一困局在安然事件发生之后就已经受到了广泛关注。[44] 但这并不意味着证券信息披露的简明化改革是没有可行性的，这中间存在两个较为隐蔽的误区。

首先，信息的模糊性将会影响投资者的理解能力，但是信息的模糊性并非仅来自其表现形式的复杂性，也可能是源于信息本身的复杂性以及投资者的认知局限性，披露形式简明化能够带来的改变“不足以解决本身就具有复杂性的交易带来的问题”，简明性规则也并不致力于解决这一问题。[45] 其次，简明性规则并不是像字面含义那样，“一刀切”地要求信息披露的所有内容都不能使用法律化、专业化的表达，而是在保证传统信息披露原则性要求的基础之上，灵活地、有选择性地要求信息披露文本在形式上实现最优呈现方案，不仅包括语言文字表达形式，还包括内容形式、行文逻辑、版面设计、字体颜色等一系列要求，目的是尽可能帮助投资者提高信息披露文本形式上的清晰度、友好度，这些因素与信息本身的复杂程度并无太多关系。

综上，资本市场中的确会存在一些难以简化的专业信息，但这些信息给投资者带来的理解障碍源自其本身的复杂性，这并不是简明性规则

---

〔44〕 参见[美]斯蒂文·L. 施瓦兹：《对复杂交易中信息披露模式的重新思考》，高凌云译，载《南京大学法律评论》2007年第1期。安然事件是指2001年发生在美国的安然(Enron)公司破产案。安然公司曾经是世界上最大的能源、商品和服务公司之一，名列《财富》杂志“美国500强”的第七名。然而，安然公司因为从事的一系列人为的会计行为(极度复杂的结构化融资交易)致使公司最终崩溃。2001年12月2日，安然公司突然向纽约破产法院申请破产保护，该案成为美国历史上企业第二大破产案。斯蒂文指出，在有关安然事件的鲍威尔报告中，仅仅试图描述“交易中最重要的实质性内容”就占据了超过200页，交易本身的复杂性会提高信息的模糊性，甚至是最专业的机构也未必可以完全理解相关交易。

〔45〕 同上。

意图解决的问题。简明性改革目的是纠正发行人大量使用不必要的法律写作方法、专业术语,使信息披露文件充斥着冗杂内容和混乱形式等傲慢、懒惰的行为习惯,尽可能让信息呈现形式进一步优化。在这一维度上,证券信息披露存在巨大的"简明化"空间。

(四)信息披露简明性规则的利弊分析

正如前文所讨论的,简明性信息披露虽然可以直接有效地降低投资者获取信息的门槛成本,提高信息披露的有效性,但是以强制性的证券法律或监管规则来推行简明性规则却并非没有成本和争议。信息披露的简明性监管规则最早产生于美国,在 20 世纪 90 年代 SEC 尝试推行"简明英语规则"时,美国资本市场相关各界就围绕一些主要矛盾点展开过较为深入的讨论。虽然简明英语规则是基于美国当年市场情况和制度体系设立的,但资本市场的运行和管理逻辑本质都是相似相通的,一些理论、经验在今天也仍极具参考价值。

1. 信息披露简明性规则的成本和收益——参考简明英语规则

信息披露简明性规则的价值和收益在前文中已经进行过论述,概括来说就是降低了投资者获取和理解信息的门槛,进而提高信息披露的有效性和市场效率。但是,使用监管规则或法律的形式强制推行简明性规则并非没有成本,既然这一规则的法理基础包含了效率理论,就需要对这一法律政策的成本和收益进行权衡比较,判断其是否能在整体上提高市场效率水平。

关于这一争议话题,SEC 在推行"简明英语规则"时有过较为详细充分的论述,可以参考借鉴。SEC 在正式推行"简明英语规则"之前做了十分充分的前期准备:为了测试简明英语规则的各种影响,从 1996 年开始,SEC 的公司财务部门就启动了一项试点计划(plain English pilot program),招募愿意根据《1933 年证券法》或《1934 年证券交易法》提交简明英文披露文件的上市公司,共有超过 75 家企业参与了这项测试计划,[46] 这些企业所反馈的意见和数据为之后判断简明英语规则的可行

〔46〕 See Plain English Disclosure, Release, 17 CFR Parts 228, 229, 230, 239 and 274, [Release Nos. 33 - 7497; 34 - 39593; IC - 23011, International Series No. 1113; File No. S7 - 3 - 97] (Jan. 29, 1998), pp. 2 - 3.

性以及成本收益分析提供了坚实可靠的依据。

(1)简明英语规则的收益

SEC认为在当时美国的市场状况下,推行简明英语规则有以下具体的好处:使投资者更好地获取信息,以帮助其评估风险的对价和投资机会的价值;减少投资者因无法理解信披文件而作出错误投资决策的可能性;通过减少阅读和理解信息所需的时间来减少投资者的决策成本;通过使投资者可以理解他们所投资的项目,增强投资者的信心,进而增加投资者的投资意愿;减少耗时费力的法律争议的数量,因为投资者更可能很好地理解信息披露文件;降低提供信息披露的成本,因为投资者将会减少向发行人的提问。

这些优势较为直观,也并不会有太多的理解障碍,这些简明英语规则带来的收益也可以很好地套用在我国信息披露简明性规则上。除此之外,还有一些关于简明英语规则可能带来的好处散见于讨论之中。例如,采用简明英语规则进行披露将会减少信披文件的印刷和寄送费用,从而降低上市公司的信息披露成本等,但这一优势并不适用于我国现今语境。

(2)简明英语规则可能的成本

在列明优势的同时,SEC也围绕简明英语规则评论信中的质疑和意见进行了较为详细的讨论:许多评论信都认为,要求上市公司按照简明英语规则书写信息披露文件,非常直接的后果就是会在原有基础上给上市公司带来巨大的额外成本。

对于这一质疑,SEC基于试点计划中收集的翔实数据和反馈意见,得出了以下结论:首先,简明英语规则所增加的信息披露成本较为有限,对于全部信息披露文件的成本增加幅度仅为约7%,[47]而且这一数字显然是被高估的,因为这些测试企业是第一批使用简明英语规则进行披露的人,没有任何经验可供其参考借鉴。其次,使用简明英语规则进行信息披露,短期内可能的确会增加上市公司的成本,但是当上市公司熟悉

〔47〕 由于美国股票发行上市制度中大量使用了注册表单的形式,SEC在论述相关成本增加情况时还给出了详细的计算表格,以展示和计算测试过程中每张表单成本的增加情况(测试的第一年里每张表单的成本约增加了7200美元)。

并掌握了使用简明英语规则后,这一成本将会逐渐下降,而且在一段时间后,上市公司的后续披露成本也会随之下降,如印刷和邮寄信披资料的费用,以及回答投资者问题所花费的时间等。另外,所有提供了反馈的参与者都认为在简明英语规则下的信息披露有利于投资者理解信息,[48]更为重要的是,他们认为这有效地减少投资者误解和失误。

总之,根据当时试点计划中沉淀的数据和经验,SEC 相信整体上简明英语规则对于投资者和公开市场带来的收益明显大于所增加的成本。[49] 在简明英语规则顺利运转了 20 年后,最近这一结论也得到了实证数据的支持。杰里米 · R. 麦克莱恩(Jeremy R. McClane)[50] 于 2018 年发表了一篇简明英语规则实施效果的实证统计研究,他在文中分析了 2255 篇美国市场中的首次公开发行的招股书,认为在法律费用和完成注册交易所需时间方面,遵守简明英语规则不会导致发行公司的成本显著提高。[51] 更进一步,数据显示对于发行人来说,遵守简明英语规则的收益其实远大于成本:如果在招股说明书中使用样板化披露语言而非遵守简明英语规则,发行人可能会节省少量律师费用,但同时将因股票定价偏低而损失大量募集资金,并将面临额外的诉讼风险。[52] 总之,麦克

[48] SEC 随机挑选了 9 名“简明英语”试点参与者,向他们询问了准备“简明英语”文件的经历 9 名参与者中有 6 个作出了回应,其中包括 1 名使用简明英语规则准备首次公开募股招股说明书的发行人。

[49] Plain English Disclosure, Release, 17 CFR Parts 228, 229, 230, 239 and 274, [Release Nos. 33 – 7497; 34 – 39593; IC – 23011, International Series No. 1113; File No. S7 – 3 – 97] (Jan. 29, 1998), pp. 11 – 13.

[50] 康涅狄格大学法学院副教授。

[51] See Jeremy R. McClane, *Regulating Substance Through Form: Lessons from the Sec's Plain English Initiative*, Harvard Journal on Legislation, Vol. 55, No. 2, 2018, p. 269. 此处所言“更好地遵照简明英语规则书写披露文件,与股票发行定价偏低的程度是负相关的”并不意味着二者具有因果关系,仅是具有一定的相关性。

[52] See Jeremy R. McClane, *Regulating Substance Through Form: Lessons from the Sec's Plain English Initiative*, Harvard Journal on Legislation, Vol. 55, No. 2, 2018, pp. 306 – 307. 具体来说,招股书全文中的样板披露每增加 10%,发行人平均能节省 5.2 万美元法律费用;但同时发行人将面临额外的诉讼风险,对应的集体诉讼的和解费金额平均会增加 50 万美元,如果没能达成和解或未能达成通常预期的和解,相关损失将会更多。另外,如果风险因素部分的样板披露增加 10%,发行人还将因股票定价偏低损失 510 万 ~610 万美元。

莱恩认为根据跨时十余年的大量实证数据，遵守简明英语规则整体上将实实在在地为发行人带来更多收益。

2. 美国经验与中国实际的不同

但是需要注意的是，美国的成功经验并不能完全套用在中国实际上，需要结合中国的具体情况，进一步思考信息披露简明性规则在中国推行可能带来的不同成本和收益。

例如，美国在证券法领域推行简明英语规则之前，就已经经历过了相当充分深入的“简明英语革命”。〔53〕简明英语改革运动在美国既非现代概念，也并非起源于法律领域，这一运动的开始最早可追溯到 1946 年鲁道夫·弗莱施（Rudolph Flesch）的著作 *The Art of Plain Talk*，其中就提出了“简洁明了”（clear and concise）的简明英文写作标准以及写作用语简明性的基础逻辑；〔54〕19 世纪 60 年代的系列劳工诉钢铁公司的集团诉讼案后，〔55〕语言歧视特别是法律用语的歧视问题就引起了美国各界的广泛关注；随着戴维·梅林科夫（David Mellinkoff）所著的 *The Language of the Law* 在 1963 年出版，〔56〕美国尝试简化法律写作的法务写作简明主义运动正式开始。此后简明英语写作在美国逐渐趋于主流，人们已经普遍认为对于专业性较强的领域，撰写一份能被普通读者理解的读物是作者的责任。〔57〕

然而，回到我国发展现状，专业领域的用语简明性仍未受到充分重视，无论是券商、律所还是发行人，都还较为缺乏相关的意识和经验。在此背景下，直接在综合性较强的证券市场信息披露领域入手推行简明性规则，可能会面临更多的困难。相比于 20 世纪 90 年代的美国，我国简

〔53〕 参见马庆林：《从案例看简明英语法律术语的价值》，载《法律语言学说》2009 年第 2 期。

〔54〕 See Michael G. Byers, *Eschew Obfuscation – the Merits of the Sec's Plain English Doctrine*, University of Memphis Law Review, Vol. 31, No. 1, 2000, pp. 138 – 141.

〔55〕 其中最为关键的是罗杰斯诉美国钢铁公司案，Rodgers v. U. S. Steel Corp., 536 F. 2d 1001 (3d Cir. 1976).

〔56〕 See David Mellinkoff, *Language of the law*, Boston: Little, Brown and Company Press, 1963.

〔57〕 参见崔潇潇：《金融素养、财务信息可读性与投资者决策》，中央财经大学 20016 年博士学位论文。

明性规则在推行早期可能会给发行人带来更高的成本,后期券商、律所等相关各方转变理念、学习并适应简明性规则也可能需要更多时间,相关成本的下降速度也可能更为缓慢。但同时,我国资本市场中散户投资者的比例相比于美国等其他发达国家也要高出很多,[58]如果能够通过简明性规则,提高信息披露文件对普通投资者的有效性和可理解性,那么,相比之下,市场总体有效性提高的收益也会更加明显。

3. 小结

整体来看,无论是从理论逻辑还是国际经验来看,信息披露的简明性变革是利大于弊的,在实际操作层面也是可行的。但这一改革仍是一个比较系统复杂的工作,笔者认为其中一个关键问题在于:虽然从长期来看,市场整体效率的提高将会惠及每一个市场参与者,但从短期内这一变革所需的直接成本将主要由信息披露义务人来承担。因此在推行简明性规则的初期,监管和立法部门应借鉴美国经验,制定全面完善、顾及多方利益的体系性改革计划,同时更多地配套适合我国具体需求的说明、指引、讲座、规范手册等培训引导材料和活动,帮助市场尽快理解和适应信息披露的简明性规则,提高信息披露义务人的积极性,降低政策实施可能产生的成本。

四、信息披露简明性规则与其他披露原则的冲突平衡

如前文已经讨论过的,使用简明清晰、通俗易懂的方式书写信息披露文件具有合理性和必要性,但是信息披露制度已经有真实、准确、完整、及时、公平作为基本原则,再在证券法层面加入简明性规则,可能会带来一些额外的困扰:对于专业、复杂的信息披露文件,要完全兼容准确性、完整性和简明性可能具有一定困难。那么,当简明性要求与其他信息披露原则发生矛盾冲突时,该如何平衡呢?这一问题的结论也将决定信息披露的简明性规则会如何影响义务人的相关责任。

---

〔58〕 参见吴悠悠:《散户、机构投资者宏微观情绪:互动关系与市场收益》,载《会计研究》2017 年第 11 期。

(一)简明性与准确性的关系

首先需要明确的是,我们所讨论的"简明性规则"是指以法律或监管制度为表现形式,以某种强制性规则给证券市场信息披露设定的披露形式标准,这与"准确性原则"中原本就应包含的对于语言表述的易于理解的基本要求,是有程度上和本质意义层面的区别的。准确性原则所能引申出来的对语言文字简明性的要求是有限的、非强制的、缺乏明确标准的,因此在满足"准确性"要求的基础上,信息披露义务人可自由选择的弹性空间非常宽广,而且其决策的逻辑起点也不可能是"最大化市场整体效率",因此,最终所呈现的效果自然是低水平上的参差不齐。而我们现在所讨论的"简明性规则",是在准确表达信息的原则基础上,对信息披露义务人进阶性地提出了更加严格、具体、明确的简明披露形式要求,本质上是以效率理论为基础,用"看得见的手"干预证券信息披露市场,以期提高市场整体效率水平。

1. 哪个更准确:简明表达或专业术语

在明确了简明性规则的基本定位之后,接下来就以信息披露中专业术语的使用为例,进一步理解讨论"简明规则"和"准确性原则"之间的关系。当义务人需要披露的信息涉及财务、法律、专业技术等相关问题时,使用对应的有特定之义的专业术语,无疑可以更加便捷精确地描述状况,以满足信息披露的准确性要求。〔59〕 例如,财务会计领域的"双倍余额递减法""后进先出法";法律领域的"特殊普通合伙""无限连带责任保证";金融领域里的"敲出期权""共同海损优先权"等。如果说这些术语还可以尝试用简明的语言进行描述,那么对于一些高科技公司,其必须使用专业语言来将自己的产品或服务与业内其他公司区分开来,此时术语的使用可能就是非常必要的。〔60〕 如果要求信息披露义务人必须使用简明通俗的语言表达清楚专业术语所代表的含义,就会存在一定困难。

---

〔59〕 虽然简明性规则并不能与"减少术语使用"画等号,但以专业术语的使用为例子,可以更加方便地讨论和理解相关问题。

〔60〕 See Plain English Disclosure, Release, 17 CFR Parts 228, 229, 230, 239 and 274, [Release Nos. 33 – 7497; 34 – 39593; IC – 23011, International Series No. 1113; File No. S7 – 3 – 97] (Jan. 29, 1998), p. 4.

专业术语之所以被创立,很多时候正是因为有特殊且复杂的含义需要其代表,使用非专业的通俗表达方式可能会造成一定的表意偏差或遗漏。但使用通俗语言简明表达并非和准确性原则背道而驰,正如梅林科夫所建立的7个简明法律写作规则的第一条:"法律用语与其说是精确(precise),不如说是独特(peculiar),不要把独特性和精确性相混淆。"〔61〕所有的专业术语也都可以套用这一逻辑进行解释。在业内交流时,使用专业术语可能的确会同时增加表意和理解的准确性,但当交流的对方是非业内的普通投资者时,使用专业术语虽然可能增加表意的准确性,却会同时使信息交流的对方产生接受障碍,进而引起理解的偏差,SEC甚至认为,大多数投资者通常根本不会去阅读任何含糊或难以理解的文件。〔62〕

因此,从信息最终到达投资者的效果来看,在起草文本时使用复杂的术语并不会比使用简明清晰的语言更精确,〔63〕甚至会降低投资者对

---

〔61〕 See David Mellinkoff, *Legal Writing*: *Sense & Nonsense*, St. Paul: West Publishing Company, 1982, pp. 1 – 14. Mellinkoff在书中建立了7个简明法律作者的写作规则。规则1:法律用语与其说是精确,不如说是独特,不要把独特性和精确性相混淆(The language of the law is more peculiar than precise. Don't confuse peculiarity with precision, p. 1)。规则2:即使是有限的精度也不应被忽略,马虎的写作的代价是误解和创造性的误解(Don't ignore even the limited possibilities of precision. The price of sloppy writing is misunderstanding and creative misinterpretation, p. 15)。规则3:法律写作同样要遵循英语文本的一般规则(Follow the rules of English composition, p. 32)。规则4:通常你可以选择如何表达,请选择(最)清晰(的那一种)(Usually you have a choice of how to say it. Choose clarity, p. 61)。规则5:简单书写,不要夸大、碎片化表达或隐瞒重要信息(Write simply. Do not puff, mangle, or hide, p. 100)。规则6:在写之前,做好计划(Before you write, plan, p. 114)。规则7:把它切掉一半!(Cut it in half, p. 126)(此处"Cut it in half"应理解为"去除不必要的部分"——笔者注,因为原文中进一步解释道"Rewrite. Rewrite. Rewrite...until you run out of time... Each time you rewrite you will find something to cut. Do not be disappointed if you also find something to add... unnecessary words increase the opportunities for you and your reader to go wrong.")。

〔62〕 See Plain English Disclosure, 17 CFR Parts 228, 229, 230 and 239, [Release Nos. 33 – 7380; 34 – 38164; IC – 22464; File No. S7 – 3 – 97; International Series No. 1044] (Jan. 21, 1997). p. 3153.

〔63〕 See David Mellinkoff, *The Myth of Precision and the Law Dictionary*, UCLA Law Review, Vol. 3, No. 2, 1983, pp. 423 – 442.

披露文件的理解。这一观点在 SEC 针对简明英语规则的试点计划的反馈结果可以得到佐证：使用简明英语进行信息披露测试的上市公司发现他们回答投资者提问的时间大幅减少。例如，其中一位参与者表示他们花费在回答投资者提问上的时间减少了 12%，而另一位则减少了 20%。[64] 投资者提问的减少意味着虽然减少了术语的使用，但投资者对于披露文件的理解程度反而增加，因阅读信息披露文件而产生的疑问减少了。也就是说，信息更准确有效地到达了信息使用人。这一论断在简明英语运行 20 年后，也得到了实证数据的证明。[65]

因此，通俗表达与准确性原则并非互斥，以二者相互矛盾为由质疑简明性规则的作用，并反对推行简明性规则的观点并不能站得住脚。

2. 准确性原则应优先于简明性规则

虽然通俗表达与准确性原则并非互斥，但需要特别注意的是，这并不意味着当简明性规则和准确性原则发生难以调和的冲突时，仍应固守简明性规则。正如时任 SEC 主席的莱维特在简明英语拟议规则发布前夕所说，"信息披露有两个方面：可供投资者使用的信息，以及实际传达给投资者的信息"。[66] 在现代资本市场的信息披露问题中，信息的准确传递包含两个非常重要的部分：信息发出人的准确表达和信息使用者的准确接受。只有当信息发出人能够保证信息表达的准确性时，简明性规则才能通过帮助信息使用者提高接受信息的准确性，最终提高整体信息传递的准确性。

SEC 在简明英语规则立法过程中，也同意在一些情况下业务术语的使用是必要的，并不"一刀切"地禁止，而是要求避免使用"只有你的竞争对手或行业专家才能理解的过多的技术术语"，同时在第一次使用它

---

〔64〕 See Plain English Disclosure, Release, 17 CFR Parts 228, 229, 230, 239 and 274, [Release Nos. 33 – 7497; 34 – 39593; IC – 23011, International Series No. 1113; File No. S7 – 3 – 97] (Jan. 29, 1998), p. 11.

〔65〕 See Jeremy R. McClane, *Regulating Substance Through Form: Lessons from the Sec's Plain English Initiative*, Harvard Journal on Legislation, Vol. 55, No. 2, 2018, pp. 306 – 307.

〔66〕 See Arthur Levitt, *Fulfilling the Promise of Disclosure*, U. S. Securities and Exchange Commission, https://www.sec.gov/news/speech/speecharchive/1997/spch171.txt, accessed March 1th, 2020.

们时尽一切努力解释它们的含义。[67] 因此,当信息披露义务人遇到无法完全用简明性表达、必须使用专业术语描述事实的情况时,应优先保障的是信息披露的准确性原则,在保证准确性的基础之上,有区别地使用简明表述,并对未能简明披露的部分设置特别的风险提示,或承诺公司管理层在信息披露不足的交易中没有任何实质性利益冲突即可。[68]

更进一步,这一结论还会对之后相关的监管和司法等环节产生影响:一方面,证券市场中有非常严格的法律制度,信息披露义务人如果发生了证券市场欺诈行为,将要承担民事赔偿责任甚至受到刑事处罚,但相关法律责任无一例外都是以"真实、准确、完整、及时、公平"的信息披露基本原则为依据进行判定。其本质都是关注信息披露义务人在发布信息这一环节客观行为的合法性,法律并未也不应将对信息披露事务的管辖范围,延伸至普通投资者对信息的接受这一环节。另一方面,信息披露用语是否"简明清晰,通俗易懂"本身就带有过高的主观因素,将其作为法律责任的认定标准无疑会产生许多争议和分歧。因此,从可执行性角度来看,信息披露的简明性规则应在准确性原则之后考虑。

综上,信息披露的简明性要求应在优先保证准确性原则的基础上,根据所披露信息的特性划定灵活的执行标准。最终效果应是在不折损信息披露准确性的基础之上,尽可能使用简明清晰、通俗易懂的语言,增加投资者接受信息时的可理解性和有效性。

(二)简明性与完整性的关系

信息披露的完整性是要求信息披露必须全面、充分,不得有重大遗

---

〔67〕 See Plain English Disclosure, 17 CFR Parts 228, 229, 230 and 239, [Release Nos. 33 - 7380; 34 - 38164; IC - 22464; File No. S7 - 3 - 97; International Series No. 1044] (Jan. 21, 1997). pp. 3152 - 3158.

〔68〕 参见[美]斯蒂文·L. 施瓦兹在《对复杂交易中信息披露模式的重新思考》中指出,对于类似安然事件这样极度复杂交易,有三种方式可以用来解决其导致的信息披露不足的问题:(1)容忍信息披露的不足;(2)禁止信息披露不足的交易;(3)要求补充保护措施。斯蒂文进而认为最恰当的方式应为第三种,在信息披露的时候增加额外的补充保护措施,具体就是要求公司管理层在信息披露不足的交易中没有任何实质性的利益冲突。参见[美]斯蒂文·L. 施瓦兹:《对复杂交易中信息披露模式的重新思考》,高凌云译,载《南京大学法律评论》2007 年第 1 期。

漏。[69] 但如果为了确保所有重要事实都被披露,将过多的信息"过载"(information overload)给读者,同样可能会导致重要信息被掩埋在大量无用信息之下,[70]增加了投资者的搜索成本,影响投资决策的质量。[71]例如在财务报告相关的信息披露文件中,一些具有较高决策相关性的表外信息,就可能被隐藏在"冗长的散文般的文本或是无用的财务和历史数据"中,[72]难以引起投资者的注意和重视,这也降低了披露文件实质上的完整性。[73]

而简明性规则的一个重要部分,就是要求缩减某些信息披露文本的篇幅,减少非重要信息,提炼并重点披露与证券价格和投资者投资判断密切相关的"重大"信息。[74] 以简明英语规则为例,SEC 要求发行人必须知道需要披露哪些信息,应在撰写招股说明书之前研究并了解要披露的信息,以投资者易于掌握的方式来确定信息的优先顺序和组织方式,减少不增加信息质量的重复披露等。[75] 这一政策原理是基于人们的阅读和认知规律,要求将重大信息浓缩在投资者能够保持充分阅读注意力的有效篇幅之内,以增加信息披露的有效性。

但简明性规则也并非一味要削减信息披露的篇幅,其本质目的是删减无效冗杂信息、凸显强化重要信息,在削减篇幅和保证充分信息披露之间寻求最佳平衡,最终增强信息披露对投资者的可用性和有效性。例如,SEC 在最终版的简明性规则中,就调整了自己的观点,决定不再对摘

---

〔69〕 同前注〔68〕。

〔70〕 See Carl Felsenfeld, *The Plain English Movement*, Canadian Business Law Journal, Vol. 6, No. 4, 1981, pp. 411 - 412.

〔71〕 参见邢会强:《金融法上信息披露制度的缺陷及其改革——行为经济学视角的反思》,载《证券市场导报》2018 年第 3 期。

〔72〕 Feit v. Leasco Data Processing Equip. Corp., 332 F. Supp. 544 (E. D. N. Y. 1971), p. 565.

〔73〕 参见李婕琼:《表外披露信息过载问题探讨》,载《中国注册会计师》2007 年第 2 期。

〔74〕 参见武俊桥:《论证券信息披露简明性规则——以网络时代为背景》,载《证券市场导报》2011 年第 11 期。

〔75〕 See the Office of Investor Education Assistance, *A Plain English Handbook: How to create Clear SEC Disclosure Documents*, U. S. Securities and Exchange Commission, http://www.sec.gov/plainwriting.shtml, accessed March 3th, 2020.

要部分长度、风险因素数量、风险因素排序等作出限制。[76] 并且在允许(permit)上市公司在信息披露文件中概述重要合同内容的同时,要求(require)其同时提供详细的合同原文或是证券权利的证明材料等,对于无法概述的语句,还要求上市公司必须提供原文。另外,SEC 还拒绝了一些评论信关于对信息披露文件中使用简明英语书写的部分设置"安全港"(safe harbor)的建议,因为简明英语规则并不意味着省略重要的信息,只是要求必须使用投资者能够理解的文字和便于他们阅读的格式进行信息披露。[77]

可以看出,在立法思路上,信息披露的简明性要求还是为完整性原则服务,简明性改进完全是在保证有效信息得到充分、完整披露的前提下,通过删减无效冗杂信息、凸显强化重要信息,最终增强信息披露对投资者的可用性和有效性。[78] 简明性规则的实施并不会使原本偏好完整、非简化信息披露的投资者受损,可以将其理解为是一种能够使"鱼与熊掌可以兼得"的"非对称父爱主义"(asymmetric paternalism)式的政策,能够在总量上提高经济效率。[79] 但立法和监管机关还需要根据自己国家资本市场的具体情况,平衡好信息披露简明性和充分性之间的关系,制定具体可行、客观合理的政策。

综上,简明性规则在效力层级上应劣后于信息披露基本原则,只有在保证所披露信息符合"真实、准确、完整、及时、公平"的原则性要求的基础之上,才能够谨慎、适度地尝试进行信息披露的简明性改革,简明性

---

〔76〕 See Plain English Disclosure, Release, 17 CFR Parts 228, 229, 230, 239 and 274, [Release Nos. 33 - 7497; 34 - 39593; IC - 23011, International Series No. 1113; File No. S7 - 3 - 97] (Jan. 29, 1998), p. 2.

〔77〕 Id.

〔78〕 参见刘晓:《我国上市公司股价同步性研究:理论模型、实证检验与信息披露制度安排》,山东大学 2016 年博士学位论文。

〔79〕 [美]科林·凯莫勒、[美]尔·伊萨查罗夫、[美]乔治·罗文斯坦、[美]特德·奥多诺霍、[美]马修·拉宾:《偏好与理性选择:保守主义人士也能接受的规制——行为经济学与"非对称父爱主义"的案例》,郭春镇译,载《北大法律评论》2008 年第 1 辑。文中对于"非对称父爱主义"的定义包括:"如果一项政策对于那些有限理性的人们所产生的收益非常大,同时没有或几乎没有对那些完全理性的人们造成损害,那么这项政策就是非对称父爱主义式的。""非对称父爱主义式政策必须在总量上提高经济效率。"

反而因此失去进一步了解上市企业的机会。因此,对信息披露文件简明性的强制要求不应被盲目扩展到所有信息披露文件。

其次,即便对是强制性信息披露的文本,也不应“一刀切”地要求其全文使用简明性语言进行披露。一方面,上市公司的经营范围繁杂多样,相关核心业务可能会涉及复杂的交易或是专业的高科技技术,如果不加区别地要求使用简明性语言进行描述,可能造成过高的成本,甚至创造新的理解困难。如此一来,不仅外行的公众投资者难以理解信息披露内容,就连内行的专业人员面对相关文本可能也会一头雾水。另一方面,上市公司的投资者中并非只有厌恶详细信息披露文本的普通投资者,还会有专业的机构投资者,以及有专业知识、对交易细节感兴趣的普通投资者。他们可能并不满足简明性书写的摘要等部分,也不愿意阅读被二次加工后的信息,而是想要亲自阅读专业的信息细节。如果“一刀切”地要求披露文件的所有部分都适用简明性规则,可能会破坏这部分投资者的投研计划。

综上,即便是对于强制性披露的信息,简明性要求也不应无差别适用。当然,将现有新《证券法》中“简明清晰,通俗易懂”的要求仅视为一种倡导性要求,鼓励所有信息披露文本都以此为努力方向倒也无可厚非。

3. 信息披露简明性规则的立法形式建议

首先,从体系性角度来看,“简明清晰、通俗易懂”的简明性要求应从新《证券法》第 78 条第 2 款中移出。即便是要保留其作为针对所有信息披露文件的倡导性条款,也不应该和其他原则性要求并列,这不符合法律规范的分类标准。笔者认为,较为合适的方式是在《证券法》“信息披露”章节中单列一条,规定信息披露简明性的基本理念或要求,并授权国务院证券监管部门制定具体规则,此后简明性规则具体的要求细则以部门规章等形式更加合适。一方面,简明性规则具有很强的主观性,想要明确其执行标准需要更多的细节规范,用较低层级的法律规范予以明确更加合适,也便于采用一些可以灵活变通的非正式方式引导其实施;另一方面,简明规则随着上市制度、信息披露的演变,可能需要不断完善跟进,以部门规章等形式规范方便及时修改,也不会影响《证券法》的稳定性。

其次,有强制约束力的简明性规则应限缩适用范围。倡导性条款的表述可以笼统模糊一些,但用作监管执行标准的简明性披露规则应更为谨慎、具体。参考 SEC 简明英语规则的经验,简明性要求强制适用的范围仅包括封面、封底、摘要和风险揭示部分。我国可以根据具体情况,制定符合我国制度体系和需求的简明性规则,如对招股说明书摘要、年报半年报摘要、法律意见书首页、风险提示等部分强制适用简明性细则要求,而对招股书正文仅作倡导性要求,在保证普通投资者理解重要信息的同时,为其他投资者保留充分完整的原始信息。但需要明确的一点是,目前我国科创板和创业板的上市规则,仍未要求发行人提供招股说明书摘要,长达几百页的招股书原文、法律意见书等根本不适合普通投资者阅读,这与信息披露为核心的注册制理念实则背道而驰。

(二)简明性规则的细化完善建议

首先,在制定相关细则时还需要注意,对于信息披露简明性的理解不应仅局限于"简明清晰、通俗易懂"等字面含义上。简明性规则绝不仅仅是对语言文字的改写简化,而是要从服务投资者角度出发,对信息披露文本的全方位优化。除了语言文字的优化之外,简明性还包括但不限于:根据投资者需求优化逻辑结构,使用友好坦率、有吸引力的语气,删减反复出现的冗杂信息,使用读者友好的可视化呈现方式,使用分级标题帮助读者整理思路,使用优美且整洁的外观设计等。总结来说,信息披露的简明性规则应顾及信息披露文件的方方面面,每一个可能增加读者阅读体验和信息获取效果的细节都应被关注。

其次,信息披露的简明性规则有其独特之处,相关标准天然具有较高的主观性和模糊性。因此,有必要给出较为详细、统一的指导标准,为改革初期探索者提供参考素材,这会极大地减少改革的阻力和成本,提高政策的可执行性。而《简明英语手册》无疑是现成的满分参考资料,监管部门可以学习借鉴其核心理念,结合汉语言特性和我国实际情况加以简单修改,形成一份翔实有效的指导材料。

最后,证券监管机构还应在政策推行早期配套更多的意见反馈和咨询指导渠道,帮助早期缺乏经验的信息披露义务人学习领悟简明性披露的规则,同时吸收反馈意见,及时改进细则要求。另外还可以借助文章、讲座、保代培训、董秘培训等形式,加强关于信息披露简明性规则的教育指导，尽快普及简明性披露的理念和规则等，多渠道同步推进。

(三)简明性规则的进阶建议

近年来，随着计算机技术的迅猛发展，智能投资顾问、机器学习、语言文字处理等算法技术已经得到广泛使用，在技术支持下，未来的信息披露文件使用方式可能会发生本质变化。投资者无须再阅读信息披露原文，而只是在自动分析软件中勾选自己想要了解的内容，就可以借助计算机算法迅速准确地获取所有重要信息，这在实务领域已经可以实现。也有学者注意到了这一变化，并且进一步提出，对于计算机技术支持下的信息处理算法，传统的模板式披露可能反而会变得更易处理。[81]因此，在设计我国简明性规则的具体制度时，就可以针对这一技术变革进行有前瞻性的优化调整。例如，对于招股书中那些数据分析时通常要重点关注的部分，可以要求其按照统一的规范化表格填写数据和信息，为之后的计算机数据抓取提供便利。这可以理解为是面向计算机技术的“简明性”改进，同样可以提高投资者获取信息的有效性，而且避免了简明性规则在技术变革中迅速过时。

(四)信息披露简明性规则的执行

研究清楚相关理论并修订完善规则文本并没有太多技术障碍，信息披露的简明性规则关键难题在于如何恰当、有智慧地实施。简明性本身的主观性和模糊性的特点，使普通的监管执行方式不仅可能给信息披露义务人带来过多责任负担，甚至可能给监管机构、司法机关带来不必要的麻烦。

借鉴美国经验可以发现，虽然根据《1933 年证券法》，SEC 可以通过多种正式程序审查发行人的披露材料是否符合简明英语规则，但 SEC 通常并不会使用，而是运用自己的酌情处理权，单纯以“信息披露不完整或不充分”为由拒绝发行人加速生效的申请，通过影响注册进程向发行人施压、形成约束。这使 SEC 能够非常灵活自如地对每个注册声明文件进行判断，避免可能引发的各种争议和诉累，实际上帮助 SEC 获得了

---

〔81〕 See Jeremy R. McClane, *Regulating Substance Through Form: Lessons from the Sec's Plain English Initiative*, Harvard Journal on Legislation, Vol. 55, No. 2, 2018, pp. 309 - 310.

信息披露简明性监管领域的绝对话语权。[82]

我国目前并没有类似美国的"加速"注册制度,但从证监会受理发行人的注册申请到作出进一步决定,也有20个工作日的时效限制,[83]证监会如果对注册申请文件有异议,同样可以要求发行人进一步补充、修改。因此,类似SEC不同意"加速"申请的非正式监管方式也完全有适用的可能性。例如,证监会可以以"招股说明书不够简明清晰"为由向发行人反馈修改意见,并进行窗口指导,延缓同意申请人注册申请。

更进一步来讲,我国在推行信息披露简明性规则方面其实具有独特优势。不同于美国的交易所,我国的证券交易所实质上是政府主导下的准政府职能部门,行政力量的指导使交易所的运行本质上服从于政府特定时期的经济运行要求。[84] 因此,我国如果在注册制下推行信息披露的简明性规则,完全可以将审核程序前置化,交易所在审核发行人股票公开发行并上市的申请时,就可以对信息披露是否符合简明性要求进行审查,对不符合要求的发行人,可以延迟或不同意其发行申请。另外,交易所还可以将上市企业日常披露的简明性程度纳入其信息披露质量的评级体系中去,类似关注函、监管函等交易所常用的监管方式都可能有适用空间。

六、结论

2019年年底修订通过的新《证券法》填补了许多现行制度规则的漏

---

〔82〕 See Michael G. Byers, *Eschew Obfuscation – the Merits of the Sec's Plain English Doctrine*, University of Memphis Law Review, Vol. 31, No. 1, 2000, pp. 138 – 141, 165 – 168.

〔83〕 《科创板首次公开发行股票注册管理办法(试行)》,中国证券监督管理委员会令第153号,2019年3月1日发布。第24条规定:"中国证监会在20个工作日内对发行人的注册申请作出同意注册或者不予注册的决定。发行人根据要求补充、修改注册申请文件,中国证监会要求交易所进一步问询,以及中国证监会要求保荐人、证券服务机构等对有关事项进行核查的时间不计算在内。"

〔84〕 参见郑彧:《我国证券交易所法律性质之重塑——兼论证券交易所互助化与非互助化的取舍》,载《法商研究》2008年第6期。

洞，也为我国资本市场带来了不少新鲜血液，包括“简明清晰、通俗易懂”的信息披露简明性要求。在市场机制发挥主导作用的资本市场中，信息披露文件是沟通发行人和投资者的最重要途径，一份简明清晰、通俗易懂、重点突出、设计友好的招股书无疑可以帮助投资者最为有效地阅读理解，进而获得充分、准确的信息，作出合适的投资决策，这将极大地提高市场整体的有效性。以投资者需求为核心理念的信息披露简明性规则如果能够很好地发挥效果，无疑将会是保护投资者权益的一大政策利器，对于广大普通投资者来说也是个值得庆贺的好消息。

为此，本文从信息披露简明性规则背后的法理依据和逻辑基础出发，论证了简明性规则的合理性，分析了简明性规则此前在我国发展滞后的原因，并认为我国目前已经具备全面推行信息披露简明性改革的时机和条件。为了进一步增进对简明性规则的理解，本文全面结合美国简明英语规则的成功经验，在考虑我国市场特征的基础上，详细讨论了推行简明性规则可能的成本收益、政策利弊等问题。认为推行简明性规则可以给投资者和市场整体带来可观的收益，整体上是利远大于弊的，并进一步论证了简明性规则与其他信息披露原则的可兼容性，同时提出简明性规则在效力层级上应劣后于信息披露基本原则。

需要特别注意的是，信息披露的简明性规则在写入《证券法》之前，实际已经以格式准则等形式在我国证券监管规则中存在多年，但从现实效果来看，此前的简明性规则并没有发挥应有的效果。因此，本文又参照美国简明英语规则在制度体系建设、执行和后续救济等方面的经验，结合我国实际情况，有建设性地为我国简明性规则的立法方式、配套措施以及执行方式提出了较为完整的建议。指出我国目前新《证券法》中信息披露简明性规则立法形式的不合理之处，创造性地为我国简明性规则的立法路径和有效执行提供了可能的思路，建议依托我国的证券监管特点，通过非正式但有约束力的方式和渠道推行信息披露的简明性规则，以保障其可以得到顺利有效的实施，真正使政策效果惠及广大投资者。

新《证券法》明确我国证券发行将实施注册制，目前注册制改革已形成了从科创板到创业板，再到全市场的“三步走”改革布局，开启了全面深化资本市场改革的新局面。证券市场的全面注册制未来指日可待，在发行注册由核准制向注册制全面转换之前,证券市场整体制度体系必将有一次较为彻底的调整和更新。因此,在注册制改革全面推行之前,监管部门还有一定时间去思考、完善相关制度规则。信息披露的简明性规则作为注册制下的投资者保护利器,最好能在规则体系形成的早期就被充分考虑,这样才能与整个发行注册、信息披露制度有机结合,发挥最大的作用。

(编辑:吴紫君)

《证券法苑》(2020)
第三十卷,第313~337页

试论招股书可理解性规则

——以科创板企业信息披露为例

赵育才*

摘要:2019年新《证券法》新增"简明清晰,通俗易懂"的信息披露要求,是可理解性规则的核心法规。以科创板招股书为样本,综合现行法律法规、招股书准则历史沿革及上交所审核实践等,目前可理解性涉及内容广泛,部分属于"可理解性"范畴,其余更多传递了多余、误导、失真的信息。参考美国等域外规则,应尽快通过法律法规及监管规则明确可理解性以投资者为中心的视角,厘清与"真实、准确、完整"的关系,对语言文字、格式体例等方面给出细致合理的要求。

关键词:可理解性　信息披露　招股书　科创板

一、试点注册制改革语境下的可理解性

(一)关于可理解性的法律规则

1. 现行法律法规

"可理解性"一词是设立科创板并试点注册制

---

* 现任职于中国证监会发行监管部。本文仅代表作者个人观点,与所任职单位无关。

改革中提出的“充分、一致、可理解”之一,与“真实、准确、完整”(以下简称“老三性”)相对应。[1] 正式“亮相”于《上海证券交易所科创板股票发行上市审核规则(征求意见稿)》中,第33条中明确规定,按照“简明易懂、便于理解、语言浅白”等具体要求,从可理解性的角度进行审核。[2] 不过,之后正式稿将“充分、一致、可理解”的文字删去,仅保留了具体的审核要求。

2019年修订完成的《证券法》中虽未将“可理解性”一词纳入其中,但有两处条文与可理解性相关:

其一,第19条第1款(对应2014年修正的《证券法》第20条)规定:“发行人报送的证券发行申请文件,应当充分披露投资者作出价值判断和投资决策所必需的信息,内容应当真实、准确、完整。”本条款新增了“应当充分披露投资者作出价值判断和投资决策所必需的信息”文字,在原有条文基础上,进一步强调信息披露的主要对象是投资者,所有的发行申请文件均以投资者为主要使用者,这在我国当前以散户投资者为主的资本市场中尤其重要。

其二,第78条第2款(对应2014年修正的《证券法》第63条)规定:“信息披露义务人披露的信息,应当真实、准确、完整,简明清晰,通俗易懂,不得有虚假记载、误导性陈述或者重大遗漏。”本条款新增了“简明清晰,通俗易懂”文字,在“老三性”之外,增加简明披露要求。即信息披露既要“真实、准确、完整”,也要方便投资者阅读并可用于投资决策。

“简明清晰,通俗易懂”八字已然成为新的信息披露要求,与《上海证券交易所科创板股票发行上市审核规则(征求意见稿)》中所称的

---

〔1〕“老三性”的称谓参见2019年1月30日《上海证券交易所设立科创板并试点注册制配套业务规则公开征求意见答记者问》,载 http://www.sse.com.cn/aboutus/mediacenter/hotandd/c/c_20190129_4717061.shtml,2020年6月30日访问。

〔2〕《上海证券交易所科创板股票发行上市审核规则(征求意见稿)》第33条规定:“本所从可理解性的角度进行审核时,重点关注发行上市申请文件披露的内容是否简明易懂,是否便于一般投资者阅读和理解。包括但不限于是否使用浅白语言,是否简明扼要、重点突出、逻辑清晰,是否结合企业自身特点进行有针对性的信息披露,是否采用直观、准确、易于理解的披露形式等事项。”

“可理解性”的含义基本相同,也可称为“简明信息披露规则”等。〔3〕

2.《证券法》修订历程

“可理解性”一词是随着试点注册制改革而产生的。2015年12月27日,全国人大常委会第十八次会议审议通过《关于授权国务院在实施股票发行注册制改革中调整适用有关规定的决定(草案)》的议案,明确授权国务院可根据股票发行注册制改革的要求,调整适用证券法关于股票核准制的规定。注册制改革正式启动。

与此同时,上海证券交易所(以下简称“上交所”)尝试通过设立战略新兴板将注册制改革向前推进,开始尝试以“齐备、一致、可理解”来回应“真实、准确、完整”,最终体现在《证券法修订草案》一读稿(2015年4月)中。草案第22条第3款规定,“证券交易所应当对注册文件的齐备性、一致性、可理解性进行审核,并出具审核意见。”同时在“信息披露”一章,以单独条文规定了“依法披露的信息,应当简明清晰,通俗易懂”。

当时,中国证券监督管理委员会(以下简称证监会)相关负责人公开阐释认为,可理解性主要是指信息披露文件的语言表述,要立足于投资者阅读和使用的需要,充分考虑一般投资者的认知水平与专业能力,尽量做到浅显易懂。〔4〕交易所相关负责人也持同样的观点,认为可理解性就是让普通投资者能够看懂。〔5〕市场人士也认同可理解性是指语言直白,不晦涩难懂。〔6〕后续由于种种客观原因,战略新兴板不了了之,证券法修订也停滞不前。直到2年后,《证券法修订草案》二读稿(2017年4月)中恢复了2014年《证券法》中关于证券发行的规定,将一读稿中众多与注册制相关条文删去,包括可理解性审核原则等,仅保留了一读稿中所增加“简明清晰、通俗易懂”的要求,并且与“真实、

---

〔3〕参见武俊桥:《论证券信息披露简明性规则——以网络时代为背景》,载《证券市场导报》2011年11月号。

〔4〕参见《A股注册制下审什么?信息披露将成重中之重》,载http://www.nbd.com.cn/articles/2015-12-30/974403.html,2020年6月30日访问。

〔5〕参见《宋丽萍详解注册制难点在哪?信披质量必须审出来》,载https://finance.huanqiu.com/article/9CaKrnJIyPX,2020年6月30日访问。

〔6〕张书怀:《不能笼统规定所有板块都不设盈利指标》,载《上海证券报》2015年5月4日,第007版。

准确、完整”合并在一起,即“信息披露义务人披露的信息,应当真实、准确、完整,简明清晰,通俗易懂,不得有虚假记载、误导性陈述或者重大遗漏”。此后,2019 年 4 月的三读稿、2019 年 12 月的四读稿及最终公布稿均沿用了此条文。

《证券法》现行“简明清晰、通俗易懂”条文是在二读稿中敲定的,是对一读稿众多要求的概括。因此,证券法修订历经四次审议,可理解性要求从翔实明确的规定到仅仅保留特征要求,所强调的以投资者为对象、文字简明易懂等要求是一以贯之的。这些内容已经实实在在地成为信息披露的新要求。

(二)《招股书准则》对可理解性的引进与完善

“可理解性”一词虽然在法律条文中的出现时间较晚,但监管者在制定下位规则时已经潜意识地将相关要求放在条款之中,最主要体现在《公开发行证券的公司信息披露内容与格式准则第 1 号——招股说明书》(以下简称《招股书准则》)这一重要的文件中。

《招股书准则》最早一版为 1993 年颁布,以《股票发行与交易管理暂行条例》为上位法基础,对招股书封面、正文、附录、备查文件四部分的内容进行了规定,相较于后期版本,1993 年《1 号准则》内容较为概括和简略。1997 年进一步完善,其中新规定了“不得刊登题字,任何有祝贺性、恭维性或推荐性的词句,以及任何广告、宣传性用语”的要求,并对招股书数字格式、印刷排版等也作出了统一安排。[7]

2001 年,《招股书准则》明确提出要适应股票发行核准制的要求,增加了更多的信息披露内容,体例发生了较大变化,正式确立了总则、招股书、摘要、附则四章内容,特别是招股书一章规定了封面、书脊、扉页、目录、释义,业务和技术,公司治理结构等 16 节内容,后续版本乃至现行有效的《招股书准则》都是由 2001 年版本演变而来。[8] 这一版本仅是个别条款涉及可理解性要求,未成体系。

---

〔7〕 参见《中国证券监督管理委员会关于发布公开发行股票公司信息披露的内容与格式准则第一号〈招股说明书的内容与格式〉的通知》(1997 年 1 月 6 日,证监[1997]2 号)。

〔8〕 参见《中国证券监督管理委员会关于发布〈公开发行证券的公司信息披露内容与格式准则第 1 号——招股说明书〉的通知》(证监发〔2001〕41 号)。

2003年首次明确提出了可理解性的相关条款。一是要求招股书全文“文字应简洁、通俗、平实和明确”；二是要求招股书摘要“少用投资者不熟悉的专业和技术词汇，尽量采用图表或其他较为直观的方式准确披露公司及其产品、财务等情况，做到简明扼要，通俗易懂”。〔9〕

2006年，《招股书准则》将“使用事实描述性语言，保证其内容简明扼要、通俗易懂，突出事件实质”的要求扩大至招股书全文，同时保留了对篇幅、字号、行距、术语、数字、译文、文字格式与结构等具体要求。〔10〕 2009年，创业板成立，对应的《创业板招股书准则》，可理解性要求基本没变。〔11〕 2014年《创业板招股书准则》正式将“可理解性”一词明确写入条文之中，并具体罗列了使用通俗易懂的日常用语等四项具体要求。〔12〕

2019年，《科创板招股书准则》继承并优化了创业板的可理解性要求。除文字描述、语句结构上的区别，科创板特别增设的内容是要求结合发行人情况具体说明，要符合发行人的个性特点，进行具体准确的信息披露，不可泛泛而谈。2020年6月12日发布的《公开发行证券的公司信息披露内容与格式准则第28号——创业板公司招股书（2020年修订）》基本上复制了科创板招股书准则的可理解性有关内容。

---

〔9〕 参见《公开发行证券的公司信息披露内容与格式准则第1号——招股说明书（2003年修订）》（2003年3月24日，证监发行字［2003］26号）。

〔10〕 参见《中国证券监督管理委员会关于发布〈公开发行证券的公司信息披露内容与格式准则第1号——招股说明书〉的通知》（证监发行字［2006］5号）。

〔11〕 参见《关于〈公开发行证券的公司信息披露内容与格式准则第28号——创业板公司招股说明书〉的公告》（证监会公告［2009］17号）。

〔12〕 《公开发行证券的公司信息披露内容与格式准则第28号——创业板公司招股说明书（2015年修订）》第12条规定：“招股说明书应便于投资者阅读，做到浅白易懂、简明扼要、逻辑清晰，具有可读性和可理解性。（一）招股说明书应使用事实描述性语言，突出事件实质和披露重点，对投资者需要重点提醒的信息应当突出表示；使用浅白平实、通俗易懂的日常用语，使用直接、客观、简洁、确定的语句，不应使用抽象、模糊、冗长、重复的表述，不应过度依赖释义，尽量避免使用艰深晦涩、生僻难懂的专业术语或公文用语，不得有祝贺性、广告性、恭维性或诋毁性的词句；（二）招股说明书应尽量采用图表、图片或其他较为直观的方式进行披露；（三）招股说明书在不影响信息披露的完整性和不致引起阅读不便的前提下，可采用相互引征的方法，对各相关部分的内容进行适当的技术处理，以避免重复和保持文字简洁；（四）招股说明书对不同章节或段落出现的同一语词、表述、事项的披露应具有一致性。”

《招股书准则》是对招股书内容和格式最具体、直接、明确的规定。自资本市场诞生之初,这一文件就存在,一直延续至今,连名字都毫无保留地得以流传,在20年资本市场发展历程中展现出超强的生命力。而在2003年首次明确提出了可理解性相关条款,"可理解性"这一词也在2014年被明确列入条文并得以保留。《招股书准则》中规定的可理解性内容,是对现行法律法规的补充和细化。尽管这些内容限定于对招股书的要求,但对于其他类型的信息披露文件也有相应的参照意义,具体较广的适用性。

(三)上交所在科创板审核中所总结的实际问题

除立法层面的相关规定之外,上交所作为设立科创板的执行者,自试点注册制启动以来,前后多次就"可理解性"相关问题进行集中通告。

2019年4月3日,上交所在科创板投教培训会上向中介机构通报了申报中存在的问题,包括对是否符合科创板定位存在夸大问题、信息披露中使用了广告语言或不客观、夸大的语言。[13] 同月,上交所在答记者问中就已受理企业的招股书基本情况进行了公开说明,并就其中存在的问题提出了五个"不够",其中涉及可理解性的有两个大方面:信息披露语言表述不够友好、文件格式和内容安排不够规范,与其并列的是业务模式、风险揭示等科创企业的核心内容。可见,上交所在对招股书可理解性的相关问题是非常重视的。[14]

2019年8月1日,上交所发布《关于切实提高招股书(申报稿)质量和问询回复质量相关注意事项的通知》,要求披露业务与技术时使用浅白易懂的语言,客观准确、实事求是地描述发行人的经营模式及盈利模式,不得使用市场推广的宣传用语或夸大其词的描述,避免使用艰深晦涩、生僻难懂的专业术语;使用"领先""先进"等定性描述的,应提供客观依据;同时也对申请文件的文件格式和文档结构提出要求。

---

〔13〕 参见《上交所:科创板招股书存10大共性问题　存在夸大问题明显》,载https://www.sohu.com/a/305817676_114984,2020年6月30日访问。

〔14〕 参见《上交所就首轮问询及回复情况答记者问》,载http://star.sse.com.cn/star/media/news/c/c_20190521_4822287.shtml,2020年6月30日访问。

作为科创板上市审核机构，上交所将可理解性作为重要核标准之一来进行审核。在可理解性内涵上，执法者所指出的具体问题与立法的相关要求是彼此呼应的，从这些方面也可以帮助探寻可理解性在当前环境下包括的内容究竟有哪些。

（四）小结

总体来看，《证券法》“简明清晰，通俗易懂”八字真言是对可理解性的高度概括，是注册制下全新的信息披露要求。交易所上市审核规则、招股书准则等配套规则围绕“简明清晰，通俗易懂”建立了初步的框架性内容。同时，上交所也在审核实践中事无巨细地总结出了一系列关于可理解性的宝贵经验。虽然就这些内容，我们无法对可理解性作出一项完美准确的定义，然而可以通过立法过程、执法实践，粗略对当前可理解性的要求进行区分，并可以用当前科创板企业为样本逐项考察这些要求的落实情况。具体包括以下几个方面：

1.“可理解性”强调信息披露应当以投资者为中心。《证券法》要求发行人应披露投资者作出价值判断和投资决策所必需的信息。发行人及中介机构在撰写招股书时，心中应当预设读者群体的总体特征，充分考虑他们的年龄、投资经验、知识储备等种种因素，确保招股书能够被顺利地阅读及理解。

2. 当前法律法规对可理解性的要求，以及上交所集中指出的相关问题等绝大部分与语言文字、阅读理解方面有关，可以被归纳为纯粹的可理解性问题。此类信披要求的不及格，或多或少会产生阅读障碍，从而导致可理解性问题。具体包括：（1）语言文字准确度、规范性；（2）格式体例；（3）术语的使用；（4）科普语言的使用。

3. 其他部分则不单单属于可理解性问题，如“应客观、全面，使用事实描述性语言，突出事件实质，不得选择性披露，不得使用市场推广的宣传用语”[15]这一要求。夸大的、具有宣传性的用语本身不会产生语义的阅读困难，其问题根源在于传递了令人困惑甚至失真的信息，会误导投资者，往往已经超越了可理解性，而是违反了“真实、准确、完整”

〔15〕 参见《公开发行证券的公司信息披露内容与格式准则第 41 号——科创板公司招股说明书》第 10 条第 1 项。

要求。现阶段出现的问题集中在两个方面:(1)冗长、重复的表述,即冗余性表述;(2)祝贺性、广告性、恭维性用语、市场推广用语等,即夸张性表述。

二、科创板招股书可理解性的具体实践

"可理解性"强调以投资者为中心,要披露投资者作出价值判断和投资决策所必需的信息。截至2020年4月,A股个人投资者账户合计16,397.98万,机构投资者账户合计37.04万,个人投资者账户数量占比99.77%,占据绝对多数。[16] 按照2019年11月的数据,已有447万户个人投资者开通科创板交易权限,数量较为庞大。[17] 2016年,中证中小投资者服务中心曾联合上交所对A股个人投资者进行了一次较为广泛的调研,总共收回了5429份问卷,具有较强的代表性。调研报告显示,一少部分投资者是低龄或高龄人员,超过三成投资者仅为高中或以下学历,超过半数的投资者投资经验并不丰富。[18]

可以看到,在我国"散户为主"生态下,经验丰富、专业的机构投资者仅仅是极少数,更多的一部分是基本知识经验、投资能力都较为缺乏的散户们,投资者的总体特点都对可理解性提出了更加严格的要求。因此,有必要对上文所总结出的可理解性相关方面进行逐一考察,从实践角度评析当前实践中,科创板招股书是否达到了"简明清晰,通俗易懂"的要求。

(一)科创板招股书概况

自科创板开启受理至2020年3月31日,上交所共受理223家企

〔16〕 数据来自中证登官网:http://www.chinaclear.cn/zdjs/tjyb2/center_tjbg.shtml,2020年6月30日访问。

〔17〕 参见《科创板供需平衡可期:447万人已开户,年底百家企业将过会》,载https://baijiahao.baidu.com/s?id=1649317806133663294&wfr=spider&for=pc,2020年6月30日访问。

〔18〕 中证中小投资者服务中心、上海证券交易所:《投资者权益知识调查报告》《投资者风险认识调查报告》,分别载《上海证券报》2016年8月22日、8月29日。

业，处于审核中、同意注册、终止审核等不同状态阶段。本文选取了全部 223 份招股书，以此作为样本，对最终呈现给投资者的基本语言情况进行分析。[19] 可以粗略统计招股书基本情况如表 1 所示：

表 1　科创板招股书数据统计[20]

数据类别	平均数	最高数	最低数	中位数
全部页数（页）	562	1099	271	522
全文字数（字）	330, 714	589, 412	149, 364	311, 102
每句平均字数（字）	14.73	18.22	13.19	14.67
普通术语个数（个）	82	182	25	74
专业术语个数（个）	43	140	13	38

从表 1 中我们可以看出，科创板整体招股书篇幅很大，平均达到了 33 万字，假设普通阅读速度是每分钟 180 字，那么阅读一篇完整招股书平均需要花费 30 小时左右，对于投资者来说，需要花费较大精力去阅读。原因可能是科创板企业信息披露更加丰富全面，也有可能是招股书在可理解性方面有进一步简化的空间。

另外一个普遍的共识是文字的可理解性与句子长短成反比，越长的句子理解起来就越有难度。在 223 家企业中，招股书每句平均字数为 15 字，基本上还属于相对友好的阅读材料，比之动辄一段为一句的英文文件要好一些。另外，段落长度较难精确统计，总体观感上，科创板招股书分段较为合理，长篇大论的现象较少。

上交所向发行人及中介机构问询问题，督促信息披露的不断完善，是探查招股书可理解性的另一维度。经过统计可以看到，在第一轮问询中，223 家中除一家未披露问询问题就终止审核外，有 151 家在问询中均提出了与可理解性相关的独立问题，占比 68%，超过一半，可见在监管

[19] 招股书选取当前投资者可以公开获得的最新版本，即选取截至 2020 年 3 月 31 日，发行人最后提交的版本，如已上市的企业则选取注册稿、待上市委会议审议的则选取上会稿、问询中的则选取申报稿等。

[20] 数据统计方法：将招股书的 pdf 版本转化为 txt 格式，通过 linux 统计句子长短、字数。页数、术语个数由人工手动统计。

机构眼中,大部分招股书的可理解性还是存在较大改进空间。

这些问题基本都包括了要求发行人"以通俗易懂的语言再次阐述"核心技术先进性、境内外发展水平、与可比公司的差异等。同时,也有相当一部分是要求发行人提供相应表述的依据,否则应当作夸张性、宣传性用语删除。其余问题围绕可理解性的细节方面提出了相应的要求。

也有少量与金融相关的"可理解性"问题,如复洁环保,仅披露关联方持股的份额和持股情况等,但是并未计算持股比例,被问询函指出"不利于投资者阅读";再如,九号机器人被要求以直白语言精简披露股份支付部分内容。

值得一提的是,天智航共被提出80个问题,其中9个指出招股书存在可理解性问题,甚至存在"招股书中存在多处不符合科创板格式准则要求的情况"这样的严厉措辞,属于所有企业之最。[21]

经过上交所第一轮"灵魂"问询后,绝大部分企业对照"可理解性"要求全面修订了招股书,取得了不错的效果,第二轮及之后的问询中基本不再涉及可理解性问题。极个别企业,如国盛智科在一次问询被指出存在可理解性问题的基础上,二次问询中的第一个问题就是"关于业务与技术相关的信息披露上存在可理解性不足、冗余内容过多的问题"。[22]

(二)纯粹的可理解性问题

1. 语言文字准确度、规范性

当前法律法规中"可理解性"要求首先是语言问题,"简明清晰,通俗易懂"在语义上最直接的理解就是对语言风格的要求,相关法律法规中还使用了浅白、事实描述性、直接、确定、客观等形容词,具体体现在句子长短、文字准确性、数字译文统一性等。这些要求是任何书面材料的通用阅读标准,无法达标会导致读者无法从文字中获取信息,俗称"读不懂",是纯粹的是否便于理解的要求。而其他的如误导性陈述,可能语言文字是完全能够被读懂的,但是所展现的具体内容使读者感到困惑,从

---

〔21〕 参见《关于北京天智航医疗科技股份有限公司首次公开发行股票并在科创板上市申请文件的审核问询函的回复》。

〔22〕 参见《关于南通国盛智能科技集团股份有限公司首次公开发行股票并在科创板上市申请文件审核问询函的回复》。

而影响“可理解性”,所披露的信息甚至已经失真,这是另外一个维度的问题。

如上文所述,总体上科创板招股书能够避免使用长句、长段。除外,语言文字准确无误,不存在错别字、语病也是基本要求。绝大部分招股书在这边是达标的,个别的如贝斯达,被指出文本中存在缺失主语的语病;[23] 甚者如利元亨,被指出招股书中存在多处语言错误,包括文字错误、数据不一致、段落不完整等。[24] 这些低级错误直接影响了招股书的可理解性,同时也容易让投资者对企业本身质量及中介机构的执业水平产生怀疑。

另外,交易所审核规则和招股书准则中提到了外文译本、数字格式等要求,也属于语言问题的范畴。例如,创造了多项历史的“红筹第一股”华润微,被要求明确进行风险披露:虽然发行人在境内市场发布的信息披露文件须使用中文,但公司注册文件、其他法律文件可能使用其他语言,投资者可能面临阅读和理解困难。[25] 再如,赛赫智能、松井新材等也被要求尽量避免使用生僻的专业词汇英语简称等。

2. 格式体例

招股书的格式体例也是与“可理解性”深度相关的因素。招股书准则规定了每一节应披露信息的内容以及对应的顺序,对格式体例的要求比较严格且详尽。例如,目录应标明各章、节的标题及相应的页码,内容编排也应符合通行的惯例。而所谓的内容编排上的“通行的惯例”,在A股市场被以“荣大快印”为主的商业印刷机构所掌握,他们所提供的撰写模板被绝大多数保荐机构所采用,并获得了监管机构的认可,长期以来形成了一套较为完备的行业惯例。这些模板被精心设计,对标题分级、行间距、字体、字号都进行了详细的规定,为招股书提供了整齐、简洁的整体观感。科创板企业在这方面做得都不错,只有长阳科技1家,被

---

〔23〕 参见《深圳市贝斯达医疗股份有限公司与东兴证券股份有限公司关于首次公开发行股票并在科创板上市申请文件审核问询函的回复》。

〔24〕 参见《关于广东利元亨智能装备股份有限公司首次公开发行股票并在科创板上市申请文件的审核问询函的回复》。

〔25〕 参见《关于华润微电子有限公司首次公开发行股票并在科创板上市申请文件的审核问询函之回复》。

指出招股书文档结构图层次过少、不便于阅读。[26]

当前"可理解性"要求中有一项是尽量使用图表、图片或其他较为直观的披露方式,本质上也是格式体例的问题。同样容量的信息,以层次分明、条款清楚的图表进行展示远比长篇堆砌的文字要好很多。图片同样能起到同样的作用,是最直观、形象的表达方式。总体来看,每篇招股书对图表、图片的使用是非常普遍的,尤其在股权机构、业务技术等关键内容的披露上。少数做得不好的企业都被指出了存在的问题并要求改进,例如,三友医疗被要求以列表或其他简明易懂的形式说明销售变动情况;[27]再如,先临三维被要求对部分表格进行必要的文字说明、铂力特被要求更正主要产品的工艺流程图,确保流程图绘制的逻辑一致性等。[28]

3. 术语的使用

当前"可理解性"对术语的使用要求是尽量避免使用艰深晦涩、生僻难懂的专业术语或公文用语。术语具有科学性和知识表述的严谨性。[29] 术语以高度凝练的方式覆盖了巨大的信息量,在精简文字的同时,术语使用会也增加文字的复杂度。当前科创板招股书一般在开篇单设"释义"一节,将全篇招股书所用的到术语分为普通术语和专业术语进行专门罗列。普通术语一少部分是各种金融、法律、会计专业词汇,还包括了大量的简称、代称等,科创板企业平均使用82个普通术语,数量是比较多的。

专业术语则是与业务技术相关的行业称谓、技术名词等。不同于金融、法律、会计等普通术语,专业术语即使对于浸润资本市场多年的职业经理人来说,也是完全陌生的。招股书在使用专业术语方面必须慎重。从样本企业来看,每篇招股书平均使用专业术语43个,最高的甚至达到

[26] 参见《关于宁波长阳科技股份有限公司首次公开发行股票并在科创板上市申请文件的审核问询函回复》。

[27] 参见《关于上海三友医疗器械股份有限公司首次公开发行股票并在科创板上市申请文件审核问询函的回复》。

[28] 参见《关于先临三维科技股份有限公司首次公开发行股票并在科创板上市申请文件的审核问询函之回复》《关于西安铂力特增材技术股份有限公司首次公开发行股票并在科创板上市申请文件审核问询函的回复》。

[29] 张和友、宋慧曼:《关于金融术语的几个问题》,载《中国科技术语》2019年第6期。

了 140 个。这反映了科创板企业的科创属性还是相当有含量的,也反映出对于行业技术的信息披露是极其不容易的,使用专业术语来精简篇幅,却无形中增加了投资者的阅读成本,属实无奈。对于投资者来说,生僻难懂的专业术语反复出现,同时还需要不停地去翻查招股书前部的术语汇总表进行参照阅读,是非常痛苦的。当然,如果出现的相关专业术语缺少了先前的索引更是有悖于可理解性的,如安集科技、普元信息等,被指出招股书多处用到先进封装、技术节点等专业术语,被要求将这些专业术语在释义部分以浅白易懂的语言作出明确定义。〔30〕

为了进一步提升术语的简明性,可以对大量的术语作进一步的分类。只有个别企业能够做到这一点,如诺康达非常克制地使用了较少的普通术语,同时也将术语按照与发行人的关系进行了分类说明。〔31〕仁会生物则按照行业概念、药品概念、工艺概念等对专业术语进行了分类。〔32〕

4. 科普语言的使用

科创板提供了 5 套上市标准,摒弃了对盈利的苛刻要求,同时也要求企业必须要符合科创板定位。因此,对业务与技术的信息披露尤其重要。而绝大部分投资者乃至作为招股书撰写者的中介机构,对相关业务技术是相对陌生的,这就对这一部分的"可理解性"提出了更高的要求。有的招股书选择将企业的宣传手册略作改变甚至照搬,就变成了招股书的信息披露,可能作者本人都对业务一知半解,这样的材料如何能让投资者能读懂?又何谈信息披露的"真实、准确、完整"?

因此,在首轮问询中,监管机构花很大精力让发行人中介机构用通俗易懂的语言描述企业的业务与技术,尤其是科创属性方面。

所以,在这一方面,招股书撰写者必须自身做到充分理解,重新以个

〔30〕 参见《安集微电子科技(上海)股份有限公司首次公开发行股票并在科创板上市申请文件的审核问询函的回复》《关于普元信息技术股份有限公司首次公开发行股票并在科创板上市申请文件审核问询函的回复》。

〔31〕 参见《〈关于北京诺康达医药科技股份有限公司首次公开发行股票并在科创板上市申请文件的审核问询函〉的回复》。

〔32〕 参见《关于上海仁会生物制药股份有限公司首次公开发行股票并在科创板上市申请文件审核问询函的回复报告》。

人语言进行描述,脱离对企业原有业务介绍材料的依赖。整个过程就相当于,从企业处学习了一整套的科学知识,吸收消化后,再以通俗浅显的方式将这些知识呈现给投资者,实际上这是一个学习科普的过程。对于有着高科技属性门槛的科创板招股书,和大众科普文章在道理上是十分相通的,在提升业务技术信息披露的可理解性方面,可以借鉴科普语言的写作经验风格,使其具备科普文的基本特征。例如,科隆新能被要求要说明每种锂电池正极材料技术发展历程、主要性能特点与优劣势、目前主要应用情况、技术发展趋势等。整个询问过程就要求招股书对业务技术做一篇标准的命题说明文,写成一篇具备相当质量的说明文。

科普作家曾经总结过科普文章的相关技巧:多讲故事、尽量举例、恰当比喻、图解以及口诀。[33] 此类技巧多为从侧面角度解释说明相关概念,目前并未被当前的招股书所采用,但未尝不是一种合适的做法。正如关于公式的经典桥段:每多一个公式都会吓跑一半读者。例如,金达莱在二次问询答复中运用了非常复杂的数学公式来计算污泥泥龄、测量污泥稳定性,事实上,有多少人能通过公式读明白发行人想要表达的内容需要打上一个问号。[34]

招股书在业务与技术方面需要借助通俗的语言、形象化的图表等内容作细致准确的解释,必要时可以通过举例、类比等方式作解释说明。例如,微创网络被要求使用具体的图片和产品名称、并用投资者可理解的语言说明产品功能等。[35]

(三)冗余性表述

目前"可理解性"有不得使用冗长、重复表述的要求。上交所在总结审核中出现的问题时也指出部分招股书大篇幅披露与发行人相关度不大的行业等信息,对自身直接相关的业务与技术披露较少,信息披露冗余的同时,有效性不足、针对性不强,可以将此类内容归纳为冗余信息

〔33〕 参见叶李华:《科普创作经验谈——技巧、原则与怀疑精神》,载《科普创作》2019年第4期。

〔34〕 参见《〈关于江西金达莱环保股份有限公司首次公开发行股票并在科创板上市申请文件的第二轮审核问询函〉之回复报告》。

〔35〕 参见《关于微创(上海)网络技术股份有限公司首次公开发行股票并在科创板上市申请文件审核问询函的回复》。

范畴。

与之相对的是应客观、全面突出事件实质，不得选择性披露，属于缺失信息范畴。例如，瑞联新材被要求对其所获得的技术奖项的颁发时间、是否合作获得等内容进行进一步披露。[36] 对于科创板企业，科创属性极其重要，奖项是代表技术含量的重要数据，可以认为对这方面信息的缺失，不仅仅是可理解性的要求，实际上，这是违反了信息披露的“完整”要求。

如果是纯粹“多余”的信息，冗余信息不对应披露信息产生影响，那就仅影响文章的可理解性，如在招股书中披露说“太阳从东边升起”这句举世皆知、绝对正确的话语。如果这些冗余信息是刻意为之，客观上存在误导投资者的倾向，则超越了可理解性要求，可能违反了“真实、准确”的要求。

1. 纯粹的冗余性表述

可理解性有关规定所称的“重复、不相关”信息应该指向与企业不相关但不影响信息披露“真实、准确、完整”的相关内容，这些内容可以直接删除而对信息披露的具体内容不产生影响。例如，恒安嘉新被指出招股书主营业务情况、市场地位、未来发展战略等 10 余处重复公司经营理念；再如容百科技被指出问询回复存在误黏贴其他答复等情形。[37]

在招股书准则中与“重复内容”有关另一方面的要求是同一语词、表述、事项的披露应具有一致性。这个要求与冗余信息并不是矛盾的，冗余信息是指没有必要的重复信息；而有必要强调或不同角度对同一内容的信息披露，则应该相互保持一致，不能出现偏差甚至矛盾的情况，以免造成理解上的困难。至于是否为必要的判断，要就具体的情形而论，难以作出统一规定。

2. 误导性冗余性表述

(1) 如果冗余信息本身为虚假的，则违反了真实性要求。如精英数

---

[36] 参见《关于西安瑞联新材料股份有限公司首次公开发行股票并在科创板上市申请文件审核问询函的回复》。

[37] 参见《关于恒安嘉新（北京）科技股份公司首次公开发行股票并在科创板上市申请文件审核问询函的回复》。

智，被要求删除所列示的未获授权专利以增加可理解性。实际上这就并不单是可理解性问题了，而是试图将未获授权专利作为有权专利进行披露，本质上披露了虚假的信息。[38]

（2）误导性陈述，虽本身为真，但属于刻意误导投资者，就会违反准确性要求。例如，奕瑞科技、迈得医疗等公司，引用了大量下游产业的产业政策、行业发展情况等，与自身无关。[39] 这表面上是冗余信息，本质上属于典型的"偷梁换柱"，试图用下游产业的优势来为自身添彩，是典型的误导性陈述，已经违反了信息披露的"准确"要求。

（四）夸张性表述

审核规则和招股书准则中有不得使用市场推广的宣传用语的要求。上交所也披露招股书中存在而使用市场推广的宣传用语、广告语言，明显美化甚至夸大的情形。[40] 这些内容可以归纳为夸张性表述。夸张信息和真实信息的区别在于是否具有真实的依据。一项论述，尤其是定性词语，如果没有客观数据支持，就属于夸张信息。夸张信息往往介于可理解性和真实性要求之间。夸张信息不同于完全虚假的信息，可能会让投资者产生误导作用，难以分辨"行业领先""国内先进"这些描述是否为真，所以会在理解上产生困难。无论是否会违背真实性要求，夸张信息总是违背可理解性要求的。本文总结了常见的夸张性表述如下：

遥遥领先、明显突破、实现进口替代、丰富经验、广泛认可、优势明显、极速体验、巨大机会、行业龙头、行业领先、深刻理解、唯一、打破垄断、强大创新能力、名列前茅、第一梯队、口碑极佳、引领者。

在众多企业中，国盛智科是一个特别有趣的案例，在问询压力下，将招股书全文的"高端装备部件"修改为"装备部件"。科创板对于夸张信

〔38〕 参见《关于精英数智科技股份有限公司首次公开发行股票并在科创板上市申请文件审核问询函的回复》。

〔39〕 参见《关于上海奕瑞光电子科技股份有限公司首次公开发行股票并在科创板上市申请文件的审核问询函的回复》《关于迈得医疗工业设备股份有限公司首次公开发行股票并在科创板上市申请文件的审核问询函的回复》。

〔40〕 参见《上交所：科创板招股书存 10 大共性问题 存在夸大问题明显》，载 https://www.sohu.com/a/305817676_114984，2020 年 6 月 30 日访问。

息的要求之严格可见一斑。[41]

另外,由于科创板对于科创属性要求较高,所以企业都绞尽脑汁为自己身上添加科创标签。一种常见的办法是利用下游客户来为自己贴金,将"大牛"企业列为自己的企业,实际上缺乏合同和收入数据的支持。例如,建龙微纳泛泛地说自己与众多牛人客户具有长期合作,远销多个国家和地区,然而,前五大客户中全完全看不到这些企业的踪影。[42] 类似的还有安博通,被怀疑是否将下游客户获奖项目作为公司自身荣誉进行披露。[43] 这些实际上都是夸张信息,存在误导投资者的倾向,比较接近违反"真实、准确"的要求。

三、境外可理解性相关规则

细数各国家、地区对招股书内容与格式的规制方式,大致可以分为三种:监管机构主导、自律组织主导、监管机构指定规则及自律组织实施实质审核的方式。其中或多或少都对披露内容表述简明易懂方面进行了规制。[44]

(一)境外可理解性规则概述

美国最早设立可理解性规则,1998 年 8 月,SEC 发布 Rule 421(d)以及 Rule 421(b),即所谓"简明英语规则"(Plain English rule),对在美申请注册上市的招股书的语言提出了要求,于当年 10 月 1 日正式实施。[45] Rule 421(d)要求撰写招募说明书前部(front portion)——包括

〔41〕 参见《关于南通国盛智能科技集团股份有限公司首次公开发行股票并在科创板上市申请文件审核问询函的回复》。

〔42〕 参见《〈关于洛阳建龙微纳新材料股份有限公司首次公开发行股票并在科创板上市申请文件的审核问询函〉之回复报告》。

〔43〕 参见《关于北京安博通科技股份有限公司首次公开发行股票并在科创板上市申请文件审核问询函的回复》。

〔44〕 程茂军:《加强投资者教育以推动实现信息披露简明性规则》,载《证券法苑》(第 22 卷),法律出版社 2017 年版,第 139 ~ 155 页。

〔45〕 17 CFR Parts 228, 229, 230, available at 239 and 274, https://www.sec.gov/rules/final/33 – 7497.txt, accessed June 30th, 2020.

封面、封底、摘要和风险因素部分时,必须在组织、语言、设计方面遵守简明英语规则。Rule 421(b)则要求整个招股书具备清晰(clear)、简洁(concise)、可理解(understandable)的特点。

SEC 公司融资部(Division of Corporation Finance)同步发布了《职员法律公告第 7 号文》(Updated Staff Legal Bulletin No. 7),大致相当于一项立法说明,对简明英语规则进行了总结:公司递交的招股书须满足:(1)前部应用简明英语撰写;(2)其余部分要用清晰(clear)、可理解(understandable)的文风撰写;(3) 设计应该从外观上具备吸引力且容易阅读。[46] SEC 投资者教育与援助办公室发布了《简明英语手册》(A Plain English Handbook)。手册是对 Rule 421(d)/ (b)下的指导倡议文件,不具备法律效力,正如扉页上所写的仅供参考(for your general information)。[47] 简明英语手册的内容作为对简明英语规则的具体解释,在实际中对招股书撰写产生了一定的约束力。

其他国家、地区陆续效仿美国,通过制定监管指引(Guide),建立起当地的可理解性规则。

2016 年 2 月 2 日,我国香港联交所(以下简称"联交所")发布《简化股本证券新上市申请上市文件编制指引》(The Listing Document Simplification Guide,以下简称香港指引),[48] 明确了联交所《主板规则》第 2.03(2)条、《创业板规则》第 2.06(2)条所明确的"使投资者可获得足够资料来对发行人进行全面评估"的原则,指出较多上市文件没有满足这样的原则,存在过于冗长复杂、适用法律及专业术语、解释业务模式不清晰等问题。香港指引致力于:(1)协助发行人及中级机构撰写符合上述原则的上市文件;(2)对上市文件中不同章节所应包含的资料提供指引;(3)提供投资者在上市文件中搜寻及理解资料的能力。

---

〔46〕 See Division of Corporation Finance: Updated Staff Legal Bulletin No. 7, available at https://www. sec. gov/interps/legal/cfslb7a. htm, accessed June 30th, 2020.

〔47〕 A Plain English Handbook: How to Create Clear SEC Disclosure Documents, available at https://www. sec. gov/reportspubs/investor - publications/newsextrahandbookhtm. html, accessed June 30th, 2020.

〔48〕 Listing Document Simplification Guide, available at https://www. hkex. com. hk/listing/rules - and - guidance/other - resources/new - applicants/listing - document - simplification - guide? sc_lang = en, accessed June 30th, 2020.

澳大利亚证券投资委员会在2011年11月发布监管指引《招股书:对散户投资者的有效披露》(Regulatory Guide 228 – Prospectuses: Effective disclosure for retail investors,以下简称澳洲指引)。[49] 后于2016年、2019年两次修订。澳洲指引引用了澳大利亚《公司法》(Corporations Act)第715A节"招股书应该使用'清晰、简洁、有效'的文风撰写"等相关要求。宗旨与美国、我国香港地区相同,也是致力于让发行人及中介机构撰写的招股书能帮助散户投资者获得信息并作出有根据的投资决策。澳洲指引比美国、我国香港地区的相关规定内容更加广泛,包括了概览、业务模型、风险提示、金融信息、管理层信息等众多内容,更接近于中国的招股书准则。

新加坡金融监管局2015年7月发布了《招股书良好起草实践指引》(Guidelines on Good Drafting Practices for Prospectuses,以下简称新加坡指引),旨在为发行人及中介机构在招股书良好起草实践上提供指引,以提高招股书的可理解性及促进投资者对招股书所披露的核心。[50]

(二)境外可理解性规则内容解析

1. 可理解性规则的法律效力

大致处理原则是将可理解性规则作为基础信息披露要求之外的补充,是对发行上市审核中的重要参考因素,但不会仅因可理解性问题而否决注册申请。

如SEC将上述规则作为对招股书的补充要求,通过"职员监控"机制(Monitors),视情况选择部分招股书对其是否符合简明英语规则进行审查,也通过问询函(comment letter)方式向发行人进行反馈。[51]

联交所会在上市审核的问询中提及与香港指引中规定的简明披露

[49] Available at https://asic. gov. au/regulatory – resources/find – a – document/regulatory – guides/rg – 228 – prospectuses – effective – disclosure – for – retail – investors/, accessed June 30th, 2020.

[50] Available at https://www. mas. gov. sg/regulation/guidelines/guidelines – on – good – drafting – practices – for – prospectuses, accessed June 30th, 2020.

[51] See Division of Corporation Finance: Updated Staff Legal Bulletin No. 7, available at https://www. sec. gov/interps/legal/cfslb7a. htm, accessed June 30th, 2020.

相问题,但是不会仅因为这个问题而否决上市申请。[52] 同样地,澳洲指引在效力上也非强制的,不作为审核点来使用(checklist),仅作为审查招股书的一般性规定,如果存在违反此类规定,则会通过发出停止令(stop order)来进行暂停审核并对申请人反馈,并要求对招股书进行整改,待整改完毕后再行恢复审核。[53]

2. 具体规则内容归纳

由于其他国家地区是效仿美国而制定的可理解性规则,因此在内容上有较高的相似度,同时也各具地方特色,这些内容对中国建立自己的可理解性规则有着较高的借鉴意义,值得注意的有以下几点:

(1)简明英语不等于简化信息。

美国《简明英语手册》中解释认为,简明英语并非简化信息,而是要确保信息披露的信息应用明确、清晰的方式呈现,以便投资者顺利理解,所以在推敲词句之前,首先要分析判断哪些是投资者作出明智决策所必需的信息。因此,了解读者是最重要的步骤,需要得到投资者的一些基本信息,包括年龄、收入、教育程度以及工作经历、对投资和金融术语的熟悉程度、所能读懂的投资理念、对信息披露文件的阅读习惯等。

同样地,澳洲指引认为,《公司法》所规定的"清晰、简洁、有效"原则是固定不可分的完整词组,聚焦其中一个忽略其他内容是不正确的。例如,将招股书的复杂信息删去,可能满足了清晰简洁的要求,但是违反了有效要求。

因此,可以明确的是当提到可理解性规则时,并不能追求简化、易于理解的效果,而忽略信息披露本身的内容,不可以损害信息的"真实、准确、完整"来换取信息披露的可理解性。

---

〔52〕 Listing Document Simplification Guide, available at https://www.hkex.com.hk/listing/rules-and-guidance/other-resources/new-applicants/listing-document-simplification-guide?sc_lang=en, accessed June 30th, 2020.

〔53〕 Available at https://asic.gov.au/regulatory-resources/find-a-document/regulatory-guides/rg-228-prospectuses-effective-disclosure-for-retail-investors/, accessed June 30th, 2020.

(2)应使用简明、浅显的语言。

境外可理解性规则都对语言风格进行了规定,其中部分属于专门针对英语语言的规则,如美国简明英语规则、澳洲指引、新加坡指引所列出的标准:使用主动语态和实意动词,避免使用隐藏动词,不使用双重否定句,主动宾紧密相连,等等。

另外一部分内容则属于中英文均可通用的标准,如使用短句、使用确定具体的日常语言,通过举例抽象概念具体化,减少修饰性形容词的使用,避免简单的复制粘贴,等等。

(3)减少使用复杂、晦涩的专业术语。

美国 Rule 421(b)、Rule 421(d)都要求不使用法律专业术语或高度技术性的商业用语,避免频繁依赖术语或者自定义词汇作为解释招股书信息的主要方式。香港指引则指出如必须使用界定词或专业术语,应尽量适用贴切解释相关意思的浅白语言,尽量避免新创词汇,且定义词要前后一致,等等。

(4)版面设计应当简明,多使用图表等直观的方式。

美国 Rule 421(d)中要求使用图表方式说明复杂内容,使用描述性的标题和副标题,字体、大小要容易阅读,宏观整体安排应合理,利用图表和点列方式协助表达等。《简明英语手册》对招股书文件设计进行了专章规定,对字体、行距、对齐方式、页面布局、图标等事项进行了事无巨细的说明。

澳洲指引对格式体例的规定也非常详细,包括了编辑或删除标准文本、在概述中凸显关键信息、设立阅读导航、信息按照逻辑顺序排列、设计页面布局、使用图表、使用案例研究、设立术语索引等众多内容。

3. 简明英语实施效果评估

以美国为例,尽管简明英语规则将适用范围限定在招股书,但是 SEC 一直在鼓励将这个规则适用于全部的信息披露文件中。时任 SEC 主席的 Arthur Levitt 在《简明英语手册》中倡议,不管篇幅大小,所有的文件都用投资者可以理解的语言撰写。对于简明英语规则的实施效果,不少学者进行了定量分析。

其中最有代表性的是 Tim Loughran、Bill McDonald 二人的研究。他们将简明英语规则的内容转化为一个可衡量的综合性指标,包括句子平均长度、平均词汇长度、被动语态、法律术语、人称代词等内容。以 1998 年简明英语规则实施为分界点,将样本分成 1994 ~ 1998 年、1998 ~ 2009 年两个时期进行对比研究,除单词的平均长度有所上升,其余指标都显著变好,说明实施后的程度远好于实施前。他们得出结论认为,简明英语规则给公司管理行为产生了实质性影响,公司更有可能改善发行文件的写作风格,以寻求更多的股权融资。[54]

另有一个比较重要的学者是 Jeremy R. McClane,他在 2018 年选取了股票首日收益率、发行前价格调整的概率、诉讼率等指标进行测算,对简明英语规则的实施影响进行分析,发现此规则使信息披露对投资者更有适用性。不过如果缺乏强力执行或有说服力的理由的话,对规则的遵守度将会削弱。[55] 2019 年,他通过招股书的迷雾指数(gunning fog)等专门分析了招股书标准文本,认为标准文本在招股书中并非全是坏事,如果利用投资者的偏好来更好地定制标注文本,也是可以满足信息披露简明规则的改革方向的。[56]

总体上看,大多数学者的观点认为,简明英语规则实施后,后续的招股书在感官上有较大的变化,确实在简明可读上有不小的改进,对投资者理解信息并决策起到了正面促进作用。

四、总结与建议

综合以科创板为代表的 A 股招股书"可理解性"现状,结合域外的经验,可以对当前的可理解性规则提出一些具体建议。

(一)强化"可理解性"以投资者为中心的视角

新《证券法》中规定"充分披露投资者作出价值判断和投资决策所

---

〔54〕 See Tim Loughran & Bill McDonald, *Regulation and Financial Disclosure: The Impact of Plain English*, The Journal of Regulatory Economics, No. 45, 2014.

〔55〕 See Jeremy R. McClane, *Regulating Substance through Form: Lessons from the SEC's Plain English Initiative*, Harvard Journal on Legislation, Vol. 55, No. 2, Summer 2018.

〔56〕 See Jeremy R. McClane, *Boilerplate and the Impact of Disclosure in Securities Dealmaking*, Vanderbilt Law Review, Vol. 72, No. 1, 2019.

必需的信息”,如果相关信息无法被投资者阅读理解,那么其内容的真实与否就无从谈起,信息披露从来都不能是“不明觉厉”的。试点注册制改革中所强调的市场化改革,实际上就是将决策权赋予市场,即广大投资者们,通过市场化手段充分博弈。那么,投资者决策所需的信息,只能通过发行人信息披露的方式获得。

“可理解性”最终目的是让投资者充分理解信息并用于投资决策。在以投资者为中心的视角下,“简明清晰,通俗易懂”所指向的目的是让投资者能够读懂、理解所披露的信息,这一点可以从2015年证监会、交易所相关负责人的讲话中得到佐证。域外注册制的审核理念也有此发展趋势,部分境外注册审核并不关心信息披露的真实性、准确性、完整性,而是旨在让投资者有效地阅读招股书,认为重点应该放在可理解性上。[57]

因此,以投资者为中心,代表发行人和中介机构在撰写招股书时,时刻谨记要将投资者作为主要读者,充分考虑投资者的总体特点,有针对性提升可理解性。就像美国简明英语规则中所说,“首先了解你的读者”。投资者保护相关机构也应该就投资者总体特点、招股书的理解性等内容定期展开调研,为市场提供投资者的全貌概览。

同样,监管机构作为执法者,也要从投资者的角度去审核、问询,将自己放入与投资者同等的地位,去思考所审核的招股书是否有利于投资者理解、是否会造成阅读的不友好等。对于不存在主观误导倾向的,应该通过问询问题提醒改正;对于存在明显误导性的,则应当深入追究其是否存在造假倾向,乃至采取对应的监管手段。

(二)厘清“可理解性”与“真实、准确、完整”的关系

待披露的信息如同食材,“真实、准确、完整”的有关要求如同食材要新鲜齐全,“可理解性”的有关要求如同指烹饪方式。一道菜肴既不可缺少必要食材,还要使食材美味可接受,能够吸引食客细细品味其中的内容。从域外监管机构的态度可以看出,不会因为违背了可理解性规

---

〔57〕 参见《法经闻道|注册制:那么近,又那么远——美式“注册制”下的IPO“否决”浅析》,载https://mp.weixin.qq.com/s/o8OVp7c97f9BmhMwD-oLgw,2020年6月30日访问。

则而退回申请或拒绝注册,而是会在问询问题中要求做进一步改进。因此,可理解性与"真实、准确、完整"并不是平级关系。这一点在我国相关规则的演进过程中也得到了印证。

在信息披露要求中,可理解性是"真实、准确、完整"的前提,属于方式和目的、手段和结果的关系。[58] 假设一篇信息披露完全是"真实、准确、完整"的,但文字极其晦涩难懂,投资者难以阅读,那实际上再多再准确的信息也相当于没有披露。正如专业人士在介绍域外相关监管经验中所说,如果招股书不具备可理解性,那么内容大概率也是误导性或欺诈性的。[59]

由于新《证券法》仅仅把"简明清晰,通俗易懂"与"真实、准确、完整"简单并列,而对二者关系进行阐述的文件又夭折在征求意见环节上,导致现行法律体系没有进行明确的说明。所以未来仍有必要从一较高法律层级的规则,如证监会规范性文件,对二者关系进行明确。

(三)建立监管指引明确"可理解性"的具体内容

通过上文分析,可以将可理解性要求大致分为两类:一种是纯粹的可理解性问题,与域外简明英语规则类似,只对语言阅读方面进行规制,具体包括:(1)语言问题;(2)结构体例安排及图表的使用;(3)术语的使用;(4)科普语言的使用等。另一种是超出了语言阅读层面的内容,可能与"真实、准确、完整"相互交叉的问题,具体包括:(1)冗余性表述,包括重复表述、表达的一致性等;(2)夸张性表述,包括夸张性语言、缺乏根据的表达等。

可以效仿域外经验,由交易所建立可理解性指引,就上述6个方面内容作出明确的规定,具体内容上可以充分参考域外的监管经验,将语言、格式等都事无巨细地列明。

---

〔58〕《〈上海证券交易所科创板股票发行上市审核规则(征求意见稿)〉起草说明》规定:充分性、一致性和可理解性与真实性、准确性、完整性,不是对立的,二者是方式和目的、手段和结果的关系。

〔59〕参见 Meredith Paynter:《草拟招股章程的指引——澳洲的经验》,载 https://www.hkex.com.hk/Listing/Rules - and - Guidance/Other - Resources/New - Applicants/Listing - Document - Simplification - Guide/Seminars/Prospectus - Simplification - and - Plain - Language - Seminar - 201203? sc_lang = zh - HK,2020年6月30日访问。

同时，也要明确这些指引的效力，不可仅因违反了可理解性指引而否决企业申请；但同时，也会将这方面的问题作为问询问题重点提醒，可以要求反复修改，直到信息披露符合“可理解性”的有关要求。

（编辑：吴紫君）

《证券法苑》(2020)
第三十卷,第 338 ~360 页

新《证券法》证券账户实名制的理解和适用研究

王志明*

摘要:2019 年新《证券法》第 58 条首次将个人投资者纳入证券账户实名制。现有法律框架内,允许出借或借用证券账户的"规定"尚未出台,信托制度与证券账户实名制并无法律冲突。在行为认定上,"出借"和"借用"的措辞暗含出借人和借用人就账户使用达成合意,出借人可依账户登记名义及相关规则予以认定,而借用人则以交易决策为判断核心。在法律后果上,除自律管理措施外,还涉及违规使用账户与其他违法行为的行政责任竞合问题。监管路径方面,建议明确账户使用的合法性边界,探索繁简分流的执法程序,同时压实券商账户管理责任。

关键词:证券账户实名制　违反规定 出借证券账户　证券账户管理

证券账户实名制属于资本市场的基础性制度之一,是实现"穿透式"监管的路径基础,对完善信

---

* 现任职于中国证监会深圳监管局。本文仅代表作者个人观点,与所任职单位无关。

息披露、交易监控、稽查执法等监管机制具有重要意义。但在实践中，投资者出借自己的证券账户或借用他人证券账户的现象非常普遍，直接或间接减损了证券监管效能。新《证券法》(2019 年 12 月修订)第 58 条首次将个人投资者纳入了规制范围，并在第 195 条规定了罚则，对证券账户实名制的完善、落实提供了坚实的法律基础。结合证券账户实名制的立法沿革及出台背景，本文尝试对出借或借用证券账户的认定规则、法律责任及监管路径进行分析和探讨，以期为新《证券法》的落地实施提供参考和助益。

一、新《证券法》账户实名制的立法沿革及出台背景

证券账户实名制肇始于 1999 年出台的《证券法》，其 138 条第 2 款规定“客户开立账户，必须持有证明中国公民身份或者中国法人资格的合法证件”。2005 年修订的《证券法》(以下简称原《证券法》)[1]第 80 条进一步在账户使用环节明确“禁止法人非法利用他人账户从事证券交易；禁止法人出借自己或者他人的证券账户”。这一规定针对的是当时一些法人企业为了逃避监管，非法利用他人账户炒作股票，出借自己或者他人证券账户的违法违规现象，[2]虽然未涉及自然人出借和借用证券账户的情形，但却将账户实名制从开户环节延伸至使用环节，极大地

[1] 我国《证券法》自 1999 年出台后，经历了 2005 年、2019 年两次修订和 2004 年、2013 年、2014 年三次修正，不过历次修正均未涉及证券账户实名制。为了叙述方便，本文将 2005 年修正的《证券法》称为“原《证券法》”，将 2019 年修订的《证券法》称为“新《证券法》”。

[2] 第 80 条的条文释义指出，“目前在实际中，一些法人企业主要是国有企业和上市公司，为逃避监管，非法利用他人账户炒作股票，出借自己或者他人的证券账户，扰乱了证券交易秩序，给国家和股东的利益造成损害”。参见李飞主编：《中华人民共和国证券法(修订)释义》，法律出版社 2005 年版，第 119 ~ 120 页。

丰富了账户实名制的内涵,也指引了该制度后续深化、完善的方向。〔3〕

2006年出台的《证券登记结算管理办法》(证监会令第29号,以下简称《登记办法》)第22条规定"投资者不得将本人的证券账户提供给他人使用",从账户持有人的角度,对出借账户作出了禁止性规定。2015年7月,针对股市异常波动凸显出通过分仓系统开立虚拟账户、民间配资非实名使用账户等现象,证监会发布的《关于清理整顿违法从事证券业务活动的意见》(证监会公告〔2015〕19号,以下简称《意见》)第5条进一步强调"任何机构和个人不得出借自己的证券账户,不得借用他人证券账户买卖证券"。相较于《登记办法》,该规定体现了账户持有人和账户使用人两个维度。不过,上述两个规范明确禁止包括自然人投资者在内的投资者出借或借用账户,从规定的文本看,实际上已经超越了原《证券法》的规定,也正因如此,上述两个规范均未设置罚则。

随着我国资本市场的快速发展,证券投资者规模、结构也在发生深刻变化。截至2017年6月,自然人投资者的数量已达12,385.92万户,与2005年的7299.33万户相比,几乎翻了一番,而法人投资者的数量却有小幅下降。〔4〕 另外,从一线执法实践上看,涉及二级市场交易

〔3〕 此后,《证券法》未再针对开户环节的账户实名制进行规定,而转由《证券公司监督管理条例》及反洗钱法律法规进行规范。例如,《证券公司监督管理条例》第28条规定:"证券公司受证券登记结算机构委托,为客户开立证券账户,应当按照证券账户管理规则,对客户申报的姓名或者名称、身份的真实性进行审查。同一客户开立的资金账户和证券账户的姓名或者名称应当一致。"《反洗钱法》第16条第5款规定:"金融机构不得为身份不明的客户提供服务或者与其进行交易,不得为客户开立匿名账户或者假名账户。"

〔4〕 我们根据中登公司官网的统计数据,对2005年12月与2017年6月的投资者数量进行了梳理,具体如注表1所示;其中,投资者数量指持有未注销、未休眠的A股、B股、信用账户、衍生合约账户的一码通账户数量,一码通账户指将投资者不同账户统一关联的账户。

注表1　投资者证券账户数量统计

时间	投资者总数(万户)	自然人投资者(万户)	占比(%)	法人投资者(万户)	占比(%)
2005年12月	7336.07	7,299.33	99.50	36.745	0.50
2017年6月	12,677.34	12,642.81	99.73	34.53	0.27
同比增长(%)	72.81	73.21	—	-6.03	—

的案件中,近80%的证券账户存在非实名交易的情形,给权益信息披露、交易实时监控、事后稽查执法等增加了诸多困难。[5] 更重要的是,在宏观层面,经历了2015年的股市异常波动之后,场外配资与虚拟证券账户、借用证券账户的叠加,加剧了信息的不对称性,不利于监测防范系统性风险和维系金融稳定,也成为市场各方与监管层持续关注的风险点之一。[6] 在此背景下,原《证券法》仅禁止法人出借证券账户的法律规制已不能满足现实情况的需要。

从新《证券法》的修订过程看,我们发现2015年4月《证券法》修订草案的一审稿仍然延续了原《证券法》第80条的规定,未作任何修改;而2017年4月的二审稿第60条则明确"禁止利用他人账户从事证券交易;禁止出借自己或者他人的证券账户",且这一规定属于刚性的禁止性规定,并未对例外或特殊情形设置留白。三审稿第66条也保留了这一规定。不过,最终通过的新《证券法》对此进行了调整,其第58条规定:"任何单位和个人不得违反规定,出借自己的证券账户或者借用他人的证券账户从事证券交易。"可以看到,通过"违反规定"的限制,为该条的理解和执行留下了弹性空间。同时,在罚则的设置上,二审稿、三审稿均规定"并处5万元以上50万元以下的罚款",而新《证券法》第195条则将其调整为"可以处50万元以下的罚款",并取消了罚款的最低金额,增加了量罚的梯度性和灵活性。尽管如此,"违反规定"毕竟属于一种除外规定,新《证券法》第58条的立法精神仍然是以证券账户实名使用为原则、非实名使用为例外,这既是证券账户实名制的题中之义,也是反洗钱监管和投资者适当性管理的必然要求。

---

〔5〕 参见陈剑、王志明、蒋迅锋:《关于借用证券账户行为的问题分析与监管思考》,载《证券法苑》(第25卷),法律出版社2018年版。

〔6〕 例如,证监会于2017年部署的专项执法行动案中,将涉及场外配资的案件定义为"事关市场风险防范的案件",载证监会网站:http://www.csrc.gov.cn/pub/newsite/zjhxwfb/xwdd/201703/t20170317_313729.html,2020年3月31日访问;证监会也在多次新闻发布会表示"高度关注资本市场场外配资情况",如2016年3月的新闻发布会、2019年4月新闻发言人答记者问、2019年9月易会满主席在《人民日报》上发表署名文章《努力建设规范透明开放有活力有韧性的资本市场》等。

二、违规出借和借用证券账户的认定规则

如前所述,新《证券法》第58条脱胎于法人证券账户实名制,经历了部门规章、规范性文件的"先行突围"和二审、三审稿的全面性禁止,最终在糅合了弹性规定后出炉成型。从第58条的文本出发,对其的理解和适用主要有以下几个方面:

(一)"违反规定"的界定

1.如何理解新《证券法》第58条中"规定"的范围

关于"违反规定"的表述,纵观新《证券法》全文,除第58条之外,还在第54条(禁止利用未公开信息交易)、第120条第5款(规范证券公司融资融券业务)这两处出现。其中,第54条与第85条同属于第三章"证券交易"中第四节"禁止的交易行为",同时考虑到第54条与《刑法》第180条第4款的高度相似性,[7]最高人民法院、最高人民检察院新近出台的《关于办理利用未公开信息交易刑事案件适用法律若干问题的解释》(法释〔2019〕10号,以下简称《利用未公开交易司法解释》)关于《刑法》第180条第4款"违反规定"的解释可资参考。

根据上述司法解释第3条,《刑法》第180条第4款中的"规定"除了包括法律、行政法规、部门规章外,还包括"全国性行业规范有关证券、期货未公开信息保护的规定,以及行为人所在的金融机构有关信息保密、禁止交易、禁止利益输送等规定"。根据这一解释,中国证券登

---

〔7〕 新《证券法》第54条规定:"禁止证券交易场所、证券公司、证券登记结算机构、证券服务机构和其他金融机构的从业人员、有关监管部门或者行业协会的工作人员,利用因职务便利获取的内幕信息以外的其他未公开的信息,违反规定,从事与该信息相关的证券交易活动,或者明示、暗示他人从事相关交易活动。"

《刑法》第180条第4款规定:"证券交易所、期货交易所、证券公司、期货经纪公司、基金管理公司、商业银行、保险公司等金融机构的从业人员以及有关监管部门或者行业协会的工作人员,利用因职务便利获取的内幕信息以外的其他未公开的信息,违反规定,从事与该信息相关的证券、期货交易活动,或者明示、暗示他人从事相关交易活动,情节严重的,依照第一款的规定处罚。"对比上述两者,《证券法》第54条除了没有期货相关的规定外,其文字表述几乎与《刑法》第180条第4款完全相同。

记结算有限责任公司(以下简称中登公司)制定的《证券账户管理规则》《关于对证券违法案件中违反账户实名制行为加强自律管理的通知》(以下简称《自律管理通知》)等规定应纳入新《证券法》第58条中"规定"的范围。事实上,中登公司作为全国集中统一运营的证券登记结算机构,向所有投资者提供证券账户的开立、查询、存管、过户、清算及交收等服务,在证券账户管理上具有天然优势,将其行业规定纳入新《证券法》证券账户实名制的规范体系无疑具有必然性和合理性。虽然《利用未公开交易司法解释》并未言明"规定"是否包括行政规范性文件,但根据国务院办公厅《关于加强行政规范性文件制定和监督管理工作的通知》(国办发〔2018〕37号),行政规范性文件是行政机关或法律法规授权的组织依照法定权限、程序制定并公开发布,涉及公民、法人和其他组织权利义务,在一定期限内反复适用的公文,具有普遍约束力,其在效力层级上高于行业性规范。根据"举轻以明重"的法理,既然第58条的"规定"包括行业性规范,自然也应包括行政规范性文件。

值得讨论的是,参照《利用未公开交易司法解释》,是否应将开户营业部所在的证券公司内部关于证券账户管理的制度、规定等也一并纳入?对此问题的解答,应当充分考虑利用未公开信息防范机制的特殊性及其与账户实名制之间的差异性。未公开信息由证券期货经营机构生产和管理,而利用未公开信息交易得以实施,关键在于行为人基于职务便利能够直接或间接生产、接触或获取未公开信息,因之,相关金融机构属于防范利用未公开信息交易的第一道也是最关键的一道防线。虽然法律对利用未公开信息交易明令禁止,但在防范机制上,却主要依赖于金融机构内部建立的各类信息隔离和保密措施。再者,从差异性看,两者对法律的统一性要求不同。尽管各机构内部对未公开信息的管理及相关信息隔离的规定不尽一致,但如果行为人利用职务便利获取未公开信息并进行相关证券交易,则必然构成对其所在机构信息保密规定的违背,因此,《利用未公开交易司法解释》将行为人所在金融机构的信息管理规定纳入《刑法》第180条第4款中"规定"的范围,不会造成利用未公开信息交易罪行为标准的"碎片化",并无不妥。而证券账户管理则不同,若将"规定"的制定权下放至各证券公司,而各证券公司关于账户管理的内容稍有不同,则可能导致行为人出借甲券商账户不违规,而出借乙券商账户却构成违规的不合理现象。换言之,如欲实现法律统一性的要求,利用未公开信息行为只需要满足"消极的统一",即对各类信息保密规定的违反;而账户实名制则必须满足"积极的统一",即各券商关于账户管理的规定在内容上保持一致——既然如此,由法律法规或行业性规范直接作出规定即可,就没有必要将各券商内部的账户管理规定纳入第58条"规定"的范畴。

2. 如何理解"违反规定"的合法性边界

如前所述,新《证券法》第58条的"规定"应包括部门规章、规范性文件及行业自律规则,而《登记办法》第22条和《意见》第5条均明确禁止所有投资者出借自己的证券账户或借用他人证券账户交易证券。因此,在现有证券法的规范体系下,任何单位和个人应严格按照账户实名制的要求从事证券交易。值得探讨的是,在信托法的框架下,受托人得以自己的名义进行管理和处分行为,[8]如投资者将其名下账户及资金委托给第三人管理,而成立信托法律关系,受托人此时以自己的名义管理账户及资金,属于证券账户实名制的例外,还是对新《证券法》第58条的违反?

我国《信托法》将信托分为营业信托、民事信托和公益信托。[9]对于与证券交易、投资相关的营业信托,根据中登公司《特殊机构及产品证券账户业务指南》(2019年版)(以下简称《业务指南》)第2.10.1条,可由信托公司作为产品管理人按每个信托产品设立专门的信托专用证券账户,信托公司既是信托产品账户的持有人,也是账户的使用人和管理人,并不存在"名实不符"的情形。与营业信托性质相似的各类资产管理计划、证券投资基金、银行理财产品等,也与此相同,均可开立

[8] 《信托法》第2条规定:"本法所称信托,是指委托人基于对受托人的信任,将其财产权委托给受托人,由受托人按委托人的意愿以自己的名义,为受益人的利益或者特定目的,进行管理或者处分的行为。"

[9] 民事信托主要是以个人财产为抚养、赡养、处理遗产等目的而设立的信托;营业信托主要是个人或法人以财产增值为目的,委托营业性信托机构进行财产经营而设立的信托;公益信托主要是以发展公益事业为目的而设立的信托。参见2000年7月3日在第九届全国人民代表大会常务委员会第十六次会议上,全国人大法律委员会所作的《关于〈中华人民共和国信托法(草案)〉修改情况的汇报》。

专门的证券账户，按照统一的规则对证券账户进行命名，并由产品管理人承担证券账户管理职责，落实账户实名制要求。对于公益信托，其比营业信托具有更严格的设立生效条件，且缺乏相关配套落实制度，实践中颇为罕见。[10] 但若设立与证券交易相关的公益信托，亦应按照营业信托设立专用证券账户的做法，应无突破账户实名制的情况。

因此，问题的关键在于，对于民事信托，如个人投资者将其名下账户及资金委托给受托人的情形，是否会与证券账户实名制存在法律冲突？根据信托的制度设计，信托的成立必须以转移信托财产为前提，[11] 这既是保证信托财产独立性的要求，[12] 也是受托人得以充分行使其投资、管理职能的基础。[13] 如果委托人和受托人只是订立了信托合同，但没有转移信托财产，这时当事人之间仅存在信托合同关系，不存在信托关系。我国《信托法》亦在第 14 条规定，"受托人因承诺信托而取得的财产为信托财产"。在证券监管领域，早在 2005 年起就已全面实施客户交易结算资金第三方存管制度，且客户仅能使用其本人名下的银行账户作为第三方存管银行账户。《证券公司监督管理条例》第 28 条规定，同一客户开立的资金账户和证券账户的姓名或者名称应当一致。《登记办法》第 17 条规定，投资者通过证券账户持有证券，证券账户用于记录投资者持有证券的余额及其变动情况。在此情形下，个人投资者作为委托人，无法将其货币资金及证券等财产转移至受托

---

〔10〕《信托法》第 62 条规定："公益信托的设立和确定其受托人，应当经有关公益事业的管理机构批准。"可见，我国公益信托并无专门的审批机构，而《信托法》实施后也未见出台具体的审批规则，有关公益事业管理机构因无章可循，往往也无据可依，因之，公益信托活动也寥寥无几。

〔11〕在境外的立法例上，一般国家的信托法中均明确规定了设立信托时的财产转移问题。例如，日本《信托法》第 1 条规定，信托包括财产权的转移或其他处理；韩国《信托法》第 1 条也明确规定，信托中，信托人将特定财产转移给受托人，但也可以经其他手续请受托人管理和处分其财产。参见周小明：《信托制度：理论与实务》，中国法制出版社 2012 年版，第 148 页；于海涌：《中国信托业陷入低迷的法律分析——写在〈信托法〉实施以后》，载《政法论丛》2011 年第 5 期。

〔12〕根据《信托法》第 15～16 条的规定，信托财产与委托人未设立信托的其他财产、受托人固有财产相区别。

〔13〕于海涌：《中国信托业陷入低迷的法律分析——写在〈信托法〉实施以后》，载《政法论丛》2011 年第 5 期。

人名下,信托关系自始不能成立,上述信托制度与账户实名制的冲突并不存在。

(二)“出借”和“借用”的认定

1. 如何理解“出借”和“借用”的含义

如前所述,关于证券账户非实名使用的问题,法律文本上有“利用他人账户”(如原《证券法》)、“将本人的证券账户提供给他人使用”(如《登记办法》)、“借用他人证券账户”(如《意见》)等表述。从新《证券法》第58条的措辞看,“出借”和“借用”本属于民事领域关于借用合同的一组对称,其意表明该条针对的是账户出借人与借用人就账户使用达成合意的情形。不过,对于合意的内容,则无须拘泥于合同法,至于是否有偿、是否限定使用期限、是否有约定收益归属等,在所不问。例如,甲将其资金及账户交由具有投资经验的乙帮其管理,甲乙之间似应成立民法上的委托管理关系而非借用关系,但在证券监管领域,该条的目的在于促进证券账户的实名使用,因而如果账户使用人与其名义持有人发生分离,则应属于该条的规制范畴。不过,又因有了“合意”的限制,遂将利用技术手段盗用或骗取他人账户、违背账户持有人意思而使用其账户的情形排除在外。事实上,对于盗用、窃取账户而使用的情形,账户持有人本身属于遭受损害的一方,[14]其主观心态也无可责难,法律将此排除在外,亦无不妥。再者,第58条针对的是账户使用环节的实名制,因而此处的“证券账户”应当是指真实的、合法开立的证券账户,如果出借或借用的是虚拟账户(如通过HOMS分仓系统设立的子账户),其在账户开立环节就已违背账户实名制要求,应由

〔14〕 例如,最近引发市场关注的《上海证券报》报道:《震惊!多地账户被盗,股票被清仓,转而接盘高位股!独家对话报案人》,部分投资者的证券账户被盗用后被恶意清仓,转而高位接盘第二天一字跌停的股票,由此遭受损失。参见https://baijiahao.baidu.com/s?id=1663570717273080371&wfr=spider&for=pc,2020年4月22日访问。

《证券公司监督管理条例》《反洗钱法》或其他法律规定进行规制,[15]并不属于第58条的调整范围。

值得探讨的是,应如何理解非实名使用账户,即应如何判断账户持有人(出借人)、账户使用人(借用人)? 其一,关于账户持有人。对于法人、个人投资者账户,相关法人、自然人为账户持有人,自不待言;但对于资管计划、信托产品等账户,该类计划或产品本身不属于民法或行政法上的法律主体,其又涉及账户申请人、产品管理人、托管人等多种角色,当该类账户存在违规使用时,何者属于账户出借人? 实践中,账户申请人与产品管理人往往属于同一主体,如私募基金产品由私募基金管理人申请开立账户,[16]券商资管计划由券商开立专户并对其管理。[17] 相比之下,公募基金即基金公司资管计划较为特殊,由托管人申请开立证券账户,[18]由管理人使用账户、决策交易。不过,根据《业务指南》第一章"总则"的规定,产品管理人承担证券账户管理职责,产品托管人作为账户业务代理人,履行账户使用环节的审核监督义务。因此,对于产品类证券账户,应将其管理人作为账户持有人或出借人。其二,关于账户使用人。如下单操作者、交易决策人、实际承担盈亏的人等,这些都集中于一人时,其为借用人不言而喻;当其分散于不同人时,谁才是第58条所称的"借用人"? 从行政监管及司法实践看,是以账户决策权为核心判断账户的实际使用人。例如黄某国案,涉案"佘某琳"账户下单手机号码为佘某琳所有并使用,但该账户买入相关证券的决策由黄某国作出,行政处罚最终认定黄某国构成内幕交易。[19]

---

〔15〕 实践中,对于采用HOMS分仓系统开立虚拟证券账户的,由于其除开立账户外,还具有接受证券交易委托、查询证券交易信息、进行证券和资金的交易结算等功能,在未取得相关资质的情况下,构成非法经营证券业务。例如,恒生网络案(中国证监会处罚决定书〔2016〕123号)、同花顺案(中国证监会处罚决定书〔2016〕124号)、杭州米云案(中国证监会处罚决定书〔2016〕135号)等。

〔16〕 参见《业务指南》第2.5.2条。

〔17〕 同上。

〔18〕 《基金法》第36条第2项规定,"基金托管人应当履行下列职责:……(二)按照规定开设基金财产的资金账户和证券账户";另见《业务指南》第2.3.2条、《业务指南》第2.4.2条。

〔19〕 参见中国证监会行政处罚决定书〔2019〕102号。

与之相类似的还有张某案、吴某快案等。[20] 司法裁决方面,在广州安州案中,广州安州作为相关私募、信托产品的投资顾问,其投资行为均依据其投资建议或投资指令进行,其对这些产品的相关账户具有控制权。[21] 与之相类似的还有张某峰、徐某霖、北京大观诉上海证监局案[22]等。另外,最高人民法院、最高人民检察院出台的《关于办理操纵证券、期货市场刑事案件适用法律若干问题的解释》(法释〔2019〕9号)第5条的规定也体现出决策权为核心的认定思路。[23] 该条第1款前3项对"自己实际控制的账户"作了列举和推定,第4项则以兜底条款的方式规定"其他有证据证明行为具有交易决策权的"。

2. 配资中介是否适用第58条

我们再次来看第58条的条文全貌:"任何单位和个人不得违反规定,出借自己的证券账户或者借用他人的证券账户从事证券交易。"可以看到,该条从账户非实名使用的源头(出借人)、源尾(借用人)两个方面入手,以期对其实现周延的规制。但对于在操纵市场等资本市场不法行为中频繁现身的配资中介而言,其向账户持有人手中收集账户

〔20〕 参见中国证监会行政处罚决定书〔2019〕66号、第115号。

〔21〕 参见北京市第一中级人民法院广州安州诉中国证监会行政判决书(2018)京01行初1702号。

〔22〕 参见北京市第二中级人民法院张某峰、徐某霖、北京大观诉中国证监会上海监管局等一审行政判决书,(2019)京02行终1850号、第1851号、第1852号。

〔23〕 该解释第5条第1款规定:"下列账户应当认定为刑法第一百八十二条中规定的'自己实际控制的账户':(一)行为人以自己名义开户并使用的实名账户;(二)行为人向账户转入或者从账户转出资金,并承担实际损益的他人账户;(三)行为人通过第一项、第二项以外的方式管理、支配或者使用的他人账户;(四)行为人通过投资关系、协议等方式对账户内资产行使交易决策权的他人账户;(五)其他有证据证明行为人具有交易决策权的账户。"第2款规定:"有证据证明行为人对前款第一项至第三项账户内资产没有交易决策权的除外。"

及资金并转手提供给其他中介或操盘方,[24]在此过程中,其出借的是他人的账户而非自己的,其借用了他人的账户但没有从事证券交易,似乎"完美"地避开了上述规定。这究竟是立法者的有意豁免,还是立法技术的罅漏,抑或有其他的考量?

有观点认为,第 58 条中"自己的证券账户"不应仅限于自己名下、他人名下的证券账户,还应包括自己实际控制的账户。配资中介在收集出借人账户后、转交他人之前,其居于账户的实际控制人地位,当其转交之时,则应认定为第 58 条中"出借自己的账户"的行为。这一解释从文义上看具有一定的合理性,但站在体系解释的角度,则不尽合理,原因在于新《证券法》第 55 条第 1 款第 3 项明确采用了"自己实际控制的账户"这一表述,表明新《证券法》明确区分了"自己的"和"自己实际控制的"这两种规定。

另有观点认为,可对第 58 条中"从事证券交易"进行扩大解释。配资中介所收集的账户及资金,都将用于证券交易;其虽未参与证券交易决策或下单操纵,但其行为指向与证券交易密不可分,因而可据此将其向操盘方提供账户及资金的行为认定为"从事证券交易"。且虽然新《证券法》在其他地方也采用了"从事证券交易"的用语,但该表述本身具有较大的解释空间,因而在体系解释上不存在明显冲突。

本文认为,将提供资金及账户的行为解释为"从事证券交易",亦有不当扩大"证券交易"文义范围之嫌。结合新《证券法》第三章"证券交易"的规定,其最基本含义为第 35 条所称的"买卖证券",也可以延伸至"持有"、"转让"(如第 36 条)、"收购"(如第 65 条)或"接受他人赠送"(第 40 条)等内涵,其均无一例外都与交易标的所有权直接相关,而与提供资金、账户等辅助交易类行为具有明显区别。况且,原

〔24〕 在配资模式上,主要有以下几种:一是通过类 HOMS 分仓系统开立虚拟证券账户开展配资,如前所述,这一模式违反开户环节的实名制要求,且往往涉及非法经营证券业务等问题。二是 P2P 公司或私募公司配资,投资者往往使用的仍是自己的账户,这些配资公司向其相关提供信用资金,并按比例收取利息。这一模式实质上更像是网络资金借贷,与证券账户实名制的关联性较低。三是个人投资者配资,即前文所称"账户出借 + 配资"模式,投资者将其账户及资金提供给配资中介,并收取利息,由后者再将资金和账户转交给其他配资中介或操盘方,从中赚取利息差。这一配资中介即为本文所指。

《证券法》及新《证券法》二审、三审稿均曾规定禁止“出借自己或者他人的证券账户”,而正式颁行的新《证券法》删除了“他人的”这一限定用语,这一修订也表明法律明确将出借他人的证券账户行为排除在第58条的调整范围之外。更重要的是,配资中介既非账户持有人,也非账户的实际决策人,其对账户的保管负有的注意义务与账户持有人、实际使用人并不相同;且对于单个证券账户,还可能涉及多个配资中介的情况,配资中介对于账户的管控力事实上也极为有限。在法律已经对出借人、借用人均作出规制的情况下,再进一步对法条作出扩大解释,以将涉及的配资中介一并纳入惩戒,可能存在打击范围过宽、链条过长,执法有失严苛的嫌疑。

(三)违规使用账户行为的构成要件

法律调整的是人的社会行为,因而任何行为违法行为均需存在客观行为表现(客观要件),自不待言。不过,对于主观要件,《行政处罚法》和《证券法》均没有明确规定,但从法律责任的构造看,除严格责任外,其他民事责任及所有刑事责任均要求考察行为人的主观心态。在证券执法领域,参照《信息披露违法行为行政责任认定规则》(证监会公告〔2011〕11号)第11条的规定,信息披露义务人行为构成信息披露违法的,应当根据其违法行为的客观方面和主观方面等综合审查认定其责任,因此,对于违规使用证券账户这一违法样态,也应包括主观要件。

至于主观要件的具体内容,可从法律规范的文本出发,结合违法行为的客观表现进行分析。如前所述,“出借”和“借用”的措辞暗含了合意,同时也表明属于一种积极的、有意识的作为行为。在行为表现上,违规出借账户或借用证券账户的行为人均需提供或获取证券账号(如股东账户、资金账户等)、交易密码。因此,在认识要素上,其对账户的非实名使用状态是明知的;在意志要素上,其对违反证券账户实名制的结果至少是放任的。

值得讨论的是,行为人主观心态是否可以为过失?过失构成违法的前提是行为人具有注意义务。账户持有人因账户性质的不同,具有不同的注意义务:对于产品账户持有人而言,各类资管或信托产品不管其名称如何,实质都是信托架构下的产物,产品管理人对投资者具有忠实义务和信赖义务，妥善保管、使用产品证券账户是其管理受托财产、勤勉尽责的前提条件。因此，如产品管理人过失导致产品账户被他人使用，可成立过失违规出借证券账户。但对于个人或法人账户持有人，证券账户属于其自身证券投资的一种工具，对其他投资者不具有“外部性”，对其账户管理责任不应苛责过多，不宜成立过失违法行为。此外，对于账户借用人而言，从其行为逻辑看，“借用”与“从事证券交易”均需具有积极的作为行为，亦不宜成立过失违法行为。

在客观要件方面，则要求行为人具有违规使用证券账户的行为，具体已如前述。在违法行为类型上，根据行为类别的不同，可分为违规出借自己的证券账户和违规借用他人的证券账户进行证券交易；根据行为客体的不同，可分为违规使用个人账户、法人账户和产品账户；根据行为性质的不同，可分为单纯的违规使用账户和与其他违法行为相关联的违规使用账户行为；后者可根据其他违法行为所违反法律属性的不同，进一步再分为与违反私法行为相关（如账户出借 + 配资）和与违反公法行为相关（如借用账户 + 内幕交易、借用账户 + 内幕交易罪）。结合主观要件，违规使用账户行为的主要类型及其认定或处理如表1所示：

表1　违规使用账户行为的类型化分析

<table>
<tr><th>划分依据</th><th colspan="2">行为表现</th><th>认定或处理</th></tr>
<tr><td rowspan="3">违法行为类别</td><td rowspan="2">违规出借行为</td><td>出借个人、法人账户</td><td>主观要件为故意</td></tr>
<tr><td>出借产品账户</td><td>主观要件为故意或重大过失</td></tr>
<tr><td colspan="2">违规借用行为（需从事证券交易）</td><td>主观要件为故意</td></tr>
<tr><td rowspan="3">违法行为性质</td><td colspan="2">单纯的违规使用账户行为</td><td rowspan="2">仅对违规使用账户行为作出行政处罚</td></tr>
<tr><td colspan="2">与私法上的违法行为相关（如出借证券账户 + 配资）</td></tr>
<tr><td colspan="2">与公法上的违法行为相关（如借用证券账户 + 内幕交易）</td><td>涉及行为竞合问题</td></tr>
</table>

三、违规出借和借用账户的法律责任

（一）行政处罚

1. 与原《证券法》相比的新变化

新《证券法》第195条对违规出借自己的证券账户或借用他人账户从事证券交易的行为设置了“责令改正，给予警告，可以处50万元以下的罚款”的法律责任。与原《证券法》相比，这一规定具有以下几个特点：

其一，在处罚对象上，源头、源尾“两手抓”。如前所述，账户出借与借用属于对向行为，原《证券法》第80条虽然禁止法人出借和借用账户，但第208条却仅对法人借用账户从事证券交易的行为设置了罚则。[25]而从新《证券法》第195条的条文看，采用了“或者”作为选择性的连接词，表明行为人只需符合出借或借用行为之一的，即可适用该条予以处罚。

其二，在违法所得的问题上，更加强调对非实名使用账户行为本身的责任。根据原《证券法》第208条，可将法人借用他人证券账户进行交易的所得认定为“没收违法所得”。严格来说，这一违法所得本属法人从事证券交易所得，而非借用证券账户本身的获利。从打击借用行为的角度看，法律作此规定并无不妥，但毕竟不免有“牵连”的意味。新《证券法》第195条则删除了“没收违法所得”的规定。可见，在条文的立意上，更强调关注出借或借用账户行为本身。至于通过借用账户从事交易获取的利益，可以由其他法律规范进行调整和规制。

---

〔25〕 原《证券法》第208条规定：“违反本法规定，法人以他人名义设立账户或者利用他人账户买卖证券的，责令改正，没收违法所得，并处以违法所得一倍以上五倍以下的罚款；没有违法所得或者违法所得不足三万元的，处以三万元以上三十万元以下的罚款。对直接负责的主管人员和其他直接责任人员给予警告，并处以三万元以上十万元以下的罚款。证券公司为前款规定的违法行为提供自己或者他人的证券交易账户的，除依照前款的规定处罚外，还应当撤销直接负责的主管人员和其他直接责任人员的任职资格或者证券从业资格。”

其三，在法律后果上，量罚幅度更为灵活。新《证券法》第195条采用了"可以处"的表述，将财产罚作为可选择、而非必需的处罚方式，增加了量罚的裁量空间。纵观整部《证券法》，类似的处罚规定仅有3处，其他两处针对的是股东投票征集权及中介机构的报备事宜。[26] 这在一定程度上反映了违规出借或借用行为的危害性较低，同时也体现了法律平衡的艺术。原因在于，现阶段出借和借用账户现象毕竟非常普遍，在投资者的行为模式未发生较大改善前，如果强制对所有违规使用账户行为并处罚款，不免失之"刚猛"，同时可能导致执法资源过多地向集中于此类相对轻微的违法行为，不利于合理配置执法资源、服务监管大局。

2. 违规使用账户与其他公法违法行为的关系

如前所述，违规使用账户与内幕交易、操纵市场等其他违反行政或刑事法律规范时，涉及违法行为个数的认定及如何界定两者之间关系的问题是相互独立评价，一并处罚；还是后者吸收前者，抑或后者作为前者的从重或加重情节，单独处罚，是法律适用中无法回避的问题。

就账户出借人而言，由于其并非账户实际控制人，内幕交易等不法行为也并非由其实施，不存在单罚还是并罚的问题。但以下两点仍值得注意：其一，因账户出借人为不法行为提供了工具，应结合其他情节考察其是否与借用人构成共同行为人。对此，核心在于探知出借人与借用人之间是否存在意思联络及共同故意。如出借人仅提供了账户；或提供了账户及部分资金，但对交易情况并不知情；抑或出借人对交易行为仅属"明知"或"应当知道"，而没有证据证实其参与账户控制或决策，均属于本文前述所称违规出借账户的题中之义，不宜认定为共同行为。其二，在不构成共同违法行为的前提下，对账户出借人的量罚应根据账户借用

[26] 除第195条外，其他两处分别为第199条规定"违反本法第九十条的规定征集股东权利的，责令改正，给予警告，可以处五十万元以下的罚款"，第213条第2款规定："会计师事务所、律师事务所以及从事资产评估、资信评级、财务顾问、信息技术系统服务的机构违反本法第一百六十条第二款的规定，从事证券服务业务未报备案的，责令改正，可以处二十万元以下的罚款。"

人的违法性质与违法情节[27]而所有不同。如借用账户用于配资收取利息,与借用账户实施内幕交易,乃至用以实施犯罪行为,其对法秩序的破坏程度、对证券市场及社会的危害性并不相同,对账户出借人的处罚也应相应地作出区分。

就账户借用人而言,则首先涉及的是单罚还是并罚的问题。以借用账户实施内幕交易为例,问题的核心在于判断其属于一行为还是数行为。对此,可借鉴刑法罪数理论中吸收犯的概念。[28] 如行为人为了实施内幕交易而借用他人账户,则其借用账户行为属于预备行为,根据实行行为吸收预备行为的法理,应认为属于"一行为",[29]故仅对其内幕交易行为进行处罚,其违规借用账户行为可作为量罚的参考因素;如行为人事先仅"受托"管理他人账户并收取利益,嗣后再实施内幕交易,则两者前后并无直接关联,在规范的意义上应认为属于两个行为,分别予以处罚。已有的处罚实践也与此相符,如恒逸集团案中,恒逸集团作为

[27] 就证券市场违法违规行为而言,违法所得金额属于非常重要的违法情节,甚至直接关系到是否达到刑事移送标准。实践中,对违法所得的计算并不需要归属于行为人实际所得,而是针对违法行为直接产生的利益。例如,在郁某高操纵市场案中,处罚认定"市场操纵的主体系行为人,我会并未对账户归属关系进行评判,而是着眼于账户操作关系。郁某高代理人在听证时所述利益分配及权属关系等情况与本案认定郁某高是相关账户相关期间的操作人和交易决策人没有直接关系"。参见中国证监会处罚决定书〔2018〕61 号。又如,熙玥投资案中,决定书指出:"当事人利用未公开信息的违法行为产生了不法收益,当事人是否系最终获益人不影响违法所得的认定。"参见中国证监会行政处罚决定书(上海熙玥投资管理有限公司、邓某勇)〔2019〕93 号。此外,还有廖某强案(证监会处罚决定书〔2018〕22 号)和马某威、曹某案(证监会处罚决定书〔2017〕57 号)等,不一而足。

[28] 所谓吸收犯,是指事实上数个不同的犯罪行为,其中一个犯罪行为 被另一个犯罪行为所吸收,即失去独立存在的意义,仅仅以吸收的那一个犯罪行为的罪名来定罪判刑,被吸收的那个犯罪也就不再予以论罪。参见高铭暄主编:《中国刑法学》,中国人民大学出版社 1989 年版,第 223 页。事实上,吸收犯与牵连犯的界限并非泾渭分明,有学者直言:"吸收犯之本质与牵连犯无殊"。参见谢兆吉、刁荣华:《刑法学说与案例研究》,汉林出版社 1976 年版,第 188 页。从定罪上看,两者都属于"处断的一罪",无论是吸收犯还是牵连犯,其意都在于避免双重评价,解决行为罪数问题。

[29] 如果不同的行为部分是基于同一意志决定,且时间和空间又如此紧密的联系,以至于它被一个与之无关的观察者认为是一个行为,那么,一个事件过程的表面上可分离的数个组成部分应当被视为一个单一的行为。参见[德]耶赛克、魏根特:《德国刑法教科书》,中国法制出版社 2001 年版,第 862 页。

恒逸石化的控股股东,利用个人账户买入"恒逸石化"股票,同时构成操纵市场和法人利用他人账户买卖证券的行为,因两者完全重合,处罚认定前者吸收后者,仅对操纵行为进行了处罚。[30] 又如,大地科技案中,大地科技利用"周某云"账户既内幕交易了"三聚环保",也正常交易了"广发证券""易食股份"等其他股票,处罚认定大地科技构成内幕交易及原《证券法》第208条所述法人利用他人账户买卖证券行为,[31]一并予以处罚。金宇轮胎案也与此类似。[32]

(二)其他法律责任

如前所述,根据新《证券法》第195条的罚则,违规使用账户行为的危害性相对轻微,基于刑法的谦抑性及罪刑法定原则,违规出借或借用行为不涉及刑事责任。当然,这并不排除账户出借人与行为人构成共同犯罪时追究出借人的刑事责任,不过,这已非针对违规使用账户行为本身了。因此,在其他法律责任方面,主要涉及自律管理及民事责任,简要分述如下:

1. 自律管理。沪深交易所虽然可对异常交易账户采取限制交易的措施,但其侧重在于交易的实时监控,并不关注是否存在非实名使用。因此,行业规范上的主要依据是中登公司制定的账户管理相关规则。如前所述,根据中登公司《证券账户管理规则》第49条、第50条,可对违规使用的账户采取管理、限制使用等措施。同时,根据其2018年6月发布的《自律管理通知》,对于证监会已作出行政处罚决定的案件中借用他人账户和出借本人账户的主体,中登公司将采取为期6个月的限制新开证券账户措施;在该期限届满后12个月内,限制其非现场开户,并在24个月内将其列为实名制重点关注对象。

2. 民事责任。主要有以下两方面:一是合同无效责任。根据最高人民法院2019年11月发布的《全国法院民商事审判工作会议纪要》(法〔2019〕254号,以下简称《九民纪要》),场外配资"不仅规避了监管部门对于股票信用交易中资金来源、投资标的、杠杆比例等诸多方面的限制,

〔30〕 参见中国证监会行政处罚决定书(浙江恒逸集团有限公司、楼某)〔2014〕41号。

〔31〕 参见中国证监会行政处罚决定书(北京市大地科技实业总公司、于某)〔2016〕103号。

〔32〕 参见中国证监会行政处罚决定书(金宇轮胎集团有限公司、延某峰)〔2018〕94号。

也加剧了市场的非理性波动”,〔33〕除依法取得资格的证券公司外,其他任何单位和个人与用资人的场外配资合同均应认定为无效;配资方(往往是账户出借人)请求用资人向其支付约定利息和费用的,或请求分享用资人因为使用配资所生产的收益的,法院均不予支持。二是侵权赔偿责任。理论上而言,根据新《证券法》相关规定,账户借用人利用未公开交易、内幕交易、操纵市场等给投资者造成损失的,应当承担赔偿责任,账户出借人根据《民法典》第1168条共同侵权、第1172条无意识联络数人侵权的规定〔34〕及参考银行账户出借的司法实践〔35〕,应承担连带或相应的赔偿责任。但在实践中,涉及上述异常交易类案的民事赔偿存在诸多困难,如投资者损失如何确定、因果关系如何证明等尚存在较大争议,其民事赔偿责任未来如何发展,还需留待今后的实践中进一步观察。

四、落实账户实名制的监管路径

(一)明确账户使用的合法性边界

证券账户作为一种市场基础性建设,是投资者进入证券市场不可或缺的工具,具有牵一发而动全身的地位和影响。截至2020年2月,我国证券账户数量已达16,144.84户。〔36〕目前,新《证券法》已然生效实施,其第58条的规定在条文表述上容易引发“完全禁止”、“抓大放小”或“暂无规定”等多种解读,难以形成统一、明晰的行为准则,甚至让投资

〔33〕 参见《九民纪要》第五部分“(二)关于场外配资”部分,第86项。

〔34〕 《民法典》第1168条规定:“二人以上共同实施侵权行为,造成他人损害的,应承担连带责任。”第1172条规定:“二人以上分别实施侵权行为造成同一损害,能够确定责任大小的,各自承担相应的责任;难以确定责任大小的,平均承担赔偿责任。”

〔35〕 最高人民法院《关于出借银行帐户的当事人是否承担民事责任问题的批复》(法[经]复〔1991〕5号)指出:“出借银行帐户是违反金融管理法规的违法行为。人民法院除应当依法收缴出借帐户的非法所得并可以按照有关规定处以罚款外,还应区别不同情况追究出借人相应的民事责任。”另见赵西雷、杨伟丽:《出借账户受牵连承担连带清偿责任》,载《人民法院院报》2010年9月29日。

〔36〕 数据来源于中登公司官网统计数据。

者无所适从,不利于促进证券市场健康有序发展。

一是加大法制宣传,发挥法律规范的行为指引功能。尽管新《证券法》第58条为非实名使用证券账户“开了个口子”,但在现有的法律框架下,尚无相关“规定”授权任何单位和个人可以出借自己的证券账户或借用他人账户从事证券交易。对此,应加大法制宣传力度,旗帜鲜明地阐明证券账户的使用要求及违规使用的法律后果,为各市场参与主体提供明确的行为预期,引导投资者合法、依规、有序地参与证券交易活动。

二是强化执法力度,发挥法律责任的社会威慑效果。行政处罚针对的不仅仅是承担不利的法律后果特定相关当事人,更是对法律规范的宣告和阐释。这种通过法律程序作出的、具有法律效力的价值判断,对秩序的构建、社会的教化具有不可替代的作用。对此,建议通过典型案例的查办,明确新《证券法》第58条的立法精神和规则导向,尤其针对产品管理人违规出借其产品账户的行为,加大执法力度,压实其作为中介机构对证券账户管理的主体责任;针对与违反公法行为相关的出借或借用账户行为,提升处罚力度,强化执法威慑,形成“查处一起、警示一片、规范一类”的执法效果,更好地推动证券账户实名制落实落地。

(二)探索繁简分流的证券执法程序

现行的行政处罚体制是以属地管辖、属地执法为原则设计的,如处罚决定书应在7日内送达,冻结决定书应在3日内交付当事人。[37] 这在市县或一省的区域范围内并无不妥,但对于实行全国统一监管的证券执法体制而言,则存在诸多现实困难。尤其是针对违规使用证券账户这类违法行为,其危害性相对轻微而涉及的主体众多、分布甚广,如操纵市场案中动辄涉及上百个账户,如何平衡程序合法完备性与执法资源稀缺性之间的冲突、如何合理把握执法手段与执法效能之间的配比,是监管者将要面临的现实而紧迫的挑战。有鉴于此,建议针对性地探索

〔37〕《行政处罚法》第40条规定:“行政处罚决定书应当在宣告后当场交付当事人;当事人不在场的,行政机关应当在七日内依照民事诉讼法的有关规定,将行政处罚决定书送达当事人。”《行政强制法》第31条规定:“依照法律规定冻结存款、汇款的,作出决定的行政机关应当在三日内向当事人交付冻结决定书。”

繁简分流、分类处理的执法模式,以执法体制机制的革新,提升证券执法质效。

一是删减启动调查的立案程序。根据《行政处罚法》相关规定,简易程序可以当场作出处罚,一般程序则需经调查、收集证据后作出处罚决定。但就当事人而言,法律仅要求作出处罚前需事先向当事人告知,以保障其陈述、申辩的权利。通读《行政处罚法》及新《证券法》,对行政处罚并无"立案"要求。事实上,案件启动调查执法机关内部流程,"是否履行、如何履行,属于执法机关内部事务,既不应成为调查处罚的前提,也不应成为行政诉讼中司法审查的对象"。[38] 可见,立案程序并非行政处罚所必需,该程序的设立主要在于行政机关内部执法程序的管理和完善。实践中,违规出借或借用账户行为大都与内幕交易、操纵市场等案件相伴而生,且在调查二级市场异常交易类案件时,涉案账户的实际控制关系几乎都属于必要调查事项,因此,可在原有的案件调查模式中对涉及的违规使用账户行为一并处理,无须单独启动立案程序;即便存在专门针对违规出借或借用账户行为的调查,基于行政比例原则及效率原则,亦应在立案程序上简化处理。

二是简化处罚决定的审理程序。充分利用新《证券法》第195条罚则设立的裁量空间,可结合违法情节、拟处罚类别对违规使用账户行为作出分类,并相应设置不同的处罚程序和作出处罚决定的部门,实现繁简分流、分类简化处理。具体如表2所示:

〔38〕 张子学:《公众公司应如何披露政府调查事项》,载《证券法苑》(第22卷),法律出版社2018年版。

表 2　违规出借或借用账户行为审理程序分类

拟处罚类别	适用程序	处罚过程	作出决定部门
警告,但不处罚款	简易审理程序	事先告知 + 作出处罚决定[39]	调查部门直接作出
警告 + 罚款（个人 5 万元/单位 30 万元以下）			调查部门草拟处罚决定,经审理部门同意后作出
警告 + 罚款（个人 5 万元/单位 30 万元以上）	一般审理程序	事先告知 + 听证(依申请)[40] + 作出处罚决定	审理部门独立审理后作出

三是优化执法文书的送达程序。对于适用简易审理程序的违规使用账户行为,考虑到其情节较为轻微而涉及主体分散等特点,建议借鉴道路交通违规的行政处罚方式,即通过电子送达方式(如短信通知、手机 APP 等)完成处罚事先告知及处罚决定书的送达。同时,随着网络社交媒体的发展和普及,境外司法实践已经有不少通过 Facebook 进行送达的案例,[41]就国内情形而言,已使用支付功能的微信号已实现身份账号、银行账户及手机号的捆绑认证,具有很强的身份核验功能。因此,建

[39] 《行政处罚法》第 33 条规定:“违法事实确凿并有法定依据,对公民处以五十元以下、对法人或者其他组织处以一千元以下罚款或者警告的行政处罚的,可以当场作出行政处罚决定。”据此,虽然并处 50 元以下罚款也可当场作出行政处罚,但该数额过小,对加强执法惩戒和威慑的作用有限,反倒在执行上需耗费更多的执法资源,因此,本文划分类别时并没有严格依照该条条文规定。另外,由于证券执法跨区域的特点非常明显,几乎不存在当场作出行政处罚的情形;因此,根据《行政处罚法》第 31 条的要求,对仅处警告处罚的也设置了事先告知程序。

[40] 根据中国证监会《行政处罚听证规则》第 5 条的规定,对个人没收业务收入、没收违法所得、罚款,单独或者合计 5 万元以上;或对单位没收业务收入、没收违法所得、罚款,单独或者合计 30 万元以上的,应当在向当事人送达的《行政处罚事先告知书》中载明当事人享有要求听证的权利。

[41] 早在 2008 年 12 月,澳大利亚法院就已经允许通过 Facebook 进行送达,这是全球首例通过 Facebook 送达的案件。2009 年 3 月,新西兰法官批准用 Facebook 发送起诉书给一名旅居国外的男子。日前,英国一起商事案件的原告律师申请通过 Facebook 向被告送达,获得英格兰高等法院大法官的批准,这是英国法院首次授权通过 Facebook 发送起诉书。参见刘向琼、刘鸣君:《论我国民事诉讼电子送达制度的现状及其完善》,载《法律适用》2018 年第 3 期;另见姚强、王丽平:《比较与借鉴:司法文书电子送达的现状考察与制度建构》,载天津市第二中级法院网:http://tj2zy.chinacourt.gov.cn/article/detail/2016/04/id/1986291.shtml,2020 年 3 月 30 日访问。

议深化探索与腾讯等第三方机构合作的司法委托送达模式,进而建立向智能手机等电子终端送达的常态化机制,有效解决“送达难”的问题,提升行政处罚效能。

(三)压实证券公司的账户管理责任

基于金融市场的特殊性,金融机构与客户的法律关系不同于一般的民商事关系,在为客户提供服务的同时,也承担管理客户行为、维护市场秩序的法定义务。〔42〕 在账户管理方面,证券公司掌握客户开户资料、身份信息、资金流水及委托交易记录,是落实证券账户实名制的重要主体。建议结合新近出台的《证券期货投资者适当性管理办法》《证券公司和证券投资基金管理公司合规管理办法》等及证券期货反洗钱相关法律法规,强化证券公司的账户管理责任,更好地落实新《证券法》账户实名使用的要求。

一是重视客户非交易信息的分析和管理。一般情况下,客户留存的手机号、电子邮箱、联系地址、紧急联系人等非交易信息具有较强的个性化特点,可以增强证券账户本身的辨识度,也是查验、联系账户实际使用人的重要渠道。例如,通过系统筛查,出现多个账户存在一项或多项非交易信息重合时,往往意味着相关账户存在异常而需进一步核验。同时,在按照《证券账户管理规则》要求实施定期检查时,将客户手机号、联系地址作为必要检查事项,及时更新、维护,并对核查回访过程留痕。

二是推广和记录人脸、指纹等生物特征识别登录方式和痕迹。人脸、指纹等生物特征具有独特性和唯一性,随着相关科技的成熟,其已被广泛应用于银行账户登录、移动支付乃至个人政务办理等各个方面。在证券账户登录上推广和留痕生物特征识别的登录方式,既可以完善异常账户的事前监控,如账户频繁更换不同的指纹进行登录、多个账户出现同一指纹登录等;也可以做好账户控制关系的事后追查,如对特定账户的特定时段锁定人脸登录痕迹、或对多个账户核验是否存在同一控制关系等。

(编辑:胡睿超)

〔42〕 陈岚、朱维、李烁:《证券公司客户管理责任若干问题的法律思考》,载《证券法苑》(第25卷),法律出版社2018年版。

《证券法苑》(2020)
第三十卷,第 361 ~376 页

虚假申报操纵问题实证研究

张　兵　崔丽琨*

摘要:本文梳理了证监会 2007 ~ 2019 年作出的所有涉及虚假申报手段操纵共计 55 份案例。根据样本案例,详细阐述虚假申报操纵 3 个构成要件的具体认定标准及判断指标体系。同时,结合证监会系统首例虚假申报操纵诉讼案件的司法判决,分析案件争议焦点和裁判逻辑,并提出意见建议。

关键词:虚假申报　操纵认定　争议焦点　判决

对于证券市场操纵行为,我国现行《证券法》第 77 条第 1 款以列举加兜底条款的形式予以规定。中国证监会内部发布的《证券市场操纵行为认定指引(试行)》(以下简称《认定指引》)明确其他操纵证券市场的手段包括蛊惑交易操纵、虚假申报操纵等。《认定指引》对虚假申报操纵的定义为,行为人做出不以成交为目的的频繁申报和撤销申报,误导其他投资者,影响证券交易价格或交易量。换言之,虚假申报操纵至少包含 3 个构成要件,即行为

---

* 作者均任职于中国证监会安徽监管局。本文仅代表作者个人观点,与所任职单位无关。

人存在不以成交为目的的主观故意,实施了频繁申报和撤销申报的客观行为,造成了证券交易价格或交易量影响的行为后果。但是,具体到案件查处中,现有的法律规范难以满足执法实践的需求,如何证明行为人的主观意图、频繁报撤行为的具体标准、影响证券交易价格或交易量的因果关系、违法所得的计算等均存在诸多难点。本文在整理中国证监会(不含其派出机构,下同)历年相关案例的基础上,结合相关司法判例,试图对上述问题进行梳理分析。

一、证监会对虚假申报操纵处罚案例概况

虚假申报操纵不同于传统的坐庄手法,属于典型的短线操纵,周期短、频率高、风险小、成本低、短时影响大是其鲜明的特点。正因为此,近年来发生的形态各异的虚假申报操纵行为层出不穷。经统计,自2007年证监会作出首单虚假申报操纵处罚以来,[1]截至2019年11月底,证监会累计作出涉及利用虚假申报手段操纵市场的案件共55件(见表1)(另附文末)。

从年份来看,2014年以前利用虚假申报手法操纵市场的案件相对较少。从2015年开始,虚假申报操纵案件开始增多,其中2016~2018年案件量达到高峰,年均案件量均在10件以上,2019年案件量又出现急剧下降的现象,截至统计日仅2件。根据处罚决定书显示,涉案操纵期间主要集中在2014~2016年,每年分别为11起、23起、13起,2017年的涉案操纵仅3起,2018年、2019年均无。可见,2019年案件量的下降与证监会自2016年以来的高压处罚密不可分。

表1　2007~2019年每年案件数量

单位:件

年份	2007	2008	2009	2010	2011	2012	2013	2014	2015	2016	2017	2018	2019
数量	1	0	3	1	2	1	1	3	7	12	10	12	2

〔1〕 参见周建某案(证监罚字〔2007〕35号)。

从利用虚假申报手法操纵市场的行为主体看，由自然人实施的共50件，占比为90.9%，由法人实施的有3件，法人和自然人共同实施的有2件（见表2）。可见，在虚假申报操纵市场案件中自然人实施主体属于“中坚力量”。

表2　利用虚假申报手法操纵市场的行为主体分析

行为主体	自然人	法人	法人自然人共同实施
案件数量（件）	50	3	2
占比（%）	90.9	5.5	3.6

从证监会的作出处罚的55例案件中，单独虚假申报操纵手法或以虚假申报操纵手法为主的案件共17件，以其他手法操纵为主，虚假申报操纵为辅的案件共38件（见表3）。可见，市场操纵案件中，虚假申报手法无论是“主攻”还是“辅助”，均已是常用手法。

表3　涉及虚假申报操纵手法的主次分析

操纵手法	单独虚假申报操纵手法或以虚假申报操纵手法为主	以其他手法操纵为主，虚假申报操纵为辅
案件数量（件）	17	38
占比（%）	30.9	69.1

二、虚假申报操纵认定

（一）不以成交为目的的论证

1. 推定主观故意

在统计的历年案件中，除个别案件［如张某雄案（证监罚字〔2009〕15号，如无特殊说明，以下均为“证监罚字”）、任某成案〔2015〕85号］当事人承认交易时存在不以成交为目的的主观意图外，其他均是通过当事人的客观行为，推定存在不以成交为目的的主观故意。推定的基本逻辑是：第一步，判断行为人是否实施了法律所禁止的操纵行为或其他异常行为，如果满足相关特征要件；第二步，判断该行为本身是否具有经济上的合理性,若行为人实施了不正常行为且不具有经济上的合理性,则推定行为人存在主观故意;第三步,将举证责任转移由行为人承担,若行为人不能证明自己具有合法目的时,就认定其存在主观故意[2]。

2. 判断指标体系

在证监会作出处罚案例中,逐步建立起一套比较完善的认定不以成交为目的指标体系,包括基础指标、时间指标和核心指标。基础指标包括撤单比例较高、成交比例较低、申报价格比前一刻市价略低或比市场反方向一档价格略低、申报档位处于2~5档、频繁报撤后反向交易、行为人在多只股票的交易中重复出现前述类似行为。时间指标包括订单驻留时间短、在开盘集合竞价可撤单期间大量高价报撤单、在尾盘期间封涨停并重复报撤单行为。核心指标包括申买(卖)量明显大于市场上卖(买)方前五档总量、订单申报档位上升后却撤单重新申报、多轮频繁的同价报撤单。[3] 可以看出,基础指标和时间指标更多地指向行为人行为的异常性,核心指标则更进一步反映该异常行为本身不具有经济上的合理性,更有力证明行为人不以成交为目的的主观故意。

在考量行为人申报的虚假性时,是否存在反向交易或其他目的是重要判断指标。在无相关证据证实投资基本面发生明显变化的情况下,短时间内行为人对其交易方向的迅速反转基本难以给出合理解释。反向交易行为不仅是区分虚假申报操纵与降低交易成本等而实施的申报撤单行为的重要指标,也是辨别行为人真实意图的重要指标。在证监会处罚的案例中,大多数案件中反向交易行为特征十分明显,个别案件如湖北洋丰股份有限公司案(〔2016〕100号)中行为人为维持股价、避免价格下跌遭受损失等其他目的而采取的操纵市场行为,与反向交易判断同理。

3. 当日反向交易

虽然2005年《证券法》修订删除了旧法中关于"获取不正当利益或者转嫁风险"的规定,反向交易获利或者其他目的等真实意图并不是市

〔2〕 参见中国证券监督管理委员会行政处罚委员会编:《证券期货行政处罚案例解析》(第一辑),法律出版社2017年版,第177页。

〔3〕 参加夏中宝:《算法交易对虚假申报操纵法律认定逻辑的新挑战》,载《证券市场导报》2017年第10期。

场操纵案件需要论证的构成要件之一，但是，对于单独以虚假申报手法操纵市场案件而言，基于其影响力延续时间，笔者认为，当日反向交易行为（封涨停例外）是必备要件。一般来说，传统坐庄式操纵从建仓、拉抬到出货，经历的时间较长，大量的资金和成交量对市场产生的影响也较久，第二交易日甚至更长时间后的反向交易都有可能是因前期操纵而取得的获利，操纵当日有无反向交易不影响对其的认定。而在短线操纵案件中，由于资金、操纵手法等原因，其影响力延续时间普遍较传统操纵短，需要更加谨慎的论证。连续交易、尾市拉抬、封涨停等手法一般认为可以影响到下一个交易日或者涨跌停板打开以后的时间，如果操纵当日无反向交易，其后一到两个交易日内有反向交易，仍然可以作为认定操纵的证据之一，但更久以后的反向交易就不宜囊括在内。而开盘、盘中虚假申报型市场操纵一般以当日为主，如果当日内没有反向卖出，即便交易数据显示当事人不断申报撤单的行为对涉案股票的交易价格、交易量产生了一定的影响，由于虚假申报的手法对个股的影响在当日结算后基本消除，很难再对第二个交易日持续产生影响，因而不宜以第二个交易日的反向交易为标准去论证操纵行为。证监会处罚的单独的虚假申报操纵案例中仅将虚假申报当日反向交易获利视为违法所得，不计算余股账面价格，也反映出对于虚假申报操纵的影响力证监会系统一般以当日为准。

（二）频繁申报和撤单

1.次数认定标准

《认定指引》规定，频繁申报和撤销申报是指行为人在同一交易日内，在同一证券的有效竞价范围内，按照同一买卖方向，连续、交替进行3次以上的申报和撤销申报。这一认定标准显然过低，在证监会处罚的案例中基本不会仅以作了3次申报和撤销申报就认定虚假申报操纵，就单独虚假申报操纵手法或以虚假申报操纵手法为主的案例而言，有6例仅操纵了1只股票，有11例是操纵2只股票以上，任某成案（〔2015〕85号）操纵股票最多，达18只。在仅操纵1只股票的6个案例中，除王某斌案（〔2012〕28号）行政处罚决定书未体现具体报撤次数外，最低申报和撤销次数是卢某军案（〔2009〕37号），达10次报撤，其余案例中当事人的申报和撤销次数均达10次以上。可见，在具体认定中并不刻意强调次数,更加注重的是行为本身的异常性和影响。

2. 基本手法

从证监会行政处罚决定书来看,根据所处时间不同,虚假申报操纵可以分为开盘虚假申报操纵、盘中虚假申报操纵和尾盘虚假申报操纵。以拉抬型为例,开盘虚假申报操纵发生在集合竞价可撤单阶段,即9时15分至9时20分,行为人通常大量高价申报,制造买盘汹涌的假象,引诱其他投资者买入,并在进入不可撤单期间前迅速撤单,而其他投资者因被误导高价买入来不及撤单而进入交易系统撮合成交,进而导致开盘价拉升,行为人此时卖出获利。典型案例如徐某新案(〔2011〕18号)、刘某案(〔2018〕108号)等。盘中虚假申报操纵与开盘阶段不同,行为人通常用少量买单以市价或高于市价的价格申报并很快成交,而大部分买单集中在2~5档,股价上涨后行为人撤销底部买单再进行更高价位的申报,以此逐渐推高股价后反向卖出获利。典型案例如张某雄案(〔2009〕15号)、陈某生案(〔2011〕10号)、马某琪案(〔2015〕72号)等。尾盘虚假申报操纵手法与盘中阶段基本相同,但在实践中更多地体现为"尾盘封涨停",行为人针对处于涨停价位的股票,在尾盘阶段以涨停价大量申报和撤单,重复出现同价报撤单行为,营造买盘汹涌的假象,并于次日卖出股票获利。典型案例如沈某宇案(〔2010〕31号)、王某森案(〔2013〕40号)、冯某浩案(〔2018〕13号)等。打压型中的典型案例如褚某江案(〔2018〕59号)。

3. 撤销申报非必要条件

一般情况下,撤单行为是认定虚假申报操纵行为的组成部分,但值得注意的是,证监会已处罚案例中已不将撤销申报作为虚假申报操纵的必要条件,虚假申报操纵的类型亦可分类为有撤单的虚假申报操纵和无撤单的虚假申报操纵。[4] 无撤单的虚假申报操纵主要包括行为人在已有大量未成交申报、同方向申报明显无法成交的情况下,仍然以涨(跌)停价大量堆单;当事人意志以外的原因未能撤销等。典型案例如张某雄

〔4〕 参见范林波:《操纵证券市场行为监管执法问题实证研究——以中国证监会2015~2017年三季度行政处罚决定书为视角》,载《证券法苑》(第22卷),法律出版社2017年版,第431页。

案(〔2009〕15 号)、沈某宇案(〔2010〕31 号)、徐某新案(〔2011〕18 号)、孙某栋案(〔2015〕73 号)、盛某案(〔2017〕6 号)、刘某金案(〔2018〕14 号)等。可见,执法实践已经对《认定指引》的规定进行了丰富和发展。

(三)影响证券交易价格或者证券交易量的认定

《认定指引》第 14 条指出,影响证券交易价格或者证券交易量,是指行为人的行为致使证券交易价格异常或形成虚拟的价格水平,或者行为人的行为致使证券交易量异常或形成虚拟的交易量水平。换言之,对于虚假申报操纵而言,对操纵者行为后果的认定包括两个层面:一是证券交易价格(量)出现异常或形成虚拟的价格(交易量)水平的认定;二是虚假申报行为与证券交易价格或者交易量的异常或形成虚拟的价格(交易量)水平的因果关系。

1. 对证券交易价格或交易量变化的认定

对证券交易价格或交易量的认定,《认定指引》虽然给出了相关参考因素,但是在具体应用中还存在一定的差异。在证监会处罚的案例中,论证影响股价的占绝大多数,认定的指标主要包括个股股价的涨跌幅度、振幅,个股涨跌幅度与行业板块、同行业指数、大盘等偏离程度。个别案例中还采用了区间判定指标,如陈某案(〔2016〕69 号),将操纵期间的股价涨幅和均价与操纵前后相应天数的股价均价相比较,并与对应的创业板或中小板等指数价格及变化幅度相比较。论证影响证券交易量的案例相对较少,认定的指标主要包括当日市场成交量比前一交易日市场成交量增加比例(陈某生案〔2011〕10 号)、其他投资者买入申报总量及涨幅(徐某新案〔2011〕18 号)、与操纵期间日均成交量相对应的之前及之后相应期间的日均成交量比较(王某森案〔2013〕40 号、陈某案〔2016〕69 号)等。

2. 因果关系

对行为人的行为致使证券交易价格(量)出现异常或形成虚拟的价格(交易量)水平的认定,也即虚假申报行为和证券交易价格或交易量之间的因果关系的认定,这一问题也是一直困扰整个市场操纵案件认定的难点之一。从市场角度看,影响证券交易价格或交易量的因素有很多,有短期诸如市场情绪、热点事件、重大利好等因素,亦有长期诸如公司基本面、国家政策等因素,那么,如何判断虚假申报行为对特定时段内证券交易价格或交易量的影响? 首先,在证明标准上,应当采用高度盖然性标准而非排除一切合理怀疑,不需要证明具有直接因果关系,只用证明产生了影响。其次,应当考虑所认定的操纵时段内行为人行为与证券交易价格或交易量之间的相关关系。〔5〕 梳理证监会处罚案例,一般较少直接论证上述相关关系,更多是通过对行为人客观行为的描述直接认定虚假申报与证券交易价格或交易量之间存在因果关系。但在当事人提出申辩意见时,会进行充分论证相关关系,如苏某翔案(〔2014〕12号)。相关案例论证的指标主要包括申买量占同期市场申买量、占申买前期订单簿上前5档价位其他投资者申买量比例,申买排名,撤单量、尾市涨停价未成交量较同期比例,申买后较申买前其他投资者申买量等的比值等。

在证监会派出机构处罚案例中,中国证监会安徽监管局(以下简称安徽证监局)在虚假申报操纵案件中首次引入"委比"数值指标。从每笔申报前后该股委比数值的明显正向大幅变化,反映该账户的买入申报对申报当时该股市场买卖双方力量对比产生的明显影响。

三、虚假申报操纵案件争议焦点及司法裁判评述——以阮某案为例

阮某案〔6〕是中国证监会派出机构安徽证监局作出的处罚案件,也是证监会系统首例虚假申报操纵行政处罚引发的行政诉讼案件。该案历经行政复议、行政诉讼一审、二审程序,最终法院判决驳回阮某的诉讼请求,支持安徽证监局的处罚决定。该案当事人阮某提出的多项诉讼意见,在证监会处罚案例中亦多次涉及,具有代表性。该案实体方面的争议焦点主要为:一是法律适用问题;二是虚假申报操纵的认定问题;三是违法所得的计算方法问题。

---

〔5〕 冒智桥:《虚假申报操纵市场的认定规则探究》,载《法律适用》2019年第18期。

〔6〕 参见安徽证监局行政处罚决定书〔2017〕5号、中国证监会行政复议决定书(2018)15号、北京市西城区人民法院行政判决书(2018)京0102行初262号、北京市第二中级人民法院行政判决书(2018)京02行终1755号。

（一）法律适用

当事人提出，安徽证监局认定操纵证券市场行为依据的是《证券法》第77条第1款第4项即兜底条款，但没有法律明确规定“其他手段操纵证券市场”中的其他手段包括什么，安徽证监局的行政处罚没有法律依据。安徽证监局辩称，其根据法律授权有权对包括虚假申报操纵在内的操纵市场行为进行查处。法院判决指出，兜底条款是法律文书中常见的法律表述，主要是为了弥补列举式立法模式的不足，防止法律的不周延性。安徽证监局援引兜底条款作为认定的法律依据，符合《证券法》关于操纵证券市场的立法本意。

笔者认为，上述法律适用的争议实际上是现行证券法滞后于实践发展的表现，不同程度上在其他领域行政执法中均有体现。现行《证券法》明确禁止操纵证券市场行为，兜底条款的立法本意也是适应社会发展的需要，在符合操纵市场认定原则的基础上，适用兜底条款无可厚非。而且，最高人民检察院、公安部2008年3月发布的《关于经济犯罪案件追诉标准的补充规定》、2010年5月发布的《关于公安机关管辖的刑事案件立案追诉标准的规定（二）》均明确将虚假申报操纵相关严重情形列入刑事追责范围，虚假申报行为作为操纵证券市场的手法之一基本已达成共识。

2019年12月28日，《证券法》修订案已获全国人大常委会通过，将于2020年3月1日施行。新法第55条已明确操纵证券市场的手段包括虚假申报操纵，虚假申报操纵的法律依据问题将得到彻底解决。

（二）操纵的认定

1. 主观意图

从案情上来看，该案属于“典型虚假申报操纵的非典型性个案”，因为该案在“外形”上存在一些符合真实交易的特征，如长期使用反复申报撤单的手法交易，涉案时段的申报撤单异常性不强；实际成交比例高；一档撤单比例相对较低；买入申报撤单反向卖出后继续申报买入等，但仔细分析发现，其“内核”仍然是意图以虚假申报的方式操纵股价进而达到反向获利卖出的目的。

当事人提出，涉案当日快速大量的申报、撤单行为是为了达到成交的目的、追涨买入的一种操作方式，也是为了尽可能控制成本，快速完成股票的建仓直至满仓,交易方式并无不当。安徽证监局辩称,当事人在涉案时段内存在买入申报频繁快速撤单、一档撤单等多种异常行为,随后又进行反向卖出申报,而当事人又无法合理解释上述行为。法院判决指出,判断行为人是否具有"不以成交为目的"的主观思想,需结合其客观行为予以推断认定。结合阮某频繁申报买入和迅速撤销以及拉高股价后反向卖出的客观行为,推定阮某具有"不以成交为目的"的主观思想符合一般交易习惯和普通金融常识。

笔者分析认为,证监会和司法机关对于虚假申报操纵的认定标准是从严把握的,该案涉及虚假申报操纵案件中两个重要的基本判断问题。

(1)利用变相"T+0"模式进行股票交易。由于我国证券交易规则要求必须进行"T+1"交易,投资者很难从个股当日短时波动中获利,因此,部分投资者通过"T-1"日买入、T日内买入并卖出前一日股票(买卖混合操作)、"T+1"日循环操作的方式,变相实现"T+0"交易效果。这种"T+0"交易中,投资者通过抓住个股当日短时波动,在波动前后低买高卖获利,如果选择的个股处于热点涨势,在结束一个交易周期时,只要最后一个交易日卖出的股价高于初始日,投资者就可以同时收获该个股短时波动收益和整体涨势收益。从现行的制度来看,笔者认为这种变相"T+0"操作方式本身并不违规,但是也为一些违法行为提供了遮掩。阮某案就是典型案例,阮某利用变相"T+0"交易不同于正常股票交易的特点,企图以"合法"操作掩盖虚假申报操纵行为的本质。由于这种短线操纵的手法与获利模式不同于以往常见的操纵形式,这些也就解释了该案那些不完全与操纵逻辑相吻合的交易现象。

(2)一定比例的成交并不影响虚假申报的本意。虚假申报操纵案件中并不完全排斥一定比例的成交,在部分已处罚案件中,行为人往往以少量高价的申报并成交制造股价的虚假迹象,或者不以行为人的主观意愿而发生的高比例成交。该阮某案中,其在强烈的虚假申报意愿中混合着一定程度的真实但不强烈的买入意愿。其虚假申报意图主要表现为部分申报在买1档位即将成交时撤单,位于前5档的申报撤单速度明显更快,最短6秒撤单,并在撤单后继续申报买入并快速撤单。真实买入的情况为,成交申报均为即时成交,为被动买进,而当事人1档撤单后的买入申报,多在2档以后,未进入前5档的申报撤单明显更长,这些均反映出其买入意愿不强烈。由于进行变相“T+0”交易，当日买入的股票可以用于第二日的交易，所以当事人对其申报的成交并不是持完全排斥的态度的。因此，其快速撤单的手法表明其并不想所有申报全部成交，其少量的真实买入意愿不能否定其虚假申报的事实。

笔者认为，虚假申报操纵的认定的关键是证明当事人不以成交为目的的主观意图，虽然有些情况下行为人存在实际成交占买入申报比例较低，撤单时间相比同时期市场其他账户撤单时间明显过短的情况，但是若申报时档位靠前而撤单时档位已靠后，一般来说，这种情况下不宜认定其申报是不以成交为目的。因为若股票在某一时段内交易活跃，价格上涨较快，初始申报价格在客观上也难以成交，撤单存在一定合理性。

2. 行为后果

阮某提出，安徽证监局没有提供充分的证据论证涉案股票的价格是受到当事人申买的影响，也没有调查和分析国家政策变化、股票本身价值变化等因素是否会对涉案股票股价和成交量造成影响，涉案股票走势并未有明显异常。安徽证监局辩称，当事人通过反复买入申报、撤单的方式循环使用资金，数倍放大了资金的使用效果和影响力。结合其申报量的市场占比、所处档位、引起的委比数值变化等多项指标，以及该股涉案时段内的涨幅情况，当事人的行为已经对市场产生较为明显的影响。法院判决指出，在行为后果上，如当事人所言，股票本身价值、国家政策、市场情绪等多种因素均有可能对短期内股票的价格和交易量产生重要影响，法院或许无法排除阮某的一切合理怀疑，无法认定阮某的行为是导致涉案股票交易价格和交易量变化的充要条件，但以当事人的申报量占同期市场申报总量的比值和涉案股票的委比数值和股票的价格正相关关系，可以认定阮某的行为对涉案股票涉案时段内的交易价格产生了重要影响。

从证监会和法院的观点来看，对虚假申报操纵行为后果的认定标准采取的是高度盖然性标准。对虚假申报操纵而言，行为人的目的是以影响个股短时走势而获利，其获利不需个股当日交易明显异常或者价格走势严重偏离上证指数，这种操纵手法本身的影响力也很难达到全天。因此，只要证明在特定涉案时段内，行为人的异常行为与证券交易价格或交易量存在一定的短时相关关系，即可认定影响的存在，涉案股票的整体走势以及国家政策等因素不影响对行为人操纵行为的认定。

(三)违法所得的计算

阮某提出,2015年9月21日其卖出的股票购入的时间为2015年9月18日,购入时全天平均价格高于卖出时全天平均价格,所以卖出相关的股票并没有获利,行政处罚中违法所得计算错误。安徽证监局辩称,本案是对当事人操纵市场行为的行政处罚,违法所得的计算是以涉案时段为计算基础,与其全天卖出该股是否获利无关。法院判决认为,《证券法》对证券违法行为的违法所得如何计算问题没有作出明确规定。中国证监会作为证券监管领域的专门机构,法院对其行政执法中的专业判断应予尊重。

违法所得的计算一直以来也是市场操纵类案件的难点和争议焦点。从操纵类型上看,传统坐庄型操纵和虚假申报等短线操纵的违法所得计算存在明显差别。单就虚假申报操纵等某一类型而言,因案情差异,不同案件采取的计算方式亦有所不同。阮某案采用的是虚拟成本计算违法所得,盈利计算公式为:卖出交易的证券数量×(实际卖出成交价格-涉案时段前最后一笔成交价格)-税费。笔者分析认为,之所以采用虚拟成本,即涉案时段前最后一笔市场成交价格,主要原因是当事人阮某被认定为构成虚假申报操纵行为的仅是某一日的特定时段,而其在涉案时段外均有连续买入卖出行为,在这种情况下,如果采用实际成本法,一方面很难排除非操纵时间段(前一日买入股票后至涉案操纵时段前)市场正常波动对股票价格的影响;另一方面,也无法对应找出其实际买入价格。因而,选择涉案时段前最后一笔市场成交价格作为成本价更为合理。此外,阮某案采用实际卖出金额而非操纵行为结束时股票的价格为基础计算盈利,未计算余股账面盈利,这是证监会针对短线操纵类案件计算违法所得的执法惯例,也是更有利于操纵行为人的计算方式。

值得注意的是,在行为人操纵多只股票既有盈利也有亏损的情形,近期证监会处罚案例中不仅采取"盈亏不相抵"原则计算行为人的违法所得,对于亏损部分也视为没有违法所得并单独看待,另行单处一定额度的罚款,如郑某滨案(〔2018〕127号)、舒某民案(〔2019〕20号),其他类型操纵案件如王某铜案(〔2018〕104号)。

四、完善虚假申报操纵认定的相关建议

一是建议尽快将《认定指引》修订升级，以部门规章的形式出台证券市场操纵行为认定办法。现行《认定指引》属证监会内部文件，但已在互联网广泛流传，阮某案一审法院基于此认定该《认定指引》已失去其内部属性，属于中国证监会规范性文件。但是《认定指引》的内容已不能完全适应于监管实践的需求，证监会系统在执法实践中也已突破了《认定指引》的诸多规定，并不断对其进行丰富和发展。因此，为避免争议，建议根据丰富的实践经验，尽快将《认定指引》修订升级。值得注意的是，新修订《证券法》第 55 条将操纵市场的行为后果调整为“影响或意图影响证券交易价格或交易量”，意味着“意图影响”行为也被纳入法律的规制范畴，这将进一步扩大操纵案件的查办范围。那么，在保持对操纵市场行为打击力度的同时，如何准确适用法律避免打击的扩大化，需及时明确认定逻辑，稳定市场预期。

二是完善虚假申报操纵的证明指标体系。根据上文梳理，目前虚假申报操纵的证明指标体系包括不以成交为目的的判断指标、频繁申报和撤单的认定标准、影响证券交易价格或交易量的判断指标。证监会系统已处罚的案件中，因案情的不同运用的指标均存在较大差异。证明指标体系的不统一，一方面不利于统一执法标准，另一方面影响定案结论的说服力。因此，建议整合现有的各类证明指标，统一设计虚假申报操纵的证明指标体系，明确虚假申报操纵行为的认定标准，不同案情的案件可以在范围内选择适用。

三是完善虚假申报操纵违法所得的计算标准。在没有明确法律依据或者指导意见的情况下，同一类型案件运用不同的违法所得计算方式，很难保证执法统一性和权威性。法院在判决书中亦指出，因违法所得计算公式涉及行政相对人的实体权益，建议中国证监会在《认定指引》中予以明确公布。因此，建议尽快完善虚假申报操纵违法所得的计算标准并发布指导意见，包括各类计算公式的适用情形、在行为人操纵多只股票既有盈利也有亏损的情形下的计算原则、单只股票不同时段操

纵的计算原则等。

撤单权是投资者进行证券交易的权利之一,但是随着人工智能的发展,自动化交易等高科技软件工具带来的频繁申报撤单的影响将逐渐加大,对于其他正常交易的投资者而言不可避免将受到影响。如何更好地规范撤单权的行使,除了进一步完善行政责任的认定和惩处,还需要从技术、规则等层面进一步提高频繁申报撤单的成本,适当限制撤单权的行使,降低频繁申报和撤单对市场的影响,维持证券市场投资交易的有序稳定。

附件:

年份	数量(件)	案　　例
2007	1	周某明案　证监罚字(下同)〔2007〕35 号
2008	0	无相关案例
2009	3	张某雄案〔2009〕15 号 卢某军案〔2009〕37 号 莫某军案〔2009〕43 号
2010	1	沈某宇案〔2010〕31 号
2011	2	陈某生案〔2011〕10 号 徐某新案〔2011〕18 号
2012	1	王某斌案〔2012〕28 号
2013	1	王某森案〔2013〕40 号
2014	3	赵某波、赵某林案〔2014〕3 号 苏某翔案〔2014〕12 号 唐某博案〔2014〕54 号
2015	7	唐某博案〔2015〕34 号 刘某鸿、冯某渊案〔2015〕58 号 马某琪案〔2015〕72 号 孙某栋案〔2015〕73 号 袁某林案〔2015〕70 号 任某成案〔2015〕85 号 涂某华、王某力等案〔2015〕89 号

续表

年份	数量(件)	案　　例
2016	12	陈某贤案〔2016〕10 号 唐某案〔2016〕51 号 陈某案〔2016〕69 号 江某案〔2016〕71 号 瞿某淑案〔2016〕75 号 彭某案〔2016〕76 号 广州穗富投资管理有限公司等案〔2016〕77 号 湖北洋丰股份有限公司等案〔2016〕100 号 肖某东案〔2016〕110 号 赵某案〔2016〕111 号 广州市创势翔投资有限公司等案〔2016〕120 号 任某成案〔2016〕121 号
2017	10	盛某案〔2017〕6 号 唐某博、唐某子、袁某林等案〔2017〕20 号 唐某博、王某案〔2017〕21 号 鲜某案〔2017〕29 号 王某沃案〔2017〕30 号 李某案〔2017〕37 号 马某威、曹某案〔2017〕57 号 徐某胜案〔2017〕69 号 廖某沛案〔2017〕98 号 吴某乐案〔2017〕96 号
2018	12	朱某案〔2018〕3 号 冯某浩案〔2018〕13 号 刘某金案〔2018〕14 号 谢某峰案〔2018〕60 号 郁某高案〔2018〕61 号 褚某江案〔2018〕59 号 上海阜兴金融控股集团有限公司、朱某栋、李某卫等案〔2018〕77 号 马某威案〔2018〕88 号 马某威案〔2018〕81 号 广州市裕鼎投资有限公司、江某、胡某华、吴某玲案〔2018〕96 号 刘某案〔2018〕108 号 郑某滨案〔2018〕127 号

续表

年份	数量(件)	案　　例
2019	2	舒某民案〔2019〕20 号 张某、孙某泽案〔2019〕38 号

(编辑:滕玉琳)

《证券法苑》(2020)
第三十卷,第377～401页

证券市场的“浑水式”做空：境内外实践与监管选择

宋　澜　滕玉琳　彭鲁军　胡睿超*

摘要:“浑水式”做空叠加“传播负面信息+卖空或联合他人卖空发行人证券”的行为构成,兼有提升市场效率与摧毁股东价值的双重特质。相较之下,目前境内的非典型做空实践突出表现为各种类型的举报投诉,且一般未辅之以可获利的交易手段,而是依赖监管机构核查形成威慑,且仍然面临法律和市场层面的制约。实际上,欧美监管当局对合法获取的、真实的“负面信息”所引起的市场扭曲与竞争不公也并未形成明确的监管立场。对此,应当通过明确做空者持续披露头寸情况的“纠正义务”,从而建立以化解做空利益冲突为核心的监管策略,进而在注册制下引入更多的市场约束。

关键词:投诉举报　蛊惑交易　卖空禁令　纠正义务

2020年1月底,“浑水研究”发布了对瑞幸咖啡的做空报告,称其涉嫌财务造假。随后瑞幸咖啡

* 作者均任职于上海证券交易所法律部。本文仅代表作者观点,与所任职单位无关。

承认相关事实并于6月底被纳斯达克交易所强制退市。不同于卖空(short selling),[1]"浑水式"做空(short attack),是指类似浑水这般不具有证券投资咨询资格的非持牌做空者,[2]于公开媒介传播关于发行人负面信息、同时卖空(或与行动相关人联合卖空)发行人的股票,[3]境外又称为"浑水模式"(Bloomberg,2012年)或"做空攻击"(Walker & Forbes,2013年;Möllers,2020年)。

新《证券法》确立了全面实施注册制的安排,更加突出以信息披露为核心,也越发需要市场化的约束机制形成监督合力。然而,"浑水式"做空是一把"双刃剑",如运用不当或者市场消化不良,都可能会引发过激反应、扰乱市场正常秩序。研究表明,一方面,做空可以使未公开的信息充分反应在股价中(Miller,1977年)并促进资产价格对未公开信息的迅速调整(Hong & Stein,2003年)。另一方面,通过卖空而从股价下跌(其他股东的损失)中获利的做空者显然也破坏了公司价值(Bliss,2019年),况且做空者本身就处于"举报者+做空者+公众投资顾问"的多重角色中、利益冲突在所难免(Coffee,2019年)。

事实上,由网络及自媒体发展而推进的"浑水式"做空的兴盛及其合法边界的厘清,是全球资本市场共同面对的新命题。纵览主要国家的市场实践,监管当局针对真实的"负面信息"所引起的市场扭曲与竞

---

[1] 在美国,"卖空"指出售不持有的或者借来的证券。参见 Amendments to Regulation SHO,Exchange Act Release No. 61595,75 Fed. Reg. 11232,11235 (Mar. 10,2010)。在我国香港地区,根据《证券及期货条例》,淡仓(short position)是指,就任何指明股份而言……(a)在进行构成该项持仓的每项售卖时,该人没有一项即时可行使而不附带条件的权利,以将该等指明股份转归于其购买人名下……

[2] 事实上,除了 Muddy Waters LLC 是以公司形式存在,多数境内熟知的中概股"知名做空机构"只是匿名网络博客(如 Alfred Little)或在线投资简报(如 Citron Research)。

[3] 例如,浑水公司在其网站上公布的研究报告适用条款会提示,"你应当假定,在浑水公司报告发布之日,浑水公司及其关联方持有所涉及股票或相关金融产品,并计划在价格上涨或者下跌时获利。此外,浑水及其关联方可能在报告发布后继续交易所涉股票,并且不会公布其持仓变化"。

争不公都尚未表明确定的立场。[4] 对此,本文首先梳理了境内市场类做空的实践、评估了境内做空实践面临的制度条件与市场约束,并试图缓解当下境内市场因缺少必要的做空获利手段导致市场主体做空动机不足的现象。同时,在研究借鉴美国、欧洲等地区的做空监管实践及监管动向的基础上,本文指出,做空者应保证获取和发布信息的合规性和真实性,并通过明确做空者的"纠正义务"、对做空攻击建立以事前披露交易意图并持续披露空头头寸的变化为核心的监管策略。

一、境内类做空机制的实践与特点

目前境内市场实践中,并不存在严格意义上的做空机制,各类投诉举报机制可以视为类做空实践。总体来看,境内市场的类做空机制,主要在首次公开发行或者并购重组等融资环节;以基于业务竞争或者历史恩怨、举报发行人的合规性瑕疵为主,缺乏对业务模式、财务造假等方面的专业核查和深度揭露;且一般不会辅以建仓平仓等交易手段,而是主要依靠监管机构核查形成威慑力量、市场的反馈效应也不明显。所以,投诉举报在一定程度上虽然可以起到公司外部监督的作用,但无法像"浑水式"做空那样通过投资者"用脚投票"的市场机制对市场主体形成直接约束。

(一)环节上,境内市场投诉举报包括发行上市审核阶段,境外市场集中于上市交易流通环节

长期以来,境内市场的投诉举报集中在发行上市审核环节。比如,上海证券交易所(以下简称上交所)制定有《科创板股票发行上市投诉举报处理实施办法》,据统计,截至 2020 年 1 月 20 日共收到投诉举报 120 起,其中有效举报 80 起,涉及 51 家发行人,有些发行人被举报次数较为集中。某科创板申报公司因被质疑胶囊胃镜产品虚假宣传、商业

---

〔4〕 参见[美]查尔斯·沃克、科林·福布斯:《针对"做空攻击"的 SEC 执法及发行人诉讼》,胡睿超、滕玉琳、宋澜译,载《证券法苑》(第 29 卷),法律出版社 2020 年版。欧洲部分的分析参见 Thomas M. J. Möllers, *Market Manipulation through Short Selling Attacks and Misleading Financial Analyses*, 53 Int' l Law. 91, 2020。

模式涉过度包装、财务造假等事项而主动撤回 IPO 申请;另一科创板申报公司申报期间曾被举报、后终止发行注册程序。二级市场也存在公开举报实践,但相对较少,如近期北京文化董事长被举报财务造假,视觉中国被律所公开举报涉嫌诈骗罪等。

境外市场以上市交易流通环节为主。“浑水”“香橼”等典型做空机构均选择已上市公司作为目标,并未关注拟上市企业。原因可能与公司上市后更易收集信息、二级市场做空的手段和牟利空间都很充足有关。

(二)主体上,境内市场投诉举报涉及个人利益纠葛较多,境外市场以独立第三方做空为主

境内市场投诉举报涉及个人利益纠葛,举报人与相关企业多存有利害关系,包括竞争对手、原职工、原商业伙伴等。如上文提到的科创板申报公司,举报者为其竞争对手,并先后通过专利诉讼、向上交所书面举报、在媒体平台公开质疑等方式,终使该公司上市之路折戟。上市公司中,北京文化的举报人为原副董事长;2019 年举报酒鬼酒加入甜蜜素的为其前代理商。

相反,境外市场“浑水式”做空的机构以独立的第三方调查公司为主,多数没有机会直接接触内部信息进行“爆料”而是凭借外部调查发现公司的问题。这些“浑水”式做空机构与做空标的唯一的利益连接点多为持有的空头仓位,没有较为复杂的竞争或合作等方面的利益纠葛。

(三)方式上,境内市场以书面调查举报规范运作为主,境外市场则以实地调查提供财务造假证据为显明特征

境内企业在规范运作方面“踩雷”不断。比如,酒鬼酒等先后陷入塑化剂、甜蜜素风波;博众精工、康美药业等被质疑存在土地产权诉讼或者虚增土地使用权;赛伍应用过会后在上市阶段被举报存在巨额偷逃税款;银鸽投资被举报实控人存在巨额违规担保。当然也有涉及财务造假的举报,金创集团、北京文化等分别在 IPO 阶段、上市后被质疑财务不端。

同时,境内市场的投诉举报也多以书面调查为主,或以知情人爆料等展开。例如,放牛塘自媒体质疑中电电机财务造假欺诈上市,是从数次披露的信息披露文件前后对比中获得，其观察到中电电机上市后业绩持续下滑，大客户是最近触发面值退市的华锐风电等。而存在利益纠葛的举报案件则几乎没有调查环节，以“内部爆料”形式展开。例如，沙钢股份并购重组中，上市公司被重组标的德利迅达的债权人公开举报两者存在债务纠纷，信息披露未真实准确完整，重组被叫停；新宏泽子公司在回应监管问询中披露上市公司曾要求其业绩造假。

反观境外，“浑水式”做空的质量虽良莠不齐但成功的案例多依赖实地调查和数据统计方法，提供翔实的财务造假证据（见表1）。关于做空报告质量的研究显示，在所有的做空攻击事件中，涉及监管调查或市场反击的占17%，可信度总体良好。[5] 在瑞幸一案中，浑水动员了92名全职和1418名兼职人员在现场进行监控，成功记录瑞幸981个店铺日的客流量，覆盖了620家店铺100%的营业时间，最终得出瑞幸2019年第三、四季度的销量至少分别夸大了69%和88%。在辉山乳业调查中，浑水调查持续数月，调查人员访问了35个牧场，5个生产设施基地和2个生产基地，聘请了3位乳业专家并通过无人机对辉山基地进行调查，最终揭穿了牧草苜蓿大部分自供、利润率高的谎言等。

表1　境内市场投诉举报部分案例

公司	阶段	时间	举报内容	举报人
安翰科技	发行审核	—	商业模式涉过度包装、涉嫌通过未披露关联方舞弊等	竞争对手
博众精工	发行审核	—	涉及土地产权诉讼	未知
万达商管	发行审核	—	商业模式涉非法经营、董监高涉嫌犯罪等	租客
赛伍应用	上市审核	—	偷逃税款	律所
金创集团	发行审核	—	财务报表有重大造假嫌疑、实控人系贪腐案重要嫌疑人等	投资者

〔5〕 See Alexander Ljungqvist & Wenlen Qian, *How Constraining Are Limits to Arbitrage?*, 29 REV. OF FIN. STUD. 1975, 1978 (2016).

续表

公司	阶段	时间	举报内容	举报人
沙钢股份	重组审核	—	并购重组标的债务纠纷未披露	标的债权人
北京文化	已上市	2020.4.29	董事长被举报财务造假	原副董事长
视觉中国	同上	2020.4.10	公司涉嫌诈骗罪、虚假诉讼罪	律所
银鸽投资	同上	2020.4.9	实控人存在巨额违规担保、贸易空转	实名举报
一汽夏利	同上	2020.4.27	混改过程涉及国资流失问题	200 余名员工
新宏泽	同上	2020.4.21	上市公司曾要求其业绩造假	子公司
富满电子	同上	2020.1.15	财务造假、假合同	参与造假者
酒鬼酒	同上	2019.12.18	加入甜蜜素	前代理商
广药白云山	同上	2019.7.18	董事长违法违规,存在披露信息不实、隐瞒利润及收入等	合作方
华大基因	同上	2018.6.14	商业模式伪高科技、涉嫌贿赂官员	原合作方
中电电机	同上	2020.4.20	欺诈上市、财务造假	放牛塘自媒体
康美药业	同上	2012.12.15	虚增土地使用权、隐瞒关联交易	中能兴业
乐视网	同上	2012.4.20	广告销售收入、付费用户、影视剧版权数量虚假、商业模式营利性质疑	中能兴业
五粮液等	同上	2012.12.13	检测报告塑化剂超标	中能兴业

(四)影响上,境内类做空对股价波动及上市地位的影响均小于境外

根据表2选取的13家境内上市公司被公开举报的典型案例,境内做空对股价波动幅度、上市地位影响相对较小。从波动幅度来看,13家公司在举报信息公开后累计跌幅约为15%;从累计下跌天数来看,13家公司平均跌幅天数为18天左右,2家公司只对当日股价产生影响;从上市地位影响来看,大部分公司在影响过后股价回升上行,目前尚未有公司因公开举报被退市。[6]

表2 境内市场部分投诉举报案例股价影响情况

公司	时间	股价表现
北京文化	2020.4.29	次日跌停,累积约1个月,跌约26%
视觉中国	2020.4.10	累积约10天,跌约9%,后上行
银鸽投资	2020.4.9	累积约20天,跌约32%
一汽夏利	2020.4.27	累积约3天,跌约13%
新宏泽	2020.4.21	累积约7天,跌约26%
富满电子	2020.1.13	累积约3天,跌约14%,后上行
酒鬼酒	2019.12.20	累积约半月,跌约9%,后上行
白云山	2019.7.18	累积约15天,跌约14%,后上行
华大基因	2018.6.14	累积约4个月,跌近60%,后上行
中电电机	2020.4.20	当日跌3.74%,后上行
康美药业	2012.12.15	当日跌停,累积约半月,跌约15%,后上行
乐视网	2012.4.20	当日跌停,累积约1周,跌约15%,后上行
五粮液	2012.12.13	当日跌3.67%,震荡上行

相反,"浑水"做空对中概股影响较大。早在2012年,德尔电器和中国清洁能源的股票都因被指违反了纳斯达克《上市规则》第5250(a)及(b)(1)条规定的义务,而被纳斯达克交易所根据《上市规则》第5101条

〔6〕 乐视、康美药业等案例因后续事件致使股价大跌,而非中能兴业做空。

规定的退市裁量权予以除牌。也就是说,纵然这些证券仍然符合上市规则中明确列举的要求,但是纳斯达克认为其继续在纳斯达克市场交易已不可取或不适宜(inadvisable or unwarranted),据此,纳斯达克有权暂停这些证券的交易或予以退市。上述桥段与近期的瑞幸退市如出一辙。其实,在浑水做空的18家中概股公司中,多达10家从交易所退市(含被交易所强制退市的7家),4家股价累计下跌超80%或者股票进入长期停牌(见表3)。

表3 “浑水”做空对中概股影响情况

影响	数量	公司
被退市	7	绿诺国际、中国高速传媒、多元环球水务、嘉汉林业、网秦、辉山乳业、瑞幸
私有化退市	3	展讯、分众传媒、傅氏科普威
股价累计下跌超80%	2	东方纸业、圣盈信
长期停牌	2	奇峰国际、来宝集团
击退浑水、股价回升	2	新东方、安踏体育
影响较小、股价回收	2	敏华控股、好未来

二、“浑水式”做空的中国法解读

民商事关系中,法无禁止即可为。因此,提升境内做空实践的广度与深度,需要首先考察“浑水式”做空在中国法语境下的合规性,即境内是否已然广泛存在“浑水式”做空的制度与市场条件、“引入”是否是个真命题,以及倘若要更好地“引入”需要怎样的配套制度供给。

(一)既有的司法与监管立场

在中国,司法及监管机构对于中国特色类做空的边界厘清以及“浑水式”做空是否合法,已经有了初步的回答并主要体现在如下方面。

1. 证券监管机关不负有基于个别举报投诉而启动行政调查程序的法定义务

在 2019 年杨金柱诉中国证监会行政复议案中,[7] 原告举报湘潭电机股份有限公司信息披露违法,要求中国证监会湖南监管局进行查处。湖南证监局根据原告提供的信息披露违法线索依法进行了核查并将处理情况答复原告,但原告对结果不满遂提起诉讼。对此,北京市第一中级人民法院肯定,证券监管机关履行监管职责的目的在于通过对相关违法行为的查处,实现对整个金融市场秩序的维护和公共利益的保护,而非针对原告这一特定主体。

其实,北京市第一中级人民法院的判决精神与主要国家的证券执法实践十分契合。统计显示,在过去的 15 年,SEC 作为一个资源有限的行政机构,保持着执法的谦抑态度及对市场机制的基本敬畏。SEC 只在极其严重、存有明显欺诈证据的情况下才会对涉嫌行为不端的做空机构或者被做空的发行人采取执法行动。[8] 即便如此,在投诉举报的处理上,上交所仍然本着实名必核、匿名分类的处理原则,以问询函方式展开核查、必要时进行现场检查。中国证监会总体上也基于此原则进行。

2. 监管机构不对做空行为是否合法进行抽象判断,而是重点关注其是否构成操纵证券市场,并根据具体事实、证据判断其是否存在其他违法行为

2013 年,北京中能兴业投资咨询有限公司曾向证监会发函,恳请证监会确认市场机构"分析与调查、融券卖出、再发布报告"这种做空操作是否符合证券交易相关的法律法规。对此,证监会进行了答复,主要包括两个方面的内容:一是以编造、传播或者散布虚假不实信息等不正当手段,影响证券价格波动,并获取经济利益,涉嫌构成操纵证券市场的,应当依法予以查处。二是"公布真实可靠的调查研究信息,但影响了证券价格波动,机构因而获利,是否涉嫌构成操纵市场",以及"对发现的有疑问证券先融券卖出,再发布看空报告以及谋求利益的行为是否违反

〔7〕 北京一中院〔2019〕京 01 行初 1053 号。

〔8〕 See Charles Walker & Colin Forbes, *SEC Enforcement Actions and Issuer Litigation in the Context of a "Short Attack"*, 68 Bus. Law. 687, 2013.

《证券法》”,在“现行法律法规中没有明文规定。需要有关部门依据法定程序,根据具体事实、证据作出认定”。

(二)新证券法下“浑水式”做空的合规性分析

虽然现有境内证券法律制度尚未对做空行为作出具体规定,且做空行为与蛊惑交易、“抢帽子”操纵等违规行为之间也关联紧密,但新《证券法》的实施已为“浑水式”做空的开展提供了一定的制度空间、具备逐一辨析其合规性的条件。

1. 未利用虚假或不确定的重大信息诱导投资者证券交易则不构成蛊惑交易

蛊惑交易操纵是本次《证券法》修改新增的操纵类型。新《证券法》第 55 条第 1 款第 5 项规定“利用虚假或者不确定的重大信息,诱导投资者进行证券交易”属于禁止的市场操纵行为。实际上,新《证券法》出台前,证监会、司法机关已经通过解释“以其他手段操纵证券市场”的方式对蛊惑交易作了规定。

一是中国证监会制定的行政执法指导性文件《证券市场操纵行为认定指引(试行)》(以下简称《认定指引》)规定,蛊惑交易操纵是指行为人进行证券交易时,利用不真实、不准确、不完整或不确定的重大信息,诱导投资者在不了解事实真相的情况下作出投资决定,影响证券交易价格或交易量,以便通过期待的市场波动,取得经济上的利益的行为。

二是最高人民法院、最高人民检察院出台的《关于办理操纵证券、期货市场刑事案件适用法律若干问题的解释》(以下简称《操纵解释》),将蛊惑交易操纵定义为“利用虚假或者不确定的重大信息,诱导投资者作出投资决策,影响证券、期货交易价格或者证券、期货交易量,并进行相关交易或者谋取相关利益的”行为。与《认定指引》和《操纵解释》相比,新《证券法》已不再强调行为人须进行相关交易或谋求相关利益,实际上扩大了蛊惑交易的范围,进一步强化了对于蛊惑交易的监管。

当然,做空主体发布的不利于上市公司的信息,并不一定是虚假或者不确定的,也可能是真实、准确的。相比之下,蛊惑交易操纵违法性的核心在于利用虚假或者不确定的消息诱导投资者交易。除此之外,做空行为与蛊惑交易还在是否对投资者交易产生影响、是否公开发布信息、诱导投资者进行证券交易的方向上存在差异。

2. 做空行为应避免编造、传播虚假信息

新《证券法》第56条对编造、传播虚假信息行为也作了修改，扩大了编造、传播虚假信息或者误导性信息的主体范围，即编造、传播虚假信息的行为主体不再限制为国家工作人员、传播媒介从业人员和有关人员，可以是任何单位和个人。

编造、传播虚假信息与蛊惑交易都涉及虚假信息。不同的是，编造、传播虚假信息的侧重点在于编造、传播行为，且不论投资者是否受到影响而进行了交易，编造、传播虚假信息都属于违法行为。蛊惑交易则侧重于利用虚假信息诱导投资者进行证券交易，只有投资者受到蛊惑进行了证券交易，行为人才会构成蛊惑交易。因此，做空机构发布的报告存在虚假信息或者误导性信息，但没有诱导投资者进行证券交易的，则可能构成编造、传播虚假信息或者误导性信息的行为；反之则合法合规。

3. 未利用内幕信息的做空行为不构成内幕交易

内幕交易，是指利用内幕信息进行的交易，内幕信息则是指涉及发行人的经营、财务或者对发行人证券的市场价格有重大影响的尚未公开的信息。重大性和未公开性是内幕信息的两大重要属性。做空行为是否会构成内幕交易，关键要看行为人在卖空上市公司股票时，是否利用了内幕信息。如行为人在交易时利用了内幕信息，则其做空行为将构成内幕交易。尽管行为人在随后发布的做空报告中公开这一信息，也不能改变对内幕交易行为的认定。行为人自主搜集公开信息形成研究报告并向公众发布，其交易行为不会被认定为内幕交易。

4. 整体交易行为与传播信息“方向一致”则不构成“抢帽子”操纵

“抢帽子”交易也是2019年《证券法》修改新增的操纵类型。其第55条第1款第6项规定“对证券、发行人公开作出评价、预测或者投资建议，并进行反向证券交易”为市场操纵的手段之一。从行为与获利模式而言，做空机构发布做空报告引致投资者卖出股票，通过股价下跌而获取收益，从表象上看具有“抢帽子”操纵行为的表现特征，但其实不然。

新《证券法》《操纵解释》均强调了“抢帽子”操纵必须配合“反向操作”获利。实际上，新《证券法》出台前，证监会、司法机关通过解释“以其他手段操纵证券市场”已经对“抢帽子”交易作了规定,[9]但从到《操纵解释》到新《证券法》,有关部门对于“抢帽子”操纵的解释显然经过了一个不断深化的过程,主要包括两个方面:

一是行为模式上突出了“相反方向”的要求。《认定指引》《关于公安机关管辖的刑事案件立案追诉标准的规定(二)》(以下简称《立案追诉标准(二)》)规定相关主体买卖或者持有相关证券,对该证券或其发行人公开作出评价并从中谋取利益,但没有要求行为人进行反向证券交易。《操纵解释》与新《证券法》则要求相关主体公开评价、预测、发布投资建议,并进行反向交易行为;也即方向相反的证券交易是行为人欺诈其他投资者的主要表现,也是其获利的必要方式。典型如行为人向他人推荐买入证券,但其目的是在该证券因其推荐而上涨之后再卖出。[10]

二是行为主体扩大至一般主体。《认定指引》《立案追诉标准(二)》规定行为人为证券公司、证券咨询机构、专业中介机构及其工作人员。《操纵解释》与新《证券法》则不再对主体资格进行要求,一般主体也可以成为抢帽子交易操纵的行为人。

相反,做空行为中,行为人的交易行为尽管发生在公布研究报告之前,但卖空股票的交易行为与其披露负面信息的评价、预测或建议“方向”是一致的。即便在行为人需要进行平仓的情况下,该交易也是前期做空行为的自然延伸,并不能认定为是反向交易行为,因此可以避免落入“抢帽子”操纵的认定范围,从而扩大了境内实施“浑水式”做空的制

---

〔9〕 相关的既有规定包括:(1)《认定指引》规定,抢帽子交易是指证券公司、证券咨询机构、专业中介机构及其工作人员,买卖或者持有相关证券,并对该证券或其发行人、上市公司公开做出评价、预测或者投资建议,以便通过期待的市场波动取得经济利益的行为。(2)公安部、最高人民检察院联合发布的《立案追诉标准(二)》规定,证券公司、证券投资咨询机构、专业中介机构或者从业人员,违背有关从业禁止的规定,买卖或者持有相关证券,通过对证券或者其发行人、上市公司公开作出评价、预测或者投资建议,在该证券的交易中谋取利益,情节严重的,应予立案追诉。(3)《操纵解释》规定,“通过对证券及其发行人、上市公司、期货交易标的公开作出评价、预测或者投资建议,误导投资者作出投资决策,影响证券、期货交易价格或者证券、期货交易量,并进行与其评价、预测、投资建议方向相反的证券交易或者相关期货交易的”。

〔10〕 例如,境内“名嘴”汪某中“抢帽子”操纵案。参见高基生:《德国最高法院对抢帽子交易案的判决及其启示》,载《证券市场导报》2006年9月号。

度空间。

5. 无偿提供“做空报告”则不构成证券投资咨询业务

我国《证券、期货投资咨询管理暂行办法》规定，证券投资咨询业务是直接或者间接地提供有偿咨询服务的活动，包括从事证券投资咨询业务的机构及其投资咨询人员为证券、期货投资人或者客户提供证券、期货投资分析、预测或者建议等。在报刊上发表证券、期货投资咨询的文章、评论、报告是一种典型的证券投资咨询活动。根据《证券法》，证券投资咨询属于证券业务范畴，须经证监会核准，取得经营证券业务许可证方可开展。

做空行为人未经证监会核准，没有取得经营证券投资咨询业务许可证，不得通过发布做空报告行为直接或者间接获取报酬，否则将可能被认定为非法开展证券投资咨询业务。当然，做空行为人具有言论自由的权利，可以发表其对特定公司、股票的观点，其没有从做空报告的受众直接或间接获得对价，而是通过做空行为本身获利则不会被认定为开展证券投资咨询业务。

（三）境内证券市场“浑水式”做空的市场条件不足

除制度条件外，境内证券市场“引入”“浑水式”做空还需要相应的市场条件相配合，也即必须要有能够用于做空的金融产品。境内证券市场已经有了融券、股票期权等做空产品，但做空工具仍然有限，做空特定股票难度较大。

一是做空特定股票工具品种有限。一般情况下，做空机构为获得上市公司股价下跌所产生的收益，做空机构须建立上市公司股票的空头仓位。目前，境内仅融券、场外期权、互换等产品可以作为卖空特定股票的工具，具体形式则包括卖出认购期权、买入认沽期权、进行收益互换等。上交所上市的上证50ETF、沪深300ETF期权、中金所上市的沪深300股指期权、上证50股指期货、沪深300股指期货和中证500股指期货，合约标的都是ETF或者指数，ETF回转交易也只是实现了当日短线操作目的、难以用来做空特定个股。

二是做空特定股票工具规模不大。一方面，融券业务面临着券源不足、费用过高等问题，发展缓慢，与融资业务相比规模较小。截至2020年8月11日，融资余额为14,636亿元，融券余额仅为608亿元，仅占融资余额的4.1%。相比之下，美国融资余额与融券余额的相对比例一般为3.1倍,日本融资余额的相对比例一般为3.9倍,境内融券业务还有很大的发展空间。[11] 另一方面,场外期权、股票收益互换尽管可以实现做空特定股票的目的,但也存在准入门槛高、难以寻找对手方的问题,难以成为做空特定股票的有效工具。

三、境外市场"浑水式"做空的监管政策与空白

资本无国界,"浑水式"做空是一种全球性的商业模式。浑水等做空"机构"的尽调精神(若有)值得敬佩,但不应被神化:[12] "浑水"们不是资质及内控上接受监管的投行或专业的做空偏向型对冲基金(dedicated short bias funds),其在发表负面意见之前,就已建立关于特定发行人股票的空头头寸,并通过迅速退出而从中受益。所以,无可否认"浑水式"做空在打击违法违规行为、提高上市公司质量等方面具有突出的市场出清效用,但也会附随市场价格加剧波动、提高证券交付失败的违约风险甚至被滥用为操纵市场的工具。正如欧洲证券监管当局指出,在很多情况下,不管发行人能否自证清白,这种负面观点都会导致投资者一时间无法判断信息真伪,从而导致市场的不确定。[13]

对此,由于社交媒体的发生仍然属于新生事物,主要国家和地区的证券监管部门对真实的"负面信息"所引起的市场扭曲与竞争不公也并未有明确的监管立场,只是在如下方面予以了确认。

(一)卖空交易本身合法但通过技术要求防范恶意的证券交付失败

各国立法例均认定卖空行为合法,并肯定了其在提高股票市场信息传递的效率从而提升市场效率方面的积极作用。即便在2008年金融危机期间,新加坡和我国香港地区也没有跟风出台限制卖空的措施,而只

〔11〕 数据来源:Wind客户端。

〔12〕 袁玉玮:《看住浑水:做空机构的监管真空》,载《财新》2017年4月28日刊。

〔13〕 2017年5月,德国金管局BaFin发出监管预警,提醒市场关注做空意见公布后几秒钟内部分报出的30%以上的市场失灵。参见德国金融监管局网站:https://www.bafin.de/SharedDocs/Veroeffentlichungen/DE/Fachartikel/2017/fa_bj_1705_Markmanipulation.html,2020年6月5日访问。

是加强了空头头寸的信披要求或加大了对未平仓头寸的处罚。同时，为防止过度投机，各国对“裸卖空”或予以了禁止（如欧盟《卖空监管条例》，〔14〕也强化了大额净空头头寸的上报〔15〕及公告〔16〕义务），或通过制定并执行技术标准来防范做空攻击（如美国《证券卖空条例》）〔17〕；除此以外对其他基本的卖空方式都予以了承认，并通过强化卖空信息披露要求来化解卖空信息，尤其是场外衍生品市场卖空信息的不透明。

由于美国证券交付失败的比例一直处于较高的水平，SEC 的 3B－3 规则虽然允许卖空证券时尚未具备交割证券能力的“裸卖空”交易，但 SEC 一直对滥用“裸卖空”的行为高度关注。这其中包括典型的“反向转化”（reverse conversion）及“重置”（sham “reset”）交易，〔18〕其交易过程的设计都是旨在构建出空头已经履行了《证券卖空条例》第 203（b）（3）条规定的平仓义务的假象。在一系列包括期权做市商的“裸卖空”案件中，〔19〕具有做空攻击特征的市场参与者即便缺乏明显的证据证明涉及明显的具有误导性或操纵性的行为，SEC 也会不惜执法力量、以违反交付证券义务展开调查并对予以处罚。

〔14〕 全称为《卖空及信用违约互换某些方面的监管条例》。Regulation（EU）No. 236/2012 of the European Parliament and of the Council of 14 March 2012 on Short Selling and Certain Aspects of Credit Default Swaps.

〔15〕 第 5 条规定，卖空者在净空头头寸达到“报告门槛”（notification threshold）或者下降到该门槛以下时，应该向适格监管机关履行报告义务。该报告门槛的标准为净空头头寸达到某一股票发行在外股本金额（share capital）的 0.2%。同时，为了实现对该头寸的动态监控，规定在该净空头头寸每往上增加 0.1% 时，卖空者也应向监管机关报告。

〔16〕 第 6 条规定，卖空者在净空头头寸到达“公开门槛”（publication threshold）或者下降到该门槛以下时，应该将该头寸的详细信息向市场公开。该公开门槛的标准为净空头头寸达到某一股票发行在外股本金额的 0.5%，并且在该净空头头寸每往上增加 0.1% 时，卖空者也应向实时向市场进行披露。

〔17〕 即 Regulation SHO。

〔18〕 反向转化，是指在卖空股票的同时卖出一个看跌期权，并买入一个到期日与行权价和看跌期权一模一样的看涨期权。如此的期权配置可以形成“全方位的多头”，从而对冲空头的风险。重置交易则指空头在购买被做空股票多头头寸的同时，从“相同的对手方”那里购买一个短期深度实值看跌期权。

〔19〕 例如，Options Xpress，Inc.，Securities Act Release No. 9313，2012 WL 1264508（Apr. 16，2012），Jeffrey A. Wolfson，Exchange Act Release No. 66283，2012 WL 1024032（Jan. 31，2012）等。

(二)“观点”与投资“建议”不同、发布“建议”需要证券咨询资格,公民言论自由的保护需以公共秩序的维护为前提

商业言论自由和证券市场秩序看似矛盾实则统一。香港市场失当行为审裁处认为,表达自由的宪法权利限于公共秩序(public order)的边界内,而金融市场属于经济秩序(economic order),是公共秩序的下位秩序,因此以经济秩序限制表达自由,并不违宪。无独有偶,在德国斯图加特“抢帽子交易上诉案”中,〔20〕斯图加特地区法院和德国联邦最高法院都认为,被告作为媒体编辑,组建并“发布观点”指导基金进行投资,触犯了无证提供金融服务禁令,须承担相应的民事与刑事责任。

《欧盟市场滥用条例》Art. 20(1)为防止市场参与者被误导,因而要求自然人编撰或传播投资建议时必须“表述客观”并披露与之相关的个人利益。〔21〕同时,《欧盟授权条例》(EU,2016/958)Art. 2(1)要求做出投资建议的个人或机构必须“表明身份”。〔22〕《授权条例》Art. 3(1)还要求必须将事实、陈述及信息来源予以分列。〔23〕曾有评论认为,欧洲的上述要求限制了公民享有《欧洲基本权利宪章》(the Charter of Fundamental Rights of the EU)第11条规定的“表达与信息自由的权利”,但监管者后续对该观点进行了的解释。德国联邦金融监管局(BaFin)明确,证券交易及发表意见(无论是肯定性意见还是否定性意见)两者本身都是公民的权利。但是,如果在发表意见之前建立了相关头寸,则有可能引起利益冲突;如果在发表意见时没有披露上述利益冲突,则构成市场操纵。〔24〕换句话说,即便发表的是正确且不具有误导性的信息,但由于该等信息的呈现方式会使信息接收者产生错误或具有误导性的认识,所以信息发布者也应追究市场操纵责任。

(三)北美被做空发行人因举证困难、程序障碍等问题而难以胜诉

各国立法例对于涉及以商业言论损害证券市场秩序的案例,基本都

〔20〕 参见高基生:《德国最高法院对抢帽子交易案的判决及其启示》,载《证券市场导报》2006年9月号。

〔21〕 See Market Abuse Regulation 958/2014, art. 20(1), at 41.

〔22〕 See Commission Delegated Regulation 2016/958, art. 2(1), 2016 O. J. (L 160) 17.

〔23〕 Id., art. 3(1), at 17 – 18.

〔24〕 参见德国联邦金融监管局官网:https://www.bafin.de/SharedDocs/Veroeffentlichungen/DE/Fachartikel/2017/fa_bj_1705_Markmanipulation.html,2020年6月5日访问。

要求证明行为、结果及因果关系等要件,因此需要法院和执法机关以"逐案审查"的方法谨慎处理无可厚非。[25] 从美国 SEC 过去 15 年针对"做空攻击"的执法行动及北美上市公司向做空机构提起的回应性诉讼来看,仅在明确证据表明存有虚假称述时,SEC 才对发行人或/及卖空者采取调查行动;而发行人往往因诉因和举证困难、程序障碍等问题而难以胜诉,而做空攻击者受到宪法下言论自由的保护,却更容易得到法院支持。[26] 比如,匿名博客 Alfred Little 先后做空德尔电器、清洁能源、希尔威矿业等中概股公司,并都遭到发行人的强烈反击。发行人认为,Alfred Little"人为地降低股票价格,以便卖空获得非法利润"。然而,这些针对"Alfred Little"的诉讼都没有成功。[27] 2014 年,针对 Alfred Little 做空希尔威矿业一案,加拿大不列颠哥伦比亚省证监会以涉嫌证券欺诈对 Alfred Little 起诉,即便 Alfred Little 承认自己伪装为一家独立第三方发布平台,也虚构了做空研报中的"专家观点",但法院最终以 Alfred Little 发布的是一己"观点"而非投资"建议"作出了有利于 Alfred Little 的判决。

(四)欧洲重视做空攻击引发的市场非理性动荡,运用个股卖空禁令稳定市场

2019 年 1 ~ 2 月,金融时报针对德国电子支付服务提供商 Wirecard AG 刊登系列报道,[28] 称 Wirecard 新加坡总部的内部合规人员发现了公

---

〔25〕 参见《美国 SEC 诉特斯拉及马斯克欺诈案 达成行政和解的相关启示》,载《中国证券报》2020 年 5 月 27 日版。

〔26〕 参见[美]查尔斯·沃克、科林·福布斯:《针对"做空攻击"的 SEC 执法及发行人诉讼》,胡睿超、滕玉琳、宋澜译,载《证券法苑》(第 29 卷),法律出版社 2020 年版。

〔27〕 参见 Deer Consumer Prods., Inc. v. Little, No. 650823/2011 (N. Y. Sup. Ct. Mar. 28, 2011); Silvercorp Metals Inc. v Anthion Mgt. LLC, 36 Misc. 3d 1231(A)等案例。

〔28〕 Olaf Storbeck, *German Regulators Probe Price Decline At Wirecard*, FIN. TIMES ONLINE, available at https://www.ft.com/content/2997a4b2-255f-11e9-8ce6-5db4543da632; Dan McCrum & Stefania Palma, *Wirecard's Law Firm Found Evidence of Forgery and False Accounts*, FIN. TIMES ONLINE, available at https://www.ft.com/content/79f23db0-260d-11e9-8ce6-5db4543da632; Dan McCrum & Stefania Palma, *Wirecard: Inside An Accounting Scandal*, FIN. TIMES ONLINE, available at https://www.ft.com/content/d51a012e-1d6f-11e9-b126-46fc3ad87c65?sharetype=blocked, accessed Aug. 2, 2020.

司参与洗钱和财务造假的证据,举报该公司从事“循环交易”,即通过第三方向其印度子公司汇款、虚构支付交易并夸大收入。金融时报此举导致 Wirecard 在法兰克福交易所的股价在数天内从 170 欧/股跌至 100 欧/股,[29] 同时股票卖空交易量翻倍。[30] 其实,早在 2018 年年初,Wirecard 就被坐落于美国威明顿港的做空机构 Southern Investigative Reporting Foundation(SIRF)盯上过。SIRF 指控 Wirecard 在一起印度的并购案中行贿交易对手方股东,导致收购公司股价大跌,从而降低收购价格。[31]

由于德国联邦金融监管局认为 Wirecard“具有经济重要性”,为调查此案是否存在市场操纵、防止负面信息对 Wirecard 股价的“非理性影响”,2019 年 2 月 18 日 BaFin 对 Wirecard 股票颁布了卖空禁令,即禁止对 Wirecard 股票建立净空头头寸或增加现有空头头寸(当股票或金融工具,包括期权、掉期或其他与指数有关的权益基金等的持有人依赖股票价格的下跌而获利,那么股票存在空头头寸;如果某一实体或个人就特定股份持有的空头头寸多于多头头寸,那么存在净空头头寸),有效期至 2019 年 4 月 18 日。[32]

---

〔29〕 *Wirecard – Aktienkurs fällt um 20 Prozent*, Frankfurter Allgemeine Zeitung [FAZ. NET], available at https://www. faz. net/aktuell/wirtschaft/unternehmen/naechster – medienbericht – wirecard – aktienkurs – faellt – um – 20 – prozent – 16029424. html# void, accessed Jun. 12, 2020.

〔30〕 *Wirecard – Aktie: Das ist wirklich außergewöhnlich*, DER AKTIONÄR, available at http://www. deraktionaer. de/aktie/wirecard – aktie – fakten – wissen – leerverkaeufer – deutsche – bank – deutsche – boerse – verlust – top – verlierer – hdax – boersenbriefing – 442690. htm, accessed Jun. 12, 2020.

〔31〕 Roddy Boyd, *Wirecard AG: The Great Indian Shareholder Robbery*, S. Investigative Reporting Found, available at http://sirf – online. org/2018/01/23/wirecard – ag – the – great – indian – shareholder – robbery, accessed Jun. 3, 2020.

〔32〕 *General Administrative Act of the Federal Financial Supervisory Authority*, BaFin, available at https://www. bafin. de/SharedDocs/Veroeffentlichungen/EN/Aufsichtsrecht/Verfuegung/vf_190218_leerverkaufsmassnahme_en. html? nn = 9866146. 卖空禁令是各国资本市场在极端情况时普遍采取的应对措施。2008 ~ 2009 年全球金融危机前后,美、欧、日、韩等多地交易所或对全部股票或对部分金融股都采取过附期限的禁售。例如,从 2008 年 9 月 19 日至 2009 年 1 月 16 日英国禁止了 34 只金融股的有担保卖空。2011 年 7 月欧债危机再次爆发,欧洲各国股市普遍出现大跌。面对股市连续下跌,欧洲六国重拾限空令。

德国联邦金融监管局此举的法律依据是欧盟《卖空监管条例》。该条例 Art. 20 规定，当发生（1）对一个或数个成员国的金融稳定或市场信心产生不利影响或构成严重威胁；以及（2）为消除上述威胁、确保金融市场的有效性须采取必要措施等极端情况时，适格的监管主体可以禁止或有条件地允许法人及自然人从事卖空交易（short sales）；对与证券卖空具有相似经济效果的其他金融交易，监管机关也可以采取禁止或限制措施。

鉴于欧盟特殊的经济政治体制、在有权机关主体身份上，欧盟《卖空监管条例》同时规定，任一主权国家的金融监管当局和欧洲证券与市场管理局（ESMA）都是适格的卖空禁令发布主体。在 Wirecard 案的处理中，德国联邦金融监管局与 ESMA 在同一天发布了公告。据此推断，在颁布对前述禁令之前，德国联邦金融监管局就已经知会 ESMA 并获得了首肯。

（五）我国香港地区坚决打击对恶意做空、构建良性做空机制

2020 年 7 月 8 日香港终审法院上诉委员会最终驳回了香橼（Citron Research）创始人 Andrew Left 的上诉许可申请（以下简称“香橼恒大案”）。[33] 这一被称为做空机构被罚首例的经典案件以做空者的失败画上句号，并全景式地展现了香港的监管机构对于有恶意沽空行为的毫不姑息与强势监管。2012 年香橼发布做空报告，号称中国恒大（03333）涉嫌财务造假、无力偿债并已实际进入破产清算程序。2014 年香港证监会（SFC）认为：（1）香橼针对恒大的报告存在“虚假及具误导性”的信息，或因遗漏重要事实而具有“虚假及误导性”；（2）香橼创始人 Andrew Left 对相关信息的发布及传播存有过失（知悉全部内容而对可能的风险置之不理）。[34]

---

〔33〕 参见香港法律参考资料系统：https://www.judiciary.hk/zh/home/index.html，2020 年 9 月 14 日访问。

〔34〕 参见香港证券会官网：https://www.sfc.hk/edistributionWeb/gateway/TC/news-and-announcements/news/doc? refNo=20PR66，2020 年 9 月 10 日访问。

2016年8月及11月,香港市场失当行为审裁处(MMT)[35]出具两份报告,判定Andrew Left从事了香港《证券与期货条例》(以下简称《条例》)第277(1)条禁止的"披露虚假或具误导性的数据以诱使进行交易的行为",并根据《条例》第257条对审裁处的授权判处Andrew Left:(1)冷淡对待令,即5年内不得直接或以协助、教唆等间接方式在香港市场从事交易;(2)终止及停止令,即不得再实施任何市场不当行为;(3)交出利润、返还盈利所得160万港元(数额经与Andrew Left的律师商议);(4)支付香港证监会诉讼费用及其他合理开支合计500万港元。[36]

Andrew Left随后多次上诉。但香港终审法院最终认为,股票市场错综复杂,影响市场行情的因素也纷繁多变。因此,市场上充斥着大相径庭但又可能各具道理的意见。然而,香港《条例》第277(1)条并非要管制意见本身,但如果意见所依据的重要事实是虚假的或具有误导性,那么则构成"市场失当行为",必须予以杜绝。香港通过"香橼恒大案"展现了国际金融中心在金融法制方面的缜密和成熟:引导市场理性对待做空报告,并为各方(包括做空者在内)的依法运作和良性竞争建立了公平的平台和规则体系。

四、实践"浑水式"做空的必要性及监管导向

做空机制本身是一把"双刃剑",应当进行有效的引导和监管。在

〔35〕 基于控审分离原则,香港证监会在对证券违法案件完成调查后,会将案件交由市场失当行为审裁处进行审理。在组织构成上,市场失当行为审裁处是根据香港《条例》成立的、具有准司法权的独立机构;其主席由香港行政长官根据终审法院首席法官的建议,委任1名高等法院法官或前法官出任;审裁处的另外两名香港商业人士或专业人士则由财政司司长在行政长官转授的权力下委任。在裁判流程上,除非审裁处为维护司法公正起见,认为聆讯(或其中一部分)应闭门进行,否则所有聆讯均公开进行。详见香港市场失当行为审裁处官网:https://www.mmt.gov.hk/sim/home/home.htm,2020年9月14日访问。

〔36〕 参见香港市场失当行为审裁处2016年11月的最终报告:https://www.mmt.gov.hk/chi/reports/Report_of_Evergrande_c.pdf,2020年9月14日访问。

境内市场稳步推进以信息披露为核心的注册制改革的背景下,实践市场化的做空机制可以增强市场监督,减轻行政监管的压力。但与此同时,境内市场投资者相对不成熟,做空行为对其投资决策的影响有放大效应。因此,本文认为,对于"浑水式"做空应当采取正面引导和规范的监管政策,避免出现放任不管的"市场化"做空(见图1)。

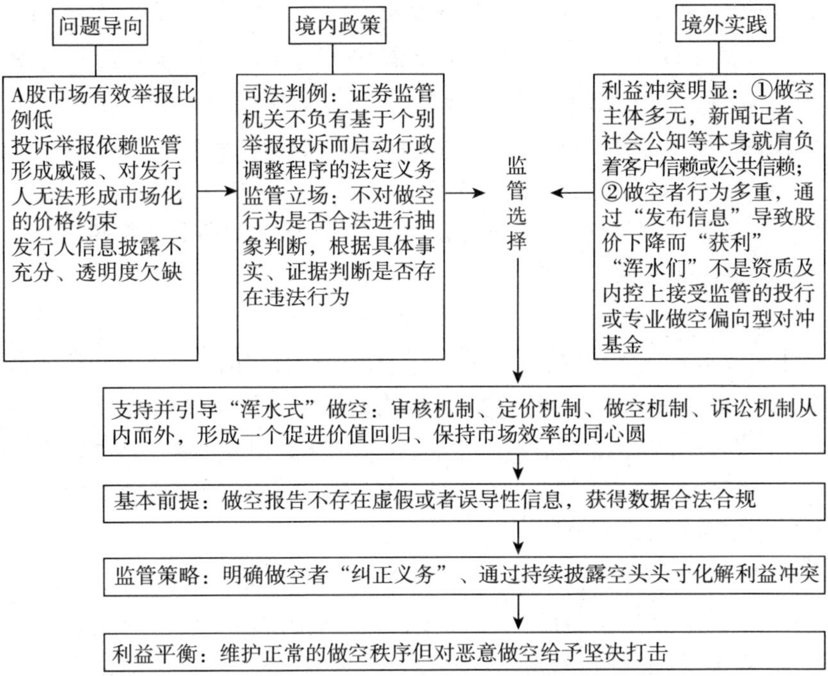

图1 "浑水式"做空监管选择的逻辑思考

(一)强调做空行为发布信息的真实性和合规性

首先,根据境外做空机制监管实践和境内类做空机制实践,允许"浑水式"做空存在的最根本的前提是其发布的做空报告具备真实性,不得存在虚假或者误导性信息,不得具有欺诈属性。如此才能真正发挥做空机制促进价值回归的正向作用。其次,做空报告的信息来源必须是做空机构通过公开途径获取的,不能是内幕信息,否则会构成内幕交易。此外,发布做空报告包含了事实和观点(投资建议),其行为应当是无偿的。如果是有偿的,则会构成证券投资咨询服务行为,需取得相应业务牌照并接受行业监管。

世界主要国家和地区目前都对信息不正确或具有误导性的“个股做空”情形予以禁止,并严格规制了“编造传播虚假信息”或“信息型市场操作”。欧洲为加强对误导性做空的规制、扩大了信息型操纵犯罪的行为类型,提高了惩戒程度。《欧盟市场滥用条例》(MAR,2014 年)〔37〕Art. 12(1)及 Art. 12(2)分别对“散播虚假或误导性信号”及“抢帽子”的情形予以了禁止。同时《欧盟授权条例》(EU 2016/522)规定 trash and cash(拉高出货、压低吸筹)属于市场操纵。〔38〕我国香港地区《条例》第 277 条规定了“披露虚假或具误导性的资料以诱使进行交易”的信息型操纵市场行为。由此,我国香港地区将积极做空者纳入了“散布行为”“引诱交易”“虚假信息”“主观过错”的四要件分析框架。

(二)通过持续披露“传播信息”与“持有仓位”的利益冲突实现对做空行为操纵属性的“纠正”

造成“浑水式”做空利益冲突的原因至少有两个方面。其一,做空主体构成多元、角色混同。无论是“社会公知”、新闻记者,还是私募基金、会计审计机构,抑或投行的研究与自营部门,很多机构或个人本身就肩负着客户信赖或公共信赖。比如,长期以来,美国法院一直主张新闻媒体或媒体的专栏作家应当在推荐买入或卖出某只股票后披露其个人也交易了该只股票。〔39〕

其二,做空者存在“发布信息”与“自身获利”的多重行为。不同于那些“浮在游戏表面”的普通分析师,也不同于动动嘴皮子或动动笔杆子的“卖出”评价,“浑水式”做空者将自己的声誉与经济利益紧紧捆绑在一起:在发布研报之前建空仓使他们会因股价的下降而获利、因股价的上升而遭受损失,〔40〕从而也吸引更多的投资者追随自己卖出股票。

---

〔37〕 See Regulation (EU) No. 596/2014 of the European Parliament and of the Council of 16 April 2014 on market abuse (market abuse regulation) and repealing Directive 2003/6/EC of the European Parliament and of the Council and Commission Directives 2003/124/EC, 2003/125/EC, and 2004/72/EC, art. 4, 2014 O. J. (L 173) 21.

〔38〕 See Commission Delegated Regulation 2016/522, 2015 O. J. (L 88) 1, 15.

〔39〕 Zweig v. Hearst Corp., 94 F. 2d 1261, 1268 (9th Cir. 1979).

〔40〕 比如,浑水公司的研究报告,MW is Short OSI Systems (NASDAQ:OSIS)(“我们做空 OSI Systems, Inc. 因为我们认为它糟透了”)。参见 https://www.muddywatersresearch.com/research/osis/mw-is-short-osis/,2020 年 5 月 20 日访问。

成熟市场实践说明，要求做空机构提前、持续披露“发布负面信息”与“依靠证券或其他金融产品价格下跌而获利”之间的利益冲突，包括所持有的空头头寸、持仓和平仓时间等，能够强化其做空行为正当性，降低其本身可能带有的“操纵股价”色彩。德国联邦财政部草拟的《交易所行情及市场价格操纵禁令的细化条例（草案）》第3条第3款第2项也规定：“在可能出现利益冲突时，散布谣言或提供建议，而不是立即以合适的方式披露该项利益冲突”，亦属于《有价证券交易法》第20a条第1款第1句第2项意义上的“交易所行情和市场价格操纵”。

在美国，联邦第二巡回法院在 In re Time Warner Securities Litigation 案中明确：根据 SEC10b－5 规则，行为人是否对陈述履行“纠正及更新的义务”会成为是否构成虚假的干预性因素。也即“如果最初的观点或预测由于其他干预事件而产生误导，行为人则有义务更新观点和预测”。[41] 换句话说，当做空者自愿披露“我们做空【某某公司】”时，做空者就产生了披露其何时不再依靠股价的下跌而获利的义务——做空者何时对空头头寸平仓或者购买了看涨期权、互换合约或其他衍生品来对冲股价下跌而带来的经济敞口。[42]

因此，本文主张对做空机制建立起以披露空头头寸为核心的监管策略。如果做空者事先披露交易意图并具体披露空头头寸变化情况，并以等于或低于其预计的（无论明示或暗示）被做空公司的合理股价进行平仓，那么应认为该做空行为不具有“操纵性”。

（三）完善多空平衡交易机制为做空行为提供获利驱动

“美国的历史经验表明，适当减少卖空制度的约束，能够有利于做空制度发挥其正面影响”。[43] 从运作机理来看，实践做空机制需要有与之相适应的制度和市场条件，以便在促进其作用发挥的同时，防范其可能

---

〔41〕 Bruce Mendelsohn & Jesse Brush, *The Duties to Correct and Update: A Web of Conflicting Case Law and Principles*, SEC. REG. L. J. 67 (Spring 2015).

〔42〕 ［美］约书亚·米茨、约翰·C. 科菲等：《关于规制做空与市场扭曲的申请》，宋澜译，载《证券法苑》（第29卷），法律出版社2020年版。

〔43〕 Ekkehart Boehmer, Charles Jones and Xiaoyan Zhang, *Potential Pilot Problems: Treatment Spillovers in Financial Regulatory Experiments*, 135 Journal of Financial Economics 2020.

存在的负面影响。但是,从市场条件来看,由于做空交易机制和产品还较为缺乏,境内市场实施卖空行为的手段相对有限,并且卖空特定股票的效果不甚理想,做空机制的获利模式难以在本土市场得到充分展现,做空动机不足。

疫情以来,我国公募基金规模发展迅速,资产管理市场位居世界第三;[44]但市场仍然存在操作风格"散户化"、短期持有"投机化"等问题。做空机制与市场规模的严重不匹配使得市场缺乏内在的自我调节机制。因此,需要完善卖空交易机制,为做空机构提供获利途径,从而驱动做空机构自发返回市场监督作用。完善融券交易,研究推动个股期权交易和场外期权、股票收益互换等创新业务,对于全面推进注册制改革、防范市场非理性波动也具有"四两拨千斤"的作用。

(四)维护正常的做空秩序、引导公司完善和优化信息披露

不用市场结构对于做空行为的辨识能力和消化模式可能存在很大差异,且做空机制引发的效应可能不仅仅限于证券市场,而涉及地缘政治的考量。一方面,只有保持监管中立,才能维护资本市场正常的做空秩序、期待与之伴生的"啄木鸟"效应。近期联邦金融监管局处置Wirecard财务舞弊案的功过得失便是警醒:因德国政府对Wirecard寄予厚望,所以,促使BaFin将一切不利于Wirecard的质疑特别是来自外国的质疑看作对德国利益的挑战。故面对内部吹哨人、新闻记者和做空机构锲而不舍的举报和质疑,BaFin并未及时启动对Wirecard的调查核实工作,而是将矛头对准了举报者和质疑者,由此引发了欧盟市场一体化与金融监管民族主义的激励讨论。[45]

另一方面,对上市公司来说,应从市场中仍在不断出现的做空报告中汲取反面教训和经验;做空机构的价值之一,其实也就在于一定程度上倒逼上市公司不断完善和优化其信息披露。

经过"香橼恒大案"的不断发酵,港股上市公司在应对做空机构狙击方面的经验体系已经较为完备。2020年7月8日,内地奶粉商中国飞

〔44〕 参见全国政协委员、中国证监会原主席肖钢在"2020中国资管年会"上的讲话,载https://www.sohu.com/a/399799527_658654,2020年9月16日访问。

〔45〕 参见黄世忠:《金融科技巨孽的幻灭与反思》,载《金融会计》2020年第7期。

鹤(06186)被业做空机构 Blue Orca Capital(杀人鲸资本)发布了一份做空报告。报告指称,飞鹤去年的列帐 EBITDA 利润率及纯利率,甚至比苹果公司、腾讯(00700 - HK)及阿里巴巴(09988 - HK)还要高。而根据所谓的第三方市场研究公司尼尔森及中国商务部的数据,飞鹤配方奶的零售销售数据可能只相当于公司公布的一半等。基于上述沽空内容,中国飞鹤当日发布了"内幕消息和盈利预喜"公告,并于 7 月 9 日发布了澄清公告予以回应,指出该报告有关指控并不准确及具误导性,并披露公司收入增长是受惠于高端婴幼儿配方奶粉销量大增等原因。虽然 7 月 8 日中国飞鹤当日早盘跌幅一度超过 8%,随后股价开始回升反弹,截至收盘涨幅达 7.2%,股价方面未受负面影响,但空穴不来风,层出不穷的做空报告至少从侧面折射出很多上市公司的信息披露并不充分,透明度不同程度地欠缺,这样才给了做空机构可乘之机。

五、结语

"浑水式"做空合法与否,其边界在哪,是世界各地资本市场共同面对的新命题。本文认为,引导真正意义上的"浑水式"做空并加以规范,可以保证其发挥市场化监督和约束作用的同时,减少可能对市场带来的过度冲击,并在提升市场信息披露质量和维护市场正常交易秩序之间取得平衡。境内市场既有的投诉举报除了在行为实施环节、行为实施目的、对股价影响等方面与"浑水式"做空存有不同之外,在实施效果上也更依赖于监管机构的行政执法形成威慑。相反,做空者通过合法手段主动收集负面信息,利用信息迫使公司承认造假并通过卖空交易获利,可以在一定程度上揭发市场不端、促进价值回归,并使审核机制、定价机制、做空机制、诉讼机制共同作用,形成一个从内而外、保持市场效率的同心圆。

(编辑:吴紫君)

【投资者保护】

《证券法苑》(2020)
第三十卷,第402 ~427 页

从瑞幸案看我国证券案件“长臂管辖权”为何知易行难*

朱　冲**

摘要:对境外注册上市本土运营公司的监管历来是国际证券法难点。瑞幸财务造假案已从个案演变为中美证券监管主权与证券数据主权之争的“风暴眼”。在尊重美国证监会属地管辖和国际证券监管合作礼让原则的同时,需审视划定新《证券法》“长臂管辖”条款的规定文义和国内证券法的域外效力和域外适用情形,从而为主张中国证券监管机构在域外的行政执法权和确立中国法院针对境外违法主体或境外违法证券行为的证券纠纷长臂管辖权确立考量要旨,实现证券监管与会计监管法律制度间的平衡。

关键词:证券监管　长臂管辖　瑞幸案

* 本文是2019 年江苏省社会科学基金项目“系统性金融风险动态平衡防控机制研究”(19FXB003)和2020 年度江苏高校哲学社会科学研究一般项目“国家总体经济安全视野下海关缉私犯罪规制体系研究”(2020LLYJSLGA023)的阶段性成果。

** 南京大学法学院博士生,南京森林警察学院讲师。

一、引言

(一)"长臂管辖"的缘起

"长臂管辖"(long arm jurisdiction)也称"专门管辖"(specific jurisdiction),最早可上溯至西方"教会法",作为历史上的神权政治在世俗社会的投射,近代发展于美国民事诉讼跨州管辖争议。1945年美国最高法院通过"国际鞋业公司案"以"最低限度联系"原则取代传统的"实际存在"原则,核准各州有权对外州及外国人行使司法管辖权是长臂管辖权的开端和理论基础。自1955年伊利诺伊州率先制定长臂管辖权法后,随后各州或以立法形式确立,或以在管辖法律中纳入宪法正当程序原则以达到拓展州法院管辖权之目的。在管辖程度上,《加利福尼亚民事诉讼法》和《联邦民事诉讼规则》允许宪法范围内最大限度的长臂管辖;而在《纽约统一法典——民事实务法律和规则》等部分州法项下的长臂管辖则相当狭窄,仅适用于某些具体情形。美国统一私法协会制定的《统一联邦和州示范法》对美国多数州的长臂管辖权发挥了指导和示范作用。美国联邦法院依托美国特有的成文法解释和司法审查体制,积极主动认定某项成文法具有域外适用的效力,发挥法院可以决定受理哪些诉讼事项问题的事项管辖权效用。

(二)美国法上的"域外管辖"

在美国,不同类型的管辖概念应精准定义为域外管辖(extraterritorial jurisdiction),长臂管辖是对人管辖权(personal jurisdiction)中的一种特别管辖权,意指法院依据立法机关制定的"长臂法规"(long - arms tatutes),对非本国或非本州居民的被告行使司法管辖权的行为。在此意义上,长臂管辖可视为域外管辖组成部分。全球法律的地方化与地方法律的全球化对民族国家的法治模式提出了新的挑战,市场趋同化驱动下的法律移植深刻影响法秩序的生成与规则重构,美国作为主张本国法律域外效力的主要倡导者和先行者,在执法管辖的域外扩张较司法管辖的域外扩张更为迅猛。通过《1949年出口管理法》、《1950年对外交易控制规则》、《1987年对外关系法重述》、《1988年多边出口管制修正案》、针对商业行贿的《海外反腐败法》(FCPA)[1]、针对洗钱的《爱国者法案》(Patriot Act)等涵盖民事侵权、金融投资、反垄断、出口管制、网络安全诸多方面的法律规范不断扩展管辖的内含边界,进而被引申适用到美国法院在国际诉讼中对于外国被告的管辖权,在国际法意义上延伸至全球,从主要适用于民事案件发展到以刑事案件为主,并实际有效地控制了部分主权国家[如经济合作与发展组织(OECD)成员]非居民及国外机构案件的引渡、调查取证、执行等事项,从而建构起对卷入全球体系的跨国公司和个人都拥有无限自由裁量权的管辖法律体系。[2] 依托美国的金融霸权地位和其执法机构全球范围内跨境执法协作能力,近年来频频以出口管制、经济制裁等方式对境外主体实施执法性的长臂管辖权,其中最典型的例子如美国商务部制裁我国中兴通讯事件及孟晚舟事件。[3] 美国对于证券法的域外管辖问题主要交由司法判例进行处理。由于美国各级法院对法律解释方法的偏好差异以及美国证券交易委员会(SEC)对法律可适用条款的灵活选择,加之以利益平衡因素的考量都使得难以合理预见证券长臂管辖的后果。

(三)"长臂管辖"的合理性价值

长臂管辖作为主动行使的权利和扩张管辖权的方式,固然有侵犯他国司法权力的色彩,引发了以欧盟 1996 年"阻断法令"(blocking statute)为代表的对域外管辖法律的狙击。但其在管辖权利主张的法理基石并非全无道理,某种程度上可将其视为构筑更为合理的全球法律秩序的一个争论起点,甚至有可能成为我国反制域外执法能力对境

---

〔1〕 美国制裁商业贿赂的法律依据主要包括《1934 年证券交易法》第 30A 条及《1977 年反海外腐败法》,SEC 就《反海外腐败法》项下提出的指控适用民事诉讼规则。2019 年 FCPA 的 14 个案件中,有 8 个案件和中国有关,意味着中国仍是 FCPA 执法的重中之重。

〔2〕 例如,《反海外腐败法》因其域外适用条款而对跨国公司的业务和合规管理产生全球影响,其同时包含刑事条款和非刑事条款,具有广阔的适用范围和严格的法律责任安排。

〔3〕 美国在此案中是否涉及法的域外适用问题存在争议;美国还未对此案实际行使司法管辖权,美国依据其内国法主张刑事管辖权而向加拿大提出引渡请求,即使美国能够对此案行使司法管辖权,案件也将在美国法院审理,并适用美国内国法,此种情况只是美国在国内法院适用美国法,并不属于美国法的域外适用,而是美国法的域内适用,但美国也确实行使了长臂管辖。

内民商事主体之合法利益和市场生存空间打压的有力抓手。对于中美这样具有全球视野、争夺国际金融中心的国家而言，要想充分保护本国公民合法的境内外权利主张，必须通过某种形式来扩张涉外管辖权。虽然这种管辖权的扩张也会带来“过度维权”的风险，如各国的法律体系之间，国内各法律部门之间，也难免会有争论和冲突。但是从英美过往的司法实践来看，不仅受到国际法视野中的主权平等、正当程序和平等保护诸原则的制约，各国经济实力和金融市场全球辐射力与影响力都制约着本国证券法的域外管辖的需求与执行力。故长臂管辖权的属地性强度决定了这种扩张是有隐形边界的。

（四）我国证券法长臂管辖条款的立法意旨

我国倾向于用“长臂管辖”来泛指不同类型的管辖概念，在立法传统上通过列举式的规定，明确管辖范围。自 1998 年的《证券法》规定该法的管辖范围开始，过往版《证券法》都严格遵循属地管辖原则，局限于中国境内的证券发行和交易行为。[4]“唐汉博案”暴露出以沪伦通为代表的跨境交易衍生出的跨境监管问题要求为打击跨境违法违规交易行为设置顶层法律依据。新《证券法》第 2 条第 4 款初步确定的中国版的“长臂管辖”规则与我国《反垄断法》第 2 条中“中华人民共和国境外的垄断行为，对境内市场竞争产生排除、限制影响的，适用本法”的立法表述类似，[5]同样采用“效果原则”（effect test）来确定其域外管辖适用的效力。从对其所称的对于境外证券违法行为将“按照本法规定处理”以及“追究法律责任”字面可解读为是在国家行使立法管辖权的基础上，确认了超出国境适用范围的执法管辖权和司法管辖权。该条款设立初衷主要是针对可能的中外法律保护不对等、中国投资者权益或者其他国家利益无法得到保护的特殊情况。从理论上说，只要

[4] 2015 年开始的本轮证券法修订对是否增加证券法域外管辖的内容立法机关比较矛盾，在《证券法（一审稿）》中加入，《证券法（三审稿）》删除，直至《证券法》2019 年正式颁布版最终加入。

[5] 2020 年 7 月 31 日国家市场监管总局认为瑞幸咖啡（中国）有限公司、瑞幸咖啡（北京）有限公司为获取竞争优势，存在通过虚假交易等方式制作虚假业绩并对外宣传的不正当竞争行为，相关第三方公司存在帮助虚假宣传的不正当竞争行为，依据《反不正当竞争法》的有关规定对其立案调查。

境外证券纠纷符合上述条件,发生所有对我国境内市场秩序或投资者合法权益产生损害影响的证券发行及交易行为,而不论行为人的国籍、住所和行为发生地于何处,《证券法》各章所规定的各类证券监管和执法主体均有权根据违法主体和违法事实的不同类别而分别采取处理措施,追究包括刑事、民事、行政责任在内的整体法律责任。

二、瑞幸案为何引发"长臂管辖"动议

(一)中美跨境证券监管盲区

由于中美在证券领域司法管辖权的沟通不畅,中概股虽多次因为财务造假等违法行为遭到美国监管部门的调查,但由于公司主体和管理层都在中国,中美两国间没有引渡协议,美国方面的调查和处罚往往无法落实。中概股公司其 VIE(variable interest entitie)架构天然就具有信息披露不透明、跨越不同监管法域的风险。长期以来,已经成为横亘在中美证券监管法律中间的"法外之地"。瑞幸是在做空机构浑水公司翔实的质证报告和安永会计师事务所在财报审计中严格把关的双重压力下,于 2020 年 4 月 2 日交给 SEC 的公告中"自爆"公司存在 22 亿元的财务造假行为。其实在美国上市的中国概念股的财务造假演化成信任危机始于 2010 年。当时绿诺科技的欺诈行为从遭浑水(Muddy Water)做空质疑到被纳斯达克(NASDAQ)退市仅 23 天。此后,中概股在美股市场上丑闻频出,当年年内超过 20 家中概股退市。[6]

因为过往跨境证券监管信息的不对称与不完全,部分中概股管理层发现其中的跨境监管套利空间,已摸索出一整套堪称"圈钱直通车"的规避中美证券监管的方法,如利用开曼公司法中"豁免公司"(exempted company)的原则和美证券法由联邦主导、公司法由各州主导的体系漏洞,纷纷搭建 VIE 离岸结构在开曼注册来豁免信批义务,有意忽略审计出表的制度设计本意,刻意玩弄财技来满足上市或持续上市的基本条件,反向收购(reverse merger)、股权质押、增发套现、关联交

〔6〕 第一波退市中概股代表是中国高速频道和东南融通。

易等戏码连番上演。即使造假行为被揭露最终从美股市场退市，也不影响这些丑闻公司高管在中国境内的发展，甚至这些本应被惩罚的中国籍高管摇身变为创业导师开办孵化平台来培养下一个“骗局”。[7] 至今仍未有中概股国内高管接受过美国刑事处罚，往往仅是那些中概股公司的外籍高管受到严厉追究。[8] 且“安然事件”后美国政府和证券政策制定者感到让安达信这样一个曾经的五大会计师事务所之首的整个审计公司倒闭，或者让整个造假公司倒闭、人才流失的惩罚社会成本过重，如果是系统重要性金融企业可能像“雷曼事件”那样引发金融海啸。为避免法律制度过于刚性，以企业合规计划（辩诉双方达成暂缓起诉协议和不起诉协议）代替刑事民事起诉，将合规作为刑法上激励机制赋予其出罪的功能，成为切割单位责任和员工责任的根据，事实上放松了对中介机构监管。而且投资顾问公司、经纪交易商等中介机构内部都会预留与 SEC 的和解基金，为了要争取到承销或审计业务而付出些罚款，并计为运营成本已是行业惯例（如瑞幸造假案选择由其 COO 个人承担所有造假责任，时间点也准确地卡在 2019 年第二季度至第四季度，审计机构安永会计师事务所也试图主张自己发现欺诈有功，其审计工作截至 2018 年年末，瑞幸之后的造假没有经过安永审计，目的就是推卸相关中介责任[9]）。

（二）中美跨境审计监管冲突

新《证券法》规定的信息披露的真实性、准确性、完整性、及时性、

---

[7] 例如，虽然 2011 年 4 月，东南融通董事长连某舟因涉嫌财务造假被起诉，SEC 判定其对股东进行赔偿。2013 年 6 月，中国高速频道 CEO 程某因涉嫌贿赂调查人员被起诉，SEC 裁定限制其担任美国上市公司高管及罚款，但目前并未有公开资料显示连某舟和程某是否缴纳罚金。连某舟 2013 年联合创立唯你科技，公司作为国内互联网企业智能服务平台曾在 2017 年 12 月完成 A 轮 3 亿元融资，创下当时财税界创业公司最大融资额。程某现在是中广发资本管理股份有限公司董事长。

[8] 例如，2015 年，多伦多证券交易所退市公司嘉汉林业 CFO David Horsley 就与安永、加拿大瑞信等一批金融机构合计支付投资者 1.55 亿美元和解诉讼费，其中 David Horsley 个人赔偿 630 万美元。同样，中国医疗技术有限公司的前 CFO Michael Gluk 因虚增销售收入，于 2017 年 9 月被判有期徒刑 50 个月。

[9] 2020 年 4 月 4 日，审计机构安永回应瑞幸财务造假称，安永出具的审计报告期间为 2017 年 6 月 16 日（公司成立日）到 2018 年 12 月 31 日，目前瑞幸咖啡的 2019 年度审计工作尚在进行中，安永发现瑞幸在 2019 年第二季度至第四季度存在虚假交易的行为，就此向瑞幸审计委员会作出了汇报。

简明清晰和通俗易懂是资本市场运行的关键所在。但考虑到中美两国资本市场的开放程度不同,在信息披露的内容及标准方面有所差异是基于两国资本市场发展不同阶段的现实选择。中概股(主要以全球存股证 GDR 方式和美国存股证 ADR 方式)作为外国私人发行人(foreign private issuer,FPI),可享受美国为了吸引全球资本而制定的特殊信息披露豁免政策,包括减少披露义务[如即时公告(current report),Form 8-K]、降低财务报表要求(如季报披露要求,Form 10-Q)。[10] 这也是中概股被普遍认为财务与信息披露不规范的根源所在。SEC 一直试图说服中国证监会,希望通过双边机制安排,加强对中概股的跨境监管。虽然中美两国就审计监管问题在 2013 年就签署过执法合作谅解备忘录,在信息交流、观察检查、证据协助等方面开展跨境审计监管合作。[11] 但在向 PCAOB(美国公众公司会计监督委员会)提供审计底稿与原始会计凭证、跨境档案传输及在司法程序中的应用等问题上双方始终存在重大差异。[12] 我国财政部和中国证监会与香港财务汇报局(FRC)和英国财务报告委员会(FRC)间的良性互动在中美间难以复制。[13] 国家主权在证券监管合作方面依然呈现出长期博弈的特点,中

---

〔10〕 美国本土公司只能使用美国通用会计准则(GAAP 或 IFRS),而 FPI 既可以使用美国通用会计准则、国际会计准则,也可以使用中国会计准则(公司本地会计准则)。中美会计监管制度的差异,也导致了中概股的财务报告不能按照要求披露的比例、财务重述的比例、财务总监辞职或被解雇的比例、审计师变更的比例、内部控制存在缺陷的比例、违反美国公认会计准则的比例,均高于其他公司。

〔11〕 中国证监会已累计向 SEC 和 PCAOB 提供共计 14 家境外上市公司审计工作底稿,2019 年 10 月中美双方对香港会计师事务所审计的、存放在中国内地的在美上市公司审计工作底稿调取事宜也达成了共识。参见《中国证监会有关负责人答记者问》,载中国证监会官方网站:http://www.csrc.gov.cn/pub/newsite/zjhxwfb/xwdd/202004/t20200427_374552.html,2020 年 5 月 1 日访问。

〔12〕 按照《萨班斯—奥克斯利法》的规定,SEC 和 PCAOB 拥有对在 PCAOB 注册的国外会计师事务所入境检查的权利。中国会计师事务所为赴美上市的中国公司提供审计服务也必须在 PCAOB 注册,并提供审计底稿。而中国《证券法》的规定,境外证券监管机构不得入境调查取证。

〔13〕 例如,原本"A+H"股公司被要求进行双重审计供两地监管机构分别检查。双重审计制度使上市公司承担更多编报成本,也造成两地审计资源和监管资源的浪费。2010 年 12 月,内地与香港达成协议,财政部与证监会联合推荐了 12 家内地会计师事务所从事 H 股企业审计业务。H 股双重审计制度自此成为历史。

国政府“完全信任”原则〔14〕与美国政府“长臂管辖”原则的冲突短期内仍然无法有效解决。PCAOB 至今无法完全取得中概股公司的审计底稿，对于涉及敏感事项的公司，〔15〕其会计档案也不接受 PCAOB 入境单独或联合检查。〔16〕因为涉及中概股背后的国家经济安全问题，〔17〕中美证券监管当局一直未能达成一致。〔18〕随着新《证券法》第 177 条把向境外直接提供中概股上市的审计工作底稿纳入绝对禁止项，2020 年 5 月 21 日美国参议院也针对性通过了《外国公司问责法》（“HFCAC 法案”），对连续 3 年未能遵守 PCAOB 的审计要求的公司将禁止其证券在美国证券交易所上市。美方单边立法制裁使得中美在此议题上谈判空间日渐逼仄。为中概股服务的相关中介机构（如会计师事务所、券商、律所）将不得不继续面临来自 SEC 和 PCAOB 要求提供材料以及来自中国法律的禁止“擅自”提供材料的双重压力。

SEC 除了长期以来一直呼吁美国投资者要高度关注中概股的审计

---

〔14〕 2011 年 2 月欧盟委员会通过了一项决议，首次认可了包括中国在内的 10 个第三国审计监管体系的等效；2011 年 11 月，中国注册会计师协会与香港会计师公会在北京签署了职业道德等效联合监管声明，确认内地职业道德守则和香港职业道德守则实现等效。

〔15〕 例如，在美上市的阿里巴巴公司除了网络购物板块外，还拥有涉及金融领域的支付宝，涉及数据行业的阿里云，美国借此获得的信息数据，可能掌握包括金融行业在内的中国重要信息。

〔16〕 2018 年 12 月 SEC 与 PCAOB 联合发表声明称在监督主要业务在中国的美国上市公司的财务报告时面临重大挑战，“没办法审计中概公司的数据，也无法检查这些公司的审计报告的质量”。

〔17〕 中国核心互联网公司（阿里巴巴、百度、网易……）几乎都在美国上市，这在全球主要经济体中独一无二。

〔18〕 事实上中美证券监管机构在审计问题上冲突由来已久。2012 年 5 月，SEC 以拒交东南融通审计底稿为由起诉了上海德勤华永会计师事务所，同年 12 月 SEC 又以拒交审计工作底稿起诉了安永、普华永道、毕马威、德勤及德豪等 5 家会计师事务所的中国分支机构；2014 年 1 月，SEC 以拒绝向美国监管机构提交中国公司的审计底稿违反美国证券法等联邦法为由决定暂停普华永道、毕马威、安永、德勤这四大国际会计师事务所中国分所的审计资格 6 个月。

质量,[19]防范各种财务信息问题和对中概股单独设立监管条款外,甚至启动封存已久的特别执法权,直接叫停个别中概股的股份交易,将有关公司的名单列入禁买名单。[20] 中概股的频频暴雷或接受调查,[21]不仅失去美国投资者的信任,也给那些长期质疑中国企业诚信的美国贸易保护主义政客提供了充足的弹药。《平等法案》(Equitable Act)[22]和《TSP 法案》[23]在近期通过的概率大增。联想到 2019 年美国总统特朗普宣布"正考虑限制美国对华证券投资",[24]包括行政命令要求美国联邦退休储蓄投资委员会(FRTIB)管理的节俭储蓄计划(TSP)停止投资中国股市,将已投资中国股市的 45 亿美元资金撤回。由中概股造假行为引发的中美金融摩擦正愈演愈烈。从中国证监会

---

〔19〕 2020 年 2 月 20 日,SEC 表示正在推动四大会计师事务所加强对在美国上市中国企业的审计工作内部管控,预计瑞幸案后中概股将面临更为严格的财务审计环境。中概股面临的监管形势从"查违规、抓欺诈"逐步向审核会计处理的公允性与信披的完备性演进,且面临更为渗透的审计跨境监督。同时,未上市或筹备上市公司则面临更大的困难。

〔20〕 2020 年 4 月 22 日,SEC 主席杰伊·克莱顿(Jay Clayton)在美国证券史上首次对来自某一国家上市资源发表限购声明,因为信息披露的问题,他提醒投资者近期在调整仓位时,不要将资金投入在美国上市的中国公司股票。2020 年 4 月 21 日,SEC 发布的《新兴市场投资涉及重大信息披露、财务报告和其他风险,补救措施有限》(Emerging Market Investments Entail Significant Disclosure, Financial Reporting and Other Risks; Remedies are Limited)的声明里,中国作为新兴市场的代表被提及 21 次,表面上是讲新兴市场实际上就是针对中国。

〔21〕 SEC 对中概股或其外部审计师进行调查或起诉通常有以下四类原因,包括公司内部会计处理明显违规,如 2001 年网易公司事件、2004 年 UT 斯康达事件等;公司存在欺诈行为,如 2011 年东南融通事件、2011 年中国高速频道事件等;公司内部会计政策存在争议,如 2012 年新东方事件、2015 年优酷土豆事件等;以及争夺审计跨境监管权限,如 2011 年德勤中国事件、2016 年针对阿里巴巴与百度的调查等。

〔22〕《平等法案》是 2019 年 6 月 5 日由美国参议员马可·卢比奥(Marco Rubio)提出的一项针对在美国上市的中国公司的法案。它要求在美国上市交易的所有中国公司,都要提供审计底稿,和全球其他国家一样,接受美国的严格监管。

〔23〕《TSP 法案》的主要内容是阻止美国主要的联邦退休储蓄投资委员会投资给任何未得到美国公众公司会计监督委员会支持的会计机构审计,或因种种原因受到美国政府制裁的中国公司。

〔24〕 2019 年 5 月 23 日,特朗普总统称"美国停止所有中国企业在美 IPO,同时限制华尔街(养老金、共同基金、保险公司等机构投资者)对中国企业的投融资,直到看到中方作出美意愿下的根本性的改革"。

《声明》中强调“上市公司不管在何地上市，都应当严格遵守相关市场的法律和规则”来看，中概股危机让管理层意识到督促在境外上市的境内企业特别是在美国上市的全部248家中概股公司守住合规底线是一个需要高度重视的议题。

三、瑞幸案启动“长臂管辖”的主要难点

（一）立案依据问题

瑞幸境内实体注册地的厦门中级人民法院立案庭虽然表示原则上可以接受境内起诉，但仅是“立案登记制”下，对第一环节的起诉受理放宽门槛的意思，后续确定案由、进行实质管辖和受理时，仍然会有诸多不易解决的法律难题。《证券法》第2条第4款所保护适用的五类主体，是十分原则性和概括性的规定。尚缺乏一套相对完整的适用逻辑和场景，对于违法行为负面效果的评判没有提供具体指标，贸然适用可能导致未来跨境监管冲突和大量同类连接点基本在境外的案件在国内提起诉讼。虽然对于涉外民事侵权之诉，我国采取“诉讼与法院所在地实际联系”原则，确定管辖权的连结点更为多样，即凡是与我国法院所在地存在一定实际联系的，我国法院都有管辖权。因为瑞幸案涉及中国投资者的利益，因此中国法院不属于国际私法上的“不方便法院”而可行使管辖权。境内投资人可依据《证券法》规定人数确定的代表人诉讼、人数不确定的“明示退出、默示加入”形式的“中国式集团诉讼”委托投保机构提起代表人诉讼。由此案中的境内投资者保护来确立中国法院的域外管辖权。同时也要看到在当前关于新《证券法》“长臂管辖”问题上还没有相关的审判指引及配套司法解释，由哪一个地区及哪一个级别的法院进行管辖权尚未明确，包括审理原则、立案、登记、通知、调解协议确认、诉讼审理与判决、上诉制度、效力扩张、执行与分配等各项重要操作流程内容无先例可循，现有的示范判决机制、代表人诉讼机制和支持诉讼机制等证券纠纷的司法解决机制也难以直接套用。我国法院在适用上必将非常谨慎，充分考量诉讼程序、取证和执行的方便性，最终较大概率会以没有管辖权或“不方便管辖原则”的理由

不予立案。

(二)立案前置问题

国内某些律所已经发布公告,征集受损的境内投资者进行登记,准备代理其在中国境内法院提起的民事赔偿诉讼。瑞幸案的信披违规行为属于《民事案件案由规定》中“298. 证券欺诈责任纠纷”项下的“(三)证券虚假陈述责任纠纷”。但根据最高人民法院确立的证券虚假陈述民事赔偿案件立案前置原则,起诉条件除满足《民事诉讼法》第119条规定之外,还需取得中国证监会等行政执法机关对虚假陈述行为人的行政处罚决定书或法院对虚假陈述行为人的刑事裁判文书。由于瑞幸公司在美国上市交易,直接监管部门是SEC,行政处罚的来源主要是SEC,当然也可能是中国证监会。如果SEC对瑞幸公司作出行政处罚,中国法院可否直接运用该行政处罚决定来受理案件,SEC作出的行政处罚是否符合立案前置条件目前法无明文规定。虽然近年来中国证监会加大了对跨境证券违法行为查处力度,但极少直接对境外公司作出行政处罚。[25] 近期对注册地及上市地都在海外的瑞幸公司境内运行实体的行政处罚可否成为中国法院援引立案的依据需要以司法解释或指导性案例释明。

(三)能否溯及既往问题

中国证监会未表示将依据《证券法》对瑞幸公司进行处罚原因在于新《证券法》自2020年3月1日起施行,瑞幸公司的财务造假行为、造假时间段跨越上市前后,发生在2019年第二季度到至第四季度,即其财务造假行为发生于新法生效前,但披露违法发生在新法实施后,在新《证券法》未对过渡期间的适用问题作例外规定情况下,存在是否应按照《立法法》第93条规定的从旧兼从轻的原则排除《证券法》该条款适用的难题。倘若境内外执法机关共同认定其造假行为或其未披露的行为持续到其4月2日发布公告之日,则此种情况下可分别按照新法和旧法分年度处理,合并处罚。同时,《立法法》第93条还规定了“为

---

〔25〕 最近一例见于2011年12月29日,中国证监会对九龙山(600555. SH)的境外股东Resortproperty International LTD和Oceangarden Holdings LTD在限制期内进行短线交易进行了行政处罚。

了更好地保护公民、法人和其他组织的权利和利益而作的特别规定除外”，而新《证券法》长臂管辖的规定是站在维护我国社会公共利益的角度，亦符合保护投资者利益的立法宗旨，应属于“特别规定”而排除“法不溯及既往”的适用。且“法不溯及既往”一般仅针对实体法，即“实体从旧、程序从新”，而新证券法“长臂管辖”的规定属于程序法，证监会依此规定立案后，仅存在案件适用的是新法还是旧法的实体层面影响，不影响立案本身的合法性，谨慎立案更多是对判决结果域外承认和执行等后续问题的考量。

（四）信息披露义务问题

《证券法》中规定的信息披露义务人的义务及罚则，仅适用于境内证券发行和交易，证监会颁布的信息披露配套规定，也是针对境内证券发行和交易设置。《证券法》未明确要求境外实体履行前述义务，瑞幸公司不属于《证券法》规定的“信息披露义务人”，在无配套法规的情况下，《证券法》第 85 条无法直接适用。且要求境外实体履行相关义务要遵循国际对等原则，在可行性上也存疑。即使证监会通过制定配套措施，将境内运营境外上市主体纳入“信息披露义务人”的范畴，要求其违反信息披露义务的行为同样适用《证券法》相关规定，在法律上境外主体和境内主体的信息披露义务也不可能完全一致。此外还涉及修法的难题，因为如果证监会明确境外主体的信息披露义务，从而使违反这些义务的行为适用《证券法》有关规定，在处罚的要件已被更改情况下此种情况应认定为新设处罚，在效力上需要通过完善立法的形式进行而不能仅通过部门规章的形式进行规定。

（五）管辖权规则问题

1. 属人管辖权

根据已公开信息显示，瑞幸公司在美国 IPO、增发股票及发行可转换债券期间，有大量的中国境内投资机构或个人通过存托凭证或其他方式持有瑞幸公司约 20% 的股票或相应股比。自境内投资者购买并持有瑞幸在美国发行的股票开始，便已经建立起中国法上与瑞幸公司之间的最低联系。也基本可以认定瑞幸公司虚假披露数据的行为构成对“境内投资者”合法权益的侵害，但这些投资者能否被认定为法律意义上的“境内投资者”还存在较大疑问。因为中国属于资本项目下外汇管制国,境内个人投资者向境外直接投资或者从事境外有价证券、衍生产品发行、交易的,只能通过沪港通、沪伦通或 QDII 基金(qualified domestic institutional investor,"合格的境内机构投资者")等间接渠道实现。《证券法》第 2 条第 4 款规定的境内投资者是否包括间接投资的情况,需要明确。此外境内个人还可能通过到境外券商开户,转移资金到境外账户后通过存托凭证买卖的方式进行美股投资,但这是我国外汇管理法规多次明令禁止的投资方式。[26] 一方面是个人投资者的财产利益,另一方面是外汇监管秩序,是否保护此类投资者的利益也是本案管辖难题之一。

2. 事项管辖权

《证券法》保护的对象是"公开发行"过程中的投资者,维护的是我国境内的市场秩序,对于那些主体资产在境内,发行主体在境外的单纯红筹企业(瑞幸注册地在开曼、上市地在美国),虽具有中国资产的联结点,[27] 但缺乏证券监管意义上的密切联系点。且瑞幸是在中国内地以外的区域发行和交易证券,是否构成法条本意所指的扰乱中华人民共和国境内市场秩序、损害境内投资者合法权益,需要证券法解释或适用细则进行释明。虽然瑞幸的财务造假行为在曝光后,对国内证券市场未构成实质上"扰乱"。但也要看到由于瑞幸"暴雷"公告发布后造成其美股股价大跌,给其境内股东和债权人直接造成了巨额损失,同时其实际总部和主要经营机构均在国内,其造假行为也需要通过其在中国的众多的门店进行,因财务造假引发的业务黑洞、商誉塌方,包括即将而来的各种法律责任、公司退市倒闭风险[28]不仅损害了证券投资

---

[26] 《外汇管理条例》第 17 条规定:境内机构、境内个人向境外直接投资或者从事境外有价证券、衍生产品发行、交易,应当按照国务院外汇管理部门的规定办理登记。国家规定需要事先经有关主管部门批准或者备案的,应当在外汇登记前办理批准或者备案手续。

[27] 瑞幸公司采用非典型 VIE 结构,在北京设有一家以 VIE 协议控制的经营实体,尚未创造净收益,仅为了未来业务拓展而存在。瑞幸的 APP 不具有电信增值业务特征,既不需要 EDI 证,也不需要 ICP 证。

[28] 2020 年 5 月 15 日纳斯达克交易所认为瑞幸公司违反上市规则 5101 和 5250,决定将其摘牌。同日,我国香港地区高院的冻结令限制瑞幸在开曼群岛和香港注册的实体之间出售或转让资产。

者,还损害了中国境内的众多的加盟商、参与前期融资中国投资者的利益,还给其他中国公司乃至中国国家信誉都带来负面影响。可见其造假行为事实上造成了扰乱境内市场秩序、损害投资者合法权益的严重后果。中国境内的行为系实施“证券欺诈”的基础和不可或缺的关键环节,参照美国《华尔街改革和消费者保护法》(Dodd – Frank Act)“行为标准”的界定:如一行为发生在美国,是促成违法的重要步骤,即使证券交易发生在美国之外,并且仅包括外国投资者,法院有权管辖。中国境内符合法律有关侵权行为实施地的界定,可以此作为行使管辖权的依据。

3. 刑事管辖权

从刑事角度来看,已公布案情可知瑞幸公司涉及倒签合同(backdating of contracts)、虚构发票(fictitious invoices)、未披露的关联交易、后确认收入(revenue after the fiscalperiod)、以超额储备平滑收益(excess reserves to smooth earnings)、不披露关联交易以及“暗转”(channel stuffing)等财务欺诈行为,基本可认定其涉嫌触犯我国刑法规定的违规披露、不披露重要信息罪,还可能涉嫌违规占用、违规担保、内幕交易、操纵股价等犯罪行为。我国刑法虽未规定追究本罪所涉瑞幸公司单位的刑事责任,但是明确规定了对直接负责的主管人员和起直接责任人员要追究刑责。最高人民检察院也在其指导性案例中〔29〕指出:上市公司依法负有信息披露义务,违反相关义务的视情节轻重应受到相应的处罚。由于上市公司所涉利益群体的多元性,为避免中小股东利益遭受双重损害,检察机关应当对构成犯罪的直接负责的主管人员和其他直接责任人员依法提起公诉,对单位应当不起诉。不追究单位刑事责任,但是要追究其行政责任,要通过发送检察意见等方式,督促证监会等机构追究行政责任。虽然瑞幸相关责任个人(如 CEO、COO 等人)所犯主要罪行均发生在境外。《刑法》第 7 条规定了对中华人民共和国公民在中华人民共和国领域外犯本法规定之罪的,但最高刑是 3 年有期徒刑,属于“可以不予追究”的情形。但“可以不予追究”

〔29〕 最高人民检察院第 17 批指导性案例“博元投资股份有限公司、余某妮等人违规披露、不披露重要信息案”。

并不是一律不追究,只是一般不追究,考虑到瑞幸公司涉案高管造假行为恶劣,属于严重的违法犯罪行为,应排除可以不予追究的情形的适用,追究的法律和社会效果可能更好。即使我国司法机关不主动行使"保护管辖权",瑞幸公司部分外籍高管的财务造假、虚假陈述行为也符合"双重犯罪"标准,我国现行刑事司法体系下的"对外国刑事判决消极承认"原则也同样适用于瑞幸公司外籍高管。本案追究刑责难度在于此罪名在国内的低频使用。[30] 且欺诈市场行为(危害行为)与最终盈利结果(危害结果)分处境内外也为案件的调查取证与最终认定都制造了困难。包括如果我国法院判令对瑞幸公司及其相关责任个人处以财产附加刑(如罚金、没收财产等),到案件执行阶段,瑞幸公司及其实际控制人、董事、管理层等的主要资产(上市公司股票)均系通过其在境外设立的特殊目的信托(special purpose trust, SPT)或员工持股计划(employee stock ownership plan, ESOP)所持有。在追缴财产时能否穿透境外 SPT 或 ESOP 的架构来追缴被告人的财产?以现行的刑事财产附加刑追缴模式来看难度很大。

(六)认定标准上的分歧

1. 美国证券法上"长臂管辖权"处理标准

美国法院传统上对证券违法案件的长臂管辖持保守态度。在《1934 年证券交易法》(Securities Exchange Act of 1934, 以下简称美证券交易法)10(b)条款语焉不详情况下,由各巡回上诉法院以司法判例形式丰富和发展证券法的域外管辖标准。自 2010 年 Morrison v. National Australia Bank 案以"交易标准"取代先前的"行为"和"效果"原则后,[31] 美国明确了"不方便管辖原则"(forum non conveniens)或反域外推定原则,即除非美国国会清楚表明意图,并赋予法规以域外适用

---

〔30〕 从公开渠道检索来看,该罪名仅在两起案件中被适用[(2019)粤民终 1464 - 1466 号余某妮等违规披露、不披露重要信息、背信损害上市公司利益案和(2019)沪 74 民初 1011 号上海中毅达股份有限公司管理人员林某楠、任某虎、秦某华、盛某违规披露重要信息案]。

〔31〕 该案主审法官担心适用"行为原则"可能扩大《证券交易法》的域外适用范围,从而导致消极后果。"尽管没有理由相信美国已成为在国外证券市场上实施欺诈者的巴巴里海岸,但确实害怕美国会成为律师们代表在国外证券市场上被欺诈的当事人提起集团诉讼的香格里拉。"

性，否则只能推定该规则只与国内事项有关。从过往美国法院的判例以及《多德—弗兰克法案》(Dodd - Frank Act)第929P(b)条的规定来看，美国证券法上的“长臂管辖”遵守公私法分离规则：如果一项诉讼是由私人提起的，证券法就只能管辖发生在美国境内的交易行为（仅买售在美国证券交易所进行交易的证券，或仅在美国境内买售任何其他证券的行为），绝对排除“长臂管辖”的适用；而若诉讼是由SEC或者是DOJ提起的，则需要通过“效果测试”[32]或者是“行为测试”。[33]“效果测试”的标准包括实质性、直接性、可预见性。(1)“实质性”要求因为证券欺诈行为使得境内利益(interests in the united states)受损，且损失是现实具体存在的，不是未来可能存在的影响。相关投资者能够“感受”到相应的影响和该行为是针对美国居民进行的。就受有损失的投资者而言，若受损的美国投资者仅占较小比例，而外国投资者占据绝大多数时，法院通常持保守的观点，认为该情形并不满足实质性的要求。如对于外国投资人在外国交易所购买外国发行人的证券——所谓“外国三次方”——案件，美国最高法院明确不予受理(Morrison v. National Australia Bank Ltd.)，而对于瑞幸这种“外国两次方”——外国发行人在外国交易所发行交易的证券——案件，也有美国重要的法院拒绝受理(Cornwell v. Credit Suisse Group)。(2)“直接性”要求境外的证券发行或交易行为与境内影响之间应当具有因果关系。境内损害需要是由境外证券欺诈行为直接导致的，而不能由其他因素引发的。考量视角包括“直接后果”、“合理近因”或借鉴侵权法中“风险范围标准”。(3)“可预见性”是基于程序正义的要求，使行为人免于为其无法预见的行为承担责任。因而，境内影响不能仅是一种巧合或者是偶发事件，需要能够由实施证券欺诈的行为人合理预见(foreseeable substantial effect)。

---

〔32〕“效果测试”最早形成于1968年美国第二巡回上诉法院审理的Schoenbaum v. Firstbrook案中，规定即使证券交易行为发生在美国境外，但只要对美国境内产生实质性的、直接的、可预见的影响，美国证券法就有权对该行为进行约束。

〔33〕“行为测试”着眼于证券欺诈行为的发生地，规定只要发生在美国境内的行为是整个证券欺诈行为的关键部分，哪怕证券交易发生在美国境外且仅涉及外国投资者，法院依然能够依据美国证券法作出裁判。

2. 对中方行使证券案件"长臂管辖权"的影响

如果假设中美双方在证券案件"长臂管辖权"立法理念上一致,套用美国证券法上"长臂管辖"的适用条件对瑞幸案进行分析,就会发现因为其违法行为"冲击效果"的程度难以满足"结果标准"的要求,中国证监会不应行使该项权利。虽然境内投资者因为股价下跌利益受损符合实质性第一层面的要求,但在关键性的判定瑞幸财务造假是否是针对中国投资者进行层面,无论是瑞幸公司2019年5月首次公开募股,还是2020年1月完成可转债和股票的发行,其招股说明书中均载明不会向中国居民直接或间接发行、出售该证券。可见,证券并非有意向中国投资者提供,难以满足证券欺诈针对中国投资者的要求,因而无法符合实质性要件的要求,故中国证监会若进行"长臂管辖"会面临国际法上的冲突和执法标准上的挑战。

四、瑞幸案在美国可能受到全面的法律追责

(一)刑事责任

美国作为瑞幸公司证券发行和交易的侵权行为实施地国和欺诈行为的后果发生地国,当然拥有全面管辖权。[34] 从过往案例来看其法律惩罚或保护力度乃全球标杆,美国境外投资者无须过虑因权益保护度不足,以至于要他国执法司法机构来查漏补缺。在SEC以及刑事起诉机关司法部(DOJ)可根据各自职责,发动行政和刑事程序的事实调查,以纽约州为代表的部分州的检察官也可按照自己所在州法对财务造假的公司提起刑事诉讼。瑞幸公司涉嫌发行人信息披露违法(Issuer disclosure)可能面临民事诉讼、行政审裁和刑事审判。美国《1933年证券法》(Securities Act of 1933,以下简称"美证券法")和《1934年证券

〔34〕 美国立法上未规定,但最高法院在Morrison v. National Australia Bank Ltd. 一案中确立如下规则:如果买卖证券的行为发生在美国,就可依据美国证券法起诉[外国发行人将不会受到《美国证券交易法》第10(b)条有关证券集体诉讼法的保护,除非其证券是在美国证券交易所上市或者是在美国境内买卖]。

交易法》[35]等证券相关单项法案内包含的刑事条款中都对上市公司信披违规行为规定了较重的徒刑和罚款,[36]《萨班斯—奥克斯利法案》更是加重了相关法律责任处罚标准。所有制作包括参与起草、修改相关信息者,也包括有权决定是否将这些信息作出公开披露者在内的都将被追究证券欺诈责任,即瑞幸公司的CEO、CFO、董监事(包括外部董事)、控股股东、法律顾问、审计机构、承销机构,甚至将不实信息传递给投资人的普通工作人员都有可能成为被告。美国的财务造假案件主要追究核心高管或负责高管,当然对董事高管的责任内容规定的相对比较具体,不要求其承担一般意义上的忠实、勤勉义务,法律主要追究其主动实施的违法行为。只要形式上违反报告、账簿、账户记录以及内部控制制度相关规则并触犯反欺诈条款就可被认定为财务造假行为进而追究刑责。从刑期看,处罚还是异常严厉的。SEC公布的2019年12件财务造假案件中共有5件被追究刑事责任。其中,斯威舍公司案中Kipp和Viard分别被判处54个月和24个月的监禁;Brixmor Property Group案中卡罗尔、帕帕加洛、斯普兰和莫蒂默被刑事指控,其中斯普兰和莫蒂默已认罪;Celadon Group案中前总裁威廉姆斯对欺诈指控认罪;College of New Rochelle案的财务主管博尔奇(Borge)已经认罪;Power Solutions案相关被告因为相关不当行为被刑事指控。

---

〔35〕 美证券交易法第10(b)节、"10b-5规则"中要求实施内部会计控制的适当制度要求的第13(b)(2)(B)节;要求确保账簿和记录准确的第13(b)(2)(A)节;禁止向公司独立审计师作出虚假和误导性声明的美证券交易法"13b2-2规则"。

〔36〕 美证券法第24条规定,任何人故意违反该等法中的任何条款或SEC根据合法授权所制定的各种规则和条例,或故意在依据该法律提交的注册报表中对重大事项作出不真实的陈述或未予陈述,该等行为被证明有罪后,将被处以不超过10万美元的罚款,或被判处5年以下的徒刑或两者并处。美证券交易法第32条规定,任何个人在根据该法或依该法制定的任何规则和规章需要所提交的任何申请、报告或者文件中作出虚假或有误导性的陈述,当属犯罪。证券交易法规定的最高刑罚为10年有期徒刑,自然人最高罚款为100万美元,非自然人最高罚款为250万美元,徒刑和罚款可以并处。证券交易法还对当事人违反SEC依法制定的规则和条例作出特别的处理办法。《萨班斯—奥克斯利法案》规定,财务报表被证实存在违规不实之处,上市公司的首席执行官、首席财务官将按证券欺诈罪被判处最高达25年的刑期。对犯有证券欺诈罪的个人和公司的罚金最高分别可达500万美元和2500万美元。执行证券发行的会计师事务所如涉及信息造假,将予以罚款或判处20年入狱的处罚。

(二)行政责任

瑞幸案因为舆论影响巨大符合SEC的“审美标准”,SEC倾向于选择比较特殊的案件来向公众宣传自己对证券交易法案的理解。SEC可根据美证券法第17条a款在无须举证欺诈的故意前提下追究证券欺诈者的行政责任。SEC处理流程包括从立案(case opening)到采取执法行动(filing of an enforcement action,包括达成和解和提起执法指控),再由SEC行政法官(ALJs)或法院审理裁决。SEC的惩处措施以民事罚款(civil penalty)为主,根据现行标准,SEC针对每一项“欺诈或者遗漏”最多可以对机构处以83.8万美元罚款,对个人处以17万美元罚款。对于何为一项“欺诈或者遗漏”有多种认定方法,甚至可以将对每一位投资人的虚假陈述视为一项“欺诈或者遗漏”。[37] 此外SEC还可以启动终止令程序(cease - and - desist order proceedings)或阻止令程序(stop order proceedings)要求被告突出收益,返还非法所得,从业人员的惩治(administrative professional discipline)则禁止被告担任上市公司董事、高管,责令改正信息披露,指定专人出任发行人的合规官,甚至指定发行人的多数董事等措施。[38] 美国《对外关系法重述》(the New U. S. Restatement of Foreign Relations Law)(第3版)第442条也赋予了SEC通过向法院申请强制令,要求境外人士接受其调查的权利。如果违法行为坐实,瑞幸公司、会计师事务所及相关主体和个人或将面临巨额的行政罚款。此外区分上市公司与控股股东、实控人责任,穿透追究个人违法责任也是SEC行政执法特点之一,根据2015年美国司法部公布的耶茨备忘录(The Yates memo)工作指引,SEC注重采取资格罚等非财产罚手段对违法责任个人实施精准打击,这是因为公司违法的

---

〔37〕《1990年证券执法救济和小额证券改革法案》确立的三等级的罚款限额结构规定了一个虚假的上限(illusory limit),未明确定义什么是一次违法行为。证监会通过指控大量的违法行为可以正当化任何数目的罚款。

〔38〕《1990年证券执行措施和零股交易改革法》(Securities Enforcement Remedies and Penny Stock ReformAct,SERA)授权SEC可对任何违反证券法的人士发出“停止息念令”(ceaseand desist order)。当SEC发现任何人已经或即将违反联邦证券法或其他有关的条例或规则时,可向行为人发出命令,令其停止违规行为并打消将来违反证券法规的念头。SERA还规定当上市公司的董事或高级职员违反联邦证券法时,SEC有权提起诉讼禁止其继续担任该职务。

“罪魁祸首”往往是公司的实际决策和执行人员，对公司的处罚很可能将违法成本转嫁至无辜股东特别是中小股东承担，变相放纵了违法。如能从瑞幸案开始中美密切协作打击公司高管犯罪，中概股中籍高管屡屡逃脱处罚有望成为历史。

（三）民事责任

1. 私人救济程序（private attorney general）

瑞幸公司面临着在美国证券法下的股东诉讼风险以及其注册地的衍生诉讼风险，如果确认虚假信息存在于瑞幸初始的招股说明书中，或证实瑞幸公司最近一期增发的招股说明书存在虚假信息，瑞幸股东只要证明自己是依据包含特定虚假陈述的招股说明书买的股票，就可依据《私人证券诉讼改革法》（PSLRA）或美证券法第 11 条和第 12 条、美证券交易法第 10 条 b 款提起民事赔偿诉讼，或者要求解除股票购买合同，退还认购款。根据美证券法第 11 条和第 12 条起诉的好处是原告无须证明被告具有欺诈故意，对于依据最近 12 个月内的招股说明书购得股票者，甚至不必证明自己在购买股票是知道相关虚假信息。这意味除了以严格责任归责原则追究发行人的民事法律责任外，证券承销机构、发行人董事（包括外部董事）、签署注册报告的发行人高级管理人员（CEO、财务和会计负责人）以及发行人律师和外聘审计机构，不仅不能推定过错还要证明故意，这与中国《证券法》普遍采用主观过错推定的规则不同。因为美国法院不承认帮助教唆责任，中介机构可以没有直接参与虚假信息的制作或者传播进行抗辩，与发行人相比，中介机构在过错推定原则之下则享有更多的抗辩权利。[39]

2. SEC 民事救济程序

SEC 作为联邦证券法的民事执行（civil enforcement）机构可以民事诉讼原告身份向联邦地区法院申请追究被调查者民事法律责任。如发动禁止令程序暂时或永久性的禁止被调查人正在进行的违法行为，本

〔39〕 除了利用美证券法设定的诉讼时效制度进行抗辩之外，还可以通过证明投资者明知证券募集文件和注册报告存在虚假陈述或虚假信息不具备重大性进行抗辩。可采取的抗辩措施包括：勤勉尽责抗辩（due diligence defense）、有限依赖抗辩（a limited reliance defense）、否定因果关系抗辩（a negative causation defense）和吹哨抗辩（whistleblowing defense）。

案中瑞幸主动向 SEC 披露其造假行为后被纳斯达克迅速停牌,过往也有中概股公司因为财务造假被 SEC 勒令停牌。以及作为禁止令的补充手段的衡平法救济(equitable relief),SEC 可通过司法程序签发禁止令、取得衡平法救济以没收违法所得、冻结涉案财产。也可以通过与我国证券行政和解制度类似的认可令(consent decree)程序与被调查人和解结案,在瑞幸公司认可其违法内容,主动接受处罚结果情况下,不再追究其民事或行政责任。

因为美国不存在行政前置程序,由律所主导的集团诉讼是美国在 SEC 的行政执法之外的另一种并行或补充机制。早在 2020 年 1 月浑水发布瑞幸造假报告后,美国多家律所便于 2020 年 2 月 13 日在美国纽约南区法院对瑞幸提起集团诉讼,〔40〕指责瑞幸发布实质性虚假或误导信息以及未披露不利信息。4 月 2 日瑞幸自曝财务造假,又引来新一波的集团诉讼潮。并在我国香港地区、开曼群岛和 BVI〔41〕进入实质

〔40〕 根据美国 Pacer Case Locator 系统对 Luckin coffee 进行案件检索,可知 Shek 诉 Luckin Coffee Inc. 等案是美国境内唯一的对瑞幸的集团诉讼,目前处于确定首席律师阶段。于我国香港地区司法机构"网上查询聆讯日期服务"查询到针对瑞幸的债券持有人起诉案件编号为 HCMP 572/2020,被告除开曼上市公司外,其他均为瑞幸香港实体。该编号案件最早于 2020 年 5 月 15 日第一次开庭,最近一次开庭时间为 2020 年 5 月 22 日。

〔41〕 虽然瑞幸公司在其 2020 年 1 月 10 日向 SEC 提交的后续发行美国存托股票(ADS)及可转高级债券招股书(Form 424B4)中 59 页写明了可转债发行完全是发行主体母公司的义务,不受其任何运营子公司或 VIE 的担保。其偿还债务(包括票据)的能力取决于其子公司和 VIE 的运营结果,但其子公司和 VIE 作为独立的法律实体,没有义务或有义务支付票据或为此目的提供任何资金。但开曼公司法规定其法院对开曼注册公司有优先管辖权。另外,国际法惯例上各国可以分别根据自己的国内法进行管辖,可以不因为其他国家已行使管辖权了就放弃自身管辖权。开曼法律也规定了其法院将承认在美国的联邦或州法院获得的对人的最终和决定性判决为有效判决。在中概股的招股书上往往都会安排第三方公司作为代理人,在根据美国证券法对其提起的任何诉讼中,向其送达诉讼程序。

庭审程序并被判决清算。[42] 虽然出于政治因素美方实质庭审尚未启动,但从过往案例来看美国集团诉讼往往以和解结束,投资者希望尽快得到赔偿,律师希望尽快拿到律师费,而瑞幸公司希望尽快摆脱集团诉讼带来的负面影响,多重驱动力下,瑞幸公司及承销商、审计机构等选择与投资者和解的可能性比较大,免于经历实质庭审程序。

五、中美跨境证券监管合作路径展望

(一)提升我国证监会的执法能力

虽然我国针对上市公司证券违法行为已经建立起了一整套比较完整的法律责任体系。但总体来看,在法律责任追究机制立法与实务中,还存在机制自身缺陷、相互衔接和配套问题。在证券法律责任实现上行政案件相对于民事、刑事案件数量较多,民事赔偿不充分和刑事责任追究不到位,法律责任实现的时效性不足、不同类型法律责任实现之间的联动性不够。如在证券民事诉讼机制和非诉机制方面,存在违法行为的认定标准缺陷、先行赔付追偿程序设计缺失,以及调解协议司法确认程序复杂和诉讼与调解衔接不畅等问题。在证券法律责任追究机制的相互衔接方面,民事诉讼仍然受到行政处罚、刑事判决前置程序的限制,在行政处罚与刑事追诉衔接中的移送规范性和及时性也有待提高;证券法、公司法等对上市公司内外监督的实体法及司法制度配套建设尚不完善,律师、审判人员和调解机构专业化仍显不足。

2017 年国际证监会组织(IOSCO)通过的《增强版多边备忘录》(EMMoU)新增了强制问询、冻结资产、获取审计底稿、获取互联网服务提供商记录、获取电话记录等 5 项跨境执法权限要求。相比于 SEC

〔42〕 瑞幸公司被多地起诉与其离岸股权信托结构有关,其上市主体注册在开曼,上市主体下设五层架构,同时在 BVI 设立相应的公司、员工的持股平台、投资平台等,下面设相应的离岸公司控股香港的公司,香港公司再持有境内的控股公司股权,境内控股公司通过 VIE 架构控制境内的公司,以此完成境内上市公司的离岸架构。此类合同安排包括代理协议和委托书、确认函和担保书、配偶同意书、股权质押协议、主独家服务协议、业务合作协议和独家期权协议。

具有行政处罚权和强制传唤证人作证、搜查查封扣押、刑事案件移送和起诉权等准司法权,中国证监会尚没有强制问询、获取互联网和电话记录等取证类执法权力,难以签署这一 EMMoU。在申诫罚、资格罚、行为罚等非财产罚措施的运用(如行政监管措施)方面中国证监会相较 SEC 的主要非财产罚措施如“履行义务”(undertaking)、“资格剥夺”(bars and suspension)、“停止证券上市”(trading suspension)和“资产冻结”(court - ordered asset freezes)相比中国证监会的执法权力范围过窄、种类过少,《证券法》也未赋予中国证监会直接或依托司法程序实现跨境执法的权限,跨境监管动力不足,无论是在向境外发出个案协查函,还是在接受境外协查函的数量上都远少于美方,导致在双边监管配合中中国证监会无法满足 SEC 监管执法的要求。虽然公安经侦部门拥有证券犯罪刑事执法权,但往往在证监部门移交案件线索后才会刑事立案,故证监稽查部门拥有事实上的刑案启动权,且“直接刑事移送”“先处罚后刑事移送”“处罚、刑事移送并行”等三种行刑衔接模式的标准难以细化,行政不法事实与犯罪事实以成文法的形式进行法律位阶区分容易被“贴线规避”。虽然强调在个案查处中要发挥证券监管部门的数据分析、专业判断优势和公安机关的侦查优势,但公安部门较晚介入导致丧失最佳的侦查时机导致事倍功半。证券类案件的调查取证难度大、入罪条件高的特点也需要将在境外实施的证券发行、上市、交易之行为纳入中国刑法体系下进行规制同时赋予中国证监会类似 SEC 的准司法权。

(二)加强对境外上市公司的境内日常监管

瑞幸案暴露了我国对境外上市公司境内监管的不足,本案中虽然瑞幸公司是信息披露义务人,但其仅是实控人作恶的工具,追责时应合理分配民事责任,落实到具体责任人员。应完善实质管理和信息披露相结合的监管模式,区分实质违规与形式瑕疵,细化控股股东滥用控制权行为的责任构成要件,加大对同股不同权等特殊股权架构下实控人关联交易行为的监管与审查。设计合理的激励机制以平衡其道德风险的成本与收益,将行为主体的奖惩与其提供的信息或外在观察的信息联系起来,将行为的社会成本和收益内部化为决策者个人的成本和收益。引导其在关注造假行为的短期利益的同时,重视造假行为带来的长期不利益，如声誉受损、市场禁入等。新《证券法》在本次修订中也进一步强化了其民事责任，如显著加大信息披露的违法违规成本，强化追究关键少数的责任和追首恶以及便利中小投资者维权和民事救济，便于投资者实现其损失的追偿。今后证监会不仅要为本国企业境外上市全流程承担最低限度的监管把关作用，还要与财政部、市场监管总局等主责单位密切合作，为其境外上市后的境内运营主体的日常运营及相关责任人提供必要的持续监管。同时跨境监管理念的强化应当与制度的完善、法律的执行并行，优化不同责任追究机制的运行衔接及其监督，把监管的重心从以前的重审批调整到重事中事后的查处，以境内监管和跨境监管协同合作督促中介机构审慎执业。就瑞幸案而言，2020年7月31日证监会宣布已会同财政部、市场监管总局对瑞幸咖啡境内运营主体及相关责任人、关联方及相关第三方公司违法违规行为进行了立案调查，多部门合力打击协助造假及帮助虚假宣传行为，为下一步向公安司法机关移送案件和配合美国证券监管部门开展跨境协查打下坚实基础。

（三）拓宽跨境证券监管合作的途径和内容

在证券法的域外管辖权尚未在国际范围内被普遍接受或者即使接受也难以启动的限制下，各国证监机构努力探索拓宽境内机构的执法边界，善用境外监管机构监管资源的举措，集中体现为双边与多边合作机制。双边合作机制是指两国监管机构通过签订谅解备忘录（MoU）的方式来交流信息或者开展执法合作。在全球范围内形成治理框架之前，大部分的证券监管不是基于管辖权，而是基于证券合作备忘录等合作协议方式。因为不涉及主权问题，从而更容易被各国接受。多边合作机构涉及交易所和监管机构两大层面。交易所层面以跨市场监管集团（ISG）为代表，监管机构层面以IOSCO在2002年发布的《关于磋商、合作与信息交换的多边谅解备忘录》（MMoU）影响力最大。

中美两国已经在中美战略与经济对话中取得了在跨境执法行动中采用双边机制的共识。在查处上市公司财务造假案件方面，中美两国证监会已经以中国内地与香港地区证券监管相互认可制度为合作模板，以选择性多边互认（selective mutual recognition）方式合作。中美间可先在跨境信息披露监管合作框架内就与公司财务造假等关键信息内容进行相互信赖对方监管的信息交换互信,以美加合作为样板构建中美版"多法域信息披露体系"(multi - jurisdiction disclosure system, MJDS),以等效审计监管来有效拓宽信息披露途径及内容。这样既保证了中国对于本国企业造假案件的态度,并不会放纵处理,又能参与美国的处罚以同步获取信息及证据。建立在司法互助协定(MLAT)基础上的中美双边线索与调查信息合作机制,把跨境执法协作措施纳入司法程序,不仅相较一般的监管合作效力层次高,更保障了最终采取执法措施的公信力。

(四)完善证券法域外监管适用的具体规则

瑞幸案实际上涉及SEC的"长臂管辖"的形式,而非中国证监会的"长臂管辖权"的行使。我国政府长期以来一直反对他国轻率行使长臂管辖权,而重视礼让原则和双边协作。证券监管作为公权力的一种,应立足于维护我国"公共"市场秩序、保护我国"公众"投资者的利益。在证券法域外适用上应当把握适度,攻防兼备的方向,以无域外适用管辖推定为原则,以交易标准为主,结果标准为例外,统筹考量私法诉讼主体和公法诉讼主体的情形。启动长臂管辖前应先考量行使管辖权的必要性及可被接受的程度,证券违法行为是否对境内市场秩序和境内投资者合法权益造成实质性的、直接的和可预见的"冲击效果",如果仅涉及少数私募投资者,在购买瑞幸股票时主观心态上无期待受国内法保护的预期(瑞幸历次招股说明书中均载明不会向中国居民直接或间接发行、出售该证券),则在与他国发生管辖权冲突时应秉持礼仪衡量原则礼让他国行使管辖权,以不启动"长臂管辖"为妥。

(五)争取实现中美等效监管

中美两国由于资本市场发展阶段不同、市场结构不同、监管制度不同,两国在证券监管领域难免存在分歧和摩擦,在中美跨境证券监管合作历史中,也曾多次出现波折、面临困难的局面。如果将个案问题政治化,一味针对中国公司,无助于问题的解决。在瑞幸案等中概股管辖问题上中国应采取公私法区分的方法,对中概股发行上市交易应坚持行为地法管辖原则尊重美方的管辖权,中国作为上市主体实际经营地所在国有义务协助,当应根据MMoU和双边备忘录相关规定,坚持境内证券独立监管原则,对私主体协助范围应当由上市主体在招股书中列明，SEC 不得在案发后要求中方根据其监管需要提供相关材料，也不得直接调查或者要求当事人提供材料，应双方通过相互协商确定要检查的业务和检查范围，说明请求调查瑞幸的目的、请求得到协助的内容、SEC 已掌握的情况，需要中国证监会后续提供或协助调查的事实。倘若瑞幸案涉及跨境刑事犯罪，可依据 2018 年颁布的《国际刑事司法协助法》进行刑事调查和取证协作，SEC 还可通过《海牙取证公约》向中国请求调取民事证据，也可就个案进行延展性双边合作协议谈判。虽然有“请求数量不对等（境外需求远高于境内）”这样的调查成本如何分担的问题，且根据我国《刑事诉讼法》等法律规定，中国证监会向境外监管机构提供的协查材料中若涉及非公开信息的，不得在刑事诉讼中直接作为证据使用，但这样的境内外法律制度不同导致的跨境监管协作法律理解适用问题依然可通过持续沟通交流来增进共识、建立互信。

六、结语

中国证监会发出声明强烈谴责瑞幸公司财务造假行为并表示会依法进行核查的行为，表达出中国证监会使用“长臂管辖”对域外证券交易活动介入调查可能性信号。在 SEC 已立案并可能受到全面的法律追责情况下应谨慎适用。随着中国资本市场双向开放的不断推进，境内外资本市场互联互通程度加深，应当以尊重各国法律法规和执法权限为基础，在承认利益博弈的同时寻求不同监管主体之间的利益均衡，通过加强跨境监管执法合作，尽最大努力协助境外监管机构达成监管目标，并根据我国证券市场的特性、资源禀赋和路径依赖等因素进行适应性制度调适。通过推动构建起自律管理、日常监管、稽查处罚、刑事追责、集体诉讼和民事赔偿有机衔接、权威高效的资本市场执法体系，全方位、立体型拓宽跨境证券监管合作的途径和内容，以逐步扩大我国证券“长臂管辖”条款的国际影响力和接受度，为我国企业“走出去”实现全球资本配置保驾护航。

（编辑：宋澜）

《证券法苑》(2020)
第三十卷,第428 ~451页

新《证券法》下跨境证券监管制度的完善

于　萍*

摘要:新《证券法》在跨境证券监管立法方面迈出了重要一步,初步构建起了我国跨境证券监管制度的总体框架。然而,目前的跨境证券监管制度在实际适用时仍面临着诸如域外适用边界不够明确、如何解决我国证券市场对外开放模式下的具体跨境监管难题、如何提升我国证券监管执法水平等问题。本文以新《证券法》为基础,结合当前我国证券市场对外开放现状,通过对上述问题的分析提出进一步完善我国跨境证券监管法律制度的建议,为推动我国资本市场对外开放迈向更高水平保驾护航。

关键词:域外适用　跨境监管　执法协作

2019年12月28日通过的《中华人民共和国证券法》(以下简称《证券法》)秉持着市场化、法治化、国际化方向,进一步夯实了我国资本市场发展的基础性制度,致力于打造一个规范、透明、开放、

* 华东政法大学博士生研究生,现供职于上海证券交易所。本文仅代表作者个人观点,与所任职单位无关。

有活力、有韧性的资本市场，开启了我国资本市场改革的新篇章，备受市场瞩目与期待。[1] 其中，《证券法》的一大亮点在于丰富了我国跨境证券监管法律制度，特别是首次在立法层面明确了我国证券法具有域外适用效力，为我国进行跨境证券监管活动提供了坚实的法律基础。[2] 但值得注意的是，《证券法》在跨境证券监管的一些关键问题上仅作出了原则性规定，在具体适用时仍留有较大的解释空间与不确定性，这与过去我国在跨境证券监管方面的实践积累不足有关。资本要素跨境流动是一个机遇与风险并存的过程，随着我国对外开放不断向更高水平迈进，提升跨境证券监管水平作为资本市场对外开放过程中维护本国资本市场安全与稳定的重要武器，具有重要现实意义，有必要以此为契机，研究如何在《证券法》框架下构建起一套适应当前我国证券市场对外开放现状的跨境证券监管制度，特别是配套法律适用与实施机制。

一、新《证券法》对我国跨境证券监管制度的构建与检视

（一）赋予证券法域外适用效力，但域外适用边界尚不够明确

新《证券法》首次在立法层面明确了我国证券法具有域外适用效力，奠定了我国实施跨境证券监管的法律基础。根据《证券法》的规定，“在中华人民共和国境外的证券发行和交易活动，扰乱中华人民共和国境内市场秩序，损害境内投资者合法权益的，依照本法有关规定处理并追究法律责任”。短短两行字却在我国跨境证券监管方面具有里程碑式的意义，打破了此前我国证券法在域外适用方面的立法空白，为未来司法与行政机关将证券法适用并实施于境外提供了明确的上位法依据。同时，该条款以“扰乱境内市场秩序”和“损害境内投资者合法权益”两个维度确立起的域外适用标准，也符合世界各国纷纷以效果

---

〔1〕 参见《新〈证券法〉全文及修订要点》，载证监会官网：http://www.csrc.gov.cn/pub/shanghai/ztzl/pfzl/202003/t20200306_371622.htm，2020 年 5 月 29 日访问。

〔2〕 《证券法》第 2 条。

原则为核心确立起的国内法域外适用的实践惯例,具有合法性和正当性。本条款虽然有很大的进步意义却也并非完美,从其他国家法律域外适用的实践探索来看,可以预见到现行的证券法域外适用制度在实际适用的过程中将面临一系列现实挑战。

具体而言,目前明确的两项域外适用判断标准过于宽泛,“境内市场秩序”和“投资者合法权益”都是十分抽象和意义模糊的概念,其内涵的可收缩空间较大,尤其是考虑到资本市场的抽象性与复杂性,证券领域违规行为与损害后果之间的因果关系本来就较难厘清,从广义上看,几乎所有发生于境外并涉及境内因素的证券违规行为都可以被扣上“扰乱境内市场秩序”和“损害境内投资者合法权益”的帽子。尽管这种弹性可以为法律的适用提供灵活性,但过于宽泛的解释空间只会让法律执行者在实践中无所适从,缺乏统一明确的标准极可能造成实践中域外管辖权的滥用,造成我国证券法域外适用的手臂伸得过长,监管部门和司法机关对于海量的跨境证券监管案件疲于应付,并存在与他国证券监管部门产生管辖权冲突甚至侵犯他国司法主权的风险。那么,到底应当如何解释和理解《证券法》确立的我国域外管辖联结点的内涵,将域外适用把握在一个合理的限度范围,是当前我国证券法域外适用法律制度能否得到有效落实的关键,也是对我国立法者、监管者、执法者智慧的集体考验。

(二)完善监管协作框架,但跨境监管面临的具体难题仍待解决

《证券法》新增了针对其他国家和地区擅自在我国行使域外管辖权的阻却立法规定,为我国在深化跨境证券监管协作的同时维护司法主权不受侵犯构筑了一道安全网,完善了我国跨境证券监管协作整体框架。《证券法》第177条共两款,第1款保留了原有授权我国证监会与其他国家或地区的证券监管部门开展跨境监管协作的规定,更倾向于是一个原则性和宣示性的表述,但单靠这一款是远远无法解决我国跨境证券监管中的复杂问题的。随着我国资本市场对外开放模式的不断丰富,从最初的境内企业“走出去”跨境上市,到近年来中概股的回归以及“沪港通”“沪伦通”等模式的探索,我国资本市场对外开放中的跨境监管问题日益复杂,不同模式下暴露出的跨境证券监管难题各不相同,如何针对不同模式下跨境证券监管协作难题提出相应的解决方案，是我国证监会开展跨境证券监管协作的又一难题与关键所在。

第2款为新增内容，对我国开展跨境监管协作的方式进行了细化规定，至少包含两方面的含义。一方面，明确我国证监会可以通过提供相关文件和资料的形式同境外主体开展跨境监管协作，这是对第1款的细化与落实，体现出了我国开展跨境监管协作的诚意与决心；另一方面，也是对其他国家和地区在我国行使域外管辖权进行合理限制，明确我国开展跨境证券监管协作的红线是禁止任何境外主体直接在我国境内进行调查取证，合法的途径是在取得我国证监会或有关国家机关的同意后，相关主体才能够以提供文件和材料的形式对外提供跨境监管协助。值得一提的是，第2款并未明确提供文件和材料是否是我国对外提供跨境监管协助的唯一形式，对于其他未提及的协助方式，诸如配合境外监管部门接受询问或采取保全措施等行为是否合法，目前《证券法》并没有给出答案。本文从探究立法本意的角度出发对本条持限缩解释的观点，即除非我国在对外签署的监管协作备忘录或司法互助条款等文件中明确授权，否则不允许以法律规定以外的方式提供监管协助。理由是：第2款本质上是一项阻却立法（the blocking statues），其目的是阻止境外主体擅自在我国行使域外管辖权，防止境外主体以法律域外适用为手段干扰我国的司法独立、经济利益甚至是国家安全。

阻却立法在国际法上具有深厚的实践基础，美国早在19世纪中期开始就将域外管辖作为其对外扩张的手段，第二次世界大战后更是在立法中大量增加了域外适用的内容，突出体现在反垄断、出口管制等经济和国家安全领域，美国过度行使域外管辖无疑是对其他国家和地区司法主权的挑战，于是当时与美国存在大量贸易和外交往来的欧洲各国纷纷对此采取了阻却立法行动，即在国内法中增加禁止本国人配合美国在本国内进行调查取证、采取强制措施、执行司法判决或行政命令等活动的规定，并明确了违反相关规定的法律责任，如1947年加拿大出台的《商业记录保护法》是世界上第一部阻却立法，随后英国、法国、荷兰、意大利等国纷纷仿效加拿大制定了本国的阻却立法，涉及内容从对外贸易、信息安全等领域逐步拓展到一般性的阻却程序，如澳大利亚1976年的《外国程序（禁止提供特定证据）法》和1984年的《外国程序法(过度管辖)法》。[3] 可见,阻却立法在世界范围内有广泛的运用历史与范围。

(三)丰富证券监管职权,但执法水平能否满足立法期待仍需检验

《证券法》丰富了我国证券监管部门的职责与权限,有利于进一步提升我国证券监管执法水平,从而提升我国开展跨境证券监管协作的能力。《证券法》第169条关于我国证监会的法定职责中,较于过往新增了一项"依法监测并防范、处置证券市场风险",从中可以看出法律对于我国证监会监管市场的角色定位已经明确体现出了"宏观审慎+微观监管"两位一体的价值取向,以合法合规和防范风险双重目标为导向对我国证券市场实施监管,维护我国证券市场乃至金融体系的安全稳定。这一转变体现出法律对于我国证券监管发挥更加积极主动的市场管理职能的期待,为了维护证券市场的规范有序运行,监管机关不应仅停留在事后对违法违规行为进行惩戒的被动式监管,更要密切监测市场并在市场初现风险苗头时积极采取预防措施防患于未然。具体到跨境证券监管方面,意味着我国证券法域外适用的理由和依据既可以是打击违法违规行为,也可以是出于防范并处置我国证券市场风险的需要。这在如今我国证券市场国际化程度不断加深的背景下显得尤为重要,同时也对我国证监会的市场监管和执法水平提出了更高的要求。

此外,《证券法》第170条对于证监会的法定权限也进行了一定程度的丰富,执法权限的丰富对于我国证监会与境外其他监管部门加强跨境监管协作将是一个积极助力。目前,我国尚未加入国际证监会组织的《增强版磋商管机构、合作及信息交换多边谅解备忘录》(Enhanced Multilateral Memorandum of Understanding Concerning Consultation and Cooperation and the Exchange of Information,EMMoU),主要原因是我国证监会还没有强制问询、获取互联网和电话记录等执法权力,这些执法

---

[3] See Deborah Senz & Hilary Charlesworth, *Building Blocks: Australia's Response to Foreign Extraterritorial Jurisdiction*, Melbourne Journal of International Law, Vol. 2, 2001.

手段的不足成为我国深度参与全球性跨境证券监管协作的“天花板”。[4]《证券法》根据监管实践的需要，为证监会在开展调查取证、防止损害后果的进一步扩大、及时锁定证据和控制行为人等方面增设了执法手段，如要求被调查人按指定方式报送文件和资料、在特殊情况下可以对与被调查事件相关的文件资料予以扣押、将限制当事人证券交易的时间最长延至6个月，以及可以限制相关涉案人员出境等，这将为我国更深层次地融入到国际跨境证券监管协作体系中提供积极助力。那么在《证券法》对我国证券监管水平给予更高期待并赋予更多执法权限的背景下，证监会应当如何把握并利用好这一机遇，进一步提升我国跨境证券监管的执法水平，也是十分值得思考的问题。

二、我国证券法域外适用的合理边界探析

（一）法律域外适用的渊源

法律的域外适用（extraterritorial application），是指一国的国内法得以在域外适用实施。国际法上一般认为，一国通过立法、司法和行政机构对位于或发生在其领土范围之外的人或行为行使管理权力、施以法律约束的过程是域外管辖（extraterritorial jurisdiction）。依据行使管辖权主体的不同，可以将管辖权分为立法管辖权、司法管辖权和执法管辖权，而域外管辖的结果正是法律的域外适用，是一国国内法律约束力超越其领土范围的对外延伸，本质上是一国司法管辖权的扩张，在当今全球化程度不断加深、国际交往日趋复杂的背景下，国内法的域外适用是一国更好地维护国家安全与利益的有力武器。[5]

根据传统国际法理论，通常情况下一国的司法主权应当严格限于其领土范围内；但对于那些可能影响整个国际社会的严重罪行，由于其

〔4〕载国际证监会组织官网：https://www.iosco.org/about/? subsection = emmou，2020年5月29日访问。

〔5〕See Jennifer A Zerk, *Extraterritorial Jurisdiction: Lessons for the Business and Human Rights Sphere from Six Regulatory Areas*, Working Paper No 59, Harvard Corporate Social Initiative, 2010.

侵害的法益属于国际利益,致使任何国家均有义务对其予以打击,应当受到普遍谴责,因而国际法并不禁止某些情形下一个国家突破司法主权的属地性而行使域外管辖,即普遍刑事管辖权。[6] 如今紧密交织的世界经济早已打破了空间的限制,一国有限的法律约束范围已不足以有效规制突破地理空间范围的跨境交往活动,这无疑为跨境违法行为留下了生存空间,且随着经济活动在人类社会发展中的重要性日益提升,在经济领域发生的一些严重违法行为尽管不会对人身安全构成直接威胁,但带来的损害后果间接侵害到人的基本生存发展利益,其严重程度不可小觑,特别是在全球经济密切交融的背景下,打击跨境经济违法活动同样属于维护国际社会共同利益的需要。如今无论从国际法理论还是各国实践来看,经济领域法律的域外适用均具有正当性和必要性。问题在于,当各个国家和地区都积极赋予本国的国内法以域外适用效力时,便会产生法律效力范围的交叉与重叠,正如两块同样凸出的拼图,当它们连接在一起的时候非但没有贴合得更加紧密,反而会因此产生碰撞留下空白地带。因此,要构建一套行之有效的法律域外适用制度,关键在于合理划定本国法律域外适用的边界,并协调好本国与其他国家和地区跨境监管协作的问题。

(二)美国法律域外适用制度的经验借鉴

鉴于美国在法律域外适用制度方面具有最悠久、最丰富的理论与实践经验,本文将重点剖析美国的法律域外适用制度的发展进程,以供我国证券法域外适用制度完善之参考。在反垄断法领域,1945 年美国联邦政府诉铝业公司一案首次赋予了《谢尔曼法》具有域外适用效力,并确立了反垄断法域外适用的"效果原则"(effects doctrine)。[7] 由于域外适用可能引起的国家间法律冲突以及美国监管部门与司法系统过度负担,美国也难以一意孤行地肆意扩大其国内法的域外适用范围,1976 年 Timberland Lumber 诉美洲银行一案首次提出应当对反垄断法

---

〔6〕 参见《普遍管辖权原则的范围和适用:秘书长根据各国政府评论和意见编写的报告》,载 https://papersmart. unmeetings. org/media/641711/A% 2065% 20181% 20c. pdf,2020 年 5 月 29 日访问。

〔7〕 See United States v. Aluminium Co. of America,148 F. 2d 416,65 U. S. P. Q. 6(2d Cir 1945).

的域外适用进行合理限制，既关注行为本身与美国的实质联结程度，也注意遵循国际礼让原则，在防范法律域外适用制度被过度滥用方面迈出了重要一步。1982年《对外贸易反托拉斯修订法》从制定法层面提炼总结了"效果原则"的具体内涵。除了根据"效果原则"确定相关案件与美国国内市场具有实质联结外，多数法院在裁判时也高度重视遵循国际礼让原则，即考虑相关外国主权国家的利益，尤其是当一个限制竞争是国家主权的行为时则不对其拥有管辖权。[8] 美国在1995年《反托拉斯国际适用指南》中再次重申了国际礼让原则在域外适用中的重要性，将其作为合理的管辖权原则，"美国各主管机构须考虑与案件相关的外国主权国家的重大利益是否受到影响"。[9]

在证券法领域，作为美国证券法体系两大基石的1933年《证券法》和1934年《证券交易法》均未提及域外适用的问题，美国证券法的域外适用制度主要是通过法官在司法判例中逐渐探索总结出来的，大体上可分为三个阶段。第一阶段为20世纪60年代开始地方巡回上诉法院对传统证券法属地管辖权的扩张，Bersch v. Drexel Firestone. Inc案是对属地管辖权扩张的集大成者，其确立的"效果—行为标准"显著扩大了美国证券法的管辖权，但同时也带来了美国证券法域外管辖权过度扩张的问题，导致司法资源存在被原告滥用以及可能侵犯他国司法主权等风险。[10] 第二阶段是联邦最高法院对域外适用效力进行严格限制。在2010年Morrison一案中，联邦法院认为立法机关在制定1934年《证券交易法》的相关条款时默认其不具有域外适用的意图。[11] 本案确立的"交易标准"大大限缩了美国证券法的域外适用效力，一定程度上可视为对此前美国证券法域外管辖权过度扩张问题的矫正。[12] 紧随Morrison案出台的《多德—弗兰克华尔街改革和消费者保护法》

---

[8] See Trugman - Nash, Inc. v. New Zealand Diary Bd, 954 E Supp 733 (S. D. N. Y. 1997).

[9] 王晓晔:《我国反垄断法的域外适用》，载《上海财经大学学报》2008年第1期。

[10] See Bersch v. Drexel Firestone, Inc, 519 F. 2d 974 (1975).

[11] See Morrison v. Nat'l Asutl. Bank Ltd. , 130 S. Ct 2869 (2010).

[12] 参见张迈:《瑞幸咖啡财务造假，中国证监会可否进行处罚？——且看〈证券法〉域外管辖条款的适用限度》，载 www. finlaw. pku. edu. cn, 2020年5月29日访问。

（以下简称《华尔街法》）开启了美国证券法域外适用的第三个阶段，是美国国会首次在制定法层面对证券法域外适用效力予以确认。[13]

从上述分析可以看出，无论是美国反垄断法还是证券法的域外适用实践，均经历了一个从过度扩张到过度限缩再到合理限制的探索与妥协过程。所谓"合理"，其外在表现形式是既要在基本法理上满足相关违规行为与本国国内市场具有实质联结，又要在国际法层面上遵循国际礼让原则；其本质是法律域外适用为本国所带来的收益与成本的动态平衡，且该种平衡需要根据特定历史时期下的国际形势、经济格局、国内市场发展阶段、司法与监管资源等因素来综合决定；要实现的目标是，一国既要利用好域外管辖权这一法律武器，以在国际经贸往来中最大限度地维护和实现好本国经济利益，同时也要平衡好与尊重他国的司法主权、不给本国监管和司法资源造成过重负担以及不因此而削减本国市场吸引力等因素之间的关系。

（三）构建我国证券法域外适用制度的合理边界

通过上述分析可知，对法律的域外适用进行合理限制是十分必要的，且合理的域外适用制度边界至少应当包括两个方面：一是相关违规行为应当与本国国内市场具有实质联结；二是遵循国际礼让原则。关于实质联结的判断，美国法院对反垄断法领域"效果原则"的阐释是对国内市场产生直接、重大和可预期的影响，对证券法领域"效果原则"的阐释是对国内市场产生实质性损害，尽管二者表述不同，但其本质上都是通过分析法律上的因果关系去判断相关违规行为与本国国内市场的实质联结程度。在不同的法律关系领域，有关因果关系的内涵、判断标准和认定规则各不相同，如合同上的因果关系、侵权责任法上的因果关系、保险法上的因果关系等，这是由不同领域下人们认定因果关系的目的各不相同所决定的。对于侵权责任法而言，其因果关系认定的目的在于判断侵权诉讼中被告的行为与原告所遭受的损害之间是否具有因果关系，以此来认定被告是否应对原告承担损害赔偿责任并进一步确定具体的责任范围，其侧重考察的是被告的作为或不作为是否是原

〔13〕 中国证券监督管理委员会组织编译：《美国多得—弗兰克华尔街改革与消费者保护法》（中英文对照本下册），法律出版社2014年版，第94～97页。

告损害发生的原因,这与证券法领域惩戒违法行为并赔偿投资者损失的逻辑是一致的。[14] 可以说,证券领域的违规行为本质上都是特殊的侵权行为,我国损害赔偿的认定等方面也的确是才用了侵权行为的基本原则和思路,如最高人民法院《关于审理证券市场因虚假陈述引发的民事赔偿案件的若干规定》中明确将虚假陈述行为认定为"侵权"。[15] 因此本文认为,在构建我国证券法域外适用制度的合理边界时,可以借鉴侵权责任法上因果关系的认定规则去判断相关违规行为与我国境内市场或境内投资者遭受的损失之间在法律上的因果关系,从而确定与我国境内市场的实质联结程度。除了具备法理上的正当性以外,由于证券法的域外管辖适用不可避免地涉及国家之间的关系,处理国家间的关系必须考虑国际礼让原则,这在目前已是国际法上的一项基本共识,应当在我国证券法域外适用制度中予以明确。

三、当前我国跨境证券监管面临的具体问题研究

跨境证券监管问题源于各个国家和地区证券市场对外开放的实践,是资本要素在全球范围内跨境流动的产物。跨境证券监管问题之所以复杂,主要是由于各个国家和地区之间资本市场互联互通的模式呈现出高度差异化的特点。资本市场对外联通的具体模式是各参与方在全面考量政治、经济、外交、文化以及资本市场发展传统和发展阶段等各方面因素后权衡妥协的产物,有着深刻的国别烙印,较难总结出一套标准、普适的范式,更多地依赖于互联互通各方之间的协商与沟通。况且在实际开展跨境证券监管合作时,实际效果如何还将深刻地受到当时国际政治经济环境等外部因素的影响,不是单纯依靠事先建立的

---

〔14〕 参见周学峰:《论保险法上的因果关系——从近因规则到新兴规则》,载《法商研究》2011 年第 1 期。

〔15〕 最高人民法院《关于审理证券市场因虚假陈述引发的民事赔偿案件的若干规定》第 27 条规定,证券承销商、证券上市推荐人或者专业中介服务机构,知道或者应当知道发行人或者上市公司虚假陈述,而不予纠正或者不出具保留意见的,构成共同侵权,对投资人的损失承担连带责任。

协作机制就能解决的。可以说,证券市场对外开放模式是研究跨境证券监管问题的基础,不同的对外开放模式下各个资本要素跨境的方式都有所不同,这将对跨境证券监管中的一系列关键问题产生影响,如取得管辖权的基础、管辖权的范围、对违法违规行为的发现与识别等,结合上述方面的分析可以总结出不同模式下我国跨境证券监管分别面临的核心难题。

(一)不同对外开放模式下我国跨境监管协作分别面临的核心难题

目前,我国资本市场对外开放的模式总体上可以分为两类:第一类是证券市场整体的对外联通,如"沪港通""深港通""沪伦通",此类模式的主要特点是由两地政府部门主导推动,双方证券监管部门和交易场所事先在证券的发行上市、交易结算、信息披露、投资者保护等市场基础制度上作出协调安排,为便利两地资本要素双向流动搭建一个专门平台,两地资本要素在此平台上流动能够享受特殊便利,如我国证监会针对证券公司参与"沪港通"业务、香港上市公司向境内原股东配售、税收政策等问题单独或联合有关部门发布了专项规定。第二类是个别资本要素的对外联通,如境内企业赴海外上市、海外红筹企业回归等,主要特点是资本要素的流动纯粹是市场主体的单独行为,企业或个人将完全以外国人的身份参与到境外资本市场中去,适用境外资本市场关于外国人的一般性规定,相比于前一种模式,此模式下的跨境行为更像是市场主体单枪匹马赤膊上阵,无法享受政府主导下资本市场整体联通带来的制度便利。

具体来说,"沪/深港通"是我国境内投资者跨境"走出去","沪伦通"是上市公司通过在对方证券市场发行存托凭证的方式间接实现跨境上市,红筹企业回归、境内公司海外上市则是公司本身跨境,跨境方式的差异直接决定了我国境内证券监管部门对相应上市公司违法违规行为取得管辖权的基础是不同的,除"沪/深港通"模式下我国境内证券监管部门是以"保护我国境内投资者合法权益"作为联结点、通过证券法的域外适用而取得管辖权之外,其他模式下由于相应上市公司或是注册在我国境内、或是在境内上市、或是因在境内发行证券产品而间接成为我国境内上市发行人,我国境内证券监管部门基于属地管辖原则而当然取得管辖权。[16]

在因证券法域外适用而取得管辖权的情况下，我国境内证券监管部门的管辖权仅限于有限范围内的行为监管，即因损害了我国“境内市场秩序”或“投资者合法权益”而与我国境内产生联结的特定行为，除此之外均不在我国证券法的管辖范围。域外适用意味着行为人位于我国境外，我国境内证券监管部门在缺乏对行为人日常监管的情况下，是很难主动发现或是事先预防相应违法违规行为的。从目前实践来看，我国证券监管部门对此类违法违规行为的发现几乎完全依赖于上市公司母国证券监管部门的信息共享。除了对违法违规行为线索的发现不便、处于被动之外，还存在对违法违规行为的识别障碍。由于不同国家和地区的证券法律规定有所差异，对于相应行为是否构成违法、行为性质的严重程度等方面的理解并不完全相同，这既会直接影响双方在后续调查取证阶段执法协作的配合程度，同时也给市场留下了监管套利空间，不利于防范并打击证券违法行为。因此，如何及时知悉并掌握违法违规线索、有效打击违法违规行为是跨境证券监管中的一大难题(见表1)。

表1　现有不同对外开放模式下的跨境证券监管问题

<table>
<tr><th>对外开放类型</th><th>对外开放具体模式</th><th>境内监管部门取得管辖权的基础</th><th>管辖权的范围</th><th>违法行为的发现与识别</th><th colspan="2">跨境证券监管中的核心问题</th></tr>
<tr><td rowspan="2">证券市场整体对外联通</td><td>沪/深港通(投资者跨境)</td><td>域外适用</td><td>证券法层面的行为监管</td><td>被动发现</td><td>境内监管部门对违规线索难以主动发现，且两地监管规则的差异可能影响对违规行为的识别</td><td rowspan="2">与监管对象母国在调查取证、送达与执行等方面的执法协作难题</td></tr>
<tr><td>沪伦通(产品跨境)</td><td>属地管辖</td><td>证券法层面的主体监管</td><td>主动发现</td><td>不同上市地的证券监管部门同时拥有证券法层面的主体监管权，可能带来的重复监管与监管冲突</td></tr>
</table>

〔16〕“沪/深港通”是双向开放模式，但对于“沪/深股通”而言，由于不涉及我国上市公司跨境，因而不存在对上市公司的跨境监管问题，本文暂不作讨论。

续表

对外开放类型	对外开放具体模式	境内监管部门取得管辖权的基础	管辖权的范围	违法行为的发现与识别	跨境证券监管中的核心问题
个别资本要素对外联通	红筹企业回归	属地管辖	证券法层面的主体监管	主动发现	同上
	境内上市公司海外上市	属地管辖	证券法层面的主体监管	主动发现	同上
	境内非上市公司海外上市	属地管辖	公司法层面的主体监管	被动发现	不会产生证券法层面的冲突

与前者不同的是,在属地管辖的情况下,我国境内证券监管部门对于相应上市公司拥有证券法层面的主体监管,即上市公司的行为只要违反了我国证券相关法律规定,我国境内证券监管部门即对其享有管辖权。由于行为人位于我国境内,其从事的证券相关行为就在我国证券监管部门的日常监管范围内,因此在对违法违规行为的发现与识别方面不存在障碍。但问题在于,诸如伦交所上市公司、红筹企业以及其他境外上市公司等在进入我国资本市场后面临着交叉上市的问题,即不同上市地的证券监管部门对上市公司均拥有证券法层面的主体监管权,各自依据本国或本地区的证券法律规范对其进行监管,由此带来重复监管与监管冲突的问题。若是缺乏有效的跨境监管协作安排,无疑将大幅提高上市公司的合规成本以及监管部门的监管成本,造成市场和监管资源的浪费,这是上市公司交叉上市模式下跨境证券监管面临的核心问题。此外,无论是何种对外开放模式,都存在我国证券监管部门与上市公司母国在调查取证、送达与执行等方面的执法协作问题。

(二)违法行为的发现与识别问题

关于跨境证券监管中对违法行为的发现与识别问题,证监会于2017年查处的“沪港通”操纵市场第一案是一个很好的实践素材,大陆与香港证监会在此案件中的良好协作与配合或许可提供一定解决之道。大陆与香港地区跨境监管协作的成功之处主要为以下两点,可供未来我国与其他国家和地区开展跨境证券监管协作时参考:

第一，跨境监管中的线索发现与信息通报。考虑到跨境证券违法行为通常具有隐蔽性与复杂性等特点，两地证监会在跨境监管协作方面尤其重视对证券交易活动的监察力度，扩大证券违规行为的线索来源，以及在发现相关涉嫌违法行为后及时进行信息共享与通报。同时，在以交易结算地为主要联结点确定管辖权的前提下，给予股票上市地一方监管部门充分尊重，即在拥有管辖权一方监管部门启动调查时，须与股票上市地监管部门事先协商，以最大限度地协调两地在跨境监管协作中可能存在的利益冲突。

第二，跨境监管中的协助与联合调查。对跨境证券违法行为的一大监管难题在于调查取证难，由于不同国家或地区的监管主体只能在各自的管辖范围内实施调查取证行为，而跨境证券违法线索通常不会只存在于一方管辖范围内，那么双方监管主体在调查取证方面互相提供协助就显得尤为重要，但这种协助只限于各自的法律权限范围内，“沪港通”模式下大陆与香港证监会正是明确规定了协助调查的相关安排。此外，当出现案件重大复杂，或有利于投资者保护，或两地对是否应当就某一项涉嫌违法行为进行调查产生意见分歧等情形下，大陆与香港证监会还可以启动联合调查。

（三）多重监管与管辖冲突问题

目前，我国在与境外证券市场开展互联互通的过程中秉持了从严监管的态度，即在监管对象符合其母国监管标准的基础上，还要求其应满足我国证券监管机构的监管规定。“沪/深港通”模式下，“沪/深股通”投资者进行证券交易活动应当同时符合内地和香港方面的监管规定；“沪伦通”模式下，上海证券交易所目前已发布了八项业务规则，专门就伦敦证券交易所（以下简称“伦交所”）上市公司在上交所发行存托凭证的上市预审核、上市交易、交易收费、做市业务等方面作出了详细规定。一方面，这一严格的监管模式虽然有利于保障我国资本市场在双向开放过程中的安全与稳定，但另一方面可能导致因双重监管标准带来的合规成本过高以及监管规则冲突等问题，从而削弱我国资本市场对境外主体的吸引力。事实上，一国的证券法律体系是该国资本市场发展、政治体制、法治理念、社会文化环境等因素综合作用的产物，带有深刻的国别特色，在资本市场开放过程中彼此之间产生冲突和摩擦既是难以避免也是难以调和的,要让任何一个国家就此让渡本国的管辖权或修改本国的证券法律以消除冲突几乎是不可能的,通过探索适当的跨境证券监管协作机制从而达到有效协调两国监管冲突的效果,不失为一个明智之举。纵观各国的跨境证券监管协作实践,比较成功的模式是建立双边或多边互认体系。相互认可机制是两个或多个国家之间达成协议,在协议范围内每个国家都承认其他参与国的监管法规、监管措施及监管机构能够充分替代本国的监管,上市公司根据其已在母国适用的监管规则,就可以在东道国享受部分或全部监管豁免。〔17〕 相互认可并不要求具体规则的"相同",而是侧重于对各国的监管要求进行整体性比较,对于监管效果相当的部分在本国内予以豁免,既能够节约各国在监管规定方面进行实质性协调而带来的巨大成本,又能够最大限度地为国内监管预留空间。〔18〕

从目前世界各国家和地区的实践来看,主要有以下几种互认形式:(1)欧盟超国际机构多边认可机制。具体说来,欧盟委员会制定并发布了一系列指令作为共同的监管底线,各成员国必须保证其国内的监管规定只能比该共同监管底线更为详细和严格。欧盟的超国家机构多边认可机制通过多边解决机制来处理执行问题,即各国赋予欧盟委员会和欧洲法院进行实质性监管、执行和争端解决的能力,从而确保多边认可机制的有效执行。(2)美国与加拿大建立了有限的双边认可机制。美国或加拿大发行人在满足"确认等效"和"有限期间"两项条件后,其根据母国法律编制的招股说明书在取得母国监管机构的审查认可后,即可直接在东道国注册生效。〔19〕 (3)美国与欧盟的证券监管互认机制,也称"替代性遵守"。替代性遵守与互认机制在很大程度上是相同的,也要求监管标准的可匹配性,美国只要就某些最低监管标准与欧盟达成一致,同时容忍一些非实质性差异的存在,欧盟发行人最终将由欧盟证券监管机

---

〔17〕 See Pierre – Hugues Verdier, *Mutual Recognition in International Finance*, Harvard International Law Review, Vol. 52, 2011.

〔18〕 参见马其家、涂晟:《论国际证券监管中的相互认可机制及我国国际板的借鉴》,载《厦门大学法律评论》2015 年第 2 期。

〔19〕 See Tzung – bor Wei, *The Equivalence Approach to Securities Regulation*, Northwestern Journal of International Law & Business, Vol. 27, 2007.

构而非美国证券交易委员会(以下简称 SEC)监管,相当于美国在替代性遵守框架下将部分监管权让渡给欧盟。当然,此种安排应当是建立在互认互惠的基础之上。[20]

值得一提的是,监管协调在维持互认机制中扮演着非常重要的角色。监管协调由信息共享、联合监管、调查、咨询和联合执法等方面构成。例如,欧洲证券监管委员会通过促进欧盟各成员国之间的监管合作,满足了各国监管协调的要求,对保障欧盟内部跨境证券监管协作的有效落实起到了重要作用;又如,美国与欧盟证券监管者进行了多次监管合作与对话,对双方的监管协作作出一定调整,SEC 与欧盟内部成员国签订了多个执法领域的双边谅解备忘录,以达到有效协调冲突性监管要求的效果。

四、新形势下提升我国证券监管执法水平的相关思考

《证券法》的立法期待与进一步提高我国资本市场对外开放水平的实践目标均对我国跨境证券执法水平的提升提出了迫切需求。如前文所述,证监会执法手段的不足是当前我国证券监管的一块重要"短板",要提升跨境证券执法水平,最根本的是提升我国证券监管部门自身的执法能力,这是我国深度参与全球性跨境证券监管协作框架的前提和基础。

(一)夯实证券监管执法的合法性基础

《证券法》丰富了我国证监会的执法权限,理论上增加了证监会在查处违法违规行为时的手段和工具,但这能否在事实上提升我国证券监管执法水平则还取决于具体如何落实。更大的权力意味着更大的责任和更高的执法风险,《证券法》允许我国证监会将限制当事人证券交易的时间最长延至 6 个月、限制相关涉案人员出境等权力,这在进一步丰富证监会执法权限方面无疑是一个重大突破。但此类紧急措施由于涉

〔20〕 参见肖奎、程宝库:《纽约证券交易所与泛欧证券交易所合并背景下美国跨境监管的路径选择》,载《南方金融》2015 年第 8 期。

及对个人自由交易权和基本人身自由的限制,证监会在实际行使时必须抱着高度谨慎的态度,只有在具有充分的理由和依据,并履行严格、规范程序的前提下才可行使,否则将面临极高的执法风险。因此,我国证监会应当尽快研究制定行政执法程序性规范,尽可能明确采取各类执法手段的具体适用情形、执法程序以及执法对象可采取的救济措施等,不断提高稽查执法工作的规范化程度,坚持依法、公正、规范执法,构建规范透明、高效有力的稽查执法体系,确保相关执法手段实施的合法性、必要性与正当性。

(二)深化行政刑事执法协作机制

SEC 拥有强大的独立执法权。在对涉嫌违法行为进行调查时,SEC 只要基于正当目的(可仅仅出于怀疑证券法已被违反,或者为确信证券法未被违反)便可展开调查,其调查对象和范围以"违反证券法相关"为标准,不受管辖范围限制,向第三方开展调查时无须通知"被调查方",可以通过签发传票(subpoena)强制证人出庭作证或者提供证据资料。[21] 尽管《证券法》第 170 条扩大了证监会的执法权,但无论是询问当事人、要求报送文件还是查阅材料、查询账户等执法手段,均要求满足"与被调查事件有关"的标准,证监会在具体执法时要有充分的理由和依据,否则可能遭到被调查对象的质疑,可见,相比于 SEC,我国证监会的执法权限还是非常有限的,被严格限定在《证券法》授权的框架范围内。

为了平衡证券监管行政执法手段的不足与查处证券违法行为之间的矛盾,我国证监会在现行法律框架内探索建立起了行政刑事执法协作机制,借助刑事执法的力量弥补证监会执法权限的不足。具体而言,以 2006 年 3 月中国证监会与公安部联合发布的《关于打击证券期货违法犯罪中加强执法协作的通知》和 2011 年 4 月最高人民法院、最高人民检察院、公安部、证监会联合发布的《关于办理证券期货违法犯罪案件工作若干问题的意见》为代表,证监会与公安机关主要在案件移送、联合办案、信息共享协查等方面建立起了执法协作机制,在及时查处并惩戒证

---

〔21〕 See William R. McLucas, J. Lynn Taylor & Susan A. Mathews, *A Practitioner's Guide to the SEC's Investigative and Enforcement Process*, Temple Law Review, Vol. 70, 1997.

券违法行为、提高证券违法犯罪行刑衔接效率等方面起到了重要作用。目前实践证明这一协作机制是十分有效的，为遵循《证券法》加大对违法违规行为的追责打击力度、大幅提高违法违规成本的立法精神，有必要进一步深化行政刑事执法协作机制，特别是加大案件移送和刑事追责力度。同时也应当看到，证监会与公安机关的执法协作一定程度上是证监会在现有法律框架下解决其调查执法权限不足的一项变通之举，最理想的状态是像SEC一样拥有独立的调查权，即只要涉嫌违法证券法，证监会就可以在不依靠任何其他部门的情况下独立行使调查执法权，这可以作为完善我国证监会行政执法权的一项长期目标。

（三）加强与司法部门的执法协作

在提升执法能力方面，我们还可以借鉴SEC的做法，通过加强证监会与司法部门在调查取证环节上的配合协作，进一步提升证券监管执法的合法性与有效性。SEC强大的执法能力是美国证券监管的核心与关键所在，一个重要表现是司法部门对SEC行使调查权和强制执行权提供坚实保障。《2010年华尔街改革法》第929E条授权SEC可以向法院申请签发在美国全境适用的、要求相关人员出庭作证或者提供证据资料的传票，扩大了人员范围，有力地保障了调查的展开和成效；此外，一旦当事人不履行SEC发出的调查令或者行政裁决等最终处理决定，SEC可以请求法院发出强制执行令，强制当事人履行。当事人如不予遵守，将构成藐视司法罪（judicial contempt），可处以罚金或者拘役，以刑事制裁为后盾的强制执行，保障了SEC执法决定的实现。[22] 例如，在SEC v. Banca Della Svizzaera Italiana案中，在SEC对涉嫌内幕交易进行调查的过程中，起初本案被告BSI拒绝向SEC配合提供相关信息，一度成为SEC对本案监管的一个关键难题，于是SEC根据与司法部门的协作安排向法院请求判令被告对SEC的质询作出完整答复，法院经审理认为SEC的请求是合法且适当的，因此，判决要求BSI对SEC的质询作出完整回复，使SEC得以对本案中涉及的内幕交易成功取证并进行了行政

---

〔22〕 参见洪艳蓉：《证券执法的制度价值及其实现——来自美国的经验借鉴》，载《北大法律评论》2016年第1期。

处罚。[23]

在我国，证监会与司法部门在查处和打击证券违法违规行为方面的配合协作还较为有限，目前已有的协作机制主要为 2014 年 12 月最高人民法院与中国证监会联合发布了《关于加强信用信息共享及司法协助机制建设的通知》，通过加强执行联动机制建设实现对被执行人证券信息的查控，并在证券行政许可等环节对失信被执行人予以限制或者约束；又如，最高人民法院、最高人民检察院、公安部和中国证监会联合发布的《关于查询、冻结、扣划证券和证券交易结算资金有关问题的通知》，主要目的是规范证券公司和证券登记结算机构为司法部门查询、冻结、扣划证券和证券交易结算资金提供司法协助。可见，目前我国证券监管领域行政与司法力量的配合主要是单向的，即更多体现为证券执法部门为司法部门进行调查取证与裁判执行提供配合协助，司法对行政执法的助力却还十分有限。相比于司法机关，作为行政监管主体的证监会在调查取证的手段和方式上存在固有限制，随着证券违法违规行为的复杂性与隐蔽性不断提升，同时证监会的执法能力被赋予更高的法律期待，证监会在具体执法过程中将难免会面临力不从心的难题，如果司法部门能够在对证监会的执法协助请求经审查认为合法且适当后提供必要支持，那么将对证监会执法能力的提升大有裨益，也能够增强证监会执法的合法性与正当性，大大地降低证监会的执法风险。

（四）加强证券系统内的监管协作

此外，我国证监会还应当加强证券系统内监管协作水平，尤其应当注重提升证券行业自律组织的自主性与协同性，充分发挥证券交易场所、证券登记结算机构、市场运行统计监测机构等在及时发现市场违法违规线索、监测市场风险等方面的先天优势，在证监会的统筹协调下充分发挥好自身的职能特色。尽管我国目前在行业自律组织方面的设置已较为齐全，但这些自律组织相互间的协同性还有待加强，且尚未与行政监管形成合力。美国行业自律组织规模之庞大、权威性之高也是我国

---

〔23〕 参见刘远志：《美国跨境证券交易执法及启示》，载《证券法苑》（第 18 卷），法律出版社 2016 年版。See SEC v. Banca Della Svizzera Italiana and Certain Purchasers of Call Options for the common stock of St. Joe Minerals Corporation. 92F. R. D. 111 D. C. N. Y，1981.

资本市场改革发展的一个典范。在美国,法定自律监管组织包括美国金融监管局(以下简称 FINRA)和美国公众公司会计监督委员会(以下简称 PCAOB),二者均实行行业付费模式并接受 SEC 监管,2018 年两支监管队伍超过 8000 人,比 SEC 人数的两倍还要多。FINRA 是美国最大的证券业自律监管机构,以投资者保护为宗旨,仅 2018 年一年,FINRA 共针对损害投资者权益的不当市场行为采取了 921 项纪律处分,作出了高达 6.1 亿美元的罚款,要求赔偿投资者损失共计 2.55 亿美元,移交 SEC 查处或提起诉讼的欺诈与内幕交易案超过 900 起;〔24〕PCAOB 通过监督公众公司审计报告质量并打击重大审计失误等市场不当行为来保护投资者合法权益,2019 年 PCAOB 共针对违反相关自律规则和联邦证券法的不当行为作出了 30 项纪律处分决定,涉及 27 名会计师和 19 家会计师事务所。〔25〕相比之下,我国行业自律组织在自律监管与市场约束力的发挥上还有很大的提升空间,尤其是在当前全球资本市场呈现出监管权能下移趋势、我国资本市场供给侧结构性改革不断深化的背景下,充分利用好自律组织的力量是进一步提升我国证券监管执法水平的重要方面。

五、完善我国跨境证券监管制度的具体建议

(一)进一步夯实跨境证券监管的法律基础

提升跨境证券监管水平的根本在于夯实其法律基础,应当在《证券法》的框架下进一步明确并细化证券法域外适用制度。在许多外国法律学者看来,讨论法律的域外适用时更侧重于强调司法机关和执法机关对

〔24〕 载 FINRA 官网:https://www.finra.org/about/what-we-do,2020 年 5 月 29 日访问。

〔25〕 载 PCAOB 官网:https://pcaobus.org/About/Administration/Documents/Annual%20Reports/2019-PCAOB-Annual-Report.pdf,2020 年 5 月 29 日访问。

法律的适用,这种理解与普通法系下法官拥有造法权的法律文化密切相关。〔26〕 例如,在美国以判例法为主的体系下,当制定法规定不明确时,法官在判案时是可以通过合理揣测国会的立法意图从而解释并适用法律的;〔27〕相比于法律创制,国际社会更关心证券法的执行问题。〔28〕 而在我国,司法和执法严格以立法为基础,因此,讨论我国证券法域外适用制度的完善,首先应当从立法层面探讨如何将证券法的强制约束力有效延伸至我国领域之外,明确域外法律适用的依据。

具体而言,要进一步完善我国证券法域外适用法律制度的立法,既要提高法律的确定性与可预期性,为执法和司法机关提供明确指导,又要确保相关法律规范不应当与国际法的基本理论与基本原则相冲突,建议由我国立法机关发布域外适用制度的细则性规定或相关指南,对于证券法的域外适用标准进行合理限缩。一方面,以对我国境内市场秩序或投资者权益保护产生"直接、重大、可预期"的影响作为判断是否与我国境内市场存在实质联结的标准,在具体理解适用时可参照我国侵权责任法上的因果关系理论;另一方面,应当明确将国际礼让原则作为我国证券法域外适用的一项基本原则,并可借鉴《美国对外关系法重述(第三版)》的做法,进一步列举在适用国际礼让原则时可参考的因素,如该管辖活动对于国际政治、法律、经济体系的重要性,该管辖活动与国际管理体系的吻合程度,其他国家在受管辖活动中所拥有的利益大小,与其他国家发生管辖冲突的可能性等。〔29〕

(二)探索软法治理方式提升跨境监管协作水平

对于资本市场互联互通过程中的重复监管、管辖冲突,以及跨境执法协作障碍等问题,本质上都源于不同主权国家之间的利益冲突与文化

〔26〕 Dr. Jennifer A. Zerk, *Extraterritorial Jurisdiction: Lessons for the Business and Human Rights Sphere from Six Regulatory Areas*, A Report for the Harvard Corporate Social Responsibility Initiative to Help Inform the Mandate of the UNSG's Special Representative on Business and Human Rights, 2010.

〔27〕 参见侯娅玲:《美国证券法对外适用的法律冲突与协调研究——寻求人民币国际化中我国证券法对外适用之镜鉴》,中南财经政法大学2018年博士学位论文。

〔28〕 参见彭岳:《美国证券法域外管辖的最新发展及其启示》,载《现代法学》2011年第6期。

〔29〕 See Restatement (Third) of The Foreign Relations Law of the United States § 403.

差异。由于一国的证券法律体系是该国资本市场发展、政治体制、法治理念、社会文化环境等因素综合作用的产物,是一国在长期实践发展中形成的国家利益在资本市场领域的集中体现,带有深刻的国别特色,要让任何一个国家在资本市场开放的过程中让渡本国的管辖权或修改本国的证券法律以消除冲突几乎是不可能的,而软法治理方式可以使各国在资本市场的力量博弈中相互妥协让步、逐渐稳定趋向在一个动态平衡的状态,是协调解决跨境证券监管协作难题的一个可参考路径。从已有的国际法实践来看,软法治理方式包括双边及多边跨境监管协作。〔30〕

目前成熟资本市场普遍采用的双边认可机制是一种灵活、高效的双边监管协作方式。我国在与境外资本市场互联互通的过程中也可以借鉴类似做法,事先与对方达成最低一致性监管标准,并视情况额外附加一些监管要求,以达到保障我国资本市场平稳运行与降低市场主体双边合规成本的平衡。同时,签署谅解备忘录也是一种有效的双边协作方式,其优势在于可以为监管合作与非公开信息交换等问题按照符合国内法的方式建立清晰的机制,且对于实践中未能预见到的新问题,备忘录还能够为应对新的监管事项提供灵活高效的解决方案。

在多边监管协作方面,应当充分利用IOSCO的桥梁和纽带作用,加强与各成员国之间的协作与交流,同时深入研究国际组织制定和发布的准则、建议、报告等文件,吸收借鉴其中适合我国国情的先进理念和制度,并适时转化为国内立法,以进一步提升我国证券监管水平、更好地融入国际证券监管合作中。此外,应当持续关注并学习欧盟、美国、加拿大等成熟资本市场的跨境证券监管协作机制,深入研究这些国家在双向开放的过程中是如何平衡保护经济主权和加强跨境协作的,并根据我国的实际情况适当参考借鉴。

(三)协同刑事、司法与自律监管力量提升监管执法水平

在提升监管执法水平方面,证监会除了要及时制定发布规范自身执法行为的程序性规则外,还可通过深化行政刑事执法协作机制、探索与

---

〔30〕 参见张晓静:《国际证券软法“硬化”问题评析》,载《东北大学学报》(社会科学版)2017年第4期。

司法机关建立协作机制等方式,借助外部力量弥补自身在执法能力方面的固有限制,在违法违规限缩共同发现、共同研判、信息共享、案件移送等方面充分发挥监管合力,加大对违法违规行为的查处与打击力度,在现行法律框架下尽可能发挥好证监会的行政执法职能,这同时也是证监会防范并降低自身执法风险、提升证券监管有效性与正当性的一个有效途径。此外,还应当充分利用好证券市场自律组织及证券系统内单位的力量,特别是在当前监管权能逐渐下移、证监会监管职能定位向"宏观审慎+微观监管"转型的趋势下,未来交易场所、证券登记结算机构、市场运行统计监测机构、行业协会等将在及时发现证券违法违规线索、实时监测市场运行、识别市场风险以及强化市场约束等方面具有明显优势,证监会应当在宏观上做好统筹协调,明确各市场自律组织及系统内单位的职能定位,完善违规线索与市场风险发现之后向地方证监局及证监会的报告移送机制,提升自律监管的及时性、有效性、权威性及其与行政监管的协同性。在条件成熟时,甚至可以考虑允许证监会将部分违法违规调查权和部分辅助性的执法事项委托给交易场所等自律监管部门执行,进一步丰富并完善我国证券监管执法的协作机制。

六、结语

随着我国对外开放向更高水平迈进,跨境证券监管越来越成为我国证券监管中的一项重要内容,《证券法》对跨境证券监管制度的完善是十分必要且及时的。本文从《证券法》对跨境监管制度的构建入手,结合当前我国证券市场的发展实践,并主要参考借鉴美国证券监管的成熟经验,研究在现行法律框架下我国跨境证券监管可能面临的现实难题并尝试提出解决方案:一是关于证券法域外适用边界不够明确的问题,建议尽快出台配套的法律细则,对域外适用标准进行合理限缩;二是在当前我国证券市场各类对外开放模式下,跨境证券监管各自面临不同的核心难题,主要表现为因不同国家和地区证券法律制度的差异而带来的违规行为难发现、难识别,以及重复监管、监管冲突等,关键是要加强相互之间的理解与沟通,可以探索通过软法治理提升跨境监管协作水平;三是在提升我国自身的证券监管执法水平方面，继续协同刑事、司法与自律监管的力量，充分发挥监管合力，加大执法力度，贯彻落实好新《证券法》大幅抬高违法成本、切实保护投资者合法权益的立法精神。

（编辑：宋澜）

《证券法苑》(2020)
第三十卷,第452~478页

欺诈发行责令回购制度的法理误区与制度构建

彭雨晨*

摘要:新证券法规定的责令回购制度,是证监会运用行政权力解决欺诈发行中公众投资者赔偿问题的尝试。不过我国移植责令回购制度,如继续将该制度定位于充分赔偿投资者损失,恐将成为一场"美丽的误会"。深究责令回购制度的法理基础和境外实践,该制度不能很好地实现充分赔偿目标。相比新《证券法》规定的其他替代救济制度,责令回购制度有其特点和适用场景。本文认为责令回购制度宜重新定位为给予欺诈发行中持股的受损投资者退出机会,并在决定作出因素、回购主体、回购价格、保障机制、激励机制等方面考虑设计制度细节。

关键词:欺诈发行　责令回购　回复原状　投资者保护　退出机制

"欺诈发行是证券市场最严重的违法行为",[1]然而,由于法律不完备、监管机制不健全等原因,欺

* 北京大学法学院2018级博士研究生。

[1] 王全浩:《证监会黄炜:欺诈发行是证券市场最严重的违法行为》,载新京报网:http://www.bjnews.com.cn/finance/2017/12/19/469194.html,2020年6月25日访问。

诈发行乱象在我国数见不鲜。囿于旧《证券法》下司法救济途径(如集团诉讼)和行政救济途径(如公平基金)的制度缺失,因欺诈发行而受损的投资者往往很难迅速获得赔偿。但是保护投资者合法权益具有重要意义,这不仅是落实矫正正义、维护市场公平的必然要求,也是一国证券市场健康发展不可或缺的法律基础。LLSV 的研究即证明,中小投资者权益得到更好维护的证券市场更有可能获得良性发展。〔2〕针对欺诈发行中受损投资者面临的赔偿困局,2020 年 3 月 1 日实施的新《证券法》对投资者权益保护新模式进行有益探索,首次在《证券法》中规定了责令回购这一新颖制度,〔3〕希冀通过证监会责令发行人等责任主体回购股票的方式达致赔偿投资者损失的目的。

然而,立法者对责令回购制度的期许虽然美好,但是该制度能否担此大任则颇令人疑惑。2012 年我国香港地区洪良国际案首次让内地结识了责令回购制度。截至目前,香港地区也仅有 2 起在欺诈发行案件中成功适用责令回购制度的先例。〔4〕与此同时,不论是国内学界还是国际学界,对责令回购制度的关注与讨论都仅起步于洪良国际案之后且大多局限于对该案的诠释,〔5〕相关研究未臻深入,在法理基础、境外实践和规则设计等方面存在不少缺憾。对责令回购制度实践经验与理论研究的不足,制约了该制度在我国的定位与实践。尽管监管部门早在 2013 年便引入该制度并一直推动其演进至今,但是责令回购制度

〔2〕 See Rafael La Porta, Florencio Lopez - de - Silanes, Andrei Shleifer & Robert W. Vishny, *Law and Finance*, Journal of Political Economy, Vol. 106, 1998, p. 1113. 该文研究表明普通法系国家保护投资者机制最健全。而英美等国的证券市场发展最好,因而可以说投资者保护与证券市场发展呈现正相关关系。

〔3〕 参见《证券法》(2019 年)第 24 条第 2 款。

〔4〕 目前适用责令回购制度且已作出判决的案件仅有洪良国际案和群星纸业案,案件相关详情见后文。

〔5〕 国内文献比如曾斌、吴锦宇:《证券发行欺诈投资者保护的国际新模式——香港洪良国际案例的法经济学分析》,载王卫国主编:《金融法学家》(第 5 辑),中国政法大学出版社 2013 年版,第 462 ~ 472 页。国外文献,see Chee Keong Low & Samantha Datwani, *Hontex - A Settlement of Convenience*, Law and Financial Markets Review, Vol. 7, 2013, pp. 75 - 87.

在我国是否也应像境外一样定位为充分赔偿投资者损失?[6]责令回购制度具体应当如何设计?这些问题目前尚不明确。

本文认为,责令回购制度的移植不应成为一场“美丽的误会”,纵使该制度在引入之初尚有弥补我国投资者救济制度缺失的意义,新《证券法》实施后该制度的目标定位不宜继续落在充分赔偿投资者损失,而应调试为持股的受损投资者之退出机制。下文首先结合责令回购制度的本土实践和理论渊源,探讨该制度的实施困境;其次检视责令回购制度的域外规则实践,指出境外制度借鉴亦无助于我国突破责令回购制度的实施困境;最后根据新《证券法》构造的救济制度体系论证责令回购制度的可替代性与新定位的正当性、可行性,并就如何合理设计责令回购制度的具体规则提出立法建议。

一、责令回购制度的实施困境分析

责令回购制度系借鉴我国香港地区相关规定并经本土化改造的产物。追根溯源,责令回购制度的法理本质是回复原状法。结合责令回购制度的规则体系和回复原状法原理,若我国将充分赔偿投资者损失作为责令回购制度的目标,将难免在实施时陷入困境。

(一)责令回购制度的引入与演变

我国香港地区在洪良国际案中首次运用责令回购制度并取得充分赔偿投资者损失的良好效果。受该案启发,内地证监会认识到责令回购制度的重要价值,遂迅速引入该制度。自2013年引入至今,责令回购制度体系几经变迁。

我国香港地区责令回购制度规定在《证券及期货条例》(Securities

[6] 证监会曾在《科创板首次公开发行股票注册管理办法(试行)》(征求意见稿)第68条第5款规定:“上市公司及其控股股东、实际控制人购回股票时,若股票的交易价格低于投资者买入股票时的价格,应当按照买入价并加算银行同期存款利息购回股票;若股票的交易价格高于投资者买入股票时的价格,应当按照股票交易价格购回股票。”这表明,证监会曾有意像境外一样将责令回购制度定位为充分赔偿投资者损失,不过这一规则在该办法正式出台时被删除。

and Futures Ordinance)第213(2)(b)条,该条授予香港地区证监会代表投资者向加害方索赔的权力,经香港地区证监会申请,法院可以“饬令该人采取原讼法庭指示的步骤,包括使交易各方回复他们订立交易之前的状况”。[7] 据此,如果发生欺诈发行行为,香港地区证监会可以请求法院判决责任主体向投资者回购股票,以使投资者回复到购入股票前的状态,从而达到充分赔偿投资者损失的目的。尽管香港地区欺诈发行案件早已有之,但是洪良国际案是香港地区法院首次将责令回购制度适用于此类案件。[8]

受洪良国际案的启发,内地证监会认识到责令回购制度在充分赔偿投资者损失方面的重要价值。时任证监会主席就曾在2013年上证法治论坛中指出监管机构责令回购制度“主要是针对通过欺诈方式从证券市场获得巨大经济利益的违法主体,在追究法律责任的同时,强制其支付相应经济代价,将不当获利回吐给投资者”。[9]

责令回购制度的雏形是承诺回购制度,最早出现在证监会2013年出台的《中国证监会关于进一步推进新股发行体制改革的意见》(以下简称《意见》)中,该《意见》要求发行人及其控股股东应在招股说明书中承诺,若存在严重欺诈发行情形,发行人将自愿回购全部公开发行的股票,控股股东则应自愿回购已转让的原限售股。[10] 承诺回购制度要求发行人等主体在招股说明书中公开承诺如果存在欺诈发行行为将自愿回购首次公开发行的全部股票。证监会之所以选择这一方式,是因为当时的《证券法》并未有证监会或法院有权责令回购的相关规定。然而,承诺回购制度运行效果不佳,目前尚未有一例欺诈发行的发行人履行回购承诺。

有鉴于此,2019年3月证监会在《科创板首次公开发行股票注册

---

〔7〕 我国香港地区《证券及期货条例》第213(2)(b)条。

〔8〕 参见我国香港地区证券及期货事务监察委员会:《洪良因首次公开招股章程内容失实被命令以10.3亿元提出回购建议》,载香港地区证券及期货事务监察委员会官网:https://www.sfc.hk/edistributionWeb/gateway/TC/news-and-announcements/news/enforcement-news/doc?refNo=12PR63,2020年6月25日访问。

〔9〕 吴敏:《肖钢:研究建立责令回购制度》,载《新京报(电子版)》:http://epaper.bjnews.com.cn/html/2013-11/29/content_480896.htm?div=-1,2020年6月25日访问。

〔10〕 参见中国证监会《关于进一步推进新股发行体制改革的意见》。

管理办法(试行)》中对责令回购制度进行了较大修订,将责任主体从发行人、控股股东扩大至实际控制人,同时进一步升级该制度的强制性,将相关责任主体承诺回购股票修改为证监会责令发行人、控股股东和实际控制人回购股票,至此责令回购制度在我国正式成型。[11]

2020年实施的新《证券法》承继并推广我国责令回购制度的实践经验,于第24条第2款规定:“股票的发行人在招股说明书等证券发行文件中隐瞒重要事实或者编造重大虚假内容,已经发行并上市的,国务院证券监督管理机构可以责令发行人回购证券,或者责令负有责任的控股股东、实际控制人买回证券。”[12]是故,责令回购制度正式从适用于个别板块的部门规章跃升为广泛适用于我国所有股票市场的法律制度。相比于科创板规则,新《证券法》仅规定“有责任的”控股股东和实际控制人需承担回购义务,相关主体的责任因之有所减轻。结合新《证券法》第181条有关欺诈发行的法律责任规定,[13]从体系解释角度来看,此处“有责任的”应理解为控股股东或实际控制人“组织、指使”发行人从事欺诈发行行为。

(二)责令回购制度的理论溯源

如欲对责令回购制度的规则构造与制度功效展开有意义的讨论,深入准确把握责令回购制度的法理渊源非常必要。从理论层面看,法院依据香港地区《证券及期货条例》第213(2)(b)条颁布的命令系“回复原状令”,[14]由此可知,责令回购制度的理论根基应是普通法系的回复原状法(restitution law)。

回复原状法的前身是普通法从罗马法中借鉴得来的准合同(quasi-contract)制度,经过漫长岁月的演变,目前回复原状法已经与合同法、侵权法并列为普通法下债法体系的三大支柱。[15] 根据2019年版《布

[11] 参见《科创板首次公开发行股票注册管理办法(试行)》第68条。

[12] 参见《证券法》(2019年)第24条第2款。

[13] 参见《证券法》(2019年)第181条。

[14] 参见赵晓钧:《证券投资者保护民事责任法律制度的完善——以香港市场经验为借》,载郭锋主编:《证券法律评论》(2017年卷),中国法制出版社2017年版,第552页。

[15] 参见廖艳嫔:《英国准合同制度的演变之路——英美法系返还法的滥觞》,载《比较法研究》2014年第5期。

莱克法律词典》(*Black's Law Dictionary*)的界定,回复原状法是指“以被告的不当得利(unjust enrichment)而非侵权行为或合同关系为责任基础(建构起)的实体法体系”。[16]

在回复原状法中,回复原状救济的产生原因和法律效果都与不当得利紧密相连。一方面,存在不当得利是请求回复原状救济的唯一原因,美国《回复原状与不当得利(第三次)重述》[*Restatement* (*Third*) *of Restitution and Unjust Enrichment*]第1条即规定“以牺牲他人利益为代价而不当得利者须承担回复原状责任”。[17] 因此,能否获得回复原状救济的关键是识别案件中是否存在不当得利。根据学者总结,普通法中不当得利的认定需满足4个标准:一方获有利益,该利益是以牺牲相对方利益为代价,保有该利益不具正当性以及是否具有抗辩事由。[18] 由于不当得利可能在许多法律关系中存在,因此回复原状法的适用范围非常广泛。另一方面,回复原状救济的法律效果旨在彻底消除不当得利。质言之,回复原状的制度功能主要着眼于“获益”方面,重在不当获益的消除,而非损失填补。[19] 这意味着,回复原状法意图使加害方恢复到未获取不当得利前的状态,而受害方其实并不总能借由回复

〔16〕 *Black's Law Dictionary* (11th ed. 2019), restitution, available at https://1. next. westlaw. com/Document/I0344bf53808511e4b391a0bc737b01f9/View/FullText. html?navigationPath = Search%2Fv1%2Fresults%2Fnavigation%2Fi0ad740120000017234f2ec5691d08784%3FNav%3DBLACKS%26fragmentIdentifier%3DI0344bf53808511e4b391a0bc737b01f9%26parentRank%3D0%26startIndex%3D1%26contextData%3D%2528sc. Search%2529%26transitionType%3DSearchItem&listSource = Search&listPageSource = 2d0dfce3171e48160931f7f4bb91d973&list = BLACKS&rank = 4&sessionScopeId = 033ceb39c1d3d0357379a81f7a436a8e38668b338a708c505fd7107ba8f85893&originationContext = Search%20Result&transitionType = SearchItem&contextData = %28sc. Search%29, accessed June 25th,2020.

〔17〕 *Restatement* (*Third*) *of Restitution and Unjust Enrichment* § 1 Restitution and Unjust Enrichment.

〔18〕 参见李语湘:《比较法视角下英美返还法的结构与功能研究》,中国政法大学出版社2015年版,第43~72页。

〔19〕 Lord Wright of Durley, *Legal Essays and Addresses*, Cambridge: Cambridge University Press, 1939, p. 36; K. Barker, 'Rescuing Remedialism in Unjust Enrichment Law: Why Remedies are Right (1998) 57 CLJ 301. Cited in Graham Virgo. *The Principles of the Law of Restitution*, New York, Oxford University Press, 2015, p. 3.

原状救济使其全部损失均获得赔偿。为达到彻底消除不当得利的效果,一般要求加害方将案涉利益恢复到原来的状态,否则应向受害方支付足以消除不当得利的款项。[20] 同时,受害方也需要返还其已经获得的利益或者将这部分利益予以扣除。[21]

作为民事救济的重要方式,回复原状救济也多被普通法系国家运用于证券法领域各类民事赔偿纠纷之中,以为投资者提供救济渠道。在规则设计上回复原状救济一般表现为法院有权判决撤销交易,并将现状恢复到证券交易发生前的状态。比如,前述我国香港地区《证券及期货条例》第213(2)(b)条即作如此规定。为免混淆,需要强调的是,我国香港地区《证券及期货条例》第213(2)(b)条属于一般性的回复原状救济规则,可以普遍适用于所有证券民事救济领域,并非立法者特别为欺诈发行而设计的规则,所谓责令回购制度是从该条文中经解释衍生而来。

由此亦可知,责令回购制度只是回复原状救济应用于证券欺诈发行领域而形成的一种特殊制度形式。目前"责令回购"这一称呼仅见于我国香港地区,其他普通法法域并无类似称谓。不过如果将"欺诈发行""回复原状救济""股票回购"作为识别责令回购制度的关键性要件,那么美国等地的证券法规中也有与责令回购制度类似的规则。

(三)充分赔偿目标的实现困境

境外责令回购制度的目标是充分赔偿投资者损失,我国移植该制度之初也有类似考虑。但是受到理论局限、回购方式特殊性和具体案情的影响,若我国仍坚持充分赔偿目标,责令回购制度在适用时将不可避免地面临许多理论和实践难题,从而使该目标陷入困境。

首先,我国责令回购制度若机械地以普通法系回复原状法原理为制度根基,并据此构建责令回购制度的具体规则,可能产生目标抵牾的理论困境。回复原状法原理以去除加害人不当获益而非赔偿受害人损

---

〔20〕 See Restatement (Third) of Restitution and Unjust Enrichment § 1 Restitution and Unjust Enrichment Comment a.

〔21〕 See Utemark v. Samuel, 257 P. 2d 656 (Cal. App. 1953); Bernstein v. Nemeyer, 570 A. 2d 164 (Conn. 1990). 转引自[美]E. 艾伦·范斯沃思:《美国合同法》,葛云松、丁春艳译,中国政法大学出版社2004年版,第846页。

失为其理论功能,这与责令回购制度便捷充分赔偿投资者损失的目标相抵触。因为发行人获得的不当获益与投资者遭受的损失之间并非完美匹配,可能存在不当获益高于或低于投资者损失的情形。当不当获益更高时,部分投资者可能在损失得以偿付后还能因之获利;当投资者损失更高时,部分投资者无法获得充分赔偿。前者可能不利于证券市场资本形成目标的实现,后者则无法实现民事责任旨在"填平"损失的价值追求。不过,若认清这一目标困境,并坚持按照赔偿投资者实际损失的宗旨设计责令回购制度的具体规则,这一困境尚能得以化解。

其次,股份回购这一赔偿方式的特殊性,可能导致只有部分投资者能获得赔偿的困境。因为股份回购仅面向持有股票的投资者,但是回购时持股投资者群体与受损投资者群体可能并不完全匹配。部分受损投资者可能在欺诈发行揭露日之后卖出股票,因而无法被纳入责令回购制度的覆盖范围并通过股份回购获得赔偿。这些"落单"投资者,还需再经历烦琐程序方能达成求偿目标,甚至可能因为责任主体破产等原因最终无法获得赔偿。在实现赔偿时遗漏非持股投资者是责令回购制度难以避免的制度缺陷,因此责令回购制度理论上的正当性基础并不稳固。特别是在欺诈发行行为揭露后,如果发行人股票经充分换手,此时实施责令回购颇为不当。

再次,如果发行人的控股股东及实际控制人不配合,责令回购决定将陷入执行困境。执行责令回购决定,需遵循《公司法》第 142 条第 2 款的规定,召开股东大会并作出同意回购决议。[22] 在此过程中,若想责令回购制度良好运转,发行人的管理层、控股股东、实际控制人的配合至关重要。否则,股东大会的召开将耗费额外时间,股东大会作出同意回购决议也很可能沦为泡影。投资者经由责令回购制度获得赔偿的过程必然一波三折,甚至其最后能否获得赔偿也不容乐观。

最后,赔偿投资者损失应避免成为投资者保险。[23] 如果以充分赔

---

〔22〕 参见《公司法》第 142 条第 2 款。

〔23〕 参见赵旭东:《内幕交易民事责任的价值平衡与规则互补——以美国为研究范本》,载《比较法研究》2014 年第 2 期。

偿作为责令回购制度的主要目标,特别是目前实践中常见以欺诈发行行为揭露前的市场价作为回购价格,[24]投资者有可能形成对证监会的过度依赖和错误期待,以为责令回购制度相当于投资保险,从而降低对信息披露的关注度。这显然不利于我国证券市场的发展成熟。

此外,本文试以欣泰电气为例模拟责令回购制度的适用,希望更清晰地呈现适用责令回购制度可能出现的问题。第一,欣泰电气在第二次虚假陈述更正日之后很长一段时间内都未停牌,[25]这意味着许多持股的受损投资者在此期间卖出股票,同时许多不应认定为受害者的新投资者买入欣泰电气股票。因此许多受损投资者并不能依据责令回购制度获得赔偿,而新投资者的加入也将给责令回购制度的适用带来额外的甄别成本。第二,欣泰电气案件中的发行人等责任主体曾在招股说明书中公开承诺欺诈发行时回购股票,[26]但是却并未履行,同时其并不愿意接受证监会处罚,对此还提出过行政复议和行政诉讼,[27]这表明倘若将责令回购制度适用于该案,相关责任主体很可能也无回购意愿,责令回购决定难以推行。第三,欣泰电气案件中的发行人等责任主体缺少足够的回购资金,[28]是故责令回购制度无法实现充分赔偿目标。总而言之,倘若在欣泰电气案中适用责令回购制度,并不会产生较好效果。

---

〔24〕 例如,参见《光云科技首次公开发行股票并在科创板上市招股说明书》,第516页,载新浪财经:https://vip.stock.finance.sina.com.cn/corp/view/vCB_AllBulletinDetail.php?stockid=688365&id=6103540,2020年6月25日访问。

〔25〕 相关停牌信息,载新浪财经:http://finance.sina.com.cn/realstock/company/sz300372/5g.shtml,2020年6月25日访问。

〔26〕 参见《丹东欣泰电气股份有限公司首次公开发行股票并在创业板上市招股说明书》,第110页,载新浪财经:https://vip.stock.finance.sina.com.cn/corp/view/vCB_AllBulletinDetail.php?stockid=300372&id=1279358,2020年6月25日访问。

〔27〕 例如,参见《中国证券监督管理委员会〔2016〕126号行政复议决定书(丹东欣泰电气股份有限公司)》《丹东欣泰电气股份有限公司与中国证券监督管理委员会行政处罚决定和行政复议决定二审行政判决书》[北京市高级人民法院行政判决书(2017)京行终3243号]。

〔28〕 参见张保生、朱媛媛:《证券先行赔付制度的定分止争功能与效果的反思——以欣泰电气欺诈发行先行赔付专项基金后续争议为引入》,载郭锋主编:《证券法律评论》(2018年卷),中国法制出版社2018年版,第362页。

二、责令回购制度的境外实践检视:基于特殊性的成效

基于回复原状法原理的责令回购制度在不同法域有着迥异的规则设计。深入检视责令回购制度的境外实践可知,该制度存在固有"短板",其成功适用受到诸多因素制约。因而借鉴境外规则设计,并不能有效改善我国责令回购制度的目标困境。

(一)境外责令回购制度的规则设计

责令回购制度是一种特殊的回复原状救济,其原因在于,回复原状救济的适用前提是交易一方的不当得利和交易相对方的损失之间存在明显因果关系,但是证券欺诈发行涉及许多主体和异常复杂的交易关系,发行人的不当得利和投资者遭受的损失之间并不总能建立起直接而明确的因果联系。受此影响,不同法域的责令回购制度呈现出迥异的规则样态。

1. 美国式责令回购制度:仅适用于发行场景

在发行场景下,投资者一般从发行人或承销商手中购得新股,此时投资者与发行人或承销商之间成立股票买卖合同法律关系。若发行人或承销商在招股说明书或证券销售过程中有欺诈行为,则发行人或承销商向投资者收取的股票购买价款即属不当得利,投资者因受欺诈认购股票而蒙受损失,发行人或承销商的不当得利与投资者损失之间存在明显因果关系,因而投资者可以主张回复原状救济。

美国即依照这一规则构建了美国式责令回购制度。《1933 年证券法》(Securities Act of 1933)第 12(a)(2)条规定,若招股说明书或销售证券的口头交流中存在重大虚假陈述行为,仍然持有股票的投资者有权要求股票销售者返还其购买股票的对价及利息,但需扣除投资者获取的任何收益。[29] 结合回复原状法的相关理论可知,美国版责令回购制度其实存在合同法与回复原状法的适用竞合。若加害方存在虚假陈

[29] See Securities Act of 1933 section 12 (a)(2). 同时,该条也规定未持股投资者可以诉请赔偿损失。

述等违约情形,受害方可以解除合同并可依循回复原状法寻求救济。[30] 因此,第12(a)(2)条实质上赋予投资者可以请求法院撤销交易的权利。[31] 证券交易合同解除后,销售者负有返还对价及利息的义务,以使交易回复到发生前的状态。同时美国联邦最高法院在Gustafson v. Alloyd Co.一案中运用体系解释和目的解释的法律解释方法,认为该制度只能适用于股票公开发行(public offering)的情形。[32] 这意味着该规则的适用仅限于发行阶段直接与发行人或承销商交易的投资者,而从二级市场购得股票的投资者如果遭遇欺诈发行,将无法根据该规则获得救济机会。

2. 我国香港地区责令回购制度:适用于发行与交易场景

在交易市场购入股票的投资者并未直接与发行人订立股票买卖合同,当发行人存在欺诈发行情形时,虽然发行人所获得的募集资金确为不当得利,投资者也确实可能因欺诈行为遭受损害,但是发行人的不当得利来自最初认购新股的投资者,而非现在持有股票的投资者,此时难以得出两者间存在明确因果联系,因此回复原状救济失去了适用基础。

为应对这一理论困境,我国香港地区在规则设计上(特别是因果关系要件)多有变通,使责令回购制度能够适用于从二级市场购入股票的投资者。根据我国香港地区《证券及期货条例》第213条的规定,香港地区证监会可以申请法院作出责令回购决定的前提只有两项:一是当事方存在第213(1)条所列示的违法行为,如存在违反条例规则或者违反条例衍生的相关规则、对违法行为起辅助、怂恿等间接作用、采取多种方式诱使他人违法等情形;[33] 二是依据第213(4)条法院认为责令回购决定是"可取的"和公平的。[34] 是故,适用第213条的回复原状

---

〔30〕 参见[美]E.艾伦·范斯沃思:《美国合同法》,葛云松、丁春艳译,中国政法大学出版社2004年版,第260页。

〔31〕 参见[美]路易斯·罗思、乔尔·赛里格曼:《美国证券监管法基础》,张路等译,法律出版社2008年版,第853页。

〔32〕 See Gustafson v. Alloyd Co., Inc., 513 U.S. 561 (1995).

〔33〕 参见我国香港地区《证券及期货条例》第213(1)条。

〔34〕 参见我国香港地区《证券及期货条例》第213(4)条。

救济时对因果关系要件的要求得以显著降低，只要发行人确实存在欺诈发行行为，即对现在持有股票的投资者负有将交易回复到交易前状态的义务。由于因果关系标准降低，香港式责令回购制度对责任主体也作出了相应立法调整，责任主体不局限于发行人，[35]以更契合实践中投资者救济的需要。

（二）境外责令回购制度的流弊反思

美国式责令回购制度仅适用于发行场景，法院在审理时面对的法律关系和相关场景较为简单，但是这一制度无法为同样受欺诈发行行为侵害的二级市场投资者提供救济，因而具有较大局限。是故，存在此种缺陷的美国式责令回购制度对我国的参考价值不大。而我国香港地区责令回购制度虽然较大程度上克服了美国式责令回购制度的规则局限，但是追踪其近年来的实践发展，责令回购制度的成功与案件特殊性密切相关。

截至目前，我国香港地区总共发生了4起欺诈发行责令回购案件，分别是洪良国际案、群星纸业案、中国森林案和瑞金矿业案。[36] 目前，法院已就前两起案件作出判决，后两起案件仍处于诉讼过程中。责令回购制度之所以能够在洪良国际案中取得较好效果，其实与该案的特殊性密切相关。而群星纸业案并不具有洪良国际案中的特殊条件，因而责令回购制度在该案的适用结果并不理想。

简要回顾洪良国际案和群星纸业案[37]的案情能对这一点有更直观地认识。

洪良国际于2009年年底在港交所上市，募资净额为9.97亿港元，2010年3月，洪良国际的会计师毕马威向我国香港地区证监会举报洪

---

〔35〕 我国香港地区《证券及期货条例》第213(1)条规定任何人均受该条文限制。

〔36〕 本文在网络上仅查询到4起相关案件，中国森林案相关情形参见中国森林控股有限公司2017年1月24日公告，瑞金矿业案相关情形参见瑞金矿业有限公司2017年6月14日公告。

〔37〕 下文群星纸业案情概要部分参见 Securities and Futures Commission v. Qunxing Paper Holdings Co Ltd and Others HCA 2428/2013 [2018] HKCFI 271, available at https://legalref.judiciary.hk/lrs/common/search/search_result_detail_frame.jsp?DIS=113538&QS=({Qunxing+Paper}+%25parties)&TP=JU, accessed June 25th, 2020.

良国际有欺诈发行行为。[38] 随后,我国香港地区证监会紧急向法院申请冻结洪良国际9.974亿港元资金,并指令香港交易所将洪良国际股票停牌。[39] 其后我国香港地区证监会援引《证券及期货条例》第213(2)(b)条向法院提起诉讼,请求法院判决洪良国际向持股投资者退还其上市所募集资金。[40] 2012年6月,我国香港地区证监会与洪良国际达成妥协,洪良国际承认违法,法院最终判决洪良国际从停牌时持股的公众投资者手中回购股票,回购总金额达10.3亿港元,使公众投资者回复到公开发行股票之前的状态。[41] 在洪良国际的配合下,最终绝大多数受损投资者借助股份回购方式较为迅速地获得了救济。[42]

群星纸业于2007年9月登陆港交所主板市场,发行价为每股5.35元港元。2011年3月群星纸业因故停牌,停牌价为2.18元港元。在此期间,群星纸业于上市时、2010年12月和2011年1月采用首次公开发行、国际配售、公开发售或发行认股权证等方式合计公开募资约19.68亿港元。2013年,我国香港地区证监会发现群星纸业欺诈发行证据,随后正式向法院申请责令回购决定,并申请冻结群星纸业及有关方19.68亿港元资产(实际寻获约1.5亿港元)。[43] 2014年,群星纸业进

---

[38] 参见王玮、夏中宝:《"洪良国际案"对境内欺诈上市案件查处的启示——以"绿大地案"为比较分析样本》,载《证券法苑》(第7卷),法律出版社2012年版,第602~603页。

[39] 参见我国香港地区证券及期货事务监察委员会:《法院颁令继续冻结洪良的资产》,载我国香港地区证券及期货事务监察委员会官网:https://www.sfc.hk/edistributionWeb/gateway/TC/news-and-announcements/news/doc?refNo=10PR38,2020年6月25日访问。

[40] 参见我国香港地区证券及期货事务监察委员会:《证监会提交针对洪良的申索陈述书》,载我国香港地区证券及期货事务监察委员会官网:https://www.sfc.hk/edistributionWeb/gateway/TC/news-and-announcements/news/doc?refNo=11PR122,2020年6月25日访问。

[41] 参见王玮、夏中宝:《"洪良国际案"对境内欺诈上市案件查处的启示——以"绿大地案"为比较分析样本》,载《证券法苑》(第7卷),法律出版社2012年版,第604页。

[42] 参见张子学:《虚假陈述案中民事司法与行政执法的协调衔接》,载《证券市场导报》2019年第4期。

[43] 参见我国香港地区证券及期货事务监察委员会:《证监会寻求法庭颁令强制群星纸业主席及副主席作出披露》,载我国香港地区证券及期货事务监察委员会官网:https://www.sfc.hk/edistributionWeb/gateway/TC/news-and-announcements/news/enforcement-news/doc?refNo=14PR39,2020年6月25日访问。

入破产重整程序。本案于 2018 年才作出判决,在判决中法院认定群星纸业及其子公司以及高管暨控股股东朱某国、朱某群父子负有赔偿责任;同时法院在综合考虑每位投资者的实际买入成本、股息和杂费等因素后将回购总额确定为 14.1958 亿港元;由于此时可供执行资产仅剩 1.122 亿港元现金,且执行后群星纸业股票将几无价值,因此,法院同意不再由群星纸业回购股票,并决定按比例向投资者直接分配资产。[44]

对比反思洪良国际案和群星纸业案的具体案情,可知责令回购制度的运行受到较多因素制约。

其一,具体案情的复杂程度。洪良国际上市到案发时间不长,股票价格波动较小,每股发行价为 2.15 港元,回购价格为停牌日股价 2.06 港元,即使投资者买入价格高于回购价格,两者相差也不大,因而投资者愿意接受回购。[45] 但是正如香港地区法院在洪良国际案中明确指出的,如果停牌价和发行价相差很大,则统一以停牌价回购股份显然有较大问题。[46] 而群星纸业上市到案发历时 4 年,股票价格波动幅度较大,期间还有公开募资行为,投资者持股方式复杂,因此法院最终未采取统一价格回购,而是按照不同投资者的实际情形,根据购入价格、购入当日收盘价或停牌日收盘价计算其回购价格。[47]

其二,发行人及控股股东等主体的配合程度。洪良国际案中,我国

---

〔44〕 由我国香港地区证监会新闻稿中的用语和赔偿方式亦可表明法院未要求群星纸业回购股票。参见香港地区证券及期货事务监察委员会:《法庭命令群星及前董事就披露虚假或误导性资料向投资者作出赔偿》,载我国香港地区证券及期货事务监察委员会官网:https://www.sfc.hk/edistributionWeb/gateway/TC/news-and-announcements/news/doc?refNo=18PR10,2020 年 6 月 25 日访问。

〔45〕 参见汤欣、谢日曦:《从洪良国际案到证券民事赔偿》,载《证券法苑》(第 12 卷),法律出版社 2014 年版,第 64 页。

〔46〕 See Securities and Futures Commission v. Hontex International Holdings Co Ltd and Others HCMP 630/2010 at para 5, available at https://legalref.judiciary.hk/lrs/common/search/search_result_detail_frame.jsp?DIS=77627&QS=%2B&TP=JU, accessed June 25th, 2020.

〔47〕 See Securities and Futures Commission v. Qunxing Paper Holdings Co. Ltd. and Others HCA 2428/2013 [2018] HKCFI 271 at para 40, available at https://legalref.judiciary.hk/lrs/common/search/search_result_detail_frame.jsp?DIS=113538&QS=({Qunxing+Paper}+%25parties)&TP=JU, accessed June 25th, 2020.

香港地区证监会幸运地与洪良国际达成协议,因而责任主体非常配合监管部门的行动,使回购顺利实施。而在群星纸业案中,控股股东等责任主体并未显现出配合执行回购义务的意愿,法院作出责令回购决定时其实存在如何执行的隐忧。最终,法院的解套方法是以群星纸业股份已经几无价值为由,判令群星纸业无须履行回购程序,我国香港地区证监会只需按照计划将款项支付给公众投资者即可。若非如此,群星纸业案的责令回购判决如何执行,仍将面临许多不确定性。

其三,未持股的受损投资者的赔偿难题。法院在群星纸业案的判决书中明确指出责令回购可能会遗漏那些不持股的受损投资者,不过法院又以尚未有这类投资者提起诉讼为由,认为其作出责令回购判决是恰当的。[48] 这一问题并未在洪良国际案中暴露出来,原因可能是该案信息保密工作较好、停牌及时,持股投资者群体与受损投资者群体较完美地重合。[49] 但是,如果没有这些特殊情形,实施责令回购制度时如何平衡各类受损投资者的利益,将是巨大的理论和实践挑战。

综上所述,若以充分赔偿投资者损失为目标,责令回购制度的境外实践亦难言成效显著。事实上,责令回购制度的运作与许多因素密切相关,只有在案情较为简单、责任主体愿意且有能力配合等情形下,责令回购制度方能显现出便捷快速充分赔偿投资者损失的优势。特别值得注意的是,若以赔偿投资者损失作为责令回购制度的目标定位,由于存在难以为非持股的受损投资者提供救济这一固有缺陷,责令回购制度未必总是适当的。

三、我国责令回购制度的定位重构

不论是本土规则还是境外实践,都揭示出责令回购制度难以实现

---

〔48〕 See Securities and Futures Commission v. Qunxing Paper Holdings Co. Ltd. and Others HCA 2428/2013 [2018] HKCFI 271 at para 61, available at https://legalref.judiciary.hk/lrs/common/search/search_result_detail_frame.jsp? DIS = 113538& QS = ({Qunxing + Paper} + %25parties)&TP = JU, accessed June 25th, 2020.

〔49〕 参见汤欣、谢日曦:《从洪良国际案到证券民事赔偿》,载《证券法苑》(第12卷),法律出版社2014年版,第63~64页。

充分赔偿投资者损失目标的困境，而新《证券法》创建的其他救济制度则能够更好地实现这一目标。是故，重构责令回购制度的目标定位成为必然选择，否则该制度将几无合适应用场景。

（一）替代救济制度能够更好实现充分赔偿目标

相比于原《证券法》单一化的个别诉讼救济途径，新《证券法》创造了中国版集团诉讼制度代表的司法诉讼救济途径、先行赔付制度代表的民事和解救济途径和责令回购制度代表的行政救济途径，我国证券欺诈发行民事赔偿机制已然形成立体化的公私法统合体系。〔50〕 新《证券法》出台后，移植责令回购制度的制度环境已然发生改变，相比于责令回购制度，中国版证券集团诉讼制度和先行赔付制度作为替代救济制度能够更好地担负起充分赔偿投资者损失的目标。

其一，替代救济制度的创立改变了责令回购制度的制度环境。2013 年我国移植责令回购制度的原因是中小投资者处于弱势地位且司法救济途径不畅，因而导致中小投资者难以自主维权。但是，在中国版证券集团诉讼制度推出后，由中小投服领导组织证券集团诉讼，可以破除前文所述的投资者集体行动困境，扭转中小投资者的弱势地位。同时以上海金融法院为代表的金融法庭、金融审判合议庭等专业金融审判机构的逐步建立，〔51〕意味着法院系统处理证券欺诈发行案件的专业程度将来未必不如证监会，由证监会处理相关案件的必要性大为减弱。先行赔付制度也取得明确法律地位，这为投资者提供了司法途径之外的快速便捷的救济渠道。

其二，替代救济制度在实现充分赔偿目标时，不会如责令回购制度般面临诸多困境。中国版证券集团诉讼制度和先行赔付制度不以回复原状法原理为制度基础，并不会存在赔偿是否应以不当获益为限的理论困扰。而且中国版证券集团诉讼制度和先行赔付制度均是直接通过支付金钱方式给予投资者赔偿，无须像责令回购制度一样必须采取股份回购方式，因而不会存在遗漏非持股的受损投资者的制度弊病。此

---

〔50〕 中国版集团诉讼制度规定在《证券法》（2019 年）第 95 条第 3 款，先行赔付制度规定在《证券法》（2019 年）第 93 条。

〔51〕 参见《关于为设立科创板并试点注册制改革提供司法保障的若干意见》第 17 条。

外,替代救济制度可以遵循现有民事强制执行程序保障制度实施,而不会存在如何强制召开股东大会、强制控股股东等主体同意回购决议等执行难题。

其三,责令回购制度的一大优势是赔偿程序方便快捷,但是这一优势建立在案情简单、赔偿资金充裕且相关主体配合的基础上。在类似场景中,完全可以采用先行赔付制度,根据以往先行赔付案例来看,先行赔付制度的偿付程序也非常便捷,投资者一般在先行赔付程序发起后2个月内即可获得赔偿,[52]考虑到先行赔付制度还能够避免未持股的受损投资者求偿难问题,其实施效果应比责令回购制度更佳。而如果欺诈发行行为在上市多年后才被发现、股票价格波动较大、发行人等主体亦不配合证监会行动,那么,责令回购制度便捷赔偿的优势也将不复存在,甚至可能比中国版集团诉讼制度更为耗时繁难。

（二）责令回购制度的定位重构

境外创制责令回购制度和我国移植责令回购制度,都不免希望其发挥赔偿投资者损失的重要作用。但是正如前文所论证的,责令回购制度只有在特殊场景下才能实现充分赔偿投资者实际损失这一目标定位,而中国版证券集团诉讼制度和先行赔付制度则能在这一目标上取得更佳的效果。这意味着在新《证券法》实施之后,定位为充分赔偿投资者实际损失目标的责令回购制度看似美好,但是实践中几乎没有适用机会。为避免责令回购制度成为具文,本文认为责令回购制度的定位应予修正,这一制度的最佳定位应是给予那些身陷欺诈发行败露后无人问津的公司的投资者适当退出机会。

根据沪深交易所现行规则,欺诈发行将被强制退市。[53]按照以往退市股票的交易数据,因欺诈发行而退市的公司股价往往会暴跌。比如,欣泰电气最终退市价格为1.48元,相比于第一次虚假陈述披露日

---

〔52〕 欣泰电气、海联讯、万福生科三起先行赔付案从公告到资金到账一般仅需约2个月时间,参见中国证券投资者保护基金有限责任公司专项补偿栏,载 http://www.sipf.com.cn/,2020年6月25日访问。

〔53〕 参见《上海证券交易所上市公司重大违法强制退市实施办法》第2条第1款、《深圳证券交易所上市公司重大违法强制退市实施办法》第2条第1款。

(2015年11月27日)的收盘价16.76元下跌超过91%。[54] 由此可见,欺诈发行行为败露后未能退出的投资者将损失惨重。而且从理论上来说,一旦欺诈发行信息被市场知悉,暴跌将一夕而至。我国虽然实行涨跌停板交易机制,这限制了暴跌速度,但是由于接盘必然不多,欺诈发行公司的股价很可能在一段时间内每天都停在跌停板上,投资者仍然无法退出止损。等到交易重新活跃,股票价格已到低位,投资者几乎没有机会在合适价格上卖出股票。相比于在欺诈发行信息发布后幸运地及时卖出止损的投资者,仍然持股的投资者遭受损失的幅度将非常巨大。

此时若采取定位为退出机制的责令回购制度,让公司用合理的回购价格购买受损投资者所持股份,能够给予这些身陷欺诈发行败露后无人问津的公司的投资者一个适当的退出机会,避免他们的损失过于严重。需要强调的是,定位为退出机制的责令回购制度,并非意在通过回购股份全额偿付持股投资者的损失,而是给予其先行退出公司的机会,因此回购价格肯定不会覆盖持股投资者的全部损失,之后这部分投资者应和其余受损投资者一道遵循其他途径就其剩余损失寻求救济。

仔细分析责令回购制度的退出机制定位对持股的受损投资者、非持股的受损投资者和责任主体的影响之后,本文认为这一制度定位能够兼顾未持股的受损投资者利益,显著缓解责令回购制度执行难问题,因而具有充分正当性和可行性。

第一,对持股的受损投资者而言,即使其能够通过司法诉讼途径获得赔偿,但是必然耗时日久,责令回购制度至少能让其较迅速获得部分赔偿,避免损失扩大。

第二,对未持股的受损投资者而言,作为退出机制的责令回购制度没有违背证券民事赔偿制度的法理价值,不会过度损害这些投资者的权益。若责任主体拥有充裕资金,未持股的受损投资者之后能够通过其他途径获得充分赔偿,事先回购持股投资者股票不会影响其权益。若责任主体赔偿资金不足,让受损最严重的部分投资者优先获得部分

---

〔54〕 价格信息载新浪财经:http://finance.sina.com.cn/realstock/company/sz300372/5g.shtml,2020年6月25日访问。

赔偿,并不会严重损害未持股的受损投资者,这一方式仍属公正。

第三,对发行人等责任主体而言,相比于定位为充分赔偿的责令回购制度,定位为退出机制的责令回购制度所需资金较少,而且赔偿投资者损失本就是其迟早都需履行的义务,若同时搭配行政和解的制度安排,发行人等责任主体配合意愿应该更强,责令回购制度也就更具可操作性。

此外应强调的是,定位为退出机制的责令回购制度的适用对象应仅限于持股的受损投资者,适用时间可规定为欺诈发行行为揭露日之后行政处罚决定作出之前,如此亦能与其他制度完美衔接。责令回购决定的行政行为属性,并不意味着持股的受损投资者必须接受股票回购要约,而不能选择其他救济机制。责令回购制度只是为投资者创设了一种新的行政救济途径,持股的受损投资者享有是否同意股票回购的选择权。

(三)责令回购制度与其他救济制度的适用衔接

责令回购制度与先行赔付制度、中国版证券集团诉讼制度均属于新《证券法》构建的投资者救济体系的重要组成部分,而且三类制度中的责任主体高度重合,因而总结不同救济制度的最佳适用场景,厘清责令回购制度与另两类制度间的适用衔接,对恰当准确适用责令回购制度具有重要意义。

首先,结合前文讨论,责令回购制度的最佳适用场景应符合案情较简单、持股投资者与受损投资者匹配程度高、发行人等责任主体拥有一定资金且有配合执行意愿等条件。

其次,与责令回购制度相比,先行赔付制度具有执行较易、赔偿较充分等优势。不过,学界已有研究表明先行赔付制度也可能存在一些问题:第一,投资者是否认可先行赔付方案,倘若赔付标准设置不合理,投资者可能会拒绝接受该方案。[55] 这可能使先行赔付制度的目标无法达成。第二,有责主体之间可能对先行赔付方案存在争议,如果该方案的赔偿标准高于理论赔偿标准,其他有责主体可能会拒绝就超出部

〔55〕 参见陈洁:《证券市场先期赔付制度的引入及适用》,载《法律适用》2015 年第 8 期。

分承担责任。[56] 第三,即使有责主体不对先行赔付方案提出质疑,但是有责主体各方应如何分配赔偿责任尚属理论和实践难题,不易厘清。[57] 第四,先行赔付协议仅是和解协议,倘若先行赔付主体反悔、不愿履行协议,先行赔付协议缺乏强制执行机制,投资者仍需通过诉讼才能获得救济。[58] 鉴于上述问题,先行赔付制度的最佳适用场景应是先行赔付主体拥有足够赔付资金、且具有先行赔付意愿,先行赔付方案有利于投资者,同时相关责任主体事先对先行赔付方案和责任分担问题达成合意的场景。对比责令回购制度的最佳适用场景可知,理论上责令回购制度有可能与先行赔付制度衔接使用。如若发行人拥有一定资金,但尚不足以覆盖投资者损失,而发行人的控股股东、实际控制人资金实力有限,那么证监会可以考虑先适用责令回购制度,由发行人为持股的受损投资者提供退出机会。之后,若保荐人有资金和意愿为投资者剩余损失提供救济,则可以继续适用先行赔付制度。

最后,就中国版证券集团诉讼制度而言,责令回购制度与之衔接最为密切。中国版证券集团诉讼制度是由投资者保护机构代表广大受损投资者向法院提起证券侵权诉讼,这一制度克服了投资者救济环节的集体行动困境,且胜诉后的执行难度远小于责令回购制度,可以为广大投资者提供充分有效救济。但是中国版证券集团诉讼制度也有弊端,在目前制度环境下,中国版证券集团诉讼的提起仍需以行政处罚或刑事判决为前提,因而投资者获取救济需等待较长时间。职是之故,中国版证券集团诉讼制度可以作为责令回购制度的兜底机制。定位为退出机制的责令回购制度能够让投资者快速获得部分赔偿,免除长期等待之苦。但是对于剩余赔偿部分,投资者可能还需借助中国版证券集团诉讼制度方能获得最终救济。而在责令回购制度和先行赔付制度都不便适用的情形下,中国版证券集团诉讼制度更是投资者最为重要的救济途径。

---

〔56〕 参见郭雳、谭思瑶:《保荐人先行赔付制度与中国探索》,载《投资者》2018 年第 1 期。

〔57〕 参见肖宇、黄辉:《证券市场先行赔付:法理辨析与制度构建》,载《法学》2019 年第 8 期。

〔58〕 参见郭雳:《证券投资者保护:创新发展与制度协调》,载《上海证券报》。转引自新浪财经:http://finance. sina. com. cn/roll/2020 - 03 - 15/doc - iimxyqwa0509840. shtml,2020 年 6 月 25 日访问。

四、我国责令回购制度的构造建议

基于上述讨论,特别是责令回购制度的退出机制定位,本文对责令回购制度的决定作出因素、回购主体、回购价格、保障机制和激励机制等规则构造提出如下建议。

(一)决定作出的影响因素

证监会作出责令回购决定时需结合具体案情和责令回购制度的特殊性,从欺诈行为、回购资金、投资者结构以及作出决定的成本收益等方面权衡是否应作出责令回购决定。

第一,证监会作出责令回购决定前首先需判断是否存在严重证券欺诈行为。因为依据新《证券法》,启动责令回购制度的法律条件是发行人在发行时存在重大违法违规行为。

第二,发行人等责任主体拥有一定数量的回购资金。在退出机制定位之下,虽然不要求发行人等责任主体完全赔付投资者损失,但是也必须有一定数量的回购资金才能实施回购。因此,证监会需查封冻结一定数量资金,才应考虑作出责令回购决定,否则应由投资者选择先行赔付等其他救济途径。

第三,发行人等责任主体有配合意愿。如前所述,责令回购决定作出后,发行人的管理层、控股股东、实际控制人至少应配合召开股东大会、同意回购决议,否则责令回购决定难以落实。因此,证监会可以考虑在决定作出前了解责任主体是否愿意配合,并且可以考虑利用证券行政和解制度提升其配合意愿。若发行人等责任主体不愿配合,投资者可能选择其他途径能够更方便实现目标。

第四,证监会应对责令回购决定的成本收益进行评估,如果启动相关程序的收益少于成本,证监会不应作出责令回购决定,而应将有限资源投入其他案件中。比如,证监会应事先评估投资者结构,倘若受损投资者占持股投资者的比例不高,责令回购决定的制度实施成本过高,比较责令回购决定作出与执行的成本收益,此时证监会也不宜作出责令回购决定。

(二)回购主体的范围限缩

回购主体可以具体分为回购权利主体和回购义务主体。基于责令回购制度的退出机制定位,回购权利主体应只限于因欺诈发行行为而持股的受损投资者,发行人的管理层、控股股东、实际控制人等不应被囊括在内,同时也不应包括在欺诈发行揭露日之后买入股票的投资者。

理论上回购义务主体所覆盖的主体类别较为复杂。新《证券法》仅要求发行人和有责任的控股股东、实际控制人承担回购股票的义务。所谓“有责任”的控股股东、实际控制人,如前文所述,应仅限于组织、指使实施欺诈发行的控股股东、实际控制人。现实中控股股东、实际控制人在上市后发生变更的情形也不在少数,此时应由欺诈发行行为发生时的责任主体承担回购义务较为妥当。[59]

不过,根据《证券法》的规定,证券欺诈发行的责任主体并不限于发行人、控股股东和实际控制人,还包括发行人的董事、监事、高级管理人员等公司责任人员,以及保荐人、律师事务所、会计师事务所等证券服务机构。[60] 上述责任主体是否应全部或部分纳入回购义务主体范围呢?

我国香港地区将责令回购制度作为赔偿投资者损失的重要机制,其责任主体并不限于发行人。我国香港地区《证券及期货条例》在制定责令回购制度的责任主体规则时对回复原状制度的理论责任主体加以变更,极大扩张了责任主体范围。《证券及期货条例》第213条(1)款规定,直接触犯条例规定的主体、任何对触法行为起到辅助、教唆、怂恿等作用的主体、明知触法行为而直接或间接牵涉其中的主体都对股票回购负有责任。[61] 在实践中,我国香港地区证监会曾在中国森林案中追究发行人、管理层、保荐人、会计师等主体的责任,[62] 甚至曾在群星纸业案中法院还判决发行人的子公司也负有责任。

但是本文认为,结合我国内地责令回购决定的行政行为属性以及

---

〔59〕 参见孙秀振:《欺诈发行责令回购股票制度:目标定位及现实构建》,载《证券市场导报》2019年第5期。

〔60〕 参见《证券法》(2019年)第85条。

〔61〕 参见我国香港地区《证券及期货条例》第213条(1)款。

〔62〕 参见中国森林控股有限公司2017年1月24日公告。

退出机制定位,我国香港地区的经验并不足取。其一,管理层、中介机构中哪些主体应承担民事赔偿责任,以及分别按照何种比例承担责任,更适宜由法院根据具体案情加以认定,作为行政机关的证监会本不宜过分介入民事赔偿争议中。其二,我国香港地区责令回购决定本质是请求法院充分赔偿投资者损失,而定位为退出机制的责令回购决定只是提前给予持股的受损投资者部分赔偿,如果嗣后投资者诉至法院,自然可以要求有责任的管理层、中介机构承担相应赔偿责任。而且定位为退出机制的责令回购决定所需金额有限,无须牵连过广,徒增制度实施成本。

(三)回购价格的确定方式

回购价格是责令回购制度时最具争议的部分。

如前文所述,我国香港地区在洪良国际案中采用停牌时的市价作为回购价,而在群星纸业案中根据受损投资者的实际损失确定回购价格。而美国《1933 年证券法》的规定则是根据买入价外加利息再减去任何收益后的剩余部分作为购回价格。[63] 在《科创板首次公开发行股票注册管理办法(试行)》(征求意见稿)中证监会曾规定以投资者实际买入价或股票交易价孰高为基准计算责令回购价格。[64] 这些责令回购制度均旨在充分赔偿投资者损失,因此其回购价格确定机制的借鉴意义不大。

在 2013 年引入责令回购制度后,我国实践中曾出现多种回购定价方式,较为典型的两类方式是以市场价格为基准确定回购价格以及以发行价加计利息为基准确定回购价格。[65] 本文认为,不论是按照市价法还是发行价法计算回购价格均不合理。市价法的不足之处在于:欺诈发行败露前的股价一般处于高位,而欺诈发行行为败露后股价往往暴跌,不论是按照暴跌之前的股价还是之后的股价确定回购价格,均不

---

〔63〕 See Securities Act of 1933 section 12 (a)(2).

〔64〕 参见《科创板首次公开发行股票注册管理办法(试行)》(征求意见稿)第 68 条第 5 款。

〔65〕 例如,参见《光云科技首次公开发行股票并在科创板上市招股说明书》,第 516 页,载新浪财经:https://vip.stock.finance.sina.com.cn/corp/view/vCB_AllBulletinDetail.php?stockid=688365&id=6103540,2020 年 6 月 25 日访问。

符合责令回购制度给予投资者适当退出机会的定位。洪良国际一案中之所以能够统一按照市场价格回购,是因为其上市后到停牌日的股价波动不大,但是其他案件则未必有这种特殊情形。发行价法也有不足之处:在股价波动剧烈的情况下,部分投资者持股成本可能低于发行价,另有部分投资者持股成本可能高于发行价,统一按照发行价回购,将造成部分投资者无法充分受偿而其他投资者反而获益的不公平结果。鉴于上述缺点,统一按照市价法或发行价法计算回购价格都只应在特殊情形下适用。当然,如能统一计算回购价格,其也具有节约成本、方便实施等优点。

为适应千变万化的市场情况,本文认为,证监会不应在事前确定回购价格,而应结合个案具体情形,在衡量股票市场价格、股票真实价值、股票价格波动幅度、投资者损失、查封的回购资金总额等因素之后,再决定是采取统一计算回购价格的方式还是差异化计算回购价格的方式,以及每位持股的受损投资者的具体回购价格。当然,证监会享有根据个案决定回购价格的自由裁量权也可能引发对其责令回购决定公平合理性的质疑。对此,本文建议证监会一方面应在《欺诈发行上市股票责令回购实施办法(试行)》中列明确定回购价格的各类影响因素,同时在该办法中尽量明确限制裁量权的范围,另一方面应在责令回购决定中详细说明回购价格的确定理据。如果最后责任主体或投资者仍对回购价格不满意,可以针对责令回购决定采取行政复议等复核程序。

(四)实施决定的保障机制

责令回购决定的作出需要较长时间。在这段时间内,发行人等责任主体可能会转移资金、逃避责任,投资者可能会卖出股票止损导致作出责令回购决定时受损投资者占持股投资者比例较低。如若上述情况发生,责令回购制度或将失去正当性。因此,证监会在案件调查过程中,即应适时采取强制停牌和冻结、查封等措施。

证监会在欺诈发行揭露日采取强制停牌措施能够固定持股投资者结构,利于责令回购决定的作出。依据现有证券欺诈民事赔偿规则,在揭露日之前买入股票并持有到揭露日之后的投资者均有可能获得赔偿。证监会在揭露日采取强制停牌措施,可以使现有持股投资者中受损投资者比例最大化,避免案情进一步复杂化,从而使股票回购更具正当性,同时也能够避免原有股东因为股价巨幅波动遭受损失。而且从我国香港地区的实践来看,拟退市上市公司一般均会采取停牌措施。[66]

同时责任主体是否有足够资金实施回购对责令回购决定均有关键影响,因此,一旦证监会决定采取责令回购制度,则应迅速行动,根据新《证券法》第170条第6项,[67]查询发行人等责任主体的账户并冻结或查封一定数目资金,以备回购之用。资金冻结将对发行人等责任主体的现金流造成显著影响,故证监会在决定采取相关措施前必须依据充分理由慎重决定。证监会采取相关措施后,不可避免地会影响公司正常经营,故内地证监会可以学习香港地区经验,[68]允许当事人满足一定条件时申请部分资金解除冻结、查封状态,以用于公司运营。

(五)配合执行的激励机制

责令回购决定的执行可能遭遇的最大障碍是发行人、控股股东或实际控制人不配合履行回购义务。受公司资本制度的影响,我国《公司法》对公司回购股份有着严格的限制,发行人并不能随意回购本公司股份。[69] 结合《公司法》第142条的规定,责令回购决定只有以"减少公司注册资本"的名义实施才具合法性。[70] 而根据《公司法》第103条的规定,减少公司注册资本需经股东大会2/3多数决。[71] 倘若发行人拒绝召开股东大会,或者控股股东、实际控制人在股东大会否决回购决议,责令回购决定将面临执行难问题。因此,如何激励相关主体配合实施责令回购决定显得尤为重要。

在2013年引入责令回购制度之初,该制度的执行与落实依赖于控

---

〔66〕 参见连达鹏:《香港上市公司被强制退市的退市机制研究》,载《金融法苑》2008年第4期。

〔67〕 参见《证券法》(2019年)第170条第6项。

〔68〕 参见香港地区证券及期货事务监察委员会:《法院更改针对群星纸业的临时强制令》,载香港地区证券及期货事务监察委员会官网:https://www.sfc.hk/edistributionWeb/gateway/TC/news-and-announcements/news/enforcement-news/doc?refNo=14PR9,2020年6月25日访问。

〔69〕 参见施天涛:《公司法论》,法律出版社2018年版,第288页。

〔70〕 参见《公司法》第142条。

〔71〕 参见《公司法》第103条第2款。

股股东的自愿承诺。在招股说明书中，控股股东一般承诺若存在欺诈发行情形，将在股东大会中投票同意发行人回购全部新股；并承诺若其阻挠回购，则其所持股份对回购事项不具表决权。[72] 依公开承诺的单方允诺性质，控股股东的前述承诺应具法律效力。不过，之后的招股说明书中并不都有这样的承诺。

《科创板管理办法(征求意见稿)》曾规定，如果发行人等拒绝履行回购股票义务，则证监会有权向法院申请强制执行。[73] 如果法院支持责令回购决定，而发行人等仍然不配合履行回购义务，法院可以依据《刑法》第 313 条对相关责任人员处以罚金、拘役或有期徒刑。[74] 鉴于《刑法》的威慑力，向法院申请强制执行应具有较强效力。但是在该项办法正式出台时，强制执行条款被证监会删除。不过，该条款是否被删除都不会影响证监会申请强制执行的权利，关键问题是法院是否有支持和配合证监会行动的意愿。最高人民法院在《关于为设立科创板并试点注册制改革提供司法保障的若干意见》之中并未有涉及支持履行责令回购决定的内容，[75] 因此目前法院系统对此问题的态度尚不明朗。

本文认为，前述两种激励机制值得继续沿用，证监会尤其应当与最高人民法院沟通协商，争取获得法院系统对强制执行责令回购决定的支持。除此之外，本文建议证监会可以利用证券行政和解制度，若发行人等责任主体积极履行责令回购决定，证监会可以终止针对相关主体的调查程序。[76] 若发行人等责任主体不配合执行责令回购决定，则证监会将酌情加大行政处罚强度或市场禁入年限。以此鼓励发行人等责任主体配合实施责令回购决定。

---

〔72〕 例如，参见丹东欣泰电气股份有限公司首次公开发行股票并在创业板上市招股说明书第 110 页，载新浪财经：https://vip. stock. finance. sina. com. cn/corp/view/vCB_AllBulletinDetail. php? stockid = 300372&id = 1279358，2020 年 5 月 25 日访问。

〔73〕 参见《科创板首次公开发行股票注册管理办法(试行)》(征求意见稿)第 68 条第 2 款。

〔74〕 参见《刑法》第 313 条。

〔75〕 参见《关于为设立科创板并试点注册制改革提供司法保障的若干意见》。

〔76〕 参见《证券法》(2019 年)第 171 条。

五、结论

责令回购制度在我国香港地区和美国被视为实现充分赔偿投资者损失目标的制度工具,但是如果我国也将以此作为责令回购制度的定位,恐怕会成为一场“美丽的误会”,因为责令回购制度自身的适用局限,其事实上难以担起充分赔偿的重任。鉴于新《证券法》为解决这类问题提供了较为丰富的武器库,在对责令回购制度的法理基础、境外实践与我国制度环境进行系统反思的基础上,本文主张将该制度重新定位于为欺诈发行中持股的受损投资者提供退出机会。证监会在建构责令回购制度时,应重点关注决定作出因素、回购主体、回购价格、保障机制和激励机制等具体规则的设计。

(编辑:韩励豪)

《证券法苑》(2020)
第三十卷,第479~506页

论债券持有人会议决议效力

朱　峰　孙晓琳　姚依婷*

摘要:债券持有人会议是形成持有人整体意见的机制。但持有人会议决议在何种情形下得以约束异议持有人,在实践中存在争议。本文认为,债券具有整体性。持有人因共同持有债券而享有共同利益,持有人会议可对涉及债券整体性与持有人共同利益的事项进行决议,且可因此对持有人的个别权利予以限制。在法律性质上,持有人会议是团体法上的组织,可采用多数决机制进行表决。此外,本文还就持有人会议决议权限约定不明、存在个别权利安排情况下持有人会议的表决机制等实践中存在争议的事项进行了讨论,并尝试提出相应解决方案。

关键词:债券持有人会议　决议权限　债券整体性　个别权利

债券[1]作为依照法定程序发行、约定在一定

* 作者均任职于上海证券交易所债券业务中心。本文仅代表作者个人观点,与所任职单位无关。

[1] 本文讨论的债券是指公司信用类债券,具体包括公司债券、企业债券及非金融企业债务融资工具。根据《全国法院审理债券纠纷案件座谈会纪要》,具有还本付息这一共同属性的公司债券、企业债券、非金融企业债务融资工具适用相同的法律标准。

期限内还本付息的有价证券,应按募集说明书约定的期限和方式偿还。[2] 但在债券存续期内,如需修改募集说明书中的契约条款或由债券持有人(以下简称持有人)就特定事项作出决定时,因持有人人数众多,要求全体持有人形成一致意见,不仅效率低下且未必可行。因此,大陆法系各主要国家[3]均建立了债券持有人会议(以下简称持有人会议)制度。持有人组成维护其共同利益的组织,就涉及其共同利益事项进行决议,形成其整体意志并提高决策效率。但是,在不同持有人无法就会议议案达成一致意见的情况下,持有人会议能否约束异议[4]持有人,是实务中的焦点问题。本文从债券整体性出发,说明持有人会议的功能及其与持有人个别权利的关系,并进一步探讨持有人会议的法律属性及其表决机制,最后就实践中持有人会议的常见争议问题进行分析。

一、持有人会议决议拘束力的争议

(一)持有人会议决议拘束力的两种观点

持有人会议决议经多数决通过后,关于异议持有人应否受决议的约束,大体可总结为以下两种观点:

一是认为异议持有人不应受决议拘束。其理由包括:首先,决议内容与异议持有人意思相悖,要求其受决议拘束违反意思自治原则。其次,当议案涉及发行人延期、打折偿付等实质减损持有人财产权利事项时,要求其受决议约束,有违财产权利只能由法律限制或权利人自行放弃的一般理念。[5] 最后,涉及持有人会议决议约束全体持有人的规定,层级相对较低且较为原则。

---

[2] 参见《公司法》第153~154条。

[3] 包括法国、德国、瑞士、日本、意大利等国家。

[4] 严谨而言,本文应讨论决议对异议持有人及对议案投弃权票的持有人的约束力。但举重以明轻,如决议能约束异议持有人,则自然亦可约束对议案投弃权票的持有人。

[5] 黄鑫、沈钰棪:《国际债券市场持有人会议的法律效力及对我国的启示》,载《债券》2019年第2期。

二是认为异议持有人亦应受决议拘束。其理由包括：首先，如要求全体持有人达成一致意见方能对所有持有人产生拘束力，则无持有人会议制度存在之必要。其次，如个别持有人反对即导致其不受决议约束，将与持有人会议促进形成持有人整体意志的宗旨背道而驰，且可能导致少数持有人滥用权利。最后，基于风险收益对等原则，将持有多数债券份额持有人的意志拟制为全体持有人的意志具有正当性。

（二）问题的关键：持有人会议的决议权限

本文认为，前述问题的关键在于持有人会议的决议权限。《公司债券发行与交易管理办法》（以下简称《办法》）规定："债券持有人会议规则应当明确债券持有人通过债券持有人会议行使权利的范围……债券持有人会议按照本办法的规定及会议规则的程序要求所形成的决议对全体债券持有人有约束力。"〔6〕《上海证券交易所公司债券上市规则（2018 年修订）》〔7〕（以下简称《上市规则》）和《银行间债券市场非金融企业债务融资工具持有人会议规程（2013 年版）》〔8〕（以下简称《规程（13 年版）》）亦有类似内容。近期出台的《全国法院审理债券纠纷案件座谈会纪要》（以下简称《纪要》）再次明确规定："债券持有人会议根据债券募集文件规定的决议范围、议事方式和表决程序所作出的决议，除非存在法定无效事由，人民法院应当认定为合法有效……"〔9〕可见，决议对全体持有人具有拘束力的前提之一为决议事项属于持有人会议的决议权限。

但问题并未因此得以解决。前述规范对何者属于持有人会议决议权限未置一词。实务中的持有人会议规则，内容往往为法规之照抄而

〔6〕 参见《办法》第 54 条第 2 款、第 3 款。本文所引《办法》为 2015 年颁布的《公司债券发行与交易管理办法》。就本文所引述内容而言，2015 年的《办法》与 2020 年 8 月的公开征求意见稿无实质区别。

〔7〕 参见《上市规则》第 4.3.1 条和第 4.3.12 条。需要说明的是，在本文讨论问题范围内，沪深两所相关规则基本一致。因此，在涉及沪深两所自律规则时，本文仅以上交所规则为例。

〔8〕 参见《规程（13 年版）》第 2 条和第 4 条。此外，《规程（13 年版）》在 2019 年进行了修订并于 2020 年 7 月 1 日实施，下文将该修订版简称为《规程（20 年版）》。

〔9〕 参见《纪要》第 15 条。

缺乏关于决议权限的细化约定,因此在适用时不无争议。持有人会议的法理基础为何,何种事项可提交持有人会议表决,如何理解持有人会议与持有人个别权利的关系?决议的法律性质为何,宜采用何种表决机制?在会议规则约定不明的情况下如何判断决议权限的具体范围及相应的表决比例?前述问题均为关系持有人会议决议效力的基本问题。本文将对此展开分析。

二、持有人会议维护债券的整体性

一期债券往往存在多名持有人,但债券并非单个持有人权利的简单集合,各持有人间亦非毫无关联的权利主体。“设A公司发行总额十亿元之公司债,每一单位为十万元……分由一万个投资人认购,则就此总额十亿元之公司债,将有一万个公司债债权人。但在法律性质上,A公司并非与此一万个公司债债权人分别成立一万个各自独立之债权债务关系,而系A公司对该一万个债权人负一个总额为十亿元之整体性债务”。[10] 本文认为,债券原则上[11]具有整体性,且持有人会议为维护整体性的机制。

(一)债券原则上具有整体性

我国台湾地区林国全教授认为:“公司债乃有其异于一般债务关系之特殊性。其中最重要者应为公司债之整体债务性,亦又称为公司债之统一性者。”[12]基于如下原因,本文认为债券原则上具有整体性:

1. 就债券的契约内容观察,债券具有整体性。债券投资人因认购或交易债券而成为持有人后,“其地位并无性质上之区别,只是按其所缴纳之金额之比例,在数量上有所不同而已……”[13]无论持有人如何变更,发行人均按募集说明书约定负担债务,负债内容及条件不因持有

---

〔10〕 林国全:《公司债之整体债务性》,载《月旦法学杂志》2001年第7期。

〔11〕 原则上是指发行人未与持有人形成个别权利安排的情况。关于持有人个别权利与债券整体性的关系,详见后文。

〔12〕 同前注〔10〕。

〔13〕 柯芳枝:《论公司债债权人会议》,载《法令月刊》第41卷第10期。

人的变化而变化。“在此公司债之整体债务性下,进而衍生出公司债之其他特性,例如定型性……”〔14〕即募集说明书作为规范发行人与全体持有人的契约文本,其内容对所有持有人平等适用。

2. 债券具有整体性是持有人间存在共同利益〔15〕的基础。在债券实践中,持有人间存在共同利益事项,如发行人应当为全体持有人聘请受托管理人,发行时设有担保的债券的担保权人为所有持有人。〔16〕《纪要》“同期发行债券的持有人利益诉求高度同质化”的规范亦说明持有人间具有共同利益。而共同利益的基础即在于发行人以同一内容及条件负担债务,即债券具有整体性。

3. 债券整体性是债券具有良好流动性的基础。如发行人任意与各持有人就权利义务作出安排,则持有人所持债券的票面利率、剩余期限等要素可能出现差异,甚至同一持有人所持不同份额债券的权利亦不相同。此种情况下进行的债券交易,买受人或无从知晓标的债券所附权利事项,或知晓的交易成本过高,从而导致债券无法具有良好的流动性。唯债券具有整体性方可以同一内容及条件进行流动。

(二)持有人会议是维护债券整体性的机制

如前所述,债券具有整体性,持有人间具有共同利益事项。在发行人与持有人协商变更契约条款或持有人就特定事项作出决定的情况下,如欲维护该种整体性,则需持有人间形成统一的整体意志。考虑到发行人与持有人逐个协商以确定持有人整体意志的成本过高且未必可行,持有人会议即为形成持有人整体意志、代表持有人共同利益的普遍机制。对此,境外立法例定有明文。《瑞士债法典》第 1164 条规定:“1. 债权人团体可在法律限制内采取一切有效措施保护其共同利益,

〔14〕 同前注〔10〕。

〔15〕 本文认为,理论上凡是涉及债券整体性的事项,持有人间均具有共同利益。但持有人会议规则可排除将该共同利益事项提交持有人会议表决。对此,本文认为,基于持有人购买债券时已同意持有人会议规则,自应尊重该项约定。但此时,债券不因持有人会议规则的约定而丧失其整体性。此外,本文讨论的内容建立在持有人会议规则未特别排除决议权限的基础上。

〔16〕 如“11 凯迪债”的《募集说明书》在约定公司债券面值总额不超过人民币 11.80 亿元的同时,亦约定了“保证范围包括:本期债券应当偿付的不超过 11.80 亿元人民币及利息、违约金、损害赔偿金、实现债权的费用和其他应支付的费用。”

尤其是债务人境况艰难的情形。2.债权人团体的决议通过债权人大会作出……"[17]我国台湾地区"公司法"第263条第1款也规定:"公司债债权人之受托人……得为公司债债权人之共同利害关系事项,召集同次公司债债权人会议。"境内部分自律组织的自律规则对此亦有类似规定,如《银行间债券市场非金融企业债务融资工具持有人会议规程》第4条:"持有人会议以维护债务融资工具持有人的共同利益,表达债务融资工具持有人的集体意志为目的……"

因此,持有人会议作为形成持有人整体意志的平台,有权对影响债券整体性,即持有人共同利益的事项进行决议。涉及持有人共同利益事项具体包括:

1.变更募集资金用途。投资者购买债券视为同意发行人募集说明书中约定的募集资金用途。发行人变更募集资金用途改变了投资者的决策基础,且可能影响发行人的偿债能力。因此,变更募集资金用途关系全体持有人利益,应提交持有人会议决议。根据《证券法》的要求,改变(公开发行债券筹集的)资金用途,必须经持有人会议作出决议。[18]

2.变更债券受托管理人。[19] 持有人购买债券即视为同意由特定主体担任该期债券的受托管理人并由其维护全体持有人利益。受托管理人的变更与个别持有人的利益并不直接相关,而关系到持有人的共同利益。鉴于此,《证券法》第92条第2款规定"债券持有人会议可以决议变更债券受托管理人"。解释上,应排除依个别持有人要求直接变更受托管理人的可能。

3.变更担保机构或担保机构信用状况发生重大不利变化。[20] 当担保对象是作为整体的债券时,担保权益的享有人为全体持有人。因此,如担保措施发生变更或重大不利变化,亦与债券整体性及持有人的共同利益相关,故而应由持有人会议作出决议。

---

〔17〕《瑞士债法典》,于海涌、唐伟玲译,法律出版社2018年版,第509页。

〔18〕参见《证券法》第15条第2款。此处虽然规范的是公开发行公司债券,但持有人会议的相关原理并不因债券的发行方式不同而有所不同。

〔19〕参见《上市规则》第4.3.2条第1款第3项,《规程(20年版)》第9条第8项。

〔20〕参见《上市规则》第4.3.2条第1款第8项,《规程(20年版)》第9条第3项。

（三）持有人对发行人享有个别权利

持有人的核心权利之一为要求发行人按时还本付息，该项权利属于民法上的债权。学理上，债权的效力主要包括请求权、给付利益受领权、给付利益保有权、债权处分权及债权保全权。〔21〕肯定债券具有整体性的同时，并不意味着持有人对发行人不再享有个别权利。

1. 持有人享有给付请求权

首先，不同持有人请求权的行权时间和行权方式可能不一致。例如，对于含有回售条款的债券，申报回售的持有人要求发行人给付本金的权利早于未申报回售的持有人。〔22〕这可理解为持有人单独行使了给付请求权。又如，可交换债的持有人可以通过换股方式获得偿付，其换股与否及换股时间的不同，亦会导致行使给付请求权的方式和时间产生差异。〔23〕再以债券置换为例，上海证券交易所（以下简称上交所）《关于开展公司债置换业务有关事项的通知》第 8 条第 1 款规定，“对于债券持有人未接受要约的标的债券，发行人应当继续按照标的债券募集说明书等相关约定履行偿付义务”，即选择置换债券的持有人以新发行的债券获得偿付，未进行债券置换的持有人仍按原约定方式获得偿付，持有人获得清偿的方式不同。

其次，即使债券偿付时间及方式相同，个别持有人仍得单独主张请求权。司法实践认可持有人向发行人提起给付之诉单独行使请求权的

---

〔21〕 参见江平主编：《民法学》（第 2 版），中国政法大学出版社 2011 年版，第 406～407 页。亦有学者认为债权权能包括请求力、强制执行力，依法自力实现力，处分权能及保持力，参见王泽鉴：《债法原理》，北京大学出版社 2009 年版，第 16～17 页；王洪亮：《债法总论》，北京大学出版社 2016 年版，第 31～32 页。但总体来说，各学者观点大同小异。此外，为简化问题，此处仅讨论完全债权。

〔22〕 相关案例可参见万联证券股份有限公司与新光控股集团有限公司公司债券回购合同纠纷案，浙江省金华市中级人民法院（2019）浙 07 民初 325 号民事判决书。

〔23〕 例如，“16 神雾 E1”的《募集说明书》约定“发行人将在本次可交换债券本金兑付日，按照约定的赎回价格向投资者赎回全部未换股的可交换债券”。参见神雾科技集团股份有限公司等与大成基金管理有限公司证券交易合同纠纷案，北京市高级人民法院（2019）京民终 155 号民事判决书，即部分投资者可通过换股先行获得偿付，而未换股持有人的请求权的行权日为债券到期日。

效力。[24] 《纪要》第6条亦规定:“在债券持有人会议决议授权受托管理人或者推选代表人代表部分债券持有人主张权利的情况下,其他债券持有人另行单独或者共同提起、参加民事诉讼……人民法院应当依法予以受理。”[25] 就原权性请求权及救济性请求权的角度观察,持有人单独行使救济性请求权得获支持,则其向发行人单独主张作为基础的原权性请求权的正当性应无疑问。

2. 持有人享有给付利益受领权、保有权和处分权

如前所述,个别持有人对发行人享有给付请求权,则在发行人履行给付义务后,持有人自然有权受领及保有该部分给付利益。而就处分权而言,个别持有人可通过债券转让、质押等方式处分其持有的债券,与其他持有人无涉。此外,持有人可自愿放弃或减损其权利,此亦为处分权的应有之义。

3. 持有人享有债的保全权

学理上,债的保全权主要包括撤销权及代位权。[26] 行使撤销权的后果为增加债务人的责任财产,即责任财产并不直接归属于提起撤销权之诉的主体。[27] 因此,无论行使撤销权的主体为全部或部分持有人,对持有人利益的保护无实质差别,本文不作过多讨论。

相对复杂的是代位权。行使代位权的后果为债务人的相对人向债权人履行义务,并相应消灭债权人与债务人、债务人与相对人之间的权

---

〔24〕 相关案例可参见兴业基金管理有限公司诉中安科股份有限公司证券交易合同纠纷案,上海市高级人民法院(2019)沪民终304号民事判决书;大连金玛商城企业集团有限公司与长江证券(上海)资产管理有限公司公司债券交易纠纷上诉案,上海市高级人民法院(2019)沪民终250号民事判决书;申万菱信基金管理有限公司与吴道洪等公司债券交易纠纷案,北京市第一中级人民法院(2018)京01民初599号民事判决书等。

〔25〕 虽然《纪要》规定“对于债券违约合同纠纷案件,应当以债券受托管理人或者债券持有人会议推选的代表人集中起诉为原则,以债券持有人个别起诉为补充”,但其考虑主要在于“采用共同诉讼的方式能够切实降低债券持有人的维权成本,最大限度地保障债券持有人的利益,也有利于提高案件审理效率,节约司法资源,实现诉讼经济”,而非否定持有人的单独诉权。

〔26〕 参见王洪亮:《债法总论》,北京大学出版社2016年版,第136页。

〔27〕 同上书,第156页。

利义务关系。[28] 换言之,主张代位权获得的财产由主张代位权的债权人获得优先清偿。则在债券中,是否允许个别持有人提起代位权之诉及相应利益归属值得探讨。本文检索到的唯一案例是中国城市建设控股集团有限公司(以下简称中城建公司)与宁波银行股份有限公司(以下简称宁波银行)证券纠纷案。其主要案情为中城建公司到期未能兑付其发行的15.5亿元11中城建MTN1,宁波银行就其持有5000万元11中城建MTN1向法院诉请并获支持,但中城建公司未履行生效判决。后,宁波银行向法院起诉要求代为行使中城建公司对淮南市城市建设投资有限责任公司(以下简称淮南城投)享有的应收账款债权,并获得支持。[29] 此案中,宁波银行仅持有11中城建MTN1部分债券,且中城建公司对淮南城投的应收账款金额不足偿付11中城建MTN1全部未偿本息,但法院依然支持了宁波银行的代位权请求。从此案例可知,法院认可个别持有人基于单独债权而享有的代位权。

(四)债券整体性与持有人个别权利的关系

在一方面债券具有整体性,另一方面持有人享有个别权利的情况下,是否可以通过持有人会议机制限制持有人个别权利,是实务中的焦点问题。本文认为,持有人会议以维护整体性为目的,适当限制持有人个别权利具有正当性;但在无涉整体性或者持有人会议未就限制个别权利形成整体意志时,持有人的个别权利仍应予以保护。

1.属于影响债券整体性的事项,需通过持有人会议予以决议

相较于银行贷款等间接融资工具,债券具有标准化、可拆分、流动性较好等特性,但均以维持债券整体性、解决不同持有人间意志分化问题为前提。通过持有人会议维护债券整体性是“债券”这一产品的基

---

〔28〕 参见《民法典》第537条。

〔29〕 参见中国城市建设控股集团有限公司与宁波银行股份有限公司证券纠纷上诉案,浙江省高级人民法院(2017)浙民终795号民事判决书和宁波银行股份有限公司与淮南市城市建设投资有限责任公司债权人代位权纠纷案,浙江省宁波市中级人民法院(2018)浙02民初804号民事判决书。此外,浙江省高级人民法院在宁波银行与淮南城投代位权纠纷一案的二审中,以一审法院未查明中城建公司对淮南城投享有的具体债权金额为由,撤销了一审判决,但对于宁波银行可以自身名义行使代位权未持否定意见,参见淮南市城市建设投资有限责任公司、宁波银行股份有限公司债权人代位权纠纷上诉案,浙江省高级人民法院(2019)浙民终125号民事裁定书。

本制度安排，此点亦为现行法规所明确。[30] 投资人购买债券时，即应视为知晓并接受其个别意志可能因维护债券整体性而受到限制。因此，如拟审议事项属于影响债券整体性的事项，则通过持有人会议予以决议，并在此基础上限制持有人个别权利应属正当。

尽管如此，在涉及发行人向全体持有人提议统一减免、延缓偿付债券本息，下调票面利率[31]（以下统称减免发行人偿付义务）等事项时，因直接涉及持有人财产权利的减损，故而是否可以通过持有人会议限制持有人的个别权利，实务中常存较大争议。

本文认为，债券具有整体性，发行人以同一条件及内容负担债务，而债券本息偿付的金额及期限系负债内容的重要组成。就减免发行人偿付义务而言，如欲维护债券整体性，则需形成关于本息偿付金额及期限的统一意志，债券持有人会议即为形成该项意志的工具。因此，减免发行人偿付义务可以成为持有人会议的决议事项，并通过持有人会议形成持有人的整体意志。在实务个案中，此类事项是否作为持有人会议决议事项，应以持有人会议规则的约定为准。[32]

从境外立法和司法实践看，减免发行人偿付义务亦可纳入持有人会议决议范畴。根据《瑞士债法典》第 1170 条的规定，延长利息支付年限、减免利息、减少利率、减少偿债年限、中止偿付期等事项，均属于持有人会议的决议权限。[33] 而根据《日本公司法》第 706 条的规定，公司债债权人会议有权审议债券延期支付、对债务未履行产生的责任免

〔30〕 以公司债为例，根据《公开发行证券的公司信息披露内容与格式准则第 23 号——公开发行公司债券募集说明书》的规定，发行人应当在募集说明书扉页中刊登“投资者认购或持有本期公司债券视作同意……债券持有人会议规则及债券募集说明书中其他有关发行人、债券持有人……主体权利义务的相关约定”。同时，《办法》第 55 条第 3 款规定：“债券持有人会议按照本办法的规定及会议规则的程序要求所形成的决议对全体债券持有人有约束力。”可知债券发行时已确立债券整体性原则并向持有人告知了相关风险。债券存续期内，根据《上市规则》第 4.3.2 条（《规程（20 年版）》第 9 条也作了类似规定），受托管理人应当在法定及约定情形下，为维护全体持有人的共同利益而召集债券持有人会议，此亦是维护债券整体性的制度安排。

〔31〕 募集说明书约定发行人有权下调票面利率的除外。

〔32〕 详见本文第四部分论述。

〔33〕 同前注〔17〕，第 511 ~ 512 页。

除或和解的事项。[34] 我国台湾地区“公司法”虽未明确规定持有人会议的具体权限,但根据本文检索的有限案例,债券折价清偿[35]亦属于持有人会议的决议权限。目前,我国债券市场也逐渐认可将减免发行人偿付义务事项提交持有人会议表决的正当性,相关自律组织的自律规则已对此作出回应。《规程(20 年版)》第 26 条第 1 款将“变更债务融资工具发行文件中与本息偿付相关的发行条款,包括本金或利息金额、计算方式、支付时间……”作为可提交持有人会议决议的事项。上交所发布的《公司债券持有人会议规则(参考文本)》(以下简称《参考文本》)亦有类似内容。

2. 不涉及整体性的持有人个别权利,不得通过持有人会议予以限制

债券整体性建立在发行人负有同一负债内容及条件的基础上。前文所述的减免发行人偿付义务直接改变负债期限、金额及利率,募集资金用途与负债的承诺有关,受托管理人监督债务的适当履行,担保债务则为负债的从债务,持有人就该等事项均具有共同利益。问题在于,是否存在超出整体性的共同利益事项?超出整体性的事项得否提交持有人会议而获得约束全体持有人的效力?本文倾向于答案均为否,并试举下例分析:

(1)转让、质押债券的可限制性。

如前所述,转让及质押债券属于持有人的个别权利。相应转让及质押债券,不改变负债内容及负债条件,无关债券整体性及持有人共同利益,因此并无通过持有人会议予以限制的正当性。

(2)持有人寻求公力救济的权利的可限制性。

有观点认为,持有人会议可以通过多数决,授权受托管理人代表全体持有人起诉发行人,即使是异议持有人亦将据此被代表起诉,从而丧失单独起诉的权利。其理由在于,发行人资产有限,如单个持有人先行起诉并获得执行依据,可能在事实上取得了优先清偿的经济利益。如

---

〔34〕 参见吴建斌编译:《日本公司法》,法律出版社 2017 年版,第 339 页。

〔35〕 参见我国台湾地区高等法院 2005 年上易字第 100 号民事判决,该案中持有人会议审议通过了折价 46% 的清偿方案,法院对持有人会议的效力予以认可。

通过持有人会议形成仅能由受托管理人平等代表全体持有人起诉的决议,则可保护所有持有人在诉权上的平等地位,符合共同利益的含义,应而具有正当性。

但本文认为,前述观点混淆了权利内容与权利的公力救济,并过度解读了共同利益。持有人享有的实体权利属于私权,得依私法自治予以限制。但起诉等主张公力救济的行为,属于程序法范畴,经由持有人自身同意而限制尚存较大争议,〔36〕更遑论通过持有人会议予以限制。从司法角度看,《纪要》第6条规定持有人会议可决议授权受托管理人代表部分持有人主张权利,此种情况下其他持有人仍单独享有诉权。即持有人会议关于授权起诉的决议可仅约束部分持有人。因此,本文认为,受托管理人代表诉讼的正当性应来源于部分持有人基于自身意志的授权而非持有人会议的整体意志。该种解释亦可与《证券法》“债券受托管理人可以接受全部或者部分债券持有人的委托,以自己名义代表债券持有人提起、参加民事诉讼或者清算程序”的规定相衔接。

3. 特定情况下,持有人仍可与发行人达成个别权利安排

如前所述,持有人会议可以维护整体性为目的,形成限制持有人个别权利的决议,但此观点并未完全禁止发行人与持有人进行个别协商。在持有人会议未就限制个别权利形成整体意志时,各持有人仍有权为维护自身合法权益而与发行人达成个别权利安排。

首先,债权具有平等性,“数个债权,不论其发生先后,均以同等地位并存”。〔37〕因此,发行人与个别持有人得基于契约自由协商达成个别权利安排,这也是持有人行使处分权的表现。其次,持有人会议为非常设机构,形成决议需经召集及表决等程序,可能出现召集人怠于履行召集义务的情况,或即使成功召集但持有人间因利益严重分化等原因而无法形成决议。此种情况下,如过分强调债券整体性而不允许发行人与持有人单独形成权利安排,则可能使得发行人风险处置陷于停滞,

〔36〕 参见杨杰:《程序与实体二分下的不起诉契约——兼论诉讼契约化》,载《现代法治研究》2019年第4期。

〔37〕 王泽鉴:《债法原理》,北京大学出版社2009年版,第8页。

浪费各方经济资源。此外，实务中也有发行人与持有人分别协商形成权利安排的案例。如永泰能源股份有限公司就其发行的“16 永泰 01”债券，提出了本金展期兑付和解方案，由同意展期兑付的持有人与发行人分别签署，并通过该种方式有效化解了债券风险。可以说，允许个别持有人与发行人达成个别权利安排，既是尊重当事人意思自治的体现，也是推进风险化解处置，维护金融安全的选择。〔38〕

需要强调的是，相较于债券的整体性而言，该项个别权利安排仅应作为例外存在。同时，对于已经形成的个别权利安排，除非存在法定的无效、可撤销事由或约定的其他情形，原则上不应受其后的决议的影响。而在持有人会议形成有效决议后，全体持有人均应受该决议的约束，除非形成废除原决议的更新决议，否则不应再允许持有人与发行人形成与决议内容相冲突的个别权利安排。

综上，本文认为，对于与债券整体性相关的事项，无论该事项本身是否与持有人个别权利相关，均可以提交持有人会议进行决议。而对于仅与持有人个别利益相关但无关债券整体性的事项，则丧失提交持有人会议予以决议的正当性。同时，在特定情形下，仍应允许持有人与发行人单独形成权利安排，以避免持有人会议制度缺位对持有人权益保护可能产生的不利影响。需要补充说明的是，债券的整体性及共同利益存在不同维度。例如，如发行人与个别持有人形成了关于偿付请求权的有效安排，则若后期持有人会议就偿付请求权事项进行表决时，该部分持有人无权参加该持有人会议。但同时，如后期持有人会议审议更换受托管理人、变更募集资金用途、修改与偿付无关的持有人会议规则等事项时，该与发行人形成个别偿付安排的持有人并未就此等事项丧失共同利益，其仍应有权参与会议并行使表决权。即共同利益乃相对标准，在此事项上具有共同利益的持有人，在彼事项上却未必具有共同利益。〔39〕关键在于，对于持有人会议的拟审议议案，该持有人是否仍享有共同利益。

---

〔38〕 关于债券纠纷与金融风险的关系，可参见《纪要》第 1 条。

〔39〕 参见叶林：《私法权利的转型——一个团体法视角的观察》，载《法学家》2010 年第 4 期。

三、持有人会议可以多数决方式进行表决

如前所述,持有人会议决议约束全体持有人,以形成持有人的整体意志及维持债券的整体性。如全体持有人均同意议案,则持有人受决议约束的正当性无须多论。但如仅部分持有人同意了议案,则决议能否约束全体持有人?如能,则其所要求的表决权比例如何?本文认为,持有人会议决议属于团体法上的决议,可以多数决的方式通过。

(一)持有人会议决议属于团体法上的决议

本文认为,持有人会议属于团体,会议决议为团体法上的决议,是团体意志的反映。

1. 持有人会议属于团体

持有人会议符合团体的强制性、组织性、稳定性[40]的特征。就强制性而言,《证券法》《办法》等均要求债券应当设置持有人会议机制。[41]"藉团体之力量,与公司立于对等地位,始足以监管发行人公司确实履行其债务,此乃承认公司债债权人团体之必要性所在。"[42]就组织性而言,持有人会议由全体持有人组成,设有召集程序、表决机制等事项。而就稳定性而言,持有人会议存在于整个债券存续期间,持有人无权做出废黜持有人会议制度的决议。即使极端情形下持有人集中为一人,但只要债券仍可交易,就有转变为多名持有人的可能。即便持有人仅为一人,该名持有人的意志也能代表整体意志。

此外,就团体意志的形成而言,各持有人乃团体内成员,且就团体事项具有共同利害关系。类似于股东大会是股东整体意志的表达,持有人会议则是持有人整体意志的表达。"公司债债权人会议制度系就有关公司债债权人共同利害关系事项之决议,得视为公司债债权人团

---

〔40〕 参见冯兆蕙、李霞:《〈民法总则〉第134条第2款"决议行为"之探析》,载《河北法学》2019年第37卷第1期。

〔41〕 参见《证券法》第92条,《办法》第54条。

〔42〕 同前注〔13〕。

体的意思决定机构”。[43]

2. 持有人会议具有团体法上的私法自治价值

“私法自治在内容上包含个人法自治与团体法自治,法律行为则是个人法自治与团体法自治之工具。”[44]《纪要》规定,“要充分……尊重债券持有人会议依法依规作出决议的效力……”可见,持有人会议是持有人进行意思自治,体现持有人整体意志的组织,即持有人通过持有人会议该种团体机制对自身权利予以处置。但与狭义的个人法的意思自治不同,此处构成团体法上的私法自治。“以其公司债债权人之自治管理为前提,透过公司债债权人会议的运作,直接承认公司债债权人团体之存在。”[45]

团体法上私法自治的正当性在于,“‘公共管理属性’乃是团体法与个人法的最本质区别。在个人法上,私权主体彼此之间呈现出一种离散的原子化状态,他们之间的交集经常是即时的、非持续性的,一个法律行为完成后私权主体之间可能再无其他交集,若再发生交集则可能需要通过另一个法律行为。团体法则不然,团体本身就是持续性的,团体成员之间如蜘蛛网一样交织在一起,团体成员之间法律关系的复杂性,决定了团体的公共管理需求。所以,在团体之中,成员为了更好地实现其私权,就必须让渡出一部分私权,形成‘共益权’以及团体的公共管理机构(如董事会),这就是团体法的‘公共管理属性’”。[46] 从前文分析来看,为维护债券整体性而对持有人个别权利予以限制,即属于此处持有人的私权让渡。

(二)决议行为采用多数决的正当性

如前所述,决议乃团体整体意志的体现,则在非全体一致同意的情况下,“‘意思多数决——法律效力遍及全体’之间的逻辑联系似乎超出了一般的正当性认知,与私法自治的‘自己责任’有些矛盾,不免有顾此失彼之意味。因此,意思‘多数决’的适用必须满足正义性的需

---

〔43〕 廖大颖:《公司债受托人与公司债信托契约》,载《月旦法学杂志》2002年第1期。

〔44〕 吴飞飞:《决议行为归属与团体法“私法评价体系”构建研究》,载《政治与法律》2016年第6期。

〔45〕 同前注〔43〕。

〔46〕 同前注〔44〕。

求,尽可能接近所有成员的共同意愿,以使得‘全体有效’这一法律后果在逻辑上是充分合理的”。[47] 学界虽普遍认为多数决乃决议的特征之一,[48] 但本文不揣鄙陋,仍简要论述持有人会议中多数决的正当性。[49]

首先,持有人会议的多数决是资本多数决的体现。“企业的资产虽然在形式上归属于企业这一主体,但透过企业的虚拟本质,在伦理、经济实质上,企业的资产归属于企业外部的各类权利主体。”[50] 持有人持有的债券是公司资本的重要组成部分。如前所述,持有人持有的每份债券所代表的权益和风险程度原则上[51] 相同。因此,持有人间的利益分配和表决权应按照持债金额确定。这有利于确立投资回报与投资风险系数之间的正比关系。持债金额更大的持有人因其需承担更多风险,其意志通常与各持有人的最大化利益相一致。因此,将持债金额较多的持有人的意思拟制为全体持有人的意思具有正当性。反之,如要求全体一致同意,则任一持有人均有可能滥用否决权而阻止涉及全体持有人利益事项的通过,其结果难谓公平。

其次,多数决是效率价值的体现。随着资本市场的发展,单期债券的发行规模有所扩大,持有人数量相应增多。持有人会议作为非常设机构,需由持有人会议决议的事项往往具有重大性和紧迫性,在风险处置过程中尤其如此。而短时间内需征得全体持有人的一致同意殊为困难。一致同意体现的是绝对的平等观,这种平等观妨碍了持有人的集体行动,导致持有人会议的低效率,并容易造成少数持有人滥用权利而

〔47〕 同前注〔40〕。

〔48〕 相关观点可参见朱庆育:《民法总论》,北京大学出版社 2013 年版,第 134 页;史尚宽:《民法总论》,中国政法大学出版社 2000 年版,第 311 页;[德]卡尔·拉伦茨:《德国民法通论》(下册),王晓晔等译,法律出版社 2003 年版,第 433 页。当然,学界也有反对观点,参见注〔44〕,作者反对的理由主要在于认为如果考虑到意思自治,在团体成员不反对的情况下,也可实行少数决。对此,本文认为,该逻辑推论具有合理性,但从经济理性的角度,似较少有团体会做此种约定。

〔49〕 此部分的逻辑进路,受到了朱慈蕴教授《资本多数决与控股股东的诚信义务》一文的诸多启发。

〔50〕 许德凤:《公司融资语境下股与债的界分》,载《法学研究》2019 年第 2 期。

〔51〕 形成差异化偿付的除外。但差异化偿付的情况下,获得差异化偿付的持有人不再参加与偿付有关的持有人会议,因此,无害于此处逻辑推论。

向发行人漫天要价的情况,并最终妨碍风险处置。而持有人会议采取多数决则彰显了其对效率价值的尊重。

再次,多数决有助于平衡发行人与持有人的利益。“按承认公司债债权人团体之存在,除能保护公司债债权人之利益外,对发行公司亦诸多益处……盖当发行公司有倒闭之虞时,事实上需要公司债债权人为某种程度之牺牲(如发行公司债缓期清偿,降低利率,解除担保或暂时停止行使其权利等),使公司免于破产之厄运,始足以确保全体公司债债权人之利益……斯时唯有承认公司债债权人团体之存在,籍多数决之方法,始能顺利地使公司免于倒闭。”〔52〕在发行人有挽救可能的情况下,对发行人的保护也是为了避免发行人进入破产程序后持有人的损失,亦构成持有人利益保护的重要一环。而关于发行人是否存在挽救可能,自应尊重持有人作为经济理性人的自行判断。

最后,实践中的多数决机制符合程序正义的要求。“决议行为意思多数决的特殊性决定了它的成立生效必须基于一套专业化和系统性的程序流程和规则。决议这样群体性的团体行为,必须通过严格的程序机制来保证各成员能充分有序地表达自己的真实意思并且进行交流、协商,以对每个成员原始的个人意思基于‘多数决’规则加工形成的新的团体意思,亦决议行为的意思。”〔53〕就持有人会议而言,投资者购买债券的行为相当于同意对持有人会议的权利让渡,为之后多数决的行为提供正当依据。且持有人会议规则多有关于决议主体、决议事项、议事方式和表决程序的约定,相应安排构成程序正义的保障。

总之,诚如学者所言,“于团体自律,理论上团体之意思决定如欲拘束团体之全体成员,则应有全体一致之决议始可,然则坚持此项理论,团体自律将无从实现,因而乃导入团体法上之多数决原则,以强化决议之拘束力。而此项多数决原则之基本根据系以个人得以自己之意思自由加入团体、并有退出之自由”。〔54〕

---

〔52〕 同前注〔13〕。

〔53〕 同前注〔40〕。

〔54〕 谢在全:《民法物权论》(上册),中国政法大学出版社2011年版,第256~257页。

(三)决议行为的表决机制

鉴于持有人会议具有团体性,而其决议得以多数决通过,则该多数决的具体表决机制如何?本文认为,持有人会议与股东大会均为团体法上的决策机制,基于意志形成上的类似性,持有人会议的表决机制可参照股东大会的表决机制。[55]“在公司债权人集合中,与公司债权人的重大利害相关的事项实行多数决。这里也存在同股东大会类似的一面……”[56]而在立法例中,境外亦有明确承认持有人会议准用股东大会的规定。[57]

1. 持有人会议的表决基数

根据《公司法》第103条的规定,无论是股东大会的普通会议抑或特别会议,其均以出席会议的人数作为表决权比例基数。其法理在于,召集人依程序发出召集会议的通知及拟审议事项后,视为所有股东均已知晓会议事项,股东不参会即为对自身权利的放弃,而法律不保护躺在权利上睡觉之人。相同原理亦可适用于债券,故以出席会议的持有人所享有的表决权作为表决权基数,有利于鼓励持有人重视自身权利、积极参会并表达自身意见。但如以全体持有人享有的表决权作为基数,则有利于更加全面地反映全体持有人的意志。因此,两种表决基数均无不当,实践中应尊重持有人会议规则的具体约定。

2. 持有人会议的表决比例

依据股东大会表决事项对股东权益的影响,决议分为普通决议与特别决议,并设有不同的表决比例。本文认为,持有人会议决议亦可做相应划分并适用不同表决比例。特别决议事项主要是指与持有人个别

---

〔55〕 因持有人间并无人身上的信赖联系,持有人间的集合更多具有资合特征,因此,相较于有限责任公司的股东会,持有人会议与股份有限公司的股东大会类比更为恰当。

〔56〕 [日]近藤光男:《最新日本公司法》,梁爽译,法律出版社2016年版,第381页。类似观点如“以召开会议并通过决议的方式来行使权利,是债券持有人会议与股东会的相似之处。因此,许多国家和地区都规定,债券持有人会议的议事规则等方面准用公司法有关股东会的规定”,参见时建中:《论公司债券持有人会议制度》,载《月旦财经法律杂志》2005年第1期。

〔57〕 参见《意大利民法典》第2415条、第2368条和第2369条,具体条款内容可见《意大利民法典》(2004年),费安玲、丁玫、张宓译,中国政法大学出版社2004年版,第564页、第589~590页。

权利直接相关，但为维护债券整体性因而对持有人权利予以限制的事项，包括但不限于：拟减免、延缓发行人、增信机构或其他负有代偿义务第三方的金钱给付义务。此类事项可由表决权基数的2/3以上通过。而除特别决议外的事项为普通决议事项，由表决权基数1/2以上通过即可。此处2/3与1/2为举例，具体表决机制原则上应由持有人会议规则自行约定。

（四）避免多数决滥用的机制

持有人会议采用的多数决机制，本质是公平与效率间的权衡。为使多数决机制不被滥用，境外立法例多对其适用施加了适当限制。

1. 正面限制

首先，持有人会议需为全体持有人利益召集，且应按法定和约定的议事程序召开。前文已有明确说明，此处不再赘述。

其次，部分国家对持有人会议的决议权限进行了限制。即使是涉及持有人共同利益的事项，也并非均允许持有人进行决议。〔58〕典型者如《瑞士债法典》。〔59〕《瑞士债法典》第1170条对关于利息延期支付的年限、减免利息支付的年限、中止债券的期限等均有所限定。〔60〕同时，该法第1173条第1款规定："任何债权人不得被债权人团体的决议强迫接受除第1170条之外的对债权人权利的限制，或者履行未在借贷

〔58〕该等限制是对通过团体多数决作出的决议的限制。本文初步认为，限制团体决议权限的范围是为避免多数决的滥用，而非绝对禁止全体持有人一致同意情况下作出相关权利安排。

〔59〕此外，日本法亦采相同立场，见《日本公司法》第716条。亦可参见注〔56〕，第382页。

〔60〕《瑞士债法典》第1170条规定："为了能够对以下内容作出有效决议，必须得到至少持有可流通债券（上市债券）三分之二的多数债权人的同意：(1)利息支付最长延长五年，最多可能再延长两个五年期；(2)在七年期间，至多减免五年利息；(3)利率减至借贷条件规定的利率的一半，或者由取决于经营成果的利息（浮息）来代替定息，两种情形最长允许十年，至多可能再延长五年；(4)减少偿债年限，或者增加部分偿付的数目，或者暂时中止这些给付，对分期偿付债务规定的期限最长十年，至多可能再延长五年；(5)对已到期的借贷，或者五年期限内将要到期的借贷，或者部分借贷的偿付期，最长中止十年，至多可能再延长五年；(6)允许提前偿付债券的本金；(7)给企业支付的新增资金设立优先权的担保、变更借贷的担保、放弃全部或部分的担保；(8)同意变更关于债券发行量与股本比例限制的规定；(9)将全部或部分的债券转换成股票的批准。"同前注〔17〕，第511~512页。

条件中规定的或者未在交付债券时约定的给付。”[61] 申言之,持有人会议对持有人的权利限制范围仅限于《瑞士债法典》第 1170 条规定的内容。

最后,境外多有规定决议生效须经有权机构认可。《瑞士债法典》第 1176 条第 1 款规定:“只有经州的债务清偿高等机构批准,限制债权人权利的决议才有效力。”[62]《日本公司法》第 734 条第 1 款规定:“公司债债权人会议决议未经法院批准的不生效。”[63]

2. 反面限制

对于持有人会议决议的反面限制,主要集中在何种情形下决议效力存在瑕疵。[64] 限于篇幅,本文仅讨论持有人会议决议不发生法律效力的情形。

首先,持有人会议决议作为法律行为的一种,应适用法律行为效力瑕疵的规定。其次,境外各立法例大多规定了不予认可(批准)会议决议的情况。例如,《瑞士债法典》第 1177 条规定:“只有在以下情形中,批准才能被拒绝:1. 违背债权人大会召集的有关规定和大会决议必须满足的条件的;2. 为解决债务人艰难情况而作出的决议并非必需的;3. 债权人的共同利益未被充分维护的;4. 大会的决议是以非法的手段达成的。”[65] 而《日本公司法》第 733 条则规定:“有下列情形之一的,法院不得批准公司债债权人会议决议:(一)公司债债权人会议的召集程序或决议方法违反法律或用以说明为第 676 条募集的有关该公司债发行公司的事业及其他事项的资料中记载或记录事项的;(二)决议以不正当的方法作出的;(三)决议明显不公正的;(四)决议违反公司债债权人一般利益的。”[66] 我国台湾地区关于决议不被认可的事由,与《日本公司法》的规定基本一致。[67] 总体来看,持有人会议决议效力不

---

〔61〕 同前注〔17〕,第 512 页。

〔62〕 同前注〔17〕,第 513 页。

〔63〕 同前注〔34〕,第 348 页。此外,我国台湾地区“公司法”第 264 条亦采相同立场。

〔64〕 例如,除下文讨论的拒绝批准外,《瑞士债法典》第 1178 条和第 1179 条还规定了针对持有人会议决议的诉讼和撤销事由。

〔65〕 同前注〔17〕,第 513 ~ 514 页。

〔66〕 同前注〔34〕,第 347 页。

〔67〕 参见我国台湾地区“公司法”第 265 条。

被认可(批准)的原因既可以是程序上的原因,包括会议的召集和决议作出的方法违反规定和约定;也可以是实体上的原因,即决议违反债权人的共同利益、出现明显不公正的情形。[68]

本文认为,前述机制可供境内未来完善持有人会议规范时予以参考。一方面,是将所有决议事项及表决比例均授权持有人会议规则自行约定,还是对部分决议事项及表决比例进行"立法"保留,值得探究;另一方面,境外立法例中关于决议不予认可(批准)的事由值得借鉴,即除法律行为无效的一般规则外,持有人可以决议触发前述不予认可(批准)的事项为由,申请否定持有人会议的效力。但要求持有人会议决议需经第三方机构认可的做法,本文认为并不适用于境内实践。因为境内债券数量较多,要求第三方机构对任何决议均予以认可,成本过高。且持有人会议往往因重大事项而触发,经第三方认可无法满足较高的时效性要求。

四、对常见持有人会议争议内容的讨论

近年来,受内外部经济环境影响,债券信用风险事件有所增加,涉及持有人会议的争议逐渐增多。相关争议涉及的持有人会议规则(以下简称存量会议规则)制定时间较早,彼时因信用风险事件较少,各方对持有人会议制度未给予必要关注,导致存量会议规则往往未尽完善,如何解释与适用在实践中存在一定争议。本部分以前文论证内容为基础,对若干争议问题进行讨论分析。

(一)决议权限约定不明时决议的约束力

存量会议规则存在决议权限相关约定较为空泛的问题。以修改契约条款为例,常见可能相关的表述为"修改募集说明书的(重要)约定",或会议规则未约定任何具体决议权限而仅约定会议召开前提为"本金或利息未能按照约定足额兑付"等。追根溯源,前述约定来源于

〔68〕 在我国台湾地区高等法院2010年非抗字第50号民事裁定中,法院结合案件事实对不予认可决议的理由有较详细的阐释,有兴趣的读者可自行查阅。

法规内容之照抄。以公司债为例,“拟变更债券募集说明书的约定”来源于《办法》第55条“存在下列情形的,债券受托管理人应当召集债券持有人会议:(一)拟变更债券募集说明书的约定”的规定。即使少部分会议规则将“约定”限缩为“重要约定”,该项限缩亦恐仅具宣誓意义而无规范作用。[69]

由此引发的适用问题是,何为募集说明书的(重要)约定?[70]如前所述,持有人会议的有效决议对全体持有人具有拘束力,但空泛的会议权限约定极易引发争议。此时,是否可以因约定不明而否定持有人会议对有关事项的决议权限?本文认为,募集说明书约定涵盖了发行人及持有人间几乎所有权利义务,如一概持否定态度,则所有契约条款均不得通过持有人会议予以修改,将导致现有约定本身及《办法》相关规定均被架空,不利于持有人权益的保护,显非妥善选择。因此,本文更倾向于认为该种约定不明为存量会议规则的漏洞,应通过解释的方法进一步明晰适用边界。同时,因募集说明书不同约定对持有人权益的影响差异较大,解释方法及其结论不可一概而论。本文仅以减免发行人偿付义务事项为例,结合存量会议规则的常见内容,尝试讨论持有人会议的可决议性。鉴于此种尝试仅限于学理讨论,缺乏实证检验,本文仍然认为通过修改持有人会议规则对存量债券持有人会议决议权限予以明确乃避免争议的最佳方式。

1. 部分解释方法及其评价

(1)文义解释。例如,决议权限约定为“当发行人未能按期支付本期债券利息和/或本金时,对是否同意符合本规则规定的提案人提出的解决方案作出决议……”持有人减免发行人偿付义务可认为系对“提案人提出的解决方案作出决议”。又如,决议权限约定为“当发生对本期未偿还债券之债券持有人的权益有重大影响的事项时,对行使本期未偿还债券之债券持有人依法所享有权利的方案作出决议”时,因持有人可放弃其自身权利,因此减免发行人偿付义务属于持有人“依法

[69] 类似地,非金融企业债务融资工具的持有人会议规则中无决议权限而仅列明召开前提的情况,亦是直接照抄《规程(13年版)》第7条规定的结果。

[70] 约定会议召开前提为“本金或利息未能按照约定足额兑付时”的,同样存在持有人会议可采取何种措施不够明确的问题。

所享有的权利”。再如,决议权限约定为“发行人提出重大债务重组方案,需要决定或授权采取相应措施”,因减免发行人偿付义务属于债务重组范畴,因此推定属于可决议事项。前述关于决议权限的解释,应认为尚在文义射程范围之内,所做解释符合一般合理预期。因此,本文认为在前述约定的情况下,将减免发行人偿付义务作为持有人会议决议权限,具有一定正当性。

(2)习惯解释。约定不明情况下产生的纠纷可依据习惯予以解决,但是对习惯的认定应当遵循谨慎谦抑的原则。目前,市场上存在持有人会议规则约定不明情况下以多数决减免发行人偿付义务的先例,但数量尚少且存在一定争议。例如,“13 金特债”“11 霍煤债 01”在决议权限未对展期、打折等有明确约定的情况下以多数决方式作出了打折兑付〔71〕及展期〔72〕的决议。“15 康美债”持有人会议规则的决议事项范围包括发行人变更募集说明书约定的同时,也明示排除了免除债券本息、变更利率、取消回售条款等事项,但其通过持有人会议审议通过了回售本金展期的议案。〔73〕本文认为,且不论上述案例的处理方式是否具备正当性,仅就其数量以及所涉决议事项的差异性而言,远不足以构成习惯。唯有后续此类处理逐渐增多,且形成基本趋同的处理意见时,方有通过成为交易习惯而获得法源效力的可能性。

(3)目的解释及体系解释。部分存量会议规则在决议权限中约定“修改募集说明书的重要约定”“发行人已经或预计不能按期支付本息,需要决定或授权采取相应措施”等,或仅约定“债务融资工具本金或利息未能按照约定足额兑付”等召开前提而对决议权限未置一词。仅从该类约定本身而言,实难准确推论其文义射程,需综合持有人会议规则其他条款以及募集说明书、受托管理协议等文件的约定,通过目的解释乃至体系解释的方法予以探讨。若综合多种解释方法仍难以得出

---

〔71〕“13 金特债”于 2018 年 5 月 15 日召开了持有人会议,审议通过了以 6 折偿还本金的议案。

〔72〕“11 霍煤 01”于 2019 年 4 月 3 日召开了持有人会议,审议通过了关于债券展期的议案。

〔73〕“15 康美债”于 2020 年 2 月 24 日召开持有人会议,审议通过了对所有申报回售的投资者按 50 万元以下全额、50 万元以上部分 25.666% 的比例发放回售本金的议案。

相对令人信服的结论，则为免争议，本文倾向于认为减免发行人偿付义务的事项不应作为持有人会议的决议权限。

总体而言，对于减免发行人偿付义务是否属于持有人会议决议权限的争议，应综合运用文义解释、习惯解释、目的解释、体系解释等多种方法，结合持有人会议规则的具体约定，就个案进行审慎判断，而无法得出统一之结论。

2. 对约定不明情况的建议

为避免发生前述争议，本文认为较为妥善的处理方法系在争议发生前即对持有人会议规则予以修改。一般而言，在发行人偿债能力发生重大不利变化时，才会出现关于减免其偿付义务的议案。此时，持有人间极易出现意见相左情形，不利于议案的审议及风险化解处置。而在争议发生前，通过修改持有人会议规则，对此类议案是否属于持有人会议决议权限，以及相应表决比例予以明确，应为减少后续争议、提高会议决策效率、保护持有人利益的较佳方法。需要说明的是，该项修改议案，无论是将减免发行人偿付义务纳入或排除持有人会议决议权限，均无不当。

对于修改持有人会议规则以明确减免发行人偿付义务的表决机制，该项问题亦较为复杂。具体而言，拟将减免发行人偿付义务事项列入或排除持有人会议决议权限的持有人会议，其通过比例是否应根据列入或排除而有所不同？在列入的情况下，是否应根据列入后持有人会议对该事项的表决机制以确定此次会议的表决比例，在理论上均较为可议。但从实务观点而言，如尊重现行持有人会议规则的约定，则直接适用存量会议规则关于修改持有人会议权限事项的具体比例即可。

需要注意的是，因前期信用风险事件相对较少，持有人会议争议不易发生，因此存量会议规则未尽完善尚在情理之中，如必须对持有人会议决议权限进行解释的，可参考前文所述方法。而目前，相关自律组织已意识到规范持有人会议决议权限的必要性。无论是交易所出台的《参考文本》，还是交易商协会修订的《规程（20 年版）》，均对持有人会议的决议权限进行了详细规范，且相关规则均允许将减免发行人偿付义务等事项作为决议权限，未来决议权限不明的情形将显著减少。因此，对于《参考文本》《规程（20 年版）》发布后制定的持有人会议规则，本文认为应更尊重持有人会议规则的明示约定。

（二）持有人会议的表决比例

境内目前仅有自律规则对会议表决比例予以规定，且大多授权持有人会议规则另行约定。[74] 在存量会议规则关于决议权限约定不明的情况下，如何确定其对应的表决比例亦可能存有争议。本文认为，为充分发挥持有人会议机制的实效，应通过解释方法确定具体表决比例。[75]

首先，对于持有人会议规则仅约定了一项表决比例的，则无论审议事项为何，均应适用该项表决比例。

其次，对于持有人会议规则约定了两项以上表决比例的，则应进一步区分以下两种情况：一是对于约定不明的事项，如可通过前述解释方法解释为属于持有人会议明确约定的权限范围的，则原则上应当按照该权限范围对应的表决比例进行表决。二是经解释，审议事项仍不属于任一明示的权限范围的，则应视拟审议事项的重要性来判断可供参考的表决比例。对于特别决议涉及的事项，应适用持有人会议规则中更高的表决比例，而对于普通决议涉及的事项，适用一般表决比例即可。关于特别决议与普通决议的区分，前文已有所述，此处不再赘述。而对于前文所述的通过修改持有人会议规则将减免发行人偿付义务事项纳入或排除决议权限事项的表决比例，从保护持有人利益出发，应认为如排除持有人会议对该事项的决议权限的，则适用一般表决比例；而如认可持有人会议对该事项的决议权限的，则应适用更高的表决比例。

（三）持有人差异化享有权利与持有人会议的关系

如前所述，在持有人会议形成有效决议前，持有人可与发行人个别

---

〔74〕 参见《上市规则》第4.3.11条、《规程（13年版）》第20条、《规程（20年版）》第31条。但《规程（20年版）》第31条针对特别决议，要求应当由持有本期债务融资工具表决权超过总表决权数额90%的持有人同意后方可生效，而未赋予持有人会议规则自治空间。

〔75〕 虽然自律规则规定了原则性的通过比例，但该项通过比例既以持有人会议规则的约定为优先适用，则在持有人会议规则本身约定了决议相关事项但该约定又不完整时，是应对持有人会议规则的约定比例进行解释还是直接适用自律规则的规定，非无疑义。

协商并形成关于偿付请求权的不同安排。此种情况下,在其他未与发行人形成个别权利安排的持有人审议与偿付方案相关议案时,前述已形成有效权利安排的持有人自不再享有对该议案的表决权。但在所有持有人均对发行人享有同一请求权的情况下,持有人会议是否可以审议对不同持有人差异化偿付的议案,以及,该项表决比例如何确定?

本文认为,持有人会议可审议对不同持有人差异化偿付的议案。与发行人与持有人形成个别权利安排类似,此种情形亦属于债券整体性的例外。此时,因所有持有人仍具有共同利益关系,其均得以参加持有人会议。〔76〕 为保障持有人作出真实意思表示,发行人应向所有持有人公平告知议案的具体内容。在表决比例上,该项议案应由符合持有人会议规则的多数决通过。同时,为防止出现多数持有人决议对其全额偿付而对其余少数持有人不进行任何偿付等涉嫌滥用多数决的情况,相关表决机制可借鉴优先股和破产程序下的分组表决思路。即将持有人分为若干组,除全体有表决权的持有人以多数决通过该项差异化偿付方案外,每组持有人也应以多数决通过该方案。如此可使不同组别均形成多数意志,而非少数持有人被与其利益差异较大的持有人所代表。在分组方案的设计中,为避免出现持债金额较大的持有人压制其他持有人的情况,应考虑持有人的风险承受能力和持债金额,且不应无限扩大分组的类别。该项分组方案如在持有人会议规则中已有明确约定,则适用上具有一定正当性。但如未在持有人会议规则中明确约定,而仅是通过会议通知等方式确定分组方案,则其效力仍有相当疑问。〔77〕

同时,如前所述,发行人与持有人形成差异化权利安排的,债券将

〔76〕 需回避表决的持有人除外。

〔77〕 该类分组与破产债权及优先股的分组仍有较大不同。无论优先股还是破产债权,不同组别的法益保护确应有所不同,且其分组类型有法律法规的明文规定,而债券的分组表决不具备相关基础。因此,本文仅认为可借鉴优先股及破产债权的表决思路,而非直接参照适用。

不再具备标准化[78]属性,即债券的整体性将受到影响,进而导致流动性受限等问题。为防止差异化偿付的滥用,首先,应限制发行人差异化偿付的情形。发行人应真实准确完整地披露其信用风险状况,并由投资者就是否接受差异化偿付安排予以判断。其次,为防止发行人与个别持有人恶意串通,以持有人会议决议通过差异化偿付方案,各方应严格遵守回避表决机制,且如发行人与部分持有人恶意串通的,应扣除该部分持有人的表决权或将决议整体做无效处理,而恶意串通的当事人应对其他持有人负损害赔偿责任。最后,为尽可能保障债券的流动性,亦可通过债券置换等方式,将差异化偿付后的债券置换为具有良好流动性的标准化债券。[79]

五、结论

持有人会议是债券市场投资者权益保护机制的重要基石之一。针对目前实务中较为常见的持有人会议决议在何种情况下具有拘束力的问题,本文分析了债券的整体性,指出因债券持有人持有同一期债券,发行人以同一内容及条件负担债务,故而债券具有整体性。为维护债券整体性及持有人的共同利益,持有人得通过持有人会议形成统一意志。整体性乃债券的基本属性,应作为原则予以维护。但同时,如因相关主体怠于召开持有人会议或持有人间利益分化较大等原因,导致无法形成持有人会议有效决议的,则为保护持有人利益,持有人仍得基于其个别权利与发行人形成偿付相关的权利安排,但此种情况下,该持有人无权再参加后续与偿付相关的持有人会议。而就持有人会议的法律

[78] 根据《关于规范金融机构资产管理业务的指导意见》第11条的规定,标准化债权类资产应等分化、可交易、流动性机制完善。而根据《标准化债权类资产认定规则》第2条第1款,"等分化,可交易"需"具有标准化的交易合同文本"。本文认为,在发行人与不同持有人就原募集说明书约定的请求权内容进行了不同协商后,该文本已不再属于标准化的交易合同文本。且此种情况下债券的流动性机制难谓完善。

[79] 前文所述关于分组的限制性安排亦是债券置换的基础性机制,如允许持有人会议将持有人任意分组,则债券置换的交易成本将过于高昂。

性质,本文认为持有人会议构成法律上的团体,因此可对决议事项进行多数决。针对目前存量会议规则约定不明确的情况,本文认为,对于约定不明的决议权限及表决比例可通过解释予以确定,但解释方法应拘泥于文义射程,且相应解释效果具有较大不确定性。因此,为避免后续持有人会议决议效力的争议,建议通过修改持有人会议规则就可能的争议事项尽早予以明确。

(编辑:何昕)

【优秀硕士论文选登】

《证券法苑》(2020)
第三十卷,第 507 ~539 页

股份回购概括目的条款与公司债权人保护*

刘芳燕**

摘要:2018 年 10 月《公司法》修订引入的股份回购概括目的条款参考了多个国家及地区的立法范式,其缘起于制度竞争中的妥协与借鉴,系在路径依赖下的借力跨越。但立法的修改忽视了债权人保护,实践中不利于债权人的回购现象频发。应在放宽回购事由限制的同时,完善资本维持原则,强化对偿债能力的关注,合理增加财源规制,并落实董事回购承诺责任,以公权力强制与债务契约介入,完善配套机制,为债权人发声赋能。

关键词:股份回购　概括目的条款　债权人保护　事由限制　财源规制

引　言

股东与债权人之间存在的紧张关系是公司法

---

* 本文获评 2020 年清华大学优秀硕士学位论文,指导教师为清华大学法学院沈朝晖副教授。

** 清华大学法学院 2020 届硕士研究生,现任职于永诚财产保险股份有限公司。

上历久弥新的问题,“面纱”之下的公司拥有独立人格,有限责任制度成为保护股东实现资产隔离的基石,债权人在通常情况下只有隔着“面纱”的追索权。但在公司资产流动链条中,股东与债权人承担的风险与收益呈现失衡情况,回购作为公司资产向股东流出的一种形式,随着对商事效率的进一步要求,这种失衡情况愈发明显,需要法律介入加以规制。

债权人作为公司价值分享者、外部监督者及利益相关者,其法律地位值得重视。然而,回购中的债权人保护却在2018年公司法修订中呈现弱化趋势。2018年10月26日,修改《中华人民共和国公司法》(以下简称《公司法》)的决定得到通过,《公司法》第142条发生了多项重大变化,其中于第1款增加的第6项“上市公司为维护公司价值及股东权益所必需”而允许股份回购之情形,及第2款修改的授权董事会完成相关决策的规定,均属于本次修法的重点。学者曾经提出的“概括目的下的股份回购”,[1]终于在立法中落地。股份回购在事由规制、财源规制等层面都有了很大程度的松绑,但随之而来的问题是债权人保护机制并未跟上。

本文集中研究修订后《公司法》对债权人保护带来的影响,并尝试提出立法建议。针对回购事由限制,笔者从比较法及解释论的角度分析,为何我国立法者选择引入《公司法》第142条第1款第6项以及降低授权门槛来放宽限制?如何对该等条款做出学理解释?而针对回购财源规制,其背后有何法理基础?资本维持原则与偿债能力测试等路径应如何取舍?回购的配套机制该如何完善?针对前述问题,本文尝试探寻引入股份回购概括目的条款后,公司债权人保护的时代路径。

一、回购修法以来的债权人保护现状分析

传统公司法理论坚持“资本三原则”以保护债权人,禁止公司回购

〔1〕 参见朱庆:《我国应允许概括目的下的股份回购》,载《安徽大学学报》(哲学社会科学版)2008年第1期。

股份,但在市场经济高速发展的今天,该理论已日益缓和,各国都日益放开对公司回购股份的限制。[2] 而包括我国在内的遵循"原则禁止,例外允许"的立法模式的大陆法系国家在这转型之路上频频回顾,对股份回购这一制度设计又爱又恨,有学者称为"想排斥却无法抵抗其诱惑","想接受却担忧其顽劣",[3] 其制度转型下利益衡平之困难可见一斑,股份回购可能带来的债权人之忧虑不容小觑。

(一)不利于债权人的回购现象

2018 年回购制度改革后,A 股市场反应热烈,掀起了回购的浪潮。据 Wind 数据统计,2019 年上市公司实施或完成回购金额累计达 1174 亿元,[4] 为 2018 年全年回购总金额(617.02 亿元)的近 2 倍,相较于 2014 ~ 2017 年,回购规模更是呈现爆炸式增长(见图 1)。

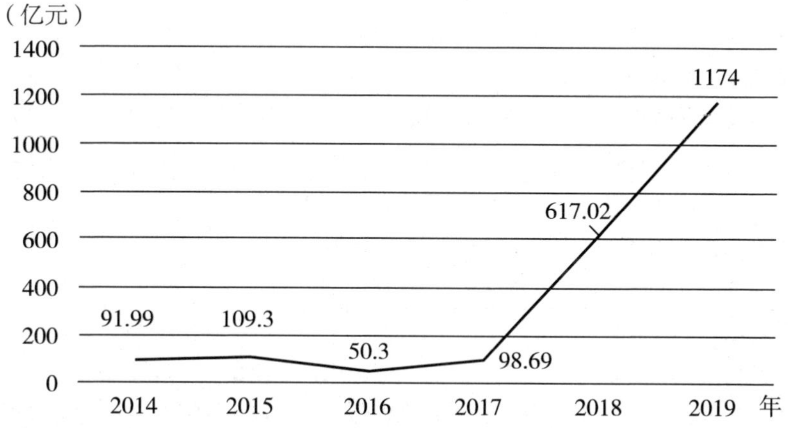

图 1　2014 ~ 2019 年 A 股回购金额

但在这一场回购中,在刺激股价的话语体系下,债权人成了不在场的牺牲者。以下将重点分析在回购浪潮中不利于债权人的回购现象。

[2] 参见柯菊:《禁止公司取得自己股份缓和论之研究》,载《台大法学论丛》1989 年第 2 期。

[3] 参见朱庆:《上市公司股份回购制度本土化难点问题研究》,清华大学 2010 年博士学位论文。

[4] 央视财经:《1174 亿元! A 股史上最强回购年来了!》,载百度百家号:https://baijiahao.baidu.com/s?id=1654054184476698038&wfr=spider&for=pc,2020 年 3 月 10 日访问。

1. 回购占用大量流动资产

笔者在巨潮资讯、上海证券交易所(以下简称“上交所”)官网、深圳证券交易所(以下简称“深交所”)官网等数据库进行检索,通过搜索关键词“回购”“集中竞价交易”等获取具体的回购报告书,发现上市公司回购大多“出手大方”,利用大量自有资金或者自筹资金进行回购,至少有三成以上公司拟动用的回购金额上限占公司流动资产的10%以上,其中部分数据可见表1。[5]

表1 2018年10月以来部分上市公司拟回购金额上限及其资产占比统计

股票代码及公司	回购金额上限(亿元)	回购资金来源	占净资产(%)	占流动资产(%)
步长制药(603858)	20	自有资金	15.69	27.71
梦洁股份(002397)	2	自有资金	9.60	10.15
凌霄泵业(002884)	1.5	自有资金	12.12	12.26
金科文化(300459)	8	自有资金或自筹资金	11.73	26.54
兰州民百(600738)	5	税后利润的自有资金	16.63	13.07
金发科技(600143)	20	自有或自筹资金	17.50	20.02
中文传媒(600373)	6	自有资金	4.68	10.61
百利电气(600648)	2	自有资金	10.93	10.18
太龙药业(600222)	2.5	自有资金或自筹资金	16.78	16.52
世纪华通(002602)	30	自有资金或自筹资金	20.94	47.69
金字火腿(002515)	2	自有资金或自筹资金	13.67	19.58
健盛集团(603558)	3	自有资金或自筹资金	10.32	25.58
麦趣尔(002719)	1	自有资金或自筹资金	8.55	16.89
思美传媒(002712)	5	自有或自筹资金	14.39	17.21
雅戈尔(600177)	50	自有资金	17.74	14.83

虽然上市公司均会在报告书中说明回购“不会导致公司发生资不抵债的情形”等,但大量流动资产的流出势必消耗宝贵的现金资源,影响公

[5] 因篇幅所限,此表为不完全列举,仅作说明参考之用。

司的资产负债率,从而导致公司的偿债能力下降。比如,在前述表格所列公司中,雅戈尔(600177)若完成50亿元回购,资产负债率就将猛增4.42%～66.89%。与此同时,雅戈尔的回购报告书显示并没有采取相应的债权人通知机制,[6]债权人对此可能一无所知。

而筹资杠杆回购的情形更是会牺牲债权人利益,因为债权人倾向于限制公司向其他人举债,以免日后不得不与他人共同分一杯羹。[7] 正如廖大颖学者所指出的"公司举债买库藏股将会使公司负债比例上升,长期偿债能力恐会下滑",[8]虽然可能在当前的财务测算上不至于无法清偿债务,但长期偿债能力下降无疑对债权人不利。而且在回购之后,为稳住股价,公司一般不会很快出售股票以变现,这导致公司的流动资产被锁定,失去灵活周转的功能,这于公司与债权人均无益处。[9]

2.濒临退市公司回购

在2018年及2019年的回购浪潮中,濒临退市公司以集中竞价交易方式利用自有资金或自筹资金进行的回购也值得注意。为了提升股价而实现"脱星摘帽",濒临退市公司也有较大动力进行回购,可见表2。

表2 2018年10月以来濒临退市公司拟回购情况统计

上市公司	拟回购金额(元)	资金来源	最高回购金额占净资产(%)
*ST新能	1.5亿～3亿	自有资金	18.01
*ST因美	3000万～10000万	自有或自筹资金	5.34
ST锐电	1500万～3000万	自有或自筹资金	2.05
*ST海投	3000万～5000万	自筹资金	2.90
*ST凡谷	2500万～5000万	自有或自筹资金	3.50

---

〔6〕 参见雅戈尔(600177)《关于以集中竞价交易方式回购公司股份的回购报告书》,载巨潮资讯网:http://www.cninfo.com.cn/new/disclosure/detail?orgId=gssh0600177&announcementId=1206342343&announcementTime=2019-06-07,2020年3月10日访问。

〔7〕 参见[美]Bayless Manning,James J. Hanks Jr.:《法律资本制度》,后向东译,载王保树主编:《商事法论集》(第12卷),法律出版社2007年版,第95页。

〔8〕 廖大颖:《举债买库藏股》,载《月旦法学教室》2003年第17期。

〔9〕 参见马俊驹、林晓镍:《我国股份回购的现实意义与立法完善》,载《法学》2000年第11期。

虽然由于资金不足,几个 ST/*ST 公司拟回购金额相对于自身净资产而言占比不算很高,但因为濒临退市边缘,公司发展前景较为惨淡,债权人对其忧虑也更重。而其中*ST 新能更是动用了大量资金回购,就其资产负债率而言,公司若动用 3 亿元净资产,其资产负债率将从69.23%上升到 73%。而*ST 新能当时每股未分配利润为 -0.3519 元,可见其并不具备现行法下分红回报投资者的能力。[10] 但由于回购财源没有限制在可分配盈余内,*ST 新能仍然可以合法地将自有资金从公司财产中抽出。对此次拟回购,根据*ST 新能公告内容,在发生公司注销所回购股份的情形后,公司才会根据相关规定通知债权人。[11]

濒临退市公司并不能保证就此"脱星摘帽",因为虽然理论上回购应该带来股价的提升,但也有相关数据指出 2019 年回购中"近半数公司最新价低于回购均价,上市公司平均'被套'1.81%",[12] 可见,如果濒临退市公司在动用大量资金后仍未能实现公司向上发展,甚至进入破产境地,相当于债权人的蛋糕在破产前已经被股东瓜分了一部分,其可得利益实际上遭到了侵害。坊间亦有资本市场评论人士呼吁禁止负资产上市公司回购,[13] 以防公司借回购之名,行利益输送之实,导致公司资产向股东方向非正常流动,而由债权人无奈承担全部风险。

(二)配套规则保护弱化

《公司法》修订放宽了回购事由限制、程序规制等,致使回购放开给债权人保护带来极大挑战,相应的配套规则未能跟上,甚至敞开了更大的口子,回购财源无限制、董事责任缺规制、回购 3 年内可不注销等规定

---

〔10〕 参见周科竞:《ST 公司融资不易 *ST 新能回购股份应量力而行》,载新浪财经:http://finance.sina.com.cn/stock/s/2019-02-18/doc-ihqfskcp6141712.shtml,2020 年 3 月 10 日访问。

〔11〕 参见*ST 新能:《关于回购部分社会公众股份的回购报告书》,载巨潮资讯网:http://www.cninfo.com.cn/new/disclosure/detail?orgId=gssz0000720&announcementId=1205876185&announcementTime=2019-03-06,2020 年 3 月 10 日访问。

〔12〕 参见范璐媛:《A 股史上最强回购年近半数回购却"被套"最惨亏超40%(股)》,载百度百家号:https://baijiahao.baidu.com/s?id=1653895652123964890&wfr=spider&for=pc,2020 年 3 月 10 日访问。

〔13〕 参见熊锦秋:《回购注销才能最大激发投资者信心》,载新浪财经:http://finance.sina.com.cn/zl/2018-11-02/zl-ihnfikve6722678.shtml,2020 年 3 月 12 日访问。

在一定程度上都影响了债权人的利益，应当对其给予足够的关注。

1. 回购财源无限制

修订后的《公司法》删除“用于收购的资金应当从公司的税后利润中支出”后，上交所与深交所进一步在《上海证券交易所上市公司回购股份实施细则》和《深圳证券交易所上市公司回购股份实施细则》（以下统称《回购细则》）规定上市公司回购股份可使用合法的自有资金和自筹资金。〔14〕易言之，不论资金金额是否超过可分配利润，都可以用于回购股份，也就出现了前述股票未分配利润为负的濒临退市公司动用大量自有资金进行股份回购的事件。

《回购细则》中明确上市公司现金回购金额纳入该年度现金分红的相关比例计算，因此回购作为类分配机制，照理应遵循现行《公司法》第166条对于分配的规制，只有公司在弥补亏损和提取公积金后所余税后利润，股份有限公司才能按持股比例进行分配，修订前的《公司法》也正是按照这样的统一思路进行规制。修订立法草案说明针对删除“税后利润”这一回购财源规制的回应是“根据实际情况和需要”而进行的修改，但笔者认为在该项立法上，立法者的步子迈得太大了，有过分突破资本维持原则之虞，在分配的规制上，不能操之过急，需要谨慎对待。

2. 董事责任缺规制

修订后的《公司法》降低了回购事由规制下的第4～6项回购的决策门槛，该等回购依授权后董事会2/3多数同意即可实施，简化了回购的决策程序，缩短了决策时间，同时也强化了董事会的权力。就此，《回购细则》向董事会及董事提出要求：“上市公司董事会应当充分关注公司的资金状况、债务履行能力和持续经营能力……”以及“上市公司全体董事在回购股份活动中，应当诚实守信、勤勉尽责，维护上市公司及其股东和债权人的合法权益”。但除此宣示性的话语外，《回购细则》没有关于董事责任的具体规制，没有法律后果的规定相当于没有牙齿的猛兽，

〔14〕具言之，包括：(1)自有资金；(2)发行优先股、债券募集的资金；(3)发行普通股取得的超募资金、募投项目结余资金和已依法变更为永久补充流动资金的募集资金；(4)金融机构借款；(5)其他合法资金。

表面看似有压迫,但实际上对于妄图违法者毫无攻击力与威慑力可言,董事可能会钻监管制度的空子,伺机进行利益输送,侵害公司及债权人的利益。

3. 回购3年内可不注销

《公司法》修订还将3种情形下回购可不注销的期限延长至3年,而不以注销为目的的股份回购,实际上形成了库存股(或称"库藏股"),对于此,公司资产同样会向股东方向流出,但公司不需要遵守任何回购财源限制,尤其在筹资回购时,融资成本的存在也迫使上市公司在处理库存股时更为短视,届时市场上也许只是多了一批短线抄手,[15] 而债权人对此无法提出任何异议或保护请求。

回购不注销的一般会计处理为:"借:库存股;贷:现金类资产",可见公司回购股票不同于公司购买原材料等其他资产,区别在于:(1)购买原材料等属于日常业务,而库存股属于特殊性质的投资,回购而来的库藏股对于债权人而言毫无价值,[16] 对于公司长远发展还有极大的不确定性风险。(2)库存股属于权益备抵科目,而非资产类科目,即在资产负债表中库存股要在所有者权益项下减项列报,[17] 而非单纯的资产内部形式转化。因此,回购即便不注销,上市公司的资产负债率也会提升,从而降低了偿债能力,对债权人利益造成潜在损害。[18]

(三)噤声的债权人

面对回购实践带来的威胁,以及配套规则保护的弱化,上市公司债权人却鲜有发声。难道是因为上市公司均财力雄厚,债权人丝毫不担心上市公司无法偿还债务吗?笔者认为并非如此。上市公司也会发生债务危机,尤其在未来股票发行注册制改革之后,上市公司的财务盈利状况不确定性将增强。而在允许举债回购后,若市场行情受到"黑天

---

〔15〕 参见陈克:《新股份回购制度的立法逻辑与问题研判》,载《"民法典背景下的公司法改革"学术研讨会论文集》(2019年),第188页。

〔16〕 See Phillips & Robert L, *The Concept of a Corporation's Purchase of Its Own Shares*, Alberta Law Review, 1977, 15(2), at 352.

〔17〕 参见刘燕:《"对赌协议"的裁判路径及政策选择——基于PE/VC与公司对赌场景的分析》,载《法学研究》2020年第2期。

〔18〕 参见王荣康:《股份回购及对债权人与中小股东的保护》,载《现代法学》2002年第24卷第3期。

鹅”事件(如“新冠”肺炎疫情)影响,股价可能有较大跌幅,而此前的高杠杆债务将容易引发连锁性的偿债违约风险,因此需要关注债权人的发声机制。而在目前的实践中,上市公司债权人发声的情形的确不常见,对此,笔者认为回购中债权人噤声主要有理性冷漠与制度缺失两方面原因。

1. 噤声之内因:理性冷漠

上市公司的债权人主要为大型金融机构(以国有商业银行为主)[19]以及上市公司在全国银行间债券市场及交易所市场发行的债券的持有人。对于银行等大型金融机构,即使上市公司因回购通知债权人可以要求提前清偿或者提供担保,银行可能也不愿提出这样的要求,因为提前清偿债务会导致期限利益的减少;而即便约定了担保,由于一份担保物可能对应着多个债权人,担保的存在也不能保障债权百分百得以实现,银行的不良资产率高企现象一定程度上也源于此。

对于上市公司债券持有人,其理性冷漠则源于投资的分散化及集体化行权的高成本。一般债券持有人在投资时会进行资产组合以实现风险最小化,因为时间精力有限,可能无法逐一关注对应的上市公司是否有发布回购公告或通知。此外,由于针对是否要求公司提前偿还债务或提供相应担保等议案通常需要债券持有人会议作出决议,[20]如果会议议案无法通过,则会对个人行权造成障碍。因此,集体化行权的高成本也让债券持有人望而却步,债权人自我保护意识弱,[21]集体决策的失灵,造成噤声的结果。

2. 噤声之外因:制度缺失

除了理性冷漠的内因之外,上市公司债权人噤声还存在制度缺失的外因。在多年的回购实践中鲜有因债权人反对而上市公司终止回购的

---

〔19〕 参见李悦、熊德华、张峥、刘力:《中国上市公司如何选择融资渠道——基于问卷调查的研究》,载《金融研究》2008年第4期。

〔20〕 参见《公司债券发行与交易管理办法》第55条。

〔21〕 参见葛伟军:《公司资本制度和债权人保护的相关法律问题》,法律出版社2007年版,第201页。

例子,因为在法律规制上债权人反对不构成回购的阻却事由。[22] 偶有的几个例子是由于上市公司自行增加了需债券持有人会议审议通过的前提条件,如海通证券终止回购案[23]及怡亚通终止回购案。[24] 可见,在回购决策是否执行与债权人是否同意的关系上,上市公司拥有极大自主权,许多上市公司可能因为回购的迫切需要,就忽视了债权人的意见,而也正因为制度没有统一赋予债权人反对的机会与权利,本就是"消极投资者"的债权人也就更不愿发声。

而在最新的回购立法中,允许回购事由有所增加,配套规则中回购资金来源无限放宽,董事会权力扩张而责任未落实,更是降低了债权人的积极性。制度的缺失导致债权人没有话语权,时常处于"不在场"的角色,董事与股东坐拥公司内部人的优势地位,让债权人在公司治理中的参与度极低,面对公司回购决策带来的利益威胁,债权人也无力反击,该等情形值得引起重视。

针对公司回购中的噤声债权人,一般有事由限制与财源限制两大保障,为了加强保护,两者是否都需要强化限制呢?笔者认为,事由限制可以放宽,但财源限制需要加强,这体现的是资本维持原则在现代商事实践中的"一开一合",具体理由将在下文进行详述。

---

〔22〕 参见冯辉:《"维护公司价值及股东权益所必需"而回购的法律规制》,载《东方法学》2019年第6期。

〔23〕 2015年年末,海通证券(600837)因在有660亿元债务缠身的情况下,拟以216亿元的回购,最终债券持有人未能形成有效决议,海通证券最后决定终止回购。参见海通证券《关于停止实施回购股份的公告》,载巨潮资讯网:http://www.cninfo.com.cn/new/disclosure/detail?orgId=gssh0600837&announcementId=1201852326&announcementTime=2015-12-23,2020年3月10日访问。

〔24〕 2018年怡亚通(002183)因拟以上限4.5亿元的资产进行回购,而有"14怡亚债"与"16怡亚债01"两项债务即将到期,债权人质疑怡亚通届时偿付利息及全部本金的能力,在债券持有人会议上表决反对,最终怡亚通决定放弃回购。参见怡亚通:《关于公司终止实施回购方案的公告》,载巨潮资讯网:http://www.cninfo.com.cn/new/disclosure/detail?orgId=9900003828&announcementId=1205458952&announcementTime=2018-09-21,2020年3月10日访问。

二、放宽回购事由限制——股份回购概括目的条款分析

2018年《公司法》第142条部分新规符合学者所指出的“概括目的下的股份回购”定义的两个构成要件：主体为经授权的董事会，客体为“无须特定目的的股份回购行为”。[25] 前者可见于《公司法》第142条第2款，后者可见于第142条第1款第6项“上市公司为维护公司价值及股东权益所必需”。坊间多认为该第6项之目的仅在于救市，不属于“无须特定目的”，但笔者认同叶林教授的观点：其目的在于形成我国股票市场扎实的基础制度，而非救市之权宜之计，[26] 我们应注意到修法背后的长远规划及深远意义。笔者认为，概括目的条款的加入，实则是为未来更大程度上放开股份回购事由限制埋下伏笔。[27]

（一）概括目的条款之历史进路

当我们将目光拉远，回溯历史进路，可以认为概括目的条款诞生于股份回购两种立法模式的制度竞争，系制度双向融合中妥协借鉴的产物，并实现了“原则禁止、例外允许”立法模式路径依赖下的借力跨越。

1. 两种立法模式的制度竞争与融合

根据不同国家对股份回购的制度设计，学理上可大致归纳为“原则允许、例外禁止”与“原则禁止、例外允许”两种立法模式。美国作为“法无禁止即自由”的拥趸，崇尚第一种立法模式（自由模式），以在经济高速发展时代更为灵活地应对市场实践。[28] 与之相对应的，大陆法系的多数国家奉行家长主义式立法，以“法无规定即禁止”为原则干预不在

---

〔25〕 同前注〔1〕，第48页。

〔26〕 参见叶林：《股份有限公司回购股份的规则评析》，载《法律适用》2019年第1期。

〔27〕 本章思路框架系受到朱慈蕴教授指导的本科生论文启发（丁孔均：《股份回购概括目的条款的法律分析——以〈公司法〉第142条第1款第6项为中心》，清华大学法学院，2019年）。

〔28〕 美国在20世纪70年代便开发了股份回购的代替股利分配功能，由于可以规避直接分红的高税率及管制，得到了大批的拥护者；到80年代又借回购之设计帮助公司抵御敌意收购或稳定股价，股份回购被广泛实践。参见伊云：《股份回购及其法律规制》，载《金融法苑》2001年第2期。

预设范围内的情形,对回购有诸多“紧箍咒式”的束缚(约束模式)。[29]

随着全球化进程加快,公司对提高商事效率有着迫切需要,而约束模式下的公司或苦于条条框框的束缚而缩手缩脚,或绞尽脑汁想出其他交易结构而避开监管,无论是立于原地还是“曲线救国”,其效率均低于自由模式。因此,在制度的竞争中,公司会选择营商环境更为宽松的自由模式,用脚投票的方式不断倒逼制度变革,放宽回购门槛。而在自由模式下,因回购“野蛮生长”而滋生了诸多弊端,如损害债权人利益、侵占中小股东利益、妨害市场秩序等,美国个别州也施加了些许限制,如对回购的财源规制、安全港规则、信息披露规则等,两种立法模式在竞争中走向融合。

2. 路径依赖下的借力跨越

道格拉斯·诺斯在《经济史中的结构与变迁》一书中提出了制度变迁的“路径依赖”,指出对历史经验的信赖强化了制度惯性的力量,既得利益的约束则压抑着创新种子的萌芽生长,继而在既定的方向上一去不回。在此过程中,突破思维的盲点,打破旧轨的局限,精准确认支点,方能实现路径依赖的借力跨越。

我国作为约束模式的典型国家,1993~2018 年,在法律层面对股份回购的规定极其克制。[30] 市场实践中对回购的热情持续高涨,而立法层面一直尝试回应此热情,却依然在旧有的道路上无奈前行。在立法者考察多个国家及地区立法例后,股份回购概括目的条款终于在 2018 年“千呼万唤始出来”,标志着对旧有规则的质的跨越。而此次对固有局限的突破,可认为系发挥杠杆效应,以概括目的条款作为支点,最小的成本撬起了最大的收益,原约束模式的逻辑体系未受侵蚀,制度更为严密的同时,使证券市场焕发了新的生机。

---

〔29〕 例如,我国 2005 年《公司法》将例外允许的回购限制于股份有限公司的减资、合并、奖励职工、回购异议股东股份情形,且必须经由股东大会决议。

〔30〕 25 年来,回购情形仅从减资与合并两种情形,扩大到减资、合并、员工股权激励、回购异议股东股份四种情形,且多有行政干预色彩。在行政规章及政策层面,出台了《上市公司回购社会公众股份管理办法(试行)》(2005 年)以及《关于上市公司以集中竞价交易方式回购股份的补充规定》(2008 年)、《上市公司以集中竞价交易方式回购股份业务指引》(2013 年)。

(二)概括目的条款之比较法分析

奉行约束模式的各个国家及地区多在与自由模式的角力中选择增加概括目的条款,降低授权门槛,扩大允许回购的情形,而各概括目的条款立法例下的主要差异在于授权允许回购的决策规则以及授权的情形范围限度不同。以下将对欧盟、日本及我国台湾地区的立法例进行评述,并与我国大陆的现行条款进行比较,以期发现可资借鉴之处。

欧盟《第二号公司法指令》〔31〕第18条与第19条第1款第1项结合明确了欧盟为约束模式,且授权机构为股东大会,授权需明确回购项目和条件、股份取得限额等,第19条第2款同时规定了无须股东大会授权的例外情形:“公司为避免遭受严重而急迫的损害而有必要取得自己股份时,可以排除本条第1款第1项规定之适用。”〔32〕该概括目的条款以损害的重要和紧急程度作为允许回购的判断标准,有进一步解释的宽广空间,也对德国、法国等欧盟成员国及英国的回购立法产生了深远影响。〔33〕

日本公司法对股份回购制度的规定则经历了近180度的大转变。〔34〕1993年,日本《关于股份回购及持有的管制问题》的出台,规定了“为避免重大、迫切的损害”允许回购的口径。1年后,新《日本商法典》第210条第3项规定:“为达成公司权利实行的目的所必要时,可允许公司回购股份。”在授权模式上,更是增加了允许股东大会及章程的概括授权。〔35〕2006年新《日本公司法》第155条第(13)项规定“除前各项所列的情形外,法务省规定的情形”为允许回购拉开了大口子,该兜底条款直接将立法层级降低,以满足政府与社会对公司治理的需求。〔36〕

---

〔31〕欧共体理事会1976年12月13日,第77/91号。

〔32〕参见刘俊海:《欧盟公司法指令全译》,法律出版社2000年版,第23~24页。

〔33〕同前注〔3〕,第22页。

〔34〕根据学者的研究,大致可以分为三个阶段,分别为1994年《日本商法典》修订前的“原则禁止、严格例外许可”阶段,1993~2001年的过渡阶段,2001年之后的“原则允许但附条件”的阶段。参见平力群:《日本公司法修订及其对公司治理制度演化的影响——以种类股制度和股份回购制度为例》,载《日本学刊》2010年第5期。

〔35〕1994年《日本商法典》允许股东大会对董事会进行概括授权,而在《日本股份销除特例法》中,允许公司在章程中规定授权予董事会。参见前注〔1〕,第50页。

〔36〕日本立法者对股份回购的态度已趋近于自由模式,其在十余年间能实现平稳迅速转舵,或许秘诀就在于设置的股份回购概括目的条款,以接纳股份回购为目标,但无需对原有制度进行“伤筋动骨”的大幅度修改,即可满足需求。

我国台湾地区于2000年7月通过了“证券交易法(修订案)”,其中第28条之2第1项规定“为维护公司信用及股东权益所必要而买回,并办理销除股份者”允许回购,而删去了原草案中该项规定的“前提条件”——市场暴跌而导致股份非正常下跌,体现了立法者拓宽适用情形的考量。在授权模式方面,台湾地区亦直接通过“法律”将决策权概括地授予董事会,且董事会只需履行事后报告程序,[37]可谓台湾地区“公司法”董事会中心主义的彰显。

在我国大陆2018年修法过程中,原《公司法》第142条草案提及的“避免公司遭受重大损害”“其他情形”等类似兜底内容都被删去,最终仅留下了“维护公司价值及股东权益”的字眼,自比较法视角分析,大陆地区此次修法结果主要参考台湾地区相关立法例,目前放宽股份回购情形或比欧盟与英国更宽松,但明显比日本范围更窄。在授权模式方面,吸收了欧盟、日本立法上授权模式的有益经验,增加授权来源,并可见立法者对股东会、董事会权力配置改革的决心。

立法者根据当下的国情在反复斟酌、仔细推敲后选择了目前的立法模式,其特点主要在于:(1)内涵的抽象性与延展性:概括目的条款含义射程可涵盖范围广,价值取向可解释空间大,有弹性的措辞可用于多种场合;(2)成果的有效性:实证数据表明,股份回购概括目的条款可以“四两拨千斤”的杠杆效果及时地回应回购热情,增强投资者信心;(3)制度的前瞻性:赋予了执法者一定自由裁量权,为难以预测的未来回购的其他情形留下了巨大可能性,避免了过于细致带来的法规滞后弊端。

(三)我国概括目的条款之解释

具体到针对“维护公司价值及股东权益所必需”的解释,目前学界对此缺乏一致解读,何谓“公司价值”“股东权益”,在何种程度上属于“必需”,都是极富想象空间的词汇。《回购细则》第2条第2款对低股

---

〔37〕 对所涉回购情形的要求为“三分之二以上董事出席且出席董事多数决”,同时规定“董事会之决议及执行情形,应于最近一次之股东会报告”。

价的前提条件的强调,[38]乍一看像是为救市而量身定做的条文,但我们需要注意到兜底条款的存在。正如前文所述,此次修法并非一时兴起,该条文除了对当下客观形势的处理外,仍为未来的其他情形保留了解释空间。

1. 公司价值:公司财务视角

现代公司财务理论的基础是公司能够创造并实现价值最大化,[39]在公司财务视角下,公司价值是资产负债表中显示的公司资产总额,而非仅指公司净资产。根据美国经济学家 Franco Modigliani 与 Merton H. Miller 提出的"无关性定理"(irrelevance theorem),在理想状态下,公司价值与资本结构和股息政策无关,而取决于投资组合。[40] 投资方式包括债权投资与股权投资。易言之,债权人与股东都是公司价值的分享者,其不同之处在于债权人有优先清偿权但只有还本付息的投资收益,而股东清偿位次劣后但可获得剩余价值的投资收益。

公司价值反映的是公司未来现金流量的资本化价值,即投资者根据其对公司盈利能力与风险水平的预期而愿意为获得公司未来现金流量而支付的价格。[41] 维护公司价值并非仅指维护公司股价,债权投资也蕴含在公司价值最大化之内,我们希望通过公司价值这一规范性概念,给予公司回购较为宽松的价值引导,[42]呼吁在股份回购配套制度设计中赋予债权人更多话语权与决定权。

2. 股东权益:利益衡平视角

股东作为公司所有者,维护其权益是现代公司制度的通则,但这并

---

〔38〕 该款规定,动用新《公司法》第 142 条第 1 款第 6 项的前提条件是:(1)股价低于最近一期每股净资产;(2)连续 20 个交易日股价跌幅累积达 30%;或(3)中国证监会规定的其他条件。

〔39〕 See George J. Papaionnou, *The Challenge of Corporate Value Management: A Financial Perspective*, 1 Int'l L. Dig., 2002, 141 - 158, at 142.

〔40〕 See Franco Modigliani & Merton H. Miller, *The Cost of Capital, Corporation Finance and the Theory of Investment*, The American Economic Review, 1958, 48(3): 261 - 297.

〔41〕 See Fama, E., *Market Efficiency, Long - term returns, and Behavioral Finance*, Journal of Financial Economics, 1998, 49: 283 - 306.

〔42〕 参见陈克:《新股份回购制度的立法逻辑与问题研判》,载《"民法典背景下的公司法改革"学术研讨会论文集》(2019 年),第 174 页。

非等同于拥护"股东权益至上"理论。笔者认为"利益相关者"理论[43]在伦理和经济上都优于"股东利益至上"理论,原因在于:(1)在伦理上,承担更多的社会责任能得到更多道义上的肯定,过分显眼的单方利益至上会受到质疑与挑战;(2)经济学理论一般认为风险承担与经济效益收获应成正比,但公司风险的真正承担者往往是第三人(如债权人),其可能与收益无关且经常无法预测并控制风险,[44]这极易导致不公平的失衡,因此"股东利益至上"的理论在经济学上也站不住脚。

在回购场景下,维护股东权益的实质内涵更在于股东自我利益与公司整体利益衡平。现代公司制度下,股东共担风险与收益,可以说是"达摩克利斯之剑"基础上致富机会的民主化,[45]这也构成公司整体利益的一部分。债权人作为公司的财务资助者之一,其利益也与公司整体利益密不可分,债权人利益得到满足,公司才能得到长远稳定发展。因此,在维护股东权益时,也需要考量与公司整体利益及债权人利益的平衡。

3. 必需:弹性限度视角

作为一个限度词,"必需"有其解释弹性与多面特性。一方面,"必需"彰显了立法者的审慎态度,在为"维护公司价值和股东权益"不得已时方可回购,重点强调其"必要性",所选择之方案应属经过收益成本分析后"客观上必要而最好之方法"。[46] 另一方面,却也可以解读为"有所需要,即取即用",相较于欧盟的"避免遭受严重而急迫的损害"之条件,我国现行规定更显宽泛:(1)在频繁程度视角,我国允许了公司的常态化回购行为,而非偶发的困境自救,因此针对同一家公司发布多次回购预案的情形十分宽容。[47] (2)在解释空间维度,"避免遭受损害"系反

---

[43] See Freeman. R. E. , *Strategic Management*: *Stakeholder Approach*, MA: Pitman, Boston, 1984.

[44] 参见罗培新:《公司道德的法律化:以代理成本为视角》,载《中国法学》2014 年第 5 期。

[45] 许倬云:《许倬云说历史:这个世界病了吗?》,上海文化出版社 2014 年版,第 46 页。

[46] 而与之形成对照的是,资本雄厚的德国三大银行以维护股价为理由每年进行的回购金额高达其营业额的 2% ~6%,其为此援引德国法下的概括目的条款之"避免遭受严重而急迫的损害",则饱受理论界的诟病。同前注[3],第 64 页。因为其回购常态化已突破了该款的应有之义,但在我国概括目的条款之"为维护公司价值和股东权益"下,该行为则完全在含义射程范围内。

[47] 同前注[3],第 23 页。

面消极限定,需举证损害,“维护价值利益”为正面积极限定,需举证收益,二者在涵盖范围上已有较大差距,前者保守式防御,后者开放式进攻,不论是文义解释,还是立法目的解释,后者的解释外延都宽于前者。

综上所述,从公司财务视角去理解“公司价值”,从利益平衡视角理解“股东权益”,能得到不同层次叠加的解释效果,加之以“必需”的联结,将强化股份回购决策应遵循的审慎原则,明确配套制度应恪守的衡量尺度。因此,为了该股份回购概括目的条款的规范意义考虑,“公司价值”与“股东权益”的解释二者不可偏废,而其亦涵盖了稳定股价、反敌意收购、替代股利分配等情形,在未来的制度体系中将有更大的解释空间。

但在放宽事由限制的同时,仍需要坚守资本维持原则这一保护债权人的底线规则,回购财源应进一步规制。境外经验中对于分配的标尺发展出了不同的路径,产生了偿债能力测试标准等变革,但基于我国大陆的具体国情,笔者认为不能盲从而彻底放弃资本维持原则,下文将对此进行阐述。

三、增加回购财源规制——路径选择之分析

正如前文所言,回购作为一种公司资产向股东方向流出的方式,实质上属于广义的分配,应该纳入分配的统一规制。而资本维持原则作为保护债权人的底线规则,其根本在于以维持基础资本的方式防止资产不当分配给股东。因此,许多国家和地区在放开回购管制的进程中,对回购财源依旧有所规制。然而,传统的资本维持原则在实践中似乎无法跟上时代的步伐,以美国为代表的国家和地区为修正资本维持原则内涵而不断探索,一些州甚至全盘放弃了资本维持原则,转向偿债能力测试标准,以之作为公司分配的尺度。

我国在市场经济持续稳定发展、公司的经营活动更加丰富活跃的背景下,面对债权人保护路径应如何选择是一个值得深思的问题,下文将

针对回购财源规制这一具体切入点进行分析。[48]

（一）资本维持原则与偿债能力测试

资本维持原则与偿债能力测试是保护债权人的两种路径，不同国家和地区在路径选择上有一定分歧，限于文章讨论重点，以下将主要以回购财源为中心分别展开论述，试图挖掘境外经验的可资借鉴之处。

1. 坚守资本维持——限制回购财源

传统的资本维持原则下设一系列否定性的子规则，其中包括“除非公司有足够的可分配利润，否则禁止公司分配与回购”。[49] 因此，在商事实践的发展进程中，回购虽逐渐从约束模式国家和地区的“禁止清单”中脱离，但公众公司的财源规制依旧较严格，代表地域为欧盟、日本及我国台湾地区。

欧盟系严守资本维持原则之典型，其要求公众公司的回购资金来源仅限于可分配利润金额。欧盟《第二号公司法指令》规定，公司回购不得使净资产低于实际购回金额与不可分配公积金之和。[50] 同时，公司回购股份后，还需提取回购等额公积金，通过限制该部分资金使用的方式维持公司资本，实现保障公司债权人权益之初衷。[51]

类似地，《日本公司法》第461条规定：“……仅可动用可分配利润来进行回购。”另外，《日本公司法》还在第449条规定可以减资盈余和资本公积进行回购，但是要额外履行类似减资的债权人保护程序，[52] 以保障债权人利益不因股东或董事之不当行为而减损。

我国台湾地区“公司法”在回购财源规制方面规定公司可以盈余或

---

〔48〕 此处不论及因第142条第1款第2项、第4项合并、异议股东回购请求权而涉及的被动回购财源，因被动回购财源规制背后还有其他法理基础，本文篇幅有限，不再赘述。

〔49〕 傅穹：《公司资本维持原则的现代思考》，载《社会科学战线》2004年第1期。

〔50〕 同前注〔32〕，第22~24页。

〔51〕 从英国公司法的修订来看，虽然出现了大幅检讨资本维持原则的相关规定，但英国在公众公司买回财源限制上仍较为严格，受欧盟规定的影响颇深：公司仅可选择新发行股本或以利润进行回购，而且若运用利润回购，需要有等额“资本赎回储备金”作为保障。针对新发行股本回购，其实质为仅改变资本的表现形式，只是在公司内部以不同的样态出现，循环流动，而不会对外部的债权人产生利益损害。参见Keenan, Denis J.：《公司法》，朱羿锟等译，法律出版社2005年版，第132页。

〔52〕 参见［日］近藤光男：《最新日本公司法》，梁爽译，法律出版社2016年版，第94页。

通过发行新股买回股份，而于第167条之1第1款规定买回员工库藏股的资金来源可以扩大至资本公积金。另外，我国台湾地区“证券交易法”第28条之2第2项规定，股份有限公司买回自己股份的总额，不得超过保留盈余、股本溢价及资本公积金。易言之，除股本外，资本公积金、盈余公积金及未分配利润都有可能作为股份有限公司的回购财源。[53]

综上，约束模式的国家和地区一般要求以可分配利润或盈余作为回购财源，即使在最宽松的情形下，也规定回购财源不得超过股份公司的股本限制，坚守着资本维持原则这一债权人保护的底线规则。

2. 以偿债能力测试代替财源规制

“资本空洞化”的商事实践背景让美国探索甩掉声明资本的静态路径，偿债能力测试成为变革的新可能。因为从实质意义上看，公司分配是通过资产负债表的左边（“资产”项）来进行的，盈余不能被分配，[54]仅盯住盈余、声明资本等被认为是呆板落后的做法，回购的财源规制也被逐渐抛弃。

美国1984年修订的《标准商业公司法》直接放弃了“盈余”的概念，提出了双重偿债能力测试标准。双重测试是指“衡平偿付不能测试”与“破产测试”，两者区别在于偿债时点的差异，前者是公司资产现时的流动性，关注的是公司利润表与现金流量表，如果公司在回购的前后时点不能清偿当下的到期债务，则应阻止该项回购；而后者是对公司破产时财务的清算，[55]关注的是资产负债表，如果公司回购会导致总资产小于总负债，则也应阻止该项回购。但不论盈余如何，只要同时通过了两项测试，就可以进行回购。

学者指出，偿债能力测试模式实际上是将保护债权人的功能交由破产法完成，[56]这是一种“简单粗暴”的处理方式，在公司的资产池里，只

〔53〕 参见李晓春：《论公司买回自己股份之财源限制——比较法考察及我国立法模式之选择》，载《法商研究》2015年第4期。

〔54〕 同前注〔7〕，第119页。

〔55〕 同前注〔7〕，第141页。

〔56〕 参见夏戴乐：《公司财务视角下的资本维持原则》，清华大学博士后研究工作报告，2018年9月。

要公司把债权人所需的水舀给他,履行偿债义务,立法就不需要规制资产池里的水到底有多少,[57]债权人也无需判断公司整体的资本如何、盈余如何,公司能享受更充分的自由。在此意义上,资本维持就成了一句空谈而无须被遵守。[58] 此外,欧盟委员会公司法高级专家组也提出框架报告建议用公司偿债能力测试替代资本维持原则,[59]他们认为前者能解开对公司的束缚,也不在实质意义上构成对债权人的辜负。

偿债能力测试带来的启示在于:关注动态的资产与负债情况才是债权人保护的真谛,而有学者据此认为资本维持原则注定是失败的保护方式。[60] 应当注意到公司资本无法与公司信用等量齐观,公司资本数量不代表公司履约能力,[61]需要构建新型的债权人保护范式,以破除传统上对于公司资本制度保护债权人功能的迷信。[62] 资产成为更重要的判断因素,被认为是公司信用的核心参考。[63] 但是否要彻底放弃资本维持原则,转而全面拥抱偿债能力测试呢?美国特拉华州、加利福尼亚州中间道路的选择或许能带给我们一些新的思考与启示。

(二)中间道路的选择

美国特拉华州、加利福尼亚州是知名商业友好州,众多上市公司都将注册地择在这两处,公司的"用脚投票"侧面反映了两州立法符合诸多商业实践的需要。在资本空洞化的浪潮席卷而来时,加利福尼亚州、特拉华州公司法选择的不是墨守资本维持原则的成规,也不是迅速转向

---

〔57〕 参见邓峰:《资本约束制度的进化和机制设计——以中美公司法的比较为核心》,载《中国法学》2009 年第 1 期。

〔58〕 实践对此的回应是,由于在一定程度上满足了商事效率的需要,彻底放弃资本维持原则成了美国大多数州选择的路径。See McGough, Philip., *Statutory Limits on a Corporation's Right to Make Distributions to Shareholders: The Law Distribution in the* 1984 *Revised Model Business Corporation Act*, Akron Law Review, 1987, 21 (1): 27 - 44.

〔59〕 参见殷盛:《欧盟的公司资本制度变革》,载《法学》2007 年第 9 期。

〔60〕 See Andrew Hicks & S. H. Goo, *Cases & Materials on Company Law*, Oxford University Press, Sixth Edition, 2008, p. 289.

〔61〕 参见吴冰清:《论债权人保护:从资本信用到资产信用——以 2013 年公司法修正案为视角》,载《法制与社会》2014 年第 7 期。

〔62〕 黄辉:《公司资本制度改革的正当性:基于债权人保护功能的法经济学分析》,载《中国法学》2015 年第 6 期。

〔63〕 参见赵万一:《资本三原则的功能更新与价值定位》,载《法学评论》2017 年第 1 期。

偿债能力测试,而是灵活地接受商业实践对传统路径的消解,[64]渐进地寻求传统与创新的中间道路。

1.特拉华州发展进路

特拉华州在回购财源方面一直有所限制,《特拉华州普通公司法》第160(a)(1)条规定:"公司可以用现金或实物为对价,回购、回赎或接受、收取其自有股份,但不得削弱公司资本或者由此可能导致公司资本受到任何削弱……"在1975年的Farland v. Wills一案中,特拉华州法院认为,根据第160条的规定,并无必要"初步断定资本存在实际减值"。相反,如果回购将导致债权人权利受到损害的,法庭应根据法律原则禁止公司回购本公司股份。[65]

但在商业实践发展的进程中,特拉华州走向了一条"资本维持原则+偿债能力测试"的中间道路。比如,2015年的TCV VI, L. P. v. Trading Screen Inc.[66]一案中,在面临赎回优先股的章程条款与特拉华州对回购的普通法限制之间紧张关系时,特拉华州法院选择了后者,认为受制于公司实际财务状况,公司需要保证在可预见的未来持续经营,不会因回购而产生债务无法清偿甚至导致清算的威胁,由此明确回购中的债权人保护精神。[67] 该判例与2010年SV Inv. Partners, LLC v. Thought Works, Inc.[68]案、2013年Carsanaro v. Bloodhound Technologies, Inc.[69]案中特拉华州法院所遵循之逻辑一以贯之:在法定资本溢余作为回购财源规制的基础上,回购不得损害公司资本,且不得使公司因回购

[64] 参见刘燕:《对赌协议与公司法资本管制:美国实践及其启示》,载《环球法律评论》2016年第3期。

[65] See Farland v. Wills, No. 4888, 1975 WL 1960, at *6 (Del. Ch. Nov. 12, 1975).

[66] See TCV VI, L. P. v. Trading Screen Inc., No. CV 10164 – VCN, 2015 WL 1598045, at *4 (Del. Ch. Feb. 26, 2015).

[67] 在该案中,原告TCV基金认为被告Trading Screen的资产净值扣除已发行股票的面值后,公司的法定资本盈余足以回购其股份,其回购请求系基于公司章程7.1条之请求权基础,且符合《特拉华州公司法》第160条的规定。但法院认为,除了制定法限制外,特拉华州普通法也对回购进行了限制,股东(含优先股股东)的权利劣后于债权人。

[68] See SV Inv. Partners, LLC v. Thought Works, Inc., 7 A. 3d 973 (Del. Ch. 2010).

[69] See Carsanaro v. Bloodhound Technologies, Inc., 65 A. 3d 618 (Del. 2013).

而资不抵债。[70] 该路径吸收了资本维持原则与偿债能力测试的要求，是一种渐进的改革思路，值得借鉴。

2. 加利福尼亚州发展进路

在1975年之前，加利福尼亚州的立法还保留着严格的分配盈余账户规制，而回购比分配的财源更广，回购可以不按要求分配减少盈余额的情况下从声明资本中支付。[71] 随后，加利福尼亚州立法对回购的财源进行了一收一放的中和处理，放弃了声明资本、减资盈余等概念，但将回购统一于公司分配框架下，其参考标准也是美国通用会计准则（GAAP）下的动态财务数据。相对美国其他放弃声明资本制的州所采取的偿债能力测试模式而言，加利福尼亚州的“类资本充足率”模式更显严格。[72] 其具体回购财源规制如图2所示：

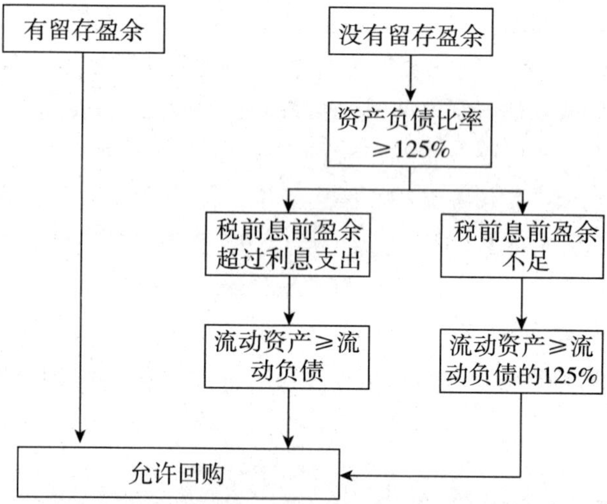

图2　加利福尼亚州回购条件示意[73]

〔70〕 See Del. Code Ann. tit. 8, § 154 (West).

〔71〕 公司的分配财源可来源于：(1)收益盈余；(2)上一个会计期间不少于6个月至1年的净利润；(3)减资盈余或缴入盈余。See Dreyfuss, Gilbert, *Distributions to Shareholders under the New California General Corporation Law*, Loyola of Los Angeles Law Review, 1976, 9(4): 839 - 864.

〔72〕 See Anderson, Andrew B. III., *California's New General Corporation Law: Dividends and Reacquisitions of Shares*, Pacific Law Journal, 1976, 7(2): 645 - 672.

〔73〕 See Cal. Corp. Code Art. 500, 501, 502.

有学者认为,加利福尼亚州回购条件的设置立足于财务数据,充分考虑到了股东与债权人利益冲突之间的理性平衡,[74]“类资本充足率”模式是一种值得借鉴的尝试,给后来的美国阿拉斯加州与英联邦国家带去了启示。[75] 虽然加利福尼亚州因为资本空洞化的现实而选择破除声明资本的概念,但从其回购财源规制的调整仍以留存盈余为界看来,其并非全面抛弃对公司基础资产的维持而彻底转向偿债能力测试模式。此外,该模式同时通过资产负债比率来确保公司资产拥有偿债能力,因此可以认为加利福尼亚州也选择的是更为缓和的中间道路。中间道路顺应了公司资本约束软化与资产规制补强的趋势,或许值得我国立法参考学习。

(三)我国回购财源规制之修正路径

2013 年我国公司资本制度发生了重大革新,公司法修改对公司资产流入资本形成阶段放松了管制,从实缴制改为认缴制,被认为是一定程度上突破了传统资本三原则的束缚。而 2018 年《公司法》修改及《回购细则》规定极大放宽了回购财源规制,似乎又有在公司资产流出阶段突破资本维持原则之势。但笔者认为不应全面抛弃资本维持原则,具体到回购财源规制上可以选择中间道路。

1. 在保留中完善资本维持原则

针对资本维持原则的去留,存在诸多争议。质疑资本维持原则的声音主要有 3 个理由:(1)资本维持原则是历史产物,对当下债权人保护有时代局限性,[76]资本数额已失去其担保功能,与债权人保护没有逻辑上的关联性。[77] 在未来,公司的流动力或清偿力将会取代资本维持原

---

〔74〕 参见傅穹:《公司利润分配规则的比较分析》,载《法学论坛》2004 年第 19 卷第 3 期。

〔75〕 比如,英国政府修改了公司法,为鼓励投资公司(其资产为对其他公司的投资)更好地管理资本结构,允许投资公司用资本利润回购其股份,但同时提出了资产至少为负债的 1.5 倍的相对比率要求。参见 Keenan, Denis J.:《公司法》,朱羿锟等译,法律出版社 2005 年版,第 136 页。

〔76〕 参见冯果:《论公司资本三原则理论的时代局限》,载《中国法学》2001 年第 3 期。

〔77〕 See J. B. Heaton, *Solvency Tests*, The Business Lawyer, 2007, 62(3): 983 - 1006, at 985.

则,[78]要真正实现对债权人的保护,需要关注源头,即公司的偿付能力。(2)资本维持原则作为资本确定原则的配合,若在资本形成阶段的最低注册资本已经取消,在资产流出阶段也就无维持必要,强制限制难以降低代理成本。[79] (3)债务契约、看门人机制、保险机制、偿债能力测试等已经为债权人提供了更科学的保护机制,资本维持原则可以退出历史舞台。

针对前述观点,也存在反驳意见:(1)资本维持原则虽看似在债权人保护上有所缺漏,但实际上已经过滤了很多潜在违法行为。我国并没有出现严重的资本空洞化,如果盲目取消保护资本维持的屏障,其预警和提示功能也将不复存在,[80]反而得不偿失,增加破产法的压力。(2)虽然我们进入认缴时代,但"真实出资"的理念也尚未过时,依旧会有实际出资,资本维持的参照物依旧存在。(3)针对替代保护机制的问题,现行信息披露机制不够完善,债务契约机制也有谈判成本,而偿债能力测试也有很大模糊性,比如要精准判断清偿能力需要考量何等因素,如何确定财务基础等,这些实质上的资产信用判断,需要通过系统性的复杂的综合因素来辅助决策,[81]而资本维持则提供了更为简单的操作规制。

笔者倾向于保留资本维持原则,认同其过滤违法的作用及真实出资的要义,且在我国现阶段信用社会不发达的情形下,资本维持原则仍有其必要性,如回购财源仍需要规制。资本维持原则作为保护债权人的底线规则,在我国的现实国情下,依旧有其存在必要性,不过需要一些修正与改进,以使其焕发新的生机。立法应当根据商业实践的需要,剔除过于僵化陈腐的部分,不再拘泥于静态的资本数字。[82] 因此,回购事由限制可以放宽,而在回购财源规制中也可以开放地吸纳偿债能力测试中的有益理念,完善资本维持原则,走中间道路,真正实现防止公司资产的不

---

〔78〕 See Geoffrey Morse, *Charlesworth's Company Law*, *Sweet & Maxwell*, Seventeenth Edition, 2005, at 159.

〔79〕 同前注〔21〕,第 201 页。

〔80〕 参见蒋大兴:《质疑法定资本制之改革》,载《中国法学》2015 年第 6 期。

〔81〕 参见陈甦:《资本信用与资产信用的学说分析及规范分野》,载《环球法律评论》2015 年第 1 期。

〔82〕 资产信用改革下,法律无须以资本维持为由禁止回购,需要关注的是资产的变现能力和程度。参见赵旭东:《从资本信用到资产信用》,载《法学研究》2003 年第 5 期。

当流失。

2. 中间道路上的具体规制

美国特拉华州、加利福尼亚州的中间道路体现了资本维持与偿债能力测试兼收并蓄的模式，可供参考，当然此处所指“走中间道路”并非原样照搬特拉华州与加利福尼亚州的经验，而是借鉴其理念，强调的是对过往传统的反思，以及对新型视角的拥抱。具体到我国回购财源，现行《回购细则》将自有资金、股债募资、借款及其他合法资金均作为可用于回购的资金来源，范围极宽，过分突破了资本维持原则，需要加以规制。

(1)自有资金

学术上对“自有资金”似没有统一定义，只能从一些规定中略窥端倪，如“基金管理公司可运用以本外币计价的资本金、公积金、未分配利润及其他自有资金进行投资……”[83]就此可以推导出自有资金至少将资本金（股本）、公积金（包括资本公积金与盈余公积金）、未分配利润涵盖在内，可见《回购细则》所允许的财源范围之宽。

在资本维持原则理念要求下，股本作为上市公司的基础资产，若非经债权人保护程序，不应作为回购财源，否则将动摇公司信用的根基。而资本公积金作为资本的溢价所得，原则上系为公司资本担保所设，只能用于公司经营活动，而不能用于利润分配，对其规制应与股本同一。我国台湾地区“证券交易法”允许资本公积金作为回购财源，学者也对此展开了诸多批评，认为其“完全违背资本维持原则，漠视公司债权人的利益”。[84] 至于盈余公积金是否可用于分配，一般有“纯利标准”与“溢余标准”两种限制，前者遵循“无盈利不分配”原则，后者认为公司拥有累积盈余即可分配。[85] 我国现行《公司法》第166条对于分配的规定体现了较为严苛的“纯利标准”，但该标准无法解释在公司当年盈利亏损

---

〔83〕 参见《基金管理公司固有资金运用管理暂行规定》（中国证券监督管理委员会公告201333号），载中国证监会网站：http://www.csrc.gov.cn/pub/zjhpublic/G00306201/201308/t20130809_232400.htm，2020年3月13日访问。

〔84〕 参见黄铭杰：《自己股份买回与公司法草案——财政部“库藏股”制度草案的问题点与盲点》，载《台大法学论丛》1998年第28卷第1期。

〔85〕 “累积盈余”即净资产超过股本和资本公积金的余额。参见刘燕：《会计法》（第2版），北京大学出版社2009年版，第321页。

状态与以前年度相反时如何处理分配问题,而以累积盈余作为公司分配基础,则可以避开该等问题。[86] 更重要的是,按照 Trevor v. Whitworth 案留下的古老法则,资本维持原则所针对的是公司股东或董事人为造成公司资产不当流失的机会主义行为,[87] 不应要求公司弥补亏损与提取公积金后才可分配,资本的缓冲垫没有必要过分厚实。盈余公积金作为盈余的一部分,在经济实质上属于股东,从中进行分配也不会损及债权人利益,同时也更符合公司自治的需求。综上,从累积盈余中进行分配,不损及公司资本,盈余公积金与未分配利润属于累积盈余,应可直接作为回购财源。但若要动用股本与资本公积金,则需先强化债权人保护。

(2)股债募资、借款及其他合法资金

与“自有资金”相对的概念是“自筹资金”,《回购细则》为自筹资金赋予了很大的解释空间。业界对筹集外源性资金多有质疑的声音,尤其通过债务融资来进行回购将影响债务结构,导致财务风险增大,[88] 降低公司偿债能力,如果出现加杠杆回购,濒临退市上市公司强行负债回购等行为,将极大损害债权人利益。[89] 我国台湾地区也曾经存在是否允许筹资回购的争议,但最终反对派赢得上风,倾向于债权人保护的观点被认可,外源融资借款未能进入回购财源许可范围。[90]

笔者认为,上市公司选择筹资回购,有两种可能的情形:(1)上市公司有累积盈余,但出于会计测算或自有流动资金的考虑而不愿使用。在这种情形下,筹资回购不损及公司资本,也不占用公司自身大量资产,可不要求公司履行债权人保护程序,以方便公司周转资金。(2)公司没有充足累积盈余而进行筹资回购,这种情形则需要进行规制。如在回购前

---

〔86〕 同前注〔85〕,第 321 页。

〔87〕 同前注〔2〕,第 186 页。

〔88〕 参见朱晓莉:《我国上市公司股票回购的独特性及发展》,载《商业会计》2007 年 3 期。

〔89〕 但深圳证券交易所对此的回应是为活跃资金融通允许负债回购,而将通过要求“上市公司完善内部管理制度,充分考虑资金状况,确保股份回购不损害上市公司的债务履行能力和持续经营能力”来进行规制。参见《深交所新闻发言人就发布〈深圳证券交易所上市公司回购股份实施细则〉答记者问》,载深圳证券交易所网站:http://www.szse.cn/aboutus/trends/news/t20190111_564058.html,2020 年 3 月 14 日访问。

〔90〕 同前注〔3〕,第 84 页。

征求债权人意见，以债权人同意作为回购的前提条件，让债权人不再被迫噤声。此外，根据中间道路的思考路径，可结合偿债能力测试模式，在资本之外引入公司有息负债、流动资金、资产负债率等反映公司资产情况的数据，重点关注回购后公司是否能够清偿当期债务，以切实约束公司，让资本维持原则与债权人保护之间建立更加直接的联系。由此，即使3年内公司未将回购所得股票注销，对公司偿债能力产生一定影响，只要设定明确门槛让债权人有理由相信未来债权能够得以实现，则新增的回购3年内可不注销的条款可能不会为债权人所诟病，这也有利于库藏股制度的完善。

综上，回购原则上不应超过公司累积盈余之金额，如若公司要动用股本与资本公积金，或者筹集超过累积盈余金额的资金进行回购，可以借鉴中间道路的经验，引入偿债能力测试或施加类资本充足率要求，综合考量回购对债权人的损益影响。而若公司回购将造成债务履行不能，应禁止回购，以切实实现债权人保护。

四、完善回购配套机制——董事责任与信息披露

在回购事由限制与回购财源规制之外，为实现债权人保护，对董事责任规制与信息披露强化等配套机制也应予以重视。就前文所言，在股份回购概括目的条款下，董事会经授权成为决策机构，但其自由裁量权的限度需要加以把握。出于对公司自治及商事效率的需要，董事会与管理层的决策受商业判断规则的保护。而这也是债权人担忧的来源，股东选举产生的公司董事会成员及其选择的雇员依其职能掌控着公司的运营和管理，“从债权人的角度看来，这就是让一群饥饿的山羊去看守一堆大白菜”。[91]

为了实现“有权必有责”的要义，在保留资本维持原则的前提下，公司应保持资本充实，而在公司运营中，该等义务自然直接归属于公司的董事与管理人员，从法理维度论，以合理对价进行日常交易构成了其信

〔91〕 同前注〔7〕，第100页。

义义务,[92]对董事及管理层责任的规制至关重要(以下简称“董事责任规制”)。而债权人作为公司外部人角色,信息不对称成为债权人保护的一大障碍,为避免其落入完全“局外人”的窘境,应强化信息披露制度,争取在最大限度上降低债权人的交易成本。

(一)董事责任规制

在2018年《公司法》修订以后,董事会将在股份回购决策中扮演着更为重要的角色,资本维持原则对其提出了维持或改善公司资产状况的更高要求。在受商业判断规则保护的同时,应更强调董事的信义义务,以“董事偿债能力声明”等规制落实董事的回购承诺责任,完善债权人救济机制。

1.信义义务规制

商业判断规则是董事会决策的保护机制,其基本内涵为“董事会对基于合理的信息和理性作出的经营决策不承担责任”。[93] 但在美国法下,对商业判断规则也存在限定,董事作出的有利益冲突或者自我交易的决策无法得到豁免条款的保护。[94] 易言之,董事对公司应承担忠实义务与注意义务,所构成的信义义务即可以视为商业判断规则的边界。

而董事除了应对公司承担法律规定的信义义务之外,在一些特殊情形与特定交易下,对公司债权人也负有信义义务。[95] 美国第十一巡回法庭在 Munford v. Valuation Research Corp.[96]案中指出,董事在公司无力偿还到期债务时进行违法分配或股份回购,应有必要追究其责任。事实上,回购是董事行使决策权的一个特殊场合,因为董事在回购中拥有

---

〔92〕 同前注〔57〕。

〔93〕 [美]罗伯特·W.汉密尔顿:《美国公司法》(第5版),齐东祥组织翻译,法律出版社2008年版,第339页。

〔94〕 《特拉华州普通公司法》第102(b)(7)条也明确规定了商业判断规则的例外情况:如果董事被认定为对公司不忠诚、实施恶意非法行为或不当牟取私利,则与之相关的决策无效。

〔95〕 比如,当公司濒于无力偿债时,董事应对公司债权人负责,因为此时董事管理公司资产的基础应为债权人利益,而在财务状况恶化时,董事作为公司内部人却更有可能为股东利益而使得债权人陷入高风险的漩涡。参见杨光:《企业濒临破产时与破产重整程序中的董事信义义务研究》,载《法治研究》2015年第1期。

〔96〕 Munford v. Valuation Research Corp. ,98 F. 3d 604,610 (11th Cir. 1996).

特殊优势与潜在利益，其可以通过内幕交易等方式从中牟利。[97] 结合前文提及的回购修法以来濒临退市公司动用大量资金进行回购现象，虽然濒临退市并不意味着即走到破产边缘，但目前上市公司主要是因为财务状况大幅恶化而被迫濒临退市，管理层机会主义倾向更为明显，两者联系的紧密性仍会让债权人心忧，我们需注意该等场合下董事的责任规制。[98]

综上，如果商业判断规则带来的董事信用成了"幌子"，"信用"的泛滥将突破信义义务的边界，而上市公司财务状况恶化会造成危机，在资不抵债情形下，董事对债权人也应负有信义义务。此外，任何路径选择都需要配套机制。比如，在美国的偿债能力测试模式下，与股份回购配套的是强制董事承担责任风险。[99]

2. 回购承诺责任规制

正如前文所述，我们应强化董事责任规制，但学者指出我国尚无完善的董事对债权人的信托义务体系。[100] 立法者对此作了一定程度的努力，但只有宣示性的话语及无牙齿的规定，[101] 在实际操作层面的落实可能效果不佳，要想阻遏违信行为的发生，应当施加法律后果的规制，比如

〔97〕 See Jesse M. Fried, *Open Market Repurchases: Signaling or Managerial Opportunism*, Theoretical Inq. L., 2001, 2: 865 – 894.

〔98〕 在澳大利亚 Walker v. Wimborne 案中，法院认为在公司正常经营期间，董事承担信义义务的对象可能也包括债权人，因为如果无法及时追责，在公司未来真的走到濒临破产的境地，债权人们对所剩不多的残羹冷炙竭力争抢，滥用权力的董事却可能带着早已隐匿的财产置身事外。因此，只有使得董事权责一致，才能减少公司破产对债权人的威胁。参见赵旭东主编：《上市公司董事责任与处罚》，中国法制出版社 2004 年版，第 61 页。

〔99〕 See Andreas Engert, *Life Without Legal Capital: Lesson from American Law*, in Marcus Lutter (ed.), *Working Paper for "Legal Capital in Europe"*, European Company and Financial Law Review, 2006, at 26.

〔100〕 同前注〔21〕，第 259 页。

〔101〕 例如，《回购细则》规定："上市公司全体董事在回购股份活动中，应当诚实守信、勤勉尽责，维护上市公司及其股东和债权人的合法权益。"

日本、加利福尼亚州等所规定的损害赔偿责任。[102]

我国的《回购细则》虽已要求回购过程中董事及高管应承诺“不损害上市公司的债务履行能力和持续经营能力”,但承诺对象不明,有理论认为其所针对的对象应是债权人等利益相关者,因而建议在《公司法》中明确规定若董事及高管违背该等义务,债权人也可向法院诉讼索赔。[103] 但在我国现行追责体系不完备的现实下,该等建议可能亦难落实,董事偿债能力声明或许是一个妥当的配套措施。

英国公司法明确且详细地规定了在偿债能力测试模式下,独立董事或所有董事必须对公司的偿债能力出具法定声明。该声明必须包含许可支付的资本的数额,并且必须说明董事已经对公司业务与发展前景进行了全面尽职调查,并针对公司的偿债能力与持续经营能力进行保证。[104] 有诸多学者认可该方案的高效性,[105]甚至有学者指出,即使针对实际减资,“经由银行的担保或董事的偿债能力声明,或许是一个更效率的选择”。[106] 有鉴于此,笔者也认同回购财源规制在引入偿债能力测试或类资本充足率要求的同时,可以增加董事偿债能力声明机制,要求董事在因公司回购股份导致偿债不能的场合向债权人承担连带赔偿责任。

(二)强化信息披露

公司是一系列契约的集合,信息则是契约集合的基础和控制工

---

〔102〕 日本公司法明确规定了违法分配情形下,董事对债权人的损害赔偿责任,“进行违法股利相关的业务执行的董事及在决议违法股利的股东大会提出议案的董事,有义务支付违法股利额,该等义务属于过失责任”。参见崔文玉:《日本公司法精要》,法律出版社2014年版,第230页。加利福尼亚州同样有类似的规定,如果董事赞成了违法的分配方案,其应与公司一起对未同意的债权人承担连带赔偿责任,除非董事善意或已尽到注意义务。See Cal. Corp. Code art. 316(a)(1),309(c).

〔103〕 参见熊锦秋:《回购细则应明确董事责任》,载《董事会》2018年第12期。

〔104〕 声明保证内容一般为:(1)回购后,公司能够清偿其债务;(2)董事保证公司在回购后1个年度内可以持续运营。同时,董事的声明还需要附加董事会的审计员报告,要求审计员对前述的董事承诺出具无保留意见。参见前注〔51〕,第133页。

〔105〕 参见李晓春:《论公司买回自己股份之财源限制——比较法考察及我国立法模式之选择》,载《法商研究》2015年第4期。

〔106〕 同前注〔49〕,第252页。

具,[107]债权人作为站在外部的利益主体,其对公司财务状况等信息有着巨大的渴求,但存在信息不对称的障碍,因此强化信息披露至关重要。

1.公权力强制信息披露

公权力是强制公司信息披露的重要外力,如果全权交由公司做趋利避害的披露选择,债权人很可能会误信公司财务状况,在公司资产被消耗之前怠于要求及时清偿。[108] 而除了发挥维护投资者利益、消除社会内部弊病与市场内部低效作用外,强制性信息披露规则也理应作为债权人保护的持续性策略。[109]

我国上市公司的信息披露其实已经有监管机构的诸多规制,[110]交易所还可以要求未合规披露的上市公司补充披露相关信息、暂停或者终止回购行为,[111]体现了交易所对公司违法行为的监管力度与打击决心。但是正如前文提及的监管机构对债权人保护的忽视问题,《回购细则》中对回购财源等涉及债权人利益的信息关注度不够。笔者建议要求上市公司在回购方案中明确资金来源,自有资金、自筹资金的描述过于笼统,应细化到资金拨付具体渠道,以及说明是否超过累积盈余的金额。如若接受董事偿债能力声明的模式,该等声明以及审计中介机构出具的相关报告都应在公开渠道予以披露。在要求公司主动披露信息的同时,还应提高企业失信成本,[112]明确违法处罚,完善民事、刑事及行政责任的体系化规制。

2.私主体之间信息披露——以债务契约介入

在公权力强制性信息披露之外,面对"调整性债权人",债务契约保护下的信息披露更有针对性。[113] 黄辉教授指出契约机制是保护债权人

---

[107] See Michael C. Jensen, William H. Meckling, *Theory of the Firm: Managerial Behavior, Agency Costs and Ownership Structure*, Journal of Financial Economics, 1976, 3, at 357.

[108] 同前注[21],第145页。

[109] 参见傅穹、仇晓光:《强制性信息披露对债权人保护的法律变革》,载《西南民族大学学报》(人文社会科学版)2010年第6期。

[110] 如《证券法》《上市公司信息披露管理办法》及上交所、深交所等自律监管规定。

[111] 参见《深交所新闻发言人就发布〈深圳证券交易所上市公司回购股份实施细则〉答记者问》,载 http://www.szse.cn/aboutus/trends/news/t20190111_564058.html, 2020年3月10日访问。

[112] 参见施天涛:《公司资本制度改革解读与辨析》,载《清华法学》2014年第5期。

[113] See Hideki Kanda, *Debt Holders and Equity Holders*, J. Legal Stud., 1992, 21: 431-448.

的基础机制,[114]表达了以自由债务契约机制平衡股东与债权人利益的赞同。债务契约作为一项监督公司行为的权力和手段,可以有效解决公司与调整性债权人之间由于信息不对称带来的第三类代理问题。

具体而言,在债务契约机制下,债权人在签约的事前、事中、事后阶段都会有信息披露的权利和要求,债权人可借此掌握更多主动权和话语权。在事前阶段,债权人一般会作尽职调查,要求公司披露业务、财务等相关材料,确认借款公司能满足债务偿还的财务指标。在事中与事后阶段,债务契约可约定监管条款,通过设置"对外投资"等行为限制预警机制作为非财务指标,要求公司履行"提交审计报告"、重大事项告知义务等,预防公司股东、管理层对债权人价值的侵占。[115]

综上,尽管强化公权力会增加监管负累,鼓励债务契约中的信息披露将增加交易成本,力量的博弈甚至可能影响交易的达成,但是对公司内部行为施加更多的干预和介入,鼓励债权人对公司信息披露提出要求,发挥债权人在公司治理中的作用依旧是高收益低成本之举。[116]

五、结语

历史学家许倬云指出:"我们不能单单把模仿西方当作现代化的门径,现代文明已经老化——模仿与复制一只老羊,其结果是复制出一只刚出生就已经老化的新羊。"[117]通过借鉴境外理论及经验,我们应探究其境内适用性,并提出有中国特色的创新的具体方案。在债权人保护路径的选择上,应保留资本维持原则,但同时根据商业实践需要进行"一开一合"的调整,放宽回购事由限制,增加回购财源规制。回购财源原则上

---

〔114〕 参见黄辉:《公司资本制度改革的正当性:基于债权人保护功能的法经济学分析》,载《中国法学》2015年第6期。

〔115〕 也可以要求债务人披露反映会计稳健性文件、派驻债权人代表进行财务控制等介入公司治理的条款以抑制过度投资。参见陶晓慧、柳建华:《资产替代、会计稳健性与债权人保护》,载《财经理论与实践》(双月刊)2010年第4期。

〔116〕 See Douglas G. Baird, Robert K. Rasmussen, *Private Debt and the Missing Lever of Corporate Governance*, U. Pa. L. Rev., 2006, 154:1209-1252.

〔117〕 许倬云:《许倬云说历史:这个世界病了吗?》,上海文化出版社2014年版,第6页。

不应超过公司累积盈余之金额，如若公司要动用股本与资本公积金，或者筹集超过累积盈余金额的资金进行回购，可以借鉴中间道路的经验，引入偿债能力测试或施加类资本充足率要求，综合考量回购对债权人的损益影响。在配套制度上，应强化董事责任规制，借鉴偿债能力声明等模式落实回购承诺责任，并通过公权力强制与私主体债务契约介入来强化信息披露，构建具体制度为债权人发声赋能。

（编辑：姜沅伯）

【域外法制】

《证券法苑》(2020)
第三十卷,第 540 ~601 页

激进董事与代理成本:当激进董事入主董事会将发生什么?*

[美]约翰·C. 科菲　罗伯特·J. 杰克逊
约书亚·R. 米茨　罗伯特·E. 毕肖普** 著
林少伟　许瀛彪*** 译

---

* John C. Coffee Jr. , Robert J. Jackson Jr. , Joshua R. Mitts, and Robert E. Bishop, *Activist Directors and Agency Costs: What Happens When an Activist Director Goes on the Board*, 104 Cornell L. Rev. 381 (2019), available at: https://scholarship. law. cornell. edu/clr/vol104/iss2/3. 本译文(附录略)是西南政法大学阐释党的十九届四中全会精神理论研究专项(编号:2020XZYB－10)和智能司法研究重庆市2011 协同创新中心项目(编号:ZNSF2020Y02)、重庆市研究生科研创新项目(编号 CYB19118)和西南政法大学研究生科研创新项目(编号:2019XZXS－001)的阶段性成果。

** 约翰·C. 科菲,哥伦比亚大学法学院阿道夫·伯利法学教授。罗伯特·J. 杰克逊,美国证券交易委员会专员。约书亚·R. 米茨,哥伦比亚大学法学院副教授。罗伯特·E. 毕肖普,耶鲁大学管理学院博士研究生。杰克逊专员入职美国证券交易委员会前已完成本文相应写作工作,本文体现的是杰克逊专员的独立观点,不代表美国证券交易委员会及其他雇员或专员的立场。美国证券交易委员会不对任何雇员或专员的私人出版物或声明负责。我们感谢 Lucian Bebchuk, Bernard Black, Emiliano Catan, Albert Choi, Jeffrey Gordon, Colleen Honigsberg, Charles Jones, Darius Palia, Alex Raskolnikov, Eric Talley 等人及哥伦比亚大学、纽约大学研讨会各位参会者的有益评论及建议,感谢哥伦比亚大学法学院的大力资助。同时我们对哥伦比亚大学法学硕士研究生 Maya Ben Meir 和 Serdar Inci 两位研究助理在数据编码和文献检索上的辛勤工作表示感谢。

*** 林少伟,西南政法大学民商法学院教授;许瀛彪,西南政法大学民商法学院博士研究生。

摘要:本文采用一种全新且更为严密的方法来衡量和理解与对冲基金激进主义相关的知情交易与代理成本。我们发现任命由对冲基金提名的董事与该公司股票知情交易的增加二者之间存在系统性关联(当董事会成员中存在对冲基金雇员时这种关联最为显著)。这一发现之重要性可从以下两方面予以解读:其一,从公司治理角度而言,激进对冲基金代表了公司治理一股新兴且强劲的力量。其二,尽管内幕交易普遍遭致批判,但目前对内幕交易的研究仅停留于个案层面。

关键词:激进董事　代理成本　对冲基金　内幕交易　信息泄露

引　言

几乎人人都同意:对冲基金激进主义对公司治理的重塑可谓是革命性的。然而这种重塑是好是坏,则褒贬不一。围绕激进对冲基金干预是否会提高股东价值,抑或只会产生短期压力迫使公司管理层牺牲长期业绩的激烈争论旷日持久。[1]但是,本文的目的并不是继续探求

---

〔1〕 仅在一个共同发现上才存在共识,即向美国证券交易委员会提交的宣布激进投资者在一家上市公司中的持股的文件(通常是 13 - D 表格)与正异常股票收益相关。See Alon Brav et al., *Hedge Fund Activism, Corporate Governance, and Firm Performance*, 63 J. Fin. 1729 (2008). 除此之外,有关激进主义的大多数实证结论都存在争议。有人质疑,当随后没有交易实现时这种初始的股价涨势是否消失。然而,在这些激进行动干预之后的 5 年中,Bebchuk 教授和其他研究人员调研了大约 2000 个目标公司的表现,没有发现最初股价上涨消失的证据。See Lucian A. Bebchuk et al., *The Long - Term Effects of Hedge Fund Activism*, 115 Colum. L. Rev. 1085 (2015). 尽管如此,Cremers 和其他人认为 Bebchuk 的发现在很大程度上是选择偏见和未能使用适当对照组的产物。他们认为一旦使用对照组,在目标公司后续表现中可以看到回归平均值。See Martijn Cremers et al., *Hedge Fund Activism and Long - Term Value*, SSRN. com, available at https://ssrn.com/abstract=2693231, accessed Dec. 14, 2015. 本文对这一持续的争议不持任何立场。许多人还提出这样的主张,即短期压力迫使管理层放弃长期投资特别是在研究与开发方面的长期投资,这些投资本来证明是有利可图的,结果便是激进干预导致研发总投资的减少从而产生负外部性。See John C. Coffee, Jr. & Darius Palia, *The Wolf at the Door: The Impact of Hedge Fund Activism on Corporate Governance*, 41 Iowa J. Corp. L. 545 (2016); Leo E. Strine, Jr., *Who Bleeds When the Wolves Bite? A Flesh - and - Blood Perspective on Hedge Fund Activism and Our Strange Corporate Governance System*, 126 Yale L. J. 1870 (2017).

这一问题。

相反,我们的研究出发点是在这种公司治理新格局中,激进对冲基金已经起到关键中介作用。[2]然而,伴随新代理人出现,新的代理成本亦会产生,这不言自明。[3] 除非代理人与被代理人的利益完全一致,否则新代理人将找寻机会以机会主义与利己方式行事。因此,本文主要目标在于阐述因对冲基金激进主义而产生的新代理成本。我们尝试运用比以往应用于公司治理或白领犯罪统计上更严密的方法,希冀这些方法能作为今后在这些领域开展研究的典范。

最近三个事态发展(本文将重点讨论)表明,代理成本显著且持续增加。第一,对冲基金成功安排其提名人选进入公司董事会,在 2016 年创纪录地为其提名人选斩获 131 个董事会席位。[4]第二,这些席位绝大多数通过私下协议(而非股东投票)产生,最大型和最成熟的机构

---

〔2〕 对激进主义采取认可观点的代表性文章,see Ronald J. Gilson & Jeffrey N. Gordan, *The Agency Costs of Agency Capitalism: Activist Investors and the Revaluation of Governance Rights*, 113 Colum. L. Rev. 863 (2013).

〔3〕 迈克尔·詹森和威廉·梅克林首次提出“代理成本”,指因被代理人使用代理人而产生的成本,其主要包括:代理人从事机会主义行为的成本(如“自利行为”)、监督成本及约束成本。See Michael C. Jensen & William H. Meckling, *Theory of the Firm: Management Behavior, Agency Costs, and Ownership Structure*, 3 J. Fin. Econ. 305 (1976). 有学者创造了“被代理人成本”一词,指被代理人对公司施加的成本,例如股东之间存在冲突的情况。See Zohar Goshen & Richard Squire, *Principal Costs: A New Theory for Corporate Law and Governance*, 117 Colum. L. Rev. 767 (2017). 这也适用于此,因为其他股东可能会以领头激进投资者的决定是利己的为由提出异议。

〔4〕 在 2016 年,激进投资者发起争取董事会席位的 149 次行动,其中创纪录地斩获 131 个董事会席位。See Lazard, “Review of shareholder Activism in 2016” (February 2017) at p. 1. 在 2017 年,赢得席位数下降到 100 个,但激进行动数量上升到 193 次,激进投资者投入资本额跃升至创纪录的 620 亿元,因为激进投资者收购了更大公司。See Lazard Shareholder Advisory Group, “2017 Activism Year in Review”, at 1 and 5. 最近,在 2018 年第 1 季度,激进投资者人士发起了 73 次新的行动(根据 Lazard 的说法,这是所记录的最高季度水平),赢得了大约 65 个董事会席位(对比 2016 年和 2017 年遥遥领先)。See Lazard Shareholder Advisory Group, “Review of Shareholder Activism – 1Q 2018” at p. 1 无论如何,激进主义正在高涨。

投资者已开始抱怨这种私下和解程序实际剥夺了他们的权利。[5]相比发起行动的激进基金，这些反对者规模更大、更为多元（通常高度指数化）和更加稳定。因此，一个重要问题便是这种私下和解程序是否有违股东民主基本准则。第三，在研究这种私下和解程序过程中，我们搜集从2000年1月1日至2015年12月31日共475份和解协议。通过分析这些协议，我们发现一种迄今尚未被发现的模式：当根据和解协议被提名的董事入主目标公司董事会时，信息泄露伴随而至。换言之，在任命该董事（甚或授予董事会“观察员”地位）之后，目标公司股价预测反映未来信息公开披露后的价格，且在最终公开披露之前上下浮动。同样，公司股价的买卖价差相对于股票先前历史及类似公司的对照组均为扩大。我们还发现，目标公司在8-K表格上发布新公告之前有大量期权交易。这种模式解释为知情交易的产物最为合理。不知何故，一些重大非公开信息正被纳入股票价格中，而扩大的价差反映了市场对知情交易的预期（这令经验丰富的交易者防御性地扩大其价差）。无论这种知情交易违法与否，皆代表着其他股东承担的代理成本。

为强调私下和解协议可能抢占股东选举、激进主义干预之后知情交易似乎有所增加这两个发现之重要性，我们应该知道，2016年激进投资者赢得创纪录的董事会席位中95%的席位是通过私下和解谈判

---

〔5〕 三大机构股东先锋集团、贝莱德集团和道富环球投资管理公司共同持有标普500指数公司18.4%的股票。See Lazard Shareholder Advisory Group, “Review of Shareholder Activism - 1Q 2018”, supra note 4, at p. 8. 这三家机构均是高度多元化的，往往是“永久股东”，因此与持有较短时间的激进对冲基金不同。每家机构在给主要公司首席执行官的信中都一再反对激进对冲基金的短期愿景。See *infra* notes 93 to 97 and accompanying text. 他们宣称，激进基金和公司管理层之间的私下和解使他们无法在董事选任中发出任何有意义的声音。有关此观点的详尽说明，see *Protecting Long - Term Shareholder Interests in Activist Engagements*, State Street Global Advisors (Oct. 16, 2016), available at https://www.ssga.com/investment-topics/environmental-social-governance/2016/Protecting-Long-Term-Shareholder-Interests-in-Activist-Engagements.pdf. 对他们的批评更充分的解释，see infra notes 95 to 97 and accompanying text.

而非代理权争夺所获。[6]

目前,有关对冲基金激进主义的多数学术文献倾向于保持一种乐观态度,即激进投资者被视为合适的变革推动者,他们有意投资表现不佳的公司,以组织其他股东来支持他们的提议(通常是寻求增加杠杆和股东支出,减少浪费和/或更换公司高层管理人员)。[7]如此看来,这一过程似乎符合股东民主:激进投资者提出建议,管理层作出回应,股东之间角力平衡(主要是经验丰富的机构投资者)决定相关事项。以此观之,其结果合乎民主:充分辩论后公开表决。这是全新出现的现象——作为公司中介机构的激进对冲基金寻找表现不佳的公司,提出建议并游说拥有力量平衡的其他股东为彼此共同利益行事。

然而,对激进主义持怀疑态度的观点亦有其合理之处,毕竟这个过程背后并非如此简单。[8] 实际上,对激进投资者提议或董事提名的股东投票微乎其微。相反,激进投资者和管理层通常通过私下谈判解决争议,并有时会获得额外私人利益。[9] 但为何是私下和解而非公开争夺?我们的答案是,除非首席执行官与之达成和解,否则,其工作将受到损害。[10]由于人力资本被锁定在公司中,管理层有充分理由以规避

---

〔6〕 See Lazard (2016), supra note 4, at p. 1. 95%的数据与先前形成鲜明对比。2年前,在2014年激进投资者赢得的董事会席位中34%是源于实际的代理权争夺而非私下和解取得。Id. 因此,向私下和解的转变正在加速。在2017年,这一比率下降到86%(当年赢得的董事会席位86%是通过私下和解取得。See Lazard (2017), supra note 4, at 5.

〔7〕 See Gilson & Gordon, supra note 2(强调机构投资者在没有对冲基金的领导下,将保持被动和沉默)。

〔8〕 对于这种更怀疑的观点, see Coffee & Darius, supra note 1.

〔9〕 See Infrasubpart II. A.

〔10〕 Lazard的股东咨询小组报告称,自2013年以来,激进行动目标公司的CEO的年均营业额平均为23%,而非目标公司为12%。Lazard's Shareholder Advisory Group, Review of Shareholder Activism – 3Q 2017 at 1. 关于如果激进基金提名人选入主董事会产生更高的离职率, see Infra note 47 and Accompanying Text(FTI咨询公司的报告研究显示,如果激进基金在董事会中提名1名或多名候选人,2年内首席执行官离职率将升至55.1%)。管理层规避风险的进一步证据在于,当实际存在代理权争夺时管理层通常会胜利。在2016年,Lazard发现激进投资者只在38%的代理权争夺获胜。See Lazard, supra note 4. 这表明管理层更愿意和解,除非管理层非常自信可以取胜。

风险的方式行事。此外,漫长的代理权争夺会给公司带来不确定性的风险并大量挤占管理时间。迫于此种压力,再加上为了避免代理权争夺的风险,绝大多数董事都是通过私下谈判达成协议进行任命。[11] 大型机构投资者已开始大声疾呼反对这种私下和解程序,[12] 这些机构将自己视为公司的"永久股东",声称自身事实上的权力已经转移到与其议程明显不同的短期投资者身上。

以此角度观之,人们无法看见瑞士州的简单民主,却目睹了幕后交易过程,不禁让人联想到政治"机器"。两种观点之差距,极大程度上取决于私下和解是否会导致与股东投票不同的结果。

关于激进主义干预对股东民主的影响,以及激进投资者入主董事会知情交易的普遍性,这两个问题看似无关痛痒,但均系代理成本之典例。本文以为,这些成本高昂且尚未经认真审视。然而,我们必须首先强调,我们不断言股东激进主义有致命缺陷,并相信可行的改革易于实现。我们也不怀疑理性投资者会希冀"叛乱分子"(包括激进对冲基金)挑战公司管理。不过,我们坚持认为激进投资代理人的忠诚不可自动假定赋予。

有鉴于此,我们的研究还需强调另外两个发现。其一,当被激进投资者提名的董事是对冲基金雇员的情况下,我们可以观察到信息泄露情况增加以及股价买卖价差扩大。简言之,在对冲基金雇员而非前行业高管入主董事会的公司中,信息泄露发生更为频繁。因为对冲基金雇员生活在交易者圈子中,因此有更多机会通过交换或其他非正式渠道来传递此类信息,所以这似乎也是合理的。其二,我们发现这种信息泄露模式与私下和解协议是否严格限制激进投资者提名董事获取机密信息之间也存在密切关系。实际上,大多数协议对此都保持沉默,似乎默认允许信息分享。[13]

这些发现令我们提出三个假设。第一,基于获得重大非公开信息进行知情交易的能力可以为对冲基金激进主义提供补贴,这种补贴增进激进活动的数量或水平。这意味着,与更加严格限制激进投资者接

[11] See Lazard, supra note 4 at 1.

[12] See infra notes 90 to 95.

[13] See infra notes 48 to 54.

触非公开信息相比,在一个激进投资者能够接触非公开信息的制度下,可能会产生更多激进行动及更多由激进投资者任命的董事。第二,提供对此类信息的接触可能令原本松散的对冲基金联盟组成共同体(通常称为“狼群”),从而支持主要激进投资者作出迫使公司管理层接受提议的行为。第三,由于盟友希望继续获取这类重大非公开信息因而对激进投资者换以支持回报(即使他们怀疑主要激进投资者的具体建议是否明智),激进投资者对目标公司商业模式进行低效变更的提议仍能成功。简言之,当激进投资者可通过获取重大非公开信息来奖励其盟友时,公司就有可能对其战略或商业模式进行低效变更。须强调的是,这些均为假设而非发现,后文将详细加以阐述和讨论。

为示公平,文章伊始需予限定:我们并不断言任何特定人士——激进董事、对冲基金雇员或其他对冲基金盟友——从事非法内幕交易,亦不能单独从样本数据中得出非法性推论。然而,当前存在如下明显情形:知情交易业已发生并有某些人士从中受益。无论如何,即使在投资专业人士之间分享重大非公开信息并不违法,这仍将代表投资者的代理成本和对扭曲资本市场的激进行动的不正当补贴。

在本文中,我们提出这些代理成本存在的实证证据。我们使用一个全新数据集,其中包含激进投资者与目标公司在 15 年间达成的 475 份和解协议,我们系统地研究激进投资者的协议以及根据这些协议任命之董事。[14] 我们的研究在以下几方面具有创新性。首先,我们研究了 2015 年年底之前的和解协议。2011 ~ 2015 年,与激进投资者达成的和解协议数量大幅增加,而多元化的机构投资者也首次公开批评了激进投资者的行为。

其次,我们识别出和解协议中的一些关键因素,这些关键因素在此之前未被审视(甚至尚未被发现)。尤其是,我们发现和解协议规定不设基金雇员董事的公司的股票平均 5 天累积超额收益率,是和解协议

---

〔14〕 我们并非最早研究激进投资者的和解协议,但我们开创性地仔细审查市场对其反应和这些论点的特殊特征。关于更早的研究,see Lucian A. Bebchuk et al., *Dancing with Activists*, SSRN. com, available at https://ssrn. com/abstract = 2948869 (last updated Oct. 12,2017). 他们关注这些协议对目标公司治理的影响,包括董事会更替、首席执行官投票率、支付政策和业务绩效。

规定至少有 1 名基金雇员董事的公司的股票的两倍有余（4.2% vs 1.9%），[15]且这与我们关于在董事会中任命对冲基金雇员可能产生代理成本的研究结果（如下所述）一致。类似地，若和解协议本身或单独保密协议中对信息分享加以明确限制，公司股票平均 5 日累积超额收益率则高出协议中没有明确限制的公司股票的数倍（2.2% vs. 0.42%）。[16]激进投资者继续将对冲基金雇员安排进入董事会，反对市场强烈偏好抵制信息分享限制规则，这表明存在某种强烈动机驱使激进基金无视市场偏好。

总而言之，我们的主要实证发现是任命激进基金提名的董事使得有关公司及其运营重要信息愈加泄露。换言之，与类似情况公司对照组相比，在信息公开披露之前更多信息已体现在公司股价，[17]信息泄露增加与激进投资者雇员而非行业专家担任董事关联极大。而且，泄露集中于和解协议本身或单独保密协议中对信息分享没有任何明确规定的情形。这表明，由于任命这类激进董事股票买卖差价大幅增长，这为和解中内在的代理成本提供进一步证据。[18]

---

〔15〕 See infra notes 57 to 58.

〔16〕 See infra note 58.

〔17〕 正如我们在理论附录中所展示，这种泄露遵循犯罪行为的动态行为模型：随着时间推移，检测泄露信息交易可能性增加，泄露发现数量减少。

〔18〕 See infra Section II(G). 回顾之前实证研究记录对冲基金激进主义相关益处的文献，see Lucian A. Bebchuk & Robert J. Jackson Jr., *The Law and Economics of Blockholder Disclosure*, 2 Harv. Bus. L. Rev 40 (2012). 我们承认，我们并非最先研究激进股东获得重大非公开信息的影响。Collin – Dufresne 与 Fos 在披露激进投资者存在之前使用了目标公司股票大量交易数据集，以分析逆向选择的标准措施是否反映了这些交易。See Collin – Dufresne and Fos in Pierre Collin – Dufresne & Vyacheslav Fos, *Moral Hazard, Informed Trading, and Stock Prices*, The national Bureau of Economic Research (Nov. 2013), http://www.nber.org/papers/w19619. 但这与我们的关注重点完全不同。联邦法律要求激进投资者在获得目标公司任何类别的 5% 以上股权后的 10 日内，向公众披露其股份。正如前述，激进投资者经常利用这 10 日的窗口时间。See Lucian A. Bebchuk et al., *Pre – Disclosure Accumulations by Activist Investors: Evidence and Policy*, 39 J. Corp. L. 1, 23 (2013). 在 Collin – Dufresne 和 Fos 的研究中，激进投资者的存在本身就是相关的重大非公开信息。在这里，我们研究激进董事的任命这种公司重大事件基本信息如何影响股价。在 Collin – Dufresne 和 Fos 的研究语境下，激进投资者创造了信息即激进干预本身。相比之下，在本文中公司重大事件是外生的，而激进投资者和相关交易者从公司发行人创造的信息中获利。

这些都不意味着对冲基金激进主义天生龌龊或误入歧途。但就某种程度而言,对冲基金激进主义者自视为“股东之冕”,故须对这个本不完美的“股东之冕”予以更多监督。

本文的路线图已勾勒完毕。在引言之后,本文第一部分研究对冲基金参与的私下和解程序,以显示其与简单民主模式的区别。本文第二部分将对和解程序内在的代理成本进行实证研究。同样,进行这种分析并非表明对激进投资者必须加以抵制,而欲更多表明在某些领域需加强监督力度与透明度。本文第三部分转向可能的改革。在此有两个问题较为凸显:(1)当和解极大程度改变董事会组成时,是否应让其他股东参与或反对这些和解?(2)如何最大限度地减少与这种激进行动相关的代理成本?最后是本文的结论。

一、背景与理论

本文着眼于研究对冲基金激进主义相关的代理成本,借鉴一种新的学术文献将“纵向”代理成本与“横向”代理成本区分开来,[19]典型的“纵向”成本是与要求管理层负责的有关成本。但是,正如研究风险投资的学者所指出,在不同时间和权利下获得股权的股东群体之间亦会发生冲突,一些股东可能会对其他股东采取机会主义的行动。同样,随着公司治理的“纵向”代理成本被降至最低,管理层亦愈加负责,上市公司的激进投资者就愈加可能对另外两个群体采取机会主义行动:(1)其他由于各种原因传统上被动的股东;(2)利益相关者(尤其是债权人和雇员)。本文认为,激进投资者(通常是短期投资者)与指数机构投资者(通常是视自己为公司“永久股东”的长期投资者)之间发生的“横向”冲突尤其增多。

---

〔19〕 See Robert P. Bartlett, III, *Vertical Capitol, Agency Costs and the False Dichotomy of the Corporation*, 54 UCLA L. Rev. 37, 42 – 45 (2006); Simone M. Sepe, *Corporate Agency Problems and Dequity Contracts*, 36 J. Corp. L. 113 (2010). 这一概念类似于佐哈·戈申与查理德·斯奎尔提出的“被代理人成本”。See Goshen & Squire, supra note 3. 为实现我们的研究目的,术语差异并不重要。

随着冲突的加剧，管理层角色亦发生变化。过去，上市公司的管理层和董事会宣称其核心职责是平衡所有利益相关者的利益。[20]公司规模越大，管理层越趋于采取此种立场。但是，这种平衡（就其实际发生程度而言）有一部分可能是高昂代理成本的产物，其使管理层免受股东压力。一旦取消这种保护，管理层便失去酌处权，管理层与董事会可能会承受将财富从债权人和雇员转移给股东的更大压力。确实，有大量证据表明对冲基金激进行动已使债权人显著且系统地付出代价。[21]此外，一些证据表明由激进对冲基金组织和控制的股东产生的压力可能导致公司采取更具风险的方式行事，并且与广泛接受的公共政策背

〔20〕 玛格丽特·布莱尔正确地指出："在20世纪中叶到至少20世纪70年代，大多数公司法学者以及法律和商业从业人员接受并满意董事会必须发挥平衡作用的观点。" See Margaret M Blair, *Boards of Directors as Mediating Hierarchs*, 38 Seattle U. L. Rev. 297, 315 (2015). 确实，在1981年，商业圆桌会议发布了"企业责任声明"，其中坚持要求董事会有义务平衡不同利益。See Business Roundtable, *Statement on Corporate Responsibility 75* (1981). See also Harwell Wells, "*Corporation Law is Dead*": *Heroic Managerialism, the Cold War, and the Puzzle of Corporation Law at the Height of the American Century*, 15 U. Pa. J. Bus. L. 305 (2013).

〔21〕 See for example Surendranath Jory et. al., *The effect of shareholder activism on bondholders and stockholders*, 66 Q. Rev. of Econ. and Fin. 328 (2017), (发现"激进投资者的要求会导致债券收益显著下降，并且对长期债券的影响最大"); Felix Zhiyu Feng et al., *Caught in the Crossfire: How the Threat of Hedge Fund Activism Affects Creditors*, SSRN. com, available at http://papers. ssrn. com/sol3/papers. cfm? abstract_id = 2716929 (2017)（观察到极可能受对冲基金激进行动威胁的公司在债券持有人财富方面遭受重大损失）; April Klein & Emanuel Zur, *Entrepreneurial Shareholder Activism, Hedge Funds and Other Private Investors*, 64 J. Fin. 187 (2009) [发现从13-D表格提交前的10天到提交后一天的债券收益为负（-3.9%），在提交日期之后一年里，平均异常债券收益为-4.5%，并且在短期和长期区间内，异常股票收益与异常债券收益负相关]; April Klein & Emanuel Zur, *The Impact of Hedge Fund Activism on the Target Firm's Existing Bondholders*, 24 Rev. Fin. Stud. 1735 (2011).

道而驰。[22]职是之故,当激进投资者与管理层之间发生冲突时,将激进投资者自觉视为“好人”而将管理层当作“坏蛋”的论点趋于过时。

民主有赖于投票,但是今时今日之股东民主却演变为激进投资者与管理层之间的私下谈判。为说明这一点,Lazard 在 2016 年统计了激进股东在当年发起的 149 个旨在获得董事会席位的激进行动,研究发现这些行动创造了 2016 年赢得 131 个董事会席位的记录。[23]但是,其中 95% 的席位是通过和解谈判获取。[24]在相对较少的股东投票情形中管理层取胜,[25]这表明只要管理层意识到存在失败风险便选择达成和解,而仅当管理层感到胜券在握时才会对激进投资者的要求提出异议。

最大的机构资产管理公司之一道富环球投资管理公司(SSGA)的一项研究也确认了 Lazard 的发现。通过对市值超过 5 亿美元的公司(中大型公司)进行调研,道富环球投资公司研究发现,在 2015 年和

---

〔22〕 仅举两个例子,有证据表明对冲基金激进主义正在:(1)对董事会多元化产生负面影响,并减少了在董事会中任职的女性和少数群体;(2)迫使一些能源公司使用“肮脏”能源并妨碍项目转向“清洁”能源。对于多元性的影响,see Andrew Borek et al., *The Impact of Shareholder Activism on Board Refreshment: Trends in S&P 1500 Firms* (2017), available at https://irrcinstitute.org/wp-content/uploads/2017/08/FINAL-Activism-and-Board-Refreshment-Trends-Report-Aug-2017.pdf (a Study by the ISS and the IRRC). 关于对环境的影响,最好的例子是著名对冲基金 Elliott Management 在 2017 年发起的一项行动,该行动迫使美国第二大电力生产商 NRG 能源公司处置其可再生能源资产(主要是太阳能和风能资产),然后重新使用煤炭(价格便宜)。See Ed Crooks, *Activists clash over direction for NRG Energy*, Financial Times.com (Apr. 4, 2017), available at https://www.ft.com/content/89417ba2-1d3e-11e7-a454-ab044289 77f9; Diane Cardwell & Alexandra Stevenson, *NRG a Power Company Leaning Green, Faces Activist Challenge*, N. Y. Times, Apr. 7, 2017, available at https://www.nytimes.com/2017/04/07/business/dealbook/nrg-elliott-management-climate.html. 最终,NRG 能源公司让步,出售其可再生能源资产并重新使用“肮脏”能源。See Russell Gold, *NRG to Sell Assets, Slash Costs, Bowing to Activist Pressure*, WSJ.com (Jul. 12, 2017), available at https://www.wsj.com/articles/nrg-to-sell-assets-slash-costs-bowing-to-activist-pressure-1499868712.

〔23〕 See Lazard, supra note 4, at 1. 这项 2017 年的研究发现,2016 年激进行动数量与 2015 年相比下降了 17%,但赢得 131 个董事会席位,这表明激进投资者行动更为成功。

〔24〕 Id.

〔25〕 Lazard 调查发现,2016 年激进基金在实际代理权争夺中取胜率仅为 38%。Id., at 1.

2016 年只有不到 10% 的董事会席位是通过代理权争夺产生。[26] 相反，私下和解占据主导地位，而且这种趋势正与日俱增。道富环球投资公司发现，2014 年激进投资者赢得的董事会席位中有 34% 是通过代理权争夺获得，这与 2016 年的 10% 的比例形成鲜明对比。[27] 这意味着，过去几年的管理层更奋力为代理权争夺而战。简言之，现在的管理层似乎越来越厌恶风险，这可能是因为代理权争夺的失败会抹黑其形象并最终导致其下台。如今通过谈判和解，管理层及其公关专家们至少可取得对自己最有利之结果。善于变通的管理层，宁可选择和解也不愿参与争夺。

牵头激进行动的投资者乃是角逐资本市场的常客，图 1 显示，10 名著名激进投资者在 2016 年赢得 76 个董事会席位在 131 个董事席位中占据了绝对多数席位。[28]

Most Board Seats Obtained²

Activist	2016 # of Board Seats Won	2016 Avg. Mkt Cap. of Targets¹	2015 Rank
Starboard Value	21	$10,267	1
Elliott	12	47,026	2
Icahn	9	30,105	3
Engaged Capital	8	773	8
JANA	7	6,314	5
Pershing Square	6	19,423	19
Glenview	4	2,300	–
Altimeter/PAR	3	17,313	–
Barington	3	1,120	13
Lucus (Red Alder)	3	671	–

图 1　2016 年 10 名著名激进投资者所占董事席位数量

激进投资者所占据的多数席位类似于传统的独立董事，但 Lazard 在 2016 年发现，争夺的董事会席位中有 27% 属于激进投资者雇员。[29]

---

〔26〕 See *Protecting Long－Term Shareholder Interests in Activist Engagements*, supra note 5, at 1.

〔27〕 Id.

〔28〕 See Lazard, supra note 4, at 4. 对冲基金 Elliott 发起了最多行动，但赢得的席位少于对冲基金 Starboard。Id.

〔29〕 Lazard, supra note 4, at 1. 即使这低至 27%，也允许对冲基金提出候选人名单（通常为 1～4 人）可包括 1 名对冲基金雇员。正如我们后来所发现的，在数据集里大约有 70% 激进投资者提出的名单中包括 1 名对冲基金雇员。See infra Table 1（发现已任命 331 名激进基金雇员进入董事会，在我们样本里 69.8% 的提名名单中至少包括 1 名对冲基金雇员）。

当对冲基金雇员被任命为董事会成员时,信息泄露可能性更大(如下所述)。

总体而言,对冲基金激进主义正加速发展。尽管2016年激进行动数量有所下降,但激进投资者赢得的实际席位数量有所增加。[30]更为重要的统计数据可能是该领域的新进入者数量,Lazard发现,有37位激进投资者在2016年首次发起激进运动。[31]这一数据表明,这些首次参加激进行动的投资者正是从激进行动中嗅到商机并加入行动大军的。

如前所述,激进行动通常导致谈判和解,这通常体现在和解协议中。这些协议通常(但并非总是)提交给美国证券交易委员会,而甚少被研究。Lucian Bebchuk教授及其几位同事曾展开一项大规模研究,[32]但该研究仅持续至2011年,此后事态已发生极大变化。通常这些协议涉及多个主题,包括董事会组成、冻结条款、激进行动费用报销补偿、非贬低条款以及可能的保密条款(这可能会或不会限制新董事或董事提名人与包括对冲基金在内的其他人分享在董事会会议上获取的信息)。如下所述,这些规定增加了激进投资者可能获得其他股东无法获得的利益的可能性。

Bebchuk教授研究得出的一个主要结论是,这些协议不涉及公司业务或政策,而只关注董事会组成。[33] Bebchuk教授和他的同事得出的结论是,这表明"不完全契约"的高效。[34] 熟悉公司法的人对此有一个更简单的解释:作为受托人的董事不能剥夺其酌处权。在许多情况下,例如,约束董事投票增加股息或股票回购的协议将是不可执行的。[35] 相反,和解协议必须侧重可达成共识的内容:股东如何投票选

---

〔30〕 Id.

〔31〕 Id.

〔32〕 Bebchuk et al., supra note 13.

〔33〕 Id., at 4.

〔34〕 Id., at 14–17.

〔35〕 关于更早的代表性案例, see McQuade v. Stoneham, 263 N. Y. 323 (1934); Long Park v. Trenton – New Brunswick Theatres Co., 297 N. Y. 174 (1948). 纽约州确实允许封闭持股公司通过章程条款选择不遵守该规则,但是对于公开上市公司而言则没有例外。See N. Y. Bus. Corp. Law §620(b).

举董事以及哪些董事将同意辞职。至少作为对和解协议结构的解释，“不完全契约”在学术研究上比实践中更有效。

无论如何，显然在大多数和解协议中，通常是通过扩大董事会规模将新董事纳入董事会的。[36] 根据 Bebchuk 教授的研究，增加的董事席位中位数为 2（尽管在最近一些案例中，由激进投资者提名的多数董事通过选举产生，从而使激进基金获得实际控制权）。[37] 冻结条款几乎是普遍的唯一其他规定。[38]

这些和解谈判不可避免地为激进投资者提供了自我交易的机会，激进投资者利益可能与其他股东利益发生冲突。举个著名的例子，苏富比拍卖行 2014 年被著名激进对冲基金 Third Point（该基金由知名度最高的对冲基金激进投资者之一丹尼尔·S. 勒布创立）采取敌意收购行动，对冲基金 Third Point 发起了一场代理权争夺战，试图在苏富比公司董事会任命 3 位董事，但是在股东大会召开前夕（就在宣布投票结果之前）对冲基金 Third Point 达成了部分和解，要求苏富比公司补偿 1000 万美元费用。[39] 由于苏富比公司本身陈述其在反击 Third Point 的争夺战中仅产生 570 万美元支出，因此向 Third Point 支付的这 1000 万

---

〔36〕 Bebchuk 教授及其同事的研究发现，在他们调查的和解中，新董事增加占 87.4%，现任董事离开董事会占 40.77%。See Bebchuk et al.，supra note 13，at 21. 因此通常需要扩大董事会，如果公司章程有授权，则通常可以通过规章或董事会决议来扩大。

〔37〕 在 Bebchuk 教授的研究中，增加的董事席位中位数为 2。See Bebchuk et al.，supra note 13，at 17. 尽管如此，差异仍然很大，Bebchuk 教授研究发现在 17 个案例中，任命人数为 4 个或更多。Id. 2016 年，即 2011 年 Bebchuk 教授研究结束日期之后，激进基金 Mantle Ridge 选出 CSX 公司董事会的多数董事席位，并任命了新 CEO，尽管 Mantle Ridge 仅持有 5% 的股份。

〔38〕 Bebchuk 研究还发现，“冻结条款”几乎是普遍的。Id.，at 6. 冻结条款有以下两种：(1) 对激进投资者股权的限制；(2) 公司治理冻结，委托书收购或其他行动停止。Id. at 6. 尽管我们发现冻结条款非常普遍，但我们也发现它们通常并不限制激进基金进行公开市场交易。它们在这一点上保持沉默，或者划定激进基金不能跨越的最高上限，但是该上限已经超过了其当前股权水平。通常，冻结条款更多地侧重于阻止代理权争夺或激进投资者及其盟友进一步提名董事。See text and notes infra at notes 82 to 84.

〔39〕 See Alexandra Stevenson，*Sotheby's to Reimburse Loeb $10 Million*，N. Y. Times，available at https://dealbook.nytimes.com/2014/05/07/sothebys-to-reimburse-loeb-10-million/ (May 7，2014).

美元令观察员感到惊讶,这可以说是过于慷慨了。[40] 可以明确,Third Point 还通过谈判完成了最初寻求的 3 名董事的任命,但问题仍然是:是否有任何交易来换取这 1000 万美元的付款?在这里并未给出任何结论,因为相关的观点仅仅是 Third Point 和其他股东的利益可能会发生冲突。此种情况下,管理层与激进投资者之间的权衡极易想象。

激进投资者在争夺董事会代表方面的费用正在增加。在对冲基金 Trian 最近的激进行动中,其将创始人 Nelson Peltz 置于宝洁公司董事会选举中,对冲基金 Trian 估计其预期成本为 2500 万美元并承认成本可能会上涨。[41] 如果宝洁公司管理层承认对冲基金 Trian 将赢得这场代理争夺战,宝洁公司可能会寻求与对冲基金 Trian 达成私下和解,偿还对冲基金 Trian 的部分或全部费用。这当然也涉及宝洁公司可能要求的回报问题。[42]

其他冲突亦不可避免地存在。当对冲基金指定一名或多名董事(其中一些可能是对冲基金雇员)时,通常会与其任命的董事保持密切联系,并极大可能从中获取重大非公开信息。[43] 对冲基金本身可能会利用该信息,也可能将其传递给盟友,这种行为根据联邦证券法或特拉华州法律可能涉嫌违法。无论如何,就损害公司或扩大买卖差价而言,这就是一种代理成本。即便这一问题合法性在所不同,然而潜在冲突已经跃然纸上。

---

〔40〕 同前注〔39〕.

〔41〕 该估计是对冲基金 Trian 在其代理声明中提出的,该文件承认实际成本可能更高。See also, Chris Isidore & David Goldman, *Procter & Gamble declares victory in expensive proxy fight*, money. cnn. com, 2017/10/10/new/companies/procter - gamble - proxy - fight/index. html (Oct. 10, 2017).

〔42〕 公司管理层可能希望获得如下回报,包括:(1)冻结条款,在此协议中,激进投资者同意不购买更多股票或发动任何代理权争夺战;(2)非贬低条款,激进投资者同意不公开批评管理层。两者都是和解协议中的常见规定。

〔43〕 特拉华州法律确实规定了董事的保密义务。See, e. g. , Shocking Technologies v. Michael, 2012 WL 4482838 at *10 (Del. Ch. , Oct. 1, 2012)(董事向投资者提供机密信息违反忠诚义务); See also Henshaw v. American Cement Corp. , 252 A. 2d 125 (Del Ch. 1969). 不过,一位备受尊敬的特拉华州法官最近认为,"董事在抵制保密协议时立场坚定",并且可能会与提名他们的对冲基金及其相关同事分享在董事会获得的信息。See Travis Laster & Mark Zeberkiewicz, *The Rights and Duties of Blockholder Directors*, 70 Bus. Law. 33, 48 - 51 (2014). 正如后文讨论,这种分享似乎极其常见并导致信息的广泛泄露。

激进投资者与其他股东的利益之间可能存在“横向”冲突的最后一个场域，是新董事的选择和议程。通常持有更多股票的多元化机构股东可能更倾向于目标迥异的不同董事。最近，几大投资管理公司包括贝莱德集团（BlackRock）、先锋集团（the Vanguard Group）、道富环球投资管理公司（SSGA）均公开批评激进投资者及和解程序，表明他们作为持有比激进投资者更多股权的“永久股东”却被和解协议排挤在外。[44] Bebchuk 教授及其同事不同意这些批评，因为他们发现激进对冲基金提名的候选人在随后董事选举中不会获得较少投票。[45] 然而，这种解释的问题在于，Bebchuk 教授的研究只关注到 2011 年，而这些多元化的大型机构投资者开始表达他们的担忧和批评更多集中于 2015 年和 2016 年。[46] 因此，这一进程是否良性仍是一个非常开放与值得商榷的问题。

在此阶段需得出的结论是：激进投资者通常会通过私下谈判来解决他们与目标公司之间的分歧，而这通常会改变董事会的组成。之后，首席执行官将频繁离职。[47] 虽然此过程可能侧重于表现不佳的公司，但这仍然困扰着大型机构投资者，他们自认为是目标公司的“永久股东”，但最后发现自己被这些谈判所“排挤”。

二、对冲基金激进主义的代理成本：实证分析

可以作出如此假设：激进主义对冲基金可以获得其他股东不能获

〔44〕 对于道富环球投资管理公司的反对意见，see infra notes 94 to 96, and accompanying text.

〔45〕 See Bebchuk et al., supra note 13, at 5.

〔46〕 See infranotes 93 – 97 and accompanying text.

〔47〕 Bebchuk 研究发现，达成和解协议后一年内有 18.6% 的 CEO 离职（尽管只有约 3% 的此类协议规定了 CEO 的离职）。See Id., at 16. FTI 咨询公司的最新研究表明，CEO 的离职率在激进董事任命后的一年和两年中分别为 34.1% 和 55.1%。See Sonali Bazak & Beth Jinks, *Activist Directors Double Chance of CEO exits, study shows*, Bloomberg.com (Sep. 21, 2016), available at https://www.bloomberg.com/news/articles/2016-09-21/activist-investors-double-chance-of-ceo-exits-study-shows.

得之私人利益,或因可发挥杠杆作用违背多数的股东意愿。在理论附录中我们给出一个形式模型,其为本节中许多论点之基础。在此,我们简要分析足以引起人们关注的私人利益。我们首先描述用于建立我们实证主张的数据。

(一)激进的和解与董事的任命

首先,我们在激进和解上建立一个数据集。我们从 SharkRepellent(译者注:为 Factset 数据库中 SharkRepellent 公司治理子版块数据)中获取 2000 年 1 月 1 日至 2015 年 12 月 31 日的所有激进行动信息。接着根据 SharkRepellent 的数据,以激进投资者是否获得董事会代表为标准分为两组。[48] 然后,我们查询前一组公司证券备案以识别和解协议(如果存在,该和解协议导致激进投资者代表被任命为董事会成员)的本质。[49]

其次,我们从多个维度对激进和解进行编码。[50] 第一,确定激进投资者代表进入董事会的日期。[51] 第二,确定每位新董事姓名以及该董

---

〔48〕 我们将重点放在通过和解程序任命的董事上,因为我们在上文提到缔约和补偿动态比代理权争夺过程的不确定产品更能反映和解协议,代理权争夺引入额外成本和收益从而使研究变得复杂。对于通过代理权争夺机制产生的激进董事,我们另文研究。

〔49〕 我们注意到,我们的数据集既包括披露正式和解协议的情况,也包括目标公司在随后的证券备案中仅注明董事会和激进投资者已达成任命激进董事协议的情况。两种情况都反映出达成任命激进董事的协议,在这两种情况下,激进投资者代表均可获取重大非公开信息。

〔50〕 我们从数据集中排除目标公司缺乏证券价格研究中心(CSRP)数据库数据、激进投资者先前已在目标公司董事会中获得代表、现任董事参与激进行动的情形。

〔51〕 通常,这仅仅是新董事加入董事会的确切日期,可以通过董事会任命或在年度会议上从管理层中选举产生。但是我们注意到,在我们数据集大约 8% 的和解中,激进投资者是为董事会"观察员"权利而和解,即新董事在正式任命董事会之前可以进入董事会。在这种情况下,我们记录观察者权利生效的日期。例如,Settlement Agreement By and Among Axcelis Technologies and Vertex Capital (Mar. 5, 2015), available at https://www. sec. gov/Archives/edgar/data/1113232/000110465915017346/a15 - 1574_3ex99d2. htm (允许每位激进投资者选定的董事在 2015 年年度会议之前被任命为董事会观察员……并会在切实可行范围内,在每次会议举行前,合理地收到所有通知及书面资料的副本,并会获准出席董事会全体会议)。

事是否为激进投资者雇员抑或行业专家。[52] 我们还从 SharkRepellent 获取有关激进投资者是否为对冲基金、个人、投资顾问、公司、共同基金、特定股东集团、养老基金或其他机构、利益相关者的信息。

最后，我们审查和解协议，编码协议是否禁止激进投资者发起或参与正式的代理权争夺，还是规定偿还激进投资者费用——所允许的费用金额及种类。基于我们对信息泄露的关注，我们还对协议中是否包含限制信息分享的明确规定进行编码，包括在单独保密协议中有信息分享规定以及引用有关信息分享通用政策。此外，我们亦记录这些信息分享政策是否仅适用于根据和解协议任命的新董事或者明确涉及对冲基金。

如表 1 所示，每次激进行动平均只有不到两名代表被任命为目标公司董事会成员，在近 70% 的协议中至少有一位代表为激进投资者雇员。

表 1　475 项和解协议特点统计汇总

和解条件	观察体数量（个）	占总数百分比（%）
激进投资者平均获得董事会席位	1.76	—
激进董事任命前授予观察员权利	37	7.8
新董事含激进投资者雇员	331	69.8
协议含公开披露的冻结条款	263	55.4
平均冻结期限（年度会议）	1.47	—
协议要求偿还激进行动费用	166	34.9

（二）保密和信息分享规定

在样本的 475 项和解中，有 92 项和解（占 19.4%）明确限制信息分享。[53] 在这 92 项和解中，有 64 项将限制载于和解协议本身，其余的则

〔52〕 我们用美国证监会备案文件、公司网站和彭博资讯等确定每位董事的背景以及与激进投资者的关系。

〔53〕 这些规定宽严不一。例如，一份协议中严格规定：“每位成员均须对机密信息保密，除非适用法律或法规要求进行披露，否则未经公司事先作出明确书面同意，成员及其代表不得以任何方式披露任何机密信息。”

载于独立保密协议之中。[54] 此外,约 73 份协议(另外 16%)引用信息分享政策。[55] 无论信息分享规定是采用合同规则还是政策形式,大约 90 份协议明确提及对冲基金,但这些协议通常仍然允许对冲基金较为宽松地与他人分享信息。[56]

即便许多条款模棱两可、软弱无力,但事实仍然非常突出:在作为样本的 475 份协议中其余 64% 对保密或信息分享无所提及。如前所述,[57] 市场对没有涉及任何信息分享规定的协议反应温和,而对这种规定的存在作出更为积极的反应。尽管对此差异可能有多种解释,[58] 这至少表明对许多激进投资者而言能够广泛地分享从董事提名者处获得的信息是非常重要的。后文,我们将提出并分析为何激进基金会有这种需要。[59]

(三)私下支付

由激进对冲基金介入的目标公司同意偿还行动有关费用的情形并不少见。这些费用可能包括向美国证券交易委员会的备案费、法律费用或实际代理权争夺的费用(如果进行诉讼或准备代理声明草案)。在此,苏富比公司以向 Third Point 支付的 1000 万美元就显得非常突出。

---

〔54〕 发行人一般不会在 8 – K 表格或宣布和解协议的新闻稿上提交保密协议,因此我们无法接触。

〔55〕 例如,一项这样的"政策"声明:"每位 RC 集团的提名人均应遵守与利益冲突、职责、保密、交易和披露政策以及适用于公司所有其他董事的其他治理准则相同的义务,公司已向 RC 集团提供了自公告之日起生效的所有政策和指导。"从本质上讲,这一"政策"指出,基金提名的董事受到与其他董事相同的规则的约束,但这些规则内容远不透明。

〔56〕 以下是允许广泛分享的参考示例(其中,对冲基金被定义为"接受者"):"接受者只能向获知接受者有关机密信息的机密性质和协议义务的代表披露机密信息。"

〔57〕 See supra note 15, and accompanying text(提到平均 5 日累积超额收益率的差别为 2.2% 比 0.42%,或超过 5 倍)。

〔58〕 这种差异可能与对冲基金的身份有关。如果某些激进基金不受市场欢迎(由于多种可能的原因),并且这些基金不能容忍保密规定,那么这种差异可能与保密问题的关系较小,而与基金身份有关。但是,由于我们数据样本中 64% 的和解协议没有任何信息分享规定,因此这种差异似乎不太可能归因于某些基金的"不良"声誉。但是,可能有一些信誉良好的激进基金确实同意保密性限制,而且市场对身份的反应比对条款的反应要大。

〔59〕 See infra notes 87 to 92, and accompanying text.

如此的大额支付有多典型？Bebchuk 教授的研究报告没有就这一问题得出结论。在 475 份和解协议的数据集里，我们发现 166 份协议（35%）存在某种类型的费用偿还条款，其中我们能够在 148 份协议中确定有费用偿还数额，费用偿还数额的平均数和中位数分别为 328,753 美元和 100,000 美元。在这 148 份和解协议中，41 份（27.7%）规定偿还 250,000 美元或以上，19 份（12.8%）规定偿还 500,000 美元或以上，7 份（4.7%）规定偿还 1,000,000 美元或以上。

这些数据表明，与苏富比公司向 Third Point 支付数额相同数量级的极少。尽管补偿并不罕见，但支付金额通常不高。由于激进投资者行动可能会产生大量合法法律支出，因此对冲基金报告的有限补偿表明，激进投资者披露大量付款可能惧怕声誉受损而受到限制，或因激进投资者可能想宣告在行动中获得可观利润，至于费用报销此等小事何足挂齿。可以想象，一些激进投资者确实收到一笔可观报酬，却从无报告显示其财务不实。但是，由于多种原因这对我们来说似乎不太可能。[60]

目标公司从中有何获益？有人认为，公司通常会在和解协议中获得非贬低条款。这些条款在和解协议中非常普遍，即禁止激进投资者在协议期限内公开批评公司及其管理层。实际上，自认为“股东之冕”的激进投资者就此变得守口如瓶、沉默是金。

其他付款方式亦有可能。今年早些时候，对冲基金激进主义新手 Mantle Ridge 对 CSX 运输公司采取了非常成功的行动。尽管 Mantle Ridge 持有 CSX 公司不到 5% 的股份，却能够确保将其 4 位提名人任命为 CSX 公司董事会成员，包括新任首席执行官亨特·哈里森（E. Hunter Harrison），此人带来了 CSX 公司的新战略计划。实际上，Mantle Ridge 及其新任首席执行官在 CSX 公司策划了一场“宫廷政变”。然后，Mantle Ridge 在 CSX 公司年度股东会议上以咨询投票形式，要求 CSX 公司的股东批准首席执行官的薪酬方案。该方案包括向 Mantle Ridge 偿还 8400 万美元，以补偿哈里森辞去加拿大太平洋公司首席执行官来

[60] 原因之一是目标公司管理层还需要披露有关和解协议的信息，而在我们看来双方都同意不披露支付的可能性似乎很小。

担任CSX公司职务时所丧失的赔偿金和福利。[61]尽管该交易使CSX公司股票价格大幅上涨,但有关人士指出股东别无选择。因为哈里森表示,如果CSX公司股东未批准该补偿他将辞职。[62]由于哈里森辞职可能导致股价下跌抵消早先涨幅,CSX公司的股东实际上身不由己、别无选择。

CSX公司此类案例表明,股东可能会被迫批准激进投资者采取措施,然后从激进投资者处获得超额股票收益。显然,目标应是在不消除股东收益情况下降低代理成本。

(四)信息泄露的实证研究

在本节中我们提出一项实证研究,该研究发现任命一个或多个激进投资者提名人为公司董事会成员后,短期内就有更多信息泄露到目标公司股票价格中。换言之,在目标公司激进主义候选人被任命为董事会成员(或在董事会会议上被授予"观察员"身份)后,目标公司公开披露重要信息之前,公司股价向公司披露后所产生的价位移动。市场会对新的发展动态作出反应然后再将其公开宣布,这可能是因为接触重大非公开信息的交易者进行知情交易并被其他交易者解码,其暗示可能的收益与损失。

为夯实信息泄露实证研究,我们首先计算和解协议公告的累积超额

---

〔61〕 描述这次行动,see Shawn Tully, *CSX CEO Hunter Harrison's Pay is No Great Train Robbery*, Fortune. com (Mar. 24, 2017), available at http://fortune.com/2017/03/24/csx-hunter-harrison-pay/. 这笔款项是支付给Mantle Ridge的,因其先前已向哈里森先生补偿。CSX公司股东在咨询表决中以极大的票数通过了这笔款项。之后,CSX公司董事会做出具有法律约束力的决定以批准付款。See Michael Flaherty, *CSX shareholders approve $84 million reimbursement to Mantle Ridge*, Reuters. com (Jun. 5, 2017), available at https://www.reuters.com/article/us-csx-harrison/csx-shareholders-approve-84-million-reimbursement-to-mantle-ridge-idUSKBN18W1Y6. 哈里森先生已于2017年12月去世,提出的有关批准的问题超出了本文讨论范围。

〔62〕 在对交易的评论中,克莱里·戈特利布(Cleary Gottlieb)指出:"可以提出合理的论点,即股东投票是……保护董事会免受强硬要求的幌子。"See Arthur H. Kohn et al. *Balancing Concessions and Activist Against Responsiveness to the Broader Shareholder Base*, Harv. Law School forum on Corp. Gov. Fin. Reg. (Apr. 4, 2017), available at https://corpgov.law.harvard.edu/2017/04/04/balancing-concessions-to-activists-against-responsiveness-to-the-broader-shareholder-base/.

收益率（CAR）。在全部和解协议样本中，我们发现平均5日累积超额收益率为2.64%，但这个平均值掩盖了巨大异质性。我们发现当没有任命任何对冲基金雇员为董事会成员的和解，公司股票平均5日累积超额收益率为4.21%。相形之下，任命对冲基金提名雇员的和解，公司股票平均5日累积超额收益率为1.95%。这表明市场对对冲基金雇员担任董事持怀疑态度。类似地，若和解协议本身或单独保密协议中对于信息分享加以明确限制，公司股票平均5日累积超额收益率为2.25%，相比之下对于不包含任何信息分享限制的和解协议，公司股票平均5日累积超额收益率则为0.42%。[63]

现状令人迷惑不解。尽管市场有明显相反偏好，为何激进基金仍继续任命其雇员担任董事并避免规定保密条款？一个原因可能是，与盟友分享信息是团结"狼群"并因此维持其对目标公司杠杆作用的重要手段。[64] 另一个原因是，激进基金任命雇员担任董事并蔑视保密条款，主要是激进投资者已拥有足够杠杆作用，这使目标公司管理层担心会招致代理权争夺回应而不敢轻举妄动。[65]

无论如何，我们接着检验信息泄露与这两个变量（雇员被提名董事与缺乏保密条款）如何相关。我们建立了一个数据集，使我们能够评估信息进入上市公司股票价格的情况。通常联邦法律要求公司在8-K表格中披露某些重大事件，一般须在事件发生后4个工作日内提交。因此，8-K表格通常不会在申报之前就全部做好安排，并须对意外情形变化作出回应。我们从2000年1月1日至2016年9月30日，由7799家上市公司提交的635,490份8-K表格着手研究。

对于每份8-K表格，我们都试图观察其中信息进入公司股价的速度。为此，我们导出给定公司（我们标注公司"*i*"），在给定日期（我们标注日期"*t*"）上提交8-K表格的信息泄露值，我们将其表示为"$leak^{i,t}$"，

---

〔63〕 如前注〔48〕~〔52〕以及随附文本所述，我们的数据样本中有19.4%的合同条款限制了信息分享，而另外16%则是引用关于信息分享的政策。因此，略高于64%的样本对此问题保持沉默，并且累积超额收益更低。

〔64〕 我们将在如下文注释〔86〕~〔90〕以及随附文本所述中讨论这一可能性。

〔65〕 在这些情况下，市场可能已经预料到了激进投资者的胜利，因此，股市的反应可能会更加平淡。

如同金融文献中使用的标准度量“加权价格贡献”。[66]该值计算如下:

$$leak_{i,t}=\frac{r^{i}_{t-5,t-1}}{r^{i}_{t-5,t_0}}$$

简而言之,信息泄露值是一个分数:分子是在8-K表格申报后公司从事件发生前5日(a)到事件发生前1日(b)收盘价的百分比变化,[67]而分母是8-K表格申报公司从事件发生前5日(a)到事件发生当日(b)收盘价的百分比变化。

举一简例,假设公司股价在事件发生前5日收盘价为10美元,在事件前1日为11美元,在事件当天为12美元。该分数分子约为10%:[68]10美元(前5日的价格)到11美元(前1日的价格)增加10%。该分数分母约为20%:10美元(前5日的价格)到12美元(当天的价格)增加20%。信息泄露值则为50%,通过10%/20%计算得出。平均而言,较高信息泄露值表明,在8-K表格实际披露该信息的前1日,8-K表格反映的信息已进入股票价格。[69]

关键点在于,随着更多信息在公告日期之前进入股票价格,该比率将随之增加。然而,从经验来说以该比率计算会带来某些挑战。理论上该比率应保持在0~1,例如,如果股价从披露前5日到披露之日(含)之间上涨2美元,则从披露前5日到披露前1日价格不应上涨3美元,而在披露当天价格下跌1美元。但实际上,这种情况经常发生——因为市场并非完全有效并且交易复杂。一旦我们认识到价格可以出于随机原因而波动,分母就有可能非常接近零而分子却没有,从而导致比率急剧

---

〔66〕 Barclay, Michael J. and Terrence Hendershott, *Price Discovery and Trading After Hours*, The Review of Financial Studies 16.4 (2003):1041-1073.

〔67〕 这些实际上是1+百分比变化的自然对数,即该时间段内的连续复利回报。

〔68〕 由于讨论了连续复利,因此我们使用“大约”一词。

〔69〕 我们注意到,8-K表格中披露信息有时会先于以新闻稿或其他公告形式向公众披露。为处理这种可能性,如下所述,我们在每个8-K表格的文本中搜索与发布新闻稿相关的词语,并控制我们的泄露分析中是否存在。

“爆炸”，这给统计推断带来不小挑战。[70]

有两种方法可解决此问题。第一，金融文献中的标准方法是将该比率乘以与分母绝对值成正比的权重——这是迈克尔·巴克利（Michael Barclay）和特伦斯·亨德肖特（Terrence Hendershott）在得出“加权价格贡献”时所采用的方法，以衡量一天中不同时间的股价走势。[71]这样可以确保分母非常接近零的观测值获得非常接近零的权重。我们对主要结果采用这种方法，用分母的绝对值进行加权回归分析。

第二，删除信息泄露值为“负”的数据（比率的分子和分母正负不同），因为在这种情况下比率没有意义，并删除信息泄露值大于 1 的数据，这意味着市场对信息“过度反应”，同时调整系数估计和标准误差。[72]如下文所示，除去这两个规格，我们的结果在符号和统计意义上总体一致。

我们将达成和解协议目标公司提交的 8 - K 表格文件编码为“处理组”（treatment），将新董事获得重大非公开信息后（或入局董事会或通过取得观察员权利进入董事会）提交的 8 - K 表格文件编码为“任职组”（post）。[73]重申一点：由于这种设计，我们基本上在不同时间点有 475 种处理组。令我们欣慰的是，从因果关系识别角度来看，我们的测量效果不太可能受单个时间段内不可观察的时间趋势所驱动。

---

〔70〕 假设 $r^i_{t-5,t-1}=\alpha_{t-5,t-1}+\epsilon_{t-5,t-1}$ 及 $r^i_{t-5,t_0}=\alpha_{t-5,t_0}+\epsilon_{t-5,t_0}$ 两者中的 $\epsilon_{t-5,t-1}$、ϵ_{t-5,t_0} 都是零均指 i. i. d.，正态分布随机变量。即使 $\frac{\alpha_{t-5,t-1}}{\alpha_{t-5,t_0}}<1$，它并不遵循 $E\left[\frac{r^i_{t-5,t-1}}{r^i_{t-5,t_0}}\right]=\frac{\alpha_{t-5,t-1}}{\alpha_{t-5,t_0}}<1$。噪声项的比值 $\frac{\epsilon_{t-5,t_0}}{\epsilon_{t-5,t_0}}$ 是两个零均值正态随机变量的比率。该项为柯西分布，其第一矩和第二矩均未定义。

〔71〕 公式简示如下：$W_i=\frac{|r^i_{t-5,t_0}|}{\sum|r^i_{t-5,t_0}|}$，这正是巴克莱（Barclay）和亨德肖特（Hendershott）（2003）在加权价格贡献中所使用的。

〔72〕 我们通过最大概似法来估计截断回归模型，如 J. Scott Long, Regression Models for Categorical and Limited Dependent Variables 192 (1997)。

〔73〕 如下所述，然而，在我们的估计中将样本窗口限制在新董事获得重大非公开信息之前和之后的更短时间内，以减少董事首次进入董事会之日起长时间的泄露差异结果的可能性。

关于任命激进董事对信息泄露的影响进行因果推理,所面临的另一个挑战是构建适当对照组。我们考虑了多种方法来表明我们的结果并非受单一对照组的选择所驱动。我们初步估计使用一个“同行业”对照组:对于每个和解协议,我们收集目标公司4位SIC行业代码中其他上市公司的所有8-K表格文件。也就是说,每份和解协议都有一个处理组公司和对照组公司,它们被分配在获取重大非公开信息的相同日期。如下所述,我们进一步应用倾向得分匹配以确保我们正在比较的处理组公司和尽可能相似的对照组公司之间信息泄露前后的差异。

由于多种原因,我们认为重要的是要验证处理组与对照组之间的披露行为是否相似,这需要验证作为对冲基金业务目标的公司会否比处理组公司提交更多(或更少)8-K表格,结果研究发现两组公司之间披露行为非常相似。图2显示了2000~2015年的“内核密度图”。[74] 对照组与处理组之间密切一致性表明,任命激进董事上市公司的披露行为不会改变,二者似乎以相同频率提交8-K表格。

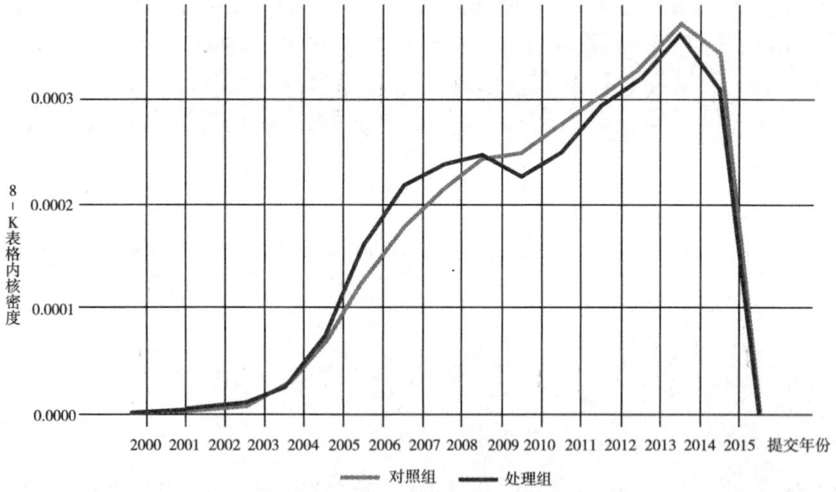

图2　2000~2015年8-K表格内核密度变化统计汇总

〔74〕“内核密度图”显示在非常小的时间间隔内在y轴上生成8-K表格的频率。因此,这些单位非常小。

我们为每个公司找出一些可能会影响信息泄露的其他变量：其市值（股票数量乘以价格）、Amihud（2002）非流动性度量[75]以及公司股票的特质波动率。[76]这些数据均在每份8－K表格申报之前1个月计算。

我们还将使用其最新Compustat年度财务报表计算该公司市帐率。我们计算8－K表格文件长度，以及是否含"新闻稿"，这表明文件不一定包含新的公共信息。最后，我们从每个8－K表格档案文件中提取项目编码（法律规定的信息类别）。[77]

我们将有关信息泄露的数据、附加变量以及和解协议中的"处理特征"编码合并在一起，得出下文分析中使用的最终数据集。表2列出该数据集的统计汇总信息，列出8－K表格申请数目以及诸如平均值、标准差、中位数和各种百分位数之类的统计数据。与公司对应的变量——例如，Amihud（2002）非流动性的度量或特质波动率——反映提交8－K表格的公司，并与该公司提交的8－K表格"链接"，因为这些变量可能解释信息泄露的变化。

---

〔75〕 Amihud（2002）指数是当天绝对股票回报率与当天交易量的日平均比率，如Yakov Amihud, *Illiquidity and Stock Returns: Cross－Section and Time－Series Effects*, 5 J. Fin. Markets. 31（2002）。为简化计算，我们稍微与Amihud不同，使用分母中的股票数量而不是美元数量，两者在日常交易数据中几乎没有区别。

〔76〕 特质波动率是从股票收益中减去资产定价模型的预测后所剩余的标准差。

〔77〕 如今，上市公司必须为一些公司事件提交8－K表格；根据证券法规定，需要在8－K表格上披露的各种事件称为"项目"。例如，8－K表格上的项目1.03要求披露公司是否已进入破产或破产清算程序，项目2.01要求披露公司资产收购或出售的结束等。

表 2 信息泄露数据集统计汇总

变量	8 - K 表格申请数目（个）	平均值	标准差	最小值	第 25 个百分数（%）	中位数	第 75 个百分数（%）	最大值
信息泄露值分母（事件发生前 5 日的百分比变化）	575,196	-0.003	0.129	-2.695	-0.054	0.004	0.049	3.545
信息泄露值分子（事件发生前 5 日到事件前 1 日的百分比变化）	575,196	-0.002	0.087	-2.678	-0.029	0.001	0.027	3.449
信息泄露值	575,196	0.584	0.265	0.0001	0.380	0.621	0.807	1.000
处理组虚拟变量（当目标公司提交 8 - K 表格时 = 1）	575,196	0.022	0.147	0	0	0	0	1
任职组虚拟变量（8 - K 表格在和解协议后提交 = 1）	575,196	0.462	0.499	0	0	0	1	1
对冲基金虚拟变量	12,681	0.811	0.391	0	1	1	1	1
对冲基金雇员虚拟变量	12,681	0.700	0.458	0	0	1	1	1

续表

变量	8－K 表格申请数目（个）	平均值	标准差	最小值	第 25 个百分数（%）	中位数	第 75 个百分数（%）	最大值
Amihud（2002）非流动性	500,756	4.933	8.419	0.000	1.269	2.379	5.006	782.695
特质波动率	500,659	0.030	0.026	0.000	0.015	0.023	0.036	1.393
市场资本总额	500,757	5,770,181	23,888,702	633.566	157,635	591,091	2,159,389	735,734,809
市场比率	476,990	－4.883	1.739	－12.902	－5.946	－4.846	－3.803	16.001
激进行动干预与表格提交日差	575,196	－53.424	588.806	－1,064	－552	－70	425	1,064
8－K 表格文件长度（字符）	575,190	548,488	2,123,165	1,315	27,811	74,620	307,421	152,816,998

我们的研究分析了在激进主义干预前后,处理组和对照组之间信息泄露变化是否存在差异,即所谓"双重差分"(difference in differences):通过比较处理组和对照组随时间变化的差异。我们采用干预前后 120 天为主要时间窗口,并限制董事会任命日期前后几天。我们排除了董事会任命日期前后 3 星期,以确保结果不受和解协议本身的影响。

此设计有两个关键的识别假设。双重差分模型基于以下假设:处理组和对照组随时间变化遵循平行趋势。换言之,在没有激进和解情况下,两组之间信息泄露随时间变化将保持相似,通常没有理由怀疑激进基金选择的目标公司可能在干预后的几个月内经历更大的信息泄露。我们当然承认激进投资者根据相对历史表现等特征选择目标公司,[78]但我们几乎没有理由担心这些特征与信息泄露的时间趋势相关。[79]我们将在下文验证这一假设。

除双重差分模型之外,我们还采用倾向得分匹配使处理组公司和对照组公司尽可能具有可比性。匹配方法在公司治理实证研究中变得越来越流行,[80]因为其允许在可观察的维度上形成一对或一小群相似的公司,并且只在这些公司之间相互比较,有效地按相似性加权。我们根据可观察到的协变量对处理组公司和对照组公司进行匹配,这些变量包括股票每日市值、Amihud(2002)的非流动性测量、特质波动率、市帐率、文件是否涉及新闻稿、1 位数的 SIC 代码,以及以下 8 - K 表格项目披露:[81]

---

〔78〕 See Martijn Cremers et al. , supra note 1.

〔79〕 举例说明在这种模型中假设对冲基金基于管理不善选择目标公司并假设管理不善与内幕交易相关的选择批评不太可能成为问题。但是在双重差分模型设计中,结果只能因时间变化的省略变量而有偏差。因此,要使这一反对意见成为问题,对冲基金必须根据未发现的泄露增加趋势来选择干预的目标公司。很难想象会有这样的趋势,特别是因为有 475 位不同的激进董事在不同的时间获得董事会权限,这种时间趋势不能仅仅是日历时间中某个特定时刻的巧合,而必须是长期一致的趋势。

〔80〕 See, e. g. , Martijn Cremers et al, *Staggered Boards and Long - Term Firm Value*, 126 J. Fin. Econ. 422 (2017).

〔81〕 因为我们只有这么多的数据,所以除了 4 位 SIC 代码之外,我们在匹配高维协变量(如 Form 8 - K 项号)方面的能力有限。在这种情况下,标准方法是"粗化"匹配组,即以足够广泛的通用性选择协变量以使匹配可行。See, e. g. , Iacus, Stefano, Gary King and Giuseppe Porro, *CEM: Software for Coarsened Exact Matching*, Journal of Statistical Software 30. 13 (2009): 1 - 27. 我们通过使用 1 位 SIC 代码并选择 8 - K 表格中最重要的类别来应用这种"粗化"匹配。

- 项目 1.01：签署重要协议
- 项目 2.02：业务成果和财务状况
- 项目 5.02(a)－(b)：董事或特定官员离职
- 项目 5.02(d)：董事选任
- 项目 7.01：FD 条例披露
- 项目 8.01：其他事项

我们最多允许 5 个最近邻值，这样结果就不会受到任意接近匹配项的影响。

我们以两种方式从实证上验证这些识别方法的有效性。首先，我们进行"平衡测试"，检查倾向得分匹配是否成功产生平衡的处理组和对照组。结果示于表 3。

表 3　公司与申报文件特征平衡测试

项目	平均值		偏差%	T 统计量	P 值
	处理组	对照组			
Amihud（2002）非流动性测量	0.4259	0.43667	－1.5	－0.54	0.592
股票每日市值	13.212	13.209	0.1	0.04	0.97
包含"新闻稿"	0.60677	0.60437	0.5	0.15	0.882
特质波动率	0.02851	0.02808	1.7	0.61	0.54
市帐率	－4.5058	－4.5587	2.7	0.83	0.405
项目 1.01：签署重要协议	0.16439	0.17236	－2.2	－0.64	0.519
项目 2.02：业务成果和财务情况	0.28345	0.27974	0.8	0.25	0.803
项目 5.02(a)－(b)：董事或特定官员离职	0.17641	0.17553	0.2	0.07	0.945
项目 5.02(d)：董事选任	0.24468	0.24697	－0.6	－0.16	0.872
项目 7.01：FD 条例披露	0.17094	0.16395	1.8	0.57	0.571
项目 8.01：其他事项	0.23867	0.23539	0.8	0.23	0.816

注：在本表中，我们比较处理组和对照组之间在匹配设计中使用的每个关键协变量的均值，本表显示每个组的平均值、差异占处理组的百分比、该差异的 t 统计量以及相关的 p 值。p 值大于 0.05 表示两组均值之间在统计上没有显著差异，这表明不能拒绝这些可观察特征上的平衡零假设。

此外,我们绘制了处理组及对照组的倾向得分密度。如果两组在可观察特征上保持平衡,则倾向得分在两组之间应相似,图 3 确属此种情况。

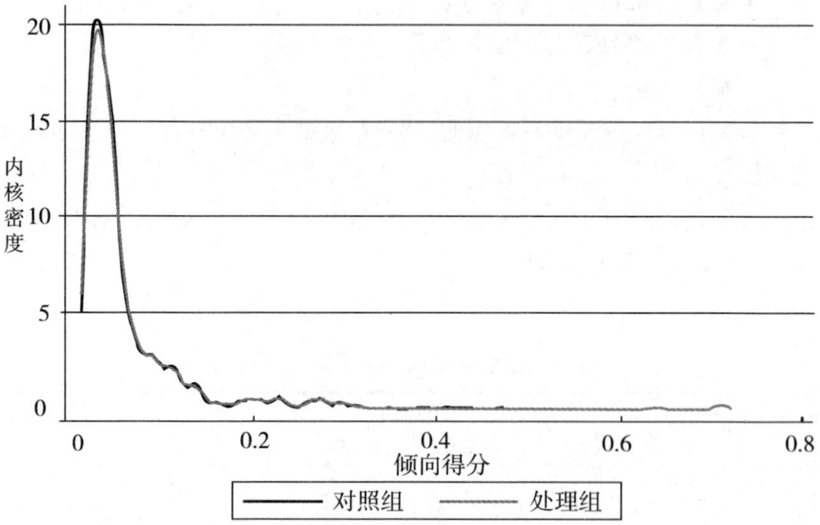

图 3　倾向得分密度

在附录中,我们展示了处理组和对照组的信息泄露结果趋势是平行的,这是我们在此处有效采用双重差分模型的重要条件。综上所述,这些结果表明本文中发现的信息泄露并非受公司向市场披露信息类型差异驱使。在得出理论假设与实证证据一致后,我们现在转向衡量激进和解协议以及根据这些和解协议任命的董事对信息泄露的影响。

(五)激进董事获得董事会权限后的信息泄露

首先,我们要分析在激进和解协议允许新董事进入董事会前后,信息泄露变化是否在我们的处理组公司和对照组公司之间有所不同。为评估该问题,我们进行了回归分析,该分析估计了董事入局董事会前后信息泄露的变化,并比较了处理组和对照组之间的信息泄露变化差异。其次,我们试图确定谁被任命为董事会成员(特别是独立专家与对冲基金雇员)是否导致信息泄露发生显著差异。如上所述,我们会根据公开搜索将每位董事身份进行编码,并按照他们是否为激进投资者雇员进行分类。[82] 最后，我们分析所确定的泄露增加是否因和解协议中存在保密条款而有所不同。在表4中使用的是T统计量显示每种估计的差异系数，表5中则是使用替代截断模型。

表4　信息泄露

项目	信息泄露值	信息泄露值	信息泄露值	信息泄露值
对照组 x 任职组	**0.0752****	—	—	—
(T统计量)	**(2.17)**	—	—	—
对冲基金 x 任职组	—	**0.0994*****	—	—
(T统计量)	—	**(2.92)**	—	—
非对冲基金 x 任职组	—	-0.0225	—	—
(T统计量)	—	(-0.27)	—	—
雇员董事 x 任职组	—	—	**0.0760****	—
(T统计量)	—	—	**(2.01)**	—
非雇员董事 x 任职组	—	—	0.0731	—
(T统计量)	—	—	(1.28)	—
无信息分享规定 x 任职组	—	—	—	**0.1107****
(T统计量)	—	—	—	**(2.34)**
有信息分享规定 x 任职组	—	—	—	0.0631
(T统计量)	—	—	—	(1.17)
观察资料	9414	9414	9414	9414

注：在本表中，我们估计了处理组和对照组之间的信息泄露随时间变化的差异。我们展示了OLS回归模型的结果，其中因变量为 $leak_{i,t}$，特定8－K表格申报泄露值，按 $|r^i_{t-5,t_0}|$ 和倾向得分权重加权。该示例仅限于[－120，－21]和[＋21，＋120]时间窗口。

[82] 与和解协议有关的大多数证券备案都指明了激进董事与激进投资者的关系性质(如果存在)。此外，我们发现激进投资者雇员的任命通常是激进投资者的高级管理人员，这使他们与投资者的关系的识别变得简单。相比之下，不是激进投资者雇员的董事通常是目标公司所在行业的现任或前任高管，因此对他们的工作和专业知识的识别也很简单。

该模型由以下线性规范给出：$leak_{i,t} = \beta_0 + \beta_1 d_i + \beta_2 post_t + \beta_3 (d_i \times post_t) + \epsilon_{i,t}$。

如果8－K表格申报属于处理组，则其中的指标变量等于1；如果在董事任命日期之后进行8－K表格申报，指标变量d_i等于1；$\epsilon_{i,t}$是随机误差项。β_3为本文关注的参数，显示两组之间信息泄露的随时间变化的差异。我们通过公司事件聚类标准误差，以调整信息泄露中的序列相关性。相关系数下方的括号内提供了T统计量。我们使用以下具有统计显著性的指标：*** 表示P值<0.01，** 表示P值<0.05，* 表示P值<0.10。

表5　信息泄露（替代截断规格）

项目	信息泄露值	信息泄露值	信息泄露值	信息泄露值
处理组 x 任职组	**0.2535*****	—	—	—
（T统计量）	**（2.73）**	—	—	—
对冲基金 x 任职组	—	**0.2701*****	—	—
（T统计量）	—	**（2.68）**	—	—
非对冲基金 x 任职组	—	0.2238	—	—
（T统计量）	—	（0.85）	—	—
雇员董事 x 任职组	—	—	**0.2406****	—
（T统计量）	—	—	**（2.17）**	—
非雇员董事 x 任职组	—	—	0.2907*	—
（T统计量）	—	—	（1.74）	—
无信息分享规定 x 任职组	—	—	—	**0.4985*****
（T统计量）	—	—	—	**（3.28）**
有信息分享规定 x 任职组	—	—	—	0.0453
（T统计量）	—	—	—	（0.29）
观察资料	23,002	23,002	23,002	23,002

注：在本表中，我们预测处理组和对照组之间的信息泄露随时间变化的差异。因变量为$leak_{i,t}$，我们展示了泄露值为$0 < leak_{i,t} < 1$的特定8－K表格的截断回归模型结果（Long，1997）。该示例仅限于[－120，－21]和[＋21，＋120]时间窗口。该模型由以下线性规范给出：$leak_{i,t} = \beta_0 + \beta_1 d_i + \beta_2 post_t + \beta_3 (d_i \times post_t) + \gamma' x_{i,t} + \epsilon_{i,t}$。

如果8－K表格申报属于处理组，则其中的指标变量d_i等于1；如果在董事任命日期之后进行8－K表格申报，指标变量$post_t$等于1；$x_{i,t}$是时变协变量的向量：该公司市值、特质波动率、Amihud（2002）非流动性测量和公司市帐率；以上每一项截至8－K表格申报前一个月或本年市帐率，以及申报级别协变量：文件长度及项目编码的固定影响；$\epsilon_{i,t}$是随机误差项。β_3 为本文关注的参数，显示两组之间信息泄露的随时间变化的差异。我们通过公司事件聚类标准误差，以调整信息泄露中的序列相关性。相关系数下方的括号内提供了T统计量。我们使用以下具有统计显著性的指标：*** 表示 P 值 <0.01，** 表示 P 值 <0.05，* 表示 P 值 <0.10。

在表4和表5中，"处理组 x 任职组"加粗行显示，在任命激进董事进入董事会后4个月之内，对比对照组公司信息泄露平均高7.5%（表4）或25%（表5）。[83] 两种估计变化是由不同加权和截断程序所驱使：前一种估计较小，因为其包括许多"负"泄露（错误交易）的观察结果，而后一种则通过截断排除这些情况。这两种模型只是采用不同的方法来处理不容易满足泄露值的"价格变化百分比"解释的情况。在两个模型中，此差异在1%的水平上具有统计意义，即通过随机机会获得此结果的概率小于1%。

类似地，在任命激进董事后的4个月之内，作为对冲基金投资者的目标公司与对照组相比，信息泄露平均高出9.94%（见表4）或27.9%（见表5）。如前所述，变化是由截断差异导致的。在两个规格中，此差异在1%的水平上具有统计意义，即通过随机机会获得此结果的概率小于1%。另外，"非对冲基金 x 任职组"一行表明，作为非对冲基金投资者的目标公司泄露随时间变化增长的估计不一致，从 -0.0225% 至22.4%不等。但是，这些估计值在1%、5%甚至10%的水平上均无统计学意义。因此，非对冲基金的估计很可能仅通过随机机会获得。[84] 我们的研究结果与猜想一致，即某些对冲基金激进投资者的动机和商业模式可能要求对与其他投资者有显著差异的激进干预进行补偿，但

〔83〕 这种影响会长期持续吗？我们至少可以想到两个原因，使泄露不太可能在未来几个月内持续存在。其一，激进对冲基金已经实现了任命董事到目标公司董事会的目的，可以迅速实现所需的财务或运营变化，然后将注意力转移到其他地方。在达到这些短期目标后，激进基金可能会停止与其盟友或其他市场参与者讨论有关该目标的重大非公开信息，而这些当事方的交易也将减少。其二，如理论附录中所提及，如果泄露是由非法行为所驱使，则随着时间变化检测的可能性会增加，从而随着时间变化阻止泄露的可能性也会越大。我们分析在任命董事加入董事会后，我们衡量的效果是否会持续较长的一年时间（-365，+365）。我们在更长时间内估算出与上述相同的规格。与我们的短期样本结果不同，我们发现在激进投资者干预之后，在更长的时间范围内估计泄露时差异系数没有显著差异。

〔84〕 但是，F检验并不表明这些系数的差异具有统计学意义。

是我们重申这一统计结果并未确认行为非法或违反美国证券交易法10B－5规则。

接下来,我们比较对照组和两个处理组之间随时间在泄露方面变化的差异,根据和解协议分为两类:将激进基金雇员任命为目标公司董事会成员,以及非激进基金雇员任命为目标公司董事会成员。标记为“雇员董事 x 任职组”的粗体行显示,和解任命至少一名激进基金雇员的董事的公司,在任命激进董事加入董事会后的4个月内,对比对照组泄露平均增加了7.6%或24%。这种差异在5%的水平上具有统计学意义,即通过随机机会获得此结果的概率小于5%。另外,标有“非雇员董事 x 任职组”一行显示,和解任命外部专家为董事的公司泄露增加估计在主规格统计上是微不足道的。在截断规格中,只有在10%的水平上具有统计学意义。[85] 综上所述,这些结果表明非雇员董事的估计是仅通过随机机会获得的,始终具有统计意义的唯一泄露结果是雇员董事。

尽管这种异质性的原因值得仔细分析,但我们提供了进一步研究的几种可能性。首先,在一定程度上我们所观察的信息泄露机制是由董事推动的,激进投资者雇员(金融专业人士)比非雇员更有可能:(1)获得我们观察到的股票价格变动所必需的交易资本;或(2)接触愿意充当其代理人的专业交易员(大概是为分享利润)。其次,在某种程度上机密信息的传播机制是散漫闲聊,对冲基金雇员(董事或与其接触的同事)生活在交易者圈子中,这种信息价值得到更好理解(提供与接收信息者互惠互利)。我们将其称为“互惠银行”,这意味着金融界从事这种信息分享的人士可能会遵守互惠规则。最后,与激进基金雇员相比,非雇员(通常是行业专家,一般是大型上市公司的现任或前任官员)不恰当地促进知情交易造成的声誉损失可能更大。可以说,这令专家和高管望而却步。然而,我们并不断言我们已然证明这些猜想。

现在我们探讨和解后信息泄露的增加是否与和解协议的信息分享规定不同有关。如上所述,我们根据信息分享规定对每个和解协议进行分类,包括该协议是否包含关于信息分享的明确规定,是否在单独保

---

〔85〕 与先前结果一样,F检验并不表明这些系数的差异具有统计学意义。

密协议中载入信息分享规定或引用关于信息分享的通用政策。如前文所述，我们分析2个处理组：在和解协议或单独保密协议中明确含有信息分享规定的处理组，以及对此没有规定的处理组。在主要统计规格中，后者系数是前者2倍。[86] 在替代规格中，缺少限制信息分享规定的协议几乎是含信息分享规定的协议的泄露的12倍，并且前者统计显著性非常高，而后者在统计上几乎无统计显著性。在该规格中，标准统计检验（称为“F检验”）确实表明这些系数差异具有统计学意义。

换言之，泄露差异与激进和解协议或单独保密协议中是否含有信息分享规定密切相关。这并不表明这种相关性具有因果关系，我们也并非宣称这种规则存在会防止泄露。相反，对此种差异的一种可能解释是，最有可能利用重大非公开信息进行交易的激进投资者或许相对于目标公司管理层具有更大议价能力，从而能坚持在无任何信息分享规定条件下达成和解。在这些情况下，市场对和解协议公告的反应可能会较为温和，因为市场已经了解到激进投资者对目标公司具有足够影响力。

迄今为止，与我们分析相对的一个意见是，即使具有倾向得分匹配对照组也可能无法与处理组充分比较，因为这些对照组公司并未经历和解协议之后影响深远的公司变革。[87] 这主要涉及与我们因果分析相关的反事实：信息泄露增加，要么是因为根据和解协议任命董事，要么是根据对冲基金要求作出业务变动？后者意味着我们发现的信息泄露是由对冲基金激进主义引起，而不一定与董事任命有关。尽管这也会引起重要的政策关注，但是所涉机制不同。

我们已认真对待这一反对意见，并通过两个测试来衡量这是否会影响研究结果。首先，我们使用一个替代对照组，由经历13－D表格申报但未签订和解协议的公司组成。一般而言，这些公司为应对对冲基金激进主义而进行业务变动，因此提供一个反事实可更精确地排除和解协议本身（需要以一定的统计能力为代价，因为该样本要小得多）。在这种情况下，主要挑战在于选择相关的“和解”日期，因为处理

〔86〕 但是，F检验并不表明这些系数的差异具有统计学意义。

〔87〕 我们感谢 Lucian Bebchuk 和 Alon Brav 独立提出这一非常重要的问题。

组和对照组在和解之前均提交了 13 – D 表格申请。我们主要方法是将 13 – D 表格申请日期和和解日期之间的平均距离(148 个日历日)添加到该替代对照组的 13 – D 表格提交日期中,同时我们还随机抽样 13 – D 表格申请日期与和解日期距离并获得非常相似的结果。我们应用与以前相同的倾向得分匹配(获得协变量之间的平衡),并在表 6 中显示该替代对照组的分析结果。

表 6　信息泄露(13 – D 对照组)

项目	信息泄露值	信息泄露值	信息泄露值	信息泄露值
对照组 x 任职组	**0.1099*****	—	—	—
(T 统计量)	(2.59)	—	—	—
对冲基金 x 任职组	—	**0.1362*****	—	—
(T 统计量)	—	(**3.25**)	—	—
非对冲基金 x 任职组	—	0.0027	—	—
(T 统计量)	—	(0.03)	—	—
雇员董事 x 任职组	—	—	**0.1101****	—
(T 统计量)	—	—	(**2.44**)	—
非雇员董事 x 任职组	—	—	0.1096*	—
(T 统计量)	—	—	(1.76)	—
无信息分享规定 x 任职组	—	—	—	**0.1012***
(T 统计量)	—	—	—	(**1.68**)
有信息分享规定 x 任职组	—	—	—	0.1434***
(T 统计量)	—	—	—	(2.71)
观察资料	5364	5364	5364	5364

注:在本表中,我们估计处理组和替代对照组之间的泄露随时间变化的差异,该替代对照组由接受激进投资者干预但未达成和解的公司组成,其中,对照组公司的“激进董事任命日期”等于 13 – D 表格提交日期加上对照组和解日期和 13 – D 表格提交日期之间的中位数差。我们展示了 OLS 回归模型的结果,其中因变量为 $leak_{i,t}$,特定 8 – K 表格申报泄露值,按 $|r^{i}_{t-5,t_0}|$ 和倾向得分权重加权。该示例仅限于[– 120, – 21]和[+ 21, + 120]时间窗口。该模型由以下线性规范给出:$leak_{i,t} = \beta_0 + \beta_1 d_i + \beta_2 post_t + \beta_3 (d_i \times post_t) + \epsilon_{i,t}$。

如果 8－K 表格申报属于处理组，则其中的指标变量 d_i 等于 1；如果在董事任命日期之后进行 8－K 表格申报，指标变量 $post_t$ 等于 1；$\epsilon_{i,t}$i 是随机误差项。β_3 为本文关注的参数，显示两组之间信息泄露的随时间变化的差异。我们通过公司事件聚类标准误差，以调整信息泄露中的序列相关性。相关系数下方的括号内提供了 T 统计量。我们使用以下具有统计显著性的指标：*** 表示 P 值 <0.01，** 表示 P 值 <0.05，* 表示 P 值 <0.10。

表 6 显示，替代对照组结果与先前发现基本一致。处理组差异系数为正，在统计上具有显著性，其幅度与先前对照组相似。与前述一致，对冲基金组与非对冲基金组之间存在较大数值差异。雇员董事组具有统计显著性，而非雇员董事组则没有。唯一区别是，在此替代对照组规格中，先前的无信息分享规定组结果方向相反。

为进一步验证信息泄露是由激进投资者干预而非根据和解协议任命董事所驱使的可能性，我们在处理组内进行调查并比较 13－D 表格提交后（但在任命提名董事之前）的信息泄露情况和根据和解任命这些董事后的信息泄露情况。后一时期使我们能够将董事任命的额外影响隔离出信息泄露的可能渠道。具体而言，我们比较两个期间提交的 8－K 表格的泄露：(1) 任命董事前期间，始于 13－D 表格提出后 7 日，结束于根据和解任命董事进入董事会之前 7 日；(2) 任命董事后期间，从任命董事起 7 日开始，到 120 日后结束。在本规格中我们仅比较这两个期间的泄露情况。结果见表 7，表 7 包含迄今为止分析的每个处理组：所有和解、仅限对冲基金、仅限雇员董事、仅限无信息分享规定。

表 7　信息泄露（13－D 表格提交后任命董事前 vs 任命董事后）

项目	所有和解	仅限对冲基金	仅限雇员董事	仅限无信息分享规定
任职组	**0.0533** **	**0.0741** ***	**0.0488** *	**0.0651**
（T 统计量）	**(2.22)**	**(2.86)**	**(1.65)**	**(1.51)**
（截距）	0.6672 ***	0.6673 ***	0.6789 ***	0.6723 ***
（T 统计量）	(49.59)	(44.89)	(45.42)	(32.13)
观察资料	7411	5758	4744	3007

注：在此表中，我们仅根据处理组的和解预测了 13－D 表格提交后的信息泄露与任命董事后的信息泄露的差异。具体而言，我们比较两个期间的泄露情况，定义如下：

Pre =［13－D 表格提交日期 +7 日，董事任命日期 －7 日］

Post =［董事任命日期 +7 日，董事任命日期 +120 日］

我们展示了特定 8－K 表格泄露值的 OLS 回归模型结果，其中因变量为 $leak_{i,t}$，按

$|r^{i}_{t-5,t_0}|$加权。该模型由以下线性规范给出:

$$leak_{i,t}=\beta_0+\beta_1\ post_t+\epsilon_{i,t}$$

如果在董事任命日期之后进行8-K表格申报,指标变量 $post_t$ 等于1;$\epsilon_{i,t}$ i是随机误差项。β_1 为本文关注的参数,显示13-D表格提交与和解日期之间信息泄露随时间变化的差异。我们通过公司事件聚类标准误差,以调整信息泄露中的序列相关性。相关系数下方的括号内提供了T统计量。我们使用以下具有统计显著性的指标:*** 表示P值<0.01,** 表示P值<0.05,* 表示P值<0.10。

如表8所示,从第一阶段(从13-D表格提交到董事任命之前)到第二阶段(紧随激进董事任命之后)的信息泄露有所增加。在四个规格的其中两个,该增加在1%或5%的水平上具有统计学意义,而另一个规格在10%水平上具有统计学意义。增长幅度为5%~7%,或常数项的8%~11%。这些结果进一步表明泄露增加并非仅由激进干预本身驱使,可能与根据和解协议任命董事亦有关联。

(六)期权交易

前述知情交易证据可能的一种反驳是,领头激进基金与其盟友之间许多交流可能是无害且无关紧要的。例如,一位老练交易员可能会问激进基金:"您在XYZ公司的行动进行得如何?"并收到非特定的回复:"非常好!我们正在取得实质进展的过程中。"这种回复可能会影响老练交易者购买期权,但就法律层面可能并不重要。但这种解释可以反驳我们认为知情交易是老练交易者需要准确地知道何时重要信息会进入并影响市场的观点。例如,基于上述沟通,一般交易者无法明智地购买XYZ公司的30日期权,因为即便老练交易者也无法判断信息何时影响市场。

对于一个知情交易者而言,期权是最有效的交易方式,其可凭借较低成本获得更高回报。实际上,许多研究已经证明知情交易者活跃于期权市场,[88]而期权价格的确可以预测未来的股票收益。[89] 就本文

[88] See Jun Pan & Allen M. Poteshman, *The Information in Option Volume for Future Stock Prices*, 19 Rev. Fin. Stud. 871 (2006); Martijn Cremers et al., *How Do Informed Options Traders Trade?: Options Trading Activity, News Releases, and Stock Return Predictability*, SSRN.com (last revised, Sept. 21, 2017), available at https://papers.ssrn.com/sol3/papers.cfm?abstract_id=2544344 (期权市场知情交易的调研文献)。

[89] Martijn Cremers & David Weinbaum, *Deviations from Put-Call Parity and Stock Return Predictability*, 45 Jour. Fin. and Quantitative Analysis 335 (2010).

研究目的而言,关注知情交易者如何在期权市场进行交易意义重大。此处最好的证据是,预计不定期信息披露时他们更愿意持有多头头寸,避免在定期信息披露(如盈利公布)时交易。[90] 从定义上说,8-K表格提交是非定期信息披露(通常必须在发生确定事件后的4个工作日内提交)。因此,如果我们根据发生在8-K表格提交之前的交易,在期权市场中找寻有利可图的交易,则这与期权市场知情交易的一般模式相一致,但是考虑到提交8-K表格的时间很短,交易者不能指望仅凭模糊不重要的信息从30日的期权中获利。交易者必须快速交易,从预先了解到的8-K表格内容获利,这就要求交易者大约知道何时会发布公告。此外,通常情况好转(或不好)并不意味着很快就会有申报(当然不是8-K表格申报)影响市场。综上所述,交易者必须掌握具体信息(包括公告日期),才能从期权交易中获利。

有鉴于此,我们研究达成激进和解协议后是否发生更多目标公司的股票期权交易。由于随着时间推移,任何给定公司的股票上可能有成百上千的股票期权合同,因此有必要采用专门针对性的分析形式。我们从OptionMetrics IvyDB数据库中下载了执行激进和解协议的公司的期权数据并分为两组,从而将我们的分析限制在达成和解协议前后一年时间范围内。

第一组包括与和解公司8-K表格披露重叠的期权。此处"重叠"是指期权价格在8-K表格提交之前报价,但期权在随后8-K表格提交之后到期。例如,假设8-K表格是在1月10日提交,一个在1月1日报价并在1月31日到期的期权将与8-K表格披露重叠。1月9日到期的期权不会与8-K表格披露重叠;1月11日报价的期权同样也不会重叠。第二组包括和解公司与8-K表格披露不重叠的期权。

与8-K表格披露重叠的期权交易量增加与基于重大非公开信息的交易一致。平均而言,这些期权在8-K表格披露后会增加价值。然后,我们使用回归分析来比较根据和解协议任命董事前后重叠与不重叠期权之间的交易量差异。我们在表8中展示这些双重差分结果。

---

[90] See Cremers et al., supra note 78. 盈利发布都是定期的,通常在10-Q表格上发布。

表8　激进和解对期权交易的影响

项目	交易量(无对照组)	交易量(较少对照组)	交易量(较多对照组)	交易量(全部对照组)
重叠(与不重叠差异)	-0.8144***	-0.8178***	-0.2481***	-0.2329***
(T统计量)	(-32.69)	(-33.36)	(-9.11)	(-8.58)
董事任职后(与董事任职前差异)	-0.4264***	-0.5230***	-0.3921***	-0.4203***
(T统计量)	(-15.95)	(-19.34)	(-14.39)	(-15.47)
重叠 x 任职组(双重差分)	**0.2318*****	**0.2780*****	**0.1503*****	**0.1685*****
(T统计量)	(**6.84**)	(**8.27**)	(**4.66**)	(**5.25**)
履约价	—	-0.4942***	-0.0575*	0.2791***
(T统计量)	—	(-15.14)	(-1.82)	(7.67)
期权Delta	—	0.2763***	0.3289***	0.3371***
(T统计量)	—	(15.37)	(19.96)	(20.56)
期权Gamma	—	—	1.8129***	2.0393***
(T统计量)	—	—	(23.41)	(25.41)
期权Vega	—	—	-0.0592***	-0.0574***
(T统计量)	—	—	(-32.43)	(-31.77)
隐含波动率	—	—	—	1.2712***
(T统计量)	—	—	—	(18.42)
(截距)	4.1628***	9.2969***	4.5731***	0.5585
(T统计量)	(199.57)	(27.26)	(13.76)	(1.41)
观察资料	251,450	251,450	251,450	251,450

注:在本表中,我们估计8-K表格重叠与不重叠的期权交易随时间变化的差异,本表报告双重差分规格结果,我们用最小二乘法表述如下:

$$\log(vol_{i,t}) = \beta_1 d_i + \beta_2\, post_t + \beta_3(d_i \times post_t) + \gamma' x_{i,t} + \phi_i + \varepsilon_{i,t}$$

$vol_{i,t}$为期权i在t月的交易量;如果期权与8-K表格披露重叠,虚拟变量d_i等于1;如果t月是在董事任命之后,虚拟变量$post_t$等于1;$x_{i,t}$是时变期权协变量:期权履约价、

delta、gamma、vega 和隐含波动率；ϕ_i 对公司 i 是一个固定效应；而 $\varepsilon_{i,t}$ 是一个随机误差项。β_3 为本文关注的参数，显示两组交易量随时间变化的差异。我们按选项聚类标准误差，以解决交易量中的序列相关性。我们使用以下具有统计显著性的指标：*** 表示 P 值 < 0.01，** 表示 P 值 < 0.05，* 表示 P 值 < 0.10。

在表 8 中，标有“对照组 x 任职组（双重差分）”的粗体行显示，在与 8 - K 表格披露不重叠相比，随着时间的推移与 8 - K 表格披露重叠的和解公司平均交易量增长 16% ~ 23%，这种差异在 1% 的水平上具有统计学意义，即通过随机机会获得此结果的概率小于 1%。这一证据与以下猜想一致，即接受透风者（tippees）拥有特定信息并且大概知道它何时会在市场上释放。

（七）对买卖价差的影响

接着，我们研究和解导致目标公司董事任命后股票买卖价差是否扩大，从而与本文所述理论预测一致。为此，我们按照与上述计算每个对照组“董事任命日期”相同方法，从 CRSP 数据库中获得处理组和对照组中每只股票的每月买入/卖出价差。为与信息泄露分析保持一致，我们排除和解前后 21 日的时间窗口（尽管如果包括这些时间结果变化很小）。为确保结果不受和解所产生的买卖差价差异的影响，我们将样本限制在结算日期前后 90 个、120 个、150 个和 180 个日历日之内。结果见表 9。

表 9　激进和解与买卖价差扩大

项目	[-90, -21] vs [+21, +90]	[-120, -21] vs [+21, +120]	[-180, -21] vs [+21, +180]	[-270, -21] vs [+21, +270]
对照组	-0.0023 *	-0.0021 *	-0.0014	-0.0011
（T 统计量）	（-1.68）	（-1.73）	（-1.26）	（-1.16）
任职组	-0.0029 **	-0.0025 ***	-0.0022 ***	-0.0020 ***
（T 统计量）	（-2.55）	（-2.58）	（-2.62）	（-2.77）
对照组 x 任职组	0.0033 **	0.0034 ***	0.0033 ***	0.0035 ***
（T 统计量）	（2.58）	（2.97）	（3.16）	（3.67）
（截距）	0.0086 ***	0.0083 ***	0.0076 ***	0.0074 ***

续表

项目	[-90, -21] vs [+21, +90]	[-120, -21] vs [+21, +120]	[-180, -21] vs [+21, +180]	[-270, -21] vs [+21, +270]
(T 统计量)	(7.02)	(8.06)	(8.47)	(9.51)
观察资料	9252	13,195	20,910	32,576

注:在本表中,我们估算了处理组和对照组之间买卖价差随时间变化的差异。该表报告了双重差分的结果,我们用最小二乘法估算如下,并按倾向得分权重进行加权:

$spread_{i,t} = \beta_0 + \beta_1 d_i + \beta_2 post_t + \beta_3 (d_i \times post_t) + \epsilon_{i,t}$

$spread_{i,t}$为 i 公司在第 t 个月的收盘价买卖价差;如果公司根据和解协议任命激进董事,则虚拟变量 d_i 等于 1;如果在董事任命日期后的第 t 个月,虚拟变量 *post* 则等于 1;$\epsilon_{i,t}$ 是随机误差项。β_3 为本文关注的参数,显示两组之间买卖差价随时间变化的差异。我们按公司对聚类标准错误,以解决价差的序列相关性。

在表 9 中,标有" Treatment x Post"(双重差分)的粗体行显示,进行和解的公司的每笔交易买卖价差随时间变化平均增长 0.33% ~0.35%。在多数规格中,此差异在 1% 的水平上具有统计意义,即通过随机机会获得此结果的概率小于 1%。为了解这种影响程度大小,在"treatment x post"6 个月规格 [-180, -21] vs[+21, +180]中,我们将每家公司股票的每月原始买卖差价乘以该月交易的股票数量,得出每家公司每月平均价差增加 43,325 美元,再以此数字乘以 8034 家公司,得出买卖价差总额大约增加 3.48 亿美元。

最后我们注意到,尽管这种差异的点估计值似乎相对较小,正如 Glosten 与 Putnins 所指出的,[91] 与这种效应相关的社会成本损失可通过扩大买卖价差妨碍公平互惠交易的下游效应放大。该结果与以下相一致:无论董事在激进和解之后促进交易获得私人利益如何,这些利益都伴随着相应的社会成本——扩大的买卖差价可能剥夺了其他投资者本应发生的公司股票交易机会。尽管我们认识到这种社会成本的数额存在极大不确定性,但我们的研究表明,和解协议以及随之而来的董事任命对上市公司投资者而言确是一项成本。

〔91〕 See Lawrence R. Glosten & Talis J. Putnins, *Welfare Costs of Informed Trade*, SSRN. com (Aug. 23,2016), available at https://papers. ssrn. com/sol3/papers. cfm? abstract_id = 2827158.

三、研究结论及可能改革

(一)知情交易与对冲基金激进主义

何以驱使对冲基金行动主义?仅仅是激进基金想为其他股东带来最大价值?抑或是其他原因?在简单激进主义模型中,激进基金乃基于所投资目标公司的股票价格计算损益。如果激进基金购买目标公司的股票,推动其业务、员工或商业模式改变,并换以目标公司股价上涨,那么极少有人会否认激进基金令其他股东受益。但是,如果激进行动最终使提名董事被任命还伴随知情交易(无论是否违法),那么激进投资者就会获得第二个利润来源——实际上是来自知情交易的特殊补贴。因此,激进行动可能不仅仅(至少有时)是出于效率方面之考虑,而是由于认识到任命董事将使他们获得重大非公开信息而受到激励。如果这种来自知情交易的补贴是可观的,那么从逻辑上即使这些激进行动并没有为其他股东带来价值,其行动数量应该也会增加。为说明这一点,假设一个激进基金在6个月内支出100,000美元(未偿还),并最终任命两名董事担任目标公司董事会成员。进一步假设,在其被任命为董事会成员之后6个月内,股价上下波动但最终没有上涨,因此目标公司股东一无所获(并可能承担某些成本,表现为公司为此支付的法律费用及转移的管理时间)。最终假设在此时间内,激进投资者(或其盟友)从二级市场上知情的股票交易中获利500,000美元。结果整个交易通常不为股东带来任何收益(并可能产生社会浪费),但确实会产生可观的私人利益。然而,当私人收益导致公共浪费时,造成社会效率低下。

最重要的是,普遍获得重大非公开信息会给激进主义带来无形的补贴,从逻辑上讲,这既提高了激进干预的比例,也鼓励了一些不能为其他股东创造价值(但为知情交易者创造利润)的低效行动。可以肯定的是,这并不意味着对冲基金激进主义本身不可取或低效,仅仅说明对冲基金激进主义正在获得不正当补贴。

然而,如何获得和分配这项补贴呢?通常,激进投资者会与目标公司签署冻结协议。[92]但是,由于以下几个原因,一开始可能并不会遇到障碍:首先,冻结协议通常不会阻止卖空或看跌期权和看涨期权的交易(这是利用重大非公开信息的最廉价方法)。其次,尽管私下和解协议对其所施加的限制有极大不同,但大多数并没有明确禁止激进投资者的雇员或代理人进行交易,并且极少要求目标公司同意机密信息分享。[93]然而,其他因素似乎阻止了对冲基金的这种交易。[94]

即使激进基金本身不敢交易目标公司股票,但其雇员和盟友也可能感到不受约束,其可通过隐蔽的代理人进行交易。不过,这些协议也通常不禁止雇员和"接受透风者"进行交易;相反,协议往往只载明一个各方均须确认知悉法律规定的模板条款。[95]相形之下,由激进投资者提名的董事或许是最不可能参与交易的群体,这不仅是因为他们的透明度和明确的受信地位,而且还是因为美国《证券交易法》第16(b)条规则要求

---

〔92〕 如前所述,Bebchuk 研究发现和解协议中的冻结条款几乎是普遍的。Bebchuk et al., supra note 13, at 6. 不过,正如后来所指出的,这一冻结水平可能高于目前激进基金的股权水平(从而使其能够购买更多)。See note 83 infra.

〔93〕 根据我们对和解协议的审查,绝大多数协议没有明确禁止董事或对冲基金买卖目标公司的期权或普通股(尽管有些协议确实限制了目标公司股票的任何衍生品的交易,包括看跌期权和看涨期权,有些确实限制了卖空)。也就是说,有几个因素使对冲基金本身难以从公开市场股票交易的知情交易中获利。首先,激进投资者可获得的股票数量通常有一个有效上限。许多和解协议都包含冻结百分比,并且激进投资者同意购买的股票数量不能超过该百分比,该百分比通常设置为与激进投资者已经持有的股票相当接近。即使在和解协议未指定冻结百分比的情况下,也很少有激进投资者愿意超过10%的股权门槛,部分原因是美国《证券交易法》第16条对任何10%的持有人都施加了额外的要求和处罚,这适用于任何持有超过10%股权的人,不论董事会中是否有其被提名人。另外,将"毒丸"设置在10%股权阈值上是社会可接受的,因为持有超过10%股权通常被视为收购/出售企图的前奏。而且,如果对冲基金将其在目标公司中的头寸增加超过1%,则需要修改其13-D附表并立即披露这一增加的持有量。See Rule 13d-2(a), 17 C.F.R. § 240.13d-2(a). 如果激进投资者被视为在非公开信息上进行交易,则可能会引起不希望的审查。出于这些原因,激进投资者不太可能在签署含冻结条款的协议后直接大幅增加其多头头寸,尽管此类交易显然仍可能在这些界限之内发生。

〔94〕 See discussion supra at note 83.

〔95〕 有时,和解协议会规定:"每个投资者都须确认,知悉美国证券法禁止任何接收到有关公司的重大非公开信息的人进行买卖。"在其他时候,该规定仅要求激进基金通知其分享信息的人此是机密信息,接收者可能会被限制使用或分享。我们认为,这些是自利规定,并非具有意义的实质性限制。

向证券交易委员会公开披露董事的交易情况并要求董事将任何短线交易收益归还公司。[96]

那么，更可能的是交易由激进投资者的"接受透风者"或其雇员进行。如果对冲基金或其雇员与"狼群"盟友成员分享进入目标公司董事会所获取的重大非公开信息，那么这些交易将更难被发现，而且在法律上也难以起诉。另外，有些对冲基金雇员喜欢与专业同事闲聊，期望他们的信息分享在以后赢得互惠。这种将华尔街视为一家巨大的"互惠银行"的含蓄观点似乎与最近一些案例事实相符，其中包括 Newman 案，一家对冲基金工作的"接受透风者"向其他基金同事分享了非公开信息。[97] 最后，在某些情况下激进基金的信息透风可能是完全合法的。例如，如果激进基金获得盟友的保密承诺，便可与该投资者分享机密的非公开信息，并且这样做有时确实具有合法公司目的。[98] 如果激进投资者获得此般承诺，日后便可宣称自己是合法行为，并会为接受透风者行为

---

〔96〕 See 18 U. S. C. § 78p(b). 第 16(b)条要求董事向美国证监会提交表格 4 和表格 5。表格 4 必须在"执行相关交易之日的第二个工作日结束之前"提交。See Rule 16a - 3(g)(1). 17 CFR § 240. 16a - 3(g). 此外，在获得或处置 1% 或更多的普通股后，激进投资者人士必须对 13 - D 表格提出修正，列出过去 60 日内发生的所有普通股交易。任何受到第 16 条约束的激进投资者——通过拥有 10% 以上的股权或在公司董事会有一名雇员——都必须将交易在表格 4 备案。因此，一位激进投资者在股票上的大量交易活动将被公开报道，特别是当基金有一名员工在董事会的情况。在数据集里，我们发现 13 - D 表格或表格 4s 上几乎没有可疑交易，这进一步证明了如下结论，即激进投资者或其雇员更有可能进行信息透风而非直接在重大非公开信息上进行交易。

〔97〕 在 Newman 案中，被告是"遥远的"第四层和第五层接受放风者，信息似乎作为一种"礼物"从一个基金的雇员转移到另一个基金的雇员，尽管从后来的裁判来看 Newman 案裁判不甚妥当，但其展示了信息如何在行业中流动并提出互惠规范可能会激励信息分享。

〔98〕 例如，如果激进基金试图发起代理权争夺，则其管理层与潜在盟友分享有关计划的信息可能是该基金投资者的最大利益，从而以最大限度发挥对目标公司的杠杆作用。激进基金要在代理权争夺中赢得多数支持，须寻求盟友并解释其理由。《公平披露条例》明确承认重大非公开信息可与同意保持其机密性的人分享。See Regulation FD, 17 CFR § 243. 100(b)(2)(ii)（前提是 FD 条例不适用于向"明确同意对所披露信息保密的人"的披露）。当然，那些承诺保密的人可能不遵守承诺（或者可能向无须遵守承诺的人透风）。

违法而感到“震惊”。[99]

激进基金分享重大非公开信息之动机极易理解。就其本身而言激进基金通常只持有目标公司不到10%（通常为6%～7%）的股权。立基于此，激进基金在代理争夺战中仅有管理上的适度优势，但如果能组建一个持有20%或更多股权的“狼群”联盟便具有巨大优势，管理层将不得不赢得62.5%的剩余选票以避免失败。面对大小未卜的“狼群”（因为通常不需要披露），管理层可能宁愿选择和解，也不愿与可能令自己相形见绌的对手展开争夺。为何盟友蜂拥支持激进基金？一个可能的答案是，获取重大非公开信息是一种有力激励措施，可吸引盟友留在“狼群”之中，否则没有理由如此行事。换言之，即便这些“狼群”盟友怀疑激进投资者提议的逻辑，他们仍期望能提前获取重大非公开信息而受益。在此须了解的是，伴随激进投资者通过其初次13－D表格披露其地位，最初价格上涨之后目标公司股价通常不会再上涨。充分实证研究表明，只有在随后出现“成功的结果”（合并或出售交易）情形之后才会有可衡量的增长。[100] 这意味着在初次提交13－D表格之前购买股票的“狼群”盟友在表格提交之后可能减少继续持有目标公司股票的动机，尤其是在合并或出售交易前景不确定或递减情况下。因此，如果没有其他诱因，这些盟友可能会在最初股票价格上涨之后理所当然地出售股票（然后转移至新目标），故而“狼群”将是短暂的。然而获取重大非公开信息是一种额外强劲的激励措施，可激发这些盟友保持其在目标公司中的地位（从而增强激进投资者的投票表决权）。此外，根据激进投资者宣布的计划，可以合理预见近期还会有市场变化的公告。即使大多数“狼群”盟友都同意激进基金的提议，但这种获得非公开信息的渠道也

---

〔99〕 在我们调查的和解协议中发现一些例子，激进基金分享机密信息仅告知接受透风者其提供的信息是机密的。See supra note 51. 如果接受透风者进行交易，透风者可能表示震惊与沮丧。

〔100〕 See Marco Becht et al., *Returns to Hedge Fund Activism: An International Study* (Last revised at May. 22, 2017), https://papers.ssrn.com/sol3/papers.cfm?abstract_id=2376271（发现如果有合并、要约收购或主要资产出售等“成功结果”，则目标公司股价在13－D表格提交初始上涨后才有大幅升值）。由于这些交易不确定且通常会延迟，因此，“狼群”盟友可能决定纾困并出售其股票，除非他们继续收到令人振奋的建议或其他利益（如重大非公开信息）才继续持有他们的股份。

为“狼群”盟友提供了有吸引力的短期回报。即使激进投资者计划最终失败、遭遇抛弃抑或抵御，“狼群”盟友均能获利。

确实，如果加入“狼群”能获取重大非公开信息，那么这种投资几乎没有不利之处。即使激进投资者的提议没能创造价值（甚或降低股东价值），从这些信息中获取的收益也可以（全部或部分）抵消这部分损失。因此，加入“狼群”似乎是“稳赚不赔”的投资机会，许多人难以抗拒如此商机，但反过来这意味着可能会引发道德风险。因为如果存在这些交易收益，激进投资者的支持者可能并不需要真正评估激进投资者提议的优劣。

当然，我们不知悉激进投资者在“狼群”中的盟友是否以此方式思考或行事。但是我们知道，一旦对冲基金内部人士入主董事会，某些人士的交易就会异常活跃。同样重要的是，我们知道市场似乎预料到这种交易，这也是为何任命对冲基金雇员担任董事时买卖差价扩大的原因。忽视市场的标准反应是强行给自己戴上眼罩，对此视而不见、置若罔闻。

总之，即便我们不明确违法行为是否发生，我们亦有证据表明知情交易无处不在，可疑的补贴正强力推动对冲基金激进主义。从事知情交易者的收益与其他股东的代理成本相称：买卖差价的扩大。公允地讲，目前尚不能准确地估计这一补贴的规模。显而易见，获取非公开信息的动机非常强烈，并且可能激励某些主体加入“狼群”并支持牵头激进投资者的计划，即便他们感到激进投资者的提议不符逻辑或不可实行。故此，获取非公开信息可能是将本不稳定之“狼群”聚集一团的粘合剂，因为他们希望在市场发布信息之前希望获取重大信息。

（二）抢占多数股东的偏好

对冲基金激进主义鼎盛时期大约肇始于十年前，当时传统机构投资者（通常是多元化、经常被指数化且通常是被动的）开始支持激进对冲基金提出的建议。这种支持使通常只持有发行人股票不到10%的对冲基金迫使管理层避免代理权争夺失败而进行谈判，其中缘由是多元化机构投资者将投票支持不多元化的对冲基金。

然而最近，这一联盟受到压力。激进对冲基金与担心激进主义短期偏见的机构投资者之间明显出现裂痕。如前所述，三大机构股东先锋集团、贝莱德集团和道富环球投资管理公司，他们共同持有标普500公司

18.4%的股权。[101]近年来,如同上述三家公司这样的"被动投资者"极大地增加了他们在美国大型公司的股权份额,前十大机构股东(其中多数属于这一类)目前在标普500公司持有约45%的股权份额。[102]与激进基金不同,这些机构经常表达出对激进投资者目标的不同意见。尤其是,贝莱德集团和先锋集团的首席执行官在2015年给大型公司的其他首席执行官发出许多公开信,敦促他们不要采取激进对冲基金所倡导的短期观点。[103]然后在2016年,这些机构和其他机构就大型公司的公司治理原则声明达成一致,这些声明再次试图将重点从短期结果转移开来。[104]

2016年下半年,道富环球投资管理公司将重点从实质性目标转移到了程序上,发表了一份详尽声明,批评了激进主义干预的目标公司愿意与激进投资者快速达成私下和解协议而无寻求长期股东的意见。[105]道富环球投资管理公司显然观察到,规避风险的管理层宁愿将两个董事会席位让予激进投资者,也不愿冒险进行代理权争夺。正如道富环球投资管理公司指出,在2015年和2016年的激进行动中,只有不到10%董事会席位是由代理权争夺产生(而2014年为34%),[106]其他席位均是通过公司和激进投资者之间私下谈判产生。

道富环球投资管理公司不赞同这些协议的实质内容(他们认为这些

---

〔101〕 See Lazard (2018), supra note 4, at 8.

〔102〕 Id.

〔103〕 例如,参见拉里·芬克2016年致公司首席执行官的信, Blackrock. com (Feb. 1, 2016), available at https://www. blackrock. com/corporate/en - no/literature/press - release/2016 - larry - fink - ceo - letter. pdf;以及他的2017年年度信件, see ANNUAL LETTER TO CEOS: I write on behalf of our clients... Blackrock. com, available at https://www. blackrock. com/corporate/en - no/investor - relations/larry - fink - ceo - letter;另见先锋首席执行官比尔·麦克纳布2017年致上市公司董事的公开信: F. William McNabb III, *An Open Letter to Directors of Public Companies Worldwide*, Vanguard. com (Aug. 31, 2017), available at https://about. vanguard. com/investment - stewardship/governance - letter - to - companies. pdf;以及他在2015年致先锋投资组合公司的独立主席和首席董事的信中, Vanguard. com (Feb. 27, 2015), available at https://about. vanguard. com/investment - stewardship/CEO_Letter_03_02_ext. pdf.

〔104〕 类似集团也将一些大型公司和机构投资者联合起来,努力从长远角度调整投资政策。

〔105〕 See Protecting Long - Term Shareholder Interests in Activist Engagements, supra note 5.

〔106〕 Id., at 1.

协议促使公司专注于短期利益)，但更多地反对这些协议的程序。道富环球投资管理公司及其客户认为自己被这些私下和解剥夺权利。在2016年的声明中，道富环球投资管理公司就此类协议的期限、激进投资者持有股份的必要持有期限、激进投资者股份质押以及在某些情况下基金提名的董事辞职等方面提出一些具体建议。[107] 在程序上，道富环球投资管理公司宣布他们将评估这些和解。不幸的是，这类似于"马被偷之后才把谷仓门上锁"。一旦金融策略业已实施或激进董事已被任命，这些步骤就极难逆转。

因此，尽管道富环球投资管理公司的批评赢得阵阵掌声，但其并未勾勒出未来可行的策略，而且激进行动目标公司的管理层将继续采取最小的抵抗措施并私下达成和解。因此，下一节将重点讨论可行的策略，既可以保护长期股东不被剥夺权利，又可以尽可能减少知情交易为激进主义提供的补贴。

(三)实际改革

迄今为止，我们已经发现两个基本问题：(1)知情交易可能代表激进主义的隐性补贴，这可能会诱发激进主义发展并有理由支持激进投资者提出的存疑的优点；(2)长期股东(主要是多元化的养老基金和共同基金，也有交易型开放式指数基金)可能被剥夺权利，如果管理层想要规避风险，那他们宁愿与激进投资者私下和解，也不愿进行冒险的争夺或与所有股东进行更广泛谈判。基于立法不太可能改变(且国会运作失调)之假设，本节将重点关注自主改革和可能适用的美国证监会规则，前提是首选最不激烈之手段。

---

〔107〕 具体来说，道富环球投资管理公司反对以下内容：持续时间。道富环球投资管理公司估计大多数和解协议的期限从6个月到18个月不等，并建议该协议持续更长时间(但未指定拟议的期限)。股份持有期限。道富环球投资管理公司称："应要求一家激进公司从和解之日起长期持有其股份，以使其与长期股东保持一致。" Id. ,at 2. 最低持股阈值。道富环球投资管理公司反对减少激进投资者持有目标公司中的股份，并提出公司须要求激进投资者提名的董事在激进投资者持股水平降至最低要求的持股阈值以下时必须提出辞职。质押限制。道富环球投资管理公司将限制激进投资者卖空和质押股票，这可能会危害公司股价。高管薪酬。道富环球投资管理公司反对将每股收益用作CEO薪酬的主要决定因素。

1. 保护免被剥夺权利

让我们从一个现实假设开始:一旦激进投资者出现并干预目标公司,就不能信任该公司管理层与大多数股东站在一起。管理层希望避免一场代价高昂的代理权争夺,因为他们有可能失败并最终下台。因此,管理层准备微弱地达成类似内维尔·张伯伦(Neville Chamberlain)般的妥协:将在董事会中提供两个席位以"实现我们时代的和平"。实际上,就如同内维尔·张伯伦的情况,管理层很少能获得所寻求的和平。因为任命激进董事后,通常首席执行官会在一两年之内离任。[108] 尽管如此,管理层还是寄以希望并选择和解。

与多元化投资者相比,公司管理层也有更多理由担心激进对冲基金,即使多元化投资者持有更多股票。这是因为非多元化的对冲基金只持有较小投资组合(就所持公司的数量而言),同时只专注于一两个激进行动,并且过去已经表明他们将承担代理权之争的费用。相比之下,多元化投资者可能拥有数百只股票的1%的股份,员工人数有限并且不太可能对仅代表其投资组合一小部分的个股采取行动。他们可能会投票赞成或反对激进投资者,但他们不愿意承担成本。

以此角度观察,道富环球投资管理公司这类公司并不会担心将来遭受激进行动干预。道富环球投资管理公司没有足够人手参与公司治理并密切监视其投资组合中的所有公司。确实,即使一家公司要求其派一名代表参加董事会(以表示该公司反对激进投资),道富环球投资管理公司(或类似公司)在逻辑上也可能会拒绝,因为道富环球投资管理公司雇员入主公司董事会可能会限制其出售股票的能力(因为担心内部交易责任)。被动投资者之所以被动是有其原因的:从逻辑上讲,他们更喜

---

[108] FTI 咨询公司在2016年进行的一项研究发现,在激进投资者的提名人员获得董事会席位后1年和2年内,CEO离职率分别为34.1%和55.1%。正常CEO离职率1年和2年内分别为16.6%和30.9%。See Sonali Basak & Beth Jinks, *Activist Investors Double Chance of CEO Exits*, *Study Shows*, Bloomberg. Com (Sep. 21, 2016), available at https://www.bloomberg.com/news/articles/2016-09-21/activist-investors-double-chance-of-ceo-exits-study-shows.

欢流动性而不是控制力。[109]

那么,我们可以对多元化机构投资者现实地期许什么呢?这里有两种可能性:首先,担心自己被私下和解剥夺权利的道富环球投资管理公司和贝莱德集团等投资者,可以(与其他志趣相投的机构)组成一个指导委员会,并组建一个外部董事团队(非其雇员),在激进行动干预的情况下他们可以寻求在公司董事会中任职。这需要一些预先准备,但参加该委员会的十几个(或更多)机构可共同努力并分担费用。该委员会可以在激进行动开始时与公司联系,提出自己的提名人选或希望参与和解程序的提议。诚然,有些公司不欢迎这种情形(因为这会使他们的谈判复杂化),但是,其他公司可能会认为这为管理层提供了更多的谈判筹码。该委员会无权约束其成员,只有在得到大多数成员支持时才能采取行动。

其次,与ISS或类似机构合作的多元化投资者可以采用股东批准的章程,以免董事会采取行动扩大董事会规模或在某些情况下选举董事补缺席位。例如,在一定比例股东反对情形下,该章程可能会试图限制董事会的行动。如果激进投资者提交了13 - D表格或以其他方式干预公司后,那么比激进投资者代表更多股权的股东将在规定期限内向公司提出书面要求,要求董事会不能通过任命激进投资者提名人选进行和解。实际上,这种章程规定将禁止私下和解,并要求在年度会议上以股东投票的方式解决此问题(除非大多数反对的股东后来撤回要求)。此处核心思想是,如果多元化股东提出的要求得到比激进投资者持有比例更大的股权支持,那么,在激进投资者干预的情况下,多元化股东可阻止私下和解(未经他们同意)。此类要求的提出将有效表明,激进投资者并不代表“沉默的多数”。该章程的规定只能通过股东诉讼进行修改,但章程可进一步规定具体程序,比如,在激进投资者、多元化股东和公司管理层之间达成可接受的折中方案时,这些股东可撤回其要求。实际上,这种股东要求旨在启动激进投资者、“沉默的多数”与管理层之间的三方谈判。

---

[109] 本文作者之一在其他地方详细阐述了这一论点。See John C. Coffee, Jr., *Liquidity Versus Control: The Institutional Investor as Corporate Monitor*, 91 Colum. L. Rev. 1277 (1991). 对冲基金不是多样化的,是这种一般化的例外。

不可避免地,这里存在一些法律问题,但在很大程度上可被解决或被绕过。[110] 无论如何,大多数公司管理层会发现,仅仅拒绝或挑战这种需求是困难的。这种要求程序将为多元化投资者群体带来灵活性和影响力,因为他们首先可以与管理层会面并谈判自己的候选人加入董事会,仅在不满意之时才诉之要求程序。具有敏锐洞察力的公司管理层可能会欢迎(甚至采用)这样的章程,因为会让激进投资者感知到,他们将在这样的公司遇到强劲阻力。[111] 该信号可能会抵御一些激进干预,这可能是该章程规定的重要优点。

2. 限制知情交易

信息泄露至少可通过以下两种方式损害公司及其股东利益:首先,过早披露可能令公司无法利用商机或解决业务问题,而如果有更多时间则可能这样做。著名的美国德克萨斯州海湾硫磺公司内幕交易案说明了这个问题,因为大量内部交易迫使该公司在可以购买其测试钻孔周围土地的矿产权之前,披露其非凡的矿石探测。[112] 在其他情况下,被挪用

---

〔110〕 首先最重要的是,如果股东通过章程没有包含保留公司董事履行其受信义务并在具体情形达成私下和解权力的规定,则该章程可能被视为无效(至少在特拉华州)。See CA v. AFSCME Emples. Pension Plan, 953 A. 2d 227, 240 (Del. 2008)(确定股东批准的章程可能不会侵犯董事会行使其受信义务的权力)。对此异议有几种答案。首先,可以通过规定条款来赋予董事会这种权力,但前提是他们要与提出要求的股东充分协商。其次,如果公司管理层明智地意识到这样的规定对他们起到了隔离作用,则他们自己可以修改公司注册文件,以添加相同规定(这样,该规定将不再受到此类法律挑战)。或者,董事会可以自己修改章程(可以说应该是有效的)。即使不能完全执行该章程,它也可能对不想冒犯其"永久股东"的公司产生重大影响。第二个问题是,邀请股东签署此类书面要求可能被视为符合代理规则的邀约。然而,这里似乎有几项对代理规则的豁免。Rule 14a-2(b)(2), 17 C. F. R. § 240. 14a-2(b)(2)豁免"选定的总数不超过十个"的招标,少于十个机构投资者可轻易持有发行人股票的7%或8%。同样,那些要求机构投资者签署此类要求的人可以要求根据 Rule 14a-2(b)(1)给予豁免,因为他们不会寻求代理授权,底线是他们的法律问题是可以解决的。

〔111〕 当然,这种规章或章程规定的影响之一可能是使激进投资者直接与机构投资者团体接触,并在与公司接触之前与他们共同制定建议,但这是可取的。

〔112〕 See SEC v. Texas Gulf Sulphur, 401 F. 2d 833 (2d Cir. 1968) (en banc). 从本质上讲,此案认为美国证监会可以起诉管理层在发现重大矿石之后但于披露之前进行了交易,并且由于管理层交易而加速了公司的矿石探测披露,使公司无法完全实现从中的全部收益。

的信息可能被其他人（包括竞争对手公司）夺取并利用再次损害公司利益。其次，即使过早披露并不会损害公司，但公司股票知情交易导致其买卖价差扩大，这一成本最终将落在所有股东上。事实上，即使是那些不交易的股东也会间接承担，因为这提高了公司的资本成本。虽然这种成本在单个交易中可能很小，但整个市场总成本可能极大。

对一旦将激进投资者提名人选（特别是激进投资者雇员）任命为董事会成员，知情交易就会定期出现的证据的一种回应是：执法。如果这种行为是非法的，便应该提起刑事诉讼。但是，这种回应虽然可以理解，但过于简单。现实中依靠刑事制裁或美国证监会民事执法既有法律上的不确定性，也存在巨大的举证障碍。再者，检察资源有限且需要定期重新分配。本部分将简要研究这些问题，然后转向提议规则修改，扩展《威廉姆斯法》下"集团"的定义以简化内幕交易的执法。

（1）法律的不确定性

计划激进行动的对冲基金进行的很多交易似乎都为合法。例如，假设一个激进对冲基金（火星基金）告诉其他 5 个基金，其计划在 2 周内就 Widget 公司提交 13 – D 表格，该文件将列出其要求，包括 Widget 的首席执行官将被更换。本次沟通各方均知悉，随着 13 – D 表格的提交将导致股票市场大幅跳升（可能会出现 7% 左右的异常收益），但是利用这些信息进行交易的人士并没有违反美国法律，因为他们对 Widget 公司不承担任何受信义务。类似地，如果在之后某个时刻，火星基金与其他激进投资者联系以支持其提名的 3 名董事进入 Widget 公司董事会。可以得出相同的结论：若无受信义务，则无相应责任。

但是，一旦火星基金成功任命两名董事加入 Widget 公司董事会，问题就变得更加复杂。现在，董事确实对 Widget 公司负有受信义务，而火星基金从他们那里（直接或间接）获得的任何重大非公开信息都使火星基金成为潜在的"接受透风者"。传统上，根据联邦最高法院在 Dirks v. SEC 案中的裁决，[113] 到第二巡回法庭对 Newman 案的裁决，[114] 检方有必要证明"透风者"从"接受透风者"（或代表）处获得一些个人利益。此

〔113〕 See 963 U. S. 646 (1983)

〔114〕 See United States v. Newman, 773 F. 3d 438 (2d Cir. 2014).

举证通常容易完成。例如,火星基金向雇员支付薪酬并要求其在 Widget 公司董事会中工作,这足以构成必要的“个人利益”。即使火星基金不向外部专家支付任何费用,这也可能导致他们从 Widget 公司处获得董事薪酬,亦足以构成此种情形。

但是,假设火星基金不参与交易 Widget 股票,取而代之的是“狼群”盟友木星基金间接听到火星基金雇员在 Widget 公司上次董事会会议获取的信息。木星基金没有向火星基金雇员支付任何费用,但其可能知道火星基金已向雇员补偿。就此,木星基金可能须对其知道透风者获得“个人利益”而承担责任。但是,如果信息现在从木星基金泄露给其他基金,这些基金不知道信息源是从火星基金雇员传递给火星基金的,那么这就可能超出美国证监会执法或刑事执法所及范围。

2017 年,第二巡回法庭裁决大大简化检察官证明内幕交易的责任,Martoma 案〔115〕裁决认为,透风者(或任何连续的接受透风者)向任何可能利用信息交易的人士提供信息“礼物”都违反法律,即便接受透风者没有向透风者输送利益。但这一裁决似乎仍然要求接受透风者知悉该信息“礼物”是在透风者违背受信义务下给予的。

尽管检察官的证明责任已在 Martoma 案后得到简化,但是此处要点为,随着接受透风者的链条变长,执法变得更加困难直至无法完成。在某些时候,“遥远”的接受透风者不知道信息来源。同样,董事/透风者可能有正当理由披露信息,首先是向雇用透风者的对冲基金乃至其盟友披露信息。如果该雇员仅打算与基金管理团队讨论下一步战术举措,这种情形下雇员没有协助与教唆任何人的交易违规行为。有鉴于此,我们不能全然得出结论:在含对冲基金雇员的公司董事会信息泄露增加意味着非法内幕交易已经发生。因为它可能发生,也可能没有发生。尽管如此,买卖差价的扩大仍是代理成本(过早披露可能会以其他方式使公司蒙受损失)。

---

〔115〕 See 869 F. 3d 58 (2d Cir. 2017). 在 Martoma 案中,多数股东举例一位公司内部人士“不是给门卫现金年终奖,而是提供了一些内部信息并带有交易信息的指示。”Id. ,at 70. 然后补充道:“因此,我们认为内部人士或透风者都会从内部信息披露中受益,并期望接收者会与之进行交易。”Id. 在一个对冲基金向另一个对冲基金透风情况下,除非有可靠理由认为该接受透风者不会进行交易,否则这个情况似乎很容易满足。

因此提出的问题是,是否存在降低该代理成本的可行方法。我们认为,存在达到这一目的的简单方法,包括正如我们接下来讨论的通过扩大《威廉姆斯法》的"集团"概念。

(2)重新定义"集团"

一些背景词最初是必要的。对冲基金激进主义背后的驱动力是一群志趣相投的"狼群"投资者迅速集结起来威胁或进行代理权争夺的能力。[116] 如果根据《威廉姆斯法》第13(d)(3)项的规定,将"狼群"所有成员都视为一个"集团",则"狼群"的形成过程将需要放慢脚步,一些现有成员可能拒绝加入该集团,其他股东可与发行人进行谈判以建议其他董事会候选人。面对美国证监会根据《威廉姆斯法》制定的规则,这种由激进投资者组成的非正式联合很容易被视为一个"集团",[117] 但最近司法裁决对"集团"的定义过于狭窄,拒绝将正在讨论平行行动的激进投资者视为一个"集团"。[118] 即使是由同一个投资者提议的董事联合,也不足以说服法院将这一投资者联合视为"集团"。[119] 吊诡的是,当投资者"达成一致行动的谅解"时,早期裁决就认定为一个"集团"。[120] 这种司法转变原因为何?可能是最近法院不愿在收购战中改变利益平衡,并且不希望因轻微的披露违规而禁止一个有利可图的要约收购。

然而,今日之问题不在于因为可能存在的披露缺陷是否阻止要约收购,而在于由激进投资者主导的少数股份是否可以构成一个障碍并抢占更为被动的多数股东的偏好。在这种情况下,法院应对一致行动人在开始向董事会施加压力时不必披露其身份、计划和持股的可能性更加敏感。例如,这些对冲基金各自拥有目标公司股票的3%,决定向目标公

---

[116] 本文作者之一更广泛地讨论了这个主题,supra note 1.

[117] 此处需要特别注意美国《证监会规则》第13d-5(b)(1)项("证券收购"),该规则规定如下:"两个或两个以上的人,为购买、持有、表决或者处置发行人权益证券的目的,而同意一致行动,这样便形成了一个集团,该集团应当从协议之日起被视为根据美国1934年《证券交易法》第13(d)条及13(g)条规定取得了权益拥有权。"该规则认识到"表决集团"的可能性,即同意一致行动的人,如选举一名或多名董事。

[118] See Hollywood Realty Partners v. Gotham Partners, 286 F. 3d 613 (2d Cir. 2002).

[119] See McVC Draper Fisher Jurvetson Fund v. Millennial Partners, 260 F. Supp. 2d 616, 631-3 (S. D. N. Y. 2003).

[120] See, e. g., GAF v. Milstein, 453 F. 2d 709, 717 (2d Cir. 1971); Wellman v. Dickinson, 682 F. 2d 355, 363 (2d Cir. 1982).

司施加压力以增加其财务杠杆并剥离1/3资产。如果他们的一致行动决定促使他们成为一个集团,则他们将被要求合并提交13-D表格,承认他们是一个集团并披露其计划。但是,如果他们仅宣布各自计划独立行事就可避免成为一个集团,那么直到3个基金的其中1个持股超过5%时,才需提交13-D表格。

这种时间差异非常重要,因为提前通知会给其他投资者(如道富环球投资管理公司和其他多元化机构投资者)提供更多机会来组织和参与和发行人之间的谈判。相反,在收购的背景下,较早的通知能给目标公司提供更多时间来布控防御措施或寻找"白衣骑士"。

即使在新近司法裁决中使用"集团"的狭义定义,当激进投资者计划(或威胁)代理权争夺时,仍然有更多理由发现存在"集团"。根据定义,代理权争夺需要集体行动。相比之下,那些仅购买目标公司股票以期将来有收购出价的人并未参与集体行动(即便他们定期沟通)。因此,那些要求管理层任命他们提名候选人的投资者(其固有的威胁是如果被拒绝他们将发起代理权争夺)似乎比那些只购买股票希望会有收购出价机会的投资者更恰当地被视为"集团"。简言之,由于前者需要集体行动才能取得成功,因此更恰当地将其视为"集团"。

但在最近案例中,"集团"的狭义定义带来了一个问题。解决这个问题的最好办法是采用新的美国证监会规则,在对冲基金激进主义背景下定义"集团"一词。这种扩展规则的一种可能表达是将"集团"定义为:

任何个人或实体正式或非正式的关联,实际通过私下谈判或代理权争夺任命董事进入目标公司董事会,直接或间接地从另一集团成员(包括其雇员及代理人)收到有关相关信息或计划,并随后在公开披露该行动之前购买目标公司股票。[121]

"集团"包括任何从其他集团成员之处私下获取透风信息后购买发行人股票的所有股东。该标准可同时满足两个事项:第一,它将排除仅

[121] 因此,在领头激进投资者提交13-D表格之前与其联系且事后购买目标公司股票的任何个人或实体将被视为该集团的成员。在此信息透风之后且未公开披露之前,假定集团成员进行了股票购买,则不算正式承诺(或正式拒绝)。

从新闻媒体处了解到激进投资者正在寻求推进董事会候选人名单的人。这类人即使他们坚决支持这场行动,也非组织行动集团的一部分。第二,这一标准相当重视激进基金私下对其盟友的信息泄露,这就是助长"狼群"的原因,因此对其加以"集团"认定。信息透风并非随机发生,而是向寻求支持和忠诚的人提供的。当领头的激进基金告诉其他对冲基金(或其他活动家)下周就 Widget 公司提交 13 - D 表格是计划时,这当然不是琐碎闲话,而是加入该集团的非正式邀请,法律应对此予以承认。

如果收到这些透风信息然后购买目标公司股票的人被认为是第 13 (d)规定的"集团"成员,将一个激进基金到另一个激进基金的透风事实作为集团成立证据,其后果是:"狼群"的存在必须在更早阶段被披露。据推测,随着每个成员加入集团,13 - D 表格必须被修改。这个想法至少在美国证监会中已经产生。[122] 一些投资者不想加入集团(可能担心责任),这意味着他们无法购买目标公司股票(至少在提交 13 - D 表格公开披露"集团"之前)。此外,目标公司董事会针对此披露将采用的"毒丸"计划都将限制所有"集团"成员,使他们持有其当前披露的股份。简而言之,"狼群"不太容易增长到最近案例所达到的规模。任何一场代理权争夺都可能是一场激烈战斗,其他股东可能会向董事会请愿以支持其提名人。

美国证监会是否有可能采用"集团"的扩张性定义?这容易符合法定语言并与现行规则保持一致,但在近年公司与激进投资者之间的角力中,美国证监会选择默默地站在一边。这种中立性可能是由于美国证监会明白,如果美国证监会只站在一方的立场上将会遭受另一方的广泛批评。但是,如今有证据表明激进主义与美国证监会执法传统目标的知情交易有关。而且,关于激进主义策略的争论不再拘泥于激进基金与目标

---

[122] 美国证监会最近开始表明,对冲基金通过协作分享特定目标公司的信息可能会"越界"并导致形成"集团"。See Perrie Michael Weiner & Patrick Hummus, *Expect Greater SEC Scrutiny of Activist Hedge Funds That Share Information or Collaborate in Advance of Their Trades*, Law360. com (Apr, 17, 2014), www. law 360. com/articles/529294/activist - investors - brace - yourself - for - 13d - changes; Liz Hoffman et al., *SEC Probes Activist Funds Over Whether They Secretly Acted in Concert*, WSJ. com (Jun. 4, 2015), available at https://www. wsj. com/articles/sec - probes - activist - funds - over - whether - they - secretly - acted - in - concert - 1433451205.

公司管理者之间的双方战争,因为机构投资者本身是分裂的(一类为激进投资者,另一类是永久股东群体)。通过忽略“狼群”美国证监会越来越趋于扮演“鸵鸟”角色,并使自身变得无关紧要、高高挂起。

(3)披露保密限制

在我们的数据集中,大多数和解协议均未就对冲基金被提名人在董事会会议上所获信息的分享作任何规定。少数和解也仅提及一项单独保密协议,对其条款未予披露。[123] 然而,研究数据显示,市场对含有限制信息分享的和解协议反应更为积极。[124] 此项数据表明这些信息对投资者来说是重要的。[125] 因此考虑到此类和解协议的提交频率,美国证监会可能希望和解协议进一步披露(无论是在8-K表格中还是在新闻报道中)如何处理新基金提名董事获得的机密信息。

要求进行更充分披露的原因在于,对冲基金提出董事名单既是一种新颖又是迅速增长的现象。同样,根据FD条例,除非获得保密协议,否则发行人不得选择性地向对冲基金披露重大信息。[126] 所有这些因素都支持披露和解协议是否包含保密条款及其条件的情况。

3. 影响及可能的反驳

本文所提建议不会遏制或削弱对冲基金激进主义,而会减少信息“透风”和知情交易并授权其他股东采取自助措施。这些均为适度目标,可以降低与对冲基金行动相关的代理成本,增加透明度和股东权利但并不遏制激进主义。

尽管如此,我们预计激进投资者会提出反驳。他们可能会争辩,相对于激进行动产生的收益,价差扩大和知情交易造成的损失根本不值一

---

〔123〕 See supra notes 48 to 51, and accompanying text.

〔124〕 See supra Table 9. 对信息分享加以明确限制的和解协议,公司股票平均5日累积超额收益率为2.25%,没有明确限制的公司为0.42%。See supra note 15, and accompanying text.

〔125〕 始于 TSC Industries v. Northway, 426 U. S. 438 (1976),联邦最高法院对“重要性”的一贯定义:“如果一个理性股东在决定如何投票时认为该遗漏的事实确属重要,则该遗漏的事实就是重要的。”Id., at 449. 如果遗漏保密规定的内容似乎在很多情况下会改变市场(如我们的数据所示),则表明该遗漏是重要的。

〔126〕 根据条例 FD 第100(b)(2)项规定,第100(a)条规定禁止选择性披露的规定不适用于“明确同意对所披露信息保密的人”的披露。See 17 C. F. R. §243.100(b)(2)(ii).

提。有关该论点的两个严重问题在于：其一，激进主义的收益存在争议。现有的实证研究仅证明，只有在激进投资者提交其最初的 13 - D 表格宣布其持股情况以及在后来有“成功的结果”时，股价才会有积极的反应。[127] 如果没有“成功的结果”（如收购目标公司），股价可能会下跌。[128] 其二，更重要的是，这种“收益大于损失”的本质是“为达结果不择手段”的辩解，这种情形原则上应以拒绝，特别是当所辩解的行为违法时。本文收集的证据强烈表明任命激进基金提名的董事之后，知情交易系统性地发生，并且根据新近判例法，如果透风者预期此信息接收者可能会进行交易，那么此行为可能构成违法。[129] 认为有利可图便可忽略这种行为以促进对冲基金激进主义，如同认为普遍的犯罪行为可以容忍。华尔街的现代历史启示我们，一旦规则被歪曲或被忽视，就会迅速全面溃败。[130]

比成本带来更大收益的观点的变形是另一种狭隘主张，即信息分享不违反特拉华州法律规定的董事保密义务，[131] 这在某种程度上可能是正确的。一位备受尊敬的特拉华州副大法官在一篇著名的法律评论文章中指出，由基金提名的董事可能会与提名他们的激进基金分享机密信息。[132] 但是，即使这篇文章只是非常宽泛地提及一些模棱两可的先例，它也认识到信息分享必须在此停止，激进基金不能与其他人分享信息。[133] 我们进一步指出，只有在董事合理地认为该基金已采取适当限制以确保机密性的情况下，该董事才可与激进基金分享机密信息。正如我

〔127〕 See Discussion at supra note 1. See also Becht et al. , supra note 89, at 31. 一项大型国际调查得出结论：“激进主义商业模式的成功似乎在很大程度上取决于激进主义取得的成果。”换句话说，激进主义董事的任命并不能单独创造价值。

〔128〕 See Becht et al. , supra note 90, at 28 - 31（激进行动如果没有“成功的结果”不会创造股东价值）。

〔129〕 See supra note 102, and accompanying text (discussing United States v. Martoma, 963 U. S. 646).

〔130〕 这也是 Ayad Akhtar 创作的戏剧“JUNK”的主题，该戏剧着重描述 20 世纪 80 年代的并购世界，这似乎是基于 Michael Milken 的职业生涯。

〔131〕 特拉华州法律规定董事负有保密义务。See Henshaw v. Am. Cement, 252 A. 2d 125 (Del. Ch. 1969).

〔132〕 See Laster & Sezerkiewicz, supra note 39.

〔133〕 Id. , at 50（“公司可以要求董事签订保密协议以限制信息使用或进一步传播”）。

们的研究表明,此类正式的政策并不常见。[134] 此外,与私募股权公司(持有无法交易的非上市公司的股份)不同,激进基金生活在一个许多人向其寻求机密信息的环境中。缺乏强有力的政策规制和内部控制,允许董事与雇用他们的基金分享机密信息,最终会产生大量的知情交易。在这种环境下,董事未能承担保密责任,除非董事采取进一步措施确保保密,否则应被视作违背受信义务。

四、结语

知情交易似乎与对冲基金激进主义密切相关。但是,断言所有激进基金都如此行事未免太愤世嫉俗。的确,多数不是如此。本文最引人注目的发现是:作为行业专家的基金提名董事与作为对冲基金雇员的基金提名董事之间存在根本差异。不同的法律规范和道德要求似乎将这两类人员区分开来。一旦对冲基金雇员入主董事会,知情交易便成为一种常态。我们并不认为所有激进基金都会做出这种行为,也不认为激进基金(或其雇员)本身都进行交易。我们也不能确定所有信息透风都是出于理性动机——礼尚往来、彼此效劳,可能很多信息透风只是散漫闲聊而已。但是我们至少可以确信,激进基金与其盟友之间的信息划分(如果存在)往往疏漏百出。

反过来,这意味着代理成本将强加给其他股东,而且激进主义普遍正以获取重大非公开信息的形式获得补贴。我们并不认为仅靠这种补贴就可促进对冲基金激进主义,但其确实令激进行动数量增加,并且可能使在经济上处于边际的对冲基金干预有利可图。

对此需推进哪些合理的改革呢?有人可能抱有"阳光是最好的防腐剂"的想法,因此本文研究成果的发表将使激进投资者感到羞耻无比、尴尬至极,令其不再提名雇员成为董事并采取更强有力措施保护机密信

〔134〕 See supra notes 48 to 52, and accompanying text(在数据集里,很少有公司规定有意义的限制)。当然,这种失败可能部分由于管理层面对强大激进投资者与强烈风险规避方面力量有限。

息。然而，我们并不乐观地认为改革会随着研究结果发表而自动展开，这一方面是因为激进基金的提名雇员通常是该基金创始人（有极强自我意识）；另一方面是因为激进基金可能需要奖励其盟友以团结其联盟，从而确保在未来代理权争夺中拥有足够影响力。因为我们发现主要模式是，对冲基金和目标公司未对基金董事提名人选获得信息进行任何保密性限制，所以我们认为这或将成美国证监会着手处理的首个领域。此外，鼓励在和解协议中设置保密条款（并披露其缺席情形）会抑制信息流通便利程度。

我们提出的改革措施几乎不会削弱对冲基金激进主义，但可以有效减少不正当补贴。我们认识到，如果目标公司的股票价格在干预后上涨，激进基金能够从中获利，但如果价格下跌或波动不规律则无利可图。我们预计所提改革将被抵制，但没有发现有任何理由可容忍普遍发生的信息泄露。

最后，本文研究为监管机构提供执法路线图。迄今为止，被逐案起诉的内幕交易取决于执法人员与违规行为的“偶遇”（通常是举报者或与第三方进行辩护交易的结果，他们因供认对其他违法行为而受到奖励）。然而，运用我们提供的方法，监管机构能识别信息泄露的可疑模式，继而转向期权市场确认交易主体。立基于此，相关执法将变得更为理性与有效。

（编辑：姜沅伯）

征稿启事

《证券法苑》是上海证券交易所主办、面向国内外公开连续出版的法学学术著作,并已被中国社会科学评价中心收录为中文社会科学引文索引数据库(CSSCI)来源出版物。《证券法苑》致力于繁荣资本市场法治研究,弘扬资本市场法治理念,推动资本市场法治建设,促进资本市场健康稳定发展。

《证券法苑》坚持学术性与实践性并重、现实性和前瞻性兼顾,紧紧围绕我国资本市场的改革发展,密切关注资本市场法治动态,集中研究资本市场立法、监管执法和司法等法治活动,深入剖析资本市场法律制度和法律关系,积极探讨资本市场法治建设中的重点、难点、热点问题。

《证券法苑》设置"理论前沿""专题研究""名家论坛""热点追踪""制度研究""市场监管""域外法制""法学随笔""案例评析"等栏目,每卷根据实际情况略有不同。

2017 年起,《证券法苑》计划每季度出版一卷、视稿件质量全年出版 3～4 卷,诚邀各界惠赐稿件。现就征稿相关事项说明如下:

一、征稿范围

《证券法苑》选题范围包括:证券法、公司法、金融法等的法理研究,资本市场法治发展动态研究,资本市场监管的法律研究,资本市场创新的法律研究,资本市场典型法律案例研究,境外资本市场法律制度研究等。

参考选题如下(可不受此限):

1. 新《证券法》实施:我国新《证券法》实施的重大理论问题研究,《证券法》具体制度的实证研究,证券衍生品种、财资产管理产品、场外市场监管制度的完善,资本市场法律体系的构建与完善,境外资本市场法制动态及其对我国证券法制体系的借鉴意义。

2.《公司法》修订:优化营商环境背景下我国《公司法》修订的思路与建议,上市公司控股股东、实际控制人等"关键少数"的规制路径,公司治理结构的职权与设置，非上市公众公司监管制度，股份发行与转让制度的改革方向，公司集团化趋势下的法律应对策略。

3. 设立科创板试点注册制改革相关制度：各国（地区）证券发行注册制的比较研究，试点注册制的制度创新与实践评估，科创板上市公司监管的制度实践、法律问题与对策，科创板试点注册制司法保障的法律问题分析。

4. 信息披露制度：信息披露制度的完善方向，如何提高信息披露制度的有效性，如何界定信息披露的“重大性”，信息披露法律责任分配，自愿性信息披露制度的逻辑与建构。

5. 证券交易制度：多层次市场上市、交易、登记结算、转板制度的构建，错误交易撤销制度，交易技术发展（ATS、ECN、程序化交易、高频交易、暗池交易等）对传统证券交易制度的挑战与监管对策。

6. 证券监管执法：近年来境外资本市场监管体系与制度的发展变化，我国证券执法机制的完善，我国金融监管协调机制的完善，资本市场监管转型的配套制度建设。

7. 投资者保护：网络环境下的投资者保护，投资者适当性制度研究，新型证券违法行为研究，证券市场侵权民事责任与民事诉讼制度的完善，投资者保护基金制度的完善，证券市场多元化纠纷解决机制的完善。

8. 资本市场对外开放：红筹企业境内发行上市法律问题研究，证券法律冲突与法律适用，跨境监管协作机制的构建。

9. 资本市场创新法律制度：私募基金的法律规制，可交债的制度设计，市场创新对现有法律制度的冲击与立法完善。

10. 金融监管法律制度：金融业综合经营的法律问题，金融统合监管立法，全球金融监管法律制度的发展演变与最新动态，互联网金融的监管对策，金融消费者保护。

二、投稿要求

1. 论文应当立论科学、论据充足、论证严密、层次清晰、语言流畅，尤其欢迎贴近市场脉搏、具有学术深度和实践应用价值的文章。稿件篇幅以一万字左右为宜，特别优秀稿件不受此限。

2. 投稿请发送至以下电子邮箱：zqfy@ sse. com. cn（建议投稿后电话确认）。所有投稿应符合国家著作权规定、公认学术规范和本书“编辑体例”要求(详见上交所官方网站 http://www.sse.com.cn/“关于”栏目或《证券法苑》图书)。

3. 本书实行匿名审稿制度,作者投稿时请一律将作者简介(姓名、出生年月、工作单位、学位、职称、研究成果等)、通讯方式(地址、邮编、电话、电子信箱等)以及本文是否为何种课题成果等内容,另页单独注明,正文中不要出现任何个人信息。

4.《证券法苑》编辑部保留对来稿进行文字性和技术性修改的权利。《证券法苑》所载文章,均不代表上海证券交易所观点,文责由作者自负。除作者特别说明外,其文章均为其个人观点,与其所在单位、职务无关。

5. 向《证券法苑》投稿即视为授权本书将稿件纳入《中国学术期刊网络出版总库》及 CNKI 系列数据库、“北大法宝”(北大法律信息网)期刊数据库、万方数据库以及本书确定的其他学术资源数据库,本书支付给作者的稿酬已包含上述数据库著作权使用费。如有异议,请在来稿时注明,本书将做适当处理。

6. 凡投给本书的稿件,请勿一稿多投。自投稿之日起 3 个月未接到本书用稿通知的,作者可以自行处理。稿件编辑过程中如拟被他刊采用的,请作者及时告知相关决定,以免重复出版。

7. 联系人:

姜沅伯　电话:021－68602370;

宋　澜　电话:021－68602679。

编辑体例

一、标题：宋体小三号字，居中。如有关于本篇文章的说明，注脚注，用上标（*）。

二、作者：宋体小四号字，居中，并用上标星号（*）作为介绍作者脚注的标志，在脚注中注明作者姓名、工作单位、职务、职称（为便于联系，另请作者向《证券法苑》联系邮箱提供通信地址、邮政编码、固定及移动电话、电子邮箱，本书对此予以保密）。如有两名作者，第二名作者用两枚上标星号（**），依此类推。

三、中文摘要、关键词：楷体GB2312小四号字，摘要200字以内、关键词3~5个。

四、英文标题、摘要、关键词："Times New Roman"字体，标题小三号字居中，摘要与关键词小四号字。

五、正文：宋体小四号字，首行缩进，行距18磅。区分标题和要点，标题层级依次为"一、……""（一）……""1. ……""（1）……"，要点层级依次为"1. ……""（1）……""①……"，一段之内的要点列举使用"（1）……"一级标题采用四号宋体加粗；二级标题采用黑体小四号字不加粗；三级标题宋体小四号字，不加粗。引用具体法律文件应加书名号，如《证券法》《上市公司收购管理办法》。法条序号（第×条、第×款、第×项）、时间（世纪、年代、年月日等）、数量金额等用阿拉伯数字，但直接引用原文的从原文。

六、注释：采用脚注，全文连续注码，注码放标点之后，注码符号为"1、2、3、……"非引用原文者，注释前加"参见"；引用资料非原始出处者，注明"转引自"；数个注释引自同一资料者，可合并同注某。宋体小五号字。

注释示例如下：

1. 著作类

（独著作品）史尚宽：《民法总论》，中国政法大学出版社2000年版，第19页、第22页。

(合著作品)崔建远、韩世远:《债权保障法律制度研究》,清华大学出版社2004年版,第10页。

(多人合著作品)蔡守秋等:《可持续发展与环境资源法制建设》,中国法制出版社2003年版,第214~216页。

(编辑作品)张文显主编:《法理学》,法律出版社2004年版,第65~67页。

2. 论文类

(期刊)俞荣根、刘霜:《立法助理制度述论》,载《法学杂志》2007年第2期。

(论文集)尹田:《论动产善意取得的理论基础及相关问题》,载梁慧星主编:《民商法论丛》(第29卷),法律出版社2004年版。

(学位论文)刘晓华:《私法上的信赖保护原则研究》,山东大学2013年博士学位论文。

3. 译作类

[英]亚当·斯密:《国富论》,唐日松等译,华夏出版社2005年版,第224页。

4. 报纸类

李希慧等:《"轻轻重重"应成为一项长期的刑事政策》,载《检察日报》2005年5月26日。

5. 古籍类

《明太祖实录》卷二十六。

6. 辞书类

《牛津法律大辞典》,光明日报出版社1988年版,第68页。

7. 网络类

梁慧星:《关于中国物权法的起草》,载北大法律信息网:http://article.chinalawinfo.com/article/user/article_display.asp?ArticleID=29283,2009年8月8日访问。

8. 判决书类

最高人民法院:上海大智慧股份有限公司与冯志雄证券虚假陈述责任纠纷二审民事判决书,案号:(2018)沪民终28号,2018年9月17日。

9. 外文类

从该文种注释惯例。英文注释体例如下：

著作类：

Harold U. Faulkner, *American Economic History*, New York, Harper & Brothers Publishers, 1960, pp. 23 – 25.

论文类：

Gavin Goh & Andreas R. Iiegler, *Retrospective Remedies in the WTO after Automotive Leather*, Journal of International Economic Law, Vol. 6, 2003.

网络类：

Impact Exchange, *Impact Exchange Board Listing Guide: A Board of the Stock Exchange of Mauritius*, available at https://iixglobal.com/wp-content/uploads/2017/04/Impact_Exchange_Listing_Guide-2017-1.pdf, accessed May 4th, 2017.

图书在版编目(CIP)数据

证券法苑. 第三十卷 / 蔡建春, 卢文道主编. -- 北京 : 法律出版社, 2021

ISBN 978-7-5197-5425-9

Ⅰ. ①证… Ⅱ. ①蔡… ②卢… Ⅲ. ①证券法-中国-文集 Ⅳ. ①D922.287.4-53

中国版本图书馆 CIP 数据核字(2021)第 043281 号

证券法苑(第三十卷)
ZHENGQUAN FAYUAN
(DI-SANSHI JUAN)

蔡建春　卢文道 主编

责任编辑 彭　雨
装帧设计 贾丹丹

出版 法律出版社
总发行 中国法律图书有限公司
经销 新华书店
印刷 中煤(北京)印务有限公司
责任校对 王晓萍　王语童
责任印制 胡晓雅

编辑统筹 法律考试·职业教育出版分社
开本 710 毫米×1000 毫米　1/16
印张 38.75
字数 596 千
版本 2021 年 4 月第 1 版
印次 2021 年 4 月第 1 次印刷

法律出版社/北京市丰台区莲花池西里 7 号(100073)
网址/www.lawpress.com.cn
投稿邮箱/info@lawpress.com.cn
举报维权邮箱/jbwq@lawpress.com.cn
销售热线/400-660-8393
咨询电话/010-63939796

中国法律图书有限公司/北京市丰台区莲花池西里 7 号(100073)
全国各地中法图分、子公司销售电话:
统一销售客服/400-660-8393/6393
第一法律书店/010-83938432/8433　西安分公司/029-85330678　重庆分公司/023-67453036
上海分公司/021-62071639/1636　深圳分公司/0755-83072995

书号:ISBN 978-7-5197-5425-9　**定价:**115.00 元